엑스포지멘터리

로마서

Romans

엑스포지멘터리 로마서

초판 1쇄 발행 2023년 10월 25일
2쇄 발행 2023년 10월 26일

지은이 송병현

펴낸곳 도서출판 이엠
등록번호 제25100-2015-000063
주소 서울시 강서구 공항대로 220, 601호
전화 070-8832-4671
E-mail empublisher@gmail.com

내용 및 세미나 문의 스타선교회: 02-520-0877 / EMail: starofkorea@gmail.com / www.star123.kr
Copyright © 송병현, 2023, *Print in Korea.*
ISBN 979-11-93331-02-6 93230

「이 도서의 국립중앙도서관 출판시 도서목록(CIP)은 서지정보유통지원시스템 홈페이지(http://seoji.nl.go.kr)와 국가자
료공동목록시스템(http://www.nl.go.kr/kolisnet)에서 이용하실 수 있습니다. (CIP제어번호:CIP2015000753)」

엑스포지멘터리

로마서

Romans

| 송병현 지음 |

EXPOSItory comMENTARY

예수 그리스도의 생명의 복음

송병현 교수님이 오랫동안 연구하고 준비한 엑스포지멘터리 주석 시리즈를 출간할 수 있도록 인도해 주신 여호와 하나님께 감사와 영광을 돌립니다. 함께 수고한 스타선교회 실무진들의 수고에도 격려의 말씀을 드립니다.

많은 주석이 있지만 특별히 엑스포지멘터리 주석이 성경을 하나님의 완전한 계시로 믿고 순종하려는 분들에게 위로와 감동을 주었으면 하는 바람입니다. 단지 신학을 학문적으로 풀어내어 깨달음을 주는 수준이 아니라 성경을 통해 하나님의 세미한 음성을 들을 수 있도록 돕는 역할을 했으면 좋겠습니다. 예수 그리스도가 내 안에 내가 예수 그리스도 안에 있는 신앙으로 하나님의 말씀에 순종하는 사람을 길러내는 일에도 기여할 수 있기를 바랍니다.

우리 백석총회와 백석학원(백석대학교, 백석문화대학교, 백석예술대학교, 백석대학교신학교육원)의 신학적 정체성은 개혁주의생명신학입니다. 개혁주의생명신학은 성경의 가르침과 개혁주의 신학을 계승해, 사변화된 신학을 반성하고, 회개와 용서로 하나 되며, 예수 그리스도께서 주신 영적 생명을 회복하고자 하는 신앙 운동입니다. 그리하여 성령의 도우심으로 삶의 모든 영역에서 예수 그리스도의 주권을 실현함으로써 오직 하나님께 영광을 돌리고, 나눔운동과 기도성령운동을 통해 자신과 교회와 세상을 변화시키는 실천 운동입니다.

송병현 교수님은 백석대학교 신학대학원에서 20여 년 동안 구약성경을 가르쳐 왔습니다. 성경 신학자로서 구약을 가르치면서도 기회가 있을 때마다 선교지를 방문해 선교사들을 교육하는 일을 게을리하지 않았습니다. 엑스포지멘터리 주석 시리즈는 오랜 선교 사역을 통해 알게 된 현장을 고려한 주석이라는 점에서 참으로 의미가 있습니다. 그만큼 실용적입니다. 목회자와 선교사님들뿐 아니라 모든 성도가 별다른 어려움 없이 쉽게 읽을 수 있습니다. 개혁주의생명신학이 추구하는 눈높이에 맞는 주석으로서 말씀에 대한 묵상과 말씀에서 흘러나오는 적용을 곳곳에서 만날 수 있습니다. 그래서 성경을 하나님의 말씀으로 믿고 고백하는 사람이라면 궁금했던 내용을 쉽게 배울 수 있고, 설교와 성경 공부를 하는 데도 도움을 받을 수 있습니다. 이번 구약 주석의 완간과 신약 주석 집필의 시작이 예수 그리스도의 생명의 복음을 온 세상에 전하려는 모든 분에게 도움이 되기를 바라는 마음으로 이 책을 추천합니다.

2021년 9월

장종현 목사 | 대한예수교장로회(백석) 총회장·백석대학교 총장

한국 교회를 향한 아름다운 섬김

우리 시대를 포스트모던 시대라고 합니다. 절대적 가치를 배제하고 모든 것을 상대화하는 시대입니다. 이런 시대를 살아가면서 목회자들은 여전히 변하지 않는 절대적인 계시의 말씀인 성경을 들고 한 주간에도 여러 차례 설교하도록 부름을 받습니다. 그런가 하면 진지한 평신도들도 날마다 성경을 읽고 해석하며 삶의 마당에 적용하도록 도전을 받고 있습니다.

이런 시대 속에서 우리는 전통적인 주석과 강해를 종합하는 도움을 기다리고 있었습니다. 저는 이러한 시대적 요청에 송병현 교수가 꼭 필요한 응답을 했다고 믿습니다. 그것이 구약 엑스포지멘터리 전권 발간에 한국 교회가 보여 준 뜨거운 반응의 이유였다고 믿습니다.

물론 정교하고 엄밀한 주석을 기대하거나 혹은 전적으로 강해적 적용을 기대한 분들에게는 이 시리즈가 다소 기대와 다를 수도 있을 것입니다. 그러나 목회 현장에서 설교의 짐을 지고 바쁘게 살아가는 설교자들과 날마다 일상에서 삶의 무게를 감당하며 성경을 묵상하는 성도들에게 이 책은 시대의 선물입니다.

저는 저자가 구약 엑스포지멘터리 전권을 발간하는 동안 얼마나 자

신을 엄격하게 채찍질하며 이 저술을 하늘의 소명으로 알고 치열하게
그 임무를 감당해 왔는지 지켜보았습니다. 그리고 그 모습에 큰 감동
을 받았습니다. 그렇기에 다시금 신약 전권 발간에 도전하는 그에게
중보 기도와 함께 진심 어린 격려의 박수를 보내고 싶습니다.

구약 엑스포지멘터리에 추천의 글을 쓰며 말했던 것처럼 이는 과거
박윤선 목사님 그리고 이상근 목사님에 이어 한국 교회를 향한 아름
다운 섬김으로 기억될 것입니다. 더불어 구약과 신약 엑스포지멘터리
전권을 곁에 두고 설교를 준비하고 말씀을 묵상하는 주님의 종들이
하나님 말씀 안에서 더욱 성숙해 한국 교회의 면류관이 되기를 기도
합니다.

이 참고 도서가 무엇보다 성경의 성경 됨을 우리 영혼에 더 깊이 각
인해 성경의 주인 되신 주님을 높이고 드러내는 일에 존귀하게 쓰이기
를 축복하고 축원합니다. 제가 그동안 이 시리즈로 받은 동일한 은혜
가 이 선물을 접하는 모든 분에게 넘치기를 기도합니다.

2021년 1월

이동원 목사 | 지구촌 목회리더십센터 대표

신약 엑스포지멘터리 시리즈를 시작하며

지난 10년 동안 구약에 관해 주석 30권과 개론서 4권을 출판했다. 이 시리즈의 준비 작업은 미국 시카고 근교에 자리한 트리니티복음주의 신학교(Trinity Evangelical Divinity School)에서 목회학석사(M. Div.)를 공부할 때 시작되었다. 교수들의 강의안을 모았고, 좋은 주석으로 추천받은 책들은 점심을 굶어가며 구입했다. 덕분에 같은 학교에서 구약학 박사(Ph. D.) 과정을 마무리하고 한국으로 올 때 거의 1만 권에 달하는 책을 가져왔다. 지금은 이 책들 대부분이 선교지에 있는 여러 신학교에 가 있다.

신학교에서 공부할 때 필수과목을 제외한 선택과목은 거의 성경 강해만 찾아서 들었다. 당시 트리니티복음주의신학교가 나에게 참으로 좋았던 점은 교수들의 신학적인 관점의 폭이 매우 넓었고, 다양한 성경 과목이 선택의 폭을 넓혀 주었다는 점이다. 세계적으로 유명한 구약과 신약 교수들의 강의를 들으면서도 내 마음 한구석은 계속 불편했다. 계속 "소 왓?"(So what?, "그래서 어쩌라고?")이라는 질문이 나를 불편하게 했다. 그들의 주옥같은 강의로도 채워지지 않는 부분이 있었기 때문이다.

8

주석은 대상에 따라 학문적 수준이 천차만별인 매우 다이내믹한 장르다. 평신도들이 성경 말씀을 쉽게 이해하도록 돕기 위해 출판된 주석들은 본문 관찰에 대한 가장 기본적인 내용과 쉬운 언어로 작성된다. 나에게 가장 친숙한 예는 바클레이(Barclay)의 신약 주석이다. 나는 고등학생과 대학생 시절에 바클레이가 저작한 신약 주석 17권으로 큐티(QT)를 했다. 신앙생활뿐 아니라 나중에 신학교에 입학할 때도 많은 도움이 되었다.

평신도들을 위한 주석과는 대조적으로 학자들을 위한 주석은 당연히 말도 어렵고, 논쟁적이며, 일반 성도들이 몰라도 되는 내용을 참으로 많이 포함한다. 나는 당시 목회자 양성을 위한 목회학석사(M. Div.) 과정을 공부하고 있었기 때문에 성경 강해를 통해 설교와 성경 공부를 인도하는 데 도움이 될 만한 강의를 기대했다. 교수들의 강의는 학문적으로 참으로 좋았다. 그러나 그들이 가르치는 내용을 성경 공부와 설교에는 쉽게 적용할 수 없다는 생각이 들었다. 이러한 필요가 채워지지 않았기 때문에 계속 "소 왓"(So what?)을 반복했던 것이다.

그때부터 자료들을 모으고 정리하며 나중에 하나님이 기회를 주시면 목회자들의 설교와 성경 공부에 실질적인 도움을 줄 수 있는 주석을 출판하겠다는 꿈을 품었다. 그러면서 시리즈 이름도 '엑스포지멘터리'(exposimentary=expository+commentary)로 정해 두었다. 그러므로『엑스포지멘터리 시리즈』는 20여 년의 준비 끝에 10년 전부터 출판을 시작한 주석 시리즈다. 2010년에 첫 책인 창세기 주석을 출판할 무렵, 친구인 김형국 목사에게 사전에도 없는 'Exposimentary'를 우리말로 어떻게 번역하면 좋겠냐고 물었다. 그는 우리말로는 쉽게 설명할 수 없는 개념이니 그냥 영어를 소리 나는 대로 표기해 사용하라고 조언했다. 이렇게 해서 엑스포지멘터리 시리즈 주석이 탄생하게 되었다.

지난 10년 동안 많은 목회자가 이 주석들로 인해 설교가 바뀌고 성경 공부에 자신감을 얻었다고 말해 주었다. 참으로 감사한 일이다. 나는 학자들을 위해 책을 쓰는 것이 아니라, 목회자들을 위해 주석을 집필하고 있다. 그래서 목회자들이 알아야 할 정도의 학문적인 내용과 설교 및 성경 공부에 도움이 될 만한 실용적인 내용이 균형을 이룬 주석을 출판하기 위해 노력하고 있다. 또한 학문적으로 높은 수준의 주석을 추구하지 않기 때문에 구약을 전공한 내가 감히 신약 주석을 집필할 생각을 했다. 나의 목표는 은퇴할 무렵까지 마태복음부터 요한계시록까지 신약 주석을 정경 순서대로 출판하는 것이다. 이 책으로 도움을 받은 독자들이 나를 위해 기도해 준다면 참으로 감사하고 영광스러운 일이 될 것이다.

2021년 1월 방배동에서

시리즈 서문

"너는 50세까지는 좋은 선생이 되려고 노력하고, 그 이후에는 좋은 저자가 되려고 노력해라." 내가 미국 시카고 근교에 위치한 트리니티복음주의신학교(Trinity Evangelical Divinity School) 박사 과정을 시작할 즈음에 지금은 고인이 되신 스승 맥코미스키(Thomas E. McComiskey)와 아처(Gleason L. Archer) 두 교수님이 주신 조언이다. 너무 일찍 책을 쓰면 훗날 아쉬움이 많이 남는다며 하신 말씀이었다. 박사 학위를 마치고 1997년에 한국에 들어와 신학대학원에서 가르치기 시작하면서 나는 이 조언을 마음에 새겼다. 사실 이 조언과 상관없이 당시에 곧장 책을 출판하기는 불가능한 일이었다. 중학생이었던 1970년대 중반에 캐나다로 이민 가서 20여 년 만에 귀국해 우리말로 강의하는 일 자체가 그 당시 나에게 매우 큰 도전이었던 만큼, 책을 출판하는 일은 사치로 느껴질 뿐이었다.

세월이 지나 어느덧 선생님들이 말씀하신 쉰 살을 눈앞에 두었다. 1997년에 귀국한 후 지난 10여 년 동안 나는 구약 전체에 대한 강의안을 만드는 일을 목표로 삼았다. 나 자신에게 동기를 부여하기 위해 몸담고 있는 신대원 학생들에게 매 학기 새로운 구약 강해 과목을 개설해 주었다. 감사한 것은 지혜문헌을 제외한 구약 모든 책의 본문 관찰을 중심으로 한 강의안을 13년 만에 완성할 수 있었다는 점이다. 앞으로 수년에 거쳐 이 강의안들을 대폭 수정해 매년 2-3권씩을 책으로 출판하려 한다. 지혜문헌은 잠시 미루어 두었다. 시편 1권(1-41편)에 대해 강의안을 만든 적이 있는데, 본문 관찰과 주해는 얼마든지 할 수 있었지만 무언가 아쉬움이 남았다. 삶의 연륜이 가미되지 않은 데서 비롯된 부족함이었다. 그래서 지혜문헌에 대한 주석은 예순을 바라볼 때쯤 집필하기로 했다. 삶을 조금 더 경험한 후로 미루어 둔 것이다. 아마도 이 시리즈가 완성될 즈음이면, 자연스럽게 지혜문헌에 대한 책을 출판할 때가 되지 않을까 싶다.

이 시리즈는 설교를 하고 성경 공부를 인도해야 하는 중견 목회자들과 평신도 지도자들을 마음에 두고 집필한 책이다. 나는 이 시리즈의 성향을 'exposimentary'('해설주석')이라고 부르고 싶다. Exposimentary라는 단어는 내가 만든 용어다. 해설/설명을 뜻하는 'expository'라는 단어와 주석을 뜻하는 'commentary'를 합성했다. 대체로 expository는 본문과 별 연관성이 없는 주제와 묵상으로 치우치기 쉽고, commentary는 필요 이상으로 논쟁적이고 기술적일 수 있다는 한계를 의식해 이러한 상황을 의도적으로 피하고 가르치는 사역에 조금이나마 실용적이고 도움이 되는 교재를 만들기 위해 만들어낸 개념이다. 나는 본문의 다양한 요소와 이슈들에 대해 정확하게 석의하면서도 전후 문맥과 책 전체의 문형(文形, literary shape)을 최대한 고려해 텍스트의 의미를 설명하고 우리 삶과 연결하고자 노력했다. 또한 히브리어 사용은 최소화했다.

이 시리즈를 내놓으면서 감사할 사람이 참 많다. 먼저, 지난 25년 동안 내 인생의 동반자가 되어 아낌없는 후원과 격려를 해 준 아내 임우민에게 감사한다. 아내를 생각할 때마다 참으로 현숙한 여인(cf. 잠 31:10-31)을 배필로 주신 하나님께 감사할 뿐이다. 아빠의 사역을 기도와 격려로 도와준 지혜, 은혜, 한빛에게도 고마운 마음을 표한다. 평생

기도와 후원을 아끼지 않는 친가와 처가 친척들에게도 감사하다는 말을 전하고 싶다. 항상 옆에서 돕고 격려해 주는 평생 친구 장병환·윤인옥 부부에게도 고마움을 표하며, 시카고 유학 시절에 큰 힘이 되어 주신 이선구 장로·최화자 권사님 부부에게도 이 자리를 빌려 평생 빚진 마음을 표하고 싶다. 우리 가족이 20여 년 만에 귀국해 정착할 수 있도록 배려를 아끼지 않으신 백석학원 설립자 장종현 목사님에게도 감사드린다. 우리 부부의 영원한 담임 목자이신 이동원 목사님에게도 고마움을 표하고 싶다.

2009년 겨울 방배동에서

감사의 글

스타선교회의 사역에 물심양면으로 헌신해 오늘도 하나님의 말씀이 온 세상에 선포되는 일에 기쁜 마음으로 동참하시는 백영걸, 정진성, 장병환, 임우민, 정채훈, 강숙희 이사님들께 감사의 마음을 전하고 싶습니다. 이사님들의 헌신이 있기에 세상이 조금 더 살맛 나는 곳이 되고 있습니다. 온 세상이 코로나19의 억압으로부터 조금씩 자유로워지고 있습니다. 여호와 라파께서 우리에게 일상으로 돌아가는 축복을 주시고, 투병 중인 정채훈 이사님을 온전히 낫게 하실 것을 믿습니다.

2023년 봄꽃이 한꺼번에 핀 방배동에서

일러두기

엑스포지멘터리(exposimentary)는 '해설/설명'을 뜻하는 엑스포지토리 (expository)와 '주석'을 뜻하는 코멘터리(commentary)를 합성한 단어다. 본문의 뜻과 저자의 의도와는 별 연관성이 없는 주제와 묵상으로 치우치기 쉬운 엑스포지토리(expository)의 한계와 필요 이상으로 논쟁적이고 기술적일 수 있는 코멘터리(commentary)의 한계를 극복해 목회 현장에서 가르치고 선포하는 사역에 실질적으로 도움을 주는 새로운 장르다. 본문의 다양한 요소와 이슈에 대해 정확하게 석의하면서도 전후 문맥과 책 전체의 문형(文形, literary shape)을 최대한 고려해 텍스트의 의미를 설명하고 성도의 삶과 연결하고자 노력하는 설명서다. 엑스포지멘터리는 다음과 같은 원칙을 바탕으로 인용한 정보를 표기한다.

1. 참고문헌을 모두 표기하지 않고 선별된 참고문헌으로 대신한다.
2. 출처를 표기할 때 각주(foot note) 처리는 하지 않는다.
3. 출처는 괄호 안에 표기하되 페이지는 밝히지 않는다.
4. 여러 학자가 동일하게 해석할 때는 모든 학자를 표기하지 않고 일부만 표기한다.

5. 한 출처를 인용해 설명할 때 설명이 길어지더라도 문장마다 출처를 표기하지 않는다.

6. 본문 설명을 마무리하면서 묵상과 적용을 위해 "이 말씀은…"으로 시작하는 문단(들)을 두었다. 이 부분만 읽으면 잘 이해되지 않는 것들도 있다. 그러나 본문 설명을 읽고 나면 이해가 될 것이다.

7. 본문을 설명할 때 유대인들의 문헌과 외경과 위경에 관한 언급을 최소화한다.

8. 구약을 인용한 말씀은 장르에 상관없이 가운데 맞춤으로 정렬했으며, NAS의 판단 기준을 따랐다.

주석은 목적과 주된 대상에 따라 인용하는 정보의 출처와 참고문헌 표기가 매우 탄력적으로 제시되는 장르다. 참고문헌 없이 출판되는 주석도 있고, 각주가 전혀 없이 출판되는 주석도 있다. 또한 각주와 참고문헌 없이 출판되는 주석도 있다. 엑스포지멘터리 시리즈는 이 같은 장르의 탄력적인 성향을 고려해 제작된 주석이다.

선별된 약어표

개역	개역한글판
개역개정	개역개정판
공동	공동번역
새번역	표준새번역 개정판
현대	현대인의 성경
아가페	아가페 쉬운성경
BHS	Biblica Hebraica Stuttgartensia
ESV	English Standard Version
KJV	King James Version
LXX	Septuaginta
MT	Masoretic Text
NAB	New American Bible
NAS	New American Standard Bible
NEB	New English Bible
NIV	New International Version
NIRV	New International Reader's Version

NRS   New Revised Standard Bible
TNK   Jewish Publication Society Tanakh

AB   Anchor Bible
ABCPT   A Bible Commentary for Preaching and Teaching
ABD   The Anchor Bible Dictionary, 6 vols. Ed. by D. N. Freedman. New York, 1992.
ABR   Australian Biblical Review
ABRL   Anchor Bible Reference Library
ACCS   Ancient Christian Commentary on Scripture
ANET   The Ancient Near Eastern Texts Relating to the Old Testament. 3rd ed. Ed. by J. B. Pritchard. Princeton: Princeton University Press, 1969.
ANETS   Ancient Near Eastern Texts and Studies
ANTC   Abingdon New Testament Commentary
AOTC   Abingdon Old Testament Commentary
ASTI   Annual of Swedish Theological Institute
BA   Biblical Archaeologist
BAR   Biblical Archaeology Review
BAR   Biblical Archaeology Review
BBR   Bulletin for Biblical Research
BCBC   Believers Church Bible Commentary
BCL   Biblical Classics Library
BDAG   A Greek-English Lexicon of the New Testament and Other Early Christian Literature, 3nd ed. Ed. by Bauer, W., W. F. Arndt, F. W. Gingrich, and F. W. Danker. Chicago, 2000.
BECNT   Baker Exegetical Commentary on the New Testament

BETL	Bibliotheca Ephemeridum Theoloicarum Lovaniensium
BETS	Bulletin of the Evangelical Theological Society
BibOr	Biblia et Orientalia
BibSac	Bibliotheca Sacra
BibInt	Biblical Interpretation
BR	Bible Reseach
BRev	Bible Review
BRS	The Biblical Relevancy Series
BSC	Bible Student Commentary
BST	The Bible Speaks Today
BT	Bible Translator
BTB	Biblical Theology Bulletin
BTC	Brazos Theological Commentary on the Bible
BV	Biblical Viewpoint
BZ	Biblische Zeitschrift
BZNW	Beihefte zur Zeitschrift für die neutestamentliche Wissenschaft
CB	Communicator's Bible
CBC	Cambridge Bible Commentary
CBQ	Catholic Biblical Quarterly
CBQMS	Catholic Biblical Quarterly Monograph Series
CGTC	Cambridge Greek Testament Commentary
CurBS	Currents in Research: Biblical Studies
CurTM	Currents in Theology and Missions
DJG	Dictionary of Jesus and the Gospels. Ed. by J. B. Green, S. McKnight, and I. Howard Marshall. Downers Grove, 1992.
DNTB	Dictionary of New Testament Background. Ed. by C. A. Evans and S. E. Porter. Downers Grove, 2000.

DPL	Dictionary of Paul and His Letters. Ed. by G. F. Hawthorne, R. P. Martin, and D. G. Reid. Downers Grove, 1993.
DSB	Daily Study Bible
ECC	Eerdmans Critical Commentary
ECNT	Exegetical Commentary on the New Testament
EDNT	Exegetical Dictionary of the New Testament. Ed. by H. Balz, G. Schneider. Grand Rapids, 1990–1993.
EvJ	Evangelical Journal
EvQ	Evangelical Quarterly
ET	Expository Times
FCB	Feminist Companion to the Bible
GTJ	Grace Theological Journal
HALOT	The Hebrew and Aramaic Lexicon of the Old Testament. Ed. by L. Koehler and W. Baumgartner. Trans. by M. E. J. Richardson. Leiden, 1994–2000.
Hist. Eccl.	Historia ecclesiastica (Eusebius)
HNTC	Holman New Testament Commentary
HTR	Harvard Theological Review
IB	Interpreter's Bible
IBS	Irish Biblical Studies
ICC	International Critical Commentary
IDB	Interpreter's Dictionary of the Bible
ISBE	The International Standard Bible Encyclopedia. 4 vols. Ed. by G. W. Bromiley. Grand Rapids, 1979–88.
JAAR	Journal of the American Academy of Religion
JBL	Journal of Biblical Literature
JESNT	Journal for the Evangelical Study of the New Testament

21

JETS	Journal of the Evangelical Theological Society
JQR	Jewish Quarterly Review
JRR	Journal from the Radical Reformation
JSNT	Journal for the Study of the New Testament
JSNTSup	Journal for the Study of the New Testament Supplement Series
JTS	Journal of Theological Studies
LABC	Life Application Bible Commentary
LB	Linguistica Biblica
LCBI	Literary Currents in Biblical Interpretation
LEC	Library of Early Christianity
Louw–Nida	Greek–English Lexicon of the New Testament: Based on Semantic Domains, 2nd ed., 2 vols. By J. Louw, and E. Nida. New York, 1989.
LTJ	Lutheran Theological Journal
MBC	Mellen Biblical Commentary
MenCom	Mentor Commentary
MJT	Midwestern Journal of Theology
NAC	New American Commentary
NCB	New Century Bible
NIB	The New Interpreter's Bible
NIBC	New International Biblical Commentary
NICNT	New International Commentary on the New Testament
NICOT	New International Commentary on the Old Testament
NIDNTT	New International Dictionary of New Testament Theology. Ed. by C. Brown. Grand Rapids, 1986
NIDNTTE	New International Dictionary of New Testament Theology and Exegesis. 2nd Ed. by Moisés Silva. Grand Rapids, 2014.

NIDOTTE	New International Dictionary of Old Testament Theology and Exegesis. Ed. by W. A. Van Gemeren. Grand Rapids, 1996.
NIGTC	New International Greek Testament Commentary
NIVAC	New International Version Application Commentary
NovT	Novum Testamentum
NovTSup	Novum Testamentum Supplements
NSBT	New Studies in Biblical Theology
NTL	New Testament Library
NTM	New Testament Message
NTS	New Testament Studies
PBC	People's Bible Commentary
PNTC	Pillar New Testament Commentary
PRR	The Presbyterian and Reformed Review
PSB	Princeton Seminary Bulletin
ResQ	Restoration Quarterly
RevExp	Review and Expositor
RR	Review of Religion
RRR	Review of Religious Research
RS	Religious Studies
RST	Religious Studies and Theology
RTR	Reformed Theological Review
SacP	Sacra Pagina
SBC	Student's Bible Commentary
SBJT	Southern Baptist Journal of Theology
SBL	Society of Biblical Literature
SBLDS	Society of Biblical Literature Dissertation Series
SBLMS	Society of Biblical Literature Monograph Series

SBT	Studies in Biblical Theology
SHBC	Smyth & Helwys Bible Commentary
SJT	Scottish Journal of Theology
SNT	Studien zum Neuen Testament
SNTSMS	Society for New Testament Studies Monograph Series
SNTSSup	Society for New Testament Studies Supplement Series
ST	Studia Theologica
TBT	The Bible Today
TD	Theology Digest
TDOT	Theological Dictionary of the Old Testament. 11 vols. Ed. by G. J. Botterweck et al. Grand Rapids, 1974–2003.
TDNT	Theological Dictionary of the New Testament. Ed. by G. Kittel and G. Friedrich. Trans. by G. W. Bromiley. 10 vols. Grand Rapids, 1964–76.
Them	Themelios
TJ	Trinity Journal
TNTC	Tyndale New Testament Commentaries
TS	Theological Studies
TT	Theology Today
TTC	Teach the Text Commentary Series
TWBC	The Westminster Bible Companion
TWOT	R. L. Harris, G. L. Archer, Jr., and B. K. Waltke (eds.), Theological Wordbook of the Old Testament, 2 vols. Chicago: Moody, 1980.
TynBul	Tyndale Bulletin
TZ	Theologische Zeitschrift
USQR	Union Seminary Quarterly Review

VE	Vox Evangelica
VT	Vetus Testament
WBC	Word Biblical Commentary
WBCom	Westminster Bible Companion
WCS	Welwyn Commentary Series
WEC	Wycliffe Exegetical Commentary
WTJ	The Westminster Theological Journal
WUNT	Wissenschafliche Untersuchungen zum Neuen Testament und die Kunde der älteren Kirche
WW	Word and World
ZNW	Zeitschrift für die neutestamentliche Wissenschaft

차례

선별된 참고문헌

(Select Bibliography)

Aageson, J. W. "Scripture and Structure in the Development of the Argument in Romans 9−11." CBQ 48(1986): 265−89.

_____. "Typology, Correspondence, and the Application of Scripture in Romans 9−11." JSNT 31(1987): 51−72.

Achtemeier, P. J. *Romans*. Interpretation. Atlanta: John Knox, 1985.

Adams, E. "Abraham's Faith and Gentile Disobedience: Textual Links between Romans 1 and 4." JSNT 65(1997): 47−66.

_____. *The Earliest Christian Meeting Places: Almost Exclusively Houses?* London: Bloomsbury, 2013.

Agersnap, S. *Baptism and the New Life: A Study of Romans 6:1-14*. Aarhus: Aarhus University Press, 1999.

Aletti, J. N. *God's Justice in Romans: Keys for Interpreting the Epistle to the Romans*. Trans. by P. M. Meyer. Rome: Gregorian and Biblical Press, 2010.

Allison, D. C. "The Pauline Epistles and the Synoptic Gospels: The Pattern of the Parallels." NTS 28 (1982): 1−32.

Ambrosiaster. *Commentaries on Romans and 1-2 Corinthians*. Trans. by G. L. Bray. Ancient Christian Text. Downers Grove, IL: InterVarsity Press, 2009.

Aune, D. E. *Prophecy in Early Christianity and the Ancient Mediterranean World*. Grand Rapids: Eerdmans, 1983.

_____. *The New Testament in Its Literary Environment*. Philadelphia: Westminster, 1987.

Aus, R. D. "Paul's Travel Plans to Spain and the 'Full Number of the Gentiles' of Rom. XI:25. NovT 21(1979): 232–62.

Badenas, R. *Christ, the End of the Law: Romans 10.4 in Pauline Perspective*. JSNTSup. Sheffield: JSOT Press, 1985.

Bailey, D. P. "Jesus as the Mercy Seat: The Semantics and Theology of Paul's Use of *Hilasterion* in Romans 3:25." TynBul 51(2000): 155–58.

Baird, W. "Abraham in the New Testament: Tradition and New Identity." Interpretation 42(1988): 63–77.

Baker, M. "Paul and the Salvation of Israel: Paul's Ministry, the Motif of Jealousy, and Israel's Yes." CBQ 67(2005): 469–84.

Bammel, E. "Romans 13." Pp. 365–83 in *Jesus and the Politics of His Day*. Ed. by E. Bammel and C. F. D. Mould. Cambridge: Cambridge University Press, 1984.

Bandstra, A. J. *The Law and the Elements of the World: An Exegetical Study in Aspects of Paul's Teaching*. Kampen: Kok, 1964.

Barclay, J. M. G. "'Do We Undermine the Law?' A Study of Romans 14.1–15.6." Pp. 287–308 in *Paul and the mosaic Law*. Ed. by J. D. G. Dunn. WUNT 89. Tübingen: Mohr Sebeck, 1996.

_____. "Unnerving Grace: Approaching Romans 9–11 from the Wisdom of Solomon." Pp. 91-109 in *Between Gospel and Election: Explorations in the Interpretation of Romans 9-11*. Ed. by F. Wilk and J. R. Wagner. WUNT. Tübingen: Mohr Sebeck, 2010.

_____. *Pauline Churches and Diaspora Jews*. WUNT. Tübingen: Mohr Sebeck, 2011.

_____. "Faith and Self-Detachment from Cultural Norms: A Study in Romans 14-15." ZNW 104(2013): 192-208.

_____. *Paul and the Gift*. Grand Rapids: Eerdmans, 2015.

Barclay, J. M. G.; S. J. Gathercole, eds. *Divine and Human Agency in Paul and His Cultural Environment*. London: T. & T. Clark, 2008.

Barrett, C. K. *A Commentary on the Epistle to the Romans*. 2nd. ed. London: Black, 1991.

Barrett, M.; A. Caneday. *Four Views on the Historical Adam*. Counterpoints. Grand Rapids: Zondervan, 2013.

Baur, F. C. *Paul: The Apostle of Jesus Christ*. Trans. by A. Menzies. Peabody, MA: Hendrickson, 2003rep.

Beale, G. K. *A New Testament Biblical Theology: The unfolding of the Old Testament in the New*. Grand Rapids: Baker Academic, 2011.

Beale, G. K.; B. L. Gladd. *The Story Retold: A Biblical-Theological Introduction to the New Testament*. Downers Grove, IL: InterVarsity Press, 2020.

Beasley-Murray, G. R. *Baptism in the New Testament*. Grand Rapids: Eerdmans, 1962.

_____. "The Righteousness of God in the History of Israel and the Nations: Romans 9-11." RevExp 73(1976): 437-50.

Bell, R. H. *The Irrevocable Call of God: An Inquiry into Paul's Theology of*

Israel. WUNT. Tübingen: Mohr Sebeck, 2005.

_____. *No One Seeks for God: An Exegetical and Theological Study of Romans 1:18-3:20.* WUNT. Tübingen: Mohr Sebeck, 1998.

_____. *Provoked to Jealousy: The Origin and Purpose of the Jealously Motif in Romans 9-11.* Tübingen: Mohr Sebeck, 1994.

Belli, F. *Argumentation and Use of Scripture in Romans 9-11.* Rome: Gregorian Biblical Press, 2010.

Berkley, T. W. *From a Broken Covenant to Circumcision of the Heart: Pauline Intertextual Exegesis in Romans 2:11-19.* SBLDS. Atlanta: Society of Biblical Literature, 2000.

Berry, D. L. *Glory in Romans and the Unified Purpose of God in Redemptive History.* Eugene, OR: Pickwick, 2016.

Best, E. *The Letter of Paul to the Romans.* CBC. Cambridge: Cambridge University Press, 1967.

Billings, B. S. "From House Church to Tenement Church" Domestic Space and the Development of Early Urban Christianity—The Examples of Ephesus." JTS 62(2011): 541–69.

Bird, M. F. *The Saving Righteousness of God: Studies on Paul, Justification, and the New Perspective.* Eugene, OR: Wipf & Stock, 2007.

_____. *Romans.* Grand Rapids: Zondervan, 2016.

Bird, M. F.; P. M. Sprinkle, eds. *The Faith of Jesus Christ: Exegetical, Biblical, and Theological Studies.* Peabody, MA: Hendrickson, 2009.

Black, M. *Romans.* NCB. Grand Rapids: Eerdmans, 1973.

Balckwell, B. C.; J. K. Goodrich; J. Maston, eds. *Reading Romans in Context: Paul and Second Temple Judaism.* Grand Rapids: Zondervan, 2015.

Blocher, H. *Original Sin: Illuminating the Riddle.* Downers Grove, IL: InterVarsity Press, 1997.

Blomberg, C. L. *Making Sense of the New Testament: Three Crucial Questions*. Grand Rapids: Baker, 2004.

Bock, D. L.; B. M. Fanning, eds. *Interpreting the New Testament Text: Introduction to the Art and Science of Exegesis*. Wheaton: Crossway, 2006.

Bock, D. L.; M. Glasser. *The Gospel According to Isaiah 53: Encountering the Suffering Servant in Jewish and Christian Theology*. Grand Rapids: Kregel, 2012.

Bockmuehl, M. *Seeing the Word: Refocusing New Testament Study*. Grand Rapids: Baker, 2006.

Bond, H. *Jesus, A Very Brief History*. London: SPCK, 2017.

Boswell, J. *Christianity, Social Tolerance, and Homosexuality: Gay People in Western Europe from the Beginning of the Christian Era to the Fourteenth Century*. Chicago: University of Chicago Press, 1980.

Bornkamm, G. "The Letter to the Romans as Paul's Last Will and Testament." Pp. 16–28 in *The Romans Debate*. Rev. ed. Ed. by K. P. Donfried. Peabody, MA: Hendrickson, 1991.

_____. *Early Christian Experience*. Trans. by P. L. Hammer. New York: Harper & Row, 1969.

Brandon, S. G. F. *Jesus and the Zealots*. New York: Scribner's, 1967.

Bray, G., ed. *Romans*. ACCS. Downers Grove, IL: InterVarsity Press, 1998.

Bring, R. "Paul and the Old Testament: A Study of the Ideas of Election, Faith, and Law in Paul, with Special Reference to Romans 9:30–10:30." ST 21(1971): 21–60.

Brooten, B. *Love between Women: Early Christian Responses to Female Homo-*

erotism. Chicago: University of Chicago Press, 1996.

Brown, R. E. *The Community of the Beloved Disciple: The Life, Loves, and Hates of an Individual Church in New Testament Times*. New York: Paulist, 1979.

_____. *An Introduction to the New Testament*. New York: Doubleday, 1997.

Brownson, J. V. *Bible, Gender, Sexuality: Reframing the Church's Debate on Same Sex Relationships*. Grand Rapids: Eerdmans, 2013.

Bruce, F. F. *Paul: Apostle of the Heart Set Free*. Grand Rapids: Eerdmans, 1977.

_____. *New Testament History*. Garden City, New York: Doubleday & Company, 1980.

_____. *The Letter of Paul the Apostle to the Romans: An Introduction and Commentary*. 2nd ed. TNTC. Grand Rapids: Eerdmans, 1985.

Bryan, C. *A Preface to Romans: Notes on the Epistle in Its Literary and Cultural Setting*. Oxford: Oxford University Press, 2000.

Bultmann, R. *Theology of the New Testament*. 2 vols. Trans. by K. Grobel. New York: Charles Scribner's Sons, 1951.

Burk, D. "Is Paul's Gospel Counterimperial? Evaluating the Prospects of the 'Fresh Perspective' for Evangelical Theology." ETS 51(2008): 309–37.

Burke, T. J. *Adoption into God's Family: Exploring a Pauline Metaphor*. Downers Grove, IL: InterVarsity Press, 2006.

Byrne, B. *Romans*. SacP. Collegeville, MN: Liturgical Press, 1996.

Caird, G. B.; L. D. Hurst. *New Testament Theology*. Oxford: Clarendon, 1994.

Calhoun, R. M. *Paul's Definitions of the Gospel in Romans*. Tübingen:

Mohr Sebeck, 2011.

Calvin, J. *The Epistles of Paul the Apostle to the Romans and to the Thessalonians*. Trans. by R. MacKenzie. Ed. by D. W. Torrance. Calvin's Commentaries. Grand Rapids: Eerdmans, 1960.

Campbell, C. R. *Paul and Union with Christ: An Exegetical and Theological Study*. Grand Rapids: Zondervan, 2012.

Carraway, G. *Christ is God over All: Romans 9:5 in the Context of Romans 9-11*. London: Bloomsbury T&T Clark, 2013.

Carson, D. A. "Mystery and Fulfillment: Toward a More Comprehensive Paradigm of Paul's Understanding of the Old and the New." Pp. 393-436 in *Justification and Variegated Nomism*. Ed. by D. A. Carson, p. T. O'Brien, M. a. Seifrid. Tübingen: Mohr Sebeck, 2004.

Carson, D. A.; Moo, D. J. *An Introduction to the New Testament*. 2nd. ed. Grand Rapids: Zondervan, 2005.

Carson, D. A.; P. T. O'Brien; M. A. Seifrid, eds. *The Paradoxes of Paul*. Grand Rapids: Eerdmans, 2004.

Carter, W. *The Roman Empire and the New Testament: An Essential Guide*. Nashville: Abingdon, 2006.

Chester, S. J. "Romans 7 and Conversion in the Protestant Tradition.: ExAud 25(2009): 135-71.

Chilton, B. D. "Romans 9-11 as Scriptural Interpretation and Dialogue with Judaism." ExAud 4(1974): 27-37.

Clarke, J. R. *The Houses of Roman Italy 100 B.C.—A.D. 250*. Berkeley: University of California Press, 1991.

Coleman, T. M. "Binding Obligations in Romans 13:7: A Semantic Field and Social Context." TynBul 48 (1997): 307-27.

Compton, J. A. D. Naselli, eds. *Three Views on Israel and the Church: Perspectives on Romans 9-11*. Grand Rapids: Kregel Academic, 2018.

Cosgrove, C. H. "Rhetorical Suspense in Romans 9–11: A Study in Polyvalence and Hermeneutical Election." JBL 115(1996): 271–87.

Countryman, L. W. *Dirt, Greed, and Sex: Sexual Ethics in the New Testament and Their Implications for Today*. Philadelphia: Fortress, 1988.

Crafton, J. A. "New York: Paulist's Rhetorical Vision and the Purpose of Romans: Toward a New Understanding." NovT 32(1990): 317–39.

Cranfield, C. E. B. *A Critical and Exegetical Commentary on the Epistle to the Romans*. 2 vols. Edinburgh: T. & T. Clark, 1975, 1979.

_____. "'The Works of the Law' in the Epistle to the Romans." JSNT 43(1991): 89–101.

_____. "Some Observations on Romans xiii. 1–7." NTS 6 (1959–60): 241–49.

_____. *On Romans and Other New Testament Essays*. Edinburgh: T. & T. Clark, 1998.

Cranford, M. "Election and Ethnicity: Paul's View of Israel in Romans 9.1–13." JSNT 50(1993): 27–41.

_____. "Abraham in Romans 4: The Father of All Who Believe." NTS 41(1995): 71–88.

Crisler, Cl. L. *Reading Romans as Lament: Paul's Use of Old Testament Lament in His Most Famous Letter*. Eugene, OR: Pickwick, 2016.

Cullman, O. *The Christology of the New Testament*. Philadelphia: Westminster Press, 1959.

Dabourne, W. *Purpose and Cause in Pauline Exegesis: Romans 1.16-4.25 and a New Approach to the Letters.* SNTSM. Cambridge: Cambridge University Press, 1999.

Dahl, N. A. *Studies in Paul: Theology for the Early Christian Mission.* Minneapolis: Augsburg, 1977.

Daube, D. *The New Testament and Rabbinic Judaism.* London: University of London Press, 1956.

Das, A. A. *Paul, the Law, and the Covenant.* Peabody, MA: Hendrickson, 2001.

_____. *Solving the Romans Debate.* Minneapolis: Fortress, 2007.

Davies, G. N. *Faith and Obedience in Romans: A Study in Romans.* JSNTSup. Sheffield: JSOT Press, 1990.

Deissmann, A. *Bible Studies.* New York: Harper, 1957rep.

deSilva, D. A. *An Introduction to the New Testament: Context, Methods and Ministry Formation.* Downers Grove, IL: InterVarsity Press, 2004.

Derrett, J. D. M. *Law in the New Testament.* London: Dartman, Longman & Todd, 1970.

Dickson, J. P. "Gospel as News: εὐαγγελ− from Aristophanes to the Apostle Paul." NTS 51(2005): 212−30.

Dillon, R. J. "The Spirit as Taskmaster and Troublemaker in Romans 8." CBQ 60(1998): 682−702.

Dix, G. *Jew and Greek: A Study in the Primitive Church.* London: Dacre, 1953.

Dodd, C. H. *The Epistle of Paul to the Romans.* London: Collins, 1959.

Dodson, J. R. "The Voices of Scripture: Citations and Personifications in Paul." BBR 20(2010): 419−32.

Donaldson, T. L. *Paul and the Gentiles: Remapping the Apostle's Convictional World.* Minneapolis: Fortress, 1997.

Donfried, K. P. *The Romans Debate*. Rev. ed. Peabody, MA: Hendrickson, 1991.

Drane, J. "Why Did Paul Write Romans?" Pp. 208–227 in *Pauline Studies: Essays Presented to Professor F. F. Bruce on his 70th birthday*. Ed. by D. A. Hagner and M. J. Harris. Grand Rapids: Eerdmans, 1980.

Dryden, J. D. W. "Immortality in Romans 2:6–11." JTI 7(2013): 295–310.

_____. "Revisiting Romans 7: Law, Self, and Spirit." Journal for the Study of New York: Paulist and His Letters 5(2015): 129–51.

Dunn Toit, A. B. "Paul, Homosexuality, and Christian Ethics." Pp. 281–96 in *Focusing on Paul: Persuasion and Theological Design in Romans and Galatians*. Ed. by C. Breytenbach and D. S. du Toit. Berlin: De Gruyter, 2007.

Dunn, J. D. G. *Unity and Diversity in the New Testament: An Inquiry into the Character of Earliest Christianity*. Philadelphia: Westminster Press, 1977.

_____. *Romans*. 2 vols. WBC. Dallas: Word, 1988.

_____. *The Theology of Paul the Apostle*. Grand Rapids: Eerdmans, 1998.

_____. *The New Perspective on Paul: Collected Essays*. WUNT. Tübingen: Mohr Sebeck, 2005.

_____. *New Testament Theology: An Introduction*. Nashville: Abingdon, 2009.

Dunson, B. C. *Individual and Community in Paul's Letter to the Romans*. Tübingen: Mohr Sebeck, 2012.

Elliott, N. *The Rhetoric of Romans: Argumentative Constraint and Strategy and Paul's Dialogue with Judaism*. JSNTSup. Sheffield: JSOT Press, 1990.

_____. *The Arrogance of Nations: Reading Romans in the Shadow of Empire.* Minneapolis: Fortress, 2008.

Ellis, E. E. *Paul's Use of the Old Testament.* Grand Rapids: Baker, 1981rep.

Ellison, H. L. *The Mystery of Israel: An Exposition of Romans 9-11.* Grand Rapids: Eerdmans, 1966.

Engberg—Pedersen, T. *Paul and the Stoics.* Edinburgh: T&T Clark, 2000.

Epp, E. J. *Junia: The First Woman Apostle.* Minneapolis: Fortress, 2005.

Eskola, T. *Theodicy and Predestination in Pauline Soteriology.* Tübingen: Mohr Sebeck, 1998.

Esler, P. F. *Conflict and Identity in Romans: The Social Setting of Paul's Letter.* Minneapolis: Fortress, 2003.

Fee, G. D. *God's Empowering Presence: The Holy Spirit in the Letters of Paul.* Peabody, MA: Hendrickson, 1994.

_____. *Pauline Christology: An Exegetical Theological Study.* Peabody, MA: Hendrickson, 2007.

Ferguson, E. *Backgrounds of Early Christianity.* Grand Rapids: Eerdmans, 1987.

Fesko, J. V. *Romans: Expository Commentary on the New Testament.* Lectio Continua. Grand Rapids: Reformation Heritage Books, 2018.

Fewster, G. F. *Creation Language in Romans 8: A Study in Monosemy.* Leiden: E. J. Brill, 2013.

Finlan, S. *The Background and Content of Paul's Cultic Atonement Metaphors.* Atlanta: Society of Biblical Literature, 2004.

Fitzmyer, J. A. *Romans.* AB. Garden City, New York: Doubleday & Company, 1993.

Forman, M. *The Politics of Inheritance in Romans.* Cambridge: Cambridge University Press, 2011.

Fuller, D. P. *Gospel and Law: Contrast or Continuum? The Hermeneutics of Dispensationalism and Covenant Theology.* Grand Rapids: Eerdmans, 1980.

Gaca, K. L.; L. L. Welborn, eds. *Early Patristic Readings of Romans.* New York: T. & T. Clark, 2005.

Gadenz, P. T. *Called from the Jews and from the Gentiles: Pauline Ecclesiology in Romans 9-11.* Tübingen: Mohr Sebeck, 2009.

Gaffin, R. B. *"By Faith, Not by Sight": Paul and the Order of Salvation.* Waynesboro, GA: Paternoster, 2006.

Garlington, D. B. *Faith, Obedience, and Perseverance: Aspects of Paul's Letter to the Romans.* Eugene, OR: Wipf & Stock, 2009.

Gathercole, S. *Defending Substitution: An Essay on Atonement in Paul.* Grand Rapids: Baker, 2015.

_____. *Where Is Boasting? Early Jewish Soteriology and Paul's Response in Romans 1-5.* Grand Rapids: Eerdmans, 2002.

_____. "A Law unto Themselves. The Gentiles in Romans 2:14−15 Revisited." JSNT 85 (2002): 27−49.

Gaventa, B. R. *From Darkness to Light: Aspects of Conversion in the New Testament.* Philadelphia: Fortress, 1986.

_____. "Paul's Mythologizing Program in Romans 5−8." Pp. 1−20 in *Apocalyptic Paul: Cosmos and Anthropos in Romans 5-8.* Ed. by B. R. Gaventa. Waco: Baylor University Press, 2013.

_____. *When in Romans: An Invitation to Linger with the Gospel according to Paul.* Grand Rapids: Baker Academic, 2016.

Gehring, R. *House Church and Mission: The Importance of Household Structures in Early Christianity.* Peabody, MA: Hendrickson, 2004.

Getty, M. A. "Paul and the Salvation of Israel: A Perspective on Romans

9−11." CBQ 50(1988): 456−69.

Gibbs, J. G. *Creation and Redemption: A Study in Pauline Theology*. NovT-Sup. Leiden: E. J. Brill, 1971.

Gignac, A. "The Enunciative Device of Romans 1:18−4:25: A Succession of Discourses Attempting to Express the Multiple Dimensions of God's Justice. CBQ 77(2015): 481−502.

Godet, F. *Commentary on the Epistle to the Romans*. Trans. By A. Cusin. Grand Rapids: Zondervan, 1956.

Goodrich, J. K. "From Slaves of Sin to Slaves of God: Reconsidering the Origin of Paul's Slavery Metaphor in Romans 6." BBR 23(2013): 509−30.

Gordon, B. D. "One the Sanctity of Mixtures and Branches: Two Halakic Sayings in Romans 11:16−24." JBL 135(2016): 355−68.

Green, B. *Christianity in Ancient Rome: The First Three Centuries*. London: T. & T. Clark, 2010.

Green, J. B., J. K. Brown, N. Perrin, eds. *Dictionary of Jesus and the Gospels*, 2nd ed. Downers Grove, IL: InterVarsity Press, 2013.

Greenman, J. P.; T. Larsen, eds. *Reading Romans through the Centuries: From the Early Church to Karl Barth*. Grand Rapids: Brazos, 2005.

Grindheim, S. *The Crux of Election: Paul's Critique of the Jewish Confidence in the Election of Israel*. Tübingen: Mohr Sebeck, 2005.

Guerra, A. J. *Romans and the Apologetic Tradition: The Purpose, Genre, and Audience of Paul's Letter*. SNTSMS. Cambridge: Cambridge University Press, 1995.

Gundry, R. H. *A Survey of the New Testament*. Rev. ed. Grand Rapids: Zondervan, 1981.

Gundry-Volf, J. M. *Paul and Perseverance: Staying In and Falling Away*.

Louisville: Westminster John Knox, 1990.

Guthrie, D. *New Testament Introduction.* Downers Grove, IL: InterVarsity Press, 1970.

_____. *New Testament Theology.* Downers Grove, IL: InterVarsity Press, 1981.

Hafemann, S. J. "Eschatology and Ethics: The Future of Israel and the Nations in Romans 15:1–13. TynBul 51(2000): 161–92.

Hahne, H. A. *The Conception and Redemption of Creation: Nature in Romans 8.19-22 and Jewish Apocalyptic Literature.* New York: T. & T. Clark, 2006.

Hanc, O. "Paul and Empire: A Reframing of Romans 13:1–7 in the Context of the New Exodus." TynBul 65(2014): 313–16.

Harris, M. J. *Jesus as God: The New Testament Use of Theos in Reference to Jesus.* Grand Rapids: Baker, 1992.

Harrison, E. F.; D. A. Hagner. "Romans." Pp. 19–237 in *The Expositor's Bible Commentary. Rev. ed.* vol. 11. Ed. by T. Longman & D. E. Garland. Grand Rapids: Zondervan, 2008.

Harrison, J. R. *Paul and the Imperial Authorities at Thessalonica and Rome: A Study in the Conflict of Ideology.* WUNT. Tübingen: Mohr Sebeck, 2011.

Hasel, G. F. *The Remnant: The History and Theology of the Remnant Idea from Genesis to Isaiah.* 2nd ed. Berrien Springs, MI: Andrews University Press, 1974.

Hay, D. M.; E. E. Johnson, eds. *Pauline Theology. Vol. 3. Romans.* Minneapolis: Fortress, 1991.

Hays, R. B. *Echoes of Scripture in the Letters of Paul.* New Haven: Yale University Press, 1989.

Heil, J. P. "Christ, the Temptation of the Law (Romans 9:30–10:8)." CBQ 63(2001): 484–98.

Hengel, M. *Judaism and Hellenism*. 2 vols. Trans. by J. Bowden. Philadelphia: Fortress, 1974.

_____. *Crucifixion in the Ancient World and the Folly of the Message of the Cross*. Philadelphia: Fortress, 1977.

_____. *Between Jesus and Paul: Studies in the Earliest History of Christianity*. Trans. by J. Bowden. Philadelphia: Fortress, 1983.

Hengstenberg, E. W. *Christology of the Old Testament, abridged edition*. Grand Rapids: Kregel, 1970.

Hill, C. C. *Hellenists and Hebrews: Reappraising Division within the Earliest Church*. Minneapolis: Fortress, 1992.

Hodge, C. J. *If Sons, The Heirs: A Study of Kinship and Ethnicity in the Letters of Paul*. Oxford: Oxford University Press, 2007.

Hofius, O. "The Adam–Christ Antithesis and the Law: Reflections on Romans 5:12–21." Pp. 165–205 *in Paul and the Mosaic Law*. Ed. by J. D. G. Dunn. Grand Rapids: Eerdmans, 2001.

Horsley, R., A. *Paul and the Roman Imperial Order*. Valley Forge, PA: Trinity International Press, 2004.

_____. ed., *Paul and Empire: Religion and Power in Roman Imperial Society*. Valley Forge, PA: Trinity International Press, 1997.

House, H. W. *Chronological and Background Charts of the New Testament*. Grand Rapids: Zondervan, 1981.

Hultgren, A. J. *Paul's Letter to the Romans: A Commentary*. Grand Rapids: Eerdmans, 2011.

Hurtado, L. W. *Lord Jesus Christ: Devotion to Jesus in Earliest Christianity*. Grand Rapids: Eerdmans, 2003.

Irons, C. L. *The Righteousness of God: A Lexical Examination of the Covenant-Faithfulness Interpretation*. WUNT. Tübingen: Mohr Sebeck, 2015.

Isaksson, A. *Marriage and Ministry in the New Testament*. Lund: Gleerup, 1965.

Jacob, H. G. *Conformed to the Image of His Son: Reconsidering Paul's Theology of Glory in Romans*. Downers Grove, IL: InterVarsity Press, 2018.

Jeffers, J. S. *The Graeco-Roman World of the New Testament: Exploring the Background of Early Christianity*. Downers Grove, IL: InterVarsity Press, 1999.

Jeremias, J. *Jerusalem in the Time of Jesus*. Trans. by F. H. and C. H. Cave. Philadelphia: Fortress, 1969.

Jervell, J. "The Letter to Jerusalem." Pp. 53–64 in *The Romans Debate*. Rev. ed. Ed. by K. P. Donfried, Peabody, MA: Hendrickson, 1991.

Jervis, P. A. *The Purpose of Romans: A Comparative Letter Structure Investigation*. JSNTSup. Sheffield: JSOT Press, 1991.

Jewett, R. A. *Romans*. Hermeneia. Minneapolis: Fortress, 2007.

Jipp, J. W. *Christ Is King: Paul's Royal Ideology*. Minneapolis: Fortress, 2015.

Johnson, L. T. *Reading Romans: A Literary and Theological Commentary*. Macon, GA: Smyth & Helwys, 2001.

Kallas, J. "Romans XIII.1–7: An Interpolation." NTS 11(1965): 365–74.

Käsemann, E. *New Testament Questions for Today*. Trans. by W. J. Montague. Minneapolis: Augsburg Fortress, 1979.

_____. *Commentary on Romans*. Trans. by G. W. Bromiley. London: SCM, 1980.

Keck, L. E. *Romans*. Nashville: Abingdon, 2005.

Keener, C. S. *Romans: A New Covenant Commentary*. Eugene, OR: Cascade, 2009.

Kim, S. *Christ and Caesar: The Gospel and the Roman Empire in the Writings of Paul and Luke*. Grand Rapids: Eerdmans, 2008.

Kirk, J. R. D. *Unlocking Romans: Resurrection and the Justification of God*. Grand Rapids: Eerdmans, 2008.

Klauck, H. J. *The Religious Context of Early Christianity: A Guide to Greco-Roman Religions*. Trans. by B. McNeil. Edinburgh: T. & T. Clark, 2000.

Klein, G. "Paul's Purpose in Writing the Epistle to the Romans." Pp. 29–43 in *The Romans Debate*. Rev. ed. Ed. by K. P. Donfried. Peabody, MA: Hendrickson, 1991.

Kruse, C. G. *Paul's Letter to the Romans*. PNTC. Grand Rapids: Eerdmans, 2012.

Kujanpää, K. *The Rhetorical Function of Scriptural Quotations in Romans: Paul's Argument by Quotation*. NovTSup. Leiden: E. J. Brill, 2019.

Kümmel, W. G. *Introduction to the New Testament*. Trans. by H. C. Kee. Nashville: Abingdon, 1975.

Laato, T. *Paul and Judaism: An Anthropological Approach*. Trans. by T. McElwain. Atlanta: Scholars Press, 1995.

Ladd, G. E. *A Theology of the New Testament*. Grand Rapids: Eerdmans, 1974.

Lake, K. *The Earlier Epistles of Paul: Their Motive and Origin*. 2nd ed. London: Rivington, 1914.

Lampe, P. *From Paul to Valentinus: Christians at Rome in the First Two Centuries*. Trans. by M. Steinhauser. Ed. by M. D. Johnson. Minneapolis: Fortress, 2003.

Landes, P. F. *Augustine on Romans: Propositions from the Epistle to the Romans and Unfinished Commentary on the Epistle to the Romans*. Chico, CA: Scholars Press, 1982.

Leenhardt, F. J. *The Epistle to the Romans: A Commentary*. Trans. by H. Knight. London: Lutterworth, 1961.

Leithart, P. J. *Deep Exegesis: The Mystery of Reading Scripture*. Waco: Baylor University Press, 2009.

_____. "Adam, Moses, and Jesus: A Reading of Romans 5:12-14." CTJ 43(2008): 257-73.

Lightfoot, J. B. *Saint Paul's Epistle to the Philippians*. London: Macmillan, 1879.

Lincoln, A. T. "From Wrath to Justification: Tradition, Gospel, and Audience in the Theology of Romans 1:18-4:25." Pp. 130-59 in *Pauline Theology*, vol. 3. *Romans*. Ed. by D. M. Hay and E. E. Johnson. Minneapolis: Fortress, 1995.

Lloyd-Jones, D. M. *Romans: An Exposition of Chapter 5; Assurance*. Grand Rapids: Zondervan, 1972.

_____. *Romans: An Exposition of Chapter 6; The New Man*. Grand Rapids: Zondervan, 1973.

_____. *Romans: An Exposition of Chapter 7.1-8.4; The Law: Its Functions and Limits*. Grand Rapids: Zondervan, 1974.

_____. *Romans: An Exposition of Chapter 8.5-17; The Songs of God*. Grand Rapids: Zondervan, 1975.

Longenecker, R. N. *Biblical Exegesis in the Apostolic Period*. Grand Rapids:

Eerdmans, 1999.

_____. *Introducing Romans: Critical Issues in Paul's Most Famous Letter.* Grand Rapids: Eerdmans, 2011.

_____. *Epistle to the Romans: A Commentary on the Greek Text.* NIGTC. Grand Rapids: Eerdmans, 2016.

Luedemann, G. *Paul: Apostle to the Gentiles; Studies in Chronology.* Trans. by F. S. Jones. Philadelphia: Fortress, 1984.

Luther, M. *Luther's Works.* 15 vols. Ed. & Trans. by J. J. Pelikan and H. T. Lehmann. St. Louis: Concordia, 1955–1960.

Madueme, H.; M. Reeves, eds. *Adam, the Fall, and Original Sin: Theological, Biblical, and Scientific Perspectives.* Grand Rapids: Baker Academic, 2014.

Manson, T. W. *Studies in the Gospels and Epistles.* Philadelphia: Westminster Press, 1962.

Marcus, J. "The Circumcision and the Uncircumcision in Rome." NTS 35(1989): 67–81.

_____. "'Under the Law': The Background of a Pauline Expression." CBQ 63(2001): 72–83.

Marshall, I. H. *Kept by the Power of God: A Study of Perseverance and Falling Away.* London: Epworth, 1969.

_____. "Salvation, Grace, and Works in the Later Writings in the Pauline Corpus." NTS 42(1996): 339–58.

Martens, J. W. "Romans 2.14–26: A Stoic Reading." NTS 40(1994): 55–67.

_____. "Burning Questions in Romans 12:20: What Is the Meaning and Purpose of 'Coals of Fire'?" CBQ 76(2014): 291–305.

Martin, B. L. *Christ and the Law in Paul.* NovTSup. Leiden: E. J. Brill,

1989.

Matera, F. J. *Romans*. Grand Rapids: Baker Academic, 2010.

Mathew, S. *Women in the Greetings of Romans 16:1-16: A Study of Mutuality and Women's Ministry in the Letter to the Romans*. London: T. & T. Clark, 2013.

McCruden, K. B. "Judgment and Life for the Lord: Occasion and Theology of Romans14,1–15,3." Biblica 86 (2005): 229–44.

McDonald, J. I. H. "Was Romans xvi a Separate Letter?" NTS 16(1969–70): 369–72.

_____. "Romans 13:1–7: A Test Case for New Testament Interpretation." NTS 35(1989): 540–49.

McFadden, K. W. *Judgment according to Works in Romans: The Meaning and Function of Divine Judgment in Paul's Most Important Letter*. Minneapolis: Fortress, 2013.

McFarland, O. "Whose Abraham, Which Promise? Genesis 15.6 in Philo's De Virtutibus and Romans 4." JSNT 35(2012): 107–29.

McKelvey, R. J. *The New Temple: The Church in the New Testament*. Oxford: Oxford University Press, 1969.

McKnight, S. *Turning to Jesus: The Sociology of Conversion in the Gospels*. Louisville: John Knox Press, 2002.

Meggitt, J. J. *Paul, Poverty and Survival Studies of the New Testament and Its World*. Edinburgh: T. & T. Clark, 1998.

Melanchthon, P. *Commentary on Romans*. Trans. by F. Kramer. St. Louis: Concordia, 1992.

Merkle, B. L. "Romans 11 and the Future of Ethnic Israel." JETS 43(2000): 709–21.

Metzger, B. A *Textual Commentary on the Greek New Testament*. 2nd ed.

New York: United Bible Societies, 1994.

Meyer, J. C. *The End of the Law: Mosaic Covenant in Pauline Theology*. Nashville, TN: Broadman & Holman, 2009.

Miller, J. C. *The Obedience of Faith, the Eschatological People of God, and the Purpose of Romans*. SBLDS. Atlanta: Society of Biblical Literature, 2000.

Minear, P. S. *The Obedience of Faith: The Purpose of Paul in the Epistle to the Romans*. Naperville, IL: Allenson, 1971.

Moiser, J. "Rethinking Romans 12−15." NTS 36(1990): 571−82.

Moo, D. J. *The Epistle to the Romans*. 2nd ed. NICNT. Grand Rapids: Eerdmans, 2018.

_____. *Romans*. NIVAC. Grand Rapids: Zondervan, 2000.

Morris, L. *Romans*. PNTC. Grand Rapids: Eerdmans, 1988.

Morrison, C. *The Powers That Be: Earthly Rulers and Demonic Powers in Romans 13.1-7*. Naperville, IL: Allenson, 1960.

Moule, C. F. D. *The Phenomenon of the New Testament*. London: SCM, 1967.

_____. *An Idiom Book of New Testament Greek*. 2nd ed. Cambridge: Cambridge University Press, 1959.

Moulton, J. H.; W. F. Howard; N. Turner. *A Grammar of New Testament Greek*. 4 vols. Edinburgh: T&T Clark, 1908.

Mounce, R. H. *Romans*. NAC. Nashville, TN: Broadman & Holman, 1995.

Munro, W. *Authority in Paul and Peter: The Identification of a Pastoral Stratum in the Pauline Corpus and 1Peter*. NTSMS. Cambridge: Cambridge University Press, 1983.

Murphy−O'Connor, J. *Paul: A Critical Life*. Oxford: Clarendon, 1996.

Murray, J. *The Epistle to the Romans: The English Text with Introduction, Exposition, and Notes.* 2 vols. NICNT. Grand Rapids: Eerdmans, 1959, 1965.

Nanos, M. D. *The Mystery of Romans: The Jewish Context of Paul's Letter.* Minneapolis: Fortress, 1996.

Naselli, A. D. *From Typology to Doxology: Paul's Use of Isaiah and Job in Romans 11:34-35.* Eugene, OR: Pickwick, 2012.

Nygren, A. *Commentary on Romans.* Trans. by C. C. Rasmussen. Philadelphia: Fortress, 1949.

Oakes, P. *Reading Romans in Pompeii: Paul's Letter at Ground Level.* Minneapolis: Fortress, 2009.

O'Brien, P. T. *Introductory Thanksgivings in the Letters of Paul.* NovTSup. Leiden: E. J. Brill, 1977.

_____. *Gospel and Mission in the Writings of Paul: An Exegetical and Theological Analysis.* Grand Rapids: Baker, 1995.

Olson, R. C. *The Gospel as the Revelation of God's Righteousness: Paul's Use of Isaiah in Romans 1:1-3:26.* Tübingen: Mohr Sebeck, 2016.

O'Neill, J. C. *Paul's Letter to the Romans.* Harmondsworth, UK: Penguin, 1975.

Origen. *Commentary on the Epistle to the Romans, Books 1-5.* Trans. by T. P. Scheck. Washington, DC: Catholic, University of America Press, 2002.

Oropeza, B. J. "Paul and Theodicy: Intertextual Thoughts on God's Justice and Faithfulness to Israel in Romans 9—11." NTS 53(2007): 57—80.

Owen, P. L. "The 'Works of the Law' in Romans and Galatians: A New Defense of the Subjective Genitive." JBL 126 (2007): 553—77.

Patte, D.; C. Grenholm, eds. *Modern Interpretations of Romans: Tracking Their Hermeneutical/Theological Trajectory.* New York: T. & T. Clark, 2013.

Petersen, A. K. "Shedding New Light on Paul's Understanding of Baptism: A Ritual-Theoretical Approach to Romans 6." ST 52(1998): 3-28.

Peterson, D. G. *Commentary on Romans.* Nashville, TN: Broadman & Holman, 2017.

Piper, J. *The Justification of God: An Exegetical and Theological Study of Romans 9:1-23.* 2nd ed. Grand Rapids: Baker, 1993.

Pobee, J. S. *Persecution and Martyrdom in the Theology of Paul.* JSNTSup. Sheffield: JSOT Press, 1985.

Poirier, J. C. "Romans 5:13-14 and Universality of Law." NovT 38(1996): 344-58.

Porter, S. E. *Verbal Aspect in the Greek of the New Testament, with Reference to Tense and Mood.* New York: Peter Lang, 1989.

_____. *Idioms of the Greek New Testament.* Sheffield: Almond Press, 1992.

_____. "The Argument of Romans: Can a Rhetorical Question Make a Difference?" JBL 110(1991): 655-77.

_____. *The Letter to the Romans: A Linguistic and Literary Commentary.* NTM. Sheffield: Sheffield Phoenix, 2015.

_____. *The Apostle Paul: His Life, Thought, and Letters.* Grand Rapids: Eerdmans, 2016.

Raabe, P. R. "The Law and Christian Sanctification: A Look at Romans." Concordia Journal 22(1996): 178-85.

Rapa, R. K. *The Meaning of "Works of the Law" in Galatians and Romans.* New York: Peter Lang, 2001.

Rapinchuk, M. "Universal Sin and Salvation in Romans 5:12−21." JETS 42(1999): 427−41.

Reasoner, M. *The Strong and the Weak: Romans 14:1-15:13 in Context*. Cambridge: Cambridge University Press, 1999.

_____. *Romans in Full Circle: A History of Interpretation*. Louisville: Westminster/John Knox, 2005.

Reid, M. L. *Augustinian and Pauline Rhetoric in Romans 5: A Study of Early Christian Rhetoric*. Lewiston: Mellen Biblical Press, 1996.

Rensburg, J. J. "The Children of God in Romans 8." Neotestamentica 15(1981): 139−79.

Richards, E. R. *The Secretary in the Letters of Paul*. Tübingen: Mohr Sebeck, 1991.

Ridderbos, H. *Paul: An Outline of His Theology*. Trans. by J. R. de Witt. Grand Rapids: Eerdmans, 1975.

Riesner, R. *Paul's Early Period: Chronology, Mission Strategy, Theology*. Trans. by D. Stott. Grand Rapids: Eerdmans, 1998.

Robinson, J. A. T. *Wrestling with Romans*. Philadelphia: Westminster, 1979.

Rodríguez, R. *If Your Call Yourself a Jew: Reappraising Paul's Letter to the Romans*. Eugene, OR: Cascade, 2014.

Rosner, B. *Paul and the Law: Keeping the Commandments of God*. Downers Grove, IL: InterVarsity Press, 2013.

Runge, S. E. *Romans: A Visual and Textual Guide*. Bellingham, WA: Lexham, 2014.

Sanday, W.; A. C. Headlam. *A Critical and Exegetical Commentary on the Epistle to the Romans*. ICC. Edinburgh: T&T Clark, 1902.

Sanders, E. P. *Paul and Palestinian Judaism*. Philadelphia: Fortress, 1977.

_____. *Paul, the Law, and the Jewish People*. Philadelphia: Fortress, 1983.

Schlatter, A. *Romans: The Righteousness of God*. Trans. by Schatzmann. Peabody, MA: Hendrickson, 1995.

Schliesser, B. *Abraham's Faith in Romans4: Paul's Concept of Faith in Light of the History of Reception of Genesis 15:6*. Tübingen: Mohr Sebeck, 2007.

Schmidt, T. E. *Straight and Narrow? Compassion and Clarity in the Homosexuality Debate*. Downers Grove, IL: InterVarsity Press, 1995.

Schnabel, E. J. *Early Christian Mission*. 2 vols. Downers Grove, IL: InterVarsity Press, 2004.

Schnelle, U. *Apostle Paul: His Life and Theology*. Trans. by M. E. Boring. Grand Rapids: Baker Academic, 2005.

Schreiner, T. R. *Romans*. 2nd. ed. BECNT. Grand Rapids: Baker, 2018.

Scroggs, R. *The New Testament and Homosexuality: Background for Contemporary Debate*. Philadelphia: Fortress, 1983.

Seifrid, M. A. "Paul's Approach to the Old Testament in Rom 10:6-8." TJ 6(1985): 3-37.

_____. *Justification by Faith: The Origin and Development of a Central Pauline Theme*. NovTSup. Leiden: E. J. Brill, 1992.

_____. *Christ, Our Righteousness: Paul's Theology of Justification*. Downers Grove, IL: InterVarsity Press, 2001.

_____. "Romans." Pp. 607-94 in *Commentary on the New Testament Use of the Old Testament*. Ed. by G. K. Beale and D. A. Carson. Grand Rapids: Baker Academic, 2007.

_____. *Handbook on Acts and Paul's Letters*. Grand Rapids: Baker, 2019.

Shellrude, G. "The Freedom of God in Mercy and Judgment: A Libertarian Reading of Romans 9:6−29." EvQ 81(2009): 306−18.

Sherwin−White, A. N. *Roman Society and Roman Law in the New Testament*. Oxford: Oxford University Press, 1963.

Silva, M. *Biblical Words and Their Meaning: An Introduction to Lexical Semantics*. Grand Rapids: Zondervan, 1983.

Siker, J. S. *Disinheriting the Jews: Abraham in Early Christian Controversy*. Louisville, KY: Westminster John Knox Press, 1991.

Smallwood, E. M. *The Jews under Roman Rule*. Leiden: E. J. Brill, 1976.

Smiga, G. "Romans 12:1−2 and 15:30−32 and the Occasion of the Letter to the Romans." CBQ 53(1991): 257−73.

Snyman, A. H. "Style and the Rhetorical Situation of Romans 8.31−39." NTS 34(1988): 218−31.

Soards, M. L. *Scripture and Homosexuality: Biblical Authority and the Church Today*. Louisville: Westminster/John Knox, 1995.

Sprinkle, P. M. *Paul and Judaism Revisited: A Study of Divine and Human Agency in Salvation*. Downers Grove, IL: InterVarsity Press, 2013.

_____. *People to Be Loved: Why Homosexuality Is Not Just an Issue*. Grand Rapids: Zondervan, 2015.

Sproul, R. C. *Romans: An Expositional Commentary*. Sanford, FL: Ligonier Ministries, 2019.

Stanley, C. D. *Paul and the Language of Scripture: Citation Technique in the Pauline Epistles and Contemporary Literature*. Cambridge: Cambridge University Press, 1992.

Staples, J. A. "What Do the Gentiles Have to Do with 'All Israel'? A Fresh Look at Romans 11:25−27. JBL 2(2011): 371−90.

Stein, R. H. *Difficult Passages in the Epistles*. Grand Rapids: Baker, 1988.

_____. "The Argument of Romans 13:1−7." NovT 31(1989): 325−43.

Stendahl, K. *Paul among Jews and Gentiles and Other Essays*. Philadelphia: Fortress, 1976.

Stenschke, C. W. "'Your Obedience Is Known to All'(Rom 16:19): Paul's References to Other Christians and Their Function in Paul's Letter to the Romans." NovT 57(2015): 251–74.

Sterling, G. E. "'A Law to Themselves': Limited Universalism in Philo and Paul." ZNW 107 (2016): 30–47.

Steyn, G. J. "Observations on the Text Form of the Minor Prophets Quotations in Romans 9–11. JSNT 38(2015): 49–67.

Stott, J. *Romans: God's Good News for the World*. Downers Grove, IL: Inter-Varsity Press, 1994.

Stowers, S. K. *Letter Writings in Greco-Roman Antiquity*. Philadelphia: Westminster, 1986.

_____. *A Rereading of Romans: Justice, Jews, and Gentiles*. New Haven: Yale University Press, 1994.

Strauss D. F. *The Life of Jesus Critically Examined*. Trans. by G. Eliot. London: SCM, 1973.

Stuhlmacher, P. *Paul's Letter to the Romans: A Commentary*. Trans. by S. J. Hafemann. Louisville: Westminster/John Knox, 1994.

Theissen, G. *The Miracle Stories of the Early Christian Tradition*. Trans. by F. McDonagh. Philadelphia: Fortress, 1983.

_____. *Romans*. ZECNT. Grand Rapids: Zondervan, 2018.

Thiessen, M. *Paul and the Gentile Problem*. Oxford: Oxford University Press, 2016.

Thielman, F. *Paul and the Law: A Contextual Approach*. Downers Grove, IL: InterVarsity Press, 1994.

_____. *Romans*. ZECNT. Grand Rapids: Zondervan, 2018.

Thiselton, A. C. *Discovering Romans: Content, Interpretation, Reception.* Grand Rapids: Eerdmans, 2016.

Thompson, M. B. *Clothed with Christ: The Example and Teaching of Jesus in Romans 12.1-15.13.* JSNTSup. Sheffield: JSOT Press, 1991.

Thornhill, A. C. *The Chosen People: Election, Paul, and Second Temple Judaism.* Downers Grove, IL: InterVarsity Press, 2015.

Timmins, W. N. *Romans 7 and Christian Identity: A Study of the "I" in Its Literary Context.* Cambridge: Cambridge University Press, 2017.

_____. "Why Paul Wrote Romans: Putting the Pieces Together." Themelios 43(2018): 387−404.

Townsley, J. "Paul, the Goddess Religions, and Queer Sects: Romans 1:23−28." JBL 130:707−28.

Turner, N. *Grammatical Insights into the New Testament.* New York: Bloomsbury Academic, 2015.

Twelftree, G. H. *In the Name of Jesus: Exorcism among Early Christians.* Grand Rapids: Baker, 2007.

VanderKam, J. C. *From Joshua to Caiaphas: High Priests after the Exile.* Minneapolis: Fortress, 2004.

Vermes, G. *The Religion of Jesus the Jew.* Minneapolis: Fortress, 1993.

Visscher, G. H. *Romans 4 and the New Perspective on Paul: Faith Embraces the Promise.* New York: Peter Lang, 2009.

Wagner, J. R. *Heralds of the Good News: Isaiah and Paul in Concert in the Letter to the Romans.* Leiden: E. J. Brill, 2002.

Walker, P. W. *Jesus and the Holy City: New Testament Perspectives on Jerusalem.* Grand Rapids: Eerdmans, 1996.

Wallace, D. R. *Election of the Lesser Son: Paul's Lament-Midrash in Romans 9-11.* Minneapolis: Fortress, 2014.

Walters, J. C. *Ethnic Issues in Paul's Letter to the Romans: Changing Self-Definitions in Earliest Roman Christianity*. Valley Forge, PA: Trinity International Press, 1993.

Watson, F. *Paul and the Hermeneutics of Faith*. New York: T. & T. Clark, 2004.

_____. *Paul, Judaism, and the Gentiles: Beyond the New Perspective*. Rev. ed. Grand Rapids: Eerdmans, 2007.

Wedderburn, A. J. M. *Baptism and Resurrection: Studies in Pauline Theology against Its Graeco-Roman Background*. Tübingen: Mohr Sebeck, 1987.

_____. *The Reasons for Romans*. Ed. by J. Riches. Edinburgh: T. & T. Clark, 1988.

Weiss, J. *Earliest Christianity: A History of the Period AD 30-150*. 2 vols. Gloucester, MA: Smith, 1970.

Wenham, D. *Paul: Follower of Jesus or Founder of Christianity?* Grand Rapids: Eerdmans, 1995.

Wilder, T. L., ed. *Perspectives on Our Struggle with Sin: Three Views of Romans 7*. Nashville, TN: Broadman & Holman, 2011.

Wilk, F.; J. R. Wagner, eds. *Between Gospel and Election: Explorations in the Interpretation of Romans 9-11*. Tübingen: Mohr Sebeck, 2010.

Wilkins, M. J. *Following the Master: A Biblical Theology of Discipleship*. Grand Rapids: Zondervan, 1992.

Williams, J. J. *Christ Died for Our Sins: Representation and Substitution in Romans and Their Jewish Martyrological Background*. Eugene, OR: Pickwick, 2015.

Witherington, B.; D. Hyatt. *Paul's Letter to the Romans: A Socio-Rhetorical Commentary*. Grand Rapids: Eerdmans, 2004.

Wrede, W. *The Messianic Secret*. Trans. by J. C. G. Greig. Cambridge: James Clarke & Company, 1971.

Wright, N. T. *The New Testament and the People of God*. Christian Origins and the Question of God 1. London: SPCK, 1992.

_____. "The Letter to the Romans." Pp. 393–770 in *The New Inter-preter's Bible*. Vol. 10. Ed. by L. E. Keck. Nashville: Abingdon, 2002.

_____. *Paul*. London: SPCK, 2005.

_____. *Climax of the Covenant: Christ and the Law in Pauline Theology*. Edinburgh: T. & T. Clark, 1991.

Wright, N. T.; M. F. Bird. *The New Testament in Its World: An Introduction to the History, Literature, and Theology of the First Christians*. Grand Rapids: Zondervan Academic, 2019.

Wuest, K. S. *The Practical Use of the Greek New Testament*. Chicago: Moody Press, 1982.

Yamauchi, E. M. *New Testament Cities in Western Asia Minor: Light from Archaeology on Cities of Paul and the Seven Churches of Revelation*. Eugene, OR: Wipf & Stock, 2003rep.

Yates, J. W. *The Spirit and Creation in Paul*. Tübingen: Mohr Sebeck, 2008.

Yinger, K. L. *Paul, Judaism, and Judgement according to Deeds*. Cambridge: Cambridge University Press, 1999.

Young, R. A. "The Knowledge of God in Romans 1:18–23: Exegetical and Theological Reflections." JETS 43(2000): 695–707.

Zerwick, M. *A Grammatical Analysis of the Greek New Testament, 5th ed.* Trans. by M. Grosvenor. Rome: Biblical Institute Press, 1996.

Ziesler, J. A. *Paul's Letter to the Romans*. London: SCM, 1989.

로마서

내가 복음을 부끄러워하지 아니하노니 이 복음은 모든 믿는 자에게 구원을 주
시는 하나님의 능력이 됨이라 먼저는 유대인에게요 그리고 헬라인에게로다 복
음에는 하나님의 의가 나타나서 믿음으로 믿음에 이르게 하나니 기록된 바
오직 의인은 믿음으로 말미암아 살리라
함과 같으니라

(1:16-17)

그러므로 형제들아 내가 하나님의 모든 자비하심으로 너희를 권하노니 너희
몸을 하나님이 기뻐하시는 거룩한 산 제물로 드리라 이는 너희가 드릴 영적
예배니라 너희는 이 세대를 본받지 말고 오직 마음을 새롭게 함으로 변화를
받아 하나님의 선하시고 기뻐하시고 온전하신 뜻이 무엇인지 분별하도록 하라
내게 주신 은혜로 말미암아 너희 각 사람에게 말하노니 마땅히 생각할 그 이
상의 생각을 품지 말고 오직 하나님께서 각 사람에게 나누어 주신 믿음의 분
량대로 지혜롭게 생각하라

(12:1-3)

소개

옛적에는 로마서를 바울이 자신의 신학을 총체적으로 요약한 '논문'(treatise) 혹은 '조직신학'(systematic theology)으로 간주하기도 했다. 그러나 로마서는 바울이 로마에 사는 그리스도인들에게 보낸 편지이지 조직신학이나 논문은 아니다. 로마서에는 성령과 교회와 종말과 성찬 등 조직신학에서 빠질 수 없는 주요 주제에 대한 체계적인 가르침이 없다. 교회의 속성에 관한 가르침은 오히려 에베소서에 더 자세하게 기록되어 있고, 종말과 재림에 관해서는 데살로니가전서 4:13-5:11과 데살로니가후서 2:1-12에 정리되어 있다. 또한 성령의 은사에 관해서는 고린도전서 12-14장에, 성찬에 관해서는 고린도전서 11장에 더 자세하게 기록되어 있다.

로마서는 바울의 서신 중 가장 길고, 논리 정연하며, 장엄하다. 그러므로 학자들은 로마서를 바울의 걸작(masterpiece)이라 한다. 다른 모든 서신을 작아 보이게 하는 최정상(alpine peak)이기 때문이다(Wright). 로마서는 예수 그리스도의 복음에 대한 증언이며, 교회는 이 서신을 기독교 신학과 신앙의 가장 근본이 되는 문서로 간주해 왔다(Harrison & Hagner, Wright & Bird). 아우구스티누스(St. Augustine)부터 루터(Luther), 칼뱅(Calvin), 웨슬리(Wesley), 바르트(Barth)에 이르기까지 수많은 신학자의 신학에 가장 큰 영향을 끼친 정경이다(cf. Schreiner). 특히 루터는 로마서에서 받은 영감을 바탕으로 종교 개혁을 단행해 서구 세상을 뒤집었으며, 바르트의 로마서 주석은 20세기 자유주의 신학을 뿌리째 흔들어 놓았다(Thielman). 로마서가 저작된 지 거의 2000년이 지난 시점에도 이런 일이 가능한 이유는 로마서를 통해 하나님이 하시는 말씀을 사람이 모두 이해하는 것은 불가능한 일이며, 로마서에 대한 모든 주석을 읽었다는 것도 거짓말이기 때문이다(Wright). 그러므로 기독교 교회의 신학적 역사는 교회가 로마서를 어떻게 이해했는가에 대한 역사라 할 수 있다(Fitzmyer). 로마서에 대한 모든 해석은 잠정적이기 때문이다(Wright).

이처럼 교회의 복음 이해에 가장 큰 영향을 끼친 정경인 로마서는 서신이다. 서신에는 이 서신을 받는 이(들)가 당면한 이슈와 상황에 대한 보내는 이의 생각이 항상 포함된다. 로마서도 예외가 아니다. 바울은 로마 교회에 방문한 적이 없지만, 이방인과 유대인으로 구성된 로마 교회가 당면한 신학적 이슈들을 언급한다. 이 과정에서 바울은 교회가 하나님의 의와 율법에 관해 어떻게 생각해야 하는지에 대해 영원한 영향을 끼쳤다.

저자

초대교회 이후 지금까지 로마서의 저자가 바울이라는 것에 문제를 제기하는 사람은 거의 없다(Cranfield, Moo). 저자는 첫 문장에서 자신이 바울임을 밝힌다(1:1). 또한 저자가 자신이 처한 상황과 앞으로의 계획, 그리고 아는 사람들에 관해 말하는 15:23-16:27을 살펴보면 바울이 자신의 사역과 비전, 그리고 그의 삶과 연관된 많은 사람을 언급하고 있다는 점에 의심할 여지가 없다. 내용에 있어 로마서는 고린도전서와 고린도후서, 갈라디아서와 비슷하다. 로마서와 이 서신들은 사람이 그리스도를 믿어 의롭게 되는 것(3:20-22; 갈 2:16), 교회는 다양한 은사로 서로를 섬기는 성도들로 구성된 예수님의 몸이라는 것(12장; 고전 12장), 이방인 교회가 가난한 예루살렘 성도들을 위해 모금한 것(15:25-28; 고후 8-9장) 등 여러 가지 공통된 주제를 지닌다. 그러므로 바울이 이 서신들을 저작했다면, 로마서도 그가 저작했다는 것이 기정사실이다.

차이점은 바울이 자신에 대해 상세하게 기록하는 갈라디아서와 고린도 서신들과 달리 로마서에서는 자기 신상에 대한 언급을 많이 줄였다는 사실이다. 당연한 일이다. 고린도와 갈라디아 교회는 바울이 세웠으며, 바울은 이 교회 성도들을 잘 안다. 그러므로 그들에게 자기 형편을 알렸다. 반면에 로마 교회는 그가 세운 교회가 아니다. 그러므로 바울은 로마서에서 사적인 이야기들을 자제했다.

바울이 로마서의 저자라는 점은 의심할 여지가 없지만, 바울의 메시지를 문서화한 '더디오'(Τέρτιος, Tertius)의 역할에 대해서는 의견이 분분하다. 더디오는 "이 편지를 기록하는 나 더디오도 주 안에서 너희에게 문안하노라"(16:22)라며 자신이 바울을 대신해 로마서를 기록했다는 사실을 밝힌다. 그러므로 학자들은 그가 문서화된 로마서에 얼마나 기여했는지를 두고 논쟁한다(cf. Schreiner).

로마서 저작 과정에서 바울과 더디오의 역할에 대해 세 가지 견해가 주류를 이룬다. 첫째, 바울이 전반적인 내용을 알려 주고, 더디오가 디테일을 더해 구체화했다. 둘째, 더디오가 바울의 말을 먼저 속기(shorthand)로 받아쓰고 나중에 자세하게(longhand) 풀어 썼다. 셋째, 바울이 더디오에게 한 단어, 한 단어 모든 말을 받아쓰게 했다. 어떤 이들은 로마서 안에 종종 미완성 문장(broken syntax)이 나타난다며 더디오가 바울이 말한 것을 빠르게 메모했다가 나중에 풀어 쓰다 보니 빚어진 일이라 하지만(그러므로 첫 번째와 두 번째 주장의 가능성을 제안함), 미완성 문장들은 바울의 다른 서신에도 종종 보인다(Harrison & Hagner). 그러므로 처음 두 가지 가능성을 배제할 증거는 없지만, 로마서가 로마 교회와 바울에게 참으로 중요한 문서라는 사실을 고려하면 세 번째 옵션이 가장 설득력 있다. 바울이 더디오에게 모든 말을 받아 적게 해 저작한 것이 로마서다(Fitzmyer, Longenecker, Schreiner).

장소와 시기

바울이 로마서에서 제공하는 몇 가지 정보를 고려하면 로마서는 그가 고린도에 머무는 동안 저작해 로마로 보낸 것이 확실하다. 바울은 자신이 이 편지를 보낼 때 '가이오'(Γάϊος, Gaius)가 그를 돌보고(숙식을 제공하고) 있다고 하는데(16:23), 가이오는 바울이 고린도에서 세례를 베푼 사람 중 하나다(고전 1:14). '에라스도'(Ἔραστος, Erastus)는 높은 관직에 있는 사람이었으며, 바울이 고린도에서 선교하며 맺은 열매다(16:23; cf. 딤후 4:20). 또한 고린도의 두 항구 중 하나인 겐그레아 사람 '뵈뵈'(Φοίβη, Phoebe)가 바울을 대신해서 이 편지를 가지고 로마를 방문했다(16:1-2). 이러한 정황을 고려할 때 로마서는 바울이 고린도에서 저작해 보낸 편지다.

고린도는 아가야주(州) 수도이며 행정 중심지였다. 로마 제국에서 로마와 알렉산드리아에 이어 세 번째로 큰 도시였다. 전성기에는 인구가 70만 명이 넘었지만(Longenecker), 신약 시대에는 20만 명 정도였던 것으로 추정한다(Bock, Larkin, Longenecker).

그리스 중부와 남부를 잇는 지협에 위치한 고린도는 지중해를 동쪽과 서쪽으로 구분하는 기준점이었으며, 두 개의 항구가 있었다. 동(東)지중해 쪽에 있는 '사로닉만'(Saronic Gulf)에는 로마서를 가지고 로마를 방문한 뵈뵈의 출신지 '겐그레아 항'(Cenchrea)이 있었으며 서(西)지중해 쪽에는 '고린도만'(Gulf of Corinth)에 '레기움 항'(Lechaeum)이 있었다. 이 두 항구는 5.5km에 달하는 구르는 통나무 길(wood track)로 연결되었으며, 작은 배들이 이 나무 길을 통해 한 항구에서 다른 항구로 옮겨 다녔다(ABD). 큰 배들은 실은 물건만 사람들이 옮겨 다른 항구에서 대기하고 있는 다른 배에 실었다(Longenecker).

또한 그리스 남쪽과 북쪽을 잇는 주요 도로가 고린도를 관통했다. 고린도는 이 같은 지리적 여건으로 인해 경제적으로 매우 발전하고 부유한 도시였으며, 환락과 유흥도 매우 발전했다. 당시 그리스에서 고린도의 위치는 오늘날 미국에서 라스베이거스(Las Vegas)에 버금갈 정도였다(Bock).

 고린도에는 다양한 신을 위한 여러 신전이 있었으며, 사랑의 여신으로 알려진 아프로디테(Aphrodite, 로마 신화에서는 Venus라고 부름) 숭배의 중심지였다. 이 신전에서는 창녀 1,000명이 숭배자들을 맞이했다. 도덕적으로 매우 문란한 도시였으며, 주전 5세기부터 '고린도화되다'(to corinthianize)라는 말이 성적으로 매우 문란한 사람을 묘사하는 데 사용되었다(Bruce).

 사도행전에 따르면 바울은 고린도를 두 차례 방문했다. 첫 번째 방문은 2차 선교 여행 중인 주후 51년 봄 즈음에 있었다. 이때는 갈리오가 아가야주(州) 총독으로 부임한 시점이며(행 18:12-17), 학자들은 이때가 주후 51년 혹은 52년이었다고 한다. 바울은 이곳에서 겨울을 보내고 이듬해 봄에 배를 타고 가이사랴와 예루살렘을 거쳐 파송 교회인 안디옥으로 돌아갔다.

 바울은 고린도에 거할 때 자신이 약하고 두려워 심히 떨었다고 한다(고전 2:3). 그가 고린도에 도착하기 전에 있었던 일을 생각해 보면 바울이 심리적으로 매우 위축된 상황이었다는 점이 충분히 이해된다. 바울은 자신이 사역하고자 했던 아시아를 떠나 마게도냐로 건너갔다(행 16:6-10). 성령의 인도하심에 순종해 하나님이 보여 주신 비전을 따르기 위해서였다. 그러나 바울은 그가 전도한 마게도냐의 세 도시인 빌립보(Philippi), 데살로니가(Thessalonica), 베뢰아(Berea)에서 쫓겨나거나 급히 탈출해야 했다(행 16:2-17:10). 다행히 베뢰아 형제들의 도움으로 아덴에 도착했지만, 아덴(Athens)에서도 자신이 희망했던 만큼 전도의 열매가 맺히지 않았다. 그는 아덴에서 실라와 디모데가 도착하기만을 기다렸지만, 그들이 언제 올지 도무지 알 수 없었다. 결국 그들을 마냥 기다릴 수는 없다고 생각한 바울은 홀로 아덴을 떠나 고린도로 왔다. 즉, 바울은 여러 차례 생명의 위협을 받으며 선교했지만, 흡족할 만한 전도의 열매를 맺지 못해 심리적으로 상당히 위축된 상황에서 고린도에 도착한 것이다.

바울은 원래 고린도에 오래 머물 생각은 없었던 것으로 보인다. 가는 곳마다 유대인들에게 쫓기고 있는 상황과 고린도의 심각한 도덕적 타락이 복음을 선포하기에 적절하지 않다고 생각했을 것이기 때문이다(cf. Fernando). 그러나 바울은 고린도에서 1년 반을 머물며 교회를 세웠다(행 18:11). 그가 전도한 고린도 사람들은 복음과 가장 먼 스펙트럼에서 살고 있었고, 또 기독교가 추구하는 바와 전혀 상관없이 살아왔기 때문인지 고린도 교회는 초대교회 가운데 가장 탈 많고 모난 교회였다고 할 수 있다.

우리는 바울이 세운 그 어느 교회보다도 고린도 교회에 대해 아는 것이 많다. 바울이 쓴 두 개의 고린도 서신 덕분이다. 그의 서신을 보면, 고린도 교회는 마치 어디로 튈지 모르는 '미식축구공'(football) 같다. 언제 어떤 사고를 쳐서 어떤 결과를 초래할지 모르는 교회였기 때문이다. 실제로 고린도 교회는 바울에게 수많은 골칫거리를 안겨 주었다. 이러한 사실은 바울이 고린도 교회에 보낸 두 서신에 역력하게 드러난다. 그럼에도 불구하고 고린도 교회는 살아 있는 역동적인 교회였다(Bruce). 교회의 실체가 얼마나 절망적인지, 그런데도 하나님이 어떻게 교회를 인도해 가시는지 보고 싶다면 고린도 서신을 묵상하는 것이 큰 도움이 될 것이다.

바울이 두 번째로 고린도에 방문한 때를 주후 55년 초로 보는 이들이 있는가 하면(Barrett, Morris), 더 구체적으로 주후 56년(Mounce) 혹은 주후 57년(Porter)이라 하는 이들도 있다. 하지만 대부분은 주후 56년 말부터 57년 초 겨울로 본다(Bruce, Cranfield, Dunn, Moo). 바울은 3차 선교여행을 마치고 주후 57년 유월절을 예루살렘에서 지내기 위해 고린도(겐그레아)에서 출발하는 배를 타려고 이 도시를 찾았다. 그의 3차 선교여행 절정은 주후 53년 봄에 시작해 3년 동안 진행된 에베소 사역이다(행 19장; 20:31). 바울은 이 3년 동안 두란노 서원에서 가르쳤으며, 많은 열매를 맺었다(행 19:1-20).

바울의 성공적인 사역으로 인해 아데미(Artemis) 숭배의 본고장인 에베소에서마저 우상 숭배와 관련한 물건들이 잘 팔리지 않자, 은장색 데메드리오가 사람들을 선동해 바울을 죽이고자 폭동을 일으켰다(행 19:24-33). 바울의 2차 선교 여행 때 고린도에서 바울을 만난 후 줄곧 그와 함께하며 도왔던 브리스가('브리스길라'라고도 함)와 아굴라가 목숨을 걸고 나서서 바울을 안전하게 도시에서 탈출시켰다(16:3-4). 에베소를 탈출한 바울은 마게도냐에 있는 교회들을 방문한 후(행 20:1-2), 주후 56년 말에 고린도에 도착해 이곳에서 3개월을 보냈다(행 20:3).

고린도에 머무는 동안 이방인 교회들이 예루살렘 교회를 위해 구제 헌금을 모금하는 일이 마무리되었으므로 바울은 겨울에 막혔던 뱃길이 열리는 대로 가이사랴를 거쳐 예루살렘으로 갈 계획이었다. 바울의 계획을 알게 된 유대인들은 배가 지중해를 항해하는 동안 선상에서 그를 죽이려는 음모를 꾸몄고, 이러한 사실을 알게 된 바울은 육로를 통해 마게도냐를 거쳐 아시아까지 간 후 그곳에서 배를 타고 예루살렘으로 가기로 했다(cf. 행 20:3).

사도행전에 기록된 바울의 여정에 의구심을 갖는 사람들은 로마서가 주후 40년대 후반이나 주후 50년대 초반에 쓰였다고 주장하기도 하지만(Luedemann, Richards), 대부분 학자는 사도행전에 기록된 바울의 여정이 역사적 신빙성을 지닌 것으로 보고 바울이 고린도를 두 번째 방문했던 주후 56-57년경에 저작되었다고 확신한다. 이들 중에는 이 서신을 로마로 가져가는 자매 뵈뵈(Phoebe)가 고린도의 항구인 겐그레아 사람이라는 사실을 근거로(cf. 16:1-2) 로마서가 겐그레아에서 저작되었다고 주장하는 이들이 있다(Schreiner, Thielman, Wright & Bird). 그러나 대부분은 바울이 로마서를 고린도에서 저작한 뒤 겐그레아 사람 뵈뵈를 통해서 로마로 보낸 것이라 한다(Beale & Gladd, Black, Fitzmyer, Byrne, Johnson, Longenecker, Witherington & Hyatt). 바울은 고린도에 주후 56년 말부터 57년 초까지 3개월간 머무르면서 로마서를 작성한 것이다.

바울은 고린도에 머무는 중 그리스의 북서쪽에 있는 로마의 주(州) 일루리곤('Ιλλυρικόν, Illyricum)(15:19)에 속한 달마디아(Δαλματία, Dalmatia) 도 방문했다(Thielman, cf. 딤후 4:10). 그러나 누가는 이러한 사실을 사도 행전에 기록하지 않았다. 그는 바울이 예루살렘을 거쳐 로마로 가는 여정에 초점을 맞추어 이야기를 이어 갔기 때문이다.

어떤 이들은 공식적이고 공개적인 문서인 '서신'(epistle)과 개인적인 바람과 희망을 전하고자 하는 '편지'(letter)를 구분해야 한다며 로마서가 서신인지 혹은 편지인지 논쟁을 벌이기도 했다(Deissmann). 그러나 대부분 학자는 서신과 편지의 차이를 인정하지 않고 같은 것으로 취급해 왔다(cf. Dodd).

로마서는 분명 서신이지만, 저자인 바울은 개인적인 사색을 최소화하며 로마 성도들이 당면한 이슈에 대해 부드럽게 조언하는 일종의 에세이(essay) 형식을 취한다. 바울은 로마를 방문한 적이 없고, 로마 교회는 이미 굳게 뿌리를 내렸다는 점을 고려하면 당연한 일이다(cf. 1:8).

로마 교회

1세기 로마는 제국의 수도였으며, 인구는 100만 명 정도 되었고, 그중 유대인은 1만 5,000명에서 6만 명 정도였던 것으로 추정된다(Porter, Schnabel, Schreiner). 어떤 이들은 오순절 강림 때로부터 어느 정도 세월이 흐른 다음 로마를 방문한 이방인 선교사들이 로마 교회를 세웠다고 한다(Stuhlmacher). 그러나 로마 교회는 부활하신 예수님이 승천하신 후 복음이 사도들을 통해 선포되기 시작한 때에 시작되었다. 사도행전은 예루살렘 성전에서 오순절을 기념하기 위해 로마에서 온 순례자들이 있었으며, 그중 많은 사람이 복음을 접하고 그리스도인이 되었다고 한다(행 2:10-41).

이 사람들은 로마로 돌아간 뒤 교회를 세우고 사도들처럼 유대인 회당을 찾아가 전도했다. 4세기에 저작된 바울 서신에 대한 주석인 『암브로시아스터』(*Ambrosiaster*)는 이렇게 증언한다: "로마인들은 이적이나 사도들의 사역을 경험하지 못했지만 유대인들의 예식에 따라 그리스도의 믿음을 받아들였다"(Donfried). 바울이 서신을 보내기 전에 이미 로마에는 교회가 수십 년째 있었던 것이다.

당시 로마에서는 예수님이 하나님의 아들이신 메시아라고 믿는 유대인 그리스도인과 예수님이 메시아라는 사실을 부인하는 유대교인 사이에 갈등이 끊이지 않았다. 급기야 도시의 평안을 염려한 글라우디오(Claudius) 황제가 주후 49년에 유대인들을 로마에서 추방하는 일이 벌어졌다(cf. 행 18:2). 1세기 로마 사학자 수에토니우스(Gaius Suetonius Tranquillus, 주후 69-122)는 '크레수도'(Chrestus)로 인해 로마에 소란이 일자 황제 글라우디오가 도시에서 유대인들을 내쫓았다는 기록을 남겼다. 로마 시민권을 가진 유대인들은 쫓겨나지 않았지만, 시민권이 없는 유대인은 모두 도시를 떠나야 했다. 학자들은 '크레수도'(Chrestus)를 '그리스도'(Christos)를 잘못 표기한 것으로 간주한다(cf. Harrison & Hagner).

글라우디오의 명령에 따라 로마를 떠난 유대인 그리스도인 중에는 바울이 고린도에서 만난 브리스길라와 아굴라도 있었다(행 18:1-3). 이 부부가 로마를 떠나기 전에 이미 그리스도인이었다는 점은 바울이 그들에게 복음을 전하지 않고 곧바로 동역자로 간주하는 일에서도 암시된다. 주후 54년에 글라우디오 황제가 죽자 유대인들은 다시 로마로 돌아왔고, 아굴라 부부도 이때 로마로 돌아간 것으로 보인다(cf. 16:3-4).

로마로 돌아온 유대인 그리스도인들과 유대교인들은 서로를 피하며 각자의 길을 도모한 것으로 보인다(cf. 행 28:17-28). 소란을 피운다는 이유로 도시에서 추방당했던 상황이라 서로 조심했을 것이다. 또한 다시 돌아온 유대인 그리스도인들도 도시를 떠나 있는 동안 이방인을 중심으로 구성된 교회로 돌아가기보다는 유대인만을 위한 교회를 세웠을 가능성이 크다.

로마서가 전달되었을 때쯤 로마에는 독립적으로 운영되는 가정교회가 5–6개가량 있었던 것으로 생각된다(Harrison & Hagner, Lampe, cf. 16장). 바울이 16장에서 자신의 편지를 직접 받은 로마 교회를 향해 이 교회에 속하지 않은 사람들에게 문안하라고 하는 것을 보면 알 수 있다. 또한 학자들은 로마 교회가 이방인과 유대인으로 구성되었다는 사실에 모두 동의한다(Longenecker, cf. 1:16, 2:9–10). 그러나 그들의 비율이 어땠는지, 그리고 로마서가 이방인 그리스도인 혹은 유대인 그리스도인을 위해 쓰인 것인지는 지금도 논쟁거리로 남아 있다.

로마서가 이방인 그리스도인만을 위해 쓰인 책이라고 주장하는 이들이 있다(Barclay, Das, Miller, Rodríguez, Thiessen, cf. 1:5–7, 13–15; 11:13; 15:15–16). 이러한 주장을 펼치는 이들은 14–15장에 언급된 '강자와 약자'를 이방인 성도 중 유대교 예식을 따르지 않아도 된다는 사람들과 그렇지 않다며 유대교 예식을 따라야 한다는 사람들로 해석한다(Das, Lampe, Rodríguez). 또한 로마서에 기록된 유대교와 유대인에 대한 가르침(cf. 2:17, 7:1)은 먼저 유대교에 입문했다가 그리스도인이 된 '경건한 자들'(God-fearers)을 위한 것이라 한다(Das). 오직 이방인 그리스도인만을 위한 것은 아니지만, 이방인이 주류를 이루고 있는 교회에 보낸 편지라고 하는 이들도 있다(Schreiner, cf. 1:5–6, 13, 11:13, 15:15–16).

반면에 로마서는 유대인 그리스도인이 주류를 이루는 교회에 보낸 서신이라고 하는 이들이 있다(Dunn, Fitzmyer, Manson, Mason). 이들은 구약에 대한 이해를 배경으로 전개되는 1–11장은 바울이 유대인 그리스도인들과 율법에 관해 대화를 시도하기 위한 것이라 한다(cf. 2:17). 그러나 율법은 유대인뿐 아니라 이방인 그리스도인에게도 중요한 이슈였다. 그러므로 이 섹션을 유대인 그리스도인을 위한 것으로 제한할 필요는 없다.

바울이 로마서를 보낼 때쯤 로마 교회의 이방인과 유대인 비율이 50
대 50이었다는 학자도 있다(Esler). 바울은 다른 이방인 가운데서 열매
를 거둔 것처럼 로마에서도 열매를 거두기를 희망한다며 로마 교회에
이방인이 많음을 암시한다(1:13; cf. 1:5-6). 또한 이방인의 죄(1:19-32)
와 유대인의 죄(2:1-29)를 언급하며 두 부류 모두 믿음으로 의롭게 되
는 것에서는 동일하다고 한다(3:29-30; 4:9-16). 유대인뿐 아니라 이방
인도 믿음의 조상인 아브라함의 후손이다(4:11-25). 바울은 이처럼 과
거 이스라엘과 새로 형성된 교회의 연결성을 토대로 구약을 자유로이
인용하며 편지를 이어 간다(Harrison & Hagner).

　로마 황제 네로(Nero Claudius Caesar Augustus Germanicus, 주후 37-68)는
낡고 지저분한 로마를 재건하고 싶어 도시에 불을 질렀다. 그러나 민
심이 흉흉해지자 그리스도인들이 불을 질렀다며 주후 64년에 기독교
를 핍박하기 시작했으며, 베드로와 바울도 이때 순교했다. 그럼에도
불구하고 하나님은 로마 교회를 든든히 세워 가셨다. 로마 교회는 네
로의 혹독한 핍박을 이겨 냈을 뿐 아니라, 이후 여러 황제의 지속적이
고 가혹한 공격도 이겨 내며 온 로마 제국이 기독교에 복종하는 쾌거
를 이루어 냈다.

목적

뵈뵈를 통해 로마에 서신을 보낸 주후 50년대 중후반에 바울은 로마
제국의 동쪽인 아시아-마게도냐-아가야 지역 선교를 마무리한 상황
이다(cf. 15:19-23). 그는 고린도에서 3개월간 머물며 지난 사역을 되돌
아보고 미래 사역에 대한 계획을 세웠다. 바울은 지중해 뱃길이 열리
는 대로 이방인 교회들이 모은 구제 헌금을 예루살렘에 있는 유대인
교회에 전달할 생각이었다. 그런 다음 제국 서쪽에 있는 스페인을 복

음화하기 위한 선교 기지로 삼고자 로마에 갈 계획을 세웠다(행 20:2-3; 롬 1:13; 15:22-32; 16:1).

어떤 이들은 바울이 유대인 중심으로 형성된 교회와 이방인 중심으로 형성된 교회를 연합시키고자 로마서를 저작했다고 한다(Esler). 한편, 로마 사람들이 주장하는 '황제가 주'(Caesar as Lord)라는 '복음'(gospel)이 아니라, '예수 그리스도의 복음'(the Gospel of Jesus Christ)으로만 정의를 실현할 수 있다는 것을 알리기 위해 로마서를 저작했다고 주장하기도 한다(Wright). 로마는 여신(女神) '정의'(Iustitia)를 수호신으로 숭배하며 '정의'(justice)에 대해 지대한 관심을 보인 도시였기 때문이다. 혹은 로마서를 아시아와 그리스의 주요 지역 선교를 마무리한 바울이 로마를 기점으로 스페인 선교를 하고자 로마의 그리스도인들에게 보낸 '모금 편지'(fundraising letter)로 보는 이들도 있다(Johnson, cf. 행 19:21; 롬 15:22-24). 그러나 바울이 이러한 목적으로 편지를 썼다면 로마서처럼 장엄한 작품을 저작할 필요가 있었을까? 뵈뵈를 통해 간단한 메모만 보내도 충분히 자기 의사를 전달할 수 있었을 텐데 말이다. 그러므로 단 한 가지 목적을 가지고 로마서를 저작했다는 것은 설득력이 부족하다.

로마서가 비록 서신 형태를 취하고 있지만 바울의 신학을 체계적·요약적으로 설명하는 일종의 '미니어처 조직신학'(miniature systematic theology)으로 간주하는 이들도 있다(Jervis, Lightfoot, Nygren). 로마서는 다른 서신에서처럼 로마 교회가 당면한 구체적인 문제를 찾아보기 어렵고, 다른 서신보다 매우 자세하게 기록된 바울의 대표작(magnum opus)이기 때문이다. 그러나 만일 로마서가 바울 신학의 요약본이라면 왜 로마서는 '성만찬'과 '교회론'과 '종말론' 등 중요한 주제에 대해 이렇다 할 언급을 하지 않는 것일까? 그러므로 이 또한 큰 설득력을 지닌 것으로 보이지 않는다.

로마서는 바울의 대표작이다. 이러한 사실을 생각하면 그가 로마서를 저작한 목적을 한두 가지로 논하는 것은 바람직하지 않아 보인다.

로마서는 앞에 언급한 것 외에도 여러 가지 목적을 염두에 두고 바울이 저작한 서신이다(cf. Thielman). 다음에 나열되는 목적들도 고려해 균형 있는 관점에서 로마서를 해석해야 한다.

로마서의 가장 기본적인 목적은 복음에 대한 체계적인 프레젠테이션을 제시하는 것이다. 로마 교회는 어느 특정한 사도와 연관된 교회이거나 사도가 세운 교회가 아니다. 어떤 이들은 3세기 역사가 유세비우스(Eusebius Pamphilus)가 한 말, 즉 베드로가 주후 42년에 로마에 있었다고 한 말을 근거로 베드로가 로마 교회를 세운 것이라 주장한다(cf. Wenham). 그러나 천사의 도움으로 예루살렘 감옥에서 풀려난 베드로는 안디옥으로 갔지, 로마로 가지 않았다(Fitzmyer, Schreiner, cf. 행 12:17; 갈 2:11-14).

로마 교회에는 많은 이방인 성도가 있었다(cf. 1:5-6; 11:13; 15:14-16). 바울은 이방인에게 복음을 선포하도록 부르심을 받은 사도다. 그러므로 바울은 자신이 세우지 않은 로마 교회에 매우 특별한 애정을 가지고 있었다.

바울은 로마 성도들에게 지난 20년간 자신이 선포해 온 복음이 어떤 것인지 프레젠테이션을 하고 있다. 로마 성도들이 알고 있는 복음이 잘못되었기 때문이 아니다(cf. 1:8, 12; 16:19). 바울은 로마 성도들에게 신학적 차원에서 복음과 율법을 설명하고(Longenecker, cf. 14:1-15:13), 목회적 차원에서 그리스도의 복음에 따라 어떻게 살아갈 것인지 가르치고자 한다(Thielman, cf. 12:1-13:14). 또한 바울은 '영적인 은사들'(spiritual gifts)로 그들을 강건하게 하고, 세우고자 하여 로마서를 저작했다(cf. 1:11).

바울이 로마서를 통해 지난 수십 년 동안 자신이 전한 그리스도의 복음을 정리해 체계적으로 프레젠테이션을 하는 데는 또 한 가지 중요한 이유가 있다. 바울은 머지않은 미래에 자신이 더는 복음을 전파할 수 없을 때를 맞이할 것이라고 생각했다. 나이가 들어 감에 따라 체력과 건강이 젊었을 때 같지 않은 것도 이유가 되겠지만, 스페인 선교를 꿈꾸던 바울은 왠지 로마가 그의 '땅끝'이 될 수도 있다는 생각을 떨칠 수가 없다. 주님이 그의 마음에 로마로 가고자 하는 마음을 주시고(행 19:21; cf. 행 25:11), 예루살렘 감옥에 갇혀 있던 그에게 로마로 갈 것이라는 말씀도 하셨지만, 그 이후에 대한 말씀은 하지 않으셨기 때문이다(행 23:11; cf. 행 27:23-24).

바울은 고린도에서 로마서를 집필하기 바로 전에 에베소에서 전에 경험하지 못한 시간적 여유를 누렸다. 항상 쫓기듯 곳곳을 다니며 선교하던 바울이 에베소의 두란노 서원에서 3년간 가르치며 생각을 정리하는 시간을 가진 것이다(cf. 행 19:10, 21-22). 이 기간에 그는 그리스도의 복음에 대한 생각을 신앙적·신학적으로 정리하고 체계화했다. 그러고 나서 몇 달 후 고린도에서 로마 교회뿐 아니라 세상 모든 교회에 복음이 무엇인지 설명하는 서신을 작성했다. 로마서는 로마에 사는 그리스도인들에게 그리스도의 복음을 설명하고 가르치기 위해서 저작되었지만, 또한 복음을 전파하고자 하는 모든 그리스도인에게 그들이 전하고자 하는 그리스도의 복음이 무엇이며 그들이 무엇을 가르치고 전파해야 하는지를 알려 주는 일종의 매뉴얼로 쓰이도록 작성된 것이다. 그러므로 로마서는 바울이 죽은(순교한) 후에도 교회가 그리스도의 복음을 이해하고 전하는 데 지대한 영향을 끼쳤다.

로마 교회와 그 외 초대교회들은 바울이 로마서를 저작하며 의도했던 바를 잘 이해한 것으로 보인다. '로마서'(The Letter of Paul to the Romans)는 2세기 교부들이 서신에 기록된 내용을 반영해 붙인 타이틀이다. 일부 사본에는 1:7과 1:15에 '로마에'(ἐν 'Ρώμῃ, in Rome)라는 말이 없다. 원본에는 이 문구가 있었지만, 복사본을 만들어 여러 교회에 회람하는 과정에서 의도적으로 삭제한 것으로 보인다. 로마 교회는 이 서신이 자신들만 소장하기에는 복음에 대해 너무나도 귀중한 진리를 담고 있음을 알고 처음부터 다른 교회와 공유하고자 했던 것이다(cf. Lampe).

일부 사본은 15장 이후 로마 교회 여러 성도에게 문안하는 바울의 인사말인 16:1-23을 삭제하고 찬양/축도인 16:25-27로 서신을 마무리한다(cf. Harrison & Hagner). 어떤 사본들은 다른 교회에 회람하기 위해 바울의 로마 방문 계획을 포함하는 15장과 인사말을 담은 16장을 모두 삭제하기도 했다(Lightfoot). 어떤 이들은 로마서가 원래 14장에서 끝이 났는데, 편집자가 나중에 15-16장을 첨부했다고 주장한다(Lake, Leenhardt). 다른 이들은 바울이 한 번도 방문한 적 없는 교회의 성도들에 대해 16:1-23처럼 여러 성도를 세세하게 언급하는 것은 불가능한 일이라 한다(McDonald). 이러한 주장을 펼치는 이들은 16장의 인사말이 이 서신을 로마가 아니라 바울이 3년간 지내며 여러 성도와 교제했던 에베소 교회에 보내기 위해 첨부한 것이라 한다(Mason).

그러나 바울은 이 서신을 로마 성도들에게 보낸 것이 확실하다 (Harrison & Hagner). 에베소 성도들은 로마서 같은 복음에 대한 세세한 가르침이 필요 없다. 그들은 3년 동안 바울에게 직접 복음에 대한 가르침을 전수받았기 때문이다.

또한 바울은 로마 교회가 그가 계획하는 스페인 선교를 지지하고 후원하기를 바라는 마음으로 이 서신을 썼다(cf. 1:12). 로마 교회가 그를 선교사로 파송하고 1-3차 선교 여행을 후원했던 '안디옥 교회'(cf. 행 13:1-3)가 되어 주기를 염원하며 자신이 그동안 전한 그리스도의 복음이 어떤 것인지를 설명하고 알린 것이다. 바울은 로마 교회가 그의 사역에 동참할 것을 확신하며, 그가 로마에 가기 전에 계획하고 있는 예루살렘 방문과 사역을 위해 기도를 부탁한다(15:30-32). 약 3년 후 바울이 로마로 오고 있다는 소식을 접하고 수많은 로마 성도가 50-60㎞ 떨어진 압비오 광장과 트레이스 타베르네까지 와서 그를 환영한 것을 보면(행 28:15), 그의 서신을 받은 순간부터 로마 교회는 바울의 후원자이자 동역자가 되었다.

어떻게 생각하면 로마서는 바울이 스페인 선교를 할 수 있도록 로마 교회가 후원자가 되어 주기를 바라는 마음으로 쓴 것이지만, 또한 자신이 더는 선교할 수 없는 상황에 처하게 되면(cf. 행 20:23; 21:11) 그들이 이 서신에 담긴 그리스도의 복음에 대한 가르침을 매뉴얼로 삼아 바울을 대신해서 선교하게 하고자 쓴 것으로도 보인다. 로마 교회뿐 아니라 주님이 다시 오실 때까지 모든 교회는 로마서를 바탕으로 복음을 이해해야 한다(Bornkamm). 그러므로 로마서는 바울의 복음에 대한 최종적이고 완성된 가르침이라 할 수 있다. 이러한 차원에서 로마서는 그가 남긴 유언이라 할 수도 있다(Bornkamm).

바울이 처한 상황을 고려하면 로마서는 그가 믿고 전한 복음이 무엇인지 공식적으로 밝힘으로써 그에 대한 여러 가지 오해를 해소하고 적대적인 감정을 잠재우려는 노력이다. 이방인은 유대인처럼 유대교 율법에 얽매일 필요가 없다는 가르침으로 인해 바울은 수많은 적대자를 두었다. 그로 인해 가는 곳마다 그를 해치려는 유대인들의 폭력을 피해 다녀야 했다. 그가 고린도에서 배를 타고 예루살렘으로 가는 일정을 포기한 이유도 같은 배를 타고 갈 유대인 순례자들이 선상에서 그를 죽이려 한다는 첩보를 입수했기 때문이다.

유대인들만 그를 적대시하는 것은 아니었다. 일부 그리스도인도 율법에 대한 그의 가르침에 동의하지 않았다. 사도들과 장로들로 구성된 예루살렘 공회(Jerusalem Council, cf. 행 15:1-29)가 이방인은 유대인의 율법을 따를 필요가 없다고 결의하고 바울에게 공식적인 편지를 써 주었는데도 말이다. 심지어 초대교회의 가장 중요한 지도자였던 베드로와 바울을 이방인을 위한 선교사로 파송한 안디옥 교회마저 율법과 이방인의 관계에 대해 실족했다(갈 2:11-21).

이방인을 위한 사도로 부르심받은 바울은 이 같은 어려운 상황에서 유대인 그리스도인으로서 이 서신을 로마 교회에 보냈다. 이때 로마에는 여러 개의 가정 교회가 있었으므로 그중에는 바울과 다른 입장을 취하거나 바울의 가르침을 의심하는 이들도 있었을 것이다. 바울은 유대인이나 이방인이나 율법이 아니라 믿음으로 구원에 이른다며 율법 준수 여부는 각자 자라온 환경과 선호도에 따라 결정하는 것이라 한다. 또한 하나님이 성도에게 바라는 거룩한 삶과 율법 준수는 서로 상관없다며 복음의 본질로 그들을 설득한다. 로마 성도들이 바울에게 공감하는 것은 매우 중요한 일이다. 그래야 그들이 전심으로 바울의 스페인 선교를 지지하고 후원할 것이기 때문이다.

로마서를 통해 그리스도의 복음에 대한 생각을 정리한 바울은 곧 방문할 예루살렘 교회(유대인으로 구성됨) 앞에서 자기 입장을 변론해야 하는 상황이 오면(cf. 행 21:17-24) 로마서를 통해 정리한 내용을 사용할 생각이다(cf. Jervell). 이러한 면에서 로마서는 바울이 예전에 본의 아니게 일으켰던 논쟁들에 대한 요약과 입장 발표의 성격을 띠고 있는 듯하기도 하다(cf. Karris, Schreiner).

이렇게 함으로써 바울은 교회를 '유대화/율법화하려는 사람들'(Judaizers)로부터 지키고자 한다. 바울은 로마서를 통해 적대자들에게 '율법 폐기론자'(antinomian)가 아니면서 '반율법주의적(anti-legalistic)인 신학이 가능하다는 것을 보여 주고자 한다(Drane). 로마 교회가 이러한 신학을 추구한다면 안디옥 교회와 같은 실수는 범하지 않을 것이다. 그러기 위해서는 글라우디오의 유대인 추방 이후 더욱더 뚜렷해진 이방인 교회와 유대인 교회가 율법에 대해 같은 입장을 고수해야 한다. 그러므로 로마서는 로마에 있는 여러 교회의 신학적 연합을 위해 저작되었다고 할 수 있다(Beale & Gladd). 로마서는 바울이 이처럼 여러 가지 목적을 염두에 두고 저작한 것이다.

메시지

로마서는 단순한 안부 편지라고 하기에는 다른 서신들보다 분량이 여러 배 이상 길다(cf. 빌레몬서, 요한삼서). 서신의 내용은 기독교 교리에 대한 강론이라 할 수 있다. 그러므로 어떤 이들은 로마서가 전도와 선교를 할 때 염두에 두어야 할 기독교 진리를 요약하고 있다고 한다 (Luther, cf. Dunn). 또한 로마서는 이미 그리스도인이 된 하나님의 자녀에게 그들이 무엇을 믿고, 어떻게 살아야 하는지에 대해 많은 것을 알려 주는 다양한 신학적 주제에 관한 심오한 해설서라 할 수 있다. 그러므로 로마서에서 몇 개의 구절을 제시하며 책의 신학과 메시지를 논하는 것은 어리석은 일이다. 한 가지 신학적 주제의 솔로(solo) 연주가 아니라, 매우 다양한 신학적 주제가 함께 연주하는 심포니(symphony)로 간주해야 한다(Wright).

로마서의 다양한 메시지를 하나로 묶는 주제는 '구원'(salvation)이다. 우리의 구원은 하나님의 의가 이루는 일인데, 하나님의 의가 그리스도의 복음을 통해 믿는 자들을 구원하셨다. 그러므로 로마서는 "내가 복음을 부끄러워하지 아니하노니 이 복음은 모든 믿는 자에게 구원을 주시는 하나님의 능력이 됨이라 먼저는 유대인에게요 그리고 헬라인에게로다 복음에는 하나님의 의가 나타나서 믿음으로 믿음에 이르게 하나니 기록된 바 오직 의인은 믿음으로 말미암아 살리라 함과 같으니라"(1:16-17)라는 고백(가르침)을 중심으로 그리스도의 복음을 통해서 나타난 하나님의 의에 관해 말한다.

바울이 '하나님의 의'(δικαιοσύνη θεοῦ)가 복음을 통해 나타났다고 하는 것을 이해하려면 구약에서 '의'(צְדָקָה)가 무엇을 의미하는지 생각해 보아야 한다. 구약에서 의(righteousness)는 크게 두 가지 의미를 지닌다. 법적인 의미와 관계적 의미다. 이 중 로마서를 이해하는 데 중요한 것은 관계적인 의다.

하나님이 의를 표현하시는 가장 기본적인 방법은 자기와 언약을 맺은 이들과의 관계에 신실하게(성실하게) 임하여 그들을 구원하는 일을 통해서다. 이스라엘은 하나님의 의를 하나님이 그들의 선조들과 맺으신 언약에 신실하게 임하는 것이라 했다(Wright, cf. 시 33:4; 사 40-55장; 렘 32:41; 애 3:23; 호 2:20). 그러므로 선조들과 맺으신 언약에 따라 이루신 출애굽 사건은 하나님이 의를 드러내신 첫 번째 구원 사건이다. 하나님이 이스라엘에 자기 의를 드러내신 두 번째 구원 사건은 그들을 바빌론에서 돌아오게 하신 일이다. 같은 맥락에서 예수님 시대를 사는 유대인들은 종말에 하나님의 의가 온전히 드러나 그들을 구원하고 모든 이방인의 억압으로부터 해방시킬 것이라 했다. 하나님의 의가 실현되는 날 이스라엘은 국가적으로 회복되고 성전과 하나님 백성의 영광스러운 삶도 회복되어 다윗과 솔로몬 시대에 버금가는 영화를 누리게 될 것이라고 생각했다.

하나님은 시내산에서 모세를 통해 율법을 주시기 전에 이미 이스라엘의 선조들과 언약을 맺으셨고, 구원은 하나님이 이 언약에 신실하게 임하실 때 실현되기에 이스라엘의 율법 준수 여부와 상관없이 진행된다. 또한 하나님이 이스라엘의 첫 선조인 아브라함과 언약을 맺으실 때 세상 모든 민족도 아브라함 언약을 통해 축복받을 것이라고 하셨다(창 12:2-3; cf. 창 17:4-22; 18:18). 그러므로 첫 번째 아담이 하나님께 불순종해 온 인류에게 죄와 죽음을 안겨 준 것과 대조적으로 누구든지 두 번째 아담으로 오신 예수님을 믿으면 하나님의 구원 축복을 누릴 수 있다. 그리스도의 복음을 통해 유대인뿐 아니라 이방인에게도 구원하시는 하나님의 의가 드러난 것이다. 그러므로 하나님의 의는 이제 율법이 있는 유대인과 율법이 없는 이방인 모두 믿음으로 구원에 이르게 한다.

1세기 유대교도 율법이 아니라 은혜를 통한 구원을 주장했다(Sanders, cf. Dunn, Stendahl). 만일 율법이 구원과 직접 상관이 없다면, 하나님은 왜 이스라엘에 율법을 주셨는가? 시내산 율법은 노예 생활에서 해방된 이스라엘이 지향해야 하는 '제사장 나라와 거룩한 백성'의 삶에 대한 매뉴얼이라 할 수 있다(출 19:6). 이스라엘이 율법대로 살면 그들은 하나님이 주신 소명을 실현하는 삶을 살게 될 뿐 아니라, 모든 공동체 구성원이 서로 존중하고 배려하며 행복하게 살 수 있다. 즉, 율법은 하나님 백성 공동체의 행복 보장 헌장이었다.

또한 율법은 하나님이 이스라엘을 심판하시는 기준이다. 이런 면에서 율법은 하나님의 진노를 드러내는 것이라 할 수 있다. 율법은 지금도 정죄함으로써 구원이 아니라 유죄를 확인해 준다(cf. 3:19; 7:7; 10:5). 다행히 복음을 통해 드러난 하나님의 의는 율법에 드러난 하나님의 진노를 초월한다(Seifrid, cf. 1:18, 32; 3:19-20; 4:15; 5:20; 7:7-25).

이방인들은 율법을 지키지 못한 것에 죄책감을 느낄 필요가 없다(cf. 2:27, 29; 7:6). 하나님이 그들에게는 율법을 주지 않으셨기 때문이다. 교회 안에서 율법에 대한 유대인과 이방인의 양극화는 상당 부분 바울의 가르침에서 비롯되었다(cf. 행 21:20-25). 세상 만물과 모든 사람을 창조하신 하나님은 율법(특별 은총/계시)을 주신 자들은 그들에게 주신 율법으로, 율법을 주시지 않은 자들은 그들의 양심(보편 은총/계시)으로 심판하신다. 율법은 하나님과 언약을 맺은 이스라엘이 어떻게 살 것인지를 정의하는 기준이지, 구원에 이르게 하는 것은 아니다. 또한 율법은 시스템(system)이기 때문에 모든 율법을 지켜야 하며, 개인의 선호도에 따라 일부는 지키고 일부는 범하는 것은 의미가 없다. 수많은 율법 중 한 가지만 범해도 범법자가 되기 때문이다.

언약 백성인 유대인은 모두 율법대로 살지 못했으므로 하나님께 범죄했다. 이방인도 창조주께서 주신 양심에 따라 살지 못해 범죄했다. 그러므로 유대인이나 이방인이나 하나님의 심판을 피할 수 없게 되었다. 이때 예수 그리스도께서 자신의 죽음으로 모든 율법의 요구를 충족시켜(8:4; 10:1-4; 13:8-10), 누구든지 그를 믿는 자는 구원에 이르게 하셨다. 그리스도의 복음이 율법의 정죄를 무력화한 것이다(cf. 3:21-26). 그러므로 누구든지 믿는 자를 구원하시는 하나님의 의가 그리스도를 통해서 나타났다. 유대인과 이방인이 동일하게 그리스도의 복음을 믿어 구원에 이른다는 것은 하나님 백성이 더는 인종이나 신분에 따라 정의되지 않고, 그리스도 안에서 새로 정의되고 형성됨을 의미한다.

그렇다면 아브라함의 후손인 이스라엘 사람들은 모두 구원받는가? 그렇지는 않다. 신약이 예수님을 이스라엘과 온 인류의 구원자라 하는 것은 교회가 옛것(구약과 유대인의 전통)을 포기하지 않으면서 새것(신약과 이방인의 시대)을 껴안게 하려는 것이다. 이러한 가르침은 선지자들의 '남은 자들'에 대한 이해와 맥을 같이한다. 선지자들은 미래에 형성될 '이스라엘 이후 공동체'(post-Israel community)가 남은 자들(하나님께 신실한 사람들)로 구성될 것이라고 하는데, 이 남은 자 공동체는 범위가 넓어지는 면모가 있는가 하면 좁아지는 면모도 지닌다.

남은 자 공동체가 좁아진다는 것은 이런 의미다. 예전에는 누구든 아브라함의 후손, 곧 이스라엘 사람이면 하나님의 백성이 될 수 있었다. 그러나 선지자들이 계시로 받은 남은 자들의 공동체는 더는 혈연으로 이어지는 집단이 아니다. 이스라엘 사람이라 할지라도 믿음이 없으면 남은 자가 될 수가 없다. 오직 소수(남은 자들)만 구원에 이른다(Beale & Gladd, 9:6; 11:5; cf. 사 11:16; 37:32; 렘 23:3; 31:7; 미 5:7-8; 습 2:7-9).

또한 남은 자 공동체의 범위는 넓어지기도 한다. 예전에는 이스라엘 사람만 남은 자가 될 수 있었다. 반면에 선지자들이 꿈꾸었던 남은 자는 이방인을 포함한다. 이방인 중에서도 믿음이 있는 사람은 남은 자가 될 수 있다. 심지어 이방인이 여호와의 제사장이 되어 하나님을 가장 가까운 곳에서 섬기는 일이 있을 것이다(cf. 사 65-66장). 신약은 이런 시대가 도래했다고 한다(3:29; 9:24; 엡 2:11-22).

아브라함의 후손을 구원하시는 하나님은 이방인도 구원하기 원하신다. 그러므로 하나님은 유대인의 불신을 이방인 구원의 계기로 삼으셨다(11:25). 하나님은 자신이 구원하고자 하는 이방인의 수가 찰 때까지 유대인 구원하는 일을 적극적으로 행하지 않으신다(11:11-12). 그러므로 이방인은 한동안 유대인이 하나님의 구속 사역 중심에 있지 않은 것에 대해 교만하면 안 된다(cf. 11:20-26). 더욱이 믿는 이방인은 믿지 않는 유대인을 경멸해서는 안 된다(11:18; cf. 14:1-15:7). 구원받는 이방인의 수가 차면 유대인은 질투와 시기로 인해 구원에 이를 것이다(11:13-14). 그때까지 이방인과 유대인은 교회 안에서 어느 정도 불편한 관계를 유지한다(cf. 14:1-15:13).

율법이 사람을 구원할 수는 없지만, 율법은 좋은 것이다. 하나님이 이스라엘에 주신 선물이며, 하나님의 영광을 드러내는 것이기 때문이다(cf. 시 119편). 또한 율법은 사람이 누릴 수 있는 가장 훌륭한 경건이다. 그러므로 순종하는 자들에게 율법은 꿀송이보다 달다. 유대인들이 이렇게 고백할 수 있었던 것은 율법이 사람을 비참하고 불행하게 하는 죄를 억제한다고 생각했기 때문이다.

유대인들이 참으로 좋게 여긴 율법을 바울은 왜 종종 부정적으로 말하는가? 바울이 잘못된 것인가? 그렇지 않다. 먼저 바울은 율법이 죄를 억제하는 것이 아니라, 오히려 악화시킨다고 한다(5:20; 6:14-15; 7:1-25). 그러므로 율법을 잘 지키면 지킬수록 자유를 누리는 것이 아니라 오히려 율법으로부터 억압받는다. 사람을 변화시키고 자유를 주는 것은 예수 그리스도를 통해 드러난 하나님의 은혜와 성령뿐이다(cf. 6:1-23; 7:6; 8:1-39).

또한 율법이 아무리 좋은 것이라 해도 항상 악용하는 이들이 있었다. 하나님이 율법을 주신 이유와 율법이 추구하고자 하는 것과 상관없이 무조건 율법을 지켜야 한다며 율법주의에 빠진 사람들이다. 예루살렘 공회가 이방인 성도는 할례를 받지 않아도 되며, 율법을 통해 구원받는 것이 아니니 지킬 필요도 없다고 선포한 후에도 율법주의자들이 교회를 괴롭힌 것처럼 말이다(cf. 갈 2장). 율법의 취지와 지향하는 바에 상관없이 무조건 지켜야 한다고 주장하는 율법주의자들은 율법을 삶에 어떻게 적용할 것인지에만 관심을 쏟았다. 결국 그들은 율법을 지키고자 하는 사람들로 하여금 많은 오류를 범하게 했다. 예수님도 산상 수훈에서 여러 차례 '너희가 들었으나…'를 반복하며 그들의 잘못된 율법 해석을 바로잡으셨다(마 5:21, 27, 33, 38, 43). 바울은 율법 자체를 부인하는 것이 아니라, 율법주의자들의 잘못된 해석과 적용을 부정적으로 본 것이다.

율법과 복음은 어떤 관계인가? 이 이슈는 구약과 신약의 관계와 맞물려 있다고 할 수 있다. 율법과 복음은 분명 지속성(continuity)과 단절성(discontinuity)을 지닌다. 구약의 율법과 예언이 성육신해 십자가에서 죽으시고 부활하신 예수님을 통해 성취되었다(cf. 1:2; 16:25-27). 예수님은 구약이 오실 것이라고 한 메시아이시다. 신약 저자들은 이러한 지속성을 강조하기 위해 구약을 최소한 60여 차례 직접 인용한다(Seifrid). 그러므로 신약의 복음은 하나님의 구속사에 따라 구약의 율법과 예언을 토대로 선포된 것이라 할 수 있다.

그러나 새 포도주는 새 부대에 넣어야 하는 것처럼(마 9:17) 유대교는 그리스도의 복음을 담을 수 없었다. 복음은 구약 율법과 획기적으로 다른, 완전히 새로운 것이다. 그러므로 구약과 신약은 도저히 극복할 수 없는 단절성도 지닌다. 이 단절성은 어떠한 말로도 충분히 설명할 수 없다. 그러므로 바울은 복음을 가리켜 영세 전부터 감추어졌다가 그리스도를 통해 드러난 미스터리라고 한다(16:25-26).

개요

어떤 이들은 로마서 5장이 1-4장의 결론이라며, 책의 전반부를 1-5장과 6-8장으로 구분해야 한다고 한다(cf. Wright). 그러나 5장은 5-8장에서 전개될 내용을 요약적으로 제시한다. 그러므로 거의 모든 학자가 로마서를 1-4장, 5-8장, 9-11장, 12-16장 등 네 파트로 구분한다.

편리상 이렇게 구분하지만, 로마서는 처음부터 끝까지 매우 다양한 신학적 주제가 어우러져 한 작품을 구성하고 있으므로 각 파트가 밀접하게 연결되어 있음을 염두에 두고 읽어야 한다. 이 주석에서는 다음과 같은 구분을 바탕으로 본문을 주해해 나가고자 한다.

Ⅰ. 서론(1:1-17)
Ⅱ. 오직 믿음으로 의에 이름(1:18-4:25)
Ⅲ. 의에 이른 결과: 새 언약과 새 창조(5:1-8:39)
Ⅳ. 복음과 이스라엘(9:1-11:36)
Ⅴ. 복음과 삶(12:1-15:13)
Ⅵ. 복음과 열방(15:14-33)
Ⅶ. 마무리 인사(16:1-27)

I. 서론
(1:1-17)

바울은 한 번도 로마에 방문한 적이 없다. 여러 차례 가려고 했지만, 하나님이 허락하지 않으셨다. 그렇지만 머지않아 로마를 방문할 계획을 세웠다. 바울은 자신이 로마를 방문할 때가 무르익고 있다고 생각한다. 그는 로마에 가면 성도들에게 자신이 경험한 복음의 능력을 증언하고자 한다. 바울이 한 번도 만난 적 없는 사람들에게 이처럼 당당하게 자기 계획을 말하는 것은 그를 사도로 부르신 이가 곧 그들을 예수 그리스도께 부르신 분이기 때문이다. 바울은 하나님의 부르심을 근거로 로마 성도들에게 편지를 보내 문안한다. 본 텍스트는 다음과 같이 구분된다.

A. 부르심과 인사(1:1-7)
B. 로마 방문 계획(1:8-15)
C. 복음의 능력(1:16-17)

A. 부르심과 인사(1:1-7)

¹ 예수 그리스도의 종 바울은 사도로 부르심을 받아 하나님의 복음을 위하여 택정함을 입었으니 ² 이 복음은 하나님이 선지자들을 통하여 그의 아들에 관하여 성경에 미리 약속하신 것이라 ³ 그의 아들에 관하여 말하면 육신으로는 다윗의 혈통에서 나셨고 ⁴ 성결의 영으로는 죽은 자들 가운데서 부활하사 능력으로 하나님의 아들로 선포되셨으니 곧 우리 주 예수 그리스도시니라 ⁵ 그로 말미암아 우리가 은혜와 사도의 직분을 받아 그의 이름을 위하여 모든 이방인 중에서 믿어 순종하게 하나니 ⁶ 너희도 그들 중에서 예수 그리스도의 것으로 부르심을 받은 자니라 ⁷ 로마에서 하나님의 사랑하심을 받고 성도로 부르심을 받은 모든 자에게 하나님 우리 아버지와 주 예수 그리스도로부터 은혜와 평강이 있기를 원하노라

본 텍스트는 바울 서신 중 가장 길고 신학적으로 깊은 메시지를 담은 인사말이다(Schreiner, Thielman). 로마 교회가 이미 오래전부터 존재했고, 바울이 한 번도 만나 보지 못한 성도들로 구성되었다는 점을 고려할 때 그가 신중하고 긴 인사말로 편지를 시작하는 것은 당연한 일이다. 또한 바울은 어디를 가든 유대인들을 자극하는 메시지를 전파했다. 따라서 로마 교회에는 그에 대한 소문을 듣고 그의 메시지와 사역을 우려하는 이들도 있었을 것이다. 그러므로 바울은 오해와 우려를 해소하고자 인사말에 그들이 동의할 만한 신학적 메시지를 담아 자신과 로마 성도들의 복음이 다르지 않다는 것을 강조한다.

바울이 이 인사말에서 강조하는 것은 하나님이 그리스도의 복음을 통해 그와 로마 성도들을 부르셨다는 사실이다. 하나님은 그를 사도로 부르셨고(1, 5절), 그들을 예수 그리스도의 것으로 부르셨다(6절). 하나님의 부르심이 그들을 같은 백성으로 묶었기에 서로 한 번도 만나 보

지 못한 상황에서도 사도로 부르심을 입은 바울이 성도로 부르심을 입은 그들에게 편지를 한다.

바울은 자신을 세 가지로 소개한다(1절). 첫째, 그는 예수 그리스도의 종이다(1a절). '예수'(Ἰησοῦς)는 인류의 구원자로 오신 하나님 아들의 이름이다. 히브리어 이름 '여호수아'(יְהוֹשֻׁעַ)를 헬라어로 표기한 것이며 '여호와의 구원, 여호와가 구원하신다'라는 의미를 지닌다(HALOT). '그리스도'(Χριστός)는 '기름 부음을 받은 자'라는 의미를 지닌 히브리어 '메시아'(מָשִׁיחַ)를 헬라어로 번역한 것이다. 신약에서 '그리스도'는 예수님의 이름을 뜻하는 고유 명사로(cf. 막 1:1; 9:41; 행 24:24), 혹은 호칭(타이틀)으로(마 2:4; 16:16; 막 8:29) 사용되는데, 바울은 1절에서 '그리스도'를 예수님의 명예로운 호칭으로 사용한다(Wright, Jipp). 그러므로 '예수 그리스도'(Χριστοῦ Ἰησοῦ)는 '그리스도[메시아]이신 예수'라는 의미를 지닌다. 이어지는 2-4절에서는 구약이 예수님이 그리스도이심을 증언한다고 한다.

바울은 메시아이신 예수님의 종이다. '종'(δοῦλος)은 재산권이나 기본권 없이 주인이 지시하는 것을 행하는 노예다(TDNT). 그는 자신을 가리켜 주인이신 예수 그리스도의 명령에 순종하는 노예라고 한다. 구약에서는 아브라함, 모세, 여호수아, 다윗, 선지자 등이 '여호와의 종'(עֶבֶד יְהוָה)으로 불린다. 그러므로 창조주 하나님의 종(노예)으로 불리는 것은 하나님이 특별히 사랑하시는 소수만이 누릴 수 있는 영광이다.

그럼에도 불구하고 이 단어(종, 노예)는 하나님의 종이 누리는 권세와 영광이 아니라, 그가 섬기는 '더 큰 권세'에 온전히 복종하는 것을 강조한다(Moo). 바울 자신이 예수 그리스도의 '사도'라는 사실보다 그분의 '종'이라는 사실을 먼저 언급하는 것은 그의 권위가 주인이신 예수님께 위임받은 것임을 강조하기 위해서다(Schreiner). 예수님께 권위를 위임받은 종으로서 그는 주인이신 예수님이 명령하신 일을 하고자 한다(cf. Bray).

둘째, 그는 사도로 부르심을 받았다(1b절). '사도'(ἀπόστολος)는 '보냄을 받은 자'라는 의미를 지닌다. '부르심'(κλητὸς)은 하나님이 사람들을 구원하기 위해 예수님께 나오게 하시거나, 사람들을 특정한 직분으로 세우시는 것을 뜻한다(cf. 8:28; 9:24, 25, 26; 고전 1:9, 24, 26; 갈 1:6, 15). 하나님은 바울을 '보내기 위해'(사도) '부르셨다'. 그는 그리스도인들을 핍박하기 위해 다메섹으로 가는 길에 예수님의 부르심을 받았지만(행 9:15; 26:16), 또한 태어나기 전부터 하나님의 부르심을 받았다(cf. 렘 1:5).

초대교회 성도 중 어떤 사람들은 바울이 사도가 되기 전에 교회를 핍박하는 자였으며, 예수님의 열두 제자 중 하나가 아니었다는 이유로 그의 사도직은 다른 사도들의 것보다 급이 낮다고 했다. 그러나 그의 사도직은 예루살렘 교회의 '기둥들'이라 하는 야고보와 게바와 요한의 것과 같은 급이었다(갈 2:9). 바울도 다른 사도들처럼 예수님께 직접 복음을 들었다(cf. 행 9:1-19; 갈 1:1, 11).

또한 그는 이방인에게 보내심을 받은 유일한 사도다. 바울은 자신의 이 '이방인 사도직'을 근거로 로마 교회에 편지를 보내고 있다(11:13; 15:15). 다른 사도들은 유대인 사역으로 부르심을 받았기 때문에 바울 외에는 그 누구도 이방인 성도가 주류를 이루는 로마 교회에 서신을 보낼 만한 상황이 아니다.

셋째, 그는 하나님의 복음을 위해 택정함을 입었다(1c절). '하나님의 복음'(εὐαγγέλιον θεοῦ)을 출처에 관한 문구(genitive of source)로 해석하는 이들은 바울이 전한 복음의 출처가 하나님이라고 풀이하며(Fitzmyer, Thielman), 목적에 관한 문구(objective genitive)로 해석하는 이들은 바울의 복음이 하나님을 전파한 것이라고 풀이한다(Johnson, Turner). 대부분 학자는 두 가지 의미를 모두 수용한다(Stuhlmacher). 바울이 전한 복음은 하나님에게서 온 것이며, 예수 그리스도에 관한 것이다(16:25-26).

당시 그리스-로마 세계에서 '복음'(εὐαγγέλιον)은 온 세상에 영향을 끼치는 황제의 공식적인 메시지(official message) 혹은 전쟁에서 승리했다는 소식이었다(Thielman). 칠십인역(LXX)에서는 주로 이사야가 절망하고 좌절하는 주의 백성 이스라엘에 하나님의 구원이 곧 임할 것이라고 선포한 메시지들을 뜻한다(사 40:9; 52:7; 60:6; 61:1; 욜 2:32). 그러므로 바울은 구약에서 이스라엘에 약속으로 주어졌던 좋은 소식이 그가 전한 복음을 통해 실현되고 있다고 한다(Schreiner). 이 복음의 절정은 인간의 죄 사함을 보장하는 예수 그리스도의 죽음과 부활이다(3:21-4:25).

'택정함'(ἀφωρισμένος)은 어떤 목적을 위해 따로 구분하는 것을 의미한다(BDAG). 바울은 복음을 전파하도록 하나님이 따로 구분해 사도로 세우신 사람이다. 사도는 그리스도의 복음을 전파하는 자이며, 바울은 사도 중에서도 이방인에게 복음을 전파하도록 부르심과 택정함을 받았다(갈 1:15; cf. 롬 11:13; 갈 1:1, 15-16; 엡 3:1, 5, 8). 그의 사도직이 매우 특별한 것은 그가 교회를 핍박할 때 택정함을 받았기 때문이다(고전 15:8-9; cf. 갈 1:13-17; 빌 3:6; 엡 3:8; 딤전 1:12-15).

바울은 이방인에게 복음을 전파하는 사도로 부름받았으므로 이방인을 찾아가느라 그 어느 사도보다도 자주 먼 길을 떠났다. 또한 이사야(사 49:1)와 예레미야(렘 1:5)를 생각나게 할 정도로(Käsemann) 온갖 핍박과 고난을 감수했다(16:3-4; cf. 고전 4:8-15; 살전 2:1-2, 9). 사도로서 바울은 구약 선지자들의 소명에 버금가는 부르심을 받은 것이다.

바울의 사도 소명이 선지자들의 부르심보다 더 나은 면모도 있었다. 선지자들은 장차 오실 메시아에 대해 예언했지만, 바울은 그들이 예언한 메시아 예수의 복음을 선포하고 있기 때문이다. 그러므로 그는 옛 선지자들이 도래할 것이라고 했던 메시아의 시대를 살고 있다! 그가 지치지 않고 계속 복음을 전파하며 선교에 힘쓰는 것은 예수 그리스도와 하나님 아버지가 메시아 시대에 메시아의 복음을 전파하는 그를 통해 영광을 받으시기 때문이다.

다른 서신들과 비교해 로마서가 다소 특이한 것은 다른 서신에서는 편지를 함께 보내는 이들의 이름을 언급하는 것이 일상적인데(cf. 고전

1:1; 고후 1:1; 갈 1:1-2; 빌 1:1; 골 1:1; 살전 1:1; 살후 1:1), 이 서신은 바울의 이름만 언급한다는 점이다(1절). 16:21에 따르면 로마서를 작성할 때 디모데가 옆에 있었는데도 말이다. 로마서처럼 오직 바울의 이름만 언급하는 서신은 에베소서가 유일하다. 아마도 바울이 자신의 이방인 선교를 위한 사도직(cf. 5절)을 강조하기 위해 자기 이름만 언급하는 것으로 보인다(Dunn, Jervis, Schreiner).

복음은 하나님이 옛 선지자들을 통해 그의 아들이신 예수님에 관하여 성경에 미리 약속하신 것이다(2절). '약속하신 것'(ὃ προεπηγγείλατο)은 하나님이 아브라함에게(4:13-14, 16-21; 9:9; 갈 3:16-19, 21, 29) 혹은 선조들에게(15:8; 갈 4:23, 28) 주신 것으로, 하나님이 자기 백성과 함께 하시며 그들에게 성령을 부어 주실 것이라는 축복이었다(cf. 사 32:15; 44:3; 겔 11:19; 36:26-27; 욜 3:1-2).

바울은 자신과 로마 성도들이 권위 있는 하나님의 계시라고 고백하는 구약을 바탕으로 구약과 복음의 연결성을 강조하고 있다(cf. 16:26). 복음은 오래전부터 하나님이 선지자들을 통해 말씀하신 것을 실현한 것으로, 어느 날 갑자기 선포된 것이 아니다. 태초에 시작된 구속사의 절정이다. 그러므로 복음은 유대인이나 이방인들이 기대한 것보다 훨씬 더 놀라운 것이다(cf. 9-11장). 복음은 예수 그리스도의 죽음과 부활로 율법을 높이고 율법의 요구를 온전히 이룬다(3:31; 8:4).

이어지는 3-4절에서 저자는 이미 초대교회에 존재하던 찬송(혹은 정형화된 고백)을 인용해 복음의 중심 되시는 예수님의 인성과 신성에 대해 증언한다(Barrett, Bultmann, Dunn, Harrison & Hagner, Jewett, Longenecker, Stuhlmacher, Wright). 학자들이 이 두 구절을 초대교회의 찬송으로 보는 이유는 각각 분사(participle)를 중심으로 구성되어 있으며, 서로 평행적 구조를 지니고, 바울 서신에서 생소한 표현인 '성결의 영'이 사용되며, 흔하지 않은 주제(다윗의 혈통으로 태어나신 예수님) 등이 등장하기 때문이다. 두 문장은 헬라어로 다음과 같이 동일한 순서와 구조로 구성되어 있다(Moo).

로마서 1:3	로마서 1:4
τοῦ γενομένου 나셨고	τοῦ ὁρισθέντος 선포되셨으니
ἐκ σπέρματος Δαυὶδ 다윗의 혈통에서	υἱοῦ θεοῦ ἐν δυνάμει 능력으로 하나님의 아들로
κατὰ σάρκα 육신으로는	κατὰ πνεῦμα ἁγιωσύνης 성결의 영으로는
	ἐξ ἀναστάσεως νεκρῶν 죽은 자들 가운데서 부활하사

'그의 아들에 관하여'(περὶ τοῦ υἱοῦ αὐτοῦ, 3a절)가 두 개의 분사인 '나
셨다'(γενομένου)와 '선포되셨다'(ὁρισθέντος) 앞에 오는 것은 예수님이 다
윗의 아들로 나시고, 하나님의 아들로 선포되시기 전부터 하나님과 영
원히 함께하신 아들이셨다는 사실을 강조한다(Cranfield, Kruse). 성육신
하신 예수님이 어느 날 하나님의 아들이 되신 것이 아니라, 성육신하
기 전부터 하나님과 영원히 함께한 아들(preexistent Son of God)이셨다(Fee,
Fitzmyer, Hengel, Keck, Stuhlmacher, Schnabel, cf. 8:3).

하나님의 아들이신 예수님은 육신으로는 다윗의 혈통에서 나셨다(3b
절). 구약 저자들이 이스라엘의 구원자가 다윗의 혈통으로 나실 것이라
고 예언했기 때문이다(삼하 7:12-16; 사 11:1-5; 렘 23:5-6; 33:14-17; 겔
34:23-24; 37:24-25). 어떤 이들은 메시아가 연약한 인간으로 오신 것을
부정적으로 보기도 하지만(Dunn, Wright), 중립적으로 보아야 한다. 이
스라엘의 구원자로 오시는 이는 인간이자 하나님이셔야 하기 때문이
다. 신약 저자들도 메시아로 오신 예수님이 다윗의 후손이라는 사실을
누누이 강조한다(마 1:1; 20:30-31; 21:9, 15; 막 10:47-48; 12:35; 눅 1:27,
32, 69; 2:4; 3:23-31; 요 7:42; 행 2:30; 13:22-23, 32-34; 롬 15:12; 딤후 2:8;

계 5:5; 22:16).

'성결의 영'(πνεῦμα ἁγιωσύνης)(4a절)은 상당히 독특한 문구이며, 히브리어 특유의 표현(רוּחַ קָדְשׁוֹ)을 번역한 것이다(Moo, cf. 시 51:11; 사 63:10-11). 이 '성결의 영'이 예수님의 영을 의미한다는 해석이 있다(Fitzmyer, Longenecker). 이러한 해석을 완전히 배제할 수는 없지만 대부분은 성령(Holy Spirit)을 뜻하는 것으로 해석한다(Byrne, Harrison & Hagner, Thielman, Wright, 새번역, cf. 5:5; 9:1; 14:17; 15:13, 16; 살전 1:5-6). 성령이 임하시는 시대, 곧 이스라엘이 회복되는 시대가 도래했다는 뜻이다(사 32:15; 겔 11:19; 욜 3:1-2; cf. 행 1:4-5; 2:3; 갈 3:14).

'선포되셨으니'(τοῦ ὁρισθέντος)(4b절)의 기본적인 의미는 '임명하다, 결정하다'(appoint, determine)이다. 예수님이 죽음과 부활을 통해 하나님의 아들이 되신 것이 아니라, 태초부터 하나님의 아들이셨음이 확인되었다는 뜻이다(Schreiner, cf. Thielman). 구약에서 '하나님의 아들'은 이스라엘(출 4:22-23; 렘 31:9; 호 11:1) 혹은 이스라엘의 왕(삼하 7:14; 시 2:7; 72:1)을 부르는 말이다. 예수님이야말로 하나님의 참된 아들(true son)이자 참된 이스라엘이며, 참된 왕이시다(Schreiner).

3절과 4절이 정확히 무엇을 대조하는지에 대해 학자들의 의견이 분분하다. 첫째, 가장 오래되고 교부들이 선호하던 해석은 예수님의 인성(3절)과 신성(4절)을 대조한다는 것이다(Calvin, Mounce, cf. 공동). 그러나 오늘날에는 거의 모든 학자가 이 해석을 설득력 없는 것으로 여긴다. 본문을 예수님의 인성과 신성에 관한 말씀으로 이해하려면 루터(Luther)처럼 '선포되셨으니'(τοῦ ὁρισθέντος)를 '[숨겼던 신성을] 드러내셨으니, 보이셨으니'로 해석해야 하는데, 신약에서 이 단어(ὁρίζω)는 단 한 번도 이런 의미로 사용되지 않고 항상 '임명하다, 결정하다'(appoint, determine)'라는 의미로 사용되기 때문이다(Longenecker, TDNT, cf. 눅 22:22; 행 2:23; 10:42; 11:29; 17:26, 31; 히 4:7).

둘째, 어떤 이들은 3-4절의 '육신과 성령'을 예수님의 외적인(external)

면과 내적인(internal) 면의 대조로 해석한다(Dunn). 그러나 바울 서신에서 육신과 성령은 매우 대립하는 개념이다(7:5-6; 8:2-13; 갈 3:3; 4:29; 5:16-24; 6:8; 빌 3:4). 육신은 죄에서 끊을 수 없는 우리 과거의 삶(옛 사람)을, 성령은 그리스도를 통해 시작된 새 삶(새 사람)을 의미한다(Fee, Gaffin, Ridderbos). 그러므로 이 해석은 육신과 성령(성결의 영)에 대한 충분한 이해를 반영하고 있지 않다(Schreiner).

셋째, 3-4절의 의미를 예수님이 인간이셨을 때 누리지 못한 메시아적 속성을 죽음과 부활을 통해 누리기 시작했다는 뜻으로 해석하는 것이다(Harrison & Hagner, Schreiner). 예수님이 이 땅에서 다윗의 후손으로 사실 때를 옛 시대라고 한다면, 죽음과 부활을 통해 성령의 새 시대를 살기 시작하셨다(cf. Barrett, Cranfield, Fee, Fitzmyer). 성령의 새 시대가 시작되면서 예수님이 성육신하실 때 스스로 잠시 포기하셨던(비우셨던) 신성을 다시 갖게 되신 것이다. 빌립보서 2:6-11은 다음과 같이 증언한다.

> 그는 근본 하나님의 본체시나 하나님과 동등됨을 취할 것으로 여기지 아니하시고 오히려 자기를 비워 종의 형체를 가지사 사람들과 같이 되셨고 사람의 모양으로 나타나사 자기를 낮추시고 죽기까지 복종하셨으니 곧 십자가에 죽으심이라 이러므로 하나님이 그를 지극히 높여 모든 이름 위에 뛰어난 이름을 주사 하늘에 있는 자들과 땅에 있는 자들과 땅 아래에 있는 자들로 모든 무릎을 예수의 이름에 꿇게 하시고 모든 입으로 예수 그리스도를 주라 시인하여 하나님 아버지께 영광을 돌리게 하셨느니라(빌 2:6-11).

하늘을 떠나 이 땅에 오실 때 비우셨던 모든 것을 다시 찾으신 예수님은 하늘에서 주(Lord)와 그리스도(Christ)로 세상을 다스리신다. 이 해석이 가장 설득력 있다. 그러므로 3-4절이 강조하는 바를 정리하면 예수님은 영존하시는 하나님의 아들이시며, 성육신과 십자가와 부활로 구원을 이루신 인간이자 하나님이시다(Schreiner).

복음은 곧 예수 그리스도에 관한 것이라고 선언한(2-4절) 바울은 1절에서 시작한 사도직에 관한 이야기를 5절에서 이어 간다. 그는 예수 그리스도로 말미암아 은혜와 사도의 직분을 받았다고 한다(5a절). '은혜'(χάρις)는 인간이 노력해서 얻는 대가가 아니라, 하나님이 자비롭게 주시는 선물이다. 바울은 자신이 사도의 직분을 받은 것도 하나님의 은혜로운 부르심이 있었기 때문에 가능했던 일이라고 한다(cf. 1절). 이처럼 은혜로운 부르심과 사도직은 항상 함께 가기 때문에 학자들은 '은혜와 사도의 직분'(χάριν καὶ ἀποστολὴν)을 '은혜로 받은(은혜로운) 사도의 직분'으로 해석해야 한다고 한다(Calvin, Schreiner, cf. 새번역, 공동). 하나님이 교회를 핍박하던 그를 사도로 세우셨으니, 그의 사도직은 얼마나 은혜로운 부르심인가!

5절에서 1인칭 복수형 '우리'가 사용된 것을 두고 바울이 이 말을 할 때 자기 외에 다른 사람들도 염두에 두었기 때문이라고 해석하는 이들도 있고(Dunn), 모든 사도를 포함하는 것이라고 하는 이들도 있다(Harrison & Hagner). 그러나 대부분 학자는 문학적 스타일(literary plural)로 본다(Schreiner, Thielman, cf. 고후 7:2-16; 10:1-11:6; 골 4:3; 살전 2:18). 바울은 특정한 누군가를 염두에 두고 '우리'라고 하는 것이 아니라, 단순히 표현의 한 방식으로 이렇게 말하고 있다. 한국인들이 각자 자기 말을 할 때 습관적으로 '우리'라는 말을 쓰는 것과 비슷하다.

바울은 모든 이방인이 예수님을 믿어 순종하게 하는 일을 위해 사도의 직분을 받았다(5c절). '믿어 순종하게'(ὑπακοὴν πίστεως)는 '순종 곧 믿음'(the obedience that is faith)이라는 의미로 해석할 수 있다(Cranfield, Johnson, Miller, Wright). 믿음은 순종의 다른 말이라는 뜻이다. 또한 '믿음에서 비롯된 순종'(obedience that flows from faith)으로도 해석할 수 있다(Davies, Gundry-Volf, Longenecker, Nanos, Witherington & Hyatt, cf. NIV). 순

종은 믿음에서 비롯된다는 뜻이다. 어느 쪽이 문맥과 더 잘 어울리는가? 두 가지 의미 중 굳이 하나를 택할 필요는 없어 보인다. 두 가지 의미 모두 잘 어울리기 때문이다(Barclay, Garlington, Harrison & Hagner, Moo, Peterson, Stott, Schnabel, Schreiner, Thielman, cf. 5:21; 6:21-23; 7:5-6; 8:4; 10:16; 11:23, 30-31).

그가 세상 곳곳에 사는 이방인을 찾아 다니며 복음을 선포하는 것은 그들로 예수님을 믿게 하기 위해서다(cf. 행 9:15; 22:21; 롬 16:26; 갈 1:16; 2:7, 9). 사도 중 이방인 전도를 위한 소명을 받은 사람은 바울이 유일하다. 그러므로 그는 자신이 받은 특별한 사명을 다하기 위해서라도 이방인이 주류를 이루는 로마 교회를 찾아가 복음을 전해야 한다(1:6, 13; 11:13; 15:15-16). 그는 가는 곳마다 이방인에게 그들이 숭배하던 우상을 버리고 태초부터 창조주 하나님과 함께 계셨던 그분의 아들 예수 그리스도에게 돌아와 충성할 것을 권유했다.

어떤 이들은 '모든 이방인'(πᾶσιν τοῖς ἔθνεσιν)에는 유대인도 포함된다고 주장한다(Garlington, cf. Esler). 그러나 신약에서 '이방인'(ἔθνος)은 '유대인'(Ἰουδαῖος)과 대조를 이루는 단어이므로 '이방인'은 유대인을 포함할 수 없다(Das, Hodge, cf. 2:14; 3:29; 9:24; 11:13, 25; 15:8-12). 한 가지 주목할 것은 바울이 '모든'(πᾶς)이라는 단어를 그 어느 서신보다 로마서에서 자주 사용한다는 사실이다. 아마도 유대인과 이방인을 하나님의 백성에 모두 포함하기 위해서일 것이다(Schreiner). 구약에서 선포된 약속이 신약 시대에 성취되고 있다(cf. 창 12:3; 사 19:18-25; 49:6; 단 7:14, 27).

바울은 '그의 이름을 위하여'(ὑπὲρ τοῦ ὀνόματος αὐτοῦ)(5b절) 일하고 있다. 그가 은혜로운 사도의 직분을 받아 이방인으로 믿고 순종하게 하는 사역을 감당하는 것은 매우 중요한 일이다. 그는 이 일을 위해 부르심을 받았다. 그러나 바울은 먼저 예수님의 이름을 위하도록 부르심을 받았다(Schnabel). 그러므로 바울은 사역하기에 앞서 먼저 예수님이 자기 주가 되심을 고백해야 한다(Longenecker, cf. 10:9). 또한 선교는 그의 주인이신 예수님의 이름을 위한 일이라는 것을 항상 기억해야 한다.

이방인을 예수님께 돌아오게 하는 사역으로 인해 이 서신을 읽는 로마 사람들도 예수 그리스도의 것으로 부르심을 받았다(6절). 로마 교회가 대부분 이방인으로 구성되었다는 것을 암시하는 말이다(Longenecker, Schreiner, Thielman, Wright). 그들의 '부르심'(κλητός)은 바울의 '부르심'(κλητός)과 같다(cf. 1절). 하나님이 바울은 사도로, 그들은 성도들로 부르셨다. '그리스도의 것'(Ἰησοῦ Χριστοῦ)은 소유격이며(genitive of possession), "너희가 내 말을 잘 듣고 내 언약을 지키면 너희는 모든 민족 중에서 내 [가장 귀한] 소유가 되겠고"(출 19:5)를 연상케 하는 표현이다. 그러므로 한 번역본은 6절을 이렇게 의역했다: "로마에 사는 사랑하는 형제 여러분, 여러분은 그리스도의 극진한 사랑을 받고 있습니다. 여러분들도 예수 그리스도의 초청을 받아 하나님의 소유, 곧 하나님의 거룩한 백성이 된 것입니다."(현대어). 예수님은 자신을 영접한 이방인은 자기 소유라며 그들에게 인(印)을 치시고 세상 끝 날까지 보호하실 것이다(cf. 엡 1:13; 4:30). 마치 사람이 가장 값진 소유를 보호하는 것처럼 말이다.

바울은 로마 그리스도인들을 가리켜 하나님의 사랑하심을 받고 성도로 부르심을 받은 사람들이라고 한다(7a절). '하나님의 사랑하심을 받는 것'과 '성도로 부르심을 받은 것'은 구약에서 종종 이스라엘을 대상으로 사용된 표현이다(Dunn, Garlington, Witherington & Hyatt, cf. 시 60:5). '하나님의 사랑하심을 받는 것'(ἀγαπητοῖς θεοῦ)은 매우 부드럽고 확고한 개념이다. 부모가 자식을 사랑하는 것, 혹은 가족 간의 사랑을 의미한다(Thielman, cf. 창 22:2, 12, 16; 삿 11:34). 하나님은 로마 성도들을 마치 부모가 자식을 사랑하듯 매우 부드럽게 그리고 변함없이 사랑하신다.

'성도'(ἅγιος)는 하나님에 의해 따로 구분된 사람을 뜻한다(BDAG). 이 단어의 핵심은 '다름'에 있다(cf. 레 20:26). 그리스도인은 세상 사람과 다르게 살라는 소명을 받았다. '성도로 부르심을 받은 것'(κλητοῖς ἁγίοις)

은 "너희가 내게 대하여 제사장 나라가 되며 거룩한 백성이 되리라"(출 19:6; cf. 레 11:44)를 상기시키는 표현이다. 그러므로 번역본들은 이 구절을 "그의 거룩한 백성으로 부르셨습니다"로 의역하기도 한다(새번역, 공동, NIV).

일부 사본에는 '로마에서'(ἐν Ῥώμῃ)(7a절)라는 말이 없다(cf. Schreiner, Thielman). 로마 교회가 이 서신을 받자마자 자신들만 볼 편지가 아니라 다른 지역에 있는 여러 교회와 공유해야 한다고 생각해 일부러 이 문구를 삭제한 흔적으로 보인다. 로마 성도들은 이 서신이 자신들에게만 유익한 것이 아니라, 세상 모든 교회에 유익한 하나님의 말씀이라고 직감한 것이다.

어떤 이들은 인사말에 '교회'(ἐκκλησία)라는 말이 빠져 있는 것에 대해 로마 교회에 어떤 문제가 있었기 때문이라 한다(Klein). 그러나 바울이 로마 교회를 칭찬하는 것으로 보아(1:8; 15:14-15), 그들을 교회라 부르는 일을 자제할 만한 문제가 있었던 것으로 보이지 않는다. 로마에 공동체가 하나만 있는 것이 아니라 여러 개이기 때문이라고 하는 이들도 있다(Dunn). 갈라디아서는 '여러 교회'(ἐκκλησίαις)에 보낸 편지다(갈 1:2). 그러므로 이러한 주장도 설득력이 없다. 어떤 이들은 로마 교회 성도 사이에 분란이 있었기 때문이라 한다(Lampe, Watson). 분란으로 말하자면 고린도 교회 성도 사이에 훨씬 더 다양하고 심각한 분란이 있었다. 그런데도 바울은 그들을 하나님의 '교회'라고 부른다(고전 1:2). 그러므로 이러한 주장 역시 설득력이 없다.

저자는 인사말에서 교회가 어떤 곳인지를 간단히 정의하고 로마 성도들이 바로 그 교회라고 하는 듯하다. 교회는 '하나님의 사랑하심을 받은 자들'과 '성도로 부르심을 받은 자들'이 모인 곳이다(7절). 혹은 하나님이 사랑하셔서 성도로 부르신 자들이 모인 곳이다. 로마 교회는 이처럼 하나님의 특별한 사랑과 부르심을 누리는 자로 가득하다는 뜻이다. 또한 빌립보서, 골로새서, 에베소서의 인사말에도 '교회'가 빠져 있다. 그러므로 로마서의 인사말에 '교회'가 빠진 것은 문제가 될 수 없다.

바울은 로마 교회에 은혜와 평강을 빌어 준다(7c절). 그리스-로마 시대에는 편지를 보낼 때 인사말에 '문안'(χαίρειν)이라는 말을 사용해 안부를 물었다(Stowers, cf. 행 15:23; 23:26; 약 1:1). 이와는 대조적으로 바울은 그의 서신에서 복음과 연관해 안부를 묻고자 하여 '문안'(χαίρειν) 대신 '은혜'(χάρις)를 빌어 준다(Schreiner). '평강'(εἰρήνη)은 히브리어로 '샬롬'(שׁלום)과 같은 말이다(TDNT). 하나님의 보살핌 안에서 사는 사람들의 모든 것이 조화와 균형을 이루어 평안하기를 비는 인사다. 바울은 이 두 단어(은혜와 평강)를 인사말로 사용해 하나님이 예수 그리스도를 통해 우리에게 주시는 가장 고귀한 선물이 무엇인지 생각하게 한다(Wright). 복음은 우리에게 하나님의 은혜와 평강을 안겨 준다.

은혜와 평강의 순서도 중요하다. 하나님의 은혜를 입은 사람들은 평안하다(Bruce). 하나님의 은혜가 맺는 열매가 평안이기 때문이다(Harrison & Hagner, cf. 5:1). 은혜와 평강은 '하나님 우리 아버지와 주 예수 그리스도'께서 함께 우리에게 주시는 복이다(7b절). 바울의 높은 기독론을 암시하는 말씀이다. 성자 예수님은 성부 하나님과 동일한 지위에 계신 분이다(Schreiner).

이 말씀은 예수 그리스도의 복음이 하나님의 모든 부르심의 바탕이라고 한다. 어떤 이들은 사도로, 선생으로, 사역자로, 섬기는 자로 부르심을 받았다. 어떤 이들은 성도로 부르심을 받았다. 이들이 모인 곳이 교회다. 즉, 교회는 하나님의 복음을 통해 부르심을 입은 자들의 모임인 것이다. 그러므로 복음을 부인하거나 거부하는 이들은 교회에 계속 머물 필요가 없다.

예수 그리스도의 복음은 어느 날 갑자기 선포된 것이 아니라, 하나님이 오래전에 구약을 통해 자기 아들에 관해 미리 약속하신 것이다. 그러므로 복음은 태초로 거슬러 올라가는, 창조주 하나님이 계획하신 가장 오래된 일이다. 우리는 가장 오래된 은혜를 입어 그리스도인이 된 것을 감사해야 한다. 하나님이 태초부터 우리를 구원하기로 정하고 계획하셨기 때문이다.

예수님은 인간이시고 하나님이시다. 주님은 다윗의 혈통으로 나셨고, 또한 죽음과 부활을 통해 영존하시는 하나님이심을 보이셨다. 종종 주님이 우리와 같은 인간이셨음을 강조하다가 하나님 되심을 등한시하는 사람들을 본다. 혹은 하나님 되심을 강조하다가 인간 되심을 무시하는 경우도 본다. 중요한 것은 균형이다. 예수님은 100% 하나님이시고, 100% 인간이시다.

믿음과 순종은 결코 떼어 놓을 수 없는 관계다. 그러므로 야고보 사도는 행함(순종)이 없는 믿음은 죽은 것이라고 하지 않는가(약 2:18-20). 믿음과 순종은 동전의 양면이기에 믿는 사람은 순종하는 삶을 살아야 하며, 순종하는 삶을 통해 헛되이 믿고 있지 않음을 보여야 한다.

복음이 우리에게 주는 가장 큰 선물은 은혜와 평강이다. 먼저 구원하시는 하나님의 은혜가 임하고, 이 은혜는 예수 그리스도만이 주실 수 있는 평강으로 이어진다. 복음은 하나님과 죄인 사이에 평강이 임하게 하고, 우리 죄인들 사이에도 평강이 임하게 한다. 하나님이 복음을 통해 주시는 선물을 감사히, 또한 마음껏 누리면 좋겠다.

Ⅰ. 서론(1:1-17)

B. 로마 방문 계획(1:8-15)

8 먼저 내가 예수 그리스도로 말미암아 너희 모든 사람에 관하여 내 하나님께 감사함은 너희 믿음이 온 세상에 전파됨이로다 9 내가 그의 아들의 복음 안에서 내 심령으로 섬기는 하나님이 나의 증인이 되시거니와 항상 내 기도에 쉬지 않고 너희를 말하며 10 어떻게 하든지 이제 하나님의 뜻 안에서 너

희에게로 나아갈 좋은 길 얻기를 구하노라 ¹¹ 내가 너희 보기를 간절히 원하는 것은 어떤 신령한 은사를 너희에게 나누어 주어 너희를 견고하게 하려 함이니 ¹² 이는 곧 내가 너희 가운데서 너희와 나의 믿음으로 말미암아 피차 안위함을 얻으려 함이라 ¹³ 형제들아 내가 여러 번 너희에게 가고자 한 것을 너희가 모르기를 원하지 아니하노니 이는 너희 중에서도 다른 이방인 중에서와 같이 열매를 맺게 하려 함이로되 지금까지 길이 막혔도다 ¹⁴ 헬라인이나 야만인이나 지혜 있는 자나 어리석은 자에게 다 내가 빚진 자라 ¹⁵ 그러므로 나는 할 수 있는 대로 로마에 있는 너희에게도 복음 전하기를 원하노라

당시 서신은 인사말 후에 감사와 기도로 이어졌는데, 로마서도 이러한 양식을 취하고 있다(Stowers, O'Brien, cf. 고전 1:4; 빌 1:3; 골 1:3; 살전 1:2; 살후 1:3). 바울의 서신 중 유일한 예외는 갈라디아서다. 갈라디아서에는 감사가 없다.

바울은 사도 중 유일하게 이방인 전도를 위해 하나님의 부르심을 입은 사람이다(1:5). 그러므로 그는 이방인을 위한 사도의 자격으로 이방인 성도가 주류를 이루는 로마 교회를 방문하려고 했다. 그러나 길이 막혀 이때까지 그들을 방문하지 못한 일을 회고한다.

'먼저'(πρῶτος)(8a절)를 직역하면 '첫째'(first)다(NAS, NIV, NRS, ESV). 그러나 이 섹션에서는 '둘째'로 이어지지 않으므로 '무엇보다도'라는 의미를 지닌다(현대인). 바울은 로마 성도들을 생각할 때마다 먼저 예수 그리스도로 말미암아 하나님께 감사했다(8a절). '예수 그리스도로 말미암아'(διὰ Ἰησοῦ Χριστοῦ)는 예수님을 통해서(through)라는 뜻이다(NAS, NIV, NRS). 그는 로마 성도들을 생각할 때마다 예수님의 이름으로 아버지 하나님께 감사 기도를 드렸다. 예수 그리스도의 복음이 바울과 로마 성도들을 하나로 묶어 주었기 때문이다.

바울은 로마 성도들의 믿음이 온 세상에 전파된 것을 감사한다(8b절). '온 세상에'(ἐν ὅλῳ τῷ κόσμῳ)는 과장법이다. 이방인을 위한 사도

인 바울은 이때까지 예루살렘에서 마게도냐의 북서쪽인 일루리곤 (Illyricum)까지밖에 복음을 전파하지 못했다(cf. 15:19). 그는 로마 제국 서쪽의 시작인 스페인도 아직 전도하지 못했다. 그러므로 '온 세상'은 그가 이때까지 복음을 전파한 모든 곳을 뜻한다.

로마의 많은 사람이 하나님의 백성이 되었다는 소식은 곳곳에서 신 앙생활을 하던 사람들에게 큰 격려와 소망이 되었다. 신실한 믿음을 지닌 성도들과 공동체의 이야기는 듣는 이들에게 위로와 격려가 된다 (cf. 고후 8:1-5; 9:1-4; 살전 1:6-8; 살후 1:3-4). 그러므로 이처럼 좋은 소 식은 자주 전파되어야 한다.

본문에서 바울은 로마 성도들의 믿음이 온 세상에 전파되었다고 하 는데, 이미 언급한 것처럼 믿음과 순종은 동전의 양면이다(cf. 1:5). 그러므로 그는 로마 성도들의 순종도 온 세상에 전파되었다고 한다 (16:19). 로마 사람들을 포함한 많은 이방인이 곳곳에서 예수 그리스도 의 복음으로 말미암아 하나님의 자녀가 되었다는 것은 하나님이 오래 전에 아브라함에게 하신 약속을 이루고 계심을 암시한다(cf. 창 12:3). 그는 로마 성도들의 신앙이 온 세상에 전파된 것처럼 언젠가는 스페인 성도들의 믿음과 순종도 온 세상에 전파될 날을 소망한다.

바울은 자신이 로마 성도들을 위한 기도를 쉬지 않았고, 얼마나 간 절히 그들을 방문하고자 했는지에 대해 하나님이 증인이시라고 한다 (9-10절; cf. 고후 1:23; 빌 1:8; 살전 2:5). 그는 그리스도의 복음 안에서 '내 심령으로'(ἐν τῷ πνεύματί μου)(9b절) 하나님을 섬긴다고 하는데, 대부분 학자는 이 '심령'을 바울의 것으로 해석해 '나의 온 마음으로' 하나님을 섬긴다는 뜻으로 해석한다. 그러나 그의 삶에서 성령이 일하심을 의미 하는 것으로 해석해도 괜찮다(Fee, Peterson, cf. 빌 3:3). 바울은 성령에 사 로잡힌 삶을 산 사도였기 때문이다.

바울이 '심령으로 하나님을 섬기는 것'(9a절)을 로마 성도들을 위한 중 보 기도로 제한하는 이들이 있다(Cranfield). 그러나 많은 학자가 '그의

101

아들의 복음'을 온 마음으로 섬긴다는 의미로 해석한다(Fitzmyer, Moo, Thielman).

바울은 로마 성도들을 생각할 때마다 무엇을 위해 기도했을까? 10절과 연결해 그의 기도를 로마 방문을 위한 것으로 제한하는 이들이 있다(Schreiner). 그러나 바울이 드린 기도는 구체적인 내용은 알 수 없지만 사도나 사역자가 성도들을 위해 드릴 만한 다양한 주제와 필요에 대한 목회적인 기도였다(cf. O'Brien).

바울은 9-10절에 기록된 내용에 대해 하나님이 증인이 되신다고 하는데, 그가 로마 성도들을 위해 기도한 것과 그들을 방문하고자 한 계획이 이루어지지 못한 것에 대해 굳이 하나님이 증인이라고 할 필요가 있는가? 그래서 일부 학자는 이 본문을 로마에 방문하고자 했지만 실패한 것에 대한 변명으로 본다(Käsemann, cf. O'Brien). 그러나 이방인을 위한 사도인 바울은 하나님이 허락하시면 당장이라도 로마로 가서 복음 안에서 성도들을 섬기고(9절), 그들에게 영적 은사를 주어 강건하게 하고(11절), 그들에게 복음을 전파해 다른 이방인 중에서 열매를 맺은 것처럼 그들 중에도 열매를 맺게 하려고 한다(13절). 이러한 것들은 바울이 사도로서 당당히 로마를 방문할 자격이 있음을 의미하며(Elliott), 어떠한 부정적인 의미도 내포하지 않는다(Schreiner). 게다가 로마 방문은 하나님이 허락하셔야 가능한 일이다(cf. 15:23, 32). 그러므로 바울은 하나님이 허락하시지 않아서 로마를 방문하지 못한 것에 대해 변명할 필요가 없다. 9-10절은 실패한 일에 대한 변명이 아니다.

바울이 하나님이 자기의 증인이라고 하는 데에는 다른 뜻이 있다. 바울은 예루살렘으로 가는 배를 타기 위해 고린도에 왔다가 그곳에 잠시 머무는 동안 로마서를 썼다. 그러므로 그가 아무리 간절히 로마를 방문하고자 했다고 말해도 겉으로는 별로 설득력 없는 말로 들릴 수 있다. 그는 지금 로마가 아닌 예루살렘을 향하고 있으므로 그의 우선순위(priority)에서 로마가 뒤로 밀린 것으로 보일 수 있기 때문이다. 따라서 바울은 자신이 예루살렘을 향해 가고 있지만, 로마가 항상 그의 최우선 목적지라는 것에 하나님이 증인이 되신다고 한다.

그가 로마 교회 방문을 염원하는 것은 신령한 은사를 그들에게 나누어 주고자 해서다(11a절). 바울은 그들에게 어떠한 '신령한 은사'(χάρισμα πνευματικὸν)를 주고자 하는가? 그가 생각하는 은사는 로마 성도들을 견고하게 하는 것이다(11b절). '견고하다'(στηρίζω)는 튼튼하게 세운다는 의미를 지닌다(BDAG). 바울 서신에서 이 단어는 고난과 핍박을 당하는 성도들의 신앙이 흔들리지 않도록 믿음으로 굳건하게 세우는 것을 뜻한다(살전 3:2, 13; 살후 2:17; 3:3). 로마 성도들의 경우 하나님을 미워하는 세상에서 믿음으로 복음을 살아 내는 것은 계속되는 일이므로 많은 격려와 권면을 통해 그들의 신앙이 흔들리지 않게 하겠다는 의미를 지닌다(Schreiner).

어떤 '신령한 은사'가 이런 일을 할 수 있는가? 모든 성도가 누리는 보편적인 축복은 아니며(Cranfield), 특별한 능력이나 통찰력도 아니다(Moo). 방언 등 성령의 은사도 아니다. 만일 바울이 성령의 은사를 생각했다면, 단수형인 '은사'(χάρισμα)가 아니라 복수형인 '은사들'(χαρίσματα)을 사용했을 것이다(Harrison & Hagner, cf. 12:6; 고전 12:4, 9, 28, 30). 바울이 로마 교회에 대해 가장 염려하는 것은 이방인 성도와 유대인 성도의 나누어짐이다. 그러므로 그가 나누어 주고자 하는 '신령한 은사'는 이들의 연합이다(Fee, Schreiner, Thielman). 그는 교회 안에서 유대인과 이방인이 하나 되게 하기 위해 로마를 방문하고자 한 것이다.

이미 나누어진 유대인 성도와 이방인 성도를 하나 되게 하는 것은 매우 어려운 일이다. 그러므로 로마 성도들이 바울의 방문 목적을 알게 되면 그가 자기 능력을 과대평가하고 있거나 혹은 교만하다고 생각할 수도 있다. 그러므로 바울은 이러한 오해를 불식하기 위해 "너희와 나의 믿음으로 말미암아 피차 안위함을 얻으려 함이라"라는 말을 더한다(12절). 자신은 로마 성도들에게 주기 위해서 방문하고자 하지만, 또한 그들에게 얻기 위해 방문하고자 한다는 것이다.

로마 교회는 신앙생활을 잘하고 있지만, 그럼에도 불구하고 바울이 기여할 부분이 있다. 또한 바울도 그들을 만나 감동하고 위로를 받고 싶다. 기독교는 하나님이 각자에게 주신 은사를 통해 서로 세우고 위로하는 종교다. 바울은 로마 성도들에게서 무엇보다도 '당신은 이방인을 위한 사도로서 매우 잘하고 있다'라는 격려를 듣고 싶었을 것이다. 또한 그의 스페인 선교의 후원자가 되어 주겠다는 말도 듣고 싶었다(cf. 15:24, 30-32). 주님 안에서 성도들이 만나 교제할 때 서로 주고받는 것이 있어야 건강한 모임이며 오래 지속될 수 있다.

어떤 이들은 헬라어 사본에서 13절을 시작하는 "너희가 모르기를 원하지 아니하노니"(οὐ θέλω δὲ ὑμᾶς ἀγνοεῖν)를 서신의 목적을 알리기 시작하는 중요한 단계의 시작으로 간주해 13절에서 새로운 섹션이 시작된다고 한다(Longenecker). 그러나 주제와 문맥의 흐름을 보면 15절까지 같은 섹션으로 취급하는 것이 바람직하다(O'Brien).

바울은 로마 방문을 간절히 원했으며, 실제로 여러 차례 그들에게 가고자 했다는 사실을 로마 성도들이 알기를 원한다(13a절). 그가 로마 방문을 이처럼 간절히 바란 것은 "너희 중에서도 다른 이방인 중에서와 같이 열매를 맺게 하려" 했기 때문이다(13b절). 이 서신을 받는 이들은 이미 복음을 영접해 그리스도인이 되었기 때문에 바울은 그들의 영적 성숙에 자신이 기여할 부분이 있다고 생각해 이렇게 말하고 있다. 로마에 세워진 교회들은 유대인 성도들을 통해 세워졌으므로 유대교로부터 상당한 영향을 받았다. 그러나 바울이 이 서신을 보낼 당시 로마 교회의 주류는 이방인이었다(Harrison & Hagner). 그러므로 이방인을 위한 선교사인 바울은 그들의 영적 성장에 많은 기여를 할 수 있다.

바울은 여러 차례 로마를 방문하고자 했지만 그때마다 길이 막혔다(13c절). '막혔다'(ἐκωλύθην)는 부정 과거형 수동태(aorist passive)다. 그가 로마를 방문하고자 할 때마다 하나님이 그를 막으신 것이다. 아직 하나님의 때가 이르지 않았기 때문이다. 바울은 약 3년 후에 황제에게 상소한 죄인이 되어 로마를 방문하게 될 것이다. 그때가 하나님이 바울의 로마 방문을 허락하시는 때다.

바울이 로마를 방문하고자 하는 또 한 가지 이유는 자신을 모든 이방인에게 빚진 자라고 생각하기 때문이다(14b절). 하나님은 그를 이방인 선교를 위한 사도로 세우셨다. 이러한 사명감에 불타는 바울은 자신이 모든 이방인에게 빚을 진 사람이나 다를 바 없으며, 그들에게 복음을 선포해 빚을 갚기 전까지는 빚진 자의 삶을 살 수밖에 없다고 한다. 우리는 하나님께 빚을 진 자들이며(8:12; 갈 5:3), 하나님과 관계를 맺고 있는 사람들에게 빚을 진 자들이다(15:1, 27). 이 빚은 우리가 말씀으로 교제하며 그들을 그리스도 안에 온전히 세울 때까지 갚아지지 않는다. 그러므로 바울은 누구에게나 복음을 전하는 것은 자랑거리가 아니라 화를 피하기 위해 빚을 갚는 것처럼 필수적인 일이라 한다(고전 9:16).

13절에서 '이방인'에 대해 언급한 바울은 14절에서 그가 생각하는 이방인이 누구인지 정의한다. 헬라인과 야만인이며, 지혜 있는 자들과 어리석은 자들이다. '헬라인들'("Ελλησίν)은 그리스 말을 하고, 그리스 문화를 자기 문화처럼 받아들인 사람들이다. 그들은 어느 정도의 권력과 사회적 지위를 누리는 사람들이었다(cf. 고전 1:26). '야만인들'(βαρβάροις)은 그리스 말과 문화를 접하지 않은 사람들로 자기 고유의 언어를 사용하는 사람들이다. 그리스-로마 사회에서 가장 천대받고 이용당하는 이들이었다(Thielman). 바울이 1-3차 선교 여행 때 복음을 전한 상당수가 이 부류에 속했다.

'지혜 있는 자들'(σοφοῖς)은 어느 정도 교육을 받은 사람들을, '어리석은 자들'(ἀνοήτοις)은 교육을 거의 받지 못한 사람들을 뜻한다(Schnabel). 바울은 이 네 가지 단어(헬라인, 야만인, 지혜 있는 자, 어리석은 자)로 자기가 빚을 졌다고 하는 이방인들, 곧 모든 경제적·사회적 부류와 지위에 속한 사람들을 총체적으로 아우른다. 복음 전파에는 어떠한 차별이 없으며 상류층과 하류층 모두 그리스도의 복음이 필요하다. 당시 로마는 이 모든 부류를 만날 수 있는 최적의 장소였다(Thielman).

이때까지는 길이 막혀 갈 수 없었지만, 모든 이방인에게 빚진 자로 사는 바울은 이방인 성도가 많은 로마 교회에 가서도 복음을 전파하고 자 한다(15절). 그가 로마 성도들에게 전하고자 하는 복음은 로마서가 구체적으로 묘사하는 복음이다(Fee, Longenecker, Peterson, Thielman). 그러나 이미 예수 그리스도의 복음을 영접하고 하나님의 자녀가 된 그들에게 다시 복음을 전할 필요가 있을까? 게다가 바울은 다른 사람이 세운 교회에 가서는 전도하지 않는다(cf. 15장).

그래서 어떤 이들은 로마 교회가 사도가 세운 교회가 아니기 때문에 이방인을 위한 선교사인 바울이 직접 가서 다시 복음을 전파해 정식으로 교회를 세우고자 한다고 주장한다(Klein). 그러나 이러한 주장은 1:7에서 '교회'(1:7)와 연관해 설명한 것처럼 설득력이 부족하다.

어떤 이들은 본문이 로마에 교회가 없었을 당시 바울이 그들에게 복음을 전파하고자 했던 과거 바람을 회고하는 것이라고 한다 (Stuhlmacher, cf. 1:13, 15). 그 증거로 개역개정에는 잘 반영되지 않았지만 새번역에는 반영된 부정 과거형(aorist) 동사 '[여러 번] 마음을 먹었으나'(προεθέμην)와 '[지금까지 길이] 막혀서'(ἐκωλύθην)를 제시한다. 바울은 더는 이런 바람을 갖지 않고 이제는 스페인 선교를 위해 그들을 방문하고자 한다는 것이다(Stuhlmacher, cf. 15:23-24, 28). 그러나 이러한 해석은 동사의 형태에 지나치게 집착하는 것이다(Fitzmyer, Seifrid). 게다가 로마 교회는 오순절 강림 때부터, 곧 바울이 사역을 시작하기 전부터 존재하던 교회다. 바울이 사역을 시작한 다음에 세워진 교회가 아니다. 그러므로 설득력 없는 추측이다.

어떤 이들은 15절이 전도 다음에 이뤄지는 양육을 '복음'에 포함하는 것이라고 한다(O'Brien). 그러나 신약에서 '복음을 전하다'(εὐαγγελίζω)는 항상 복음을 모르는 사람에게 처음으로 선포되는 메시지, 곧 전도와 연관해 사용하지 양육을 포함하는 의미로 사용하는 경우는 없다 (Dickson). 아마도 바울은 로마에 가서 믿지 않는 수많은 사람을 전도해 로마 교회를 더 굳건하게 하고 싶다는 의미에서 이렇게 말하는 것으로 보인다(Schreiner, cf. 13절). 이 일에 로마 성도들도 동참할 수 있다.

이 말씀은 우리가 서로를 생각할 때마다 하나님께 감사 기도를 드려야 한다고 한다. 우리는 예수 그리스도의 복음을 바탕으로 형성된 공동체다. 서로에 대해 잘 모르더라도 각자 주어진 위치에서 하나님 말씀대로 살고자 노력한다는 사실 하나만으로 감사해야 한다. 감사 기도는 우리와 그들을 하나로 묶어 주는 영적 교통이다.

우리는 많은 계획을 세우며 살아간다. 그러나 정작 이루시는 이는 하나님이심을 기억해야 한다. 바울은 여러 차례 로마를 방문할 계획을 세웠지만, 하나님이 허락하지 않으셨기 때문에 갈 수 없었다. 우리가 기도하며 하나님의 뜻을 분별하는 것도 중요하지만, 하나님이 이루실 때를 구별하는 것은 더 중요하다.

우리는 믿지 않는 모든 자에게 항상 빚진 자의 마음으로 살아야 한다. 그들을 경제적·사회적으로 우리보다 더 낮게 여겨야 한다. 그래야 마음의 빚을 갚기 위해서라도 그들과 복음을 나누게 된다. 또한 우리가 그들에게 빚을 졌다고 생각하면 더 많이 사랑할 수 있고, 더 많이 참을 수 있다. 이렇게 생각하지 않으면 도저히 사랑할 수 없는 사람이 너무나 많다.

Ⅰ. 서론(1:1-17)

C. 복음의 능력(1:16-17)

[16] 내가 복음을 부끄러워하지 아니하노니 이 복음은 모든 믿는 자에게 구원을 주시는 하나님의 능력이 됨이라 먼저는 유대인에게요 그리고 헬라인에

게로다 [17] 복음에는 하나님의 의가 나타나서 믿음으로 믿음에 이르게 하나니 기록된 바

오직 의인은 믿음으로 말미암아 살리라

함과 같으니라

일부 학자는 16-17절이 문법적으로 15절에 종속되었다고 하여 본문의 중요성을 대단치 않게 생각하지만(Achtemeier), 대부분은 바울이 전하고자 하는 복음의 내용을 강조하기 위해 문법적으로 15절에 종속시킨 것으로 본다(Dunn, Moo, Wright). 그리고 거의 모든 학자가 본문을 로마서의 논제(thesis) 혹은 가장 중요한 말씀으로 간주한다(Bruce, Dunn, Longenecker, Harrison & Hagner, O'Brien, Moo, Seifrid, Schreiner, Stuhlmacher, Thielman, Wright). 본문은 바울이 로마에 가서 전하고자 하는 복음이 무엇인지를 요약적으로 정의한다. 서신의 나머지 부분은 이 말씀에 대한 강론이라 할 수 있다(Bruce).

일부 학자가 16-17절을 15절에 종속되었다며 그 중요성을 인정하지 않는 것은 16절이 '왜냐하면'(γὰρ, for)(16a절)으로 시작하기 때문이다(cf. Achtemeier). 그러나 이 전치사는 접속사 기능으로도 자주 사용된다. 그러므로 우리말 번역본은 모두 번역에 반영하지 않았다(개역개정, 새번역, 공동, 아가페, 현대인). 본문의 내용을 강조하기 위해서는 본문을 '왜냐하면'(γὰρ)으로 시작하는 것으로 해석해야 한다(Dunn, Moo, Wright).

바울은 로마 성도들에게 자신은 복음을 '부끄러워하지 않는다'(Οὐ ἐπαισχύνομαι τὸ εὐαγγέλιον)라고 말한다(16a절). 당시 그리스도인들이 당면한 사회적·경제적 여건을 생각하면 그들은 복음을 부끄러워할 수도 있었다. 대부분 그리스도인은 가난하고, 권력도 없었으며, 사회적 지위도 낮았다. 게다가 그들이 믿고 전파하는 예수 그리스도는 십자가에서 죽은 하나님(신)이시다. 그러므로 성공과 풍요를 얻기 위해 신을 숭배하고, 신은 인간보다 능력이 월등히 뛰어나다고 생각했던 당시 사회

적 정서에 기독교는 잘 어울리지 않았다. 낮은 자들의 하나님을 선포했기 때문이다.

그럼에도 불구하고 바울이 자신은 복음을 부끄러워하지 않는다고 당당하게 선포하는 것은 "십자가의 도가 멸망하는 자들에게는 미련한 것이요 구원을 받는 우리에게는 하나님의 능력"(고전 1:18)이라고 믿고 확신했기 때문이다. 복음이 세상 사람에게는 부질없는 것으로 보이지만, 그리스도인에게는 하나님의 능력이다. 그러므로 그리스도인은 심리적으로(Seifrid), 혹은 실제적으로(Barrett) 사람들 앞에서 복음을 부끄러워하지 않아야 한다.

또한 예수님은 복음서에서 이렇게 말씀하셨다: "누구든지 이 음란하고 죄 많은 세대에서 나와 내 말을 부끄러워하면 인자도 아버지의 영광으로 거룩한 천사들과 함께 올 때에 그 사람을 부끄러워하리라"(막 8:38; cf. 마 10:33; 눅 9:26). 이 말씀은 고난과 위협이 있을 때 자기 생명을 잃을까 두려워 주님을 고백하지 못하는 사람에 관한 말씀이다(cf. 막 8:34-38; 딤후 1:8, 12). 그러므로 이렇다 할 위협도 없는데 예수 그리스도의 복음을 부끄러워하는 것은 더욱더 옳지 않다. 바울은 자신의 신념과 의지를 표현하고 있다. 복음이 얼마나 귀하고 아름다운 것인지 세상 누가 뭐라 해도 자기는 그리스도의 복음을 부끄러워하지 않고 생명이 다할 때까지 전하겠다는 것이다(cf. 고후 11:23-27). 우리도 이런 확신과 의지를 가지고 복음을 전파해야 한다.

바울이 복음을 부끄러워하지 않는 것은 '복음은 모든 믿는 자에게 구원을 주기 때문'(εἰς σωτηρίαν παντὶ τῷ πιστεύοντι)이다(16b절). 구원과 믿음에 대해 생각해 보자. 먼저 '구원'(σωτηρία)은 하나님이 현재와 미래에 악인과 불신자에게 내릴 심판(재앙)을 피하게 하시는 것이다(1:18; 2:5; 5:9-10). 또한 죄가 세상에 가져온 부패함(썩어짐)에서 그분의 백성을 구조(속량)하시는 것이다(8:21-24). 구약은 구원을 물리적인 고통으로부터 해방되는 것(출 14:13)과 영적 고통으로부터 해방되는 것(시

51:12)이라 한다. 그러므로 구원은 믿는 자들에게 이미 임했으며(8:24; cf. 고전 7:16; 9:22; 고후 6:2; 엡 2:5, 8; 딤후 1:9; 딛 3:5), 미래에도 실현될 일이다(5:9-10; 10:9-10, 13; 11:26; 13:11; cf. 고전 1:18; 3:15; 5:5; 15:2; 고후 2:15; 살전 1:10; 5:8-9; 딤전 2:15; 4:16; 딤후 2:10; 4:18). 바울은 항상 '이미-아직'(already-not yet) 관점에서 구원에 대해 가르쳤다. 종말이 이미 시작되었지만(cf. 갈 1:4), 또한 미래에 있을 일인 것처럼 말이다(엡 1:13-14).

'믿음'은 어떤 것인가? 사람들은 종종 믿음을 '심적 동의'(mental ascent) 정도로 생각하는 경향이 있다. 성경은 믿음은 심적 동의보다 훨씬 더 강력한 확신과 헌신이라 한다. 믿음의 조상이자 롤모델인 아브라함은 "믿은 바 하나님은 죽은 자를 살리시며 없는 것을 있는 것으로 부르시는 이"이심을 신뢰했다고 한다(4:17). 이 말씀의 배경은 아브라함이 독자 이삭을 모리아산에서 바친 이야기다(cf. 창 22장). 아브라함에게는 자기가 이삭을 제물로 바친다 해도 하나님이 그를 살리실 것이라는 믿음이 있었다(cf. 히 11:17-19). 믿음은 정지 상태(static)에 계신 하나님이 아니라, 행동하는 하나님이 역사(행동)하실 것을 믿는 것이다. 그러므로 '믿는 자들'(πιστεύοντι)은 창조주 하나님이 독생자 예수님으로 하여금 죄인들을 대신해 죄를 지고 십자가에서 죽고 부활하게 하신 것을 믿는다(4:25; 10:9; 갈 2:20). 즉, 십자가와 부활이 행동하시는 하나님이 그들을 죄에서 구원하기 위해 하신 일이라는 것을 확신하고 의지하여 구원에 이르는 이들이다.

그러므로 믿음은 사람이 하나님께 구원을 얻어 의롭게 되어 심판(진노)을 피하는 데 반드시 필요하다. 선택 사항이 아니라 필수 조건이다(cf. 10:9, 14-17). 또한 믿음은 구원을 이루시는 하나님이 자기 백성에게 은혜로 베푸시는 선물이다(엡 2:8; cf. 빌 1:29). 믿음은 인간의 책임이자, 하나님의 은혜인 것이다(cf. 9-11장). 바울은 유대인에게 이러한 믿음이 없다고 맹렬하게 비난한다(9:32-33; 10:3-8).

또한 복음은 믿는 자들에게 구원을 주시는 하나님의 능력이다(16c절). '하나님의 능력'(δύναμις θεου)은 복음이 선포될 때 영접하는 이를 변화시키기 위해 함께하는 힘이다. 유대교는 율법에 이러한 능력이 있다고 했지만, 성경에 근거한 생각은 아니었다(Harrison & Hagner). 바울은 하나님의 능력이 율법에 있는 것이 아니라, 십자가가 바로 하나님의 능력이라고 한다: "십자가의 도가 멸망하는 자들에게는 미련한 것이요 구원을 받는 우리에게는 하나님의 능력이라"(고전 1:18). 하나님의 능력을 가장 확실하게 드러내는 것이 바로 예수 그리스도가 죄인들을 위해 지신 십자가다. 하나님의 능력은 믿는 자들을 구원에 이르게 하는 일에서 드러난다(고전 1:23-24, 26-29). 그러므로 하나님의 능력은 택하심(election)과도 직결되어 있다: "하나님의 사랑하심을 받은 형제들아 너희를 택하심을 아노라 이는 우리 복음이 너희에게 말로만 이른 것이 아니라 또한 능력과 성령과 큰 확신으로 된 것임이라 우리가 너희 가운데서 너희를 위하여 어떤 사람이 된 것은 너희가 아는 바와 같으니라"(살전 1:4-5; cf. 고전 2:4-5).

복음을 통해 구원을 주시는 하나님의 능력은 먼저 유대인에게 그리고 헬라인에게 임했다(16d절). 이 말씀은 바로 앞에서 말한 '모든 믿는 자'(16b절)를 정의한다. 복음에 나타난 하나님의 능력은 누구든 예수 그리스도를 믿는 이들, 곧 이미 여호와 종교에 익숙해 하나님에 대해 어느 정도 알고 있는 유대인이든 혹은 하나님에 대해 아는 것이 전혀 없는 헬라인이든 차별하지 않고 모두 구원한다. 그러므로 본문에서 '헬라인'(Ἕλλην)은 13절이 언급한 이방인들(ἔθνεσιν)을 뜻하며(Schreiner, Thielman, 2:9, 10; 3:9; 10:12) 14절의 '헬라인이나 야만인이나 지혜 있는 자나 어리석은 자'를 총망라한다.

복음은 분명 세상 모든 사람을 구원하는 하나님의 능력이지만, 선포되는 데는 순서가 있다. 먼저 유대인에게 선포되고 그다음 이방인에게 선포된다. 선행에 대한 축복과 악행에 대한 심판도 먼저 유대인에게,

그다음 이방인에게 임한다(2:9-10). 먼저 유대인에게 선포되어야 하는 이유는 하나님이 그들에게 말씀을 주셨기 때문이다(3:2). 하나님은 그들을 양자 삼으시고, 영광과 언약들과 율법을 주시고, 예배와 약속들도 주셨다(9:4-5). 이 언약들과 율법과 약속들의 성취가 복음이다. 그러므로 바울은 자신이 이스라엘이 성취될 것으로 소망한 것(복음)으로 인해 쇠사슬에 매인 바 되었다고 한다(행 28:20).

복음이 이스라엘이 언젠가는 이루어질 하나님의 약속으로 소망한 것이라면, 그들에게 먼저 선포되어야 한다. 예수님도 자신은 이스라엘의 잃어버린 양들에게 오셨다며 그들에게 복음 전하는 것을 최우선으로 삼으셨다(마 15:24). 오순절에 성령이 임하셨을 때 초대교회도 '예루살렘과 온 유대와 사마리아와 땅끝' 순서로 예수님의 증인이 되라는 사명을 받았다(행 1:8). 바울도 어느 도시를 가든 먼저 회당을 찾아 유대인에게 복음을 증거했고, 이후 이방인에게 선포했다(cf. 행 13:14-44; 14:1-4; 17:1-4, 10-12, 16).

복음이 유대인에게만 선포되지 않고 이방인에게도 선포된 것은 구약에서 하나님이 약속하신 구원이 유대인을 위한 것이기도 하고, 이방인을 위한 것이기도 하다는 것을 뜻한다(Schreiner, Thielman). 이방인도 구약의 약속에 따라 그리스도의 복음을 통해 늦게나마 하나님의 백성이 되었다(엡 2:11-13; cf. 롬 11:17).

복음에는 하나님의 의가 나타난다(17a절). 바울 서신에서 '나타나다'(ἀποκαλύπτω)는 항상 종말론적인 개념으로 사용된다(Schreiner, cf. 1:18; 8:18; 고전 3:13; 살후 2:3, 6, 8). 바울은 이 단어를 통해 종말이 이미 시작되었음을 암시한다. 또한 수동태(ἀποκαλύπτεται)를 사용함으로써 하나님이 직접 자신의 의를 드러내심으로 종말을 시작하셨다고 한다. 믿음을 통해 구원에 이르게 하시는 하나님의 의가 '나타났다'는 것은 '바울의 새 관점'을 주장하는 사람들의 말과 달리 바울 시대 유대교에는 이러한 가르침이 없었다는 것을 뜻한다(Harrison & Hagner).

'하나님의 의'(δικαιοσύνη θεοῦ)는 로마서에서 7차례 사용되는 표현이다(1:17; 3:5, 21, 22, 25, 26; 10:3). 그 외 바울 서신에서 3차례(고전 1:30; 고후 5:21; 빌 3:9), 신약의 나머지 부분에서 3차례(마 6:33; 약 1:20; 벧후 1:1)만 사용되는 로마서의 독특한 표현이라 할 수 있다(Thielman). 이 용어는 매우 중요하며 신약 해석에서 매우 많은 논쟁을 불러일으킨 표현 중 하나다(cf. Fitzmyer, Irons, Longenecker, Moo, Seifrid, Schreiner, Stuhlmacher, Thielman, Wright). 학자들은 본문에서 '하나님의 의'가 무엇을 의미하는지 다양하게 제안했지만, 다음 세 가지가 가장 중요한 해석이다.

첫째, 하나님은 모든 사람을 동일하게 대하신다는 뜻이다. 하나님이 구약 시대에는 이스라엘만 택하여 사랑하셨고, 그들에게만 말씀을 주셨다. 그러나 그리스도의 복음을 통해 이방인에게도 하나님의 자녀가 되는 기회를 주셨을 뿐 아니라, 유대인과 이방인을 차별하지 않고 똑같이 대하신다. 드디어 하나님이 자기 종에 대해 약속하신 것을 이루실 때가 된 것이다: "내가 붙드는 나의 종, 내 마음에 기뻐하는 자 곧 내가 택한 사람을 보라 내가 나의 영을 그에게 주었은즉 그가 이방에 정의를 베풀리라…나 여호와가 의로 너를 불렀은즉 내가 네 손을 잡아 너를 보호하며 너를 세워 백성의 언약과 이방의 빛이 되게 하리니"(사 42:1, 6).

이 해석에서 '의'(δικαιοσύνη)는 '공평'(정의)을 의미한다. 하나님은 그리스도의 복음을 통해 모든 차별의 벽을 무너뜨리심으로써 의를 드러내셨다: "거기에는 헬라인이나 유대인이나 할례파나 무할례파나 야만인이나 스구디아인이나 종이나 자유인이 차별이 있을 수 없나니 오직 그리스도는 만유시요 만유 안에 계시니라"(골 3:11; cf. 롬 3:22; 약 2:1). 많은 초대교회 교부가 선호한 해석이다(cf. Bray). 교부들은 하나님이 모든 사람을 동일하게 대하신다는 의미로 의를 이해했다(cf. 2:11; 3:26).

둘째, 구원한 사람을 변화시키시는 능력이다. '하나님의 의'(δικαιοσύνη θεοῦ)를 주격 속격(subjective genitive)으로 해석해 '하나님이 행하시는/이루시는 의'(justice which God does)로 이해한다. 하나님이 복음을 통해 구원받은 죄인에게 새 신분을 주시는 것보다 그 사람에게(안에서) 시작하시는 일에 초점을 맞춘다. 하나님의 의는 사람을 변화시키시는(의롭게 하시는) 사역이 그가 복음을 영접할 때 시작되어 종말에 그 사람의 변화(성화)를 완성할 때까지 지속되는 것이다. 구약의 언약적 신실하심(맺으신 언약에 성실하게 임하시는 것)에 근거한 해석이며, 최근 학자들의 가장 많은 지지를 받는다(Dunn, Garlington, Harrison & Hagner, Käsemann, Keener, O'Brien, Stott, Schlatter, Schnabel, Stuhlmacher, Wenham, Williams, Ziesler).

이렇게 해석하는 학자들이 제시하는 가장 설득력 있는 증거는 칠십인역(LXX)이 하나님과 연관해 히브리어 단어 '의'(צְדָקָה)를 번역할 때 헬라어 'δίκ-'로 시작하는 단어들을 사용하며, 이는 하나님이 백성을 구원하기 위해 취하시는 행동을 묘사한다는 것이다(ABD, cf. 시 22:31; 31:1; 35:24, 28; 40:10; 69:27-29; 71:2; 88:12; 98:2-3; 119:123; 사 42:6, 21; 45:8, 13; 46:13; 51:5-8; 미 6:5; 7:9). 그러므로 구약에서 하나님의 의는 구원하시는 행위를 뜻한다.

셋째, 하나님의 의는 죄인이 그리스도의 복음을 영접하는 순간 하나님 앞에서 의롭다고 인정받는 것(justification), 곧 '칭의'(稱義)를 뜻한다. 이렇게 해석하는 이들은 '하나님의 의' (δικαιοσύνη θεοῦ)를 출처 속격(genitive of source)으로 간주해 이 문구를 '하나님으로부터 오는 의'(righteousness that is from God)로 해석한다. 이러한 해석은 '의'가 전적으로 하나님이 사람에게 은혜로 주시는 선물이라는 점을 강조한다(5:17; cf. 빌 3:9). 죄인인 인간은 자력이 아니라 하나님이 베푸시는 은혜에 의존할 때만 하나님 앞에 설 수 있다.

이 해석은 종교 개혁자 루터에 의해 제시된 이후 개혁 교단들의 정통 교리가 되었다. 지금도 많은 학자의 지지를 받는 해석이다(Bultmann, Calvin, Carson, Cranfield, Fitzmyer, Irons, Longenecker, Moo, Mounce, Schreiner, Thielman). 바울 시대 유대인 문헌들은 '하나님의 의'를 이러한 개념으로

이해했으며(cf. Sanders), 신약을 벗어난 헬라 문헌에서도 '의'(δικαιοσύνη)
가 이런 의미로 사용되는 경우가 많다(Irons).

바울 서신에서 의는 믿음과 자주 함께 사용되며, 하나님 앞에 서 있
는 사람의 법적 신분(status)을 뜻한다(TDNT, cf. 3:21-22; 4:3, 5, 6, 9, 11,
13, 22; 9:30-31; 10:3, 4, 6, 10; 갈 2:20-21; 3:6, 21-22; 5:5; 빌 3:9). 만일
믿음이 있어야 하나님 앞에 서서 하나님의 의를 경험한다면, 믿음이
있는 사람은 하나님 앞에서 더는 죄인이 아니다. 그는 하나님께 믿음
으로 의롭다고 인정을 받았기 때문이다.

우리가 믿음으로 하나님께 의롭다고 여기심을 받는다면(λογίζομαι),
우리의 의는 우리 행위와 상관없이 오직 믿음으로 인해 하나님께 부여
받은 지위(신분)다(4:3, 5, 6, 9, 11; 갈 3:6). 사람의 믿음이 그를 의롭게 하
는 것이 아니라, 하나님이 그의 믿음을 보시고 의롭다고 여기시기 때
문이다(4:3; cf. 고전 1:30).

'하나님의 의'에 대한 세 가지 해석 중 어느 것이 가장 성경적인가?
가장 확실한 것은 세 번째, 곧 종교 개혁자들이 제시한 해석이다. '하
나님의 의'는 하나님이 죄인인 우리에게 조건 없이 은혜로운 선물로 주
시는 '칭의'(의롭다 하심)다. 그러나 첫 번째와 두 번째 해석도 상당히 성
경적이다. 그러므로 셋 중 하나를 택하고 나머지 둘을 완전히 배제하
기보다는 세 번째 것을 강조하되 다른 해석도 어느 정도 염두에 두고
균형을 이루는 것이 바람직하다(Thielman). 이 문구를 어떻게 이해하는
지가 기독교 교리에 지대한 영향을 미치기 때문이다.

17절 전반부의 일부인 '믿음으로 믿음에 이르게 한다'(ἐκ πίστεως εἰς
πίστιν)는 문구의 의미와 이 문구가 속한 문장이 어떤 의미를 지니는가
에 대해서도 해석이 다양하다(cf. Cranfield, Moo). 번역본들만 비교해도
다음과 같은 차이점을 볼 수 있다.

번역본	로마서 1:17 전반부
개역개정	복음에는 하나님의 의가 나타나서 믿음으로 믿음에 이르게 하나니
새번역	하나님의 의가 복음 속에 나타납니다. 이 일은 오로지 믿음에 근거하여 일어납니다(또는 이것은 믿음에서 출발하며 믿음을 목표로 합니다).
공동	복음은 하느님께서 인간을 당신과 올바른 관계에 놓아주시는 길을 보여주십니다. 인간은 오직 믿음을 통해서 하느님과 올바른 관계를 가지게 됩니다.
현대어	이 복음은 우리를 구원하시는 그리스도를 믿고 따를 때만 하나님께서 우리를 하늘나라에 들어가기에 합당한 자, 곧 하나님 보시기에 의롭다고 인정해 줄 자로 만드신다는 것을 우리에게 가르치고 있습니다. 이것은 처음부터 끝까지 믿음으로 성취되는 것입니다.
아가페	하나님께서 주시는 의가 복음에 계시되어 있습니다. 성경에 "의인은 믿음으로 인하여 살 것이다"라고 기록되어 있듯이, 하나님께로부터 오는 의는 처음부터 끝까지 믿음으로 얻을 수 있는 것입니다.
NAS	For in it *the* righteousness of God is revealed from faith to faith. 그것(복음)에는 하나님의 의가 나타나서 믿음으로 믿음에 이르게 한다.
NIV	For in the gospel the righteousness of God is revealed—a righteousness that is by faith from first to last. 복음에는 하나님의 의—처음부터 끝까지 믿음에 의한 의—가 나타났다.
NRS, ESV	For in it the righteousness of God is revealed through faith for faith. 그것(복음)에는 믿음을 통해 믿음을 위한 하나님의 의가 나타났다.

학자들은 이 문구("믿음으로 믿음에")가 하나의 스펙트럼(spectrum)을 의미한다는 것에는 동의하지만, 구체적으로 무엇에 대한 스펙트럼인지에 대해서는 해석에 차이를 보인다. 시간(시대)에 대한 스펙트럼으로

간주하는 이들은 다음과 같은 해석을 내놓았다: (1)옛 시대의 믿음에
서 새 시대의 믿음으로(Thielman), (2)구약의 믿음에서 신약의 믿음으로
(Chrysostom), (3)율법의 믿음에서 복음의 믿음으로(Origen, Ambrose). 이
외에도 '현재의 믿음에서 미래의 믿음으로'라는 해석도 있고, '오늘 듣
는 말씀에 대한 믿음에서 하나님의 약속이 모두 실현될 때의 믿음으로'
라는 해석도 있다.

스펙트럼이 시대에 관한 것이 아니라 하나님과 사람에 관한 것이
라고 하는 이들은 다음과 같은 해석을 내놓았다: (1)설교자의 믿음에
서 청중의 믿음으로(Calhoun), (2)하나님의 신실하심에서 사람들의 믿
음으로(Barth, Longenecker, Wright), (3)예수 그리스도의 신실하심에서 사
람들의 믿음으로(Johnson), (4)처음 복음을 영접할 때의 믿음에서 계속
성숙해 가는 믿음으로(Harrison & Hagner), (5)로마서를 읽는 성도들의
현재 믿음이 날이 갈수록 왕성해지는(성장하는) 믿음으로(Jewett, Kruse,
Schnabel).

믿음은 하나님이 구원받는 이들에게 선물로 주시는 은혜라는 점을
고려할 때(하나님이 우리 믿음의 출처가 되심) '하나님의 신실하심에서 사
람들의 믿음으로'라는 해석이 가장 설득력 있다. 그러나 복음은 예수
그리스도에 관한 것이며, 예수 그리스도도 우리 '믿음의 주'이시다(히
12:2). 그러므로 당연히 '예수 그리스도의 신실하심에서 사람들의 믿음
으로'도 함께 포함되어야 한다. 가장 합리적인 해석은 이 둘을 합쳐 '하
나님과 예수님의 신실하심에서 사람들의 믿음으로'이다.

바울이 17절 후반부에서 인용하는 구약 말씀은 하박국 2:4인데, 이
말씀의 정확한 의미에 대해서도 많은 논란이 있다. 마소라 사본(MT)과
칠십인역(LXX)과 바울의 인용과 히브리서 인용의 의미가 조금씩 다르
다. 16-17절이 평범한 텍스트라면 전반적인 의미를 파악하고 지나칠
수 있겠지만, 기독교 교리에 워낙 큰 영향을 주는 텍스트이기에 논쟁
이 계속되고 있다. 다음을 참조하라.

성경	텍스트	번역
합 2:4(MT)	וְצַדִּיק בֶּאֱמוּנָתוֹ יִחְיֶה	그러나 의인은 그의[의인의] 믿음으로 살리라
칠십인역(LXX)	ὁ δὲ δίκαιος ἐκ πίστεώς μου ζήσεται	그러나 의인은 나의[하나님의] 믿음으로 살리라
롬 1:17; 갈 3:11	ὁ δὲ δίκαιος ἐκ πίστεως ζήσεται.	그러나 의인은 믿음으로 살리라
히 10:38	ὁ δὲ δίκαιός μου ἐκ πίστεως ζήσεται	그러나 나의 의인은 믿음으로 살리라

위에 나열된 텍스트의 가장 기본적인 차이는 대명사를 더하거나 빼는 것이다. 마소라 사본(MT)은 소유격 'his'를 더해 말하고자 하는 믿음이 '믿는 사람의 믿음'이라는 것을 확실히 한다. 반면에 칠십인역(LXX)은 'my'를 더해 '하나님의 신실하심'(믿음)에 초점을 맞추어 번역했다. 바울은 소유격 대명사를 모두 삭제했다. 히브리서는 'my'를 더해 하나님이 의인이라고 인정하신 사람은 믿음으로 살아간다고 한다.

또한 문장 중간에 위치한 '믿음으로'(ἐκ πίστεως)가 앞에 있는 '의인'(ὁ δίκαιος)을 수식하는지 혹은 뒤에 따르는 '살리라'(ζήσεται)를 수식하는지도 계속 논쟁이 되고 있다(cf. Cranfield, Dunn, Fitzmyer, Moo, Schreiner). 만일 '의인'을 수식하는 것으로 해석하면 '믿음으로 의인이 된 사람은 살리라'(a person who is righteous by faith—that person will live)가 된다. 반면에 뒤따르는 '살리라'를 수식하는 것으로 간주하면 '의인은 그의 믿음에 따라 살리라'(a righteous person—that person will live in accordance with his or her faith)가 된다.

하박국 선지자는 하나님의 백성에게 그들이 매우 혹독한 상황에 처해 있음에도 불구하고 간절한 마음으로 계속 여호와를 신뢰할 것을 호소한다. 때가 되면 하나님이 바빌론을 심판하시고(합 2장), 새로운 출애굽을 실현하실 것(합 3장)을 믿으라고 한다. 그러므로 주의 백성에게는 암울한 현실의 노예가 되지 않는 믿음이 필요하다. 그러므로 하박국서에서 가장 유명한 말씀인 3:17−18은 이렇게 기록한다.

> 비록 무화과나무가 무성하지 못하며
> 포도나무에 열매가 없으며
> 감람나무에 소출이 없으며
> 밭에 먹을 것이 없으며
> 우리에 양이 없으며
> 외양간에 소가 없을지라도
> 나는 여호와로 말미암아 즐거워하며
> 나의 구원의 하나님으로 말미암아 기뻐하리로다

하박국 선지자가 가장 필요하다고 강조하는 것은 각 개인의 믿음이다. 그러므로 본문에서 바울이 인용하는 하박국 2:4도 개인의 믿음을 강조하는 것으로 해석하는 것이 바람직하다(cf. Davies). 의인은 하나님에 대한 각자의 믿음으로 살아야 한다. 이 믿음은 하나님이 그에게 주신 은혜로운 선물이다.

로마서에서 '살다'(ζάω)는 십자가에서 죽으신 예수님과 함께 죽고 부활하여, 매일 내재하시는 성령에 의해 사는 것을 뜻한다. 또한 하나님이 세상을 심판하시는 날, 하나님의 진노를 피하고 주님과 영생을 누리는 것이다(2:5−8; 5:17−18, 21; 6:2, 4, 10−11, 13, 22−23; 8:2, 6, 10, 13; 11:15). 우리는 현재와 미래를 산다.

이 말씀은 복음이 무엇인지 생각하게 한다. 오늘날 사람들은 복잡한 현대인들을 구원하기에는 예수 그리스도의 복음이 너무 단순하다고 한다. 그러나 세상의 구세주로 오신 예수님을 영접해 하나님의 백성이 된다는 메시지의 단순함이 바로 복음의 장점이고 아름다움이다. 이처럼 복음은 간단명료하기 때문에 누구에게나 구원을 베풀 수 있다.

복음은 모든 믿는 자에게 구원을 주시는 하나님의 의가 나타난 주님의 능력이다. 우리는 이러한 사실을 믿어 하나님의 백성이 되었고, 하나님과 영생을 누릴 소망에 부풀어 있다. 그러므로 우리는 우리가 믿는 단순하지만 귀한 복음을 부끄러워하지 않아야 한다. 오히려 자랑스러워하며 최대한 많은 사람에게 전해야 한다. 우리의 의가 아니라 하나님이 주신 믿음으로 의롭게 된 사람은 자기 믿음에 따라 살며 미래를 꿈꾸어야 한다. 우리가 믿음으로 살면, 믿음으로 살고자 하는 다른 사람들에게도 큰 격려와 자극이 될 것이다.

II. 오직 믿음으로 의에 이름

(1:18-4:25)

하나님의 의는 믿는 자들을 구원하시는 능력으로 복음을 통해 나타났다(1:16). 이 섹션에서 바울은 하나님의 의가 지닌 다른 면에 관해 논한다. 하나님의 의는 믿는 자를 구원하지만, 죄인에게는 혹독한 벌을 내린다. 그러므로 죄인이 복음을 믿는다 하여 하나님의 진노를 사지 않고 구원에 이르게 하는 믿음은 참으로 경이로운 것이라 할 수 있다.

믿음 외에는 하나님의 심판을 피할 방법이 없는가? 전혀 없다. 율법에 따라 사는 유대인이나 양심에 따라 사는 이방인이나 모두 죄를 지어 하나님의 영광에 이르지 못하기 때문이다(3:23). 이러한 내용을 중심으로 하는 본 텍스트는 다음과 같이 구분된다.

A. 죄가 만연한 세상(1:18-3:20)
B. 그리스도를 믿음으로 의에 이름(3:21-4:25)

II. 오직 믿음으로 의에 이름(1:18-4:25)

A. 죄가 만연한 세상(1:18-3:20)

죄에서 자유로운 사람이 있을까? 본 텍스트는 없다고 한다. 세상 모든 사람은 죄인이다. 하나님이 율법을 주시지 않은 이방인이나 율법을 주신 유대인이나 죄인이기는 마찬가지다. 바울이 지적하는 온갖 죄는 우리를 절망하게 하기에 충분하다. 그러나 어둠이 짙을수록 빛이 더 밝게 빛난다고, 세상을 덮은 죄가 그리스도의 복음을 통한 구원이 얼마나 귀하고 아름다운 빛인지 실감하게 한다.

이방인의 죄를 먼저 비난한 후 유대인의 죄를 지적하는 것은 아모스 1-2장을 연상케 한다. 본문은 다음과 같이 구분된다.

A. 이방인들의 죄(1:18-32)
B. 유대인들의 죄(2:1-3:8)
C. 사람은 모두 죄인(3:9-20)

II. 오직 믿음으로 의에 이름(1:18-4:25)
  A. 죄가 만연한 세상(1:18-3:20)

1. 이방인들의 죄(1:18-32)

어떤 이들은 이 섹션에서 '이방인'(ἔθνος)이라는 단어가 사용되지 않는다 하여 본문이 이방인만 정죄하는 것은 아니라고 한다(cf. Davies). 실제로 18절은 '사람들'(ἀνθρώπων)이 비난의 대상임을 밝히고 있으며, 23절은 이스라엘의 우상 숭배를 비난하는 구약 말씀(시 106:20; 렘 2:11)을 연상케 한다. 그러므로 이방인만을 비난하는 것으로 보기에는 이스라엘 사람들도 이 섹션이 언급하는 죄에서 자유롭지 못하다.

그러므로 본문이 유대인을 포함한 모든 인류의 죄에 관한 것이라고 해석하는 이들이 있다(Jewett). 옳은 해석이지만, 바울은 유대인의 죄에 대해 2:1-3:8에서 따로 취급한다. 게다가 이 섹션이 언급하는 죄들은 대부분 유대인보다는 이방인이 더 많이 짓는 것이다(Schnabel). 시편 106:20과 예레미야 2:11도 유대인의 우상 숭배에 관한 것이지만, 바울이 이방인의 우상 숭배를 비난하기 위해 이미 그가 알고 있는 구약 말씀을 피해 다른 말을 할 필요는 없다. 그러므로 이 구약 말씀들은 이방인의 우상 숭배를 비난하기 위해 사용되고 있다(Esler, Fitzmyer). 죄에 찌들어 사는 이방인들의 죄가 얼마나 가증하고 심각한지를 언급하는 본 텍스트는 다음과 같이 구분된다.

A. 죄: 창조주 대신 우상을(1:18-23)
B. 심판: 하나님의 방치(1:24-32)

> II. 오직 믿음으로 의에 이름(1:18-4:25)
> A. 죄가 만연한 세상(1:18-3:20)
>   1. 이방인들의 죄(1:18-32)

(1) 죄: 창조주 대신 우상을(1:18-23)

[18] 하나님의 진노가 불의로 진리를 막는 사람들의 모든 경건하지 않음과 불의에 대하여 하늘로부터 나타나나니 [19] 이는 하나님을 알 만한 것이 그들 속에 보임이라 하나님께서 이를 그들에게 보이셨느니라 [20] 창세로부터 그의 보이지 아니하는 것들 곧 그의 영원하신 능력과 신성이 그가 만드신 만물에 분명히 보여 알려졌나니 그러므로 그들이 핑계하지 못할지니라 [21] 하나님을 알되 하나님을 영화롭게도 아니하며 감사하지도 아니하고 오히려 그 생각이 허망하여지며 미련한 마음이 어두워졌나니 [22] 스스로 지혜 있다 하나 어리석게 되어 [23] 썩어지지 아니하는 하나님의 영광을 썩어질 사람과 새와 짐승과 기어다니는 동물 모양의 우상으로 바꾸었느니라

하나님은 이스라엘에 구약을 통해 말씀하신 것처럼 온 인류에게는 세상을 통해 자신을 드러내셨다. 그러므로 사람들이 하나님을 알고자 했다면 특별 계시인 정경을 통하지 않아도 일반 계시인 자연을 통해서 알 수 있었다. 그러나 사람들은 창조된 세상에 드러난 하나님의 모습을 볼 때마다 우상으로 하나님을 대체했다.

이러한 사람들의 모습은 특별 계시, 곧 하나님이 직접 자신을 드러내신 말씀이 얼마나 필요한지 생각하게 한다. 스스로 죄의 굴레에서 벗어나지 않고자 하는 사람들은 자연에 드러난 창조주의 흔적을 우연이라 하고, 자연적인 현상이라 하고, 진화라 하며 하나님을 전혀 보지 못한 것처럼 행동하기 때문이다. 그러므로 그들에게는 하나님의 육성이 필요하다. 바울은 이 섹션에서 사람들이 십계명 중 처음 두 계명을 위반했다는 사실을 전제한다(Stuhlmacher, cf. 신 5:7-8).

바로 앞에서 하나님의 의가 복음을 통해 믿는 이들을 구원한다고 했던 저자는 주제를 바꿔 하나님의 진노에 관해 말한다(18절). 비록 하나님의 진노가 문맥상 새 주제이기는 하지만(Longenecker), 이는 앞에서 말한 '하나님의 의'와 맥을 같이한다. 하나님의 의는 믿는 이들을 구원에 이르게 하지만, 믿지 않는 자들에게는 진노(심판)를 내리기 때문이다. 진노하심도 의의 결과인 것이다(Thielman).

바울이 하나님과 연관해 단 한 번도 '화나다'라는 단어를 사용하지 않는다는 점에서 '하나님의 진노'(ὀργὴ θεοῦ)(18a절; cf. 엡 5:6; 골 3:6)를 창조주의 심판이 아니라, 단순히 사람이 죄를 지을 때 초래되는 결과로 보는 이들이 있다(Byrne, Dodd). 그러나 이 일은 하나님이 하시는 일이며, 구약에서는 하나님이 심판하실 때 진노하시는 일이 자주 목격된다. 하나님은 사람들을 참으로 사랑하시기 때문에 심판하실 때 실망과 분노의 감정이 섞이지 않을 수 없다.

하나님의 심판을 받는 사람들은 '불의로 진리를 막는 자들'(τῶν τὴν ἀλήθειαν ἐν ἀδικίᾳ κατεχόντων)이다(18a절). 무슨 뜻인가? 바울은 바로 아래에서 불의로 진리를 막는 것을 '하나님의 영광을 썩어질 사람과 새와 짐승과 기어다니는 동물 모양의 우상으로 바꾼 것'이라 한다(23절). 사람들이 영화롭게 하고 예배해야 할 창조주 하나님을 각종 우상으로 대체한 것이 바로 불의(우상들)로 진리(하나님)를 막은 것이다.

이 사람들은 경건하지 않으며 불의한 자들이다(18b절). '경건하지 않다'(ἀσέβεια)는 하나님에 대한 경외심이나 두려움이 없다는 뜻이다. 결국 이런 사람들은 '하룻강아지 범 무서운 줄 모르고' 하나님을 대적하게 된다. 바울은 다음 섹션인 1:19-27에서 이 이슈에 대해 자세하게 설명할 것이다(Harrison & Hagner).

'불의한 자'(ἀδικία)는 공평하지 않고 부도덕한 행위를 통해 다른 사람들과의 관계를 파탄에 이르게 하는 사람이다(Harrison & Hagner). 창조주와의 관계를 깬 사람이 다른 사람들과의 관계를 깨는 것은 당연한 일이라 할 수 있다. 바울은 1:28-32에서 이 이슈에 관해 추가 설명을 할 것이다.

불의로 진리를 막는 사람들에 대한 하나님의 진노는 하늘로부터 나타난다(18c절). '하늘로부터 나타난다'('Αποκαλύπτεται ἀπ' οὐρανοῦ)에서 '나타나다'(ἀποκαλύπτω)는 '하나님의 구원하시는 의가 복음을 통해 나타났다'라고 할 때 쓰인 단어와 같으며(1:17), 하나님의 구원이 현재 진행형이듯(1:17) 심판도 지금 진행되고 있다는 사실을 강조하기 위해 현재형을 사용한다(Wright). 또한 죄인에 대한 하나님의 심판이 하늘로부터 시작되었다는 것은 하나님이 이 진노의 출처(근원)이심을 의미한다(Harrison & Hagner). 이러한 사실을 강조하기 위해 저자는 '하늘로부터'라는 말과 더불어 '나타나다'라는 동사를 수동태형('αποκαλύπτεται)로 사용한다. 이미 시작된 심판은 종말에 가서 완성될 것이다(Schreiner).

인간이 완전하고 거룩하신 하나님의 뜻을 거역할 때 하나님의 진노는 피할 수 없는 현실이 된다(Moo). 또한 하나님의 진노는 이방인뿐(1:18-32) 아니라 유대인에게도(2:1-3:8) 임한다. 형식과 정도는 다르지

만 우상을 숭배함으로써 하나님 앞에 죄인이기는 마찬가지기 때문이
다. 모두 다 변명할 여지가 없다. 그러므로 본문은 어느 한쪽의 우월성
(superiority)을 배제한다(Esler).

하나님이 죄인을 심판하시는 것은 맞지만 직접 심판하시지는 않는
다. 하나님이 심판자로 세우신 이는 따로 있다. 바로 예수 그리스도이
시다(cf. 2:16). 예수님은 누구든지 하나님을 섬기지 않는 사람은 모두
심판하실 것이다. 그동안 죄인에게 임할 하나님의 심판을 가리고 있던
커튼을 예수님이 오셔서 활짝 여셨다(Wright). 다니엘 7:13-14은 다음
과 같이 기록한다.

> 내가 또 밤 환상 중에 보니 인자 같은 이가 하늘 구름을 타고 와서 옛적
> 부터 항상 계신 이에게 나아가 그 앞으로 인도되매 그에게 권세와 영광과
> 나라를 주고 모든 백성과 나라들과 다른 언어를 말하는 모든 자들이 그를
> 섬기게 하였으니 그의 권세는 소멸되지 아니하는 영원한 권세요 그의 나
> 라는 멸망하지 아니할 것이니라(단 7:13-14).

저자는 불의로 진리를 막는 자들의 죄가 이미 과거에 시작된 일이라
는 사실을 강조하기 위해 나머지 텍스트에서 부정 과거형 동사(aorist)—
보이셨다(ἐφανέρωσεν, 19절), 허망해졌다(ἐματαιώθησαν, 21절), 어두워졌다
(ἐσκοτίσθη, 21절), 어리석게 되었다(ἐμωράνθησαν, 22절), 바꾸었다(ἤλλαξαν, 23
절)—를 지속적으로 사용한다(Jewett, Thielman). 창조주에 대한 인간의 반
역 행위는 태초부터 시작된 것이며, 이는 그들이 하나님을 볼 수 없었
기 때문이 아니었다.

'하나님을 알 만한 것'(τὸ γνωστὸν τοῦ θεοῦ)(19a절)은 하나님을 아는 지
식이다(cf. 21절). 하나님은 누구든지 마음만 먹으면 하나님을 알 수 있
도록 그들 속에 자신을 보이셨다(19b절). 하나님이 인간을 창조하실 때
"우리의 형상을 따라 우리의 모양대로 우리가 사람을 만들고 그들로

바다의 물고기와 하늘의 새와 가축과 온 땅과 땅에 기는 모든 것을 다
스리게 하자"(창 1:26)라고 하신 말씀을 생각나게 한다. 인간은 하나님
의 모양과 형상에 따라 창조되었기 때문에 우리 자신을 살펴보면 우
리의 인성(人性) 중 일부가 하나님의 신성(神性)과 같다는 것을 알게 된
다. 그러므로 사람은 자기 자신을 통해 하나님을 어느 정도 알 수 있
다. 안타깝게도 인류는 시작된 때부터 도덕적으로 타락했다(Porter).

하나님은 자신의 영원한 능력과 신성을 창조하신 만물을 통해서도
알리셨다(20b절). 하나님의 능력과 신성은 사람이 볼 수 없는 것들이
다(20a절). 더욱이 하나님은 우리가 볼 수 없는 분이다(cf. 딤전 1:17; 히
11:27). 그러나 하나님이 어떤 분인지 알고자 하는 사람은 누구든지 알
수 있도록 그분의 능력과 신성이 피조물을 통해 나타나게 하셨다. 자
연에서 일어나는 일들과 이치를 보면 세상을 창조하신 하나님의 솜씨
를 볼 수 있을 뿐 아니라, 하나님이 어떤 분이며 어떤 능력을 지니셨는
지 알 수 있다는 뜻이다.

그 누구도 하나님을 모른다며 변명할 수 없다(20c절). 하나님은 창조
주를 알 만한 것들을 사람의 속성에 두셨고(19a절), 그분의 영원하신 능
력과 신성을 창조하신 만물에 반영하셨다. 그러므로 누구든지 창조주
를 알고자 했다면 얼마든지 알 수 있었다. 자기 속성을 사람들에게 보
이시고(19b절), 만물에 분명히 보여 알리셨기 때문이다(20b절). 그러므
로 하나님이 인류에게 창조주를 모르는 것에 대해 책임을 물으시는 것
은 당연한 일이다.

우리는 인간의 속성과 자연을 통해 창조주 하나님을 얼마나 알 수 있
을까? 이 질문은 수백(천) 년 동안 계속되어 온 질문이다. 초대교회 교
부들은 인지 능력을 지닌 모든 사람은 하나님이 자신을 보이시는 만
큼 알 수 있다고 했다(cf. Bray). 문제는 하나님이 '어느 정도'까지 자신을
보이시는가 하는 것이다. 교부들은 구원에 이를 정도는 아니지만, 어
느 정도는 알 수 있다고 했다(Käsemann). 중세기에 유행했던 자연신학

(natural theology)은 인간은 세상을 통해 구원에 이르는 하나님에 대한 지식을 얻을 수 있다고 했다(cf. Fitzmyer).

만일 우리가 인간의 속성과 세상의 이치와 자연을 통해 하나님을 온전히 알 수 있다면 특별 계시가 필요 없었을 것이다. 오늘날 인간과 세상은 하나님이 창조하신 그대로 머물러 있는 것이 아니라 죄로 인해 많이 왜곡되어 있다. 그러므로 구원에 이르는 정도는 아니지만, 피조물로서 창조주를 영화롭게 하며 감사와 경의를 표할 만큼은 알 수 있는 것으로 해석하는 것이 바람직하다(Seifrid). 구원과 진노를 통해 드러난 하나님의 의는 모든 피조물이 창조주를 영화롭게 하고 그분에게 감사하길 바라는 기대를 반영한다.

하나님의 모양과 형상대로 만들어진 사람과 창조주의 속성을 반영해 창조된 자연을 통해서 하나님을 영화롭게 하며 감사할 만큼 알았던 인간은 어떻게 했는가? 인간은 창조주를 모른 척하고 하나님을 영화롭게 하거나 주님께 감사하지도 않았다(21a절). 하나님을 아는 사람은 그를 영화롭게 하고 그분께 감사해야 할 책임이 있다. 그런 점에서 사람들은 하나님을 아는 지식이 요구하는 책임을 스스로 회피했다.

오히려 그의 생각이 허망해지고 마음이 어두워졌다(21b절). '허망하다'(ματαιόω)는 우상 숭배와 연관된 단어다. 예레미야 2:5은 이스라엘이 하나님을 멀리하고 '헛된 것'(הֶבֶל, ματαίων, '우상들')을 좇더니 그들 스스로 '헛되게 되었다'(ἐματαιώθησαν)고 한다. 성경은 사람의 가치가 상당 부분 누구를 섬기느냐에 따라 결정된다고 한다. 헛된 우상을 숭배하는 자는 헛되고, 참된 하나님을 예배하는 사람은 참되다(cf. 사 44:9-20; 시 115:4-8; 135:15-18).

첫 사람들이 타락한 이후 인간의 마음은 미련해졌다(cf. 창 3장). 그리고 미련한 마음이 더 어두워졌다(21b절). 판단력과 통찰력을 완전히 상실했다는 의미다. 마음이 '미련하다'(ἀσύνετος)는 것은 칠십인역(LXX)에서는 아무것도 이루지 못하는 무능한 마음을 가지는 것을 의미한다

(Thielman). 미련한 마음이 더 어두워졌으니 절망적이다. 우상 숭배는 모든 판단력과 통찰력을 잃어 마음이 미련해지고 어두워진 사람이나 하는 짓이다.

하나님과 창조된 세상에 대한 분별력과 통찰력을 상실해 우상을 숭배하게 된 사람들은 자신의 결정을 후회하지 않는다. 오히려 지혜로운 결정이라고 생각한다. 그들은 자신에게 지혜가 있다고 한다(22a절). '있다 한다'(φάσκοντες εἶναι)는 근거가 없는 주장, 곧 사실이 아니라는 뜻이다(Thielman). 그들은 착각하고 있다.

또한 스스로 지혜롭다고 하는 사람들이 실상은 어리석다(22b절). 그들의 지혜는 모두 헛되다. 지혜를 창조하신 창조주를 알아보지 못하는 지혜이기 때문이다. 또한 그들은 생각이 허망하고 마음이 미련하고 어두운 사람들이다(cf. 21절). 그들의 생각과 현실에는 큰 차이가 있다. 사람이 지혜의 근원이신 하나님을 버리고 스스로 지혜롭다고 할 때 왜곡과 교만과 부패가 시작된다(cf. 사 5:20-23). 인간이 하나님을 떠나 스스로 지혜롭다고 하는 순간 스스로 신이 되기 때문이다. 오죽하면 성경은 하나님이 세상의 지혜를 미련하게 하시고(고전 1:20), 세상의 미련한 것들을 택하셔서 지혜 있는 자들을 부끄럽게 하셨다고(고전 1:27) 하는가!

마음이 어둡고 미련하면서도 스스로 지혜롭다며 하나님을 떠난 사람들이 만들어 낸 '걸작품'은 무엇인가? 바로 우상 숭배다! 그들은 하나님의 영광을 사람과 새와 짐승과 기어다니는 동물 모양의 우상으로 바꾸었다(23절). 창조주는 사람에게 신(들)을 숭배하는 본능을 주셨다. 그러므로 창조주를 떠난 자들은 무신론자가 되는 것이 아니라 '다른 신들'로 하나님을 대신한다. 진정한 의미에서 '무신론자'는 그다지 많지 않다. 무신론자라 하는 자들도 대부분 자기 자신을 신으로 숭배한다.

우상 숭배는 창조주를 알면서도 그분을 영화롭게 하지 않고 감사하지도 않은 데서 시작되었다(21절). 또한 우상 숭배는 인류가 범한 가장 크고 심각한 죄다. 세상 모든 죄가 우상 숭배에서 시작하기 때문이다. 이러한 사실을 강조하기 위해 저자는 우상 숭배가 역사의 어느 시점에 시작된 것이 아니라, 인간이 타락한 이후 지금까지 계속된 상황이라며 일종의 격언식(gnomic) 표현을 사용한다(Schnabel). 우상 숭배가 초래한 결과는 절망적이다. 사람들은 영원하신 하나님의 '함께하심'을 잃었다 (Blackwell).

'썩어지지 않는'(ἄφθαρτος) 하나님의 영광은 영원한 아름다움의 극치다. 반면에 그들이 만든 썩어질 것(φθαρτός)들의 아름다움은 지속될 수 없다. 한순간에 시드는 꽃과 같다. 아름다움이 영원하려면 썩으면 안 된다.

사람들이 창조주를 대신하고자 만들어 낸 각종 우상의 순서가 가장 높은 곳에 있는 것부터 낮은 곳에 있는 것들로 이어진다(cf. 시 106:20; 렘 2:11): (1)하늘에 계신 하나님의 모양과 형상대로 창조된 사람, (2)하늘을 나는 새, (3)네 발로 땅을 걸어 다니는 짐승들, (4)땅 위를 기어다니는 동물들(벌레들). 영적 타락에는 끝이 없다. 인간은 계속 더 낮은 곳을 향해 치닫는다.

창세기 3장 이야기가 반복되는 듯하다. 아담과 하와는 하나님을 대신해서 자연 만물을 다스리도록 임명받았다. 그러나 타락한 그들은 하나님의 말씀을 듣지 않고 그들이 다스려야 할 들짐승인 뱀의 말을 들었다! 결국 하나님의 영광으로 가득해야 할 세상(cf. 사 6:3)이 죄와 우상으로 가득하게 되었다. 우상은 사람을 타락시키지 않는다. 타락한 인간이 우상을 만든다. 그러므로 이사야 선지자는 우상 숭배에 임할 심판에 대해 한참 경고한 다음(cf. 사 2:7-21) 이렇게 결론짓는다: "너희는 인생을 의지하지 말라 그의 호흡은 코에 있나니 셈할 가치가 어디 있느냐"(사 2:22). 우상을 의지하는 것은 그 우상을 만든 사람을 의지하는 것과 마찬가지며, 사람은 한순간에 사라지는 허무한 존재이므로 셈할 가치도 없다는 뜻이다.

이 말씀은 사람들이 저지르는 가장 크고 심각한 죄는 우상을 숭배하는 것이라 한다. 창조주를 거부하고 스스로 지혜롭다며 신(神)이 되는 것이 우상 숭배의 시작이다. 우상을 숭배하는 순간 창조주와의 관계는 단절된다. 또한 다른 사람들과의 관계도 파탄을 맞게 된다. 더 나아가 우상 숭배는 모든 죄의 근원이다.

세상에는 하나님 외에 신이 없다. 그러므로 선지자들은 세상에서 가장 어리석은 것이 우상 숭배라고 한다. 왜냐하면 우상이란 인간이 스스로 만든 것으로 능력은 고사하고 생명마저 없는 나무나 돌덩어리에 불과하며, 우상 숭배는 이런 무능한 장식용 물건 앞에서 절하며 자기를 구원해 달라고 비는 것이기 때문이다.

그리스도인 가운데 눈으로 볼 수 있는 물리적인 우상에 실제로 절하고 숭배하는 사람은 거의 없을 것이다. 그러나 마음속의 우상 숭배는 지금도 많은 주의 백성을 괴롭히고 있다. 겉으로는 경건해 보여도 개인적인 욕심, 목표, 집념, 심지어 열정도 우상이 될 수 있기 때문이다.

무엇이든지 우리 삶에서 하나님의 자리를 차지하는 것이 있다면 그것이 바로 우상이다. 또한 성경에서 제시하는 하나님의 모습과 조금이라도 다른 신을 섬긴다면, 그것 역시 우상 숭배다. 하나님과 비슷할지 모르지만, 하나님이 아니기 때문이다. 십계명 중 두 번째 계명이 이 주제에 관한 것이며, 질투하시는 하나님은 결코 우상 숭배를 용납하지 않으신다.

II. 오직 믿음으로 의에 이름(1:18-4:25)
  A. 죄가 만연한 세상(1:18-3:20)
    1. 이방인들의 죄(1:18-32)

(2) 심판: 하나님의 방치(1:24-32)

²⁴ 그러므로 하나님께서 그들을 마음의 정욕대로 더러움에 내버려 두사 그

들의 몸을 서로 욕되게 하게 하셨으니 [25] 이는 그들이 하나님의 진리를 거짓 것으로 바꾸어 피조물을 조물주보다 더 경배하고 섬김이라 주는 곧 영원히 찬송할 이시로다 아멘 [26] 이 때문에 하나님께서 그들을 부끄러운 욕심에 내버려 두셨으니 곧 그들의 여자들도 순리대로 쓸 것을 바꾸어 역리로 쓰며 [27] 그와 같이 남자들도 순리대로 여자 쓰기를 버리고 서로 향하여 음욕이 불일듯 하매 남자가 남자와 더불어 부끄러운 일을 행하여 그들의 그릇됨에 상당한 보응을 그들 자신이 받았느니라 [28] 또한 그들이 마음에 하나님 두기를 싫어하매 하나님께서 그들을 그 상실한 마음대로 내버려 두사 합당하지 못한 일을 하게 하셨으니 [29] 곧 모든 불의, 추악, 탐욕, 악의가 가득한 자요 시기, 살인, 분쟁, 사기, 악독이 가득한 자요 수군수군하는 자요 [30] 비방하는 자요 하나님께서 미워하시는 자요 능욕하는 자요 교만한 자요 자랑하는 자요 악을 도모하는 자요 부모를 거역하는 자요 [31] 우매한 자요 배약하는 자요 무정한 자요 무자비한 자라 [32] 그들이 이같은 일을 행하는 자는 사형에 해당한다고 하나님께서 정하심을 알고도 자기들만 행할 뿐 아니라 또한 그런 일을 행하는 자들을 옳다 하느니라

하나님의 의는 복음을 통해서 믿는 자들을 구원하는 능력으로 드러난 것처럼, 창조주 하나님을 우상으로 바꿔치기한 사람들을 심판하는 일을 통해서도 드러난다. 구원하시는 능력이 하나님 의의 확실한 증거인 것처럼, 심판도 하나님 의의 확실한 증거다. 바울은 세상에 만연한 죄가 곧 하나님의 심판이 이미 시작되었음을 의미한다고 한다. 구원과 심판 두 가지 중 심판이 먼저 왔다. 사람은 죄와 심판을 통해 자신이 얼마나 처량하고 비참한 존재인지 깨닫지 못하면 하나님의 필요성을 느끼지 못하기 때문이다.

이 섹션은 인류가 그동안 저지른 온갖 죄에 대한 목록을 포함한다 (cf. 29-31절). 이와 비슷한 죄 목록은 다른 바울 서신에서도 자주 나온다(고전 5:10-11; 6:9-10; 고후 12:20; 갈 5:19-21; 엡 4:31; 5:3-5; 골 3:5,

8; 딤전 1:9-10; 6:4-5; 딤후 3:2-4; 딛 3:3). 이 모든 죄는 사람들이 창조
주 하나님을 예배하는 일을 거부한 데서 시작되었다는 공통점이 있다
(Käsemann).

바울은 이 수많은 죄 중에서도 성적인 죄를 가장 자세하게 언급한다
(26-27절). 다소 황당하게 들릴지 몰라도 성적인 죄는 창조주 하나님을
부인하고 우상을 숭배하는 일에서 시작되었다(Thielman). 당시 고대 근
동 종교와 그리스-로마 종교에서 신전 창녀를 고용하는 등 성적으로
매우 문란했던 것도 이러한 논리가 결코 황당하지 않다는 점을 암시
한다.

이 섹션을 시작하는 '그러므로'(Διὸ)(24a절)는 하나님을 우상으로 대
체한 사람들의 죄(19-23절)의 결과를 설명하기 시작한다(Harrison &
Hagner). 인간이 거부한 창조주도 그들을 마음의 정욕대로 더러움에
내버려 두셨다(24a절). 사람이 마음의 정욕대로 행한다는 것은 마음
이 이끄는 대로 행동한다는 의미다(Cranfield). '정욕'(ἐπιθυμία)과 '더러
움'(ἀκαθαρσία)은 성적인 죄를 묘사할 때 사용되는 단어다(갈 5:16, 19,
24; 엡 4:19, 22; 골 3:5; 살전 4:5, 7). 바울은 잠시 후 26-27절에서 정욕
과 더러움이 무엇인지 자세하게 설명한다. 그가 이 편지를 쓰고 있는
고린도는 당시 세상에서 성적 문란으로 매우 유명한 도시였다. 바울은
성적인 죄의 심각성을 실감하면서 로마서를 쓰고 있다.

'내버려 두다'(παραδίδωμι)는 '[팔아] 넘기다'라는 뜻이다(BDAG). 이 단
어가 본 텍스트에서 세 차례나 사용되는 것은 죄를 이해하는 데 매우
중요한 의미를 지닌다는 뜻이다(cf. 24, 26, 28절). 사람이 하나님을 부인
하고 우상을 숭배하면 하나님은 그들이 마음의 정욕을 따라 죄를 짓도
록 내버려 두신다. 인간이 저지른 죄의 결과를 스스로 경험하게 하기
위해서다. 또한 하나님이 내버려 두신다는 것은 그들이 심판받도록 죄
에 넘기셨다는 뜻이다(마 10:17; 20:19; 24:9; 눅 21:12; 24:20; 행 8:3).

하나님을 부인하고 우상을 숭배하는 죄인은 자기 마음이 원하는 대

로 죄를 짓는다. 사람들은 죄를 즐길 거리로 생각하기도 하고, 기쁨을 안겨 주는 것으로 여기기도 한다. 그는 마음이 이끄는 대로 죄를 지어 결국 자기 몸을 욕되게 한다(24b절). '욕되게 하다'(ἀτιμάζω)는 '수치스럽게 하다, 불명예를 안기다'라는 의미를 지닌다. 죄는 한순간의 쾌락을 선사하고, 몸을 영원히 욕되게 한다.

사람이 죄를 짓는 것은 하나님이 그에게 내리신 심판이기도 하다. 그들이 하나님을 버린 것처럼, 하나님이 그들을 버리셨다. 그들이 하나님의 진리를 거짓으로 바꾸어 피조물을 조물주보다 더 경배하고 섬겼기 때문이다(25a절). 진리를 거짓으로 바꾸고 피조물을 조물주보다 더 경배하고 섬기는 것은 그들의 의도적인 선택에 따른 결과다.

사람들이 창조주이신 하나님을 버렸다고 해서 하나님의 신분이나 지위에 변화가 생기는 것은 아니다. 하나님은 모든 사람으로부터 영원히 찬송을 받기에 합당하신 분이다(25b절). 그들이 부인하든, 인정하든 하나님은 그들의 창조주시기 때문이다.

바울은 24절에서 언급한 정욕과 더러움이 무엇인지 설명한다(26-27절). 앞에서 언급한 것처럼 정욕과 더러움은 성적인 죄에 관한 표현이다. 그는 이 섹션에서 여러 가지 성적인 죄 중에서도 동성애를 예로 든다. 그는 왜 동성애를 예로 드는가? 우상 숭배가 하나님이 인간을 창조하신 후 그들에게 기대하신 바에 가장 부자연스러운 일인 것처럼, 동성애는 성적 영역에서 가장 부자연스러운 일이기 때문이다 (Hays, Schlatter). 하나님은 사람을 창조하실 때 결혼을 통해 이성과 결합하게 하셨다. 동성애는 이러한 하나님의 창조 질서를 파괴하는 행위다 (Schreiner, Wright).

동성애가 하나님의 창조 질서에 역행한다는 것을 강조하기 위해 바울은 독특한 용어들을 사용한다. 첫째, 26절과 27절에서 지속적으로 사용되는 '남자들'(ἄρσενες)과 '여자들'(θήλειαι)은 일상적으로 남자 (ἄνθρωπος, ἀνήρ)와 여자(γυνή)를 가리키는 단어가 아니다. 우리말 번역본들은 하나님이 태초에 인간을 창조하실 때 일을 번역하면서(창 1:27) 마소라 사본에 표기된 히브리어 문구(זָכָר וּנְקֵבָה)를 '남자와 여자'로 번역 했지만(개역개정, 새번역, 공동), 더 정확한 번역은 '남성과 여성'(male and female)이다(ESV, NAS, NIV, NRS, TNK). 이 단어들은 두 성(性)의 차이 를 강조하며, 칠십인역(LXX)도 이러한 사실을 부각하고자 '남성과 여 성'(ἄρσεν καὶ θῆλυ)으로 번역했다. 바울은 칠십인역(LXX)의 단어들을 복 수형(ἄρσενες, θήλειαι)으로 사용함으로써 자신이 하나님의 창조 질서에 관해 말하고 있음을 암시한다(cf. 마 19:4; 막 10:6). 우상 숭배가 하나님 의 창조 질서를 침해하는 것처럼, 동성애는 남성과 여성이 지닌 차이 를 침해한다(Moo).

둘째, '순리'(φυσικὴν)와 '역리'(παρὰ φύσιν)도 하나님의 창조 질서(의도) 와 연관된 단어다(Hays, TDNT). '쓸 것'(χρῆσις)은 흔히 성관계를 의미한 다(BDAG). 그러므로 '순리대로 쓸 것'(τὴν φυσικὴν χρῆσιν)은 '자연스러운 (순리적인) 성관계'다(NIV, NRS, cf. ESV, RSV). 반면에 '역리'(παρὰ φύσιν) 는 항상 동성애에 사용되며, 이성 사이의 관계에는 단 한 번도 사용되 지 않는다(Sprinkle). 여자들은 하나님이 세우신 창조 질서에 따라 남자 들과 관계를 갖지 않고 여자끼리 관계하는 역리를 행했다(26절). 남자 들도 순리대로 여자들과 관계를 갖지 않고 남자들과 부끄러운 일을 행 했다(27a절). '행하다'(κατεργάζομαι)는 '이루다, 성취하다'라는 뜻을 지닌 다(15:18; 고후 12:12). 바울은 본문에서 이 동사를 냉소적으로 사용하고 있다. 동성애는 하나님의 심판을 삯으로 받는(성취하는) 노동이라는 것 이다(Thielman). 여성이든 남성이든 상관없이 동성애는 하나님의 창조 질서를 '역리'하는 행위이기 때문이다.

동성애는 그릇됨이며 이를 행하는 사람들은 이미 상당한 보응을 받 았다(27b절). '그릇됨'(πλάνης)은 본의 아니게 실수한 것이 아니라, 의도 적으로 하나님을 거역하는 행위다(Byrne). 따라서 동성애는 하나님이 그들을 심판해 정욕과 더러움으로 넘기신 결과다(24절). 그러므로 동성애는 하나님이 그들을 심판하여 '보응'(ἀντιμισθία)하신(대가를 치르게 하신) 결과다(Schreiner).

오늘날 많은 문화권에서 매우 뜨거운 이슈 중 하나가 동성애다. 동성애자가 목사가 되고 총회장이 되는 세상이 되었다. 우리나라도 예외가 아니다. '퀴어 축제'와 '차별금지법'도 동성애와 연관된 이슈다. 상황이 이렇다 보니 동성애에 관한 성경 말씀의 참된 의도와 상관없는 정치적·문화적 해석이 난무하다. 대부분은 성경이 보증하지 않는 관대함으로 동성애 이슈를 해결하려고 한다.

본문이 성인 남자가 남자아이와 성관계 갖는 것을 금하고 있으며, 이러한 행위는 윤리적인 이슈가 아니라 신학적인 이슈라고 주장하는 이들이 있다(Scroggs). 그러나 본문은 '성인 남자와 남자아이(소년)'가 아니라 '남성과 남성'의 성관계를 문제 삼는다(27b절). 또한 같은 맥락에서 26절을 '성인 여자와 여자아이'라고 해석할 수는 없다. 성인 여자가 어린 여자아이와 성관계를 가지는 일은 당시 들어보지도 못한 일이다(Brooten). 신학과 윤리도 분리할 수 없다. 본문에서도 창조주를 부인한 일(신학적인 오류)이 부도덕한 삶(윤리적인 오류)으로 드러나고 있다.

본문이 우상 숭배에 초점을 두고 있다면서, 바울이 금하는 것은 동성애가 아니라 여신(들)을 숭배하는 신전에서 일어나는 매춘을 금하는 것이라 주장하는 이들도 있다(Townsley). 바울이 모든 동성애를 금하는 것이 아니라 이성애자(heterosexual)가 동성 섹스(homosexual sex)를 하는 것을 금한다고 주장하는 이들도 있다(Boswell, Brownson, Countryman). 이러한 주장은 전혀 설득력 없는 논리에 근거한 것들이다(du Toit, Schnabel).

당시 유대인 문화와 성경적 정서와 본문의 문맥을 고려할 때, 바울이 동성애를 죄라고 하는 것 외에는 그 어떤 주장이나 해석도 설득력이 없다(Hay, Brooten, du Toit, Keener, Schmidt, Soards). 구약도 동성애를 죄로 규정하고 심판한다(창 19:1-28; 레 18:22; 20:13; 신 23:17-18). 요세푸스(Josephus)와 필로(Philo)와 그 외 유대인 저자와 문헌들도 동성애가 하나님 뜻에 어긋나는 죄라는 사실에 예외를 두지 않는다.

앞으로도 동성애를 정당화하려는 노력이 계속될 것이다. 동성애를 인정하지 않으면 교회는 사회에서 소외될 것이며, 동성애자 수용 문제 등을 두고 다양한 주장이 제기될 것이다. 그러나 결국은 성경관이 교회를 갈라놓을 것이다. 만일 성경이 하나님에 관해 말한다 할지라도 오류를 지닌 인간의 책이라면, 굳이 동성애를 문제 삼을 필요가 없다. 이 경우 설령 성경이 동성애를 금기시하고 죄라고 할지라도 그것은 성경을 집필한 소수 인간 저자의 개인적인 생각에 불과하기 때문이다. 반면에 성경이 오류가 없는 하나님의 말씀이라고 생각한다면(하나님이 영감을 주신 소수의 인간 저자에게 하나님의 뜻을 오류 없이 기록해 전하게 하셨다면) 우리는 동성애를 죄라고 할 수밖에 없다. 하나님이 죄라고 말씀하시기 때문이다.

동성애를 하나님의 창조 질서에 가장 어긋나는 죄로 규정한 바울은 성적인 죄 외에도 세상을 사로잡고 있는 온갖 죄를 나열한다(29-32절). 이 모든 죄는 사람이 마음에 하나님 두기를 싫어하자 하나님이 그들을 그들이 하고자 하는 대로 내버려 두신 결과다(28절). 안타깝게도 사람들이 '상실한 마음대로'(타락한 마음대로, cf. 새번역, ESV, NAS, NIV) 한 일은 한결같이 합당하지 못한 일이었다(28b절). '합당하지 못한 일'(ποιεῖν τὰ μὴ καθήκοντα)은 사람으로서 책임을 다하지 못한 것 (Thielman), 혹은 해서는 안 되는 일을 뜻한다(새번역, 공동, ESV, NIV). 오늘날 세상에서는 사람들이 싫어하는 일이 곧 합당하지 못한 일이 되었다(Harrison & Hagner).

창조주 하나님을 경배하지 않고 우상을 선호한 사람들은 온갖 죄를 지었다(29-31절). 바울은 본문과 비슷한 죄 목록을 다른 서신에도 기록했다(고전 5:10-11; 6:9-10; 고후 12:20; 갈 5:19-21; 엡 4:31; 5:3-5; 골 3:5, 8; 딤전 1:9-10; 6:4-5; 딤후 3:2-4; 딛 3:3). 이처럼 다양한 죄가 한꺼번에 언급되는 것은 창조주를 버리고 우상을 숭배한 죄가 놀라운 속도로 다른 죄들로 이어지고 있음을 암시한다. 어느덧 죄는 사람들의 생각과 말과 행동을 지배했다(Laato).

총 21가지 죄를 나열하는 본문은 세 가지로 정리할 수 있다(Schreiner, Thielman, cf. Harrison & Hagner). 첫째, 접미사 $-ία$로 끝나는 여격(dative)으로 표기된 네 가지다: '불의'(ἀδικίᾳ), '추악'(πονηρίᾳ), '탐욕'(πλεονεξίᾳ), '악의'(κακίᾳ)(29a절). 사람들이 서로에게 저지를 각오가 되어 있는 죄들이다. 이는 인간의 악함을 총체적으로 비난하는 것이다.

둘째, 형용사 '가득'(μεστούς)(29b절)을 수식하는 단어 다섯 개다: '시기'(φθόνου), '살인'(φόνου), '분쟁'(ἔριδος), '사기'(δόλου), '악독'(κακοηθείας). 인간은 악할 뿐 아니라, 온갖 악으로 가득 찼다. 죄가 인간을 얼마나 심각하게 지배하고 있는지를 강조한다.

셋째, 28절에서 하나님이 죄에 넘기신 '그들'(αὐτούς)을 묘사하는 단어와 문구 12가지다: 수군수군하는 자, 비방하는 자, 하나님께서 미워하시는 자, 능욕하는 자, 교만한 자, 자랑하는 자, 악을 도모하는 자, 부모를 거역하는 자, 우매한 자, 배약하는 자, 무정한 자, 무자비한 자(29c-31절). 이 중 처음 두 가지 부류의 사람(수군수군하는 자, 비방하는 자)은 남의 명예와 존엄을 파괴하는 죄를 짓는다. '하나님께서 미워하시는 자'(θεοστυγεῖς)는 '하나님을 미워하는 자'로도 해석할 수 있으며(Calvin, Schnabel), 본문이 사람들의 죄와 행동을 나열하고 있다는 점을 고려할 때 이 해석(하나님을 미워하는 자)이 문맥에 더 적합하다(ESV, NAS, NIV, NRS).

'능욕하는 자'(ὑβριστάς)는 남에게 폭력 행사하는 일을 서슴지 않는 사람이다. '교만한 자'(ὑπερηφάνους)와 '자랑하는 자'(ἀλαζόνας)와 더불어 이 세 가지 죄는 남들 앞에서 자기를 과시하는 행동이다. '악을 도모하는 자'(ἐφευρετὰς κακῶν)와 '부모를 거역하는 자'(γονεῦσιν ἀπειθεῖς) 그리고 '우매한 자'(ἀσυνέτους)는 악을 행하기 위해 창조성을 발휘한다(Schreiner). '배약하는 자'(ἀσυνθέτους)와 '무정한 자'(ἀστόργους)와 '무자비한 자'(ἀνελεήμονας)는 관계를 파괴하고 끊는다(Thielman).

바울은 죄 목록을 소리가 비슷한 네 개의 헬라어 단어로 마무리한다(31절): '우매한 자'(ἀσυνέτους), '배약하는 자'(ἀσυνθέτους), '무정한 자'(ἀστόργους), '무자비한 자'(ἀνελεήμονας). 네 단어 모두 '아'(ἀ-)로 시작한다. 처음 세 단어는 '우스'(-ους)로 끝나며 마지막 단어만 '아스'(-ας)로 끝난다. 이 단어들이 지닌 소리의 통일성을 부각하기 위해 한 주석가는 영어로 이 단어들을 'senseless, faithless, loveless, merciless'로 번역했다(Dunn).

하나님은 이런 일을 행하는 자들, 곧 이런 죄를 범하는 자들은 사형에 해당한다고 정하셨다(32a절). 이런 죄를 범하는 자들이 벌을 받아 죽는 것이 하나님이 정하신 법도라는 뜻이다(cf. 새번역, 공동, 현대인). 당연한 일이다. 거룩하고 의로우신 하나님이 죄를 지어 부정하게 된 사람을 자신이 아름답게 창조한 세상에서 영원히 살게 하지는 않으실 것이다. 그들은 영원한 죽음을 맞이할 것이다(Schnabel). 그러므로 이방인은 모세의 율법 없이도 창조주의 심판을 받아 영원히 죽게 된다(Thielman).

하나님의 심판을 받아 죽을 사람들은 자신만 이러한 죄를 짓는 것이 아니라, 같은 죄를 짓는 남들이 옳다고도 한다(32b절). 사람이 죄를 짓는 것도 문제지만, 괜찮다며 남을 죄에 끌어들이는 것은 더 심각한 죄다(Cranfield). 구약에서는 이런 죄를 '고의로 범하는 죄'(sinning with high hand, '손을 하늘을 향해 치켜들고 짓는 죄'라는 뜻)라고 하며(민 15:30), 이런 죄는 하나님이 용서하지 않으신다. 남이 죄를 짓도록 독려하는 것은 이웃을 사랑하라는 계명을 어기는 행위다(Harrison & Hagner).

이 말씀은 세상에 만연한 죄는 하나님의 심판이 이미 시작되었음을 의미한다고 한다. 창조주를 거부하고 우상을 선호하는 사람들의 죄에 대한 하나님의 심판이라는 것이다. 하나님의 심판을 받지 않으려면 죄 문제를 해결해야 하는데, 예수 그리스도의 보혈을 통하는 것 외에는 길이 없다. 세상은 오래전부터 죄로 가득 차 있기 때문에 세상에 사는 사람들이 스스로 죄 문제를 해결할 방법은 없다.

사람이 짓는 온갖 죄 중에서 하나님의 창조 질서에 가장 역행하는 것이 바로 동성애다. 또한 동성애는 모든 성적인 죄 가운데 가장 심각하다. 우리는 그리스도의 복음을 영접하고 삶을 바꾸겠다는 동성애자들을 최대한 도와야 한다. 그들에게도 주님이 필요하기 때문이다. 그러나 동성애를 정당화하고 합리화하는 이들과는 거리를 두어야 한다.

모든 죄는 종교적이다. 창조주 하나님이 창조하신 세상을 통해 자신을 보이셨는데도 사람들이 하나님을 경배하지 않고 우상을 만들어 숭배한 것은 가장 큰 죄이며, 나머지 모든 죄의 시작이다. 그러므로 죄는 종교적인 차원에서 접근해야 해결할 수 있다. 창조주 하나님을 믿고 고백하는 것이 죄 문제를 해결하는 첫 단추다.

> II. 오직 믿음으로 의에 이름(1:18-4:25)
>   A. 죄가 만연한 세상(1:18-3:20)

2. 유대인들의 죄(2:1-3:8)

저자는 바로 앞 섹션(1:18-32)에서 이방인이 창조주를 부인하고 우상을 숭배해 온갖 죄를 짓게 되었다고 했다. 그는 본 텍스트를 통해 유대인도 하나님께 범죄했으므로 심판을 받아야 한다고 한다. 유대인은 이방인이 자신들보다 훨씬 더 죄를 많이 짓는다고 생각했다. 그러나 바울은 이방인의 죄(cf. 1:19-32)보다 유대인의 죄(2:1-3:8)에 관해 훨씬 더 자세하게 말한다. 이방인의 죄보다 유대인의 죄가 더 심각하다는 것이다.

바울이 이방인의 죄에 관해 먼저 말한 후에 유대인의 죄를 논하는 것은 마치 선지자 아모스가 이스라엘 주변 국가들을 정죄하고 난 후 남 왕국 유다와 북 왕국 이스라엘을 비난한 것과 비슷하다(암 1-2장). 선지자 나단도 다윗을 찾아가 남의 이야기로 다윗을 몰입하게 한 다음 그의 죄를 지적한 적이 있다(삼하 12:1-7). 유대인은 하나님이 자신들에게만 율법을 주셨다며 자랑했지만, 율법은 그들을 죄에서 구원하지 못했다. 유대인도 하나님의 구원하시는 의를 경험하려면 반드시 예수 그리스도를 통해야 한다는 사실을 깨달아야 한다. 그리스도의 복음은 이방인을 위한 것일 뿐 아니라 유대인을 위한 것이기도 하다. 이 섹션은 다음과 같이 구분된다.

A. 하나님의 공평한 심판(2:1-16)
B. 하나님을 영화롭게 하지 못함(2:17-29)
C. 하나님의 의와 이스라엘(3:1-8)

```
Ⅱ. 오직 믿음으로 의에 이름(1:18-4:25)
  A. 죄가 만연한 세상(1:18-3:20)
    2. 유대인들의 죄(2:1-3:8)
```

(1) 하나님의 공평한 심판(2:1-16)

유대인들이 하나님과 언약을 맺었다고 해서 하나님의 진노에서 자동으로 면제되는 것은 아니다(2:1-5). 하나님은 이방인뿐 아니라 유대인도 행실에 따라 심판하신다. 유대인들도 하나님께 죄를 지었다. 그러므로 하나님은 세상이 끝나는 날 그들도 심판하실 것이다.

또한 하나님은 그들이 유대인이라 해서 관대하게 대하지 않으신다(2:6-11). 모든 사람을 그의 행위에 따라 공평하게 심판하신다. 이방인 중 영생을 얻는 이가 있는가 하면 영원한 고통을 받는 자도 있는 것처럼, 유대인 역시 영생을 얻는 자가 있는가 하면 영원한 심판을 피하지 못할 자도 있다. 그러므로 하나님이 유대인에게 율법을 주셨다는 것이 그들을 구원할 수는 없다(2:12-16). 하나님의 율법을 어긴 자는 모두 멸망한다. 본 텍스트는 다음과 같이 구분된다.

A. 회개하지 않은 유대인들을 정죄하심(2:1-5)

B. 행한 대로 보응하심(2:6-11)

C. 공평하게 심판하심(2:12-16)

II. 오직 믿음으로 의에 이름(1:18-4:25)
  A. 죄가 만연한 세상(1:18-3:20)
    2. 유대인들의 죄(2:1-3:8)
      (1) 하나님의 공평한 심판(2:1-16)

---

a. 회개하지 않은 유대인들을 정죄하심(2:1-5)

¹ 그러므로 남을 판단하는 사람아, 누구를 막론하고 네가 핑계하지 못할 것은 남을 판단하는 것으로 네가 너를 정죄함이니 판단하는 네가 같은 일을 행함이니라 ² 이런 일을 행하는 자에게 하나님의 심판이 진리대로 되는 줄 우리가 아노라 ³ 이런 일을 행하는 자를 판단하고도 같은 일을 행하는 사람아, 네가 하나님의 심판을 피할 줄로 생각하느냐 ⁴ 혹 네가 하나님의 인자하심이 너를 인도하여 회개하게 하심을 알지 못하여 그의 인자하심과 용납하심과 길이 참으심이 풍성함을 멸시하느냐 ⁵ 다만 네 고집과 회개하지 아니한 마음을 따라 진노의 날 곧 하나님의 의로우신 심판이 나타나는 그 날에 임할 진노를 네게 쌓는도다

이때까지 주로 이방인의 죄를 언급하며 그들이 하나님의 진노를 피할 수 없다고 했던 바울이 이번에는 유대인도 하나님의 진노를 피할 수 없는 것은 마찬가지라고 한다. 하나님이 그들을 특별히 여겨 언약을 맺고 율법도 주셨다고 자랑하던 유대인들에게는 상당히 충격적인 말이었을 것이다.

'그러므로'(Διὸ)(1a절)는 항상 앞에서 한 말과 연결된다(Cranfield, Godet, Thielman, cf. 1:24; 4:22; 13:5; 15:22). 그러나 이번에는 앞 섹션(1:18-32)

의 결론이 아니라 새로운 섹션(2:1-5)을 시작한다. 학자들은 이 문제를 해결하려고 다양한 설명을 내놓았다(cf. Longenecker, Schreiner). 앞 섹션(1:18-32)이 전반적으로 이방인에 관한 내용인 것은 사실이다. 유대인들은 1:18-28이 언급하는 우상 숭배나 동성애를 행하지 않았기 때문이다. 그렇다고 해서 유대인들이 1:29-32이 언급하는 죄도 짓지 않는다며 그들을 배제할 필요는 없다. 게다가 1절 후반부는 이방인을 자기들과 다른 죄인으로 취급하는 유대인들(cf. 2:12, 17, 23, 25)과 잘 어울린다. 그런 점에서 본문을 시작하는 '그러므로'는 앞 섹션과 새로운 섹션을 연결하는 전환(transition)이다.

바울은 이때까지 서신을 읽는 로마 성도들에게 3인칭 복수형으로 말했다. 그러다가 1절에서 갑자기 2인칭 단수형으로 말하기 시작한다. 이러한 수사학적 기법은 당시 철학자와 스승들이 구두 혹은 책을 통해 사람들을 가르칠 때 흔히 사용하던 방식이다(Stowers). 바울은 하나님의 진노가 자기와는 멀다고 생각하는 자들에게 심판은 결코 남의 이야기가 아니라며 모든 사람이 개인적 이슈로 생각하도록 이러한 방식을 취하고 있다.

'남을 판단하는 사람'(κρίνεις τὸν ἕτερον)(1a절)은 자신은 하나님의 심판을 받지 않는다고 생각하며 다른 사람들에게 내리는 하나님의 심판을 환영하는 사람들이다(cf. 1:18-32). 남의 죄를 비난하는 사람들은 대체로 자신은 하나님 편에 있고, 벌을 받지 않을 만큼 의롭다고 생각한다(Keck). 그러나 복음은 이런 생각을 지닌 자들에게도 심판이 임할 것이라 한다.

이 사람들은 유대인이다. 유대인은 우상 숭배와 동성애(1:18-28)를 하지는 않았지만 그들도 이방인처럼 '죄 목록'(1:29-31)에 기록된 21가지 죄에서 자유롭지 못하다. 그들은 자신이 비난하는 일들을 스스로 행하여 정죄를 받는다. 율법은 유대인에게 율법을 지킬 능력을 주지는 않았다.

하나님이 자신의 의와 진리에 근거해 유대인을 정죄하고 심판하신다(2절). '진리'(ἀλήθεια)는 하나님이 모든 악인을 심판하신다는 진리(Schreiner), 혹은 모든 사람이 행실에 따라 하나님의 심판을 받는다는 진리를 뜻한다(Thielman). 하나님은 유대인에게 율법을 주셨다. 그러나 그들이 율법대로 살지 않았으니 심판을 받아야 한다.

'이런 일들'(τὰ τοιαῦτα πράσσοντας)(3a절)은 1:18-32이 나열한 죄다. 이 사람들(유대인들)은 다른 사람들(이방인들)이 온갖 죄 저지르는 것을 판단하고(정죄하고)도 같은 죄를 저지른다(3b절). 유대인은 우상 숭배와 동성애는 하지 않지만(유대교는 이 두 가지를 철저하게 금함) 29-31절이 나열하는 죄들은 지었다(Dunn, Moo).

그러므로 바울은 그들도 하나님의 심판을 피할 수 없다는 사실을 수사학적인 질문을 사용해 강조한다: "네가 하나님의 심판을 피할 줄로 생각하느냐?"(3c절). 죄짓는 이방인과 그들의 죄를 비난하면서 똑같은 죄를 짓는 유대인들의 모습이 세상 말로 '뭐 묻은 개가 뭐 묻은 개 나무라는 격'이 되었다.

4절을 시작하는 '혹'(ἤ)은 전개되는 논리를 강화하는 역할을 한다(Cranfield). 3절에 기록된 것보다 4절에 기록된 것이 더 심각한 죄라는 뜻이다. 남의 죄를 비난하고 정죄하는 것도 죄지만(3절), 그렇게 함으로써 하나님의 인자하심과 용납하심과 길이 참으심이 참으로 풍성하다는 사실을 멸시하는 것은 더 큰 죄다(4절).

하나님의 인자하심은 사람들을 회개하게 한다(4a절). 그러므로 다른 사람을 비난하는 사람이 자신을 가리켜 회개한 사람이라고 한다면, 그도 하나님의 인자하심으로 인해 회개한 것이지 자력으로 회개한 것은 아니다. 그의 회개에는 스스로 자랑할 만한 것이 없다. 하나님의 인자하심으로 인해 회개했기 때문이다.

하나님은 인자하심과 용납하심과 길이 참으심이 풍성한 분이다(4b절). 그렇기 때문에 죄인을 곧바로 심판하지 않으시고 그들이 회개하고 돌아오기를 계속 기다리신다. 그러므로 하나님의 인자하심을 힘입어 회개한 사람이 주님이 회개하기를 기다리시는 다른 죄인을 비난하고 정죄하면 하나님의 인자하심과 용납하심과 길이 참으심을 멸시하는 것이 된다(4b절). 그의 비난과 정죄는 하나님이 '쓸데없는 기다림'을 계속하고 계신다고 하는 것과 같기 때문이다.

그러므로 바울은 남을 정죄하는 사람들을 향한 경고 메시지로 이 섹션을 마무리한다(5절). 그가 계속 고집을 부리며 남을 정죄하고 자신의 죄를 회개하지 않으면 진노의 날, 곧 하나님의 의로우신 심판이 나타나는 그날까지 그의 죄에 대한 하나님의 진노가 계속 쌓일 것이다. 구약에서는 이런 날을 '여호와의 날'이라 한다(cf. 습 1:15, 18; 2:2-3).

바울은 이 섹션에서 유대인의 불일치(inconsistency)와 자기기만(self-deception)을 문제 삼는다. 유대인이 이방인의 죄를 비난하면서 그들이 짓는 죄를 자기도 짓는 것은 불일치(inconsistency)다. 이방인이든 유대인이든 하나님이 판단하시는 기준은 같다. 유대인들은 하나님이 그들을 죄 많은 이방인 대하듯 하지 않으실 것이라고 한다. 마치 자신은 하나님의 심판에서 면제받은 것처럼 생각한다. 그러나 이것은 자기기만(self-deception)이다.

이 말씀은 하나님이 세상을 심판하실 때 유대인과 이방인을 차별하지 않고 같은 기준으로 심판하신다고 한다. 언약과 율법은 유대인에게 많은 특권을 부여했다. 그러나 특권과 더불어 책임도 함께 주어졌다. 그들이 이 책임을 다하지 않으면서 이방인을 비난하고 정죄하는 것은 옳지 않다. 더욱이 이방인을 비난하면서 돌아서서 같은 죄를 짓는 것은 용납될 수 없다. 신앙생활에서 세상 말로 '내로남불'(내가 하면 로맨스요, 남이 하면 불륜)은 존재하지 않는다. 세상 사람들을 바라보는 우리의 시각도 달라져야 한다. 그들도 우리처럼 하나님의 은혜와 용서가 필요한 죄인이며, 그 이상도 이하도 아니다.

하나님은 인자하심과 용납하심과 길이 참으심이 풍성하신 분이다.

그러므로 하나님은 지금도 인내심을 가지고 죄인들이 회개하고 돌아오기를 기다리신다. 하나님이 기다리시는데 우리가 나서서 남의 죄에 대해 섣불리 말하면 안 된다. 이러한 행동은 하나님의 인자하심과 용납하심과 길이 참으심을 멸시하는 것이다.

남들(죄인들)에게 임하는 심판을 기뻐해서도 안 된다. 언젠가는 하나님이 그들을 벌하신 기준을 똑같이 적용해 우리를 심판하실 것이기 때문이다. 서로를 향한 관대함과 긍휼함이 필요하다. 하나님 앞에서 우리는 모두 죄인이다.

II. 오직 믿음으로 의에 이름(1:18-4:25)
  A. 죄가 만연한 세상(1:18-3:20)
    2. 유대인들의 죄(2:1-3:8)
      (1) 하나님의 공평한 심판(2:1-16)

---

b. 행한 대로 보응하심(2:6-11)

⁶ 하나님께서 각 사람에게
그 행한 대로 보응하시되
⁷ 참고 선을 행하여 영광과 존귀와 썩지 아니함을 구하는 자에게는 영생으로 하시고 ⁸ 오직 당을 지어 진리를 따르지 아니하고 불의를 따르는 자에게는 진노와 분노로 하시리라 ⁹ 악을 행하는 각 사람의 영에는 환난과 곤고가 있으리니 먼저는 유대인에게요 그리고 헬라인에게며 ¹⁰ 선을 행하는 각 사람에게는 영광과 존귀와 평강이 있으리니 먼저는 유대인에게요 그리고 헬라인에게라 ¹¹ 이는 하나님께서 외모로 사람을 취하지 아니하심이라

6절은 잠언 24:12과 시편 62:12을 인용한 말씀이다. 두 말씀 모두 교만에 관해 경고한다(Wright). 바울은 이 말씀을 인용해 7-11절에서 발전시키는 주제 세 가지를 언급한다(Schreiner): (1)'행함'($\xi\rho\gamma\alpha$), (2)'보

응'(ἀποδίδωμι), (3)'각 사람'(ἑκάστῳ). 하나님은 유대인과 이방인을 차별하지 않으시고 각자 행한 대로 상을 내리기도 하고, 벌을 내리기도 하신다. 하나님은 유대인과 이방인을 모두 창조하신 창조주이시기 때문이다.

이어지는 7-11절은 다음과 같은 교차 대구법 구조를 지닌다(Harrison & Hagner, Schreiner, cf. Thielman).

A. 하나님이 각 사람에게 그 행한 대로 보응하심(6절)
  B. 선을 행하여 영광과 존귀와 썩지 아니함을 구하는 자에게는 영생으로(7절)
    C. 불의를 따르는 자에게는 진노와 분노로(8절)
    C′. 악을 행하는 각 사람의 영에는 환난과 곤고로(9절)
  B′. 선을 행하는 각 사람에게는 영광과 존귀와 평강으로(10절)
A′. 하나님은 외모로 사람을 취하지 않으심(11절)

'참고 선을 행하여 영광과 존귀와 썩지 아니함을 구한다'(7a절)는 것은 사람이 인내하며 살면서 종말에 하나님께 영생 얻기를 사모하는 것을 의미한다(Moo). 그러므로 하나님은 그들이 온갖 삶의 고난과 애환을 견디면서도 끝까지 포기하지 않은 것, 곧 영생으로 그들에게 보응하신다(7b절).

바울이 유대인들에게 보응에 관해 말하는 이유는 하나님은 누구도 차별하지 않으신다는 것을 강조하기 위해서다. 유대인들은 자신은 선민이고, 하나님과 언약을 맺은 백성이기 때문에 하나님이 온 세상을 심판하시는 날에 특별히 선처받을 것이라고 생각했다. 그러나 하나님은 이방인이나 유대인이나 차별하지 않으시고 각자의 행실에 따라 상도 내리시고 벌도 내리신다.

바울은 사람이 선을 행하며 하나님의 고귀한 것들(영광과 존귀와 썩지 아니함)을 구하면 하나님이 '영생'(ζωὴν αἰώνιον)을 주신다고 하는데(7절), 그렇다면 이 말씀은 '행위 구원'(salvation by works)에 관한 것인가? 우리가 잘 알다시피 바울은 행위 구원을 부인하며 모든 사람은 믿음으로 구원에 이른다고 했다(1:16-17). 또한 행위 구원은 "그러므로 율법의 행위로 그의 앞에 의롭다 하심을 얻을 육체가 없나니 율법으로는 죄를 깨달음이니라"(3:20)와 같은 말씀과도 잘 어울리지 않는다.

어떤 이들은 바울이 상황에 따라 서로 상반되는 말을 한다며 곳곳에서 모순적인 말을 볼 수 있다고 주장한다. 그러나 바울의 메시지를 잘 이해하지 못한 처사다. 대부분 학자는 두 가지 가능성을 논한다. 첫째, 바울이 그리스도인 가운데 아직도 율법을 성실하게 준수하는 사람들은 순종하는 행위를 통해 하나님과 영원한 교제(fellowship)를 하게 될 것이라고 말한다는 해석이다(Barrett, Fitzmyer, Schreiner, Stuhlmacher). 이 사람들은 율법과 상관없이 이미 믿음으로 구원받았으므로 그들에게 보응으로 주어지는 것은 하나님과의 영원한 교제라는 것이다. 그러나 '영생'과 '교제'에 상당한 차이가 있어 보인다.

가장 간단하고 전통적인 해석은 바울이 가정(假定) 상황(hypothetical situation)에 관해 말하고 있다는 해석이다(Calvin, Leenhardt, Lincoln, Longenecker, Moo, Schnabel, Sprinkle, Thielman). 모든 율법을 완벽하게 지키면 종말에 하나님께로부터 영생을 얻을 수 있다(cf. 레 18:5; 신 4:1; 5:33; 30:6, 11-20; 겔 18:5-9). 그러나 모든 율법을 완벽하게 지킬 수 있는 사람은 없다. 그러므로 행위로 영생을 얻는 것은 현실적으로 불가능하다. 이 해석이 가장 오래된 것이며 3:19-20과 가장 잘 어울리기 때문에 많은 학자가 선호한다.

하나님은 선을 행하고 하나님의 귀한 것들을 구하는 사람에게 영생으로 보응하시지만(7절), 당을 짓는 자에게는 진노와 분노로 보응하신다(8절). '당을 짓는 것'(ἐριθεία)(8a절)은 '이기심이나 개인적인 욕심에 사로잡힌 것'(selfish ambition, self-seeking)을 뜻한다(TDNT, cf. 새번역, 공동,

ESV, NAS, NIV). 하나님을 우상으로 대체한(1:19-20) 인간이 짓는 가장 기본적인 죄다(Byrne). 세상 모든 것을 자기중심적으로, 또한 자기 이익을 추구하기 위한 수단으로 보기 때문이다.

이런 사람은 진리를 따르지 않고 불의를 따르므로 하나님은 그들에게 진노와 분노로 보응하신다(8b절). '진노'(ὀργή)와 '분노'(θυμός)는 쌍으로 사용되어 하나님을 대적하는 자들에게 임하는 하나님의 재앙을 묘사한다(신 9:19; 29:22; 시 90:7-8; 사 10:5; 13:9). 또한 1:18과 이 섹션을 연결해 주는 고리다(Thielman).

섹션의 나머지 부분(9-11절)은 위에서 언급한 교차 대구법 구조[A(6절)-B(7절)-C(8절)-C'(9절)-B'(10절)-A'(11절)]를 완성하는 것으로, 서로 쌍을 이루며 새로운 내용은 별로 제시하지 않는다. 전체를 감싸는 6절(A)은 구약 말씀을 인용한 것이고, 11절(A')은 저자의 말이지만 마치 한 문장처럼 이어진다: '하나님께서 각 사람에게 그 행한 대로 보응하시는 것은 하나님께서 외모로 사람을 취하지 않으시기 때문이다.' 개역 개정이 '외모'로 번역한 헬라어 단어(προσωπολημψία)를 더 정확하게 번역하면 '차별'(partiality)이다(cf. 새번역, 공동, ESV, NAS, NIV). 하나님은 신분의 귀천과 생김새에 상관없이 모든 사람을 각자 행한 대로 공평하게 심판하신다는 의미다.

두 번 반복되는 것은 악을 행한 사람들(9절)과 선을 행한 사람들(10절)에게 임하는 보응이 '먼저는 유대인에게, 그리고 헬라인에게' 임한다는 사실이다. 유대인들은 하나님의 축복과 심판에서 우선권을 상실하지 않는다(Keck). 심판도 이방인보다 먼저 받고, 보상도 이방인보다 먼저 받는다.

이 말씀은 세상 모든 사람이 하나님의 진노와 분노를 피할 방법은 단 한 가지 예수 그리스도를 통하는 것이라 한다. 하나님은 모든 사람을 그들의 행실에 따라 심판하시는데, 영생을 보응으로 받을 만큼 행실이 선한 사람은 없다. 그러므로 그리스도의 복음을 믿는 것이 유일한 방법이다.

거의 모든 죄는 인간의 자기중심적인 생각에서 시작된다. 그런 만큼
죄에서 해방되고 싶다면 사고 체계와 가치관을 바꾸어야 한다. 먼저
하나님을 최우선으로 생각하고, 그다음에는 이웃을 생각해야 한다. 우
리 자신이 하나님과 이웃이 차지해야 할 자리를 차지하고 있는 한 죄
에서 해방되는 일은 결코 쉽지 않다.

c. 공평하게 심판하심(2:12-16)

¹² **무릇 율법 없이 범죄한 자는 또한 율법 없이 망하고 무릇 율법이 있고 범
죄한 자는 율법으로 말미암아 심판을 받으리라 ¹³ 하나님 앞에서는 율법을
듣는 자가 의인이 아니요 오직 율법을 행하는 자라야 의롭다 하심을 얻으리
니 ¹⁴ (율법 없는 이방인이 본성으로 율법의 일을 행할 때에는 이 사람은 율
법이 없어도 자기가 자기에게 율법이 되나니 ¹⁵ 이런 이들은 그 양심이 증거
가 되어 그 생각들이 서로 혹은 고발하며 혹은 변명하여 그 마음에 새긴 율
법의 행위를 나타내느니라) ¹⁶ 곧 나의 복음에 이른 바와 같이 하나님이 예수
그리스도로 말미암아 사람들의 은밀한 것을 심판하시는 그 날이라**

저자는 앞 섹션(2:6-11)에서 하나님은 세상이 끝나는 날 사람들이 각
자 행한 일에 대해 보응하신다고 했다. 선한 일을 한 사람은 보상을 받
을 것이고, 악을 행한 사람은 벌을 받을 것이다. 하나님은 유대인이나
이방인이나 차별하지 않으시고 각자 행한 대로 공정하게 심판하신다.
바울은 이 섹션에서도 이러한 원리를 재차 확인한다.

12절에서 두 번 사용되는 '무릇'(ὅσοι, as many as)은 영원불변하는 원리를 제시하며 하나님의 범우주적이고 공평하신 심판을 강조한다 (Schreiner). 하나님은 율법 없이 범죄한 이방인은 율법 없이 심판해 악한 사람들을 망하게 하신다(12a절). '망하다'(ἀπόλλυμι)는 영원히 죽는다는 의미를 지닌다(Schreiner, cf. 고전 1:18, 19; 10:9-10; 15:18; 고후 2:15; 4:3, 9; 살후 2:10). 하나님이 이방인을 율법 없이 심판하신다면 무엇으로 하시는가? 잠시 후 14-15절에서 설명한다.

율법을 받은 유대인은 율법을 기준으로 삼아 범죄자들을 벌하신다 (12b절). 하나님께 율법을 선물로 받은 것이 자동적으로 유대인을 구원에 이르게 하지는 않는다. '율법이 있는가 없는가'가 아니라, '죄를 지었는가 짓지 않았는가'가 이슈다. 이는 오히려 하나님이 율법을 가진 유대인들을 더 강화된 기준으로 심판하실 것을 암시한다. 율법 없이 사는 것보다 율법에 따라 사는 것이 훨씬 더 높은 차원의 윤리와 신앙을 요구하기 때문이다. 유대인도 죄를 지으면 이방인처럼 영원한 죽음을 맞이한다. 율법은 무엇이 죄고 무엇이 경건인지를 추가로 설명하는 것이지, 유대인이 하나님의 심판 앞에서 '면죄부'(혹은 부적)로 사용할 수 있는 것이 아니다.

저자는 13절에서도 하나님이 유대인에게 율법을 주신 일이 그들이 심판받기 위해 하나님 앞에 섰을 때 별다른 장점이 되지 않는다는 사실을 재차 확인한다. 율법을 받은 것이 중요한 것이 아니라, 받은 율법대로 행하는 것이 중요하기 때문이다. 율법을 아무리 들어도 듣는 것만으로는 의인이 될 수 없다(13a절). 오직 율법을 행할 때 비로소 의롭다 하심을 얻을 수 있다(13b절; cf. 출 23:7; 신 25:1; 왕상 8:32; 대하 6:23). '의롭다 하심을 얻을 것이다'(δικαιωθήσονται)는 미래형 수동태다. 율법대로 사는 일 자체가 그를 의롭게 하는 것이 아니라, 율법대로 산 것을 보시고 하나님이 그를 의롭다고 인정하실 것이라는 뜻이다. 율법 안에는 구원이 없다.

하나님은 율법 없이 범죄한 이방인들을 율법 없이 심판하신다고 하는데(cf. 12a절), 그렇다면 무엇을 기준으로 삼으시는가? 바울은 14-15절을 통해 설명하는데, 이 텍스트는 학자들 사이에 매우 큰 논쟁을 불러일으키는 로마서 말씀 중 하나다(cf. Cranfield, Dunn, Moo, Schreiner). 논쟁은 두 가지를 중심으로 이뤄진다: (1)14-15절이 문맥의 흐름을 끊는다, (2)14-15절은 누구에 관한 것인가.

첫째, 14-15절이 문맥을 끊는다고 생각하는 이들은 원래 13절 다음에 곧바로 16절이 이어졌다고 주장한다(Bornkamm, Bultmann): "…오직 율법을 행하는 자라야 의롭다 하심을 얻으리니(13b절) 곧 나의 복음에 이른 바와 같이(16a절)…." 이들은 훗날 필사가들이 바울이 하고자 하는 말에 부연 설명을 하기 위해 14-15절을 삽입한 것이라 한다.

13절에서 16절로 건너뛰면 문맥이 더 매끄러운 것이 사실이다. 그러나 필사가들이 14-15절을 삽입했다고 할 만한 증거는 없다. 사본들도 모두 14-15절을 포함한다. 게다가 이 말씀은 12절의 "무릇 율법 없이 범죄한 자는 또한 율법 없이 망하는 일"이 어떻게 가능한지에 대한 설명이다. 또한 16절도 이 구절들의 중심 주제인 하나님의 심판에 관한 말씀을 이어 간다. 14-15절은 처음부터 로마서의 일부였다. 아무리 봐도 문맥의 흐름에 방해가 된다고 생각되면 개역개정과 NIV처럼 14-15절을 괄호로 처리하면 된다. 그러나 거의 모든 번역본이 14-15절이 문맥의 흐름에 문제를 주지 않는다며 괄호 처리를 하지 않는다(cf. 새번역, 공동, 아가페, ESV, AS, NRS).

둘째, 율법은 없지만 '마음에 새긴 율법의 행위를 나타내는 이방인'(15b절)은 누구를 두고 하는 말인가? 학자들은 크게 세 가지 가능성을 제시한다: (1)바울이 자기 논리를 이어 가기 위해 만들어 낸 가상(假像) 이방인(cf. Wright), (2)율법을 행하는 이방인 그리스도인(Ambrosiaster, Cranfield, Gathercole, Kruse, Stowers, cf. Schnabel), (3)그리스도인이 아닌 이방인(Bell, Gathercole, Hultgren, Longenecker, Moo, Sterling, Thielman, Wright).

이 논쟁은 본문 속에 등장하는 '율법'(νόμος)은 하나님이 시내산에서 모세를 통해 이스라엘에 주신 것이라는 사실을 근거로 한다. 율법은 하나님이 유대인에게만 주신 것이기 때문에 율법이 없는 이방인은 율법이 무엇인지 알 수 없다. 그런데도 바울은 이방인이 모세 율법을 아는 것처럼 본성으로 그 율법의 일을 행할 수 있다고 한다(14a절). '본성'(φύσις)은 사람이 태어날 때부터 가진 속성 혹은 본질(nature)이다. 그러므로 이방인들은 율법 없이도 자기가 지닌 속성(양심)에 따라 모세 율법을 행한 것과 다름없다(14b절).

어떻게 이런 일이 가능한가? 구약으로 되돌아가 모세 율법이 어떤 것인지 생각해 보면 답을 찾을 수 있다. 구약은 시내산 율법이 무(無)에서 유(有)를 창조하는 것이 아니었음을 시사한다. 시내산에서 모세를 통해 구체화되고 체계화된 율법은 선포되기 전부터 이미 다양한 성향과 내용이 부분적으로나마 미완성된 형태로 세상에 존재했다. 하나님이 세상을 창조하실 때 자기 영광을 반영하도록 창조하셨고, 모든 사람을 자기의 모양과 형상대로 빚으신 결과라 할 수 있다(cf. 창 1:26).

시내산 율법과 어느 정도 유사성을 보이며 시대적으로는 모세의 율법을 수백 년 앞서는 '함무라비 법전'(Code of Hammurabi)도 이러한 현상을 반영한다. 그러므로 시내산에서 하나님의 율법을 중개한 모세는 이때까지 세상 누구도 들어보지 못한 100% 새로운 율법과 규례를 선포한 것이 아니라, 이미 인류 사회 곳곳에 존재하던 규례와 율례들을 모아 보완할 것은 보완하고 하나님의 직접적인 계시를 통해 추가할 것은 추가해 조직적이고 체계화된 시스템을 제시한 것이다.

하나님께 받은 계시라고 해서 모든 것이 새로울 필요는 없다. 오히려 기독교 세계관이 이러한 생각을 부인하는 듯하다. 우리는 '모든 진리는 하나님께로부터 온 것'이라는 사실을 인정한다. 또한 하나님이 자기 백성만을 위한 특별 은총(성경)을 주셨지만, 동시에 온 세상을 창조하신 창조주로서 그들이 사회를 이루며 살아갈 때 사용할 만한 원리와 가치관을 일반 은총(보편 계시)으로 주셨다는 것을 인정한다. 모세는 여호와 하나님에 대한 신앙과 상관없이 이미 창조주께서 이 세상에 주신 여러 형태의 규정을 모아서 체계화했고, 이것을 율법에 포함시켰다. 그러므로 이스라엘의 선조들도 시내산에서 율법이 주어지기 전에 '율법'을 지킬 수 있었다.

하나님은 아브라함의 자손이 복을 받게 될 것을 선언하시며 그들의 조상 아브라함이 평생 하나님의 모든 규례와 율법을 잘 준수했기 때문이라고 이유를 말씀하신다: "이는 아브라함이 내 말을 순종하고 내 명령과 내 계명과 내 율례와 내 법도를 지켰음이라"(창 26:5). 그런데 '[내] 명령과 [내] 계명과 [내] 율례와 [내] 법도'(מִשְׁמַרְתִּי מִצְוֹתַי חֻקּוֹתַי וְתוֹרֹתָי)는 훗날 모세가 시내산에서 선포한 율법을 칭하는 전문적인 용어가 된다. 그렇다면 아브라함 시대에도 율법이 있었단 말인가? 시내산에서 선포된 율법처럼 체계화되고 조직화된 율법은 당연히 없었다. 그러나 창조주 하나님이 온 인류에게 주신 기본적인 가치관과 도덕성을 중심으로 어느 정도의 윤리와 예식적인 규례들은 이미 있었던 것이 확실하다 (1:19, 32; cf. 2:6, 9-10).

같은 맥락에서 창세기는 하나님이 시내산에서 모세를 통해 이스라엘에 주실 율법을 기대하며/바라보며 쓰였다. 6일 동안 천지를 창조하신 하나님은 7일째 되는 날에는 안식하며 그날을 복되게 하셨다(창 2:1-3). 이 사실을 근거로 훗날 이스라엘에 안식일 율법이 선포되었다(출 20:8-11). 아브라함은 조카 롯을 구하는 전쟁에서 돌아오는 길에 지극히 높으신 하나님의 제사장인 멜기세덱에게 십일조를 바쳤다(창 14:20). 야곱도 에서의 진노를 피해 도망가면서 벧엘에서 만난 하나님께 훗날 십일조를 바치겠다고 약속했다(창 28:22). 아브라함과 야곱은 시내산에서 십일조에 관한 율법(레 27:30-33; cf. 신 14장)이 주어지기 전부터 십일조 규정을 준수하고 있었던 것이다. 이러한 현상은 창세기 여러 곳에서 포착된다. 노아는 방주에 들어갈 때 정결한 짐승은 7쌍씩, 부정한 짐승은

2마리씩 실었다(창 7:2). 그런데 정결한 짐승과 부정한 짐승의 구분은 시내산 율법을 통해서 비로소 구체화된다(레 11장). 노아는 정결한 짐승과 부정한 짐승에 대한 율법이 선포되기 훨씬 이전에 벌써 이 율법을 알고 있었다.

구약이 말하는 율법의 성향을 이해하면 하나님을 모르고 믿지 않는 이방인도 세상의 이치에 드러난 모세 율법에 따라 살 수 있다. 예를 들어 '살인하지 말라'라는 계명은 모세 율법의 일부지만, 시내산에서 율법이 선포되기 전부터 온 인류가 기본적으로 지켜 온 보편 계시다. 물론 이방인들은 자신이 모세 율법에 따라 살고 있다는 사실을 인지하지 못하고 양심에 따라 산다. 하나님은 유대인을 율법으로 판단하시는 것처럼, 이방인은 그들의 양심을 기준으로 판단하신다(Harrison & Hagner). 그러므로 위 세 가지 옵션 중 세 번째, 곧 '그리스도인이 아닌 이방인'이 바울이 본문에서 예로 삼고 있는 이방인이다(Bell, Gathercole, Hultgren, Longenecker, Moo, Sterling, Thielman, Wright). 이렇게 해석하는 것이 12절과 가장 잘 어울리며(Käsemann), 바울이 선행의 중요성을 등한시한다는 유대인들의 비난도 불식시킬 수 있다(Stuhlmacher).

바울은 율법이 있는 유대인은 율법으로, 율법이 없는 이방인은 양심으로 하나님의 심판을 받게 될 것을 이미 자신이 전한 복음을 통해서 모두에게 알렸다(16a절). 이 심판은 하나님이 직접 하시는 것이 아니고, 예수님을 통해서 하신다(16b절). 본문이 복음 선포와 연관이 있다는 점에서 '그날'(ἡμέρᾳ)(16b절)을 바울이 복음을 선포한 날로 해석하는 이들도 있지만, 하나님이 최종적으로 심판하는 '종말'(세상이 끝나는 날)이다(Schreiner, cf. 2:5; 13:12; 고전 1:8; 3:13; 5:5; 고후 1:14; 엡 4:30; 빌 1:6, 10; 2:16; 살전 5:2, 4; 살후 1:10; 2:2; 딤후 1:12, 18; 4:8). 이미 각 사람의 삶에서 시작된 심판(cf. 15절)은 종말에 완성될 것이다(Dunn, Käsemann, Moo, Stuhlmacher). 그날이 되면 예수님은 사람들의 가장 은밀한 것까지 심판하실 것이다.

이 말씀은 하나님이 세상 끝 날에 하실 심판이 공평하다고 한다. 율법이 있는 유대인은 율법으로 심판하시고, 율법이 없는 이방인은 양심으로 심판하시되 그들의 행실을 심판하신다. 선한 일을 많이 한 사람에게는 포상하시고, 악한 일을 한 사람에게는 벌을 내리신다.

유대인을 율법으로 심판하신다는 것은 많은 것을 맡긴 자에게는 많은 것을 요구하신다는 의미이기도 하다. 유대인들은 하나님이 그들에게만 율법을 주셨다며 좋아했지만, 율법은 지키는 데 의미가 있지 받고 듣는 데 의미가 있는 것이 아니다. 그러므로 이방인은 율법의 일부를 반영하는 양심에 따라 심판받지만, 유대인은 그보다 훨씬 더 높은 수준의 도덕성을 요구하는 율법에 따라 심판받는다. 하나님이 주시는 은혜는 받는 자들에게 더 큰 책임을 요구한다.

양심에 화인 맞은 사람이 아니라면 그의 양심은 창조주 하나님의 모양과 형상을 반영한다. 그러므로 사람이 양심의 소리에 귀를 기울이고 양심에 따라 행동하면 어느 정도는 하나님이 기뻐하시는 삶을 살 수 있다. 이런 사람일수록 그들에게 이 양심을 주신 하나님을 소개받으면 영접한다. 믿지 않는 사람이라도 양심 있는 사람은 자신이 추구하는 윤리와 가치관의 주인을 알아보기 때문이다.

Ⅱ. 오직 믿음으로 의에 이름(1:18-4:25)
  A. 죄가 만연한 세상(1:18-3:20)
    2. 유대인들의 죄(2:1-3:8)

(2) 하나님을 영화롭게 하지 못함(2:17-29)

하나님은 유대인에게 율법을 주시며 그들이 받은 율법대로 살아갈 것을 기대하셨다. 유대인들이 받은 율법대로 사는 것은 자신들의 행복과 평안을 위한 일이기도 하지만, 또한 그들에게 율법을 주신 하나님을 영화롭게 하는 일이다. 바울이 본문을 통해 비난하는 유대인은 자신들만 하나님께로부터 율법을 받았다는 특권의식에 사로잡혀 이방인에게 율법을 가르치면서도 정작 그 율법을 지키지 않는 자들이다 (Longenecker). 율법을 받는 것이 행하는 것보다 더 중요하다고 생각하는 유대인들이다. 결국 그들은 하나님이 율법을 주신 취지를 무시하며 특권의식만 앞세우고 있다. 이러한 내용을 담고 있는 본 텍스트는 다음과 같이 두 파트로 구분된다.

A. 율법을 위반함(2:17-24)
B. 할례의 가치(2:25-29)

II. 오직 믿음으로 의에 이름(1:18-4:25)
  A. 죄가 만연한 세상(1:18-3:20)
    2. 유대인들의 죄(2:1-3:8)
      (2) 하나님을 영화롭게 하지 못함(2:17-29)

---

a. 율법을 위반함(2:17-24)

¹⁷ 유대인이라 불리는 네가 율법을 의지하며 하나님을 자랑하며 ¹⁸ 율법의 교훈을 받아 하나님의 뜻을 알고 지극히 선한 것을 분간하며 ¹⁹ 맹인의 길을 인도하는 자요 어둠에 있는 자의 빛이요 ²⁰ 율법에 있는 지식과 진리의 모본을 가진 자로서 어리석은 자의 교사요 어린 아이의 선생이라고 스스로 믿으니 ²¹ 그러면 다른 사람을 가르치는 네가 네 자신은 가르치지 아니하느냐 도둑질하지 말라 선포하는 네가 도둑질하느냐 ²² 간음하지 말라 말하는 네가 간음하느냐 우상을 가증히 여기는 네가 신전 물건을 도둑질하느냐 ²³ 율법을 자랑하는 네가 율법을 범함으로 하나님을 욕되게 하느냐 ²⁴ 기록된 바와 같이

하나님의 이름이 너희 때문에
이방인 중에서 모독을 받는도다

저자는 이방인들의 죄를 먼저 거론한 다음 이스라엘도 하나님 앞에 죄인이기는 이방인과 다를 바 없다고 했다. 본 텍스트는 이러한 주장의 절정이라 할 수 있다(Wright). 하나님이 이스라엘 백성에게 율법을 주신 이유는 이를 지키라는 것인데, 그들은 이 율법으로 이방인을 가르칠지언정 자신들은 율법대로 살려고 노력하지 않았기 때문이다. 결국 이스라엘은 하나님이 그들에게 주신 소명(하나님의 거룩한 백성이 되어 제사장의 나라가 되는 것)에 따라 살지 않는 죄를 범했다(cf. 출 19:5-6).

바울은 유대인도 이방인과 마찬가지로 선한 행위를 통해 구원에 이를 수 없는 죄인이라고 했지만, 유대인은 분명 하나님 앞에서 특권을 누리는 특별한 사람들이다. 학자들은 '유대인'(Ἰουδαῖος)(17a절)을 '정치적, 민족적, 인종적' 등 다양한 의미로 해석하기도 하지만 이곳에서는 시내산 율법을 받은 자들, 곧 '종교적' 의미로 해석해야 한다(cf. Cranfield, Schreiner, Thielman). 바울은 이스라엘 사람 중 하나님이 모세를 통해 자신들에게 율법을 주셨다고 믿는 사람들에게 말하고 있다.

이 유대인들이 누리는 특권은 하나님이 모세를 통해 주신 율법이다. 세상 모든 민족 중 유대인만 유일하게 율법과 말씀을 받았다(cf. 3:1-3). 그러므로 그들은 율법을 의지하고 하나님을 자랑한다(17b절). '율법을 의지한다'(ἐπαναπαύῃ νόμῳ)는 것은 율법이 그들에게 삶의 평안과 행복을 준다고 믿었다는 것을 의미한다. 그렇다고 해서 그들이 율법만 의지하고 하나님은 의지하지 않은 것은 아니다. 하나님이 그분의 백성을 치료하고 회복하시는 가장 기본적인 도구가 율법이다(Schnabel, cf. 시 19:7-11; 119편). 그러므로 율법을 의지하는 것은 곧 하나님을 의지하는 것이다.

성경에서 '자랑하다'(καυχάομαι)(17b절)는 그다지 좋은 뉘앙스를 지닌 단어가 아니다. 게다가 23절은 그들이 율법을 '자랑한다'(καυχᾶσαι)고 한다. 그러므로 일부 학자는 17절에서 그들이 하나님을 자랑한다고 하는 것은 바울이 그들의 행동을 비난하기 위해 부정적인 의미로 말하는 것이라 한다(Bell, Jewett). 그러나 구약은 하나님은 우리의 찬송이시니 자랑하라고 한다(신 10:21). 바울도 하나님을 자랑하는 것을 부정적으로 보지 않는다(5:11; 고전 1:31; 고후 10:17, cf. Matera, Wright). 23절도 율법 자랑하는 것을 문제 삼는 것이 아니라 율법을 범하는 것이 문제라고 한다. 그런데도 여전히 '하나님을 자랑한다'는 말이 꺼려진다면, '하나님을 찬송하다, 송축하다'로 바꿔 말해도 된다(cf. Wright).

바울은 하나님이 유대인에게 율법을 주신 이유를 두 가지로 요약한다(18절): (1)하나님의 뜻을 알아 가는 것, (2)선한 것을 분간하는 것. 첫째, 율법을 통해 하나님의 뜻을 알아 가는 것은 율법이 하나님과 그분의 뜻에 대한 통찰력을 반영하고 있음을 의미한다. 그러므로 율법을 배우고 묵상하면 하나님과 깊이 교제할 수 있다. 둘째, 율법을 통해 지극히 선한 것을 분간한다는 것은 율법이 이를 배운 사람에게 무엇이 중요하고 가치 있는 일인지 깨닫게 해 중요한 것은 우선으로 삼게 하고, 별로 중요하지 않은 것은 우선순위에서 뒤로 미루게 한다는 뜻이다(Cranfield, Dunn, cf. 마 23:23). 그러므로 유대인들은 율법으로 인해 선한 일을 선호하는 삶을 살게 되었다(Moo, cf. 빌 1:10). 그러나 율법이 순종하는 능력까지 주지는 않았다(Schreiner).

율법을 받은 이스라엘 백성은 율법을 통해 드러난 하나님과 그의 뜻을 이방인에게 선포하고 가르치는 '제사장 나라'의 사명을 받았다(출 19:5-6). 이사야는 그들의 '제사장 사역'이 이방인의 영적 어둠을 밝히고 그들을 억압에서 구하는 것이라 한다: "나 여호와가 의로 너를 불렀은즉 내가 네 손을 잡아 너를 보호하며 너를 세워 백성의 언약과 이방의 빛이 되게 하리니 네가 눈먼 자들의 눈을 밝히며 갇힌 자를 감옥에서 이끌어 내며 흑암에 앉은 자를 감방에서 나오게 하리라"(사 42:6-7; cf. 사 49:6). 19절도 유대인의 이 같은 제사장 사명을 확인해 준다: "맹인의 길을 인도하는 자요, 어둠에 있는 자의 빛이요." 그러나 유대인들은 이 사명을 제대로 감당하지 못했기에 예수님이 참 이스라엘로 오셔서 모두 이루셨다.

유대인은 어떻게 이방인에게 '맹인의 길을 인도하는 자요 어둠에 있는 자의 빛'(19절)이 될 수 있는가? 율법을 받은 자로서 이를 받지 못한 자들을 가르쳐야 한다. 율법은 이런 일을 하라고 주신 하나님의 선물이다. 앞에서 두 차례 반복된 '먼저는 유대인에게요 그리고 헬라인에게라"(2:9, 10)라는 말씀의 의미를 생각하게 한다.

모든 유대인이 이방인에게 율법 가르치는 일을 등한시한 것은 아니다. 율법에 있는 지식과 진리의 모본을 가진 유대인 중에는 하나님이 자기들에게 율법 주신 것을 자랑만 하지 않고 이방인에게 가르친 이들도 있었다. 19-20절은 이방인을 가르친 유대인들에 관한 말씀이다. 그들은 율법이 '지식과 진리의 모본'(τὴν μόρφωσιν τῆς γνώσεως καὶ τῆς ἀληθείας)이라는 사실을 깨달았다. '지식과 진리'는 사람이 원하면 율법을 통해 얼마든지 하나님에 대한 진리와 하나님이 원하시는 것이 무엇인지 알 수 있다는 것을 의미한다. '모본'(μόρφωσις)은 '실체'(embodiment)를 뜻한다. 만일 그들이 율법대로 살고자 했다면, 어떻게 사는 것이 율법대로 사는 것인지 얼마든지 알 수 있고 볼 수 있었다는 뜻이다. 실용성을 강조하는 단어다(cf. TDNT).

'어리석은 자'(ἄφρων)(20절)는 성경에서 하나님의 뜻을 이해하지 못하는 자(cf. 엡 5:17), 혹은 어리석은 생각을 품은 자(1:21), 혹은 스스로 지혜롭다고 하지만 실제로는 그렇지 않은 자(1:22; cf. 1:28, 31) 등 다양한 의미로 사용되는 부정적인 단어다. '어린아이'(νήπιος)는 신체적으로, 혹은 영적으로 아직 온전히 성장하지 못한 자를 뜻한다(cf. 고전 3:1). 당시 유대인 문헌들은 이방인을 실제로 '어리석은 자'와 '어린아이'로 불렀다(Harrison & Hagner). 본문 역시 이 유대인들이 이방인들(어리석은 자들과 어린아이들)의 선생이 되어야 한다고 스스로 믿었다고 말한다. 유대인들은 우월감을 가지고서 이방인을 단순하고 무식한 죄인 대하듯 대하며 가르쳤다.

유대인이 이방인을 가르칠 때 취하는 태도와 자세가 문제이기는 하지만, 가르치는 것은 하나님이 아브라함과 그의 후손들에게 이방인에게 축복의 통로가 되라고 하셨을 때 포함된 일이다(창 12:1-3; cf. 출 19:5-6; 사 42:6). 선지자들은 하나님의 율법을 배우기 위해 열방이 예루살렘을 찾아올 것이라고 예언했다(사 2:1-4; 미 4:1-4). 이스라엘은 제사장 나라로 부르심을 받았으므로 가르침을 통해 그들을 보게 하고 속박하는 어둠에서 해방시켜야 한다(사 42:7; cf. 롬 2:19).

그러나 실제로 이방인을 가르치는 그들의 사역은 별 효과를 발휘하지 못했다. 유대인의 율법 선생인 바리새인과 서기관들이 일반 유대인을 가르치는 것과 별로 다를 바가 없었기 때문이다. 예수님은 바리새인과 서기관들이 가르치는 것에 대해 이렇게 비난하신다: "화 있을진저 외식하는 서기관들과 바리새인들이여 너희가 박하와 회향과 근채의 십일조는 드리되 율법의 더 중한 바 정의와 긍휼과 믿음은 버렸도다 그러나 이것도 행하고 저것도 버리지 말아야 할지니라 맹인 된 인도자여 하루살이는 걸러 내고 낙타는 삼키는도다"(마 23:23-24). 유대교 지도자들이 이러했으니 유대인이 이방인을 가르치는 일이 어떠했을지 충분히 짐작할 수 있다.

저자는 다섯 개의 수사학적인 질문을 통해 유대인이 이방인을 가르치는 일에 어떤 문제가 있는지 지적한다(21-23절). 성경 저자들은 자신이 가르치고자 하는 진리(원리)를 강조하기 위해 수사학적인 질문을 자주 사용한다. 이곳에서도 마찬가지다. 다섯 가지 질문을 하나씩 살펴보자.

첫째, "다른 사람을 가르치는 네가 네 자신은 가르치지 아니하느냐?"(21a절). 이 말씀은 이어지는 두 번째에서 네 번째 질문의 취지를 요약한다(cf. Moo). 이 세 가지 질문은 모두 십계명(우상 숭배, 간음, 도둑질)과 연관되어 있다(cf. 출 20:4-5, 14, 15; 신 5:8-9, 18, 19). 예레미야 선지자도 이 세 가지 죄를 저지르는 사람들을 비난했다(렘 7:9-11). 지금 바울은 선지자가 되어 유대인들을 비난하고 있다(Berkely, Derrett).

또한 첫 번째 질문은 다섯 번째 질문과 쌍을 이루며 가르치는 사람
이 자신을 가르치지 않을 때 발생하는 결과를 분명히 밝힌다: "하나님
을 욕되게 하느냐"(23b절). 하나님의 말씀으로 남을 가르치는 것은 좋
은 일이다. 더욱이 유대인이 이방인을 가르치는 것은 하나님이 그들에
게 주신 소명을 이루어 가는 일이다. 문제는 위선이다.

만일 선생이 자신이 가르치는 것을 자기 삶에서는 실천하려 하지 않
으면 어떻게 되겠는가? 예수님 시대 율법 선생이라는 바리새인과 서기
관들이 이러했다. 그러므로 예수님은 그들을 위선자라고 강력하게 비
난하셨다: "서기관들과 바리새인들이 모세의 자리에 앉았으니 그러므
로 무엇이든지 그들이 말하는 바는 행하고 지키되 그들이 하는 행위는
본받지 말라 그들은 말만 하고 행하지 아니하며 또 무거운 짐을 묶어
사람의 어깨에 지우되 자기는 이것을 한 손가락으로도 움직이려 하지
아니하며"(마 23:2-4). 자신이 가르치는 것을 몸소 실천하지 않는 선생
은 배우는 자들에게 무거운 짐을 지우고 자신은 손가락 하나도 움직이
려 하지 않는 것과 같다. 그리고 가르침의 근원이신 하나님을 욕되게
한다.

두 번째 질문인 "도둑질하지 말라 선포하는 네가 도둑질하느냐"(21b
절)와 세 번째 질문인 "간음하지 말라 말하는 네가 간음하느냐"(22a절)
는 도덕적 이슈를 제기한다. 이렇게 가르치는 사람들이 스스로 이런
일을 하는 것은 옳지 않다. 십계명 중 도둑질은 여덟 번째, 간음은 일
곱 번째 계명이다(cf. 출 20:14-15). 우상과 연관된 네 번째 질문은 십계
명 중 두 번째 계명이다(cf. 출 20:4-5). 저자는 십계명을 뒤에서부터 앞
으로 가는 순서(8→7→2)로 언급한다.

네 번째 질문인 "우상을 가증히 여기는 네가 신전 물건을 도둑질하
느냐"(22b절)의 정확한 의미는 학자들 사이에 계속 논쟁이 되고 있다.
첫째, 유대인이 율법 대하기를 이방인이 우상을 대하듯 하는 것이다

(Fitzmyer, Garlington). 둘째, 이방인의 신전을 비방하고 그들의 종교를 존중하지 않아 하나님께 망신을 끼치는 것이다(Jewett). 셋째, 이 유대인들은 우상은 실제 신이 아니라며, 그들이 우상에게 바친 것을 훔쳤다(Wright). 넷째, 우상을 통해 신전들이 올린 수익은 불법이라며 빼앗았다(Derrett, Longenecker). 다섯째, 우상이 자기 수중에 들어오면 파괴하고 내버려야 하는데 그렇게 하지 않은 것이다(Dunn, Käsemann, Schreiner, Thielman).

바로 앞에 나온 질문(두 번째와 세 번째 질문)이 도둑질과 간음 등 실제적인 일을 언급하는 것으로 보아, 이 네 번째 질문도 유대인이 이방인의 신전과 우상들을 어떤 식으로든 실제 착취하는 행위로 볼 수 있다(Byrne, Harrison & Hagner, Krentz Moo, Thielman). 그러므로 처음 두 가지 해석은 별 설득력이 없다. 나머지 해석 중 가장 가능성이 큰 것은 다섯 번째(우상이 자기 수중에 들어오면 파괴하고 내버려야 하는데 그렇게 하지 않은 것)다. 이 유대인들은 사람들이 신전에서 훔친 우상들, 혹은 망한 신전에서 나온 물건들을 싸게 사들여 되파는 일 등을 통해 수익을 올린 것이다. 율법은 이러한 행위를 금한다: "너는 그들이 조각한 신상들을 불사르고 그것에 입힌 은이나 금을 탐내지 말며 취하지 말라 네가 그것으로 말미암아 올무에 걸릴까 하노니 이는 네 하나님 여호와께서 가증히 여기시는 것임이니라"(신 7:25). 이런 짓을 하다 보면 항상 우상을 숭배할 위험이 도사린다. 그러므로 성경은 이러한 행위를 금한다.

저자는 두 번째에서 네 번째 질문을 통해 구체적인 사례를 말한 다음, 다섯 번째 질문을 통해 이런 일들은 하나님을 욕되게 한다고 한다: "율법을 자랑하는 네가 율법을 범함으로 하나님을 욕되게 하느냐?"(23절). 이방인에게 율법을 가르치는 유대인이 율법이 금하는 일들을 하면(두 번째에서 네 번째 질문), 자기 스스로 율법을 범하는 일이 될 뿐 아니라 하나님을 욕되게 하는 것이라는 뜻이다. '욕되게 하느냐'(ἀτιμάζω)는 사람들 앞에서 엄청난 수모를 느끼는 것을 뜻한다(BDAG, cf. 행 5:41; 약

2:6). 유대인들은 자신이 가르친 율법대로 살지 않음으로써 하나님이 온 세상이 지켜보는 가운데 엄청난 수치와 모멸을 느끼시게 했다. 일부 학자는 이 마지막 문장이 앞 질문들이 강조하는 바를 요약하므로 질문이 아니라 일반 문장(선언문)으로 번역해야 한다고 주장한다(Cranfield, Dunn, cf. ESV). 그러나 질문 형태로도 얼마든지 저자가 강조하고자 하는 바를 표현하고 있으므로 그대로 두는 것이 좋다(Jewett, Käsemann).

율법을 이방인에게 가르치면서 자신은 그 율법을 범하는 유대인들로 인해 하나님의 이름이 이방인 중에 모욕을 받는다(24절). 저자는 이사야 52:5의 후반부를 인용하고 있다: "여호와께서 말씀하시되 그들을 관할하는 자들이 떠들며 내 이름을 항상 종일토록 더럽히도다"(사 52:5; cf. 겔 36:20).

율법은 살아 내는 것이지 자랑하고 가르치는 것으로 끝나면 안 된다. 물론 율법은 자랑할 만하고, 가르칠 만하다. 그러나 자랑하고 가르치는 자가 스스로 율법대로 살지 않으면 율법이 삶에 유익하고 많은 문제를 해결하는 복된 것이라는 말은 설득력을 잃는다. 오늘날 많은 그리스도인이 "성경이 답이다"라고 말한다. 그러나 성경이 답이라면, 그들이 먼저 말씀을 살아 내야 한다. 그렇지 않으면 그들이 내려다보는 죄인들과 별반 다를 바 없다. 그리스도인이 자신은 말씀대로 살지 않으면서 "성경이 답이다"라고 떠들어 대는 것은 하나님을 욕되게 하는 일이다.

바울이 이 섹션에서 문제 삼는 사람들이 모든 유대인은 아니다. 이방인에게 율법을 가르치면서도 율법대로 살지 않는 가상 유대인(Thielman)일 수도 있고, 바울이 예수님을 만나기 전 자신의 과거 모습을 묘사하는 것일 수도 있다(Wright). 혹은 율법대로 사는 사람도 많지만 이스라엘의 보편적인 태도가 이렇다고 지적하는 것일 수도 있다(Thielman). 그는 자기 논리(유대인과 이방인 모두 죄인이다)를 이어 가기 위해 수사학적인 차원에서 율법을 가졌지만 행하지 않는 자들에 관해 이렇게 말하고 있다(Byrne, Mounce, Schnabel, Schreiner). 그들은 유대인이기 때문에 비난받는 것이 아니라, 율법에 순종하지 않았기 때문에 저자의 비난을 받고 있는 것이다(Seifrid).

이 말씀은 "선생된 우리가 더 큰 심판을 받을 줄 알고 선생이 많이 되지 말라"(약 3:1)를 실감하게 한다. 배우는 이들에게 롤 모델이 될 선생은 언제, 어디서든, 아주 많이 필요하다. 사람들은 선생의 앞모습(가르치는 것)이 아니라 뒷모습(삶)을 보고 배우기 때문이다. 그러나 자신이 가르치는 대로 살려는 의지가 없는 사람은 선생이 되면 안 된다. 하나님은 실천하라며 말씀을 주셨기 때문에 자기 삶에 말씀을 적용하지 않으면서 남을 가르치는 것은 하나님을 욕되게 하는 일이다.

주변에서 "말씀에 순종해야 한다"를 입버릇처럼 말하는 사역자를 많이 본다. 그러나 정작 자신은 말씀(성경)을 알지 못하고, 별로 가르치지도 않는다. 아는 것이 없으니 말씀대로 살지도 않는다. 결국 이러한 외침은 별 의미 없는 '립서비스'(lip service)에 불과하다. 더 나아가 이런 행위는 하나님을 욕되게 한다! '말씀에 순종해야 한다' 혹은 '성경이 답이다'라고 떠들어 대기 전에 우리가 먼저 말씀을 제대로 배우고 말씀대로 사는 롤 모델이 되어야 한다. 하나님은 이런 사역자들을 통해 영광을 받으신다.

II. 오직 믿음으로 의에 이름(1:18-4:25)
  A. 죄가 만연한 세상(1:18-3:20)
    2. 유대인들의 죄(2:1-3:8)
      (2) 하나님을 영화롭게 하지 못함(2:17-29)

---

b. 할례의 가치(2:25-29)

[25] 네가 율법을 행하면 할례가 유익하나 만일 율법을 범하면 네 할례는 무할례가 되느니라 [26] 그런즉 무할례자가 율법의 규례를 지키면 그 무할례를 할

례와 같이 여길 것이 아니냐 [27] 또한 본래 무할례자가 율법을 온전히 지키면 율법 조문과 할례를 가지고 율법을 범하는 너를 정죄하지 아니하겠느냐 [28] 무릇 표면적 유대인이 유대인이 아니요 표면적 육신의 할례가 할례가 아니니라 [29] 오직 이면적 유대인이 유대인이며 할례는 마음에 할지니 영에 있고 율법 조문에 있지 아니한 것이라 그 칭찬이 사람에게서가 아니요 다만 하나님에게서니라

저자는 2:17-24에서 펼친 주장, 곧 남에게 율법을 가르치면서 자신은 율법을 지키지 않는 사람은 하나님을 욕되게 하는 것이라는 주장을 이번에는 할례를 예로 들며 이어 간다. 만일 사람이 하나님께 율법을 받고도 지키지 않아 율법을 범하는 자가 된다면, 할례는 그에게 어떤 효력을 발휘하는가? 할례도 율법처럼 하나님의 심판에서 면제되게 하지는 못한다. 신체적 징표인 할례가 순종으로 동반되지 않으면 하나님의 백성이 될 수 없기는 마찬가지다(Thielman).

유대인에게 할례는 율법 다음으로 중요했다(Harrison & Hagner). 할례 예식의 역사는 창세기 17장으로 거슬러 올라간다. 아브라함에게 언약의 아들인 이삭이 태어나기 1년 전, 곧 그가 99세가 되던 해에 하나님은 그의 이름을 '아브람'에서 '아브라함'으로 바꾸어 주셨다. 새로운 신분과 시작을 상징하기 위해서였다. 또한 하나님은 아브라함 및 그의 후손과 맺은 언약의 증표로 온 집안 남자들에게 할례를 행하라고 하셨다. 이후 아브라함의 후손으로 태어나는 모든 남자아이는 태어난 지 8일째 되는 날에 할례를 받게 하셨다. 이때부터 할례는 이스라엘 사람들과 맺으신 영원한 언약의 상징이 되었다.

유대인들은 할례를 매우 중요하게 여겼다. 심지어 그들은 할례를 받은 사람만 내세(다음 세상)에 들어갈 수 있다고 했다(Harrison & Hagner). 그러므로 유대인에게 할례는 구원받은 자와 그렇지 못한 자를 구분하는 잣대였다. 그러나 바울은 율법을 행할 때만 할례가 유익하다고 한

다(25a절). '유익하다'(ὠφελέω)는 구원에 도움이 된다는 의미다. 갈라디아서 5:2-4은 이렇게 증언한다.

> 너희가 만일 할례를 받으면 그리스도께서 너희에게 아무 유익(ὠφελέω)이 없으리라 내가 할례를 받는 각 사람에게 다시 증언하노니 그는 율법 전체를 행할 의무를 가진 자라 율법 안에서 의롭다 함을 얻으려 하는 너희는 그리스도에게서 끊어지고 은혜에서 떨어진 자로다(갈 5:2-4).

유대인 남자아이들은 태어난 지 8일째 되는 날에 할례를 받았다. 그러므로 유대인은 태어날 때부터 할례를 통해 하나님과의 언약 관계에 들어갔다고 할 수 있다. 하나님과 언약을 맺은 사람은 모든 율법을 완전하게 지켜야 한다. 이러한 가르침은 이미 구약 곳곳에 반영되어 있다: "그러므로 너희는 마음에 할례를 행하고 다시는 목을 곧게 하지 말라"(신 10:16; cf. 신 30:6; 렘 4:4). 육체적인 할례를 받은 유대인들에게 마음의 할례가 더 중요하다는 것을 상기시킨 것이다(cf. 레 26:41; 신 10:16; 30:6; 렘 9:25-26).

할례를 받은 자(유대인)가 율법을 범하면 그의 할례는 무할례가 된다(25b절). '무할례가 되다'(ἀκροβυστία γέγονεν)는 언약 밖에 있는 이방인을 뜻한다(Schreiner, cf. 엡 2:11-12). 하나님 보시기에 율법대로 살지 않는 유대인은 이방인과 다를 바 없다는 의미다. 할례는 언약의 상징(symbol)이며, 상징은 실체(substance)가 있을 때 의미가 있다. 율법 준수가 할례의 실체이므로, 율법을 행하지 않는 할례는 의미가 없다(Harrison & Hagner, cf. Wright). 할례를 행했으나 율법을 지키지 않는 유대인이나 무할례자에 율법도 모르는 이방인이나 모두 구원받지 못한 사람들이다. 결국 유대인들은 예식에 불과한 할례에 지나치게 의미를 부여한 것이다.

할례를 받은 유대인이 율법을 범하면 무할례자(이방인)같이 여겨지는 것처럼, 할례를 받지 않은 이방인이 율법의 규례를 지키면 그의 무할례는 할례(유대인)처럼 여겨질 것이다(26절). 율법의 '규례'(δικαίωμα)는 '계명'을 포함한 구약 말씀 전체를 뜻한다(Schreiner, cf. 신 4:40; 6:2; 7:11; 겔 11:20; 18:9; 20:18-19). 무할례자가 율법을 지키면 하나님 보시기에 그는 할례자다(Thielman).

또한 율법을 온전히 지키는 무할례자(이방인)가 율법 조문과 할례를 가지고 율법을 범한 유대인을 정죄할 것이다(27절). 구약에는 이방인이 투철한 신앙으로 유대인에게 수치감을 주는 일이 여럿 기록되어 있다(수 2:1-4; 룻 1:14; 삼상 7:1-2; 삼하 15:18-22; 왕상 17:8-16, 24; 렘 38:7-13; 욘 1:16; 3:5-10). 복음서에도 이러한 일들이 기록되어 있다(마 12:40-42; 눅 11:31-32; cf. 마 8:10-11; 21:43; 막 12:9; 눅 7:9; 20:16). '조문'(γράμμα)은 성경에 기록된 하나님의 계시(말씀)를 뜻한다(Thielman). 이방인들이 지키는 율법은 도덕과 윤리에 관한 것으로 제한되어 있다(Schreiner). 그러므로 이 말씀은 유대인의 예식법을 무력화한다(Thielman). 유대인들은 도덕과 윤리에 관한 율법보다는 예배와 예식에 관한 율법 지키는 것을 더 소중히 여겼는데, 그들의 이 같은 노력이 효력을 발휘하지 못한 것이다.

본문이 예로 드는 율법을 잘 지키는 무할례자(이방인)는 바울이 논리를 펼치기 위해 만들어 낸 가정(假定) 인물인가, 혹은 복음을 영접해 구원에 이른 이방인 그리스도인인가? 어떤 이들은 율법을 잘 지키는 실제 이방인 그리스도인이라며(Barclay, Garlington, Schnabel), 이 그리스도인들은 성령의 도움으로 율법을 모두 지킬 수 있었다고 한다. 그러나 지금까지 바울이 해 왔던 것처럼 이 이방인들도 가정 인물이다(Bell, Käsemann). 실제로 종말에 이방인들이 하나님의 유대인 심판에 동원되더라도 증인 역할을 하지 직접 그들을 정죄하지는 않을 것이다(Cranfield).

저자는 율법과 할례의 효력에 대해 두 가지 결론을 내린다(28-29절).

첫째, 유대인들이 육체적 할례를 행하고 하나님께 율법을 받은 일이(표
면적 유대인이라 해서) 구원에 도움이 되지는 않는다. 겉으로(표면적으로)
유대인이라 해서 참 유대인은 아니다(Thielman). 율법이 있어도 행하지
않으면 참 유대인이 아니며, 그들이 참 유대인이 아니면 그들의 육체
적 할례도 참 할례가 아니기 때문이다(28절).

둘째, 이방인은 율법과 할례를 통하지 않고 하나님의 백성이 될 수
있다. 이면적 유대인이 참 유대인인데(29a절), '이면적인 유대인'(τῷ
κρυπτῷ Ἰουδαῖος, Jews in secret)은 사람의 눈에 보이지 않는다는 뜻이다(cf.
마 6:4, 6). 마음에 할례를 받은 사람이 바로 이면적 유대인이다(29a절).
육체적인 할례는 참 할례가 아니며 마음의 할례가 참 할례다. 이방인
들은 예수 그리스도의 복음을 통해 '이면적 유대인'이 되었다.

그러므로 하나님의 백성이 되는 것은 '영'(πνεῦμα)에 있고 율법 '조
문'(γράμμα)에 있지 않다(29b절; cf. 2:16). 마음의 할례를 받아 이면적 유
대인이 되는 길이 영에 있다는 것은 이방인은 유대인의 율법과 할례를
통하지 않고 성령을 통해 하나님의 백성(이면적 유대인)이 될 수 있다는
뜻이다. 어떤 이들은 이러한 사실이 할례의 필요성을 언급하는 창세기
17:9-14에 위배된다고 한다. 하지만 신명기 10:16과 30:6, 예레미야
4:4 등도 이미 육체적 할례로는 부족하다며 마음의 할례가 필요함을
언급했다. 그러므로 이 말씀은 마음의 할례는 생각하지 않고 오직 육
체적 할례의 필요성만 주장하는 사람들의 잘못된 생각을 지적한다.

신체적 할례를 받은 유대인 중 율법을 온전히 지킬 수 있는 사람은
하나도 없다. 또한 할례와 율법은 구원을 이루는 데 별 도움이 되지 않
는다. 모든 율법을 온전히 지킬 수 있는 사람은 없기 때문이다. 그렇
다면 율법을 온전히 지키지 못한 구약 성도들은 어떻게 구원에 이르게
되었는가? 그들은 하나님의 약속과 용서를 믿음으로써 구원에 이르렀
다(Harrison & Hagner). 구약에서도 할례와 율법을 통해 구원을 이룬 사
람은 없다.

'영-조문'($\pi\nu\epsilon\hat{\upsilon}\mu\alpha$-$\gamma\rho\acute{\alpha}\mu\mu\alpha$)(29a절, cf. 7:6; 고후 3:6)은 구속사적 대조 (salvation-historical contrast)에 초점이 맞추어져 있다(Käsemann, Moo). '영' 은 성령을, '조문'은 율법과 계명을 뜻한다(Harrison & Hagner, Käsemann, Thielman, cf. 고후 3:3, 6-7; 빌 3:3). 율법은 하나님이 유대인에게 주신 좋은 것이지만, 자동적인 순종을 제공하지는 않는다. 그러므로 율법은 지키지 못하는 사람에게 죽음을 안겨 줄 뿐 생명을 주지는 못한다. 오직 영(성령)이 사람을 살린다(고후 3:6).

성령은 새 시대에 약속된 선물이다(사 32:15; 44:3; 겔 11:19; 36:26-27; 욜 2:28-29). 성령의 선물은 마음의 할례이며, 마음의 할례를 받은 사람은 성령으로 봉사하며 그리스도 예수로 자랑하고 육체(육체적 할례)를 신뢰하지 않는다(빌 3:3). 바울은 이런 사람을 '[참] 할례파'라 한다(빌 3:3).

성령이 주신 마음의 할례를 받은 사람은 율법에 순종할 수 있다 (Schreiner, cf. 렘 31:31-34; 겔 11:19-20; 36:26-27). 그러므로 율법이 있어도 성령 없이는 의를 이룰 수 없다(Hafemann, Schreiner). 마음의 할례를 받은 사람들은 '이면적 유대인'이기 때문에 세상은 그들을 알아보지 못하고 칭찬도 하지 않는다(29b절). 그러나 사람의 가장 은밀한 것까지 아시는 하나님은 그들을 아시고 칭찬하신다(29c절).

이 말씀은 할례 등의 예식(ritual)이 순종을 대체할 수 없다고 한다. 유대교-기독교의 핵심은 하나님의 말씀대로 사는 것이지 갖가지 종교 예식을 행하는 것이 아니다. 순종이 없으면 이 모든 예식은 별 의미 없는 장식에 불과하다. 반면에 순종하면 모든 예식이 빛을 발한다. 그러므로 순종이 갖가지 종교 예식에 생명력과 의미를 부여한다고 할 수 있다. 우리도 매년 교회에서 여러 가지 예식(세례식, 성찬식 등)을 행한다. 이 예식들은 분명 좋은 것이지만, 순종이 없으면 빛나지 않는다는 것을 기억해야 한다.

하나님은 그리스도의 복음을 통해 구원에 이르는 새 언약을 주셨다.

성령을 통해 참 할례인 마음의 할례도 주셨다. 그러나 옛 언약을 고집하는 사람들은 옛 언약에 속한 율법을 지킴으로써 구원받겠다고 한다. 현실적으로 불가능한 일이다. 그 누구도 율법을 모두 지킬 수 없기 때문이다. 게다가 하나님이 더 좋고 확실한 새 언약을 주셨다. 그런데도 왜 이 사람들은 별 도움이 되지 않고 오히려 그들을 죽음의 올무로 옭아매는 옛 방식을 고집하는 것일까? 참으로 안타깝다. 혹시 우리도 어떤 이슈에 대해 이 사람들처럼 고집을 부리고 있지는 않은지 돌아보자. 고집을 부리다가 죽을 수도 있다. 그러므로 고집도 십자가 아래 내려놓고 하나님의 인도하심을 받아야 한다.

(3) 하나님의 의와 이스라엘(3:1-8)

¹ 그런즉 유대인의 나음이 무엇이며 할례의 유익이 무엇이냐 ² 범사에 많으니 우선은 그들이 하나님의 말씀을 맡았음이니라 ³ 어떤 자들이 믿지 아니하였으면 어찌하리요 그 믿지 아니함이 하나님의 미쁘심을 폐하겠느냐 ⁴ 그럴 수 없느니라 사람은 다 거짓되되 오직 하나님은 참되시다 할지어다 기록된 바

주께서 주의 말씀에 의롭다 함을 얻으시고
판단 받으실 때에 이기려 하심이라

함과 같으니라 ⁵ 그러나 우리 불의가 하나님의 의를 드러나게 하면 무슨 말 하리요 [내가 사람의 말하는 대로 말하노니] 진노를 내리시는 하나님이 불의하시냐 ⁶ 결코 그렇지 아니하니라 만일 그러하면 하나님께서 어찌 세상을 심판하시리요 ⁷ 그러나 나의 거짓말로 하나님의 참되심이 더 풍성하여 그의 영광이 되었다면 어찌 내가 죄인처럼 심판을 받으리요 ⁸ 또는 그러면 선을 이

루기 위하여 악을 행하자 하지 않겠느냐 어떤 이들이 이렇게 비방하여 우리
가 이런 말을 한다고 하니 그들은 정죄 받는 것이 마땅하니라

이 본문은 로마서에서 참으로 해석하기 난해한 텍스트 중 하나다
(Schreiner, cf. Thielman, Wright). 헬라어 문장을 번역하기 어려워서가 아
니라, "서신의 앞부분과 뒷부분을 연결하는 다리 역할을 하거나, 혹은
서신의 여러 주요 아이디어와 주제가 통과하는 철로 교차점과 같은 역
할"을 하기 때문이다(Dunn).

저자는 2장에서 율법은 모두 지킬 수 없는 것이기에 '표면적 유대인'
의 구원에 도움이 되지 않으며, 육체적 할례는 겉으로 드러나는 언약
백성의 상징에 불과하므로 언약의 실체인 율법 준수를 동반하지 않으
면 의미가 없다고 했다. 또한 이방인이 성령의 은혜로 마음의 할례를
받아 율법을 지키는 '이면적 유대인'이 되는 것처럼 '표면적 유대인'도
그리스도의 복음을 통해 구원에 이른다고 했다. 바울의 논리를 듣던
유대인들이 반론을 제기한다: "그런즉 유대인의 나음이 무엇이며 할례
의 유익이 무엇이냐"(1절).

'나음'(περισσός)은 '특별함'을 의미한다(Thielman, cf. BDAG). 만일 유대
인이 이방인보다 나은 것이 없고 그들도 그리스도의 복음을 통해 하나
님의 백성이 된다면, 하나님의 언약 백성인 이스라엘은 이방인과 비교
해 어떤 특별함을 지녔느냐는 질문이다.

저자는 유대인들이 범사에 많은 유익을 지녔다고 한다(2a절). '범사에
많으니'(πολὺ κατὰ πάντα τρόπον)는 '여러 면에서 많다'는 뜻이다(cf. 새번
역, 공동, ESV, NIV, NAS). '우선'(πρῶτος)은 여러 개로 구성된 목록 중 '첫
번째'라는 의미를 지닌다(BDAG, cf. 9:4-5). 그러나 두 번째와 세 번째
등에 대한 언급이 없는 것으로 보아 '가장 큰(기본적인)'이라는 의미로
해석하는 것이 바람직하다.

바울이 2장에서 주장한 것들을 고려하면 우리가 기대할 만한 답은

'어떠한 유익함도 없다'이다(Wright). 그러나 그는 유대인이 이방인보다 많은 유익을 지녔다고 한다. 이에 그의 대답은 우리가 도저히 이해할 수 없는 모순적인 말이라며 절망하는 이들도 있다(Dodd). 그러나 만일 저자가 구약을 아직도 유효한 하나님의 말씀이라고 생각한다면 그는 당연히 이렇게 말해야 한다(Cranfield). 구약이 유대인들에게 태어난 지 8일째 되는 날 반드시 할례를 받으라고 명했고, 만일 아무런 유익이 없다면 굳이 이러한 요구를 하지 않았을 것이기 때문이다. 또한 바울은 '유익이 많다'라는 대답을 통해 9-11장에서 자세하게 언급할 유대인의 특별한 지위에 대해 미리 힌트를 주고 있다(Schreiner).

유대인으로 태어나 할례를 받은 데는 많은 유익이 있다(cf. 9:4-5). 그중 가장 중요한(기본적인) 것은 그들이 하나님의 말씀을 맡은 것이다. '하나님의 말씀'(τὰ λόγια τοῦ θεοῦ)은 구약 전체(Davies, Dunn) 혹은 구약 중 하나님의 신탁을 의미한다(Harrison & Hagner). 구체적으로는 '숨겨진 것들에 대해 계시하신 것'(Seifrid), 혹은 '이방인들의 구원에 대한 말씀'(Stuhlmacher)으로 해석되기도 한다. 그러나 본문이 유대인의 '유익'에 관한 질문에 답하고 있다는 점을 고려하면 '유대인들이 지닌 장점에 대한 말씀'(Thielman) 혹은 '유대인들의 구원에 관한 말씀'(Piper, Schreiner, Williams)으로 해석하는 것이 문맥에 제일 잘 어울린다.

한마디로 말해 하나님은 그들을 하나님의 말씀인 구약의 청지기로 삼으셨다. 비록 그들이 하나님 말씀에 온전히 순종하지 못해 심판을 피할 수는 없지만(Hultgren, Thielman), 하나님이 그들에게 맡기신 구약을 통해 주님을 더 잘 알고 예배할 수 있었다. 또한 그들은 이 말씀을 온 세상에 알리는 제사장 나라 사명을 받았다(출 19:6; cf. 롬 2:19-20, 24). 하나님이 맡기신 말씀을 통해 하나님을 더 깊이 알고 예배하며 그분의 선하심을 세상 사람들에게 알리는 것은 참으로 영광스러운 일이자 큰 특권(유익함)이다.

이어지는 3-7절은 하나님과 이스라엘이 맺은 언약에 임하는 쌍방

의 자세와 태도를 대조하는 것을 중심으로 형성되어 있다. 이스라엘
은 불신과 불의와 거짓으로 하나님과의 관계에 임하지만, 하나님은 오
직 미쁘심과 참되심과 의로 그들을 대하신다. 다음 도표를 참조하라
(Schreiner).

	이스라엘	하나님
3절	믿지 않았다(ἠπίστησάν) 믿지 않음(ἀπιστία)	하나님의 미쁘심 (τὴν πίστιν τοῦ θεοῦ)
4절	거짓됨(ψεύστης)	참되심(ἀληθής)
5절	불의(ἀδικία)	하나님의 의(θεοῦ δικαιοσύνην)
7절	나의 거짓말(ἐμῷ ψεύσματι)	하나님의 참되심 (ἡ ἀλήθεια τοῦ θεοῦ)

　바울은 "어떤 자들(유대인들)이 믿지 않으면 하나님과 그들 사이에 체
결된 언약 관계에 어떤 결과를 초래하는가?"라고 질문한다(3a절). 여
기서 유대인들이 믿지 않은 것은 무엇을 의미하는가? 학자들은 율법
을 어긴 것(Bell, Eskola)이라 하기도 하고, 예수님을 영접하지 않은 것
(Jewett)이라 하기도 한다. 그러나 대부분은 율법을 어긴 것과 예수님
을 믿지 않은 것 두 가지를 모두 의미한다고 한다(Seifrid, Cranfield, Moo,
Schreiner). 예수님이 오시기 전에는 이들이 율법을 위반하는 불신을 저
질렀는데, 주님이 오신 이후에는 메시아를 영접하지 않은 불신을 더했
기 때문이다.
　만일 하나님이 자기와 언약을 맺은 이스라엘을 구원하기로 계획하
셨다면, 언약 백성이지만 율법에 순종하지 않고 예수 그리스도를 부인
하는 유대인들을 어떻게 대하실 것인가? 다르게 표현하자면 유대인이
율법을 어기고 예수님을 믿는 일에 실패한 것이 하나님이 그들과 맺으
신 언약을 무효화하는가(3b절)? 만일 그들의 죄가 하나님의 '미쁘심'(τὴν

πίστιν, 언약적 신실하심)을 폐한다면 무효화된다. 그러나 하나님은 그들의 율법 준수 여부에 상관없이 그들과 맺으신 언약에 신실하게 임하신다.

그러므로 바울은 가장 강력한 헬라어 표현을 사용해 '그럴 수 없다'(μὴ γένοιτο)라고 단언한다(4a절, Harrison & Hagner, cf. 3:6, 31; 6:2, 15; 7:7, 13; 9:14; 11:1, 11). 유대인의 실패는 하나님이 앞으로 어떻게 그들과 맺은 언약에 임하실 것인지를 더 구체화할 뿐이다(Wright). 인간의 실패와 죄는 하나님의 '미쁘심, 신실하심'을 무효화할 수 없다. 하나님의 미쁘심의 근원은 '참되심'과 '의로우심'이기 때문이다(cf. 위 도표). 또한 '미쁘심'은 하나님이 자신의 '의'(righteousness)를 표현하시는 방법 중 하나다. 하나님이 그들과 맺은 언약에 신실하지 않으시면, 하나님의 의에도 문제가 생긴다. 그러므로 하나님은 유대인들이 언약에 어떻게 반응하는가에 상관없이 세상이 끝나는 날 거짓된 유대인을 의롭다 하시고 구원하실 것이다(Schreiner, cf. 11:26). 바울은 이 사실을 9-11장에서 자세히 설명한다.

하나님이 이스라엘과 맺으신 언약에 영원히 미쁘실(신실하실) 것은 '사람은 다 거짓되지만 오직 하나님은 참되시기' 때문이다(4b절). 칠십인역(LXX)에서 하나님의 '참되심'(ἀληθής)은 언약에 신실하게 임하시는 것을 뜻한다(시 88:2; 89:1, 2, 5, 8, 24, 33, 49; 98:3). "모든 사람이 거짓말쟁이라"라는 시편 116:11을 연상케 하는 말씀이며, 유대인과 이방인을 막론하고 모든 사람이 다 죄 아래 있다는 3:9에 대한 암시인 듯하다.

하나님은 언약을 맺은 유대인을 분명 구원하시지만, 구원하시기 전에 먼저 하나님의 의로운 심판이 그들에게 임할 것이다. 바울은 이러한 사실을 심판에 대한 시편 말씀을 인용해 설명한다(4c절). 그가 인용하는 "주께서 주의 말씀에 의롭다 함을 얻으시고 판단 받으실 때에 이기려 하심이라"는 시편 51:4을 인용한 것이며, 이는 다윗이 선지자 나단의 책망을 듣고 밧세바와 간음한 죄에 대해 하나님의 용서를 구하며 한 말이다. 다윗은 자신이 죄를 지었기 때문에 하나님이 어떤 심판과 벌을 내리시든 모두 정당하다는 뜻으로 이같이 고백했다.

저자는 앞서 하나님이 유대인과 이방인을 차별하지 않고 공평하게 심판하신다고 했다(2:9-10). 이번에는 다윗의 고백을 인용해 다시 한 번 하나님이 의로운 판결을 하신다는 사실을 확인한다(Hays). 또한 바울이 이곳에서 이 말씀을 인용하는 것은 하나님이 믿지 않은 유대인을 구원하시기 전에 그분의 의로운 심판이 그들에게 임할 것을 암시한다(Bird, Moo, Piper). 그렇다면 그날 많은 유대인이 구원에 이르겠지만, 그 전에 있을 심판 단계에서 제외되는 사람들도 있을 수 있다는 경고다(Cranfield, Davies, Moo).

저자는 5-8절에서 율법과 언약에 대한 그의 신학(2:1-3:4)에 반박하는 유대인들을 대상으로 반론을 제기한다(Schreiner). 한 주석가는 5절의 의미를 이렇게 번역했다: "만일 우리의 불의가 우리를 심판하심으로 하나님의 의를 나타내게 하면 무슨 말을 하리요? 하나님이 우리에게 진노를 내리시는 것이 불의한 일이냐?"(Schreiner).

바울은 그들이 바울의 가르침을 꼬아 하나님이 인간의 죄를 심판하실 때 하나님의 의가 드러나는 것은 좋은 일이므로 사람이 죄를 많이 지을수록(불의할수록) 좋다고 말한 것을 비방했다(5a절). 하나님의 의가 심판을 통해서도 드러난다는 것은 구약의 가르침이다(대하 12:6; 스 9:15; 느 9:32-33; 애 1:18; 단 9:14). 그들의 억지 해석에 따르면 하나님은 죄인을 심판하시거나 그에게 진노를 내리시면 안 된다. 죄인은 하나님의 의가 드러나게 하는 일에 '일등 공신'이기 때문이다. 그러므로 하나님이 죄인을 벌하신다면 하나님은 불의하시다(5b절). '하나님이 불의하시다'라는 말은 망언이다. 그러므로 바울은 '내가 사람의 말하는 대로 말하노니'를 덧붙여 이는 자신의 생각이 절대 아님을 강조한다.

하나님이 죄지은 유대인을 심판하시는 것은 절대 불의한 일이 아니다(6a절). 죄를 지은 사람을 유대인이라는 이유로 무조건 용서하신다면, 오히려 하나님이 세상을 심판하시는 데 문제가 될 수 있다(7b절). 하나님의 의를 드러냈다는 이유로 죄지은 유대인을 심판하지 않고 세상을 심판하시는 것은 공평하지 않다. 하나님은 온 세상 사람을 모두 공평하고 정의롭게 심판하신다는 것이 구약의 가르침이다(시 9:8; 96:10, 13; 98:9).

바울은 7절에서 모든 유대인을 대표하는 수사학적인 표현으로 1인칭 단수형 '나'를 사용해 논쟁을 이어 간다(Cosgrove, Cranfield, Moo, Wright). 그러므로 '나의 거짓말'은 곧 이스라엘 사람들의 거짓말이다(Wright). '거짓말'(ψεῦσμα)은 율법을 어긴 모든 행위를 상징한다.

바울의 가르침을 비꼬는 사람들은 바울이 유대인은 죄를 지어도 하나님의 심판을 받지 않는다고 가르친다고 한다. 그들의 주장에 따르면 만일 내(유대인들)가 율법을 어기고 죄를 지은 일로 인해 하나님의 참되심(의)이 더 풍성하게 드러나 그의 영광이 되었다면, 내(유대인들)가 죄인처럼 심판받을 필요가 없다(7절). 하나님이 자신의 의를 드러내실 기회를 마련해 주었기 때문이다.

그들의 이러한 주장은 5절에 기록된 것을 재차 확인한다(Thielman). 그러나 중요한 차이가 있다. 5절에서는 죄인을 죄 없다 하시는 하나님의 명예가 이슈지만, 이번에는 거짓말로 하나님의 영광을 드러낸 죄인의 명예가 이슈다. 그는 죄를 지었지만 하나님의 의를 드러내었기 때문에 심판받지 않는 것이 당연한데 심판을 받는다. 그렇다면 그는 억울한가? 그렇지 않다. 하나님의 심판은 공평하다. 하나님은 죄지은 이방인을 심판하시는 것처럼 죄지은 유대인을 심판하실 것이다.

바울을 비방하는 자들의 주장에 따르면 바울은 선을 이루기 위해 악을 행해야 한다고 가르친다(8a절). 죄인이 하나님의 영광을 드러냈다는 이유로 심판을 피할 수 있다면, 선(하나님의 영광을 드러내는 일)을 위해 악을 행하자고 할 수 있다. 또한 심판을 통해 하나님의 의가 드러나게 하려면 사람들은 더 많은 죄를 지어야 한다. 그래야 더 많은 심판이 이뤄질 것이며, 더 많은 심판이 이뤄져야 하나님의 의가 더 많이 드러날 것이기 때문이다.

바울은 그의 메시지를 비꼬고 공격하는 자들이 그를 비방한다고 한다(8b절). '비방하다'(βλασφημέω)는 '망언하다'라는 뜻이다(BDAG). 바울은 그의 메시지를 꼬고 비틀어 전혀 다른 것으로 만들어 버린 이 사람들에게 매우 분노하고 있다. 그들의 주장은 절대 사실이 아니며, 바울의 가르침을 매우 심하게 왜곡하고 있기 때문이다. 바울은 자신에 대해 이런 말을 하고 다니는 자들은 마땅히 하나님의 정죄를 받아야 한다고 한다(8c절).

본 텍스트를 종합하면 이 자들은 바울이 말하는 그리스도의 복음을 통해 드러난 '하나님의 구원하시는 의'를 근거로 사람이 죄를 지어도 된다고 주장하는 '도덕론 폐기론자들'(antinomians)일 수 있다(Piper). 그러나 당시 유대인 중에 도덕론 폐기론자는 흔치 않았다(Cosgrove, Elliott). 그러므로 오히려 이 사람들이 바울을 도덕론 폐기론자로 몰아가는 것으로 보인다(Schreiner).

이 말씀은 인간의 죄가 하나님의 신실하심(미쁘심)을 폐할 수는 없다고 한다. 하나님은 유대인과 영원한 언약을 맺으셨기 때문에 그들은 분명 하나님의 특별한 사랑을 받는 백성이다. 그들이 어떠한 죄를 지어도 하나님과 맺은 언약에서 떨어져 나가지 않는다. 하나님의 신실하심이 언약을 유지해 나가기 때문이다.

우리도 예수 그리스도를 통해 하나님의 언약 백성이 되었다. 세상 그 무엇도 그리스도의 사랑에서 우리를 끊어내지 못할 것이다(cf. 8장). 하나님이 그리스도를 통해 우리와 맺으신 언약에 영원히 신실하실 것이기 때문이다.

한 가지 조심해야 할 것이 있다. 하나님의 용서와 은혜는 죄인의 회개를 위한 것이지 그들의 죄를 합리화하기 위한 것이 아니다. 바울을 비방한 자들은 하나님의 용서와 은혜를 인간의 죄를 합리화하는 수단으로 보았다. 바울은 하나님이 그들을 정죄하실 것이라고 한다. 하나님의 용서와 은혜는 하나님의 심판에서 면죄부가 되지 않는다.

> II. 오직 믿음으로 의에 이름(1:18-4:25)
>   A. 죄가 만연한 세상(1:18-3:20)

3. 사람은 모두 죄인(3:9-20)

[9] 그러면 어떠하냐 우리는 나으냐 결코 아니라 유대인이나 헬라인이나 다 죄 아래에 있다고 우리가 이미 선언하였느니라 [10] 기록된 바

의인은 없나니 하나도 없으며

[11] 깨닫는 자도 없고

하나님을 찾는 자도 없고

[12] 다 치우쳐 함께 무익하게 되고

선을 행하는 자는 없나니 하나도 없도다

[13] 그들의 목구멍은 열린 무덤이요

그 혀로는 속임을 일삼으며

그 입술에는 독사의 독이 있고

[14] 그 입에는 저주와 악독이 가득하고

[15] 그 발은 피 흘리는 데 빠른지라

[16] 파멸과 고생이 그 길에 있어

[17] 평강의 길을 알지 못하였고

[18] 그들의 눈 앞에 하나님을 두려워함이 없느니라

함과 같으니라 [19] 우리가 알거니와 무릇 율법이 말하는 바는 율법 아래에 있는 자들에게 말하는 것이니 이는 모든 입을 막고 온 세상으로 하나님의 심판 아래에 있게 하려 함이라 [20] 그러므로 율법의 행위로 그의 앞에 의롭다 하심을 얻을 육체가 없나니 율법으로는 죄를 깨달음이니라

하나님은 아브라함에게 그의 후손들을 통해 세상 모든 민족을 축복하실 것이라고 약속하셨다(창 12:3). 그러나 하나님의 약속은 아직까지 실현되지 않았다. 이방인과 유대인이 모두 죄를 지었기 때문이다(1:18-31; 2:1-3:8). 저자는 이 섹션에서 세상 모든 사람은 죄인이기 때문에 선행(율법을 온전히 준수함)으로 하나님의 의롭다 하심을 받을 이는 한 사람도 없다고 한다.

어떤 이들은 바울이 이곳에서 인용하는 모든 구약 말씀의 정황이 의인과 악인을 대조한다며, 바울이 세상 모든 사람이 아니라 한 부류(악인들)만 죄의 영향력 아래 있다고 하는 것이라고 한다(Davies). 그러나 바울은 스스로 의롭다고 주장하는 유대인에게도 구약 말씀을 적용하며 세상 모든 사람이 죄 아래 있다고 한다(Dunn, Lincoln, Kruse, Moo, Peterson). 또한 19-20절에서도 세상 모든 사람이 하나님의 심판 아래 있다고 한다.

하나님은 이스라엘의 선조들과 맺으신 언약을 근거로 그들의 후손을 반드시 구원하겠다고 하셨다. 그러나 그전에 그들을 심판하심으로써 모든 유대인이 구원에 이르는 것은 아니라고 했다. 일부는 하나님의 심판을 받아 죽을 것이고 나머지는 살 것이다.

그렇다면 종말에 하나님의 심판을 받기 위해 하나님 앞에 섰을 때, 이스라엘의 형편이 이방인의 것보다 나을 것인가(9a절)? 바울은 단호하게 그렇지 않다고 한다(9b절). 유대인이나 헬라인이나 다 죄 아래에 있기는 마찬가지기 때문이다(9c절).

앞에서 저자가 한 말과 9절을 연결해 보면 그의 논리를 이해하는 것이 쉽지 않다. 저자는 앞에서 분명 유대인이 여러 가지 특권을 지녔고, 그중 가장 중요한 것은 하나님이 그들에게만 말씀을 맡기신 것이라고 했다(cf. 3:1-2). 그러므로 유대인의 형편이 이방인의 것보다 나으냐는 질문에 긍정적인 답('그렇다')을 할 것으로 기대되는데 오히려 부정적인 답('결코 아니라')으로 대답하기 때문이다.

또한 전반부의 핵심인 '[형편이] 낫다'(προεχόμεθα)와 '결코 아니다'(οὐ πάντως)의 정확한 의미를 해석하기가 쉽지 않은 것도 저자의 논리를 이해하는 데 어려움을 더한다(Gathercole). 사본들도 이 문구들에 대해 몇 가지 다양성을 보인다(cf. Moo, Schreiner). 필사했던 사람들도 이 대목에서 텍스트의 의미를 두고 혼란을 겪었으며 나름대로 설명하면서 의미를 더 확실하게 하려고 노력했다는 것을 암시한다.

저자는 어떤 뜻으로 "우리는 나으냐?"(προεχόμεθα;)라고 질문했는가? 학자들은 네 가지 가능성을 제시한다: (1)'나 바울이 유대인들을 위해 핑계를 대고 있느냐?'(Bell), (2)'우리 유대인들이 변명하고 있느냐?'(Murray), (3)'우리 유대인들이 [이방인들보다] 더 불리하냐?'(Fitzmyer, Stowers, Thielman), (4)'우리 유대인들이 [이방인들에 비해] 유리하냐?'(Harrison & Hagner, Hultgren, Longenecker, Porter, Wright, cf. ESV, NAS, NIV, NRS). 바로 앞 섹션(3:1-8)의 내용에 비추어 볼 때, 네 번째 해석이 가장 큰 설득력을 지닌다. 저자는 앞 섹션에서 유대인은 이방인에 비해 여러 가지 특권을 지녔다고 했다. 그러므로 이어지는 당연한 질문은 '그렇다면 하나님의 심판을 받을 때 유대인이 이방인보다 더 유리하냐?'다.

이에 대해 바울은 '결코 아니다'(οὐ πάντως)(9b절)라고 하는데, 이 문구를 '모든 면에서는 아니다'(not in every respect)라고 해석하는 이들이 있다(Cranfield, Davies, Porter). 하나님의 심판을 받을 때 유대인이 이방인보다 조금은 유리하다는 뜻이다. 그러나 이 문구가 한 번 더 사용되는 고린도전서 5:10 사례를 보면 '절대 아니다'(by no means)가 옳다(Moo, Schlatter, Schreiner).

표면적으로는 '유대인이 낫다'는 3:1과 '절대 아니다'가 모순적으로 보인다. 그러나 생각해 보면 문제 될 것이 없다. 하나님은 유대인에게만 말씀을 맡기셨기 때문에 그들은 하나님 말씀의 청지기로서 말씀을 통해 하나님을 더 깊이 알고, 하나님의 뜻을 헤아리고, 이방인에게 말씀을 전파하는 등 말씀을 맡지 못한 이방인보다 여러 가지 나은 점을 지녔다. 그러나 세상이 끝나는 날 하나님께 심판받기는 유대인이나 이방인이나 마찬가지다. 언약과 하나님이 말씀을 맡기셨다는 사실이 그들을 심판에서 면제해 주지는 않기 때문이다. 그러므로 그날에 하나님의 진노를 피할 수 없는 것은 유대인이나 이방인이나 마찬가지다.

유대인이나 이방인이나 종말에 임할 하나님의 진노(심판)를 피할 수 없는 것은 세상 모든 사람이 다 죄 아래 있기 때문이다(9c절). 로마서에서 죄는 불의(1:18, 29; 2:8; 3:5), 정욕(1:24), 악(2:9; 3:8), 율법을 범하는 것(2:23; cf. 2:25, 27), 믿지 않는 것(3:3) 등 사람의 경건하지 못한 행실을 묘사한다(Thielman). 그러나 본문에서 저자는 모든 사람이 '죄 아래' 있다며 죄의 지배권(조종 능력)을 이슈화하고자 한다(Schreiner). 누구의 '아래'(ὑπό)에 있다는 것은 그의 지배를 받는 것을 뜻한다(cf. 마 8:9; 눅 7:8; 갈 3:25; 4:2). 죄는 죄인에게 '사망 안에서 왕 노릇'을 하고(5:21), 사람은 '죄에 종노릇'을 한다(6:6). 죄는 사람을 지배하고(6:12) 주장한다(6:14). 사람들은 죄의 종이며(6:16, 17, 20), 그리스도의 복음을 통해 죄에서 해방된다(6:18, 22).

죄는 매우 강력한 지배력을 가진 권력이다. 그러므로 죄는 사람이 싸워 이길 만한 것이 아니다. 죄는 마치 수많은 '촉수'(tentacles)로 사람의 온몸을 휘어 감고 있는 대형 문어와 같다(Schreiner). 어떤 이들은 죄와 죄인을 구분하는데, 죄의 능력은 죄를 행하는 일에서 구분될 수 없다(Dunn). 죄의 지배를 받는 사람이 행하는 모든 일이 죄이기 때문이다.

당시 유대교도 모든 사람이 죄인이라고 했다(Longenecker). 그러나 유대인 중에는 사람이 율법을 온전히 지킬 수 있다고 하는 이들도 있었다(Laato). 그러나 바울은 율법을 지킬 수 있는 사람은 없기 때문에 세상 모든 사람이 다 죄 아래 있다고 선언한다.

저자는 구약의 말씀들을 인용해 이러한 사실을 재차 확인한다(10-18절). 먼저 죄의 보편성(universality)에 대한 말씀을 인용하고(10-12절), 죄가 각 사람과 그들을 통해 세상에 어떻게 드러나는지, 곧 죄의 현상에 대한 말씀을 인용한다(13-18절). 죄의 보편성에 대한 말씀(10-12절)은 시편 14:1-3을 느슨하게 인용한 것이다(cf. Dunn, Moo).

저자가 이곳에 나열하는 말씀은 초대교회에서 자주 인용하던 구약 말씀 목록에서 비롯된 것으로 보인다(Jewett, Keck, cf. Harrison & Hagner). 바울은 모든 사람이 죄 아래 있다는 것은 구약이 증언하는 사실이라는 점을 확실히 하기 위해 '기록된바'(καθὼς γέγραπται)로 말을 시작한다(10절; cf. 1:17; 2:24; 3:4). "의인은 없나니 하나도 없다"라는 시편 14:1을 (Schreiner), 혹은 전도서 7:20을(Dunn), 혹은 이 두 말씀을 종합한 것이다(Thielman).

저자는 이방인은 당연히 하나님의 심판을 받고, 유대인도 하나님의 진노를 피할 수 없다고 한다. 하나님은 모든 사람을 공평하게 심판하시므로 그들이 아브라함의 후손이라고 해서, 혹은 언약 백성이라고 해서, 혹은 그들에게 말씀을 맡겼다고 해서 심판에서 면제해 주시지 않는다. 율법이 있건 없건 모든 사람은 의로운 길에서 치우쳤기 때문이다(12절).

저자는 '없다'(οὐκ ἔστιν)라는 표현을 10-12절에서 다섯 차례나 사용함으로써 의인도 없고, 깨닫는 자도 없고, 선을 행하는 자도 없다며 죄가 온 세상을 병들게 했다고 한다. '다, 모두'(πάντες)라는 말을 사용하며 죄의 지배를 벗어난 사람은 하나도 없다고 한다(12절). 또한 '하나도 없다'(οὐδὲ εἷς, ἕως ἑνός)가 10-12절을 감싸는 구조는 죄가 세상에 참으로 만연해 있으며, 이로 인해 스스로 구원에 이를 만한 의인은 세상에 단 한 사람도 없다는 사실을 강조한다. 이 섹션은 1:18-25의 내용을 재차 확인하는 역할을 하는 것이다.

11-12절은 시편 14:2-3과 거의 같다. 죄는 깨닫지 못하는 것(οὐκ ἔστιν ὁ συνίων)이고(11a절; cf. 1:21-22), 하나님을 찾지 않는 것(οὐκ ἔστιν ὁ ἐκζητῶν τὸν θεόν)이라 한다(11b절; cf. 1:21-23, 25). 사람이 말씀을 통

해 깨닫지 않고 하나님을 찾지도 않으면 어떻게 될까? 다 치우쳐 함께 무익하게 되고 선을 행하지 못하게 된다(12절). '무익하다'(ἀχρειόω)는 쓸 모없다는 뜻이다(BDAG). 하나님은 말씀을 깨닫지 못하고 하나님을 찾지도 않는 죄인을 유용하게 쓰실 수 없다. 또한 이런 자는 다른 사람들에게도 쓸모가 없다. 선을 행할 수도 없고, 행하지도 않기 때문이다.

저자는 13-18절을 통해 죄가 각 사람과 그들이 사는 세상에 얼마나 크고 부정적인 영향을 미쳤는지를 사람의 신체 부위에 대한 비유를 통해 말한다: 입(13-14절), 발(15-17절), 눈(18절). 바울은 사람의 입(말)과 발(행동)에 지대한 영향력을 행사하는 죄는 하나님을 보고도 두려워하지 않는 눈에서 비롯된다고 한다.

첫째, 죄의 가장 기본적이고 부정적인 영향력은 사람이 하는 말을 통해서 드러난다(13-14절; cf. 약 3:1-12). "그들의 목구멍은 열린 무덤이요"(13a절)는 시편 5:9을, "그 혀로는 속임을 일삼으며 그 입술에는 독사의 독이 있고"(13b절)는 시편 140:3을 인용한 것이다. "그 입에는 저주와 악독이 가득하고"(14절)는 시편 10:7을 인용한 것이다. 목구멍이 열린 무덤이라는 비유는 남에게 상처 주는 말을 만들어 내는 내적 부패를 의미하거나, 혹은 하는 말이 듣는 이에게 죽음을 초래하는 효과를 발휘한다는 뜻이다(Cranfield, Moo). 혀로 속임을 일삼는다는 것은 말에 거짓과 위선이 만연해 있다는 의미다(Thielman). 사람이 다른 사람에게 하는 말은 상당 부분 독과 죽음과 잔인함과 악으로 가득하다(Schreiner). 이런 사람은 하나님의 복을 빌어 주어도 모자랄 판에 '저주' 선포하는 일을 즐긴다. '악독'(πικρίας)을 직역하면 '쓴맛'이며, 화를 내거나 적개심을 나타내는 말이다(cf. BDAG).

둘째, 사람의 말을 지배한 죄는 죄인의 행동을 통해 남에게 큰 피해를 준다(15-17절). "그 발은 피 흘리는 데 빠른지라 파멸과 고생이 그 길에 있어 평강의 길을 알지 못하였고"는 이사야 59:7-8을 간추린(abridge) 것이다. 죽음과 해침과 속임과 독과 저주와 악독이 가득한 말을 하는 사람이 모여 사는 세상은 어떠할까? 그들은 사람의 피를 흘리는 일에 발 빠르게 움직인다(15절). 그들은 자신이 가는 길에 파멸과 고생이 있는데도 주저하지 않고 남을 해치러 그 길을 간다(16절).

또한 그들은 평강의 길을 알지 못한다(17절). '평강'(εἰρήνη)은 하나님이 주시는 평안이다. 구약에서는 '샬롬'이라 한다. 악인들은 하나님과 평안을 누리지 못하고(5:1), 평화의 하나님을 알지 못한다(15:33; 16:20). 그들은 평강의 하나님을 모르므로 서로 화평할 수도 없다(Schreiner, cf. 12:18; 14:19). 평강은 오직 하나님만 주실 수 있는 선물이다. 평강이 없는 세상은 파멸과 고생으로 가득하다.

사람들의 말(입)에 죽이는 독이 있고, 그들의 행동(발)이 파멸로 가득한 것은 그들의 눈이 하나님을 두려워하지 않기 때문이다(18절). "그들의 눈 앞에 하나님을 두려워함이 없느니라"는 시편 36:1을 인용한 것이다(cf. 잠 1:7; 2:5; 9:10). 인간의 죄 근원은 창조주 하나님을 두려워하지 않는 데 있다. 하나님을 두려워하지 않는 악인들의 죄가 그들의 악한 말과 행동으로 이어진다. 죄의 본질은 신학적이며(하나님을 두려워하지 않는 데서 비롯됨), 죄인이 사는 세상에 참으로 파괴적이고 비참한 대가를 안긴다(Calvin). 그러므로 구약은 의인은 하나님을 두려워하는 이들이라 한다(cf. 대하 19:7; 시 15:4; 22:23; 31:19; 66:16; 사 8:12-13).

19-20절은 1:18-3:20에 대한 결론이다(Schreiner). 만일 유대인이 율법으로 의롭다 함을 얻을 수 없고 오히려 율법의 지배 아래에 있다면, 그들을 포함한 세상 모든 사람이 하나님의 심판 아래 있다(19절). 이때까지 저자가 모세 오경 밖에 있는 말씀을 인용하다가(cf. 10-18절) '율법'(νόμος)을 언급하는 것으로 보아, 본문에서 율법은 모세 오경보다 훨씬 더 넓은 구약 전체를 의미한다(Schreiner, Thielman, cf. 고전 14:21).

율법은 율법 아래 있는 자들에게 말하는 것이다(19a절). 어떤 이들은 '율법 아래 있는 자들'에 이방인도 포함된다고 하지만(Keck, Murray), 바울이 이때까지 유대인에게 말했다는 점을 고려하면 이방인은 포함되

185

지 않는다(Byrne, Calvin, Cranfield, Dunn, Luther, Schnabel). 하나님이 율법을 주신 것은 온 세상을 하나님의 심판 아래 있게 하기 위해서다. '심판 아래 있다'(ὑπόδικος γένηται)는 법정에서 무죄 판결의 가능성을 놓고 변론하는 것을 뜻한다(Thielman, cf. TDNT). 그러나 바울이 본문에서 하고자 하는 말은 이미 모든 사람이 하나님 앞에서 유죄 판결을 받았다는 것이다. 그러므로 '정죄'로 이해해야 한다(Seifrid, Schnabel, Wright).

그렇다면 하나님이 유대인에게만 주신 율법으로 인해 온 세상을 정죄하시는 일이 가능한가? 하나님의 언약 백성이라는 특권을 누린 유대인들이 율법을 지키지 못해 정죄받는다면, 이방인을 포함한 세상 모든 사람도 양심(마음의 율법)대로 살 수 없다(Bell, Cranfield, Moo, Thielman). 그러므로 이방인도 정죄를 받는다.

"그러므로 율법의 행위로 그의 앞에 의롭다 하심을 얻을 육체가 없나니"(20a절)는 "주의 눈 앞에는 의로운 인생이 하나도 없나이다"(시 143:2)와 비슷하지만 인용은 아니다. '율법의 행위'(ἔργων νόμου)는 바울 서신에서 8차례 사용되는 표현이다(3:20, 28; 갈 2:16[3×]; 3:2, 5, 10). 항상 의롭다 하심(justification) 혹은 성령을 영접하는 일(reception of the Spirit)과 연관이 있는 표현이다(Thielman). 학자들은 이 문구에 대해서도 여러 가지 해석을 내놓았다.

첫째, '율법의 행위'를 주어 속격(subjective genitive)으로 해석하는 이들은 율법을 준수하는 행위가 모두 악하다는 의미로 본다(Owen, Stowers, cf. 4:15; 갈 5:19).

둘째, 율법을 지키려고 하는 것 자체가 인간의 교만을 초래하기 때문에 우상을 숭배하는 것과 같다는 뜻이라 한다(Bultmann). 그러므로 율법을 지키려고 노력하는 것 자체가 죄이므로, 온전히 지킨다 해도 정죄를 받는다(Bultmann, Klein, Porter).

셋째, '율법의 행위'는 할례, 음식법, 종교 절기 등 유대인과 이방인을 구분하는 것들이다(Dunn, Lohmeyer, Longenecker, Wright, cf. Sanders).

넷째, 그 누구도 율법을 온전히 지킬 수 없기 때문에 의롭다 하심을 얻을 수 없다는 뜻이다. 그러므로 율법은 인간의 의로움이 아니라 죄를 드러낸다(Byrne, Cranfield, Fitzmyer, Schreiner, Seifrid, Stuhlmacher, Thielman). 저자가 '율법으로는 죄를 깨닫는다'(20b절)라고 하는 것으로 보아 마지막 해석이 본문에 가장 잘 어울린다. 율법은 그 누구도 의롭다 하심을 얻을 수 없게 한다. 오직 죄를 깨닫게 할 뿐이다.

이 말씀은 사람은 절대 죄를 이길 수 없다고 한다. 죄는 매우 큰 힘이 있으며, 항상 사람을 지배하려 한다. 그러므로 죄에서 해방되어 죄 아래 있지 않을 유일한 길은 예수 그리스도를 통하는 것뿐이다. 예수님을 영접해야 비로소 죄 문제가 해결된다.

사람의 말은 그의 영성을 드러낸다. 죄의 노예가 된 사람은 죽이는 독이 서린 말로 남에게 상처를 주고, 비방하고, 거짓을 일삼는다. 오죽하면 죄를 덜 지으려면 먼저 혀를 다스려 말을 주의해야 한다는 가르침이 구약의 지혜로운 삶에 대한 매뉴얼이라 하는 잠언에서 가장 큰 비중을 차지하겠는가! 자기 말을 가장 잘 다스리는 사람이 가장 경건한 신앙인이다.

모든 죄는 인간이 하나님을 경외하지 않을 때(두려워함이 없을 때) 시작된다(cf. 잠 1:7). 죄를 덜 지으며 살려면 심판하시는 하나님을 경외하며 살아야 한다. 언젠가는 우리 모두 하나님의 심판대 앞에 서게 될 것이기 때문이다. 또한 하나님을 경외해야 주님을 온전히 예배할 수 있다.

II. 오직 믿음으로 의에 이름(1:18-4:25)

B. 그리스도를 믿음으로 의에 이름(3:21-4:25)

이때까지 저자는 세상 모든 사람이 죄를 지어 하나님의 구원에 이를 수 없다고 했다. 유대인은 하나님이 그들에게 맡기신 율법을 범했고,

이방인은 양심대로 살지 못했다. 그러므로 두 그룹 모두 자력으로는 하나님의 진노를 피할 수 없다.

다행히 유대인들이 그토록 기다리던 구원의 날이 임했다. 그러나 그들의 기대와 달리 예수 그리스도의 복음을 통해 구원의 날이 임했다. 이방인과 유대인 모두 예수 그리스도를 믿어야만 하나님의 구원을 얻을 수 있다. 믿음으로 구원에 이른다는 것은 결코 새로운 가르침이 아니다. 옛적에 아브라함도 하나님께 믿음으로 의롭다고 여김을 받았기 때문이다. 이러한 내용을 설명하는 본 텍스트는 다음과 같이 구분된다.

A. 예수님의 죽음을 통해 나타난 하나님의 의(3:21-26)
B. 유대인과 이방인 모두 믿음으로 의롭게 됨(3:27-31)
C. 유대인과 이방인의 조상 아브라함(4:1-25)

Ⅱ. 오직 믿음으로 의에 이름(1:18-4:25)
 B. 그리스도를 믿음으로 의에 이름(3:21-4:25)

1. 예수님의 죽음을 통해 나타난 하나님의 의(3:21-26)

²¹ 이제는 율법 외에 하나님의 한 의가 나타났으니 율법과 선지자들에게 증거를 받은 것이라 ²² 곧 예수 그리스도를 믿음으로 말미암아 모든 믿는 자에게 미치는 하나님의 의니 차별이 없느니라 ²³ 모든 사람이 죄를 범하였으매 하나님의 영광에 이르지 못하더니 ²⁴ 그리스도 예수 안에 있는 속량으로 말미암아 하나님의 은혜로 값 없이 의롭다 하심을 얻은 자 되었느니라 ²⁵ 이 예수를 하나님이 그의 피로써 믿음으로 말미암는 화목제물로 세우셨으니 이는 하나님께서 길이 참으시는 중에 전에 지은 죄를 간과하심으로 자기의 의로우심을 나타내려 하심이니 ²⁶ 곧 이 때에 자기의 의로우심을 나타내사 자기도 의로우시며 또한 예수 믿는 자를 의롭다 하려 하심이라

188

저자는 1:16에서 복음은 모든 믿는 자에게 구원을 주시는 하나님의 능력이므로 자신은 복음을 부끄러워하지 않는다고 했다. 그러나 그가 말하는 복음이 정확히 무엇인지는 이때까지 설명하지 않았다. 바울은 본 텍스트에서 드디어 그가 믿고 전한 복음이 무엇인지 말한다. 그러므로 학자들은 본문이 로마서에서 가장 중요한 텍스트라고 한다(cf. Schreiner). 그렇다 보니 본 텍스트를 구성하는 거의 모든 단어와 문구가 정확한 의미 해석을 두고 수많은 논쟁을 불러일으켰다(Wright).

이 섹션을 시작하는 '이제는'(Νυνὶ δὲ)(21a절)은 앞(3:9-20)과 대조되는 내용이 시작되고 있음을 암시한다. 앞에서 유대인과 이방인을 가리지 않고 세상 모든 사람이 죄인이며 하나님의 구원을 받을 의인은 한 사람도 없다고 선언한 저자는 '이제는' 누구든 하나님께 의롭다 함을 받을 수 있는 새로운 시대가 시작되었다고 한다(Harrison & Hagner, Longenecker, Wright). 누구도 구원에 이를 수 없던 '옛 언약 시대'가 지나고 누구든지 예수 그리스도를 통해 구원에 이를 수 있는 '새 언약 시대'가 도래한 것이다.

새로 시작된 이 시대에 '율법 외에 하나님의 한 의'가 나타났다(21a절). 이 말씀에서 '율법'(νόμου)은 '율법의 행위'(ἔργων νόμου, 3:20; cf. 3:28)를 줄인 말이다(Schreiner). 옛 시대에는 유대인들이 율법을 통해 의에 이르려다가 실패했다(cf. 1:18-3:20). 누구도 율법을 온전히 행할 수 없었기 때문이다. 그러므로 율법은 하나님과의 관계에 도움이 되지 않았다. 이제는 '율법 외'(χωρὶς νόμου), 곧 '율법의 행위'와 무관한 영역에서 하나님의 한 의가 나타났다(Thielman, cf. 3:20). 하나님의 의가 나타난 율법 밖의 영역은 곧 예수 그리스도의 복음이다(cf. 1:16).

하나님의 의가 '율법 밖에서' 나타난 것은 이미 오래전부터 율법과 선지자들로부터 증거를 받은 일이다(21b절). '율법과 선지자들'(τοῦ νόμου καὶ τῶν προφητῶν)은 구약 전체를 뜻한다(cf. 마 5:17; 7:12; 22:40; 눅 16:16; 요 1:45; 행 13:15; 24:14; 28:23). '증거를 받은 것'(μαρτυρουμένη)

은 하나님의 의가 '율법의 행위' 범주 밖에서 드러나는 일이 실현되기 전에 구약이 곳곳에서 이런 때가 올 것이라며 미리 증언했다는 의미다. 율법(구약)은 세상 모든 사람이 죄의 지배 아래 있으며 의인은 하나도 없다며 모든 사람이 '율법의 행위'로는 구원에 이를 수 없다고 했다(cf. 3:10-12). 또한 율법(구약)은 때가 되면 '율법 외에'(율법과 상관없이, 율법의 범주 밖에서) 하나님의 의가 나타날 것이라고 예언했다. 사람이 율법으로 구원에 이를 수 없지만, 율법으로 죄를 알게 되었다는 말씀이 새롭게 들린다(3:20).

하나님의 의가 '율법 외에'서 나타난 것이 옛 언약에 문제가 있다는 것을 의미하지는 않는다. 혹은 옛 언약이 새 언약보다 못한 것이어서 새 언약이 옛 언약을 대체한 것도 아니다. 구약은 이미 모세를 통해 주신 율법이 하나님의 구원을 실현할 수 없다며 하나님의 의가 다른 방법으로 드러날 때가 올 것이라고 했다(cf. 렘 31:31-34; 겔 36:26-27). 그러므로 그리스도를 통해 실현된 새 언약은 옛 언약이 예고한 바를 실현했다. 구약과 신약의 관계는 하나님의 구속사적 관점에서 연속성을 가진 관계로 보아야 한다.

율법을 통해서는 구원에 이를 수 없다고 하는 구약에서 하나님의 구원을 입은 사람들이 있다. 저자는 4장에서 이들 가운데 아브라함을 예로 들 것이다. 아브라함은 하나님이 시내산에서 이스라엘에 율법을 주시기 전에 살았던 조상이며, 율법이 아니라 믿음으로 하나님의 의롭다 하심을 얻었다. 옛 언약 시대를 살았던 성도들도 새 언약 시대에 사는 사람들처럼 믿음으로 구원에 이른 것이다.

그렇다고 해서 새 언약 시대를 사는 사람이 옛 언약 시대에도 구원이 가능했으니 옛 언약(율법)에 따라 살겠다고 할 수는 없다. 예수 그리스도를 통해 새로운 언약 시대가 열렸기에 더는 옛 언약을 통해서 구원에 이를 수 없게 되었기 때문이다(Carson, Peterson, cf. 고후 3:7-10; 갈 3:15-17).

'율법 외에' 나타난 '하나님의 의'(δικαιοσύνη θεοῦ)는 복음을 통해 나타난 '구원하시는 의'(1:17)인가, 혹은 '심판하시는 의'(3:5)인가? 저자는 1-2장에서 두 가지를 모두 말했지만, 본문이 구원에 관해 말하고 있으니 1-2절에서는 '구원하시는 의'가 옳다. 어떤 이들은 25-26절에서는 '심판하시는 의'를 말하는 것이라 한다. 충분히 가능한 해석이지만, '구원하시는 의'로 해석해도 별문제 없다.

'율법 외에'(율법의 행위와 상관없이) 나타난 하나님의 의는 예수 그리스도를 믿음으로 말미암아 모든 믿는 자에게 미치는 의다(22a절). 하나님의 의가 '모든 믿는 자'(πάντας τοὺς πιστεύοντας)에게 미친다는 것은 곧 하나님의 의가 그들에게 선물로 주어지는 것을 의미하며, '칭의'다(Bray, Jewett, Schreiner). 개역개정이 '예수 그리스도를 믿음'으로 번역한 헬라어 문구(πίστεως Ἰησοῦ Χριστοῦ)의 정확한 의미에 대한 논쟁이 치열하다(cf. Longenecker, Schreiner). 이슈는 이 문구가 예수님의 믿음을 뜻하는지, 혹은 예수님에 대한 믿음을 뜻하는지 하는 점이다.

이 문구를 주격 속격(subjective genitive)으로 해석하는 이들은 '예수님의 믿음'이라 한다(Campbell, Hays, Johnson, Longenecker, Keck, Robinson, Wright, cf. 1:5, 12; 3:3; 고전 2:5; 몬 1:6). '믿음'이 [고유]명사와 속격(πίστεως+genitive)을 이룰 때는 항상 연관된 [고유]명사의 믿음(본문에서는 '예수 그리스도의 믿음')을 뜻한다는 주장이다(cf. 3:3; 4:12, 16). 또한 21-22절은 하나님(예수님)이 이루신 일을 기록하는데, 중간에 사람이 한 일(예수님을 믿은 것)을 언급하는 것이 문맥과 어울리지 않는다는 것이다(Johnson). 이 학자들은 '예수 그리스도의 믿음'을 하나님이 주신 사명을 예수님이 온전히 이루신 일을 뜻하는 것으로 해석한다(Campbell, Johnson, Hays, Robinson).

이 문구를 목적 속격(objective genitive)으로 해석하는 이들은 '예수님에 대한 사람의 믿음'이라 한다(Cranfield, Dunn, Harrison & Hagner, Hultgren, Moo, Porter, Schreiner, Thielman, cf. 막 11:22; 행 3:16; 갈 2:16, 20; 3:22; 빌 3:9;

골 2:12; 살후 2:13). 이들은 '믿음'이 [고유]명사와 속격(πίστεως+genitive)
을 이룰 때면 그 [고유]명사를 믿는 이의 믿음을 뜻하는 경우가 대부분
이라고 한다(1:8, 12; 4:5; 고전 2:5; 15:14; 고후 1:24; 10:15; 골 1:4; 2:5; 살
전 1:8; 3:2, 5, 6, 7, 10). 마가복음 11:22에서 예수님이 "하나님을 믿으
라"(ἔχετε πίστιν θεοῦ)라고 권면하시는데, 이때 사용된 문장도 본문과 같
은 문법을 사용한다. 야고보서 2:1도 같은 문법을 사용하는데(τὴν πίστιν
τοῦ κυρίου ἡμῶν Ἰησοῦ Χριστοῦ) '우리 주 예수 그리스도에 대한 믿음'이
라는 의미를 지닌다. 또한 바울은 율법을 통해서는 그 누구도 하나님
의 구원의 의에 이를 수 없다고 했다. 그러므로 기대되는 다음 단계는
사람이 예수님을 믿을 때 하나님의 의가 그를 의롭다고 하는 것이다.
그러므로 21-22절이 하나님과 예수님의 사역에 관한 이야기인 것은
맞지만, 문맥보다는 사람이 예수님을 믿는 것의 중요성을 강조하기 위
해 사람의 믿음을 한가운데에 삽입한 것이다(Hultgren). 모든 번역본도
'예수 그리스도에 대한 사람의 믿음'이라는 의미로 본문을 번역했다(새
번역, 공동, ESV, NAS, NIV, NRS).

'모든 믿는 자'(πάντας τοὺς πιστεύοντας)는 유대인뿐 아니라 이방인도
포함한다. 하나님은 모든 믿는 자에게 구원하시는 의를 베푸시고 아무
도 차별하지 않으신다(22b절). 옛적에 하나님이 아브라함에게 약속하
신 이방인에 대한 축복이 드디어 예수 그리스도를 통해 실현되었다(cf.
창 12:3). 바울은 예수 그리스도를 통해 시작된 새 언약 시대가 구약 예
언자들에게 증거를 받은 것이라 했는데(21절), 이사야서만 보아도 이런
시대를 여러 차례 노래한다(사 42:6-7; 43:5-7, 14-21; 48:20-22; 49:5-
13; 51:9-11; 52:13-15).

예수 그리스도를 통해 나타난 하나님의 구원하시는 의가 얼마나 위
대한 것인지 상기시키기 위해 저자는 자력으로 하나님의 영광에 이를
수 있는 사람은 하나도 없다고 다시 한번 강조한다(23절). 세상 모든 사
람이 죄를 범했기 때문이다(cf. 1:18-3:20).

'이르지 못한다'(ὑστεροῦνται)는 현재형이다. 믿는 이들도 아직 하나님의 영광에 이르지 못했다는 뜻이다. 믿는 자가 하나님의 영광에 이르는 것은 종말에 하나님의 선물로 받을 일이다(Cranfield, Moo, cf. 5:2; 8:18, 21, 30). 현재는 그때를 소망하며 상상만 하고 있다.

종말에 우리가 경험하게 될 '하나님의 영광'(τῆς δόξης τοῦ θεοῦ)은 어떤 것인가? 당시 그리스-로마 문화를 바탕으로 '명예-수치' 차원에서의 영광(Jewett) 혹은 지위(신분)로 해석하는 이들이 있다(Blackwell). 그러나 구약을 바탕으로 해석하면 '썩지 않음과 영생'(incorruptibility and eternal life)이다(Berry, Godet, Schreiner, Sprinkle, Thielman). 하나님이 사람을 창조하실 때 주신 것들이며, 아담이 죄를 지었을 때 잃은 것들이다. 그러므로 이것들은 원래 모든 인간이 지녀야 할 하나님의 '모양과 형상'의 일부라 할 수 있다.

예수 그리스도를 믿어 하나님의 구원에 이른 사람은 예수님 안에 있는 속량으로 말미암아 하나님의 은혜로 값없이 의롭다 하심을 얻은 자들이다(24절). 학자들은 '속량'(ἀπολύτρωσις)이 '속죄'(expiation)를 의미하는지, 혹은 '유화'(propitiation)를 의미하는지를 놓고도 뜨겁게 논쟁한다(cf. Dodd, Morris). 이 둘의 기본적인 차이는 속죄는 대가를 치르지 않고 하나님의 용서를 받는 것이고, 유화는 하나님의 진노를 달래기 위해 대가를 치르고 용서를 받는 것이라는 점이다. 당시 문헌들에서 이 단어는 대가를 지불하고 속박된 노예를 구원하는 일에 사용되고(Origen, cf. Byrn), 성경에서는 어떠한 대가도 지불하지 않고 곤경에 처한 사람을 구하는 일에 사용된다(Harrison & Hagner, 눅 21:28; 롬 8:23; 엡 1:7, 14; 4:30; 히 11:35; cf. 출 6:6; 신 15:15; 21:8; 24:18).

이어지는 문장은 "하나님의 은혜로 값 없이 의롭다 하심을 얻은 자 되었느니라"라고 한다(24b절). '은혜로 값 없이'(δωρεὰν τῇ αὐτοῦ χάριτι)는 어떠한 대가도 지불하지 않고 구원을 얻는 것이다(출 21:11; cf. 고후 11:7; 살후 3:8). 게다가 '은혜'도 하나님의 선물임을 뜻한다. 그러므로

'속죄'(expiation)가 문맥에 잘 어울린다.

하나님은 예수님이 흘리신 피를 화목제물로 삼아 믿는 자들을 의롭다 하셨다(25a절). '화목제물'(ἱλαστήριον)에 정관사가 더해지면 칠십인역(LXX)에서는 법궤의 뚜껑이자 하나님의 보이지 않는 보좌가 있는 '속죄소, 시은좌'(mercy seat)를 뜻한다(출 25:18, 19, 20, 21, 22; 26:34; 30:6; 민 7:89; 대상 28:11; cf. 히 9:5). 구원은 율법의 제물 제의(sacrificial cult)가 아니라 예수 그리스도를 통해서 믿는 자들에게 임했다. 하나님이 예수님을 '속죄소, 시은좌'로 삼으셨기 때문이다(Bailey, Hultgren, Moo, Thielman, cf. Bray).

하나님은 예수님이 흘리신 피로 그들을 용서할 때까지 참으로 오래 참으셨으며, 그들이 전에 지은 죄를 간과하셨다(25c절). '간과'(πάρεσις)는 신약에서 단 한 차례 사용되는 단어로 그들이 지난날에 지은 죄를 문제 삼지 않고 용서하신다는 뜻이다. 이미지는 유월절에 하나님이 이스라엘 사람들을 '유월하신 일'(지나치신 일)이다. 그러므로 여러 번역본이 '지나치셨다, 유월하셨다'(passed over)로 번역했다(ESV, NAS, NRS).

하나님이 사람들이 과거에 지은 죄를 문제 삼지 않고 지나가신 것은 자기의 의로우심을 나타내고자 하셨기 때문이다(25d절). '나타내심'(ἔνδειξις)은 '증표, 사인'을 뜻한다(BDAG). 하나님은 예수님을 '속죄소, 시은좌'로 삼으시고는 예수님 안에서 죄인들을 만나 용서하시고 자기의 의를 증표를 보이듯 보이셨다. 어떤 이들은 21-22절에 있는 '하나님의 의'는 그리스도의 복음을 통해 구원하시는 의고, 25-26절에 있는 의는 심판하시는 의라고 하지만 별 차이가 없다.

하나님이 자기 의를 나타내신 것은 자신의 의로우심과 예수님을 믿는 자들이 의롭게 되었다는 사실을 온 세상에 드러내시기 위해서다(26절). 학자들은 바울이 초대교회의 가르침을 사용해 24-26절(혹은 25-26절)을 저작했다고 한다(Bultmann, Käsemann, Longenecker, Stuhlmacher). 그러나 큰 설득력이 있는 것은 아니다(Moo, Schreiner).

이 말씀은 구약과 신약의 유기적 관계(연결성)를 생각하게 한다. 그리스도를 믿어 구원에 이르는 것은 분명 신약이 선포하는 진리다. 그러나 이 진리에 대해 이미 구약도 곳곳에서 예언했다. 또한 신약(새 언약)이 구약(옛 언약)을 대체하지 않는다. 구약과 신약은 구속사적인 관점에서 서로 연결된 하나님의 말씀이다.

예수 그리스도의 복음은 사람을 차별하지 않는다. 유대인이나 헬라인이나 믿음으로 구원에 이른다. 그리스도가 십자가에서 흘리신 보혈은 세상 모든 죄인이 하나님께 나아갈 수 있는 유일한 길이다. 하나님은 예수 그리스도를 믿는 사람만 의롭다고 하신다.

II. 오직 믿음으로 의에 이름(1:18-4:25)
  B. 그리스도를 믿음으로 의에 이름(3:21-4:25)

2. 유대인과 이방인 모두 믿음으로 의롭게 됨(3:27-31)

[27] 그런즉 자랑할 데가 어디냐 있을 수가 없느니라 무슨 법으로냐 행위로냐 아니라 오직 믿음의 법으로니라 [28] 그러므로 사람이 의롭다 하심을 얻는 것은 율법의 행위에 있지 않고 믿음으로 되는 줄 우리가 인정하노라 [29] 하나님은 다만 유대인의 하나님이시냐 또한 이방인의 하나님은 아니시냐 진실로 이방인의 하나님도 되시느니라 [30] 할례자도 믿음으로 말미암아 또한 무할례자도 믿음으로 말미암아 의롭다 하실 하나님은 한 분이시니라 [31] 그런즉 우리가 믿음으로 말미암아 율법을 파기하느냐 그럴 수 없느니라 도리어 율법을 굳게 세우느니라

저자는 앞 섹션에서 모든 믿는 자에게 미치는 하나님의 의에는 차별이 없다고 했다(3:22). 이 섹션은 그 말씀에 대한 추가 설명이라 할 수 있다. 하나님은 유대인이나 이방인이나 동일한 기준, 곧 예수 그리스도에 대한 믿음을 보시고 의롭다 하신다.

이 섹션을 시작하는 '그런즉'(οὖν)(27a절)은 본 텍스트가 앞 섹션(3:21-
26)에서 전개된 내용의 결론임을 암시한다(Moo). 바울은 다시 한번 하
나님의 의롭다 하심은 사람이 율법의 행위로 얻는 것이 아니라, 예수
그리스도를 믿음으로 얻는 것이라 한다. 저자는 이러한 사실을 재차
강조하기 위해 세 가지 질문을 제시하고 스스로 답한다(27절): (1)'자랑
할 데가 어디냐?' '있을 수가 없느니라', (2-3)'무슨 법으로냐? 행위로
냐?' '아니라. 오직 믿음의 법으로니라.'

어떤 이들은 '법'(νόμος)이 율법을 의미한다고 하지만(Schnabel,
Stuhlmacher, cf. 공동, 아가페) 이는 질서, 종교 제도, 규범(order, religious
system, norm) 등 사람이 상상할 수 있는 온갖 규율을 뜻한다(Barrett,
Fitzmyer, Harrison & Hagner, Hultgren, Longenecker, Moo, Murray). 세상 어
떤 법이라도 사람을 의에 이르게 하는 것은 없다는 의미다. 그러므로
개역개정의 '무슨 법'(what law)이 적절한 번역이다(cf. 새번역, ESV, NIV,
NAS, NRS).

사람은 어떠한 행위(선행)를 통해서도 하나님의 의롭다 하심을 얻을
수 없다. 아무리 선한 사람이라도 선을 행하면서 악(죄)도 행하며, 자력
으로 구원에 이를 만한 선은 행하지 못하기 때문이다.

어떠한 법과 행위로도 하나님의 의롭다 하심을 얻을 수 없다면, 이
것들은 사람이 자랑할 만한 것이 아니다. 구원에 이른 사람이 유일하
게 자랑할 수 있는 것은 자신이 믿음의 법을 통해(διὰ) 하나님의 의롭다
하심을 얻었다는 사실이다(27b절). 교부들은 '믿음의 법'(νόμου πίστεως)
을 자비로우신 하나님이 그리스도 속죄의 죽음을 통해 죄인을 조건 없
이 용서하시고 그들을 자기 백성으로 삼아 영생에 이르게 하신다는 복
음을 믿는 것으로 정의했다(cf. Byrne). 그러므로 이 '믿음의 법'으로 의
롭다 하심을 얻은 사람은 자기가 구원받은 것에 관해 자랑할 것이 없
다. 그리스도를 통한 구원에 대해 예언한 구약이 자랑할 것이 없다고
해서 자랑하지 못하는 것이 아니라, 예수 그리스도께서 우리를 구원하

기 위해 십자가에서 죽으신 일이 우리로 하여금 자랑하지 못하게 한다
(Cranfield, Dunn). 십자가를 통한 구원은 온전히 하나님이 하신 일이다.
복음은 인간이 법을 가졌으나 법대로 행하는 것에 대해 자랑할 기회를
주지 않는다(Gathercole).

만일 우리의 구원이 오직 예수 그리스도의 십자가 죽음을 통해 이루
어지는 일이라는 사실을 고백한다면, 우리가 하나님의 의롭다 하심을
얻는 것도 '율법의 행위'(ἔργων νόμου, 율법을 잘 지키는 것)에 있지 않고
예수님이 죽으심으로 말미암아 이루어진다는 믿음으로 얻는 것이라는
사실을 인정해야 한다(28절). '인정하다'(λογίζομαι)는 '계산하다, 깨닫다'
라는 뜻이다. 정상적인 사고를 하는 사람이라면 율법과 복음에 대해
이러한 결론에 이를 수밖에 없다는 것이다.

저자는 29-30절에서 유대인과 이방인 모두 예수 그리스도의 복음을
믿어야 하나님의 의롭다 하심을 받는다는 사실을 다른 각도에서 입증
한다. 유대인을 의롭다 하시는 이와 이방인을 의롭다 하시는 이가 같
은 분인지 혹은 다른 분인지에 관한 것이다(29절). '하나님은 오직 한
분이신 여호와'라는 셰마(cf. 신 6:4)를 매일 고백하는 유대인들은 당연
히 '같은 하나님'이라고 고백할 수밖에 없다. 그러므로 예수 그리스도
를 통해 유대인을 구원하신 하나님과 이방인을 구원하신 하나님은 같
은 하나님이시다. 그렇다면 공평하신 하나님이 유대인과 이방인을 차
별해 각자 다른 기준과 방법으로 의롭다 하실 리가 없다. 하나님은 아
무도 차별하지 않으시기 때문이다(3:22). 하나님은 유대인의 하나님이
신 것처럼 이방인들의 하나님도 되신다(29c절).

그러므로 한 분이신 하나님은 유대인과 이방인, 곧 할례자와 무할례
자 모두 믿음으로 의롭다 하신다(30절). 유대인도 예수 그리스도의 복
음을 영접하지 않고는 하나님의 의롭다 하심을 받을 수 없다. 하나님
은 유대인과 이방인을 차별하지 않으신다. 아마도 자신들은 하나님의
특별한 백성이라며 어느 정도 특권 의식에 젖어 있던 유대인 그리스도

인들에게는 하나님이 그 누구도 차별하지 않으시고 오직 그리스도에 대한 믿음을 보고 심판하신다는 말이 상당히 거슬렸을 수도 있다. 그러나 이런 말을 하는 바울도 유대인 그리스도인이라는 사실이 이 진리의 확고함을 암시하는 듯하다.

그렇다면 믿음이 율법을 파기하는가(31a절)? '파기하다'($\kappa\alpha\tau\alpha\rho\gamma\acute{\epsilon}\omega$)는 효력을 발휘하지 못하도록 '무효화한다'(nullify)는 의미를 지닌다(NAS, NIV). 저자는 이 질문에 "그럴 수 없느니라"($\mu\grave{\eta}\ \gamma\acute{\epsilon}\nu o\iota\tau o$)라고 단호하게 말한다(31b절; cf. 3:4). 사람이 율법대로 살지 못해서 효력을 발휘하지 못하는 것이지, 율법 자체에 결함이 있거나 부족해서가 아니다. 오히려 믿음은 율법을 굳게 세운다(31c절).

저자는 어떻게 믿음이 율법을 굳게 세운다고 하는가? 율법과 믿음을 대립 관계로 보는 이들은 도대체 이해할 수 없는 말이라며 바울이 모순적인 말을 하고 있다고 한다(Dodd). 다만 기대되는 말은 믿음이 율법을 폐지해 효력을 완전히 없앴다는 것이다. 이에 동의하지 않는 학자들은 세 가지 가능한 해석을 내놓았다.

첫째, 죄인이 그리스도를 믿어 구원에 이르는 과정에서 믿음이 율법을 사용해 그의 죄를 정죄하고 고백과 용서의 필요성을 깨닫게 한다는 의미다. 그러므로 저자는 믿음이 영원히 율법을 사용해 죄인들로 자기 죄를 고백하게 할 것을 가리켜 '믿음이 율법을 세운다'라고 표현했다(Watson, TDNT).

둘째, 교부들은 대체로 율법이 믿음의 필요성에 대해 증언하게 하는 것으로 해석했다(cf. Byrne). 오늘날에도 이렇게 해석하는 이들이 있다(Peterson, Ziesler, cf. 3:21).

셋째, 믿음이 율법의 여러 조항, 특히 도덕법이 아직도 유효하다는 것을 확인해 준다는 뜻이다(Fitzmyer, Moo, Murray, Stott, cf. Harrison & Hagner). 구약 율법 중 일부는 새로운 '그리스도의 율법'으로 편입되었으며 그리스도인들도 이 율법들을 지킨다. 그러므로 구약 율법 중 유대인과 이방인을 차별하는 부분만 폐기되었다고 할 수 있다(Dunn). 위세 가지 중 가장 설득력 있는 해석이다. 예수님도 자신이 율법이나 선지자를 폐하러 온 것이 아니라 완전하게 하러 왔다고 하셨다(마 5:17).

이 말씀은 율법과 복음은 대립하는 관계가 아니라고 한다. 오히려 율법은 복음의 도래를 예언했고, 복음은 율법을 굳게 세웠다고 한다. 구약 율법의 상당 부분이 '그리스도의 율법'에 도입되어 성도들에게 경건한 삶의 가이드라인이 되었기 때문이다. 개혁자들이 믿음과 복음이 마치 상극인 것처럼 말한 것은 둘의 차이점을 강조하기 위한 방법이었다. 그러나 역사적으로는 참으로 불행한 결과를 초래했다. 오늘날에도 많은 그리스도인이 율법을 믿음에 상반되는 아주 나쁜 것으로 간주하기 때문이다. 율법도 하나님의 말씀이며, 좋은 역할을 한다.

하나님은 한 분이라는 사실을 깊이 묵상해 보자. 우리가 믿는 하나님은 한 분이신데, 왜 우리 안에는 이렇게 파벌이 많고 다툼이 많은 것일까? 같은 아버지의 형제자매인데 말이다. 누구를 비난하거나 욕하고 싶을 때, 혹은 상처 되는 말을 하려는 순간, 우리는 모두 같은 하나님의 자녀라는 사실을 떠올리도록 노력하자. 입 밖으로 나가는 말이 많이 정화될 것이다.

모든 사람이 믿음으로 구원에 이른다면, 구원은 하나님의 선물이다. 그렇다면 그리스도의 복음을 통해 구원에 이른 사람은 구원을 얻은 것에 대해 자랑할 것이 없다. 모두 하나님의 은혜로운 구원을 선물로 받았기 때문이다. 또한 구원받은 이들은 모두 하나님이 의롭다 하신 사람들이다. 하나님이 의롭다 하신 이들을 사람인 우리가 어떻게 비난하고 정죄하겠는가! 옳지 않다.

II. 오직 믿음으로 의에 이름(1:18-4:25)
  B. 그리스도를 믿음으로 의에 이름(3:21-4:25)

3. 유대인과 이방인의 조상 아브라함(4:1-25)

만일 유대인이나 이방인이나 하나님의 의롭다 하심을 율법의 행위가 아니라 믿음으로 받는다면, 율법이 매우 중요한 역할을 했던 구약 시대에도 분명 율법과 상관없이 하나님의 의롭다 하심을 받은 사람이 있어야 한다. 저자는 실제로 구약 시대에도 믿음으로 의롭다고 인정받은 이들이 있었다며 아브라함을 예로 든다.

생각해 보면 이스라엘의 조상 아브라함은 참으로 적절하고 좋은 예다. 만일 이스라엘을 시작한 선조가 믿음으로 의롭다 함을 입었다면, 바울의 논리는 설득력을 얻는다. 하나님은 또한 아브라함을 통해 이방인도 축복하실 것을 약속하셨다(창 12:3). 그러나 아브라함은 바울에게 반발하는 유대인들을 잠재우기에는 부족한 사례일 수도 있다. 아브라함은 시내산 율법이 선포되기 전에 살았던 사람이기 때문이다. 그러므로 저자는 율법이 지배하던 시대에 살았던 다윗이 남긴 말씀을 인용하면서, 다윗도 믿음으로 의롭다 함을 입은 사례임을 암시한다. 믿음의 조상 아브라함에 관한 이야기로 구성된 본 텍스트는 다음과 같이 구분된다.

A. 의롭다 하심과 행위(4:1-8)
B. 모든 믿는 자들의 조상 아브라함(4:9-16)
C. 아브라함이 믿음으로 의롭게 됨(4:17-22)
D. 아브라함의 믿음과 우리(4:23-25)

(1) 의롭다 하심과 행위(4:1-8)

¹ 그런즉 육신으로 우리 조상인 아브라함이 무엇을 얻었다 하리요 ² 만일 아브라함이 행위로써 의롭다 하심을 받았으면 자랑할 것이 있으려니와 하나님 앞에서는 없느니라 ³ 성경이 무엇을 말하느냐

아브라함이 하나님을 믿으매

그것이 그에게 의로 여겨진 바 되었느니라

⁴ 일하는 자에게는 그 삯이 은혜로 여겨지지 아니하고 보수로 여겨지거니와 ⁵ 일을 아니할지라도 경건하지 아니한 자를 의롭다 하시는 이를 믿는 자에게는 그의 믿음을 의로 여기시나니 ⁶ 일한 것이 없이 하나님께 의로 여기심을 받는 사람의 복에 대하여 다윗이 말한 바

⁷ 불법이 사함을 받고

죄가 가리어짐을 받는 사람들은

복이 있고

⁸ 주께서 그 죄를 인정하지 아니하실 사람은

복이 있도다

함과 같으니라

　저자는 1절에서 아브라함에 관한 질문을 던지고, 2-5절에서 스스로 답한다. 아브라함은 행위(일)가 아니라 믿음으로 의롭다 하심을 받았다는 것이다. 그러므로 아브라함 이야기가 자신이 지금까지 주장해 온 '유대인과 이방인은 모두 믿음으로 하나님의 의롭다 하심을 받는다'는 것이 사실임을 입증한다고 한다. 이어지는 6-8절에서는 구약에 등장하는 또 다른 믿음의 영웅인 다윗이 남긴 말씀을 인용해 일한 것 없이 의로 여기심을 받은 사람이 누리는 복에 관해 말함으로써 일(행위)

이 아니라 믿음으로 의롭다 여김을 받은 아브라함의 복됨을 재차 확인
한다. 이와 같이 누구든지 예수 그리스도를 믿음으로써 의롭다 하심을
받은 사람은 아브라함처럼 복이 있는 사람이다.

본 텍스트를 시작하는 '그런즉'(οὖν)(1절)은 누구든지 율법의 행위가
아니라 믿음으로 하나님의 의롭다 하심을 얻기 때문에 자기 업적과 노
력에 대해 아무것도 자랑할 것이 없다는 앞 섹션(3:27-31)과 이 섹션의
아브라함 이야기를 잇는 연결 고리다. 바울은 새로운 이야기가 아니라
앞 섹션에서 시작한 이야기를 이 섹션에서 이어 가고 있는 것이다.

그는 아브라함을 '우리의 조상'(τὸν προπάτορα ἡμῶν)이라고 하는데 '우
리'는 유대인 그리스도인뿐 아니라 이방인 그리스도인도 포함한다(cf.
4:16). 아브라함은 모든 믿는 자의 조상이기 때문이다.

개역개정의 "육신으로 우리 조상인 아브라함이 무엇을 얻었다 하리
요"는 다소 혼란스러운 번역이며, 질문의 의미를 정확하게 반영하고
있지 않다. 이 질문의 핵심은 '얻다'(εὑρίσκω)에 있는데, 이 동사의 정확
한 의미는 '찾다'(find, discover)이며 보통 목적어를 동반하지만 1절에는
이 동사의 목적어가 없기 때문이다(Thielman).

그래서 학자 중에는 아브라함이 아니라 '우리'를 이 동사의 주어로
간주해 "우리는 무슨 말을 할 것인가? 우리는 아브라함이 우리 육신의
조상이라는 것을 찾았느냐(깨달았느냐)?"(What shall we say? Have we found
Abraham to be our forefather according to the flesh?)라고 번역하는 이가 있는
가 하면(Hays), 이와 비슷하게 "그러면 우리는 무슨 말을 할 것인가?
우리는 아브라함이 육신적인 의미에서 우리의 조상이라는 것을 찾았
느냐(깨달았느냐)?"(What shall we say, then? Have we found Abraham to be our
ancestor in a human, fleshly sense?)라고 번역하는 이도 있다(Wright). 그러나
아브라함이 유대인의 조상이라는 것은 기정사실이다. 그러므로 이렇
게 번역하는 것은 의미가 없다.

저자가 앞 섹션에서 시작해 이 섹션에서 이어 가는 논리는 모든 사

람이 일(행위)이 아니라 믿음으로 의에 이른다는 것이다. 그러므로 이 질문은 "우리 육신의 조상인 아브라함은 사람이 율법이 아니라 믿음으로 하나님의 의롭다 하심을 얻는다는 사실에 대해 무엇을 찾았는가 (깨달았는가)?"라는 의미로 해석해야 한다. 질문의 초점이 '무엇'(물건)이 아니라 '어떤'(원리)에 맞추어져 있다(Cranford, Harrison & Hagner, Moo, Thielman, cf. 아가페, 현대인, NAS, NIV).

바울은 2절에서 앞 섹션(3:27-31)에서 말한 원리를 다시 제시한다: "만일 아브라함이 행위로써 의롭다 하심을 받았으면 자랑할 것이 있으려니와 하나님 앞에서는 없느니라." 이러한 선언은 저자가 1절에서 던진 질문의 의미를 확실하게 알려 준다(Cranfield). 1절은 아브라함이 의롭다 하심을 얻게 된 상황에 관한 질문이다. 만일 아브라함이 행위(일)로 하나님께 의롭다 하심을 받았다면, 그는 자기 일(행위)을 자랑해도 된다(2a절). 그러나 아브라함은 하나님 앞에서 자랑할 것이 없다(2b절). 이스라엘의 조상 아브라함도 믿음으로 하나님께 의롭다 하심을 받았다는 것이다.

3절이 인용하는 말씀은 창세기 15:6이다. 정황은 이렇다. 아브라함은 하나님이 자신을 큰 민족으로 만드실 것이라는 약속을 믿고 75세에 가족과 친척들을 떠나 가나안 땅으로 이주했다. 그러나 10년이 지나도록 아이를 주시지 않자 초조해지기 시작했다. 이때 하나님이 그를 찾아오셨고 아브라함은 자기 종 엘리에셀이 대를 이을 사람이 될 것이냐고 물었다. 그러자 하나님은 아니라며 그의 대를 이을 사람은 반드시 그의 몸에서 날 것이라고 하셨다(창 15:2-4). 하나님은 아브라함을 데리고 밖으로 나가 밤하늘에 빛나는 수많은 별을 보이시며 아브라함의 몸에서 나오는 후손의 수가 별의 수만큼 많을 것이라고 하셨다(창 15:5). 아브라함은 여호와를 믿었고 여호와께서는 그의 믿음을 의로 여기셨다(창 15:6).

이때 아브라함은 85세쯤 되었고, 평생 아이가 없었기 때문에 하나님이 보여 주신 별의 수만큼이나 많은 후손을 둘 만한 상황이 아니었다. 그럼에도 불구하고 그는 자신에게 별의 수만큼 많은 후손을 약속하시는 하나님을 믿었다. 자신이 처한 현실과 전혀 다른 미래를 약속하시는 하나님을 전적으로 신뢰한 것이다.

'의로 여겨진 바 되었느니라'(ἐλογίσθη αὐτῷ εἰς δικαιοσύνην)는 헬라어 문헌에서 찾아볼 수 없는 매우 특이한 표현이며, 칠십인역(LXX)도 창세기 15:6과 시편 106:31 두 군데에서만 사용한다(Wright). 어떤 이들은 '여겨진 바 되었다'(ἐλογίσθη)가 '계산하다, 숫자를 세다'(λογίζομαι)의 부정 과거형(aorist) 수동태라는 점을 근거로 아브라함과 하나님 사이에 일종의 '셈, 거래'가 있었다고 생각한다. 그러므로 아브라함의 '믿음'을 그가 하나님께 의롭다고 인정받게 한 의로운 행위로 해석하기도 한다 (Origen, Witherington & Hyatt, Ziesler, cf. Byrne).

그러나 아브라함의 믿음은 행위(일)가 될 수 없다. 만일 저자가 이렇게 해석했다면 일과 믿음의 차이에 관해 논하는 이곳에서(cf. 4-5절) 아브라함을 예로 드는 것은 자기가 하는 주장을 스스로 부인하는 처사다. 아브라함은 하나님을 믿기 위해 어떤 일을 한 것이 아니다. 또한 믿음 자체도 일(행위)이 아니다. 하나님의 약속을 신뢰하고, 때가 되면 하나님이 약속하신 것을 이루실 것이라고 믿은 것이 그가 의롭다 하심을 입은 이유다. 믿음에서 중요한 것은 '주어'(subject)가 아니라 '목적어'(object)다. 내가 믿는 것이 중요한 것이 아니라, '누구를, 무엇을' 믿느냐가 중요하다. 바울이 지적하고자 하는 것은 아브람의 믿음은 행위(일)가 아니라는 사실이다. 아브라함은 하나님을 믿었기 때문에 의롭게 되었다(Barclay, Cranfield, Keck, Moo, Peterson, Schreiner, Thielman, Watson).

저자는 일과 믿음의 차이를 '보수와 은혜'로 설명한다(4절). 사람이 일한 대가로 받는 삯은 은혜가 아니라 보수다. '보수'(μισθός)는 노동에 대한 정당한 대가다(마 20:8; 눅 10:7; 딤전 5:18; 약 5:4). 반면에 '은혜'(χάρις)는 보수의 반대말이므로 일한 대가가 아니라 선물이다. 이와 같이 하나님이 죄인을 의롭다 하시는 것(3:9-26)은 '보수'(사람의 행위에 대한 삯)가 아니라 하나님의 은혜(선물)다(Barclay, Cranfield, Fitzmyer, Moo).

바울은 하나님이 믿음을 의로 여기시는 것에 대해 한 번 더 설명한다(5절). 하나님이 의롭다고 하시는 믿음은 일(행위)을 하지 않아 경건하지 않은 사람을 하나님이 의롭다 하신다는 것을 믿는 믿음이다. 믿음은 사람이 하는 일(행위)이 아니라 하나님이 하시는 일(의롭다 하심)을 받는 것(믿는 것)이다.

저자는 개역개정에는 반영되지 않은 '이와 같이'(καθάπερ, just as)라는 말로 6절을 시작한다(cf. '그래서', 새번역, 공동). 그가 이렇게 시작하는 것은 두 가지를 암시한다. 첫째, 창세기 15:6에 대한 자신의 설명이 옳다는 것을 증명하는 증거라는 것이다(Cranfield, Moo). 둘째, 다윗 자신도 일(행위)한 것 없이 하나님께 의롭다 여기심을 받은 자로서 다음과 같이(7-8절) 증언한다는 뜻이다.

여러 가지 죄를 지었던 다윗은 사람이 일(행위)이 아니라 하나님을 믿음으로 의롭다 여기심을 받는다는 진리에 대해 간증할 것이 많다. 밧세바 간음과 그의 남편 우리아 살인 등 다윗은 행위로 하나님의 의롭다 하심을 받기에는 너무나도 많은 죄를 지었다. 그러나 하나님은 그의 믿음을 보시고 그를 의롭다 하셨다. 또한 다윗의 이야기가 시작될 때 그는 이미 하나님의 마음에 합한 자였다(삼상 13:14; 행 13:22). 훗날 그가 지은 죄가 이러한 사실을 무효화하지는 않았다. 하나님은 다윗이 평생 지은 수많은 죄를 용서하셨다. 그러므로 하나님의 부르심과 은혜(선물)는 결코 인간의 죄로 인해 취소될 수 없다(11:29). 그러나 하나님은 다윗이 지은 죄를 싫어하셨다. 그러므로 회개하게 하시고, 죄에 대한 대가를 치르게 하셨다.

이어지는 7-8절은 시편 32:1-2에 기록된 다윗의 증언이다. 그는 시편 32편에서 '참회하는 행위(일)'(work of penitence)를 언급하지 않으며 '마음이 정직한 자들'(시 32:11)에 관해 말하는데, 이들은 하나님께 자신의 죄를 고백하고 하나님의 용서를 받은 자들이다(시 32:5). 그러므로 바울은 죄를 짓지 않은 사람이 아니라, 지은 죄를 용서받고 죄가 가리어짐을 받는 사람이 복이 있다고 한다(7절). '불법'(ἀνομία)과 '죄'(ἁμαρτία)는 칠십인역(LXX)에서 자주 쌍으로 등장하는 단어이며 하나님은 두 가지모두 용서하신다고 한다(출 34:7; 민 14:18; 시 85:2; 사 6:7; 44:22).

'가리다'(ἐπικαλύπτω)(7절)는 칠십인역(LXX)에서 노아의 홍수 때 물이세상 온 지면을 덮은 것을 묘사하는 데 사용된 단어다(창 7:19-20). 또한 레위 사람들이 법궤를 운반할 때 보자기로 법궤를 덮는 일(민 4:11, 13)과 수건으로 머리를 가리는 것(삼하 15:30)을 의미하기도 한다. 이 동사가 묘사하는 일의 강조점은 보이지 않게 덮는 것에 있다.

'인정하지 아니하신다'(οὐ μὴ λογίσηται)(8절)는 3절의 '여겨진 바 되었다'(ἐλογίσθη)와 같은 동사(λογίζομαι)에 부정사를 붙인 것이다. 저자는이 두 가지 동사(가리다, 인정하다)를 사용해 하나님이 사람의 죄를 용서하시면 그 죄가 더는 보이지 않도록 덮으시며, 기록에 남겨 두지도(셈하지도) 않으신다는 것을 강조한다: "나 곧 나는 나를 위하여 네 허물을도말하는 자니 네 죄를 기억하지 아니하리라"(사 43:25; cf. 렘 31:34). 그러므로 구약 성도들은 하나님의 용서를 구하며 '죄를 기억하지 마시옵소서'라는 기도를 많이 드렸다(삼하 19:19; 시 25:7; 79:8; 사 64:9).

다윗은 율법 아래 살던 사람이며, 또한 많은 죄를 지은 죄인이었다. 그러나 하나님은 그를 용서하셨다. 그의 행위(일)를 보고 용서하신 것이 아니라, 그의 믿음을 보고 용서하셨다(cf. 5절). 그러므로 믿음을 통해 하나님의 용서를 경험한 다윗은 일(행위)한 것 없이 믿음으로 하나님께 의로 여기심을 받는 사람이 복이 있다고 한다(6절).

이 말씀은 우리가 예수 그리스도를 믿어 하나님께 의롭다 하심을 받고 주의 백성이 되었다고 한다. 그러므로 우리가 구원받은 일에 대해 내세우고 자랑할 만한 것은 하나도 없다. 모두 다 예수님이 이루신 일이기 때문이다. 새찬송가 493장 가사가 생각난다: "하늘 영광 밝음이

어둔 그늘 헤치니 예수 공로 의지하여 항상 빛을 보도다." 우리는 예수님의 공로를 얼마나 자주 묵상하고 얼마나 자주 감사하고 있는가?

우리가 당면한 현실과 하나님의 약속 사이에는 늘 상당한 괴리감이 존재한다. 아브라함도 그런 삶을 살았다. 그러나 그는 자신의 현실적 경험보다는 하나님의 약속을 믿었고, 하나님은 그를 의롭다 하셨다. 또한 때가 이르자 그에게 약속하신 것을 이루셨다. 우리는 어떻게 하겠는가? 현실의 어려움에 사로잡히겠는가, 혹은 하나님의 약속을 믿겠는가? 우리가 살면서 이곳까지 온 것이 하나님의 은혜라고 고백한다면, 나머지 날들에 대해서도 하나님을 신뢰하자.

II. 오직 믿음으로 의에 이름(1:18-4:25)
  B. 그리스도를 믿음으로 의에 이름(3:21-4:25)
    3. 유대인과 이방인의 조상 아브라함(4:1-25)

---

(2) 모든 믿는 자들의 조상 아브라함(4:9-16)

⁹ 그런즉 이 복이 할례자에게냐 혹은 무할례자에게도냐 무릇 우리가 말하기를

아브라함에게는 그 믿음이 의로 여겨졌다

하노라 ¹⁰ 그런즉 그것이 어떻게 여겨졌느냐 할례시냐 무할례시냐 할례시가 아니요 무할례시니라 ¹¹ 그가 할례의 표를 받은 것은 무할례시에 믿음으로 된 의를 인친 것이니 이는 무할례자로서 믿는 모든 자의 조상이 되어 그들도 의로 여기심을 얻게 하려 하심이라 ¹² 또한 할례자의 조상이 되었나니 곧 할례 받을 자에게뿐 아니라 우리 조상 아브라함이 무할례시에 가졌던 믿음의 자취를 따르는 자들에게도 그러하니라 ¹³ 아브라함이나 그 후손에게 세상의 상속자가 되리라고 하신 언약은 율법으로 말미암은 것이 아니요 오직 믿음의 의로 말미암은 것이니라 ¹⁴ 만일 율법에 속한 자들이 상속자이면 믿음은 헛것이 되고 약속은 파기되었느니라 ¹⁵ 율법은 진노를 이루게 하나니 율

법이 없는 곳에는 범법도 없느니라 ¹⁶ 그러므로 상속자가 되는 그것이 은혜
에 속하기 위하여 믿음으로 되나니 이는 그 약속을 그 모든 후손에게 굳게
하려 하심이라 율법에 속한 자에게뿐만 아니라 아브라함의 믿음에 속한 자
에게도 그러하니 아브라함은 우리 모든 사람의 조상이라

저자는 앞 섹션(4:1-8)에서 아브라함이 의롭다 하심을 입은 일(창
15:6)을 예로 들며 유대인과 이방인 모두 행위(일)가 아니라 믿음으로
의롭다 하심을 얻는다고 했다. 이 섹션에서는 누가 아브라함의 후손인
지에 관해 논하고자 한다. 이방인도 유대인처럼 할례를 받아야만 아브
라함의 후손이 될 수 있는가? 유대인과 이방인 모두 믿음으로 아브라
함의 후손이 될 수 있다. 아브라함의 후손이 되는 데 할례가 필요 없다
면, 이방인은 할례를 받아 유대인이 되지 않고 곧바로 아브라함의 후
손이 될 수 있다. 그렇다면 하나님께 의롭다 하심을 받는 것과 할례는
어떤 관계인가? 본 텍스트는 아브라함의 이야기를 통해 할례와 의의
관계를 논한다.

'그런즉'(οὖν)과 '이 복'(μακαρισμὸς οὗτος)은 본문을 앞 섹션과 연결
하는 역할을 한다(9a절, cf. 6절). 저자는 앞 섹션에서 언급한 아브라함
이 믿음으로 의롭다 하심을 얻은 일과 믿음으로 허물을 용서받은 사
람은 복이 있다는 다윗의 고백이 오직 할례자들(유대인들)에게만 적용
되는지, 혹은 무할례자들(이방인들)에게도 적용되는지에 대해 논한다
(Wright). 물론 당시 유대인들은 이 말씀이 유대인에게만 적용되는 것이
라 했다(Cranfield, Käsemann). 그들은 할례는 언약의 증표로(창 17:9-14)
이방인과 자신들을 구분하는 것이며, 언약을 근거로 하나님께 복을 받
으려면 할례가 필수적이라 했다.

바울은 이러한 주장이 잘못되었음을 증명하기 위해 아브라함의 믿
음이 의로 여겨졌다는 창세기 15:6 말씀을 한 번 더 상기시킨다(9b
절). 저자는 아브라함이 하나님께 의롭다고 인정받은 일이 그가 할례

를 받은 후에 있었던 일인지 혹은 할례를 받기 전에 있었던 일인지 묻고, 할례를 받기 전에 있었던 일이라고 스스로 답한다(10절). 당시 '할례'(περιτομή)와 '무할례'(ἀκροβυστία)는 유대인과 이방인을 구분하는 기준이었다(Cranfield, Dunn, Schliesser). 그러므로 바울은 이 질문을 통해 아브라함이 '유대인'일 때 혹은 '이방인'일 때 의롭다 함을 받았냐고 묻고, 아브라함은 '이방인'일 때 의롭다 함을 얻었다고 답한다(Harrison & Hagner, Moo, Thielman).

할례자인 유대인들은 율법을 통해 의롭다 함을 얻으려 했다. 그러나 앞에서 인용한 다윗의 고백(4:6-8; 시편 32:1-2)은 율법을 지키지 못했는데도 의롭다 함을 입은 사람은 복이 있다고 했다. 그러므로 이 말씀은 시편 32:1-2이 무슨 뜻인지 추가로 설명한다(Schliesser, Thielman). 만일 무할례자였던 아브라함이 율법을 통해서가 아니라 믿음으로 의롭게 되었다면 할례를 받고 안 받고는 중요하지 않다. 사람이 언약을 근거로 하는 하나님의 은혜를 받는 데는 할례가 필요 없기 때문이다.

저자는 '먼저 유대인, 그다음 이방인'이라는 말을 이미 두 차례나 했다(2:9-10). 따라서 아브라함을 이방인이 아니라 유대인의 조상으로 먼저 언급하는 것을 기대할 수도 있었다. 그러나 아브라함이 의롭다 함을 입었을 때는 할례를 받지 않았을 때라며 아브라함은 먼저 믿는 이방인의 조상이 되고 그다음 유대인의 조상이 되었다며 순서를 뒤집는다(Wright).

아브라함이 먼저 이방인의 조상이 된 것에 대한 논리는 간단하다. 아브라함이 하나님께 의롭다 함을 받았을 때와 그가 언약의 증표로 온 집안에 할례를 행한 때를 비교해 보라는 것이다. 아브라함은 창세기 17:24에서 할례를 행했고, 그가 의롭다 함을 받은 일은 창세기 15:6에 기록되어 있다. 15장 사건이 17장 사건보다 약 15년 앞선다(cf. 『엑스포지멘터리 창세기』).

아브라함은 무할례자(이방인)로서 믿는 모든 자의 조상이 되었다(11절).

이것은 하나님의 계획이자 설계였다(Harrison & Hagner). 또한 아브라함이 이방인일 때 하나님의 의롭다 하시는 축복을 받았고 그 이후에 할례(유대인의 증표)가 주어졌다면, 사람이 하나님 앞에서 의롭다 함을 받는 일과 그가 유대인인지 아닌지는 별 상관이 없다(cf. 고전 7:18-20; 갈 5:6; 6:15). 하나님이 아브라함에게 할례를 요구하신 것은 사실이지만, 할례가 하나님 앞에서 의롭게 되는 일에 필수적인 조건은 아니라는 뜻이다.

아브라함은 모든 믿는 무할례자의 조상이 된 다음, 할례자(유대인)의 조상도 되었다(12a절). 아브라함이 이들의 조상이 된 순서는 분명하다. 먼저 무할례 시대에 의롭다 함을 받아 무할례자들(믿는 이방인들)의 조상이 된 다음, 할례를 중요하게 여기는 유대인들의 조상이 되었다. 또한 아브라함은 모든 유대인이 아니라 그들 중에서도 그가 할례를 받기 전에 가졌던 믿음의 자취를 따르는 자들에게만 조상이 되었다(12b절). 할례만 가지고는 하나님의 백성이 될 수 없다는 뜻이다. 유대인 중에서도 오직 아브라함의 믿음을 모델 삼아 그와 같이 믿으려는 이들만 하나님의 백성이 될 수 있다(Moo, Schreiner, Thielman).

그렇다면 할례는 아무 의미가 없는 예식인가? 그렇지는 않다. 할례는 하나님이 주신 표이며, 아브라함이 할례를 받기 전(이방인이었을 때)에 믿음으로 받은 의롭다 하심을 인 치신 것이기 때문이다(11a절). '표'(σημεῖον)와 '인'(σφραγίς)은 사람이 볼 수 있는 것이다. 그러므로 당시 유대인들이 할례를 기준으로 이방인을 구분한 것은 가능한 일이다.

중요한 것은 이 둘의 순서다. 아브라함은 먼저 믿음으로 의롭다 하심을 인 치심 받았다. 그 이후 하나님은 할례를 언약의 상징으로 주셨다. 그러므로 할례는 아브라함이 믿음으로 의롭다 하심을 얻은 후, 그가 믿음으로 의롭게 된 사실을 확인해 주는 표징이라 할 수 있다(cf. 창 17:11). 오늘날로 말하자면 예수님을 구주로 영접하는 일과 세례의 관계와 비슷하다. 사람은 먼저 예수님을 영접한 다음 적절한 때에 자신이 하나님의 자녀가 되었음을 세례를 통해 공개적으로 증거한다.

하나님은 이후 아브라함과 그의 후손들에게 세상의 상속자가 되리라는 언약을 주셨는데(13a절), 이 언약은 율법을 통해서 주신 것이 아니라 믿음의 의를 통해 주셨다(13b절). '율법'(νόμος)은 시내산 율법을 뜻하며(Schreiner, Thielman), 아브라함이 받은 언약은 율법을 430년이나 앞서가기 때문에 율법을 통해 주신 것이 아니다: "내가 이것을 말하노니 하나님께서 미리 정하신 언약을 사백삼십 년 후에 생긴 율법이 폐기하지 못하고 그 약속을 헛되게 하지 못하리라 만일 그 유업이 율법에서 난 것이면 약속에서 난 것이 아니리라 그러나 하나님이 약속으로 말미암아 아브라함에게 주신 것이라"(갈 3:17-18).

구약은 아브라함과 그의 후손이 세상의 상속자가 되는 것이 구체적으로 무엇을 의미하는지 직접적으로 알려 주지 않지만 충분히 파악할 수 있다(cf. 창 12:3; 18:18; 22:18; 26:4; 28:14). 하나님은 아브라함에게 세 가지를 약속하셨다: (1)큰 자손(창 12:2; 13:16; 15:5; 17:4-5, 16-20; 18:18; 22:17), (2)거할 땅(12:7; 13:14-17; 15:7, 18-21; 17:8), (3)열방이 그를 통해 축복받을 것(12:3; 18:18; 22:18). 이 세 가지 모두 이 땅(세상)에서 이루어졌으며, 하나님이 아브라함과 그의 후손에게 세상의 상속자가 될 것이라고 하신 약속의 실현이다. 또한 하나님은 아브라함이 여러 민족의 아버지가 될 것이라며 그의 이름 '아브람'을 '아브라함'으로 바꿔 주셨다(창 17:5). 이 약속은 이삭과 야곱의 탄생으로 성취되기 시작했다(cf. 4:16; 9:7-9, 10-13; 갈 3:16-19, 29; 4:23, 28).

또한 아브라함의 후손인 다윗의 자손으로 오시는 메시아는 하나님께 온 세상을 받으시고 통치하신다(시 2:7-12; 22:27-28; 47:7-9; 72:8-11; 사 2:1-4; 19:18-25; 27:6; 49:6-7; 52:7-10; 54:1-4; 암 9:11-12; 습 3:9-10). 예수님은 복음을 통해 이방인을 하나님의 백성에 포함시키는 일을 오늘도 계속하고 계신다. 그러므로 하나님의 약속은 이방인도 포함한다(Hays). 복음을 통해 이방인이 아브라함의 가족이 되는 것은 하나님이 세상을 아담의 죄 이전으로 회복하려 하시는 것을 반영한다(Dunn, Meyer, Wright).

만일 세상의 상속자가 율법에 속한 자들(유대인들)이라면 믿음은 헛것이 되고 약속은 파기되었다(14절). 율법을 가진 유대인만 상속자가 될 수 있다면 믿음은 헛것이 된다. 그럴 경우 의롭다 하심이 믿음이 아니라 율법을 통해서 오기 때문에 믿음과 약속은 할 역할이 없다(Barrett, Fitzmyer, Schreiner, Thielman).

그러나 하나님이 아브라함에게 약속하신 세상 상속은 유대인을 통해서만 실현될 수는 없다. 그들도 범법자이므로 하나님 진노를 피할 수 없기 때문이다(15a절). '범법'(παράβασις)은 정확하고 구체적으로 표현된 법을 위반하는 행위다(Cranfield, Moo, Thielman, cf. 시 101:3; 히 2:2). 그러므로 만일 구체적이고 문서화된 율법이 없었으면 범법(구체적인 율법 위반 사례)도 없었을 것이다(15b절).

'범법도 없다'(οὐδὲ παράβασις)라는 말은 죄가 없다는 뜻이 아니다. 바울은 5:13에서 율법이 있기 전부터 죄가 있었다고 한다. 그러므로 범법과 죄는 구별되어야 한다. 범법은 구체적으로 문서화된 계명을 어기는 일이다(TDNT). 결국 율법은 이를 지킬 수 없는 사람들에게 하나님의 진노가 임하게 한다(Calvin, Cranfield, Moo, cf. 1:18; 2:5, 8; 3:5). 바울은 인간의 능력을 매우 낮게 평가하는 경향이 있다(Laato).

하나님이 약속하신 세상 상속은 율법이 아니라 믿음을 통해 실현된다. 믿음으로만 이런 일이 가능하다는 것은 사람이 세상의 상속자가 되는 일은 오직 하나님의 은혜를 통해서만 가능하다는 것을 의미한다(16a절). 또한 하나님이 오직 믿음을 통해서만 상속자가 되게 하신 것은 그렇게 해야만 아브라함의 모든 후손(유대인과 이방인)에게 약속이 실현될 수 있기 때문이다(16b절, cf. Cranfield, Moo). 율법을 통해서 상속자가 되게 하시면, 율법이 없는 이방인은 처음부터 배제되고 유대인은 불순종으로 인해 상속자가 될 수 없다. 그러므로 율법을 통해서 상속자가 된다면 세상을 상속할 사람은 하나도 없다.

아브라함은 모든 믿는 사람의 조상이다(16c절). 그러나 저자는 이 섹션에서 유대인과 이방인을 구분한다(Jewett, Thielman). 유대인은 하나님께 특별하기 때문이다(Fitzmyer). 무엇이 특별한지에 대해서는 9-11장에서 언급할 것이다. 이 시점에서 중요한 것은 모든 유대인이 특별한 것이 아니라 유대인 그리스도인들이 특별하다는 것이다(Cranfield, Harrison & Hagner).

이 말씀은 이스라엘의 선조 아브라함 때부터 사람이 하나님의 의롭다 하심을 얻을 수 있는 유일한 방법은 믿음이라고 한다. 우리가 하나님의 백성이 되고 더 나아가 이 땅의 상속자가 된 것은 믿음을 통해서지 어떤 행동(일)의 결과가 아니라는 것이다. 믿음을 선물로 주신 하나님께 얼마나 감사하고 있는지 돌아보자. 또한 우리 안에 선하신 일을 시작하신 이가 끝까지 우리 길을 인도하실 것이라는 확신을 가지고 오늘을 살아가야 한다.

하나님은 옛적부터 모든 이방인과 유대인의 믿음을 보시고 의롭다 하신 분이다. 하나님은 누구도 차별하지 않으신다. 우리는 차별하지 않으시는 하나님을 닮고자 노력해야 한다. 그 누구도 경제적, 교육적, 지리적, 인종적, 환경적 차별을 해서는 안 된다. 모두 다 하나님이 놀랍고 아름답게 창조하신 걸작품이다.

II. 오직 믿음으로 의에 이름(1:18-4:25)
  B. 그리스도를 믿음으로 의에 이름(3:21-4:25)
    3. 유대인과 이방인의 조상 아브라함(4:1-25)

---

(3) 아브라함이 믿음으로 의롭게 됨(4:17-22)

[17] **기록된 바**

내가 너를 많은 민족의 조상으로 세웠다

213

하심과 같으니 그가 믿은 바 하나님은 죽은 자를 살리시며 없는 것을 있는 것
으로 부르시는 이시니라 ¹⁸ 아브라함이 바랄 수 없는 중에 바라고 믿었으니
이는 네 후손이 이같으리라
하신 말씀대로 많은 민족의 조상이 되게 하려 하심이라 ¹⁹ 그가 백 세나 되
어 자기 몸이 죽은 것 같고 사라의 태가 죽은 것 같음을 알고도 믿음이 약하
여지지 아니하고 ²⁰ 믿음이 없어 하나님의 약속을 의심하지 않고 믿음으로
견고하여져서 하나님께 영광을 돌리며 ²¹ 약속하신 그것을 또한 능히 이루실
줄을 확신하였으니 ²² 그러므로
그것이 그에게 의로 여겨졌느니라

저자는 누구든지 율법이 아니라 믿음으로 의에 이른다고 했다. 또
한 이방인과 유대인은 믿음으로 아브라함의 후손이 될 수 있다고 했
다. 그들을 아브라함의 후손이 되게 하는 믿음은 어떤 것인가? 저자는
믿음의 조상 아브라함의 믿음을 보라며 이 섹션에서 그의 믿음에 대해
설명한다.

'내가 너를 많은 민족의 조상으로 세웠다'(πατέρα πολλῶν ἐθνῶν τέθεικά
σε)(17a절)는 창세기 17:5을 인용한 것이다. 로마서에서 '민족'(ἐθνῶν)은
거의 항상 이방인을 의미하지만, 창세기 17:5과 본문에서는 유대인도
포함한다(Cranfield, Harrison & Hagner, Jewett, Thielman, cf. 4:11-12, 16). 하
나님은 아브라함이 유대인뿐 아니라 많은 민족의 조상이 되는 것을 처
음부터 계획하셨다. 하나님이 아브라함을 많은 민족의 조상이 되게 하
신 것은 그의 믿음을 보시고 의롭게 여기셨기 때문이다(4:9). 하나님께
의롭다고 인정받은 그의 믿음은 어떠했는가? 저자는 17b-21절을 통
해 아브라함의 믿음에 관해 설명한다.

아브라함은 하나님이 죽은 자를 살리시며 없는 것을 있는 것으
로 부르시는 분이라고 믿었다(17b절). 하나님이 '죽은 자도 살리신
다'(ζωοποιοῦντος τοὺς νεκροὺς)라는 표현은 이삭을 제물로 바치려 했던

사건을 떠올리게 하지만(cf. 히 11:19), 그 사건은 이곳에서 인용되는 창세기 15장과 17장 말씀이 선포되기 한참 후에 있었던 일이다. 그러므로 본문과는 상관이 없다.

'없는 것을 있는 것으로 부르신다'(καλοῦντος τὰ μὴ ὄντα ὡς ὄντα)는 천지 창조 이야기를 연상케 하는 말씀이다(Cranfield, Dunn, Moo). 하나님은 세상을 창조하실 때 아직 존재하지 않는 것을 이미 존재하는 것처럼 이름을 불러 창조하셨다(Luther). 그러므로 사람에게 미래에 대해 약속하실 때도 마치 이미 실현된 것처럼 말씀하신다(Thielman). 하나님은 거의 100세가 되도록 아이가 없는 아브라함과 사라를 이미 그들에게 많은 자손이 있는 것처럼 대하셨다. 적절한 때가 되면 그렇게 될 것이기 때문이다. 아브라함도 아직 실체가 없는 것을 마치 있는 것(실현된 것)처럼 말씀하시는 하나님을 믿었다.

그러므로 아브라함은 바랄 수 없는 중에 바라고 믿었다(18a절). '바랄 수 없는 중에 바라고 믿었다'(παρ' ἐλπίδα ἐπ' ἐλπίδι ἐπίστευσεν)는 '희망과 희망이 서로 대립하는 상황'(hope against hope, NAS, NRS), 곧 모든 희망이 사라진 상황에서 믿었음을 의미한다(새번역, NIV). 저자는 '바라고 믿었다'라는 표현을 통해 믿음과 소망 사이에 이렇다 할 차이가 없다고 한다(Schreiner). 아브라함이 처한 상황이 얼마나 절망적인지 그의 마음에 희망을 품는 것도 사치라고 느껴지는 때였다. 그러나 아브라함은 그의 후손이 하늘의 별처럼 많아지고, 자신은 많은 민족의 조상이 될 것이라는 하나님의 말씀이 반드시 실현될 것으로 믿었다(18b절; cf. 창 15:5). 가장 절망스러운 순간에도 희망을 포기하지 않은 것이다. 믿음은 미래 지향적이어야 한다.

그가 당면한 현실이 어떠했기에 모든 소망이 끊어진(바랄 수 없는) 상황이라고 하는가? 이삭이 태어났을 때 아브라함의 나이는 100세, 사라는 90세였다. 저자는 이때 그들의 육체에 대해 '아브라함의 몸이 죽은 것 같고, 사라의 태도 죽은 것 같았다'라고 설명한다(19a절). 이때 일을 기록하는 창세기 18장을 살펴보자.

이삭이 태어나기 1년 전에 하나님이 아브라함–사라 노부부를 찾아오셨다. 하나님은 1년 이내에 아브라함을 다시 찾아올 것이라며, 그때에 사라가 아들을 안고 있을 것이라고 하셨다(창 18:10). 사라의 반응은 한마디로 "말도 안 된다!"였다. 하나님의 말씀이 그대로 실현될 것을 도무지 믿을 수 없다는 것이다(창 18:12). 남편 아브라함은 매우 늙었고 (시체와 같고) 자신은 월경(כַּנָּשִׁים אֹרַח)(lit. '여자들의 길', cf. 창 31:35)이 끝난지 오래됐으니 아이를 가지는 일이 불가능하다는 것이다. 이 노부부에게 하나님의 자손 약속이 성취되려면 기적이 필요하다.

하나님은 아브라함과 사라가 이러한 사실을 깨달을 때를 기다리셨다. 이스라엘은 처음부터 하나님이 베푸신 기적의 결과다. 아브라함이 24년 전에 하나님의 약속을 믿고 가족들과 고향을 떠나왔을 때, 그때만 해도 그와 사라는 자신들의 신체적인 가능성에 조그마한 희망을 품었을 것이다. 그러나 하나님이 약속 이행을 지금까지 지연시키신 것은 그들이 가지고 있던 모든 희망을 완전히 제거하기 위해서였다.

아브라함도 창세기 17장에서 아버지가 될 가능성을 포기했다. 하나님이 사라를 통해 아들을 주겠다고 선언하시자 아브라함은 하나님의 말씀을 비웃으며 말했다: "백 세 된 사람이 어찌 자식을 낳을까 사라는 구십 세니 어찌 출산하리요…이스마엘이나 하나님 앞에 살기를 원하나이다"(17:17–18). 이번에는 사라가 하나님의 말씀을 비웃는다. 두 사람 모두 자신의 신체적 가능성을 포기한 지 오래되었기 때문이다.

다행히 하나님의 약속이 실현될 가능성이 없다는 아브라함과 사라의 생각은 오래가지 않았다. 그들은 정신을 가다듬고 하나님을 믿었다. 그러므로 바울은 그들이 나이가 들수록 육신은 계속 약해졌지만, 믿음은 약해지지 않았다고 한다(19b절). 아브라함은 당면한 현실적 어려움을 부정하지 않았다. 그것을 통제하고 다스리시는 하나님을 믿었다. 그는 자신이 처한 불가능한 상황에 얽매이지 않고 오직 하나님을 믿고 바라보았다. 그는 '세상(현실) 중심적 믿음'(reality-centered faith)이 아니라 '하나님 중심적 믿음'(God-centered faith)을 가졌다. 이러한 믿음은 허무맹랑한 '긍정의 힘'(power of positive thinking)과는 구분되어야 한다. 우리 믿음의 주인이자 온전하게 하시는 이는 하나님(예수님)이시기 때문이다(히 12:2).

아브라함은 믿음 없는 자처럼 하나님의 약속을 의심하지 않았다(20a절). 시간이 지날수록 오히려 믿음이 견고해졌다(20b절). 저자는 아브라함의 믿음이 견고해질 수 있었던 이유로 두 가지를 말한다(20c-21절). 첫째, 아브라함의 믿음은 하나님께 영광 돌리는 일을 통해 더 견고해졌다(20c절). 바울은 인간의 가장 기본적인 죄는 하나님께 영광을 돌리지 않고 피조물로 하나님을 대체하는 것이라 했다(1:21-23). 그러므로 믿음은 인간이 저지르는 가장 기본적인 죄(하나님께 영광을 돌리지 않는 것)에 가장 반대되는 행위다.

둘째, 아브라함의 믿음은 하나님은 약속하신 것을 능히 이루시는 분이라는 것을 확신하는 일을 통해 더 견고해졌다(21절). 아브라함은 하나님이 자신만을 위해 일하시는 것이 아니라, 누구에게든 약속하신 것을 반드시 이루시는 분이라는 것을 믿은 것이다. "바울은 믿음을 믿지 않았다. 그는 하나님을 믿었고, 하나님에 대한 믿음을 강조했다. 믿음 자체에 능력이 있어서가 아니라, 하나님이 능력자이시기 때문이다"(Keck).

그러므로 하나님은 아브라함의 믿음을 보시고 그에게 의로 여기셨다(22절). 창세기 15:6을 인용한 것이며, 앞서 4:3에서 인용한 말씀이다. 아브라함의 이야기를 기록하는 창세기 12-24장을 살펴보면 그의 믿음이 항상 좋은 것은 아니었다. 종종 실패할 때도 있었다. 그러므로 아브라함의 믿음이 좋다는 것은 그의 삶을 전체적으로 평가할 때 하는 말이지 모든 순간순간이 좋았다는 뜻은 아니다.

바울에게 아브라함은 모든 믿는 자의 아버지다. 아브라함은 단지 역사 속의 한 개인이 아니라 하나님에 대한 믿음을 갖는 것이 무엇을 의미하는지 보여 주는 원형(prototype)이다(Stuhlmacher). 하나님이 의로 인정하신 믿음이 어떤 것인지 알고 싶으면 아브라함을 보면 된다.

이 말씀은 우리가 추구해야 할 믿음이 어떠해야 하는지 많은 가르침을 준다. 한 학자는 본문에서 다음과 같이 참된 믿음에 대한 10가지 가르침을 얻었다(Schnabel). 하나씩 묵상하고 실천하면 신앙생활에 큰 도움이 될 것이다.

첫째, 진정한 믿음은 질병에서 치유되고자 하는 것과 같은 인간의 소망과 희망만으로 이루어지는 것이 아니라 하나님의 의로우심을 신뢰한다.

둘째, 진정한 믿음은 예수를 죽은 자로부터 살리신 하나님의 주권과 창조력을 신뢰한다.

셋째, 진정한 믿음은 인간적인 계산 대신 하나님의 약속을 신뢰한다.

넷째, 진정한 믿음은 하나님의 약속에 희망을 둔다.

다섯째, 진정한 믿음은 인간의 나약함에 집중하지 않는다.

여섯째, 진정한 믿음은 현실적이며 인간의 무능함을 간과하지 않는다.

일곱째, 진정한 믿음은 하나님의 믿음과 약속을 의심하지 않는다.

여덟째, 진정한 믿음은 하나님을 통해 굳건하게 자란다.

아홉째, 진정한 믿음은 죽은 자를 일으키시고 없는 곳에 생명을 주시는 하나님께 영광을 돌린다.

열째, 진정한 믿음은 하나님을 구원을 가져오는 전능하신 분과 주권자로 고백한다.

(4) 아브라함의 믿음과 우리(4:23-25)

²³ 그에게 의로 여겨졌다 기록된 것은 아브라함만 위한 것이 아니요 ²⁴ 의로 여기심을 받을 우리도 위함이니 곧 예수 우리 주를 죽은 자 가운데서 살리신 이를 믿는 자니라 ²⁵ 예수는 우리가 범죄한 것 때문에 내줌이 되고 또한 우리를 의롭다 하시기 위하여 살아나셨느니라

아브라함이 믿음으로 하나님의 의롭다 하심을 얻은 것은 그의 개인적인 일로 끝나지 않는다(23절). 그의 믿음은 예수 그리스도를 죽은 자 가운데서 살리신 하나님을 믿는 우리를 위한 것이기도 하다(24절). 그가 믿음으로 인해 우리도 믿을 수 있게 되었기 때문이다.

아브라함은 하나님을 믿어 모든 믿는 사람의 조상이 되었다. 그의 후손인 우리가 예수님을 믿어 하나님의 의롭다 하심을 얻은 것은 옛적에 그가 모든 소망이 사라진 상황에서 하나님의 약속을 믿어 의롭다 하심을 받은 일을 재현하는 것과 같다(cf. 4:18-20). 그러므로 예수 그리스도를 믿는 사람마다 모두 아브라함의 믿음과 같은 역동적인 믿음을 가졌다(Schreiner).

'의로 여기심을 받을 우리'(ἡμᾶς, οἷς μέλλει λογίζεσθαι)(24a절)의 시제에 대해 학자들의 의견이 둘로 나뉜다. 개역개정이 번역한 것처럼 우리가 미래(종말)에 의롭다 여기심을 받을 것이라고 하는 이들이 있다(Barrett, Byrne, Dunn, Lohse, cf. 새번역, 아가페, ESV, NAS, NIV, NRS). 또한 이미 의롭다 하심을 받았다고 해석하는 이들도 있다(Cranfield, Jewett, Moo, Thielman, cf. 공동, 현대어). 로마서에서는 후자(현재)로 보는 것이 바람직하다. 4:25과 5:1도 의롭다 하심이 이미 완성된 일라 한다(Schreiner).

아브라함의 후손이 예수님에 대해 믿는 것은 세 가지다(24b절): (1)예

수님은 우리의 주(구원하시는 이)시다, (2)예수님은 [우리를 위해] 죽으셨다, (3)죽은 예수님을 하나님이 살리셨다. 이것은 절대 바꿀 수 없는 기독교 믿음의 바탕(foundation)이다.

그렇다면 예수님은 왜 십자가에서 죽었다가 부활하셔야 했는가? 죽으신 것은 우리가 범죄한 것 때문이다(25a절). 십자가 죽음으로 우리의 죗값을 대신 치러 주신 것이다. 그리고 부활하신 것은 우리를 의롭다 하기 위해서다(25b절). 만일 예수님이 십자가에서 우리를 대신해 죽으신 것으로 끝났다면, 하나님이 우리를 의롭다 하셨는지 아닌지 알 수 없다. 예수님의 부활은 하나님이 우리 죄를 사하시고 우리를 의롭다 하셨다는 증거다. 그러므로 부활은 우리의 의롭다 하심을 보장한다.

이 말씀은 아브라함이 믿음으로 의롭게 된 것은 그의 후손인 우리를 위한 것이라 한다. 그가 믿음으로 의롭게 된 일이 우리에게 확신과 소망을 주기 때문이다. 이처럼 오늘 우리가 믿음으로 살면 우리 자신만 하나님의 축복을 받아 행복한 것이 아니라 다음 세대에도 매우 크고 긍정적인 영향을 미칠 것이다. 그러므로 후손을 위해서라도 믿음으로 살며 의롭다 하심을 받자.

예수 그리스도는 우리 죄 때문에 십자가에서 죽으셨고, 우리를 의롭다 하기 위해 살아나셨다. 믿는다는 것은 이러한 사실을 고백하고 인정하는 것이다. 그러므로 우리가 하나님께 의롭다 함을 얻고 하나님과 영생을 누리게 된 것은 온전히 예수님이 우리에게 베푸신 은혜다. 우리는 이 은혜가 아니면 살 수 없다는 사실을 항상 깨닫고 고백해야 한다.

Ⅲ. 의에 이른 결과: 새 언약과 새 창조
(5:1-8:39)

5장의 위치와 역할에 대한 학자들의 의견이 크게 둘로 나뉜다. 어떤 이들은 5장이 1-4장에 대한 결론이므로 앞 섹션과 함께 취급되어야 한다고 주장한다(Bruce, Byrne, Calvin, Dunn, Godet, Murray, Stuhlmacher). 그들은 1-5장과 6-8장 사이에 큰 주제 변화가 있다고 한다. 1-5장에서는 하나님이 사람의 믿음을 보시고 의롭다 하시는 것(justification)이 중심 주제인데, 6-8장의 중심 주제는 성화라는 것이다. 그러나 바울 서신에서는 의(righteousness)와 성화(sanctification)가 이들이 주장하는 것처럼 확연히 구분되지 않는다(Schreiner, Wright).

다른 학자들은 5장이 새로운 섹션을 시작한다며 뒷부분(6-8장)과 함께 취급되어야 한다고 주장한다(Barrett, Cranfield, Dahl, Fitzmyer, Garlington, Harrison & Hagner, Käsemann, Moo, Nygren, Wright). 로마서 저자는 1-4장에서 하나님이 아브라함에게 약속하신 것을 모두 이루셨기 때문에, 이제는 이방인과 유대인 모두 예수 그리스도를 믿어 아브라함의 후손이 될 수 있다고 했다. 5-8장에서는 예수 그리스도를 믿어 하나님과의 관계가 회복된 사람들이 갖게 될 소망에 관해 말한다. 또한 이 소망은 이미 그리스도 예수 안에서 실현되기 시작했으므로 믿는 사람이 현실에서 경험할 수 있는 것들이다. 그러므로 5장은 앞부분(1-4장)보다는 뒷부분(6-8장)과 함께 취급하는 것이 바람직하다. 본 텍스트는 다음과 같이 구분된다.

A. 의롭다 함을 받은 자의 삶(5:1-11)

B. 아담과 그리스도(5:12-21)

C. 은혜가 죄를 이김(6:1-23)

D. 은혜가 율법을 이김(7:1-8:17)

E. 모든 피조물이 새 창조를 고대함(8:18-30)

F. 그리스도 안에 있는 하나님의 영원한 사랑(8:31-39)

Ⅲ. 의에 이른 결과: 새 언약과 새 창조(5:1-8:39)

A. 의롭다 함을 받은 자의 삶(5:1-11)

[1] 그러므로 우리가 믿음으로 의롭다 하심을 받았으니 우리 주 예수 그리스도로 말미암아 하나님과 화평을 누리자 [2] 또한 그로 말미암아 우리가 믿음으로 서 있는 이 은혜에 들어감을 얻었으며 하나님의 영광을 바라고 즐거워하느니라 [3] 다만 이뿐 아니라 우리가 환난 중에도 즐거워하나니 이는 환난은 인내를, [4] 인내는 연단을, 연단은 소망을 이루는 줄 앎이로다 [5] 소망이 우리를 부끄럽게 하지 아니함은 우리에게 주신 성령으로 말미암아 하나님의 사랑이 우리 마음에 부은 바 됨이니 [6] 우리가 아직 연약할 때에 기약대로 그리스도께서 경건하지 않은 자를 위하여 죽으셨도다 [7] 의인을 위하여 죽는 자가 쉽지 않고 선인을 위하여 용감히 죽는 자가 혹 있거니와 [8] 우리가 아직 죄인되었을 때에 그리스도께서 우리를 위하여 죽으심으로 하나님께서 우리에 대한 자기의 사랑을 확증하셨느니라 [9] 그러면 이제 우리가 그의 피로 말미암아 의롭다 하심을 받았으니 더욱 그로 말미암아 진노하심에서 구원을 받을 것

이니 ¹⁰ 곧 우리가 원수 되었을 때에 그의 아들의 죽으심으로 말미암아 하나
님과 화목하게 되었은즉 화목하게 된 자로서는 더욱 그의 살아나심으로 말
미암아 구원을 받을 것이니라 ¹¹ 그뿐 아니라 이제 우리로 화목하게 하신 우
리 주 예수 그리스도로 말미암아 하나님 안에서 또한 즐거워하느니라

하나님께 율법을 받고 할례를 행한 유대인이든, 율법은 받지 못했지
만 하나님이 주신 양심에 따라 산 이방인이든 모두 하나님께 반역했
다(1:18-3:20). 그러므로 세상 그 누구도 하나님의 진노를 피할 수 없
게 되었다. 다행히 하나님은 예수 그리스도를 화목제로 삼아 그를 믿
는 자들을 구원하셨다(3:21-26). 그러므로 사람은 율법 행위나 선행이
아니라 예수 그리스도를 통해 믿음으로 의롭다 하심을 받았다(1:18-
4:25). 이러한 내용을 바탕으로 하는 본 텍스트는 앞 섹션의 요약이라
할 수 있다.

또한 중요한 차이도 있다. 앞 섹션이 이러한 사실을 신학적으로 정
리한 것이라면, 지금부터 전개되는 내용은 예수 그리스도를 믿음으로
써 의롭다 하심을 받은 사람의 삶이 어떠한가에 관한 것이다. 즉, 구원
이 이 땅에 사는 사람의 삶에 어떤 실용적인 변화를 주는지가 주제인
것이다. 그러므로 믿음으로 구원에 이른 우리에게도 삶을 되돌아볼 좋
은 기회다.

우리가 예수 그리스도를 믿어 경험하게 되는 변화는 모두 그리스도
중심적이다. 우리는 그리스도를 통해 하나님과 화평하게 되었다(1절).
그리고 그리스도를 통해 하나님의 은혜에 들어갔다(2절). 우리가 죄인
되었을 때 예수님이 경건하지 않은 우리를 위해 죽으셨다(6, 8절). 우리
는 그리스도의 피로 말미암아 의롭다 하심을 받았고(9절), 예수님의 죽
으심으로 하나님과 화목하게 되었다(10절). 또한 우리는 세상이 끝나
는 날 그리스도의 살아나심을 통해 구원받을 것이며(10절), 그로 말미
암아 하나님 안에서 즐거워할 것이다(11절). 구약에 따르면 화평과 은

혜에 들어가는 것과 영광을 소망하는 것, 그리고 하나님을 기뻐하는 것 모두 종말에 이스라엘에 내려 주실 축복이었다. 이제는 이스라엘에 약속된 축복이 모두 그리스도 예수 안에 있는 이들의 것이 되었다 (Schreiner).

하나님은 예수 그리스도에 대한 각 사람의 믿음을 보시고 의롭다 하신다. 그러므로 할례와 율법을 행하는 일은 사람이 하나님께 의롭다 하심을 받는 데 어떠한 영향도 미치지 않는다(3:20, 30). 하나님은 오직 예수님에 대한 믿음을 보고 판단하시기 때문이다. 이러한 사실을 강조하기 위해 저자는 예수님(3:22, 26), 혹은 하나님을 믿음의 목적어로 표현한다(4:24; cf. 4:3, 5, 17).

저자는 예수 그리스도를 믿음으로 하나님께 의롭다 하심을 받은 사람은 우리 주 예수 그리스도를 통해 하나님과 화평을 누릴 수 있다는 말로 이 섹션을 시작한다(1절). 바울은 이때까지 예수님께 '주'(κύριος)라는 타이틀을 잘 사용하지 않았다(1:4, 7; 4:24). 앞으로는 훨씬 더 자주 사용할 것이며, 주로 부활하신 예수님을 부르는 호칭이 될 것이다 (Thielman).

'화평'(εἰρήνη)은 히브리어 '샬롬'(שׁלום)과 같은 말이다. 장차 오실 메시아가 지닐 여러 호칭 중에 가장 중요한 타이틀이다: "이는 한 아기가 우리에게 났고 한 아들을 우리에게 주신 바 되었는데 그의 어깨에는 정사를 메었고 그의 이름은 기묘자라, 모사라, 전능하신 하나님이라, 영존하시는 아버지라, 평강의 왕이라 할 것임이라"(사 9:6). 이 평강은 세상 어느 누구나 어느 무엇도 줄 수 없으며, 오직 하나님만이 주실 수 있는 참된 평안이다. 구약은 이 평강이 하나님께서 언약적 약속을 이루기 위해 종말에 주시는 선물이라 한다(사 9:6-7; 32:15-17; 48:20-22; 54:10; 겔 34:25; 37:26; 미 5:4-5; 학 2:9; 슥 8:12). 예수님이 이러한 평화를 우리에게 주셨다는 것은 종말에 임할 것이라고 한 예언이 모두 예수님을 통해 성취되고 있으며, 종말이 이미 시작되었다는 것을 시사한다(Schreiner, Thielman). 교회는 하나님의 종말적 공동체(the eschatological community of God)다(Garlington, Thielman).

거룩하신 하나님과 죄를 짓는 인간 사이에는 극복할 수 없는 적대감(hostility)이 있기에 화평이 있을 수 없었다. 그런데 예수 그리스도께서 죽으심으로 이 적대감이 사라졌다. 이에 대해 바울은 우리의 화평이신 예수님이 둘(하나님과 사람) 사이를 중간에서 막고 있는 담을 자기 육체로 허무셨다고 한다(엡 2:14). 사람은 하나님과 그들 중간에 있는 담을 스스로 헐 수 없었다. 하나님의 징벌을 받아 마땅한 죄인이기 때문에 담을 헐 자격도 능력도 없었다. 그러므로 이 담이 헐리기를 기다릴 수밖에 없었다. 드디어 예수님이 오셔서 자기 몸으로 이 담을 허무셨다. 이 '화평'은 하나님이 그리스도를 통해 죄인들과 화해한 것에 대한 깨달음에서 비롯된 양심의 평온함이라 할 수 있다(Calvin). 이 평온함은 예수님을 믿는 사람들만 누릴 수 있다.

개역개정이 '누리다'로 번역한 동사(ἔχω)는 '갖다, 붙잡다'라는 의미를 지닌다(BDAG). 일부 사본에는 이 동사의 현재형 가정법(present subjunctive) 혹은 명령형으로 해석될 수 있는 'ἔχωμεν'이 있다. 다른 사본들에는 이 동사의 현재형 직설법(present indicative)인 'ἔχομεν'이 있다. 차이는 중간에 위치한 오미크론(ο)과 오메가(ω)다. 전자(현재형 가정 혹은 명령)에 따라 해석하면 개역개정이 번역한 것처럼 '화평을 누리자'(Let us enjoy peace)라는 권면이 된다(cf. Schreiner). 믿는 자들이 아직 화평을 누리지 못하고 있다는 것을 암시한다.

그러나 훨씬 더 많은 사본에는 후자(현재형 직설)가 있다(Thielman). 또한 로마서가 시작된 이후 이때까지 전개된 내용을 고려하면 직설법이 맞다(Cranfield, Moo). 그러므로 후자(현재형 직설)를 근거로 대부분 번역본이 "우리는 하나님과 평화를 누리고 있다"(we have peace with God)라고 번역했다(새번역, 공동, ESV, NAS, NIV, NRS). 그리스도인은 예수님을 믿을 때부터 이미 하나님과 평화를 누린 것이다.

하나님과 화평을 누리는 그리스도인들은 예수님을 통해서 믿음으로 서 있는 이 은혜에 들어감도 얻었다(2a절). 저자는 믿는 자들이 어디에(무엇에) 서 있다고 하는가? 다르게 말하자면, 무엇을 근거로 하나님이 계시는 곳으로 나아간다는 말인가? 학자들은 '의롭다 하심' 위에 서 있다고 하고(Cranfield, Murray), '은혜의 자리'에 서 있다고 하기도 한다(Dunn, Moo). 이 섹션에서 의롭다 하심이 사용되지 않는 것으로 보아 '은혜의 자리'가 맞다(Schreiner, cf. 새번역, ESV, NAS, NIV, NRS). 믿는 자들은 예수님을 통해 받은 은혜를 근거로 하나님 앞에 설 것이다(14:4; 고전 10:12).

'들어감'(προσαγωγή)은 접근권(access)을 뜻한다(cf. ESV, NIV, NRS). 전에는 죄로 인해 사람이 하나님께 나아가는 것이 불가능했지만, 예수님을 통해 하나님의 보좌 앞에 나아갈 수 있게 되었다는 뜻이다. 히브리서 기자는 이렇게 말한다: "그러므로 우리는 긍휼하심을 받고 때를 따라 돕는 은혜를 얻기 위하여 은혜의 보좌 앞에 담대히 나아갈 것이니라"(히 4:16; cf. 히 9:11-14; 10:19-22; 벧전 3:18).

예수 그리스도의 은혜로 인해 하나님 앞에 서게 된 그리스도인들은 하나님의 영광을 바라고 즐거워한다(2b절). '하나님의 영광'(τῆς δόξης τοῦ θεοῦ)은 출처 속격(genitive of source)이며 하나님께로 오는 영광이다(Schreiner). 영광은 하나님의 속성이자 인격이며 종말에 드러난다(Berry, cf. 8:17, 18, 21, 30). 믿는 자들이 영생을 누릴 때 하나님의 영광이 임할 것이다(Sprinkle). 또한 이때 아담이 죄를 지음으로써 사람이 잃었던 영광(하나님의 모양과 형상)도 회복될 것이다. 그러나 하나님을 알지만 하나님을 영화롭게 하지 않고 감사하지도 않고 썩어질 것으로 하나님의 영광을 바꾼 자들은 하나님의 영광에 이르지 못한다(1:21-23; 3:23).

믿는 자들이 하나님의 영광을 소망하는 것은 이 섹션의 주요 테마다(Dunn, Moo, Schreiner). '즐거워하다'(καυχάομαι)는 '자랑하다'(boast)라는 뜻이다(BDAG, cf. NIV, NRS). 성경은 자랑하는 것 자체를 문제 삼지 않는

다. 누구와 무엇을 자랑하는지가 관건이다. 사람의 능력과 힘을 자랑
하는 것은 교만이다(3:27; 4:2; 고전 1:29; 3:21; 4:7; 고후 11:18; 갈 6:13; 엡
2:9). 그러나 하나님을 자랑하는 것은 가장 순수한 예배와 경배다(고전
1:31; 고후 10:17; 갈 6:14; 빌 3:3). 하나님께 영광을 돌리는 일이라면 사
람이 자기가 한 일을 자랑하는 것도 괜찮다(고후 10:8, 13, 15, 16; 갈 6:4).

믿는 자들이 하나님과 화평하다고 해서 세상 사람들과도 화평하다는
뜻은 아니다. 믿는 자들은 살면서 고난을 피할 수 없다. 그러나 그리
스도인은 환난 중에도 즐거워한다(3a절). 고난은 악에서도 선을 이끌어
내시는 하나님의 능력을 다른 사람들에게 증언할 기회를 마련해 주기
때문이다(Thielman).

'즐거워하다'(καυχάομαι)는 2절에서 사용된 단어와 같으며 '자랑하
다'(boast, cf. 새번역, NIV, NRS) 혹은 '기뻐하다'라는 뜻을 지닌다(Cranfield,
cf. 공동, ESV, NAS). 기쁨은 종말에만 누리는 것이 아니다. 오늘 이 순간
에도 종말에 누릴 기쁨을 조금은 맛보며 살 수 있다.

'환난'(θλῖψις)은 생명을 위협하는 위기를 의미하기도 한다(고후 1:8;
2:4; 살전 1:6). 그러나 이곳에서는 보편적인 의미로 쓰이며, 믿는 사람
들이 악한 세상에서 살면서 경험하는 어려움과 고난을 뜻한다(8:35;
12:12; 고전 7:28; 고후 1:4; 2:4; 4:17; 8:2). 환난을 당한 성도가 자신이 당
한 일을 자랑할 수 있는 이유는 무엇인가? 환난은 인내를, 인내는 연
단을, 연단은 소망을 이룬다는 사실을 알기 때문이다(3b-4절). 즉, 환난
은 소망에 이르는 연쇄 반응을 일으키는 것이다. 어떤 이들은 환난이
소망에 이르는 연쇄 반응이 일어나려면 적절한 조건이 맞아야 한다고
하지만(Cranfield, Moo), 저자는 이곳에서 하나의 원리를 제시한다. 그리
스도인은 이런 마음 자세를 가지고 살아야 한다는 뜻이다.

환난은 인내하게 한다(cf. 고후 4:17; 7:10-11; 약 1:2-4). '인내'(ὑπομονή)
는 '오래 참음, 버팀'을 뜻한다. 세상 말로 환난은 사람의 '맷집'(견디는
능력)을 키워 준다. '연단'(δοκιμή)은 '검증된 기질, 성격'(tested character)을

227

뜻한다(BDAG, cf. 고후 2:9; 8:2; 9:13; 13:3; 빌 2:22). 환난을 인내하다(버티다) 보면 전에 없었던 성격과 기질이 개발된다는 뜻이다. 이러한 사실을 잘 알았던 욥은 혹독한 고난을 당하면서도 이렇게 증언했다: "내가 가는 길을 그가 아시나니 그가 나를 단련하신 후에는 내가 순금 같이 되어 나오리라"(욥 23:10).

'소망'(ἐλπίς)은 종말과 연관해 자주 사용되는 단어다(2:7; 8:25; 15:4-5; 고후 1:6-7; 살전 1:3). 그리스도인은 환난을 통해 자신이 변하고 인격도 성숙해 가고 있다는 사실을 의식하게 되면서 하나님이 이 일을 통해 자신을 변화시키고 계신다는 사실을 깨닫게 된다. 그러므로 그는 하나님의 은혜로 자기 인격이 가장 성화될 때인 종말을 소망하게 된다. 그 때가 되면 그는 일생 중 가장 예수님을 닮아 있을 것이기 때문이다.

종말에 변화되어 있을 각자에 대한 소망이 우리를 부끄럽게 하지 않는다(5a절). 이는 하나님을 의지하고 신뢰하는 사람은 수치를 당하지 않을 것이라는 말씀을 바탕으로 하는 가르침이다(시 22:5; 25:3, 20; 119:116; 사 28:16). '부끄럽지 않다'(οὐ καταισχύνει)는 현재형이며, 그들이 소망하는 바가 아직 삶에서 실현되지 않아도 부끄러워하지 않는다는 뜻이다(cf. 새번역, 공동, ESV, NAS, NIV, NRS). 그러나 미래형 의미로 해석해 끝까지 소망하는 사람은 종말에 '부끄럽지 않을 것'이라고, 곧 하나님이 그를 만족시키실 것이라는 의미로 해석하는 이들도 있다(Byrne, Fee, Moo, cf. 9:33; 10:11).

성령이 우리 안에 부어 주신 하나님의 사랑이 우리가 소망하는 바가 종말에 모두 실현될 것을 보장한다(5b절). '하나님의 사랑'(ἡ ἀγάπη τοῦ θεοῦ)을 목적 속격(objective genitive)으로 간주해 '하나님을 위한 우리의 사랑'으로 해석하는 이도 있지만(Wright), 거의 모든 학자가 주격 속격(subjective genitive)으로 간주해 '우리를 위한 하나님의 사랑'으로 해석한다(Barrett, Bruce, Calvin, Cranfield, Fitzmyer, Harrison & Hagner, Moo, Murray, Schreiner, Thielman). 저자가 8절에서도 우리에 대한 하나님의 사랑을 언급하는 것으로 보아 주격 속격으로 해석하는 것이 더 설득력 있다. 하나님이 성령을 통해서 우리 마음에 부어 주신 하나님의 사랑이 종말에 모든 것이 실현될 것을 소망하며 사는 우리가 부끄럽게 되지 않게 한다는 것이다.

'붓다'(ἐκχέω)는 오순절 때 하나님이 마가의 다락방에 모인 성도들에게 성령을 부어 주실 때 사용된 동사다(행 2:17, 33; 10:45; 딛 3:6). 그러므로 강조점은 풍성하게, 아주 많이 부어 주심에 있다(Cranfield). 성령은 하나님이 그분의 자녀를 매우 많이 사랑하신다는 사실을 그리스도인들에게 꾸준히 확인해 주신다(엡 2:4; 3:17, 19; 5:2; 살후 3:5). 하나님의 사랑은 자발적이고 조건 없는 사랑이다. 우리 안에 있는 무엇을 보거나 혹은 우리가 지닌 조건을 보고 사랑하시는 것이 아니라, 그냥 사랑하신다(cf. 신 7:7). 그러므로 우리가 하나님을 사랑하는 것은 아무런 조건 없이 먼저 우리를 사랑하신 하나님의 사랑에 대한 반응이라 할 수 있다.

저자는 우리를 위한 하나님의 사랑이 얼마나 크고 위대한지 생각해 보라고 한다. 하나님의 사랑은 우리가 아직 연약할 때에 기약대로 경건하지 않은 자를 위하여 그리스도를 죽게 하신 일을 통해 표현되었다(6절).

'때'(ἔτι)와 '기약대로'(κατὰ καιρὸν)는 적절한 타이밍을 강조한다(Thielman). '기약대로'(κατὰ καιρὸν)는 하나님이 계획하신 때에 그리스도가 죽으셨다는 뜻이다(cf. 3:26; 8:18; 13:11). 예수님은 하나님이 계획하신 때에 죽으심으로 구약에 예언된 말씀을 이루셨다(Cranfield, Murray, Porter).

예수님이 죽으신 때는 우리가 아직 연약할 때였다. '연약함'(ἀσθενής)은 인간의 나약함을 의미하며, 무엇보다도 믿음이 없다시피하다는 뜻이다(고전 8:9-12; 9:22). 예수님이 죽으신 때는 믿음이 없어 스스로 하나님께 나아올 수 없고 경건하지도 않은 우리를 구원하시기에 적절한 때였다(6b절, cf. Dunn, Harrison & Hagner, Käsemann). '위하여'(ὑπέρ)는 '대신하여'라는 의미를 지닌다(Moo, Thielman). 강조점은 우리가 그리스도를 사랑하려고 하지 않았을 때 그리스도께서 우리를 사랑해 구원하셨다는 사실이다.

"의인을 위하여 죽는 자가 쉽지 않고 선인을 위하여 용감히 죽는 자가 혹 있거니와"(7절)의 의미를 정확하게 해석하는 일은 쉽지 않다. '의인'(δίκαιος)과 '선인'(ἀγαθός)의 차이가 분명하지 않아 둘을 비슷한 말로 취급하는 이가 많다(Barrett, Bruce, Murray). 그러므로 7절이 사람이 다른 사람을 대신해서 죽는 것을 조금 다르게 두 번 반복한다고 주장하는 이들도 있다(Hultgren, Gathercole, Schreiner).

'쉽지 않고'(μόλις)와 '혹'(τάχα)은 간혹, 그러나 흔한 일은 아니라는 뜻이다(Thielman). 학자들은 본문의 의미를 '의로운 사람을 위해 죽는 것은 드물며, 좋은 사람을 위해 죽을 가능성이 더 크다' 정도로 생각한다(Cranfield, Moo). 이러한 해석은 "모든 선한 사람은 의롭다. 그러나 모든 의인은 선하지 않다"라는 격언을 바탕으로 한다.

정의와 선과 경건은 당시 사회에서 매우 중요하게 여기던 가치다. 바울은 이런 귀한 가치를 몸소 살아 내는 사람들을 대신해서 죽을 자들이 간혹 있기는 하지만, 범죄자와 악인을 대신해서 죽을 자는 없다고 한다.

그러므로 우리가 아직 죄인 되었을 때에 그리스도께서 우리를 위해 (대신해서) 죽으신 일은 매우 특별하다(8a절). '우리가 아직 죄인 되었을 때'(ἔτι ἁμαρτωλῶν ὄντων ἡμῶν)는 죄의 노예였던 우리가 그 어떠한 선행도 할 수 없었을 때를 말한다. 하나님은 그리스도의 죽음을 통해 우리에 대한 자기의 사랑을 확증하셨다(8b절). '확증하다'(συνίστημι)는 '보여주다'(demonstrate)라는 의미를 지닌다(cf. 공동, NAS, NIV). 하나님과 예수님은 죄인들을 구원하는 일에 한마음이셨다. 그러므로 저자는 하나님의 사랑(5:5)과 예수님의 사랑(8:35; cf. 8:37)을 구분하지 않고 자유롭게

사용한다. 또한 '우리 주 그리스도 예수 안에 있는 하나님의 사랑'이라
는 말로 묶어 표현하기도 한다(8:39).

우리가 죄인 되었을 때 하나님이 그리스도의 피로 우리를 의롭다 하
신 일(9a절)은 우리의 미래에도 영향을 미친다. 종말에 세상을 심판하
실 때 우리는 예수님으로 말미암아 하나님의 진노하심에서 구원받을
것이다(9b절). '또한 그로 말미암아'(δι' αὐτοῦ)는 만일 그리스도의 죽으심
으로 우리가 하나님과 화목하게 되었다면, 종말에 하나님의 진노에서
구원받는 것은 더욱더 당연한 일이라는 뜻이다. 저자가 사용하는 논리
는 '구원(큰일)이 사실이라면, 진노를 피하는 일(작은 일)도 당연히 사실
이다'라는 것이다. 하나님은 자기가 구원한 사람을 영원히 책임지신다.

저자가 10절에서 전개하는 논리도 9절의 논리와 비슷하다. 하나님
이 원수였던 우리를 그분 아들의 죽으심으로 화목하게 하셨다면, 화
목하게 된 우리는 부활하신 예수님으로 인해 구원받을 것이 더욱더 확
실하다. '화목하다'(καταλλάσσω)와 명사 '화목'(καταλλαγή)은 신약에서 바
울만 사용하는 용어이며, 로마서와 고린도후서에서 몇 차례 사용된다
(Thielman, cf. 5:10-11; 11:15; 고후 5:18-20; cf. 고전 7:11). 이는 전쟁하다
가 교전을 멈추는 것을 뜻한다(TDNT). 그러므로 화목은 잘못한 쪽(약
한 쪽)이 분노하는 쪽(강한 쪽)을 달램으로써 이루어진다. 그러나 바울
은 정반대의 의미로 이 단어를 사용한다(TDNT). 원래는 죄지은 인간
이 분노하시는 하나님을 달래야 하는데, 강하신 하나님이 엄청난 대
가를 치르시며(독생자를 죽게 하심) 연약한 죄인들과 화목하신 것이다
(Thielman).

하나뿐인 아들의 죽음을 통해 우리와 화목하신 하나님이 세상이 끝
나는 날 우리를 구원하지 않고 죽게 하실까? 만일 그렇게 하신다면 예
수님의 죽음을 통해 우리와 화목하신 것은 별 의미 없는 부질없는 일
이 된다. 하나님은 우리를 구원하시고자 그리스도의 죽음을 통해 화목
하셨다. 그러므로 우리는 종말에 예수님의 살아나심으로 말미암아 구

원받을 것이다(10b절).

'그뿐 아니라…즐거워하느니라'(οὐ μόνον δέ, ἀλλὰ καὶ καυχώμενοι)(11절)는 '이뿐 아니라…즐거워한다'(οὐ μόνον δέ, ἀλλὰ καὶ καυχώμεθα)(3절)를 그대로 반복한다. 이미 언급한 것처럼 '즐거워하다'(καυχάομαι)는 '자랑하다'라는 의미를 지닌다(BDAG). 그리스도인의 삶에서 자랑하는 것이 얼마나 중요한 일인지를 강조한다. 우리가 자랑할 것은 '우리 주 예수 그리스도'로 인해 하나님과 화목하게 되어 주님 안에서 사는 것이다.

이 말씀은 우리 삶이 얼마나 예수 그리스도를 중심으로 살고 있는지 되돌아보게 한다. 예수 그리스도를 믿음으로 구원에 이르게 된 사람들의 삶이 어떠해야 하는지 말하는 본문은 온통 예수님이 우리를 위해 하신 일로 가득하다. 예수님은 우리를 위해 죽으시고 부활하심으로써 우리를 살리셨다. 하나님과 원수였던 우리를 화평케 하셨다. 또한 우리가 반드시 구원받게 될 것을 보장하는 보증이 되셨다. 우리를 위해 이처럼 놀라운 일을 하신 예수님을 우리는 얼마나 경배하고 순종하며 살고 있는가? 예수님이 우리를 구원하신 일이 헛되지 않도록 예수님을 중심으로 경건하고 거룩한 삶을 살아야 한다.

가끔 미래에 대해 불안해하거나 불확실한 생각이 들 수 있다. 그러나 이런 것들은 세상과 사탄의 속삭임에 불과하다. 세상이 끝나는 날 우리는 하나님의 진노에서 면제될 뿐 아니라 주님과 함께 영원한 생명을 누리며 살 것이다. 하나님이 보장하신다. 그러므로 확신과 소망을 품고 살자. 또한 미래를 약속받은 우리는 이 세상에서의 삶이 전부인 것처럼 '막 사는 사람들'과는 다른 삶을 살아야 한다.

환난은 인내를 낳고, 인내는 소망을 꽃피운다. 그렇다면 환난이 나쁜 것만은 아니다. 그러므로 우리 삶에 찾아온 환난을 피할 수 없을 때는 이 환난을 통해 하나님이 우리 삶과 기질과 인격을 어떻게 변화시켜 가실지 묵상해 보는 것도 괜찮다. 고난에 대한 깊은 묵상이 미래에 대한 소망을 꽃피울 것이다.

B. 아담과 그리스도(5:12-21)

[12] 그러므로 한 사람으로 말미암아 죄가 세상에 들어오고 죄로 말미암아 사망이 들어왔나니 이와 같이 모든 사람이 죄를 지었으므로 사망이 모든 사람에게 이르렀느니라 [13] 죄가 율법 있기 전에도 세상에 있었으나 율법이 없었을 때에는 죄를 죄로 여기지 아니하였느니라 [14] 그러나 아담으로부터 모세까지 아담의 범죄와 같은 죄를 짓지 아니한 자들까지도 사망이 왕 노릇 하였나니 아담은 오실 자의 모형이라 [15] 그러나 이 은사는 그 범죄와 같지 아니하니 곧 한 사람의 범죄를 인하여 많은 사람이 죽었은즉 더욱 하나님의 은혜와 또한 한 사람 예수 그리스도의 은혜로 말미암은 선물은 많은 사람에게 넘쳤느니라 [16] 또 이 선물은 범죄한 한 사람으로 말미암은 것과 같지 아니하니 심판은 한 사람으로 말미암아 정죄에 이르렀으나 은사는 많은 범죄로 말미암아 의롭다 하심에 이름이니라 [17] 한 사람의 범죄로 말미암아 사망이 그 한 사람을 통하여 왕 노릇 하였은즉 더욱 은혜와 의의 선물을 넘치게 받는 자들은 한 분 예수 그리스도를 통하여 생명 안에서 왕 노릇 하리로다 [18] 그런즉 한 범죄로 많은 사람이 정죄에 이른 것 같이 한 의로운 행위로 말미암아 많은 사람이 의롭다 하심을 받아 생명에 이르렀느니라 [19] 한 사람이 순종하지 아니함으로 많은 사람이 죄인 된 것 같이 한 사람이 순종하심으로 많은 사람이 의인이 되리라 [20] 율법이 들어온 것은 범죄를 더하게 하려 함이라 그러나 죄가 더한 곳에 은혜가 더욱 넘쳤나니 [21] 이는 죄가 사망 안에서 왕 노릇 한 것 같이 은혜도 또한 의로 말미암아 왕 노릇 하여 우리 주 예수 그리스도로 말미암아 영생에 이르게 하려 함이라

저자는 앞 섹션(5:1-11)에서 하나님이 종말에 예수 그리스도를 믿어 의롭다 하심을 받은 우리에게 진노를 쏟지 않고 구원하실 것이라는 확신과 소망이 예수 그리스도의 죽음을 통해서 보장되었다고 했다. 본

텍스트에서는 이 같은 확신과 소망을 위협하는 두 가지, 곧 죄와 죽음에 관해 이야기한다.

그러나 본문은 로마서뿐 아니라 바울 서신 중 매우 난해하고 논쟁적인 텍스트 중 하나다(cf. Cranfield, Dunn, Fitzmyer, Moo). 본문을 어떻게 해석하느냐에 따라 아담의 원죄(Original Sin, cf. 창 3장)에 대한 관점이 결정되기 때문이다(Schreiner). 또한 12절을 시작하는 '그러므로'(Διὰ τοῦτο)가 마치 본 텍스트가 앞 섹션의 결론인 것처럼 이어 가지만, 내용은 서로 연결되지 않는 듯하다. 그러므로 한 학자는 5:1-11을 읽다가 5:12-21을 읽는 것은 마치 렘브란트(Rembrandt)의 그림을 보다가 피카소(Picasso)의 그림을 보는 것과 같다고 한다(Wright).

저자는 아담의 죄가 아직도 세상에 지대한 영향을 미치고 있다고 한다. 이런 상황에서 하나님은 예수님을 믿는 이들에게 은혜(15절)와 의롭다 하심(16, 18, 19절)과 생명과 영생(18, 21절)을 선물로 주셨다. 그렇다면 아담의 죄가 만연한 세상에서 하나님이 예수 그리스도를 통해 믿는 자들에게 주신 선물은 어떤 효력을 발휘하는가?

아담으로 인해 인류가 죄와 죽음의 노예가 되었을 때 예수 그리스도께서 오셔서 아담의 범죄를 통해 세상을 지배하게 된 죄와 죽음을 물리치셨다. 그러나 아담과 예수님은 모델이나 모범 사례가 아니라 '대리 대표인'(vicariously representative individual)이다(Dunson). 그러므로 아담을 따르지 말고 예수님을 따르라는 말이나 믿음에 관해 언급하지 않고, 단지 아담과 예수님이 세상에 끼친 영향에 관해서만 말한다(Dunson). 아담은 죄와 죽음으로 인류가 죄를 짓지 않고 사는 소망을 없앴고, 예수님은 아담이 가져온 죄와 죽음을 물리치심으로써 영원히 의로운 삶을 살 수 있는 새로운 세상에 대한 소망을 주셨다.

한 사람의 죄가 온 세상에 지대한 영향을 미쳤다는 점에서 아담은 분명 예수님의 모형이다. 예수님도 온 세상에 역사상 가장 큰 영향을 끼치셨기 때문이다. 그러나 예수님은 훨씬 더 '큰 아담'이시며, 그리스도인들로 하여금 종말에 누릴 영광에 대한 소망을 가지게 하셨다. 이제 그리스도인은 더는 아담 안에 있지 않고 예수 그리스도 안에 있다(Garlington). 하나님이 그들에게 베푸시는 은혜의 능력은 아담이 그들에게 가져다준 죄와 죽음의 권세보다 훨씬 더 강하다.

저자는 12절을 '그러므로'(Διὰ τοῦτο)로 시작함으로써 종말에 하나님의 진노를 피하고 구원에 이를 것이라는 확신과 소망(cf. 5:1-11)이 어떻게 오게 되었는지 설명한다. 그는 태초로 거슬러 올라가 이야기를 시작한다. 한 사람으로 말미암아 죄가 세상에 들어오고 죄로 말미암아 사망이 들어왔다(12a절; cf. 고전 15:21-22). 이 사람의 이름이 아담이라는 사실은 14절에 가서야 밝혀지지만, 구약을 아는 사람이라면 창세기 2-3장에 기록된 아담과 하와의 이야기를 떠올리게 하는 말이다(cf. 창 2:16-17; 3:17-19). 아담을 통해 죄가 세상에 들어왔다고 하는데, 이 '세상'(τὸν κόσμον)의 범위는 어디까지인가? 어떤 이들은 자연 세계는 아니라며 세상의 범위를 인류로 제한하지만(Schnabel) 설득력이 없다. 인간뿐 아니라 짐승을 포함한 모든 피조물이 아담의 죄로 인해 피해를 입었기 때문이다.

아담이 실제 인물이었는지 혹은 신화 속에 존재하는 인물인지에 관해 논쟁이 뜨겁다(cf. Barrett, Madueme). 그러나 바울은 그를 실제 인물로 간주한다(Keck, Peterson, Stott, Wright). 신약에서 아담에 대한 언급은 두 차례(눅 3:38; 유 1:14)를 제외하고는 모두 바울이 언급한다(cf. 고전 15장; 딤전 2:14).

아담의 불순종으로 인해 죄가 세상에 들어왔고, 세상에 들어온 죄로 말미암아 사망도 세상에 들어왔다. 어떤 이들은 '사망'(θάνατος)을 육체적 죽음으로 제한한다(Murray, Ziesler). 그러나 영적인 죽음도 사망에 포함해야 한다. 아담이 선악과를 먹는 죄를 지었을 때 그는 이미 영적으로 죽었다. 그러므로 하나님이 그를 부르실 때 하나님이 두려워 숲에 숨어 있었다(cf. 창 3:10). 또한 영적 죽음과 육체적 죽음은 구분될 수 없다. 영적 죽음이 육체적 죽음으로 이어지기 때문이다.

아담의 죄를 통해 세상에 들어온 죄와 사망은 죄인을 다스리는 음흉한 권세다. 그러므로 바울은 '사망이 왕 노릇 한다'(14, 17절), '죄가 사망 안에서 왕 노릇 한다'(21절), '우리는 죄에 대해 죽었으므로 그 죄 가운데 더는 살 수 없다'(6:2), '죄는 죄인들을 다스리는 권세이며, 우리가 죄에게 종노릇한다'(6:6), '사망이 다시 그리스도를 주장하지 못한다'(6:9), '믿는 자들은 죄가 그들의 몸을 지배하지 못하게 해야 한다'(6:12), '죄는 믿는 자들을 주장하지 못한다'(6:14) 등과 같은 다양한 표현으로 죄와 사망을 죄인들을 다스리는 권세처럼 묘사한다.

'죽음'(θάνατος)은 인간의 삶이 끝날 때 이어지는 자연스러운 결과가 아니라 죄로 인해 빚어지는 삶의 단절이다. 창세기 2장에 따르면 하나님은 선악을 알게 하는 나무와 생명나무를 에덴동산 한가운데에 두셨다(창 2:9). 사람이 생명나무의 열매를 먹으면 영생하게 된다. 그러므로 하나님은 죄를 지은 아담과 하와가 생명나무 열매를 먹고 영생할까 봐 에덴동산에서 쫓아내셨다(창 3:22-24). 이러한 내용을 종합해 볼 때 인간은 창조될 때 영생하도록 창조되지 않았다. 만일 영생하도록 창조되었다면 생명나무가 필요 없기 때문이다.

인간의 삶이 끝난 뒤에 다른 무언가로(어떤 형태의 다음 단계로) 이어지는 것이 하나님의 뜻하신 바였는지는 알 수 없다. 어쩌면 삶이 죽음을 겪지 않고 곧바로 영생으로 이어졌을 수도 있다. 한 가지 확실한 것은 죽음이 인간의 삶에 단절을 안겨 주었다는 것이다.

학자들 사이에 '이와 같이'(ἐφ᾽ ᾧ)(12c절)가 결과(result)를 뜻하는 것인지, 혹은 원인(causal)을 의미하는 것인지를 두고 논쟁이 뜨겁다(cf. Fitzmyer, Schreiner, Thielman). 이 논쟁은 '원죄'(original sin)에 관한 것이기도 하다(cf. Schreiner).

이 문구를 결과를 설명하는 문장을 시작하는 것으로 보는 이들은 앞에 있는 12b절의 의미를 이렇게 해석한다: "아담의 죄로 인해 세상에 사망이 들어온 이후 사망은 모든 사람에게 퍼졌고, 그 결과 사람들이 죄를 지었다. 모든 사람은 아담과의 연합으로 인해 영적으로 죽은 채 세상에 들어오기 때문에 개별적으로 죄를 짓는다"(cf. Fitzmyer, Mounce, Thielman). 아담의 죄로 인해 이미 사망이 온 인류에 임한 결과로 사람들은 태어날 때부터 영적으로 죽은 죄인으로 태어나 평생 자신의 영적 죽음을 육신의 죄를 통해 표현한다는 뜻이다(cf. 엡 2:1-3).

반면에 이 문구를 원인을 설명하는 문장의 시작으로 보는 이들은 12b절을 모든 사람이 아담과 함께(아담 안에서) 죄를 지었기 때문에 죽음이 그들에게 퍼졌다는 의미로 해석한다(Hultgren, Johnson, Luther, Moule, Murray, Witherington & Hyatt, Wright, cf. 고후 5:4). 이는 아우구스티누스(St. Augustine)가 라틴어 번역본(Vulgate)을 근거로 이 문구를 '이와 같이'가 아니라 '그[아담] 안에서'(in him)라고 이해해 모든 사람이 아담 안에서 죄를 지었다는 뜻으로 해석한 것이 발단이 되었다(Bray). 이 문구를 문자적으로 해석하면 '그(것)로 인해'(upon him/it)이다. 그러므로 아담 안에서 온 인류가 죄를 지었다고 하기에는 표현이 다소 부자연스러운 것이 사실이다. 만일 저자가 온 인류가 아담 안에서 죄를 지었다고 말하고자 했다면 전치사 '…으로 인해'(ἐπί)보다는 '…안에'(ἐν)가 더 어울린다. 그러나 이 문구(ἐφ' ᾧ)를 '그러므로'로 간주하면 "모든 사람이 [아담 안에서] 죄를 지었으므로 사망이 모든 사람에게 이르렀다"로 해석할 수 있다(Murray). 아브라함이 멜기세덱에게 십일조를 주었을 때 아직 태어나지도 않은 레위 역시 아브라함을 통해 멜기세덱에게 십일조를 바쳤다는 것도 이러한 논리를 근거로 한다(히 7:9-10).

결과로 해석하면 사람은 태어난 후 각자 지은 죄로 인해 죽음을 맞이한다(Fitzmyer). 원인으로 해석하면 사람은 아담 안에서 죄를 지었기 때문에 죽음을 맞는다(Murray). 다른 각도에서 말하자면, 세상에 들어온 죄가 사람을 죽음에 이르게 하는가(Piper, Schreiner, Wright), 혹은 세상에 들어온 죽음이 사람들로 하여금 죄를 짓게 하는가다(Fitzmyer, Mounce,

Thielman, cf. Cranfield).

'이와 같이'(ἐφ' ᾧ)가 결과인지 혹은 원인인지에 대해 결론을 내리기 전에 이어지는 13-14절을 살펴보자. 이 구절들은 12절에 대한 부연 설명(parenthesis)이다(Harrison & Hagner, Murray, Schreiner, Thielman). 만일 "죄가 율법 있기 전에도 세상에 있었으나 율법이 없었을 때에는 죄를 죄로 여기지 아니하였"다면(13절) 그 시대(아담에서 모세 시대)에 살던 사람들은 왜 죽었는가? 그들은 아담의 죄와 같은 죄를 짓지 않았는데 말이다(14a절). 만일 죄가 죄로 여겨지지 않았는데도 죽었고, 더욱이 아담이 지은 죄(불순종) 같은 죄를 저지르지 않았는데도 죽었다면 그들은 아담의 죄로 인해 죽은 것이 확실하다((Murray). 그들은 아우구스티누스(St. Augustine)가 주장한 것처럼 '원죄'(original sin)로 인해 죽은 것이다. 이러한 해석은 아담의 죄 영향력을 묘사하는 15-19절과도 잘 어울린다. 사람은 원죄(아담이 지은 죄)로 인해 태어날 때부터 영적으로 죽어 태어나고, 하나님의 저주 아래 살아간다.

반면에 노아 홍수 이야기(창 6-9장)와 바벨탑 사건(창 11:1-9)을 살펴보면 사람들은 자신의 죄 때문에 죽어 간다(cf. 1:32; 2:12). 이 이야기들에서 원죄는 어떠한 역할도 하지 않는다. 각 사람이 자신이 지은 죄로 인해 멸망하는 것도 성경적이다. 그러므로 '이와 같이'(ἐφ' ᾧ)를 결과로 해석하는 것과 원인으로 해석하는 것 둘 다 성경적이라 할 수 있다. 그러나 바울이 5-6장에서 강조하고자 하는 것은 죽음이 죄에 이르게 하는 것이 아니라, 죄가 죽음에 이르게 한다는 사실이다(5:13-14, 15, 17; 6:23). 그러므로 모든 사람은 아담 안에서 죄를 지었기 때문에 죽게 되었다는 해석, 곧 원죄가 있다는 해석이 맞다.

이미 언급한 것처럼 13-14절은 12절에 대한 부연 설명이다. 바울은 앞에서 율법이 없는 곳에는 범법도 없다고 했는데(4:15), 이곳에서는 율법이 있기 전에도 죄가 세상에 있었지만, 그때는 죄로 여김을 받지 않았다고 한다(13절). '여기다'(ἐλλογέω)는 성경에서 단 두 차례 사용되는 흔치 않은 단어다. 빌레몬서에서 바울은 주인 빌레몬에게서 도망친 종 오네시모를 돌려보내며 만일 오네시모가 빌레몬에게 준 피해가 있다면, 자기 앞으로 '달아 놓으라'(새번역)는 의미로 이 단어를 사용한다(몬 1:18). 즉, '여기다'는 '계산하다, 정산하다'라는 의미를 지닌 것이다.

세상에 있는 죄가 어떻게 해서 죄로 여겨지지 않았는가? 어떤 이들은 바울이 자기가 한 말, 곧 "무릇 율법 없이 범죄한 자는 또한 율법 없이 망하고"(2:12)를 번복하고 있다고 한다(Bultmann, Ziesler). 그러나 설득력 있는 주장이 아니다. 어떤 이들은 죄를 알거나 짓기 전에 죽은 아기 등을 예로 들며 이 원리를 설명하려고 한다(Piper). 혹은 자신이 죄를 짓고 있는 것을 모르고 죄를 짓는 사람이 자기 죄에 대해 이렇게 생각한다는 것으로 해석하는 이들도 있다(Calvin). 그러나 '여기지 않았다'(οὐκ ἐλλογεῖται)는 신적(神的) 수동태다(Schreiner). 하나님이 죄로 여기지 않으셨다는 뜻이지, 사람이 자기 죄를 죄로 여기지 않았다는 뜻이 아니다.

아담에서 모세에 이르는 시대에 산 사람들도 죄로 인해 벌을 받고 죽음의 다스림을 받은 것으로 보아 '죄는 율법을 떠나 존재하지 않는다' 혹은 '율법이 없으면 죄는 벌을 받지 않는다' 등의 의미는 아니다. 저자는 그들의 죄가 그들을 정죄하기는 했지만, 아담의 죄가 그를 정죄한 것과 같지는 않았다고 말하는 듯하다(Cranfield). 아담에서부터 모세 시대에 살던 사람들도 아담처럼 죄를 짓고 죽었다. 그러나 아담의 죄와 죽음은 그 뒤에 온 사람들의 죄와 죽음의 근원이다. 아담은 인류를 대표하는 사람이었기 때문이다(Hultgren). 예수님이 제2(마지막) 아담으로 오신 것도 이러한 논리를 바탕으로 한다.

시내산 율법이 선포될 때까지 사람들이 죗값을 치르긴 했으나 '죄에 대한 계산서'(정산서), 곧 그들이 정확히 무슨 죄를 저질렀는지 알지 못하고 죗값을 치른 것이라는 해석도 있다(Thielman). 원래는 하나님이 죄가 무엇인지 알려 주시고 범죄한 자들을 정죄하시는데, 시내산 율법이 주어질 때까지는 '죄'(도덕적으로 살지 못함)를 지은 사람들이 자신이 저지른 '범죄'(구체적인 율법 위반)를 깨닫지 못했다는 것이다. 그럼에도 불구하고 아담으로부터 모세까지 아담의 범죄와 같은 죄를 짓지 않은 사람들까지도 사망이 왕 노릇 했다(14a절). 시내산 율법이 온 다음에는 죄가 더 폭력적이고 반항적으로 변했다(Calvin).

아담은 한 개인이었지만 온 인류에 영향을 미쳤다. 그러므로 그는 오실 자의 모형이다(14b절). '오실 자'(τοῦ μέλλοντος)는 새로운 아담으로 오신 예수님이시다. '모형'(τύπος)은 모델, 스탬프, 패턴' 등을 뜻한다(TDNT). 아담의 행동이 모든 사람에게 미치는 영향이 예수 그리스도께서 온 인류에 미치신 영향과 닮은 꼴이라는 뜻이다(Byrne. cf. 고전 10:6). 내용에 있어서 아담은 예수님의 정반대 모형이다(cf. Nygren). 아담은 죄와 죽음을 안겨 주었지만, 예수님은 구원과 생명을 안겨 주셨다. 또한 영향력의 범위에서도 분명한 차이가 있다. 아담의 죄는 세상 모든 사람을 죄의 지배 아래 있게 했다. 반면에 예수님이 이루신 구원은 모든 사람의 죄를 용서하지는 않는다. 오직 그를 믿는 자들의 죄만 용서하신다.

아담이 예수님의 모형이라고 한 저자가 15-19절에서는 아담과 예수님을 비교하며 네 가지 차이점을 말한다. 모든 사람은 두 언약의 대표자(머리)인 아담에게 속하거나 예수님에게 속한다. 그러나 이 둘은 극적인 차이를 보인다. 아담은 죽음과 심판의 언약을, 예수님은 은혜와 생명의 언약을 대표한다. 이 섹션의 핵심은 '더욱'(πολλῷ μᾶλλον, much more)이다(15, 17절). '아담이 이러했다면, 예수님은 얼마나 더 저러하시겠느냐!'라는 취지로 가르침을 이어 간다.

첫 번째 대조는 아담의 범죄와 예수 그리스도의 은사(은혜)다(15절). 아담의 '범죄'(παράπτωμα)와 예수님의 '은혜'(χάρισμα) 끝소리(-μα)가 15-16절을 구성하는 단어 중 같은 끝소리를 가진 여러 개와 언어유희를 이룬다(Fitzmyer): παράπτωμα, χάρισμα, δώρημα, κρίμα, κατάκριμα, δικαίωμα(15-16절). '범죄'(παράπτωμα)는 깊이 생각하지 않고 저지른 어리석은 죄를 뜻한다(Thielman). 하나님의 철저한 계획 아래 이루어진 그리스도를 통한 치밀한 구원과 대조된다.

아담과 예수님은 모두 온 인류에 큰 영향을 미쳤다. 아담은 죄를 지음으로 온 세상에 죽음을 안겨 주었다(cf. 창 3:17). 그의 죄로 인해 '많은 사람'(οἱ πολλοὶ)이 죽었다(15a절). 반면에 예수님은 '많은 사람'(τοὺς πολλούς)에게 은혜의 선물을 넘치도록 주셨다(15b절). 아름다운 것을 망치는 일은 쉽지만, 이미 망가진 것을 고치는 것은 매우 어려운 일이다(Hofius). 예수님이 이 놀라운 일을 하셨다. 또한 얼마나 크고 많은 은혜를 주셨는지 다시는 죄가 그들을 억압하지 못한다: '더욱'(πολλῷ μᾶλλον), '은사'(χάρισμα), '은혜'(χάρις), '선물'(δωρεά), '은혜'(χάριτι), '넘쳤다'(ἐπερίσσευσεν). 그러므로 예수님을 통해 일어난 일은 아담을 통해 일어난 모든 일을 뒤집고 능가한다(Keck, cf. Wright). 예수님이 많은 사람에게 많은 선물을 주셨다는 것은 이사야 53:11-12 말씀을 생각나게 한다.

그가 자기 영혼의 수고한 것을 보고 만족하게 여길 것이라 나의 의로운 종이 자기 지식으로 많은 사람을 의롭게 하며 또 그들의 죄악을 친히 담당하리로다 그러므로 내가 그에게 존귀한 자와 함께 몫을 받게 하며 강한 자와 함께 탈취한 것을 나누게 하리니 이는 그가 자기 영혼을 버려 사망에 이르게 하며 범죄자 중 하나로 헤아림을 받았음이니라 그러나 그가 많은 사람의 죄를 담당하며 범죄자를 위하여 기도하였느니라(사 53:11-12).

두 번째 대조는 아담이 저지른 죄의 결과와 예수님이 주신 선물의 결과다(16절). 아담의 죄는 '정죄'(κατάκριμα)로 이어졌다. 아담은 한 가지 죄로 온 세상에 지대한 영향을 미친 것이다. 반면에 예수님의 은혜로운 선물은 믿는 사람에게 하나님께 의롭다 하심(δικαίωμα)을 얻게 했다. 하나님이 아담의 후예들이 저지른 수많은 죄(πολλῶν παραπτωμάτων)를 예수 그리스도를 통해 모두 다 용서하신 것이다(Harrison & Hagner). 그러므로 계속 아담 안에 있는 자들은 정죄를 받고, 예수 안에 있는 이들은 의롭다 하심을 받는다.

아담을 통해 모든 사람이 정죄를 받고, 예수 안에 있는 모든 사람이 의롭다는 증거는 무엇인가? 모든 사람이 아담 안에서 정죄를 받았다는 증거는 죽음이 모든 사람에게 왕 노릇을 하고 있다는 사실이다(17a절). 원래 아담과 그의 후예들은 하나님이 창조하신 세상에서 왕 노릇 하게 되어 있었다. 그러나 아담의 죄로 인해 그들은 하나님으로부터 단절되었고, 하나님 대신 죽음이 그들에게 왕 노릇 했다.

예수님 안에 있는 모든 사람이 의롭다 하심을 선물로 받았다는 증거는 예수 그리스도를 통해 생명 안에서 왕 노릇 할 것이라는 사실이다(17b절). 십자가에서 죽으신 예수님은 죽음에 머물지 않고 부활하셨다. 또한 예수님의 부활은 그분을 믿는 우리도 예수님처럼 생명을 얻을 것이라는 증거가 되었다. 물론 생명을 얻는 일은 지금이 아니라 종말에 완성될 것이다(Dunn, Schnabel, Wright, cf. 2:7; 5:18, 21; 6:22, 23; 8:6; 11:15). 그러나 이 종말은 이미 성도의 삶에서 시작되었다(cf. 6:4). 그러므로 지금은 제한된 범위에서 이 생명을 누리고 있다. 종말에 우리는 온전한 생명을 누리게 될 것이다(Moo). 그때가 되면 하나님이 인간을 창조하실 때 의도하신 대로 사람이 죄와 죽음에 왕 노릇 할 것이다.

셋째, 아담은 한 범죄로 많은 사람이 정죄를 받게 했지만, 예수님은 많은 사람이 의롭다 하심을 받아 생명에 이르게 하셨다(18절). '범죄'(παράπτωμα)는 고의로 불순종해 저지른 죄다(cf. 창 2:17). '한 의로운 행위'(ἑνὸς δικαιώματος)는 순종에서 비롯된다. 그러므로 이 말씀은 아담의 불순종과 예수님의 순종을 대조한다(Hofius). 예수님의 은혜가 많은 사람에게 제시된 것은 그들 모두에게 은혜가 임할 것이기 때문이 아니라, 그들에게 기회를 주기 위해서다(Calvin).

넷째, 아담은 순종하지 아니함으로 많은 사람을 죄인이 되게 했지만, 예수님은 순종하심으로 많은 사람을 의인이 되게 하셨다(19절). '순종하지 아니함'(παρακοῆς)은 흔치 않은 단어다. 명령을 무시하거나 귀담아듣지 않는 것을 의미한다(BDAG). 아담은 선악과를 먹지 말라는 하나님의 말씀(창 2:16-17)을 귀담아듣지 않아 죄를 저질렀다. 이와는 대조적으로 예수님은 순종하셨다. '순종하심'(ὑπακοῆς)은 마음으로 결단하고 입으로 표현하는 순종을 의미한다(1:5; 6:16; 15:18; 16:19; 고후 7:15; 10:5-6). 그러므로 신약은 그리스도께서 백성을 대신해 고난받고 죽겠다는 의지의 표현을 '순종/복종'으로 묘사한다: "자기를 낮추시고 죽기까지 복종하셨으니 곧 십자가에 죽으심이라"(빌 2:8; cf. 마 26:39, 42; 막 14:36; 눅 22:42; 요 14:31; 히 5:8).

사람은 각자 지은 죄로 인해 정죄받는 것이 사실이지만(1:18-3:20), 또한 아담 한 사람의 죄로 인해 정죄와 죽음이 온 인류를 덮친 것도 사실이다(19a절). 이 섹션에서 저자는 이러한 사실을 누누이 강조한다: 한 사람의 죄로 인해 모든 사람이 죽는다(15절), 한 사람의 죄로 인해 정죄가 선언되었다(16절), 한 사람의 죄를 통해 죄가 왕 노릇 했다(17절), 모든 사람은 한 사람의 범죄로 인해 정죄를 받았다(18절), 모든 사람이 한 사람의 불순종으로 인해 죄인이 되었다(19절).

한편, 예수님은 순종하심으로 많은 사람이 의인이 되게 하셨다(19b절). '의인'(δίκαιος)은 도덕적 혹은 윤리적으로가 아니라 법적으로 의인이라는 뜻이다. 하나님이 그들의 죄를 용서하시고 의롭다 하셨다는 뜻이다. 예수님에 대한 믿음과 십자가 보혈로만 가능한 일이다. 의인은 하나님의 진노에서도 면제받는다(5:9). 이 모든 일은 종말에 있을 일이지만, 이미 시작되었다. 로마서는 하나님의 진노가 이미 임하기 시작했다고 한다(Bell, cf. 1:18).

어떤 이들은 본문이 말하는 예수님의 순종을 그분이 평생 하나님께 순종하신 일(Murry), 혹은 십자가에서 순종하신 일로 제한한다(Dunn, Moo, Porter, Garlington, cf. 빌 2:8; 사 53:11). 그러나 십자가는 예수님이 평생토록 순종하신 삶의 절정이라 할 수 있다. 그러므로 굳이 구분할 필요가 없다(Schnabel). 평소에 순종하지 않다가 십자가에서만 순종하는 것은 비현실적이기 때문이다.

세상에 율법이 들어온 것은 범죄를 더하게 하기 위해서다(20a절). 당시 유대인들은 이 말씀의 의미를 잘 이해하지 못했을 것이다. 그들은 율법이 죄짓는 일을 자제시킨다(restrain)고 생각했기 때문이다. 그러므로 그들은 율법이 아담의 죄가 초래한 결과를 되돌릴 수 있다고 생각했다. 이와 대조적으로 저자는 율법이 범죄를 더 가중시킨다고 한다. 한때 바리새인이었던 바울이(cf. 갈 1:13-14; 빌 3:4-11) 이런 말을 하는 것은 유대인들에게 매우 충격적으로 들릴 수도 있다.

'들어왔다'(παρεισῆλθεν)는 '알아채지 못하게 비밀리에 들어오다'(slip in secretly)라는 부정적인 의미를 지닌다(Cranfield, Hofius, Thielman). 저자는 율법을 의인화하고 있다. 하나님이 율법을 슬쩍 끼워 넣으신 것이 아니라, 율법이 사람들에게 부정적인 영향을 끼치기 위해 슬쩍 들어왔다(Cranfield, Thielman). 유대인의 역사에 슬쩍 들어온 율법은 사람들이 지은 죄의 심각성과 수를 늘렸다(Cranfield, Moo, Schreiner, cf. 7:7-11). 무엇이 죄인지를 율법이 정확하게 정의했기 때문이다.

사람들은 법이 제정되면 그 법을 스스로 해석해 실천하고 싶어 하기도 하고, 위반하고자 하는 충동도 느낀다. 예수님을 죽음으로 몰고 간 것은 율법이었다(요 19:7). 바울이 그리스도인들을 박해한 것도 나름대로 율법을 따르기 위해서였다(갈 1:13-14; 빌 3:5-6). 결국 슬쩍 들어온 율법은 사람들로 의를 행하게 한 것이 아니라, 더 많은 죄를 짓게 했다. 그러므로 율법은 아담이 세상에 들여온 죄 문제를 해결할 수 없다.

그나마 다행인 것은 율법이 죄를 더할수록 하나님의 은혜도 더욱 넘쳤다는 점이다(20b절). 율법과 죄가 승리하는 것으로 이야기가 끝나지 않고 마지막 아담인 예수 그리스도를 통한 하나님의 은혜가 모든 죄를 용서함으로써 승리한 것이다. 옛적에 바울도 율법에 따라 그리스도인들을 핍박하는 죄를 짓다가 하나님의 은혜를 경험하고 회심해 사역자가 되었다.

예전에는 죄가 사망 안에서 왕 노릇 했지만, 이제는 은혜가 의로 말미암아 왕 노릇 한다(21a절). 그리스도가 오시기 전에 온 인류를 지배하던 사망의 시대는 끝났고, 은혜가 죄를 정복해 사람들이 더는 정죄받지 않고 의롭다 하심을 얻는 영원한 은혜의 시대가 도래한 것이다. 은혜가 의로 말미암아 왕 노릇 하는 시대는 예수 그리스도를 통해 우리가 영생을 얻을 때까지 계속될 것이다(21b절). 이 영생을 향한 우리의 여정은 이미 시작되었다. 그러므로 믿는 사람들이 다시금 죄의 다스림을 받을 일은 없다.

이 말씀은 아담의 죄가 세상에 이루 말할 수 없는 고통과 죽음을 안겨 주었지만, 예수 그리스도께서 자기 죽음을 통해 아담의 죄로 인한 피해와 파괴를 모두 되돌리고도 남는 크고 위대한 은혜를 베푸셨다고 한다. 복음의 능력은 무한하다. 그러므로 우리는 아직도 세상에 만연한 죄와 악에 대해 절망하지 않아도 된다. 그리스도와 함께 이 모든 악과 죄를 의로 이기는 시대를 기대하며 살 소망을 갖게 되었기 때문이다. 또한 이 소망은 이미 우리 삶에서 조금씩 실현되고 있으며 종말에 온전히 이루어질 것이다.

죄는 참으로 엄청난 파괴를 초래할 수 있다. 아담은 자신의 죄가 후손들에게 이처럼 큰 고통과 파괴를 안겨 줄 것이라고 상상하지 못했을 것이다. 죄가 유혹할 때, 우리는 아담의 이야기를 떠올려야 한다. 죄를 지으면 우리 자신뿐 아니라 다른 사람들, 특히 우리가 사랑하는 이들에게도 엄청난 파괴를 안겨 줄 수 있다는 염려가 죄짓는 일을 자제하게 해야 한다.

온 인류가 아담 안에서 죄를 지었다는 것은 인류는 하나이며, 같은 조상에게서 유래했다는 뜻이다. 그러므로 인종 차별이나 민족우월주의 등은 명백한 죄다(cf. 행 17:26). 하나님은 그 누구도 차별하지 않으

245

시기 때문에 누구든 그리스도를 영접하면 하나님의 백성이 된다. 예수 그리스도를 믿는 사람은 모두 한 가족이며, 형제자매다.

C. 은혜가 죄를 이김(6:1-23)

저자는 바로 앞 섹션(5:12-21)에서 아담의 죄로 인해 온 세상이 죄와 죽음의 다스림 아래 있게 되었다고 했다. 새 아담으로 오신 예수님은 십자가 죽음과 부활을 통해 믿는 사람들의 죄를 사하시고 죽음의 권세를 꺾으셨다. 그러므로 예수 그리스도 안에 있는 사람은 옛사람을 지배하던 죄와 죽음이 더는 억압하지 못한다. 이는 모두 아담과 연합해 있다가 그리스도와 연합하게 된 결과다.

그렇다면 그리스도인은 이제 죄와 죽음의 억압을 받지 않는가? 그렇지는 않다. 아직도 죄와 죽음이 사람들을 주장한다(6:9, 14). 세상에는 죄와 죽음에 종노릇하는 사람도 많다(6:6, 12). 그리스도인들도 이 땅에 사는 동안은 죄와 죽음에서 완전히 자유로울 수 없다. 우리가 의롭다 하심을 받고 죄를 짓지 않고 하나님과 영원히 사는 것은 종말에 가서야 실현될 것이기 때문이다. 그때까지 그리스도인은 성화되어 가야 한다.

다행히 죄와 죽음의 억압에서 벗어난 그리스도인들은 예수 그리스도 안에서 자신의 신체적·지적·감정적 능력을 하나님을 섬기는 '의의 도구'(weapons of righteousness)로 사용해 성화를 이루어 나갈 수 있다(Thielman). 이 섹션은 다음과 같이 구분된다.

A. 그리스도와 함께 죽고 함께 삶(6:1-14)
B. 하나님이 의롭다 하신 종들(6:15-23)

1. 그리스도와 함께 죽고 함께 삶(6:1-14)

[1] 그런즉 우리가 무슨 말을 하리요 은혜를 더하게 하려고 죄에 거하겠느냐 [2] 그럴 수 없느니라 죄에 대하여 죽은 우리가 어찌 그 가운데 더 살리요 [3] 무릇 그리스도 예수와 합하여 세례를 받은 우리는 그의 죽으심과 합하여 세례를 받은 줄을 알지 못하느냐 [4] 그러므로 우리가 그의 죽으심과 합하여 세례를 받음으로 그와 함께 장사되었나니 이는 아버지의 영광으로 말미암아 그리스도를 죽은 자 가운데서 살리심과 같이 우리로 또한 새 생명 가운데서 행하게 하려 함이라 [5] 만일 우리가 그의 죽으심과 같은 모양으로 연합한 자가 되었으면 또한 그의 부활과 같은 모양으로 연합한 자도 되리라 [6] 우리가 알거니와 우리의 옛 사람이 예수와 함께 십자가에 못 박힌 것은 죄의 몸이 죽어 다시는 우리가 죄에게 종 노릇 하지 아니하려 함이니 [7] 이는 죽은 자가 죄에서 벗어나 의롭다 하심을 얻었음이라 [8] 만일 우리가 그리스도와 함께 죽었으면 또한 그와 함께 살 줄을 믿노니 [9] 이는 그리스도께서 죽은 자 가운데서 살아나셨으매 다시 죽지 아니하시고 사망이 다시 그를 주장하지 못할 줄을 앎이로라 [10] 그가 죽으심은 죄에 대하여 단번에 죽으심이요 그가 살아 계심은 하나님께 대하여 살아 계심이니 [11] 이와 같이 너희도 너희 자신을 죄에 대하여는 죽은 자요 그리스도 예수 안에서 하나님께 대하여는 살아 있는 자로 여길지어다 [12] 그러므로 너희는 죄가 너희 죽을 몸을 지배하지 못하게 하여 몸의 사욕에 순종하지 말고 [13] 또한 너희 지체를 불의의 무기로 죄에게 내주지 말고 오직 너희 자신을 죽은 자 가운데서 다시 살아난 자 같이 하나님께 드리며 너희 지체를 의의 무기로 하나님께 드리라 [14] 죄가 너희를 주장하지 못하리니 이는 너희가 법 아래에 있지 아니하고 은혜 아래에 있음이라

그리스도의 죽음과 부활은 대속적이다. 우리는 예수님의 죽음과 부활에 직접 참여하지는 않았지만, 예수 그리스도와의 연합을 통해 예수

님의 죽음과 부활이 우리를 구원하게 했다. 또한 예수님이 죽고 장사되고 부활하신 일은 대속적 관점뿐 아니라, 대표적(representative) 관점에서도 이해되어야 한다: "우리가 생각하건대 한 사람이 모든 사람을 대신하여 죽었은즉 모든 사람이 죽은 것이라"(고후 5:14). 그리스도인은 예수님과 함께 죽고 장사되고 부활한 것과 다름없다. 우리는 예수님과 하나이기에 죄와 죽음이 부활하신 예수님을 주장할 수 없는 것처럼 우리도 주장할 수 없다.

바울은 이 섹션을 두 개의 수사학적인 질문으로 시작한다(1-2절). 두 질문 모두 '아니다'(no)를 답으로 요구한다. 성경 저자들은 어떤 진리나 원리를 강조할 때 수사학적인 질문을 자주 사용한다.

죄가 많을수록 그 죄를 용서하시는 하나님의 은혜도 크다. 그렇다면 우리가 더 큰 은혜를 경험하기 위해 죄 안에 거하면서 더 많은 죄를 짓는 것이 옳은가(1절)? 저자는 이 질문으로 5:20-21에서 제기된 문제에 대한 답을 시작한다. 아마도 바울을 비난하는 자들이 그가 율법의 중요성을 인정하지 않고 방종을 가르친다고 주장한 것으로 보인다(cf. 3:8).

저자는 '그럴 수 없느니라'(μὴ γένοιτο)라며 단호하게 부인한다(2a절; cf. 3:8). 하나님의 용서하시는 은혜는 사람이 더 많은 은혜를 경험하겠다며 죄 가운데 머물러 사는 것을 금한다. 예수 그리스도를 믿는 순간 우리는 죄에 대해 죽은 자가 되었기 때문이다(2b절). 그리스도인이 죄에 대해 죽었다면, 그들은 예수님과 함께 부활한 후부터 무엇에 대해(누구를 위해) 사는가? 이 질문에 대한 성경의 답은 정확하고 명쾌하다: "내가 율법으로 말미암아 율법에 대하여 죽었나니 이는 하나님에 대하여 살려 함이라 내가 그리스도와 함께 십자가에 못 박혔나니 그런즉 이제는 내가 사는 것이 아니요 오직 내 안에 그리스도께서 사시는 것이라 이제 내가 육체 가운데 사는 것은 나를 사랑하사 나를 위하여 자기 자신을 버리신 하나님의 아들을 믿는 믿음 안에서 사는 것이라"(갈 2:19-20; cf. 고후 5:14-15). 그리스도인은 자기중심적인 삶에 대해 죽은 사람들이다(Thielman). 그러므로 예수 그리스도를 영접하는 순간부터 하나님을 위해 살아야 한다.

하나님의 은혜는 단순히 우리 죄를 용서하는 일에서 끝나지 않는다. 우리는 은혜가 용서받은 우리 삶을 다스리게 해야 한다. 옛적에 죄와 죽음이 우리 삶을 다스렸던 것처럼 말이다. 그러므로 죄에 대해 죽은 사람은 더는 죄의 지배 아래 있으면 안 된다. 하나님 은혜의 지배 아래로 자리를 옮겨야 한다.

어떤 이들은 로마서에서 죄는 단순한 행위라고 한다. 죄는 분명 행위지만(cf. 6:15) 또한 권력(권세)이다(Dunn, Fitzmyer, Käsemann, Moo). 죄는 아담을 통해 세상에 들어왔으며, 사람들을 자기 쪽으로 이끌리게 하고 그들을 다스리는 권세다(5:12-19, 21). 저자는 이 섹션에서도 '죄'(ἁμαρτία)를 단수형으로 사용한다. 죄를 결코 방관할 수 없는 권세로 묘사하기 위해서다(Harrison & Hagner). 이 죄의 권세는 지배하는 사람들로 여러 가지 죄를 짓게 한다. 그러므로 우리가 아담의 후예로 계속 머무른다면 우리가 할 수 있는 일은 모두 죄를 짓는 것뿐이다(Calvin). 죄의 지배를 받고 있기 때문이다(6절). 저자가 본문에서 사용하는 이미지는 머무는 장소다(Wright). 그리스도를 통해 죄가 지배하는 지역을 떠난 사람은 더는 그곳에 머물면 안 된다. 속히 은혜와 의가 다스리는 곳으로 옮겨 가야 한다(6:12, 16-18, 20, 22).

저자는 1-2절에서 두 개의 수사학적인 질문을 통해 믿는 자는 모두 죄에 대해 죽었다며, 더는 죄의 지배 아래 머물러서는 안 된다고 했다. 이제부터는 그리스도의 죽음과 부활이 그리스도인과 어떤 연관성이 있으며, 어떻게 그들이 예수님의 죽음과 부활에 참여했다고 할 수 있는지 설명한다.

저자는 지금부터 자신이 하는 말이 로마 성도들도 이미 잘 아는 사실이고, 또 그리스도인이라면 당연히 아는 것임을 강조하기 위해 '알지 못하느냐?'(ἀγνοεῖτε)라는 질문으로 3절을 시작한다. 누구든지 그리스도 예수와 합하여 세례를 받은 사람은 그의 죽으심과 합하여 세례를 받았다(3절). '세례'(βάπτισμα)는 우리와 예수님의 연합을 상징하며, 예수님의 죽음에 동참하는 것을 의미한다는 뜻이다(Bornkamm). 어떤 이들은 본문이 말하는 세례가 '비유적 세례'(metaphorical baptism) 혹은 성령 세례라 하지만(Dunn, Schnabel), 실제로는 '물세례'를 뜻한다(Moo, cf. 고전 1:13, 14, 15, 16, 17; 12:13; 15:29; 갈 3:27).

'그리스도 예수와 합하여'(εἰς Χριστὸν Ἰησοῦν)(3a절)를 '…에 관하여(with reference to)'로 해석하는 이들도 있지만(Cranfield), 대부분은 '그리스도와의 연합'(union with Christ)이라는 의미로 해석한다(Barth, Beasley-Murray, Campbell, Dunn, Moo, Schnackenburg, Tannehill). 그러므로 예수 그리스도와 합하여 세례를 받는 것은 세례를 받은 사람이 그리스도께 속했으며, 예수님과 연합했다는 뜻이다(Schreiner).

예수님과 합한 사람은 그의 죽으심과 합하여 세례를 받았다(3b절). 온 인류가 아담의 죄에 편입된 것처럼, 믿는 자들은 예수님께 편입되어 그가 죽으실 때 그의 죽음에도 편입되었다는 뜻이다. 우리는 예수님이 죽으실 때 함께 죽고, 그와 함께 장사되었다(4a절). 그러므로 세례는 세례를 받는 사람의 능력과 상관없이 자체적으로 죄를 극복하는 힘을 발휘한다. 세례를 받는 이를 위한 그리스도의 죽음과 부활이 세례를 통해서 효력을 발휘하기 때문이다. 그리스도의 죽음과 합하여 세례를 받은 사람은 자신의 삶에 대해서는 죽고, 그리스도 안에서 새로운 삶을 시작한다.

하나님은 자기 영광으로 말미암아 그리스도를 죽은 자 가운데서 살리신 것처럼 그리스도와 연합하여 함께 죽어 장사된 믿는 이들도 예수님처럼 새 생명 가운데 행하게 하고자 살리신다(4b절). '아버지의 영광'(τῆς δόξης τοῦ πατρός)은 그리스도의 부활을 이루신 하나님의 능력이다(Berry, Calvin, Cranfield, cf. 빌 3:21; 골 1:11). 또한 이 하나님의 영광은 생명을 주시는 성령과도 연관이 있다(cf. 8:11, 13). 그러므로 하나님의 생명이라 할 수도 있다(Berry).

하나님이 우리를 예수님과 함께 죽고 부활하게 하시는 이유는 새 생명 가운데 행하게 하시기 위해서다. '행하다'(περιπατέω)는 '걷다'라는 뜻이며, 도덕적인 삶을 사는 것을 의미한다(Schreiner, Thielman). 그리스도 안에서 죽고 살아난 사람은 예전과 다른 방식으로 살아야 한다. 곧 그리스도가 사시는 것처럼 경건하고 거룩하게 살아야 한다. 그리스도와 연합하여 죽고 부활해 살게 된 삶은 그 사람 안에 있는 그리스도가 사시는 것이 되어야 하기 때문이다.

우리가 그리스도의 죽으심과 같은 모양으로 연합했다는 것은 또한 주님의 부활과 같은 모양으로 연합했다는 것을 의미한다(5절). '그의 죽으심과 같은 모양'(τῷ ὁμοιώματι τοῦ θανάτου αὐτοῦ)은 믿는 자들이 그리스도와 함께 죽고 부활한 것은 사실이지만, 그렇다고 해서 그들이 겪은 일이 예수님의 죽음과 부활과 모든 면에서 같지는 않다는 뜻이다(Schreiner, Thielman). 예수님의 죽음과 부활은 매우 특별한 사건이며 반복될 수 없는 일이다. 그러므로 우리가 그리스도와 연합을 통해 경험하는 부활과 죽음은 모든 면에서 같지는 않다.

'연합'(σύμφυτος)은 신약에서 이곳에서만 사용된다. 그러나 당시 일반 문헌에서 자주 사용된 단어이며 연합하는 이들이 비슷하게 되는 것을 강조한다(Thielman). 마치 수많은 나무가 연합해 숲을 이루는 것처럼 말이다. 또한 예수님의 부활은 종말이 이미 실현되기 시작했음을 의미한다(1:4; 갈 1:1-4). 예수님과 연합한 계기로 그리스도인의 삶에 들어온 그리스도의 능력이 종말에 그들을 주님 안에서 영화롭게 할 것이다(Wright, cf. 8:30). 예수님이 종말에 그들로 온전한 성화를 이루게 하실 것이라는 뜻이다.

믿는 자들이 예수님과 연합하여 죽은 것은 그들을 노예처럼 지배하던 죄의 영향력에서 벗어나 하나님이 의롭다 하시는 삶을 살게 한다(6-7절). 이 말씀은 믿는 자들은 죄에 대해 죽은 바 되었다는 3-5절을 다른 말로 표현해 설명한 것이다.

그리스도와 함께 십자가에 못 박힌 우리의 '옛사람'(παλαιὸς)은 구원받기 전 우리의 구원적이고 역사적인 명칭이며 또한 우리가 속했던 사회적 구조를 뜻한다(Jewett, Tannenhill). 그러므로 '옛사람'을 개인적 차원에서만 이해하려 하거나, 혹은 개인적 차원을 모두 없애고 조직적 차원에서만 이해하려는 것은 바람직하지 않다(Keck, Moo, Schreiner). 우리의 '옛사람'은 다시는 죄에 종노릇하지 않도록 예수님과 함께 십자가에 못 박힌 바 되었다.

'죄의 몸'(τὸ σῶμα τῆς ἁμαρτίας)(6a절)은 우리 몸을 '죄로 가득한 덩어리'로 묘사한 것으로 해석된다(Calvin). 혹은 '죄짓는 몸'(Luther), '죄에 동원될 수 있는 몸'(Harrison & Hagner), '옛 욕망'(Hodge), '옛 시대에 죄가 지녔던 힘'(Nygren), '죄가 다스리던 육체'(Gundry, Jewett), '죄의 조정을 받는 사람'(Cranfield, Bultmann, Keck, Ziesler), '죄에 쉽게 현혹되는 몸'(Thielman) 등 매우 다양하게 해석된다. 정확히 무엇을 의미하는지는 그다지 중요하지 않다. 중요한 것은 이 '죄의 몸'이 죽었다는 사실이다(6b절). '죽다'(καταργέω)는 바울이 자주 사용하는 용어(3:3, 31; 4:14; 7:2, 6)이며, 전멸해(annihilate) 모든 힘과 효력을 잃었다는 뜻이다(Hays, Hofius).

아담의 후예로 태어난 사람은 선택의 여지 없이 모두 죄에 종노릇했다. 그들이 행한 것은 모두 죄였다. 반면에 그리스도를 믿는 자들은 예전처럼 죄의 노예로 살 것인지, 혹은 그리스도의 지배 아래에서 죄를 짓지 않으며 살 것인지 선택의 여지가 생겼다. 그렇다고 해서 그리스도 안에 있으면서 예전처럼 죄의 노예로 살기를 선택할 수 있는 것은 아니다. 바울이 하고자 하는 말은 '만일 믿는 자들이 그리스도 안에서 세례를 받아 죄에 대해 죽었다면, 우리의 옛사람이 십자가에서 죽었다면, 또한 우리 죄의 몸이 파괴되었다면, 우리가 어떻게 계속 죄를 지으며 살겠는가! 이는 결코 있을 수 없는 일이다!'라는 것이다.

믿는 자들은 예수님과 함께 부활했기 때문에 그리스도 안에서 새로운 삶을 살게 되었다. 그러나 그들의 육체적 부활은 종말에 있을 일이다. 그러므로 이 악한 시대를 사는 그들은 아직 모든 방면에서 자유롭지는 않다(cf. 고전 15:20-28). 그들은 첫 번째 아담이 가져다준 죽음을 아직도 경험한다. 또한 그들의 몸 주변에는 아직도 죄가 도사리고 있다. 다행히 하나님이 종말에 그들이 최종적으로 승리할 것을 보장하셨다. 그들이 죽음을 이기고 부활하신 제2(마지막) 아담이신 예수님과 연합했고 예수님이 그들의 머리가 되셨기 때문이다(갈 3:28).

이 세상의 삶에서 믿는 자들은 죄를 완전히 이기지 못한다. 바울은 그리스도인들이 이 땅에서 죄를 지을 수 없다고 말하는 것이 아니다. 다만 죄가 더는 그들을 옛날처럼 지배하지 못한다고 한다. 그리스도를 믿는 이들에게는 종말이 이미 시작되었기 때문이다.

저자가 죄에 대해 이처럼 단호하게 말할 수 있는 것은 죽은 자가 죄에서 벗어나 의롭다 하심을 얻었기 때문이다(7절). 그가 말하는 '죽은 자'(ὁ ἀποθανὼν)는 누구인가? 어떤 이들은 예수님이라고 하지만, 그리스도와 함께 죽은 사람들, 곧 믿는 자들을 뜻한다(Cranfield, Thielman). 예수님과 함께 죽은 사람들은 죄에서 벗어났을 뿐 아니라 하나님의 의롭다 하심도 얻었다. '의롭다 하셨다'(δεδικαίωται)는 '의롭다'(δικαιόω)의 수동태다. 그러므로 개역개정은 '의롭다 하심을 얻었다'라는 의미로 해석했다. 그러나 본문에서처럼 이 동사에 전치사(ἀπό, …으로부터, from)가 더해지면 '풀려나다'라는 의미를 지닌다(TDNT). 그러므로 그리스도와 함께 죽은 사람은 죄가 더는 노예로 붙잡아 두지 못하고 자유인으로 '놓아준다'(freed from sin)라는 의미를 지닌다(새번역, 공동, ESV, NAS, NIV, NRS).

예수님과 연합하여 주님의 죽음에 동참한 것은 또한 예수님과 함께 부활한 것과 같으므로 우리는 새로운 삶을 살게 되었다(8-10절). 그러므로 더는 옛사람의 그늘 아래 예전에 살던 방식대로 살 필요가 없다. 죄의 지배를 받았을 때는 우리가 하는 모든 것이 죄였지만, 이제는 죄를 짓지 않고 살 수 있는 자유(해방)를 누리는 중이다. 믿는 사람들은 이제 종말을 소망하며 하나님 앞에서 그리스도의 삶에 부합한 삶을 살 수 있다.

우리가 그리스도와 함께 죽었다면 또한 그리스도와 함께 살 것이다 (8절). 예전에는 바울이 접했던 미스터리 종교(죽었다가 살아나는 것을 반복하는 신들을 숭배하는 종교)에서 '그리스도와 함께'(σὺν Χριστῷ)라는 표현이 온 것이라 주장하는 학자가 많았다(cf. Barth, Käsemann, Tannehill). 그러나 지금은 거의 모든 학자가 이러한 주장을 부인한다(cf. Stuhlmacher, Wagner, Wedderburn). 그리스도의 죽음과 부활은 단 한 차례 실제로 있었던 일이며, 이 종교들의 신이 주기적으로 죽었다가 살아나는 것과는 전혀 상관없는 일이기 때문이다.

우리가 그리스도와 죽었다면 또한 그리스도와 함께 부활할 것도 보장된다. 그러므로 우리는 현재에도 죄에 얽매이지 않고 부활 소망을 가진 사람처럼 살아야 한다. 우리의 소망은 '그리스도와 함께'를 근거로 해야 한다. 그리스도와 함께 죽은 사람은 그분과 함께 부활할 것이다(cf. 고후 4:14; 살전 4:14).

우리가 예수님과 함께 부활할 것을 확신하는 것은 예수님이 죽은 자 가운데서 살아나셨으며 다시 죽지 않으시고 사망이 다시 그를 주장하지 못할 것을 알기 때문이다(9절). 죽음에서 부활하신 예수님이 다시 죽으실 수는 없다. 하나님은 예수님이 다시는 죽음의 영향을 받지 않게 하셨다(cf. 고전 15:42-50; 빌 3:20-21). 예수님은 모든 믿는 자들이 어떠한 부활을 경험할 것인지에 대한 모델 사례라 할 수 있다(Wright, cf. 6:5; 고전 15:47-49; 빌 3:21). 그러므로 우리는 예수님의 부활을 보고 우리도 주님처럼 부활할 것을 소망해야 한다. 우리가 아직은 '이미-아직'(already-not yet)의 범주에서 살고 있기 때문에 죽음의 영향에서 완전히 벗어날 수는 없지만, 종말이 되면 예수님처럼 죽음에서 완전히 벗어날 것이다.

예수님은 죄에 대해 단번에 죽으셨다(10a절). '단번에'(ἐφάπαξ)는 '단 한 번'(once for all)으로 영원히 효과를 발휘한다는 뜻이다. 예수님의 죽음은 우리의 죄를 대속한 사건이며 반복될 수 없다. 또한 예수님의 부활은 죽은 나사로가 살아난 것과 질적으로 다르다(cf. 요 11:1-44). 그러므로 '단번에 죽으심'은 하나님과 영원히 사시는 일과 대조를 이룬다.

그리스도께서 죄에 대해 죽으셨다는 것은 예수님이 죄를 지으셨다는 뜻이 아니다. 예수님은 제2(마지막) 아담으로서 죄의 결과인 죽음을 자원해서 경험하셨다(Schreiner). 죄인인 우리가 죄에 대해 죽는 것과 다르다(cf. 2, 11절). 예수님은 죄를 알지 못하셨다(짓지 않으셨다)(고후 5:21; 히 7:27). 우리의 죄를 대속함으로써 죄와 죽음이 지배하지 못하는 삶을 새로운 기회로 주시고자 자신을 희생 제물로 바치셨다. 그러므로 우리는 예수님의 죽음을 통해 하나님을 섬기고 의를 행할 자유를 누리게 되었다(Calvin, Cranfield, 5:17, 21; 6:6, 9, 16, 18-20, 22).

저자는 11-13절에서 네 개의 명령문을 사용해 그리스도인이 살아야 하는 삶에 대해 권면한다. 처음 두 가지는 그리스도인이 내부적으로 가져야 할 생각과 다짐이며, 나머지 두 가지는 우리의 몸(삶)을 어떻게 해야 하는지에 관한 권면이다. 믿음은 마음의 다짐으로 시작해 몸(실천)으로 표현되어야 한다는 것을 암시한다.

첫째, 우리는 죄에 대해서는 죽은 사람이요, 하나님을 위해서는 그리스도 예수 안에서 살고 있는 사람이라는 것을 알아야 한다(11절). '여기다/알다'(λογίζομαι)는 '헤아리다, 판단하다, 고려하다'라는 의미를 지니며, 우리는 예수님과 연합하여 죄에 대해서는 죽고 하나님께 살아 있다는 사실을 항상 마음에 두고 살아야 한다는 뜻이다(Käsemann). 이러한 사실을 다르게 말하자면 만일 우리가 더 이상 죄의 지배를 받지 않는다면, 그것은 우리가 하나님께 살아 있다는 증거다.

둘째, 죄가 우리의 죽을 몸을 지배하지 못하게 함으로써 몸의 사욕에 굴복하는 일이 없게 해야 한다(12절). 이 말씀은 11절에 함축된 의

미라 할 수 있다. 우리가 죄에 대해 죽었다고 해서 죄를 짓고 싶은 욕
망이 다 사라지거나 더는 그 욕망과 싸우지 않아도 되는 것이 아니다.
바울은 죄가 사람의 죽을 몸을 지배하는 것을 왕이 백성을 다스린다는
의미를 지닌 동사(βασιλεύω)를 사용해 표현한다. 죄는 마치 왕이 백성을
다스리는 것에 비교할 만큼 매우 큰 권력으로 사람들을 괴롭힌다는 뜻
이다. '죽을 몸'(τῷ θνητῷ σώματι)을 오직 육신으로 해석하는 이들도 있
지만(Gundry), 몸만 죄를 짓는 것은 아니다. 또한 저자는 마음에 품은
'사욕'에 관해서도 말한다. 그러므로 '죽을 몸'은 우리 몸과 마음을 포함
한 전인(全人)을 뜻한다(cf. Cranfield).

우리가 그리스도와 연합하여 죄와 죽음의 지배에서 벗어나더라도 죄
와 죽음은 종말이 올 때까지 믿는 자들을 계속 위협하는 권세로 남아
있다(cf. 5:12-21). 아직 구원이 온전하게 완성되지 않았고 종말에 가서
야 온전히 이루어질 것이기 때문이다. 그러므로 이 땅에 사는 한 우리
에게는 죄를 짓고 싶은 충동이 항상 있다. 그러나 그 충동을 다스려야
한다. 또한 우리가 싸워야 할 죄는 외적으로 드러나는 죄만이 아니다.
사욕도 이겨 내야 하는데, '사욕'(ἐπιθυμία)은 '욕망, 바람'이다. 마음속에
품는 것들이다. 이러한 죄는 사람의 눈에는 보이지 않지만, 겉으로 드
러나는 죄보다 다루기가 더 어렵다. 또한 몸(삶)으로 짓는 죄는 이러한
사욕에서 시작된다. 그러므로 예수님은 "음욕을 품고 여자를 보는 자
마다 마음에 이미 간음하였느니라"(마 5:28)라고 말씀하셨다. 우리는 의
도적으로 저항하며 이 같은 사욕을 정복해야 한다(Keck).

셋째, 우리는 우리 지체를 죄에 내주어 불의한 무기가 되게 해서
는 안 된다(13a절). 그리스도인이 지녀야 하는 마음에 관한 두 가지 권
면이 끝나고 삶에 대한 권면이 시작되고 있다. '지체'(μέλη)는 우리의
신체를 구성하는 부분이며, '내주다'(παρίστημι)는 '…의 처분에 맡기
다'(put at someone's disposal)라는 의미다. '무기'(ὅπλον)는 연장(tool)을 뜻
한다(BDAG). 바울은 우리 몸의 일부분이라도 죄가 마음대로 조종하

고 사용하는 도구(연장)로 내주어서는 안 된다고 한다. 평생 이렇게 살아야 한다는 것을 강조하기 위해 지속적인 면을 강조하는 현재형 명령(παριστάνετε)을 사용한다. 우리는 우리 신체의 어떠한 부분도 죄가 사용하는 도구로 내주지 않도록 계속 투쟁해야 한다.

넷째, 우리는 우리 자신을 죽음에서 살아난 사람처럼 하나님께 드리며 우리 지체를 의의 무기로 하나님께 드려야 한다(13b절). "죽은 자 가운데서 다시 살아난 자 같이 하나님께 드리며"는 죽어 마땅한 자 가운데 살아났으니 하나님께 드리라는 의미다(Cranfield). 하나님의 살리시는 은혜를 경험한 사람이 자기 자신을 하나님께 의의 무기로 드리는 것은 그가 해야 할 당연한 일이다.

'의의 무기'(ὅπλα δικαιοσύνης)는 하나님이 기뻐하시는 윤리적·도덕적 기준에 따라 행하는 것을 뜻한다(Moo, Schreiner, Thielman, cf. 사 5:7; 59:14-17). 우리 몸이 죄의 도구가 되지 않게 하는 유일한 방법은 우리 몸을 하나님께 드려 의의 도구로 쓰시게 하는 것이다. 죄 문제는 '다시는 죄를 짓지 않겠다'며 의지를 다지는 것으로 해결되지 않는다. 죄를 대체할 선한 것을 추구할 때 해결된다. 금연을 예로 들자면, 담배를 피우는 사람이 담배를 끊겠다고 다짐하고 끊는 것은 매우 어려운 일이다. 담배를 끊는 것에만 초점을 맞추면 온종일 담배와 금연 현상을 '묵상할' 것이기 때문이다. 반면에 담배 피우는 것을 대체할 선한 것을 생각해 내고 담배를 피울 시간에 선한 일을 행한다면 훨씬 쉽게 담배를 끊을 수 있다. 담배에 대한 생각이 훨씬 줄어들기 때문이다.

지체를 하나님께 드리라는 권면에서 '드리다'(παρίστημι)는 죄에 몸을 도구로 내주지 말라고 할 때 사용한 단어와 같다(13a절). 차이는 죄에 몸을 내주지 말라고 할 때는 현재형 명령(παριστάνετε)을 사용해 내주지 않는 일을 계속하라는 의미를 강조했다. 한편, 하나님께 드리라고 할 때는 부정 과거형 명령(aorist imperative)인 '드렸다'(παραστήσατε)를 사용한다. 이미 하나님께 자기 몸을 의의 도구로 드린 자는 다시 자기 몸을 죄의 도구로 내줄 수 없다는 뜻이다(Dunn, Thielman). 또한 '내주다/드리다'와 '도구/무기'는 군사적 용어다(TDNT). 우리는 군인으로서 왕이신 하나님을 섬겨야 한다(Moo, cf. Dunn).

죄는 이제 그리스도인을 주장하지(지배하지) 못한다(14a절). 죄는 권력이다. 그러므로 죄의 지배 아래 있는 자들을 자꾸 다스리려고(주장하려고) 한다. 그러나 그리스도인은 이제 법 아래 있지 않고 은혜 아래 있다(14b절). 어떤 이들은 '법'(νόμον)이 일반적인 규칙/법을 의미한다고 하지만(Murray), 대부분 학자는 모세 율법으로 해석한다(cf. Schreiner). 그러므로 그리스도인은 율법의 정죄 아래 있지 않다는 뜻으로 해석할 수 있다(Calvin, Cranfield, Stott). 혹은 율법을 통해 하나님께 인정받으려는 율법주의 아래 있지 않다는 뜻으로 해석할 수도 있고(Barrett), 그리스도인은 이방인과 유대인을 나누는 기준이던 율법을 지키지 않아도 된다는 의미로 해석할 수도 있다(Käsemann).

우리는 죄가 다스리는 곳(장소)을 벗어나 은혜로우신 하나님이 다스리는 곳(장소)에 와 있다. 다스리는 왕의 이미지가 계속된다(Thielman). 우리는 결코 죄를 우리를 다스리는 왕으로 삼을 수 없다. 오직 하나님이 우리를 다스리시도록 우리 자신을 의의 도구로 드려야 한다. 아직도 율법이 지배하는 시대에 살면 율법이 우리를 주장할 것이다. 그러나 그리스도 시대에 사는 사람들은 은혜가 그들을 주장한다. 모세 율법이 지배하던 시대와 예수 그리스도께서 시작하신 새로운 시대가 극명한 대조를 이룬다(Dunn, Moo).

이 말씀은 은혜가 죄에 대한 변명이 되지 못한다고 한다. 어떤 이들은 바울이 하나님의 은혜가 더하도록 죄를 더 지으라고 가르쳤다고 했지만, 바울은 결코 있을 수 없는 일이라 한다(1-2절). 하나님의 은혜는 예수 그리스도 안에서 죄를 용서받고 죄에서 자유로운 삶을 시작하려는 사람들에게 기회를 주는 것이지, 계속 죄를 지으려는 사람들을 정당화하는 면죄부가 아니다. 우리는 용서받은 죄를 반복하지 않도록 안

간힘을 써야 한다.

종말에 대한 소망이 없이는 죄를 이겨 내기가 쉽지 않다. 성화는 현재 진행형이며 세상이 끝나는 날 비로소 완성될 것이기 때문이다. 그러므로 오늘 우리가 죄를 계속 짓는다고 해서 좌절하지 말고, 더는 죄를 짓지 않게 될 날을 꿈꾸며 조금 더 노력하자. 예수님이 도우실 것이다.

어떠한 유형의 율법주의도 우리 삶을 지배하게 해서는 안 된다. 예수 그리스도를 믿는 우리는 이미 죄와 율법이 다스리는 곳을 떠나 하나님의 은혜가 다스리는 곳에 와 있기 때문이다. 우리는 성령이 우리 삶을 지배하도록 우리 몸을 온전히 하나님께 의의 도구로 드려야 한다.

Ⅲ. 의에 이른 결과: 새 언약과 새 창조(5:1-8:39)
　　C. 은혜가 죄를 이김(6:1-23)

2. 하나님이 의롭다 하신 종들(6:15-23)

[15] 그런즉 어찌하리요 우리가 법 아래에 있지 아니하고 은혜 아래에 있으니 죄를 지으리요 그럴 수 없느니라 [16] 너희 자신을 종으로 내주어 누구에게 순종하든지 그 순종함을 받는 자의 종이 되는 줄을 너희가 알지 못하느냐 혹은 죄의 종으로 사망에 이르고 혹은 순종의 종으로 의에 이르느니라 [17] 하나님께 감사하리로다 너희가 본래 죄의 종이더니 너희에게 전하여 준 바 교훈의 본을 마음으로 순종하여 [18] 죄로부터 해방되어 의에게 종이 되었느니라 [19] 너희 육신이 연약하므로 내가 사람의 예대로 말하노니 전에 너희가 너희 지체를 부정과 불법에 내주어 불법에 이른 것 같이 이제는 너희 지체를 의에게 종으로 내주어 거룩함에 이르라 [20] 너희가 죄의 종이 되었을 때에는 의에 대하여 자유로웠느니라 [21] 너희가 그 때에 무슨 열매를 얻었느냐 이제는 너희가 그 일을 부끄러워하나니 이는 그 마지막이 사망임이라 [22] 그러나 이제는 너희가 죄로부터 해방되고 하나님께 종이 되어 거룩함에 이르는 열매를 맺었으니 그 마지막은 영생이라 [23] 죄의 삯은 사망이요 하나님의 은사는

그리스도 예수 우리 주 안에 있는 영생이니라

바울은 이 섹션에서 노예의 삶을 예로 들며 좋은 의(18, 19절)와 하나님(22절)을 섬기든지, 혹은 죄를 섬기든지(16, 17, 18, 20, 22절) 둘 중 하나를 선택해야 한다고 한다. 이 두 가지 선택 사이에 중간은 없다. 하나를 떠나면서 다른 하나를 택하지 않을 수는 없다는 것이다. 그러므로 죄의 다스림에서 벗어나 하나님의 은혜로 그분의 자녀가 된 그리스도인은 마치 아직도 죄의 다스림 아래 있는 것처럼 부도덕하고 비윤리적으로 살 수 없다(Thielman). 또한 은혜 아래 사는 사람이 죄에서 벗어났다고 해서 자기 마음대로 할 수 있는 것도 아니다. 죄의 종으로 살던 삶을 청산한 그는 하나님과 의의 종이 되어야 한다.

"그런즉 어찌하리요 우리가 법 아래에 있지 아니하고 은혜 아래에 있으니 죄를 지으리요"(15a절)는 6:1에서 던진 '우리가 죄를 더 많이 지어 은혜가 더 풍성하게 할 것인가?'라는 질문을 다른 말로 표현한 것이다(Harrison & Hagner, Murray). 믿는 이들은 더는 그들을 억압하고 속박하는 율법 아래 있지 않고 은혜 아래에서 참 자유를 누리고 있다. 그렇다면 그리스도인의 경우 자신은 모든 것에서 자유롭다며 죄를 지어도 되는가? 이는 믿는 자들은 더는 법 아래 있지 않고 은혜 아래 있다는 6:14 말씀을 악용해 잘못된 논리와 적용으로 문제를 제기하는 자들을 반박하는 질문이다. 이 수사학적인 질문에 대해 저자는 "그럴 수 없느니라!"(μὴ γένοιτο)라고 단호하게 선언한다(15b절).

그리스도인이 더는 율법 아래 있지 않다고 하는 것이 모든 도덕과 윤리에서 해방되었다는 의미는 아니다. 예수님이 우리를 은혜 아래로 인도하신 것은 계속 죄를 지어도 된다는 뜻이 아니다. 우리를 '그리스도의 율법'(ἔννομος Χριστοῦ) 아래 두어 선과 의를 행하게 하기 위해서다(고전 9:21; 갈 6:2; cf. 롬 8:4; 13:8-10). 하나님이 예수 그리스도를 통해 우리에게 주신 자유는 '죄를 짓는 자유'를 포함하지 않는다(Käsemann, Moo).

그러므로 우리가 율법 아래 있지 않고 은혜 아래 있다고 해서 모든 '법'
에서 자유롭게 된 것은 아니다(Murray). 우리에게는 준수해야 할 '그리
스도의 율법'이 있기 때문이다.

우리말과 헬라어는 어순이 다른데, 헬라어 성경에서 16절은 '알지 못
하느냐?'(οὐκ οἴδατε)라는 질문으로 시작한다. 이 질문도 모든 사람이 아
는 사실에 대한 수사학적인 질문이다. 저자는 로마 성도들이 그가 하
는 말을 당연히 알고 있다는 뜻에서 이렇게 질문한다(cf. 6:3). 그는 당
시 노예 제도에 착안해 노예가 오직 한 주인만 섬길 수 있다는 사실을
예로 든다(16a절). 그런데 표현 방식이 특이하다: "너희 자신을 종으로
내주어 누구에게 순종하든지 그 순종함을 받는 자의 종이 되는 줄을
너희가 알지 못하느냐?"(16a절).

바울은 로마 성도들이 스스로 자신을 노예로 파는 것처럼 말한다.
실제로 있었던 일이며, 저자도 이러한 사실을 알기에 이렇게 말한다.
당시 로마 성도들은 대부분 슬럼 지역에 살았으며, 그들 중 상당수가
경제적인 이유로 인해 자기 자신을 노예로 팔았다(Thielman). 그러므로
저자는 독자들의 삶에서 자주 일어나는 일을 예로 들고 있다. 그들의
이해를 돕기 위해서다.

종이 되면 오직 자기 주인에게만 순종해야 한다(16a절). 예수님은 누
구든지 죄를 범하면 죄의 종이라고 하셨다(요 8:34). 죄의 종은 죄에만
순종하는 삶을 살다가 결국 사망에 이르게 된다(16b절). 죄는 두 가지
차원에서 사람을 죽음에 이르게 한다: (1)삶이 온갖 불의와 악독으로 가
득하다(1:29), (2)하나님의 심판으로 인해 죽음을 맞게 된다(1:32). 반면
에 순종의 종은 하나님에게만 순종함으로써 의에 이르게 된다(16c절).

사람은 누구(무엇)를 주인으로 택하든 그 주인에게만 순종해야 한다.
죽음에 이르게 하는 죄의 종이 되든지, 혹은 의에 이르게 하는 순종의
종이 되든지 둘 중 하나를 선택해야 한다. 원래는 '순종'이 아니라, 죄
와 대조되는 '의' 혹은 '하나님'의 종이 되라고 하는 것이 맞다(cf. 18-19,

261

22절). 그러나 바울은 은혜 아래 사는 사람의 삶에서 '순종'이 가장 중요하다는 것을 강조하기 위해 순종의 종이 되라고 한다(Moo, Schreiner, cf. 6:18-20). 순종하면 많은 의를 행하게 된다. 또한 순종은 믿음에서 비롯되기에 하나님의 종이 되는 것을 전제한다(Stuhlmacher, cf. 1:5; 15:18).

두 선택 사이에 중립은 없다. 하나를 떠나면서 또 다른 것 역시 거부할 수는 없다. 만일 그리스도인이 그의 새 주인인 은혜 아래 있다고 주장하면서 옛 주인인 죄의 노예로 살면 그의 주장은 설득력이 없다. 하나님의 은혜는 단지 죄인을 용서하는 일에서 끝나지 않는다. 용서받은 삶에서 죄의 권세를 끊어 내는 것도 하나님의 은혜가 하는 일이다.

저자는 원래는 죄의 노예였던 그리스도인들이 전해 들은 교훈의 본을 마음속 깊은 곳에서부터 순종하게 하신 하나님께 감사한다(17절). 그들이 스스로 죄의 나라를 벗어난 것이 아니라, 하나님이 그들을 탈출하게 하신 것을 감사한다(Schreiner, Thielman). '너희에게 전하여 준 바 교훈의 본'(εἰς ὃν παρεδόθητε τύπον διδαχῆς)이 자연스러운 문구가 아니라며 훗날 사본을 필사한 사람이 삽입한 것이라고 주장하는 이들이 있는가 하면(Bornkamm, Bultmann, Jewett), 자연스럽지 않은 것이 오히려 이 문구가 원본이라는 증거라고 주장하는 이들도 있다(Stuhlmacher). 필사하는 사람은 의미를 더 정확하게 하기 위해 자연스러운 말을 더하지 의미를 혼란스럽게 하는 부자연스러운 말을 넣을 이유가 없기 때문이다.

또한 '너희에게 전하여 준 바 교훈의 본'이라는 말을 어떻게 해석하느냐에 따라 '교훈의 본'이 무엇인지 달라질 수 있다. 우리말 번역본들은 한결같이 로마 성도들이 전해 받은 교훈의 본을 마음으로 순종한 것으로 해석한다(개역개정, 새번역, 공동, 아가페, cf. 고전 11:2; 살후 2:15; 3:6). 그러나 본문은 부정 과거형 2인칭 복수 수동태(παρεδόθητε)를 사용해 '교훈의 본'이 그들에게 전달된 것이 아니라, 그들이 '교훈의 본'에 전달된 것이라 한다(Moo, Schreiner, cf. ESV, NAS, NRS). 만일 '교훈의 본'이 그들에게 전달된 것이라면, '교훈의 본'은 사도들의 가르침(Nanos)

혹은 바울의 가르침(Longenecker, Meyer) 등으로 해석할 수 있다.

반면에 그들이 본문이 말하는 것처럼 '교훈의 본'(τύπον διδαχῆς)으로 전달되었다면 이 교훈의 본은 그들이 죄의 나라를 떠나 하나님과 의의 나라로 옮겨질 때 그들을 맞이한 것이다. 이렇게 해석할 경우 '교훈의 본'은 '그리스도의 율법'(Harrison & Hagner, cf. 갈 6:2), 새 언약, 마음에 새겨진 율법 등으로 해석될 수 있다. 구약 언약이 실현되었다는 것을 의미하며, 하나님이 그들에게 온전히 복음에 순종할 마음도 주셨다는 것을 암시한다(Schreiner, Thielman, cf. 렘 31:31-34; 겔 36:26-27). 이 해석이 문법과 문맥에 더 잘 어울린다.

하나님의 은혜가 다스리는 곳으로 옮겨진 로마 성도들은 그곳에서 접한 교훈의 본에 순종해 죄로부터 해방되고 의에게 종이 되었다(18절). 의의 종이 된다는 것은 기독교인이 예수님으로 인해 누리게 된 참된 자유가 새로운 유형의 종 생활이라는 것을 암시한다. 그들은 종이 주인을 섬기듯 하나님과 그의 의를 섬겨야 한다. 그럼에도 불구하고 하나님 안에서의 삶을 노예 생활에 비유한 점은 다소 생소하다.

바울은 로마 성도들에게 그들이 과거에 경험했던 일을 일종의 반면교사로 삼으라고 한다(19-22절). 먼저 자신은 '사람의 예대로 말한다'('Ανθρώπινον λέγω)(19a절)며 그들의 삶을 돌아보면 자신이 무슨 말을 하는지 쉽게 이해할 수 있을 것이라 한다. 로마 성도들은 그들의 육신이 얼마나 연약한지 잘 안다(19a절). '육신이 연약하다'(τὴν ἀσθένειαν τῆς σαρκὸς)는 것은 육체의 낮은 도덕성, 혹은 자꾸 죄를 짓게 되는 나약함을 뜻한다(6:12; cf. 고전 15:43). 사람이 자기 육체의 주인으로 있는 한 그의 몸은 항상 죄에 노출이 되어 있다. 그러므로 육신이 연약하다는 것은 육신을 강하게 해 줄 새 주인이 필요하다는 사실을 암시한다(cf. Cranfield).

저자는 '전'(ὥσπερ)과 '지금'(νῦν)을 대조하며 가르침을 이어 간다(19b절). 전에는 죄에 노출된 연약한 지체를 지녔던 그들이 부정과 불법에 자기 몸을 내주어 불법을 행했다. 부정과 불법의 노예로 살았던 것이다. 바울 서신에서 '부정'(ἀκαθαρσία)은 자주 성적인 죄를 뜻한다(1:24; 고후 12:21; 갈 5:19; 엡 4:19; 5:3; 골 3:5; 살전 2:3; 4:7), '불법'(ἀνομία)은 하나님의 도덕적 기준을 범하는 죄를 지으려는 의지의 표현이다(Schreiner). 이 둘은 삶을 파멸에 이르게 한다(Byrne). 사람은 파멸의 구덩이에서 스스로 헤어날 수 없다. 그러므로 전에는 자신이 절망적으로 살았다는 사실을 인정할 수밖에 없다.

그러나 '이제'는 다르다. 하나님이 그들을 죄와 절망의 나라에서 탈출시키셨기 때문이다. 그러므로 자유인이 된 그들은 구원하신 하나님을 섬기며 살아야 한다. 어떻게 하는 것이 하나님을 섬기는 것인가? 예전에 부정과 불법에 몸을 내주었던 것처럼 이제는 자기 몸을 의에 노예로 내주어 거룩함에 이르게 하면 된다(19c절). 예전 주인(부정과 불의)에게 충성하며 살았던 것처럼 이제는 새 주인(하나님과 의)에게 충성하며 살라는 것은 무리한 요구가 아니라는 뜻이다(Calvin).

'전과 지금' 비유의 핵심은 '자의'(self-will)다. 육신이 연약한 것은 사실이지만, 부정과 불법에 몸을 내어준 자는 그들이다. 죄는 매우 강력한 권세지만, 우리가 어떻게 해도 이기지 못하는 힘을 발휘하지는 않는다. 죄는 사람을 유혹하지만, 죄를 짓는 것은 사람이다. 결국 자기 자신을 죄에 내어준 사람은 이후 그들의 주인이 된 죄가 지시하는 대로 행한다(Schreiner). 종종 벗어나고 싶은 충동을 느끼기도 하지만, 스스로 벗어날 수 없다. 그러므로 하나님이 도우셔야 죄가 지배하는 나라를 벗어날 수 있다.

하나님의 도우심으로 죄의 나라를 탈출한 그들이 의의 종이 되는 것도 그들의 의지가 결정할 일이다. 그러므로 저자는 그들에게 몸을 의에게 종으로 '내주라'(παραστήσατε)고 권면한다. 의의 종이 될 것인지 그들 스스로 결단하라는 권면이다. 그렇다고 해서 그들에게 의의 종이 되지 않겠다고 결정할 권한이 있는 것은 아니다. 만일 그들이 의의 종이 되지 않기로 결정하면 그들은 죄의 종으로 계속 남아 있어야 한다.

자기 자신을 '의의 종'(δοῦλα τῇ δικαιοσύνῃ)으로 내어 주는 것은 좋은 일이다. 의의 지배를 받는 종으로 살다 보면 거룩함에 이르게 되기 때문이다. '거룩함'(ἀγιασμός)은 하나님의 도덕적 기준에 부합하는 삶을 살아 성화되어 간다는 뜻이다(Cranfield, Moo).

그들이 죄의 종으로 살았을 때는 의에 대해 자유로웠다(20절). '의에 대하여 자유로웠다'(ἐλεύθεροι ἦτε τῇ δικαιοσύνῃ)라는 말은 의와 전혀 상관없는 삶을 살았다는, 곧 그 어떠한 의로운 일도 행할 수 없었다는 뜻이다. 그러나 이 말씀의 포인트는 그들이 죄의 노예로서 어떠한 의도 행할 수 없다는 것이 아니다. 누구든지 두 주인을 섬길 수는 없다는 것이 강조하는 바다(Harrison & Hagner). 죄가 자신이 노예로 부리는 자들이 의를 주인으로 섬기는 일을 용납하지 않을 것이기 때문이다. 누구든지 죄에 얽매이든, 의에 얽매이든 둘 중 하나를 택해야 한다. 중립은 없다. 죄의 노예로 살든지 혹은 의의 노예로 살든지 결정해야 한다.

바울은 로마 성도들에게 그들이 죄의 노예로 살았을 때를 되돌아보라고 한다(21절). 그때 일을 생각하면 후회와 부끄러움밖에 없고, 만일 그 삶을 떠나지 않았더라면 죽음을 맞이했을 것이라고 한다. 지금 의의 노예로 사는 것이 그때보다 훨씬 좋다는 뜻이다. 그러므로 다시 죄의 노예로 돌아가는 것은 올바른 선택이 아니다.

이 문장의 어디까지가 질문인지에 대해 논란이 있다. 우리말 번역본은 대부분 질문 범위를 "너희가 그 때에 무슨 열매를 얻었느냐?"(τίνα οὖν καρπὸν εἴχετε τότε;)로 간주해 '그때'(τότε) 다음에 물음표(;)가 있는 것으로 해석한다(개역개정, 새번역, 공동). 그러므로 21절의 나머지 부분은 이 질문에 대한 답이 된다: "이제는 너희가 그 일을 부끄러워하나니 이는 그 마지막이 사망임이라." 그들이 사망에 이르게 하는 죄의 열매를 맺는 삶을 살았다는 뜻이다(Cranfield).

반면에 거의 모든 영어 번역본은 질문이 '부끄러워한다'(ἐπαισχύνεσθε)

까지 이어지는 것으로 해석한다: "지금에 와서 너희가 부끄러워하는 그런 짓들에 대해 그 당시 무슨 열매를 얻었느냐?"(τίνα οὖν καρπὸν εἴχετε τότε; ἐφ' οἷς νῦν ἐπαισχύνεσθε;)(ESV, NAS, NIV, NRS). 이 질문이 기대하는 답은 "아무 열매도 얻은 것이 없다"이다. 그렇다면 이 질문의 취지는 죄의 열매를 얼마나 맺었냐고 묻는 것이 아니라, 의에 이르게 하는 열매를 하나라도 맺어 본 적이 있는지를 묻는 것이다. 이 해석의 장점은 바울 서신뿐 아니라 신약 전반에서 '열매'가 지닌 긍정적인 의미를 유지할 수 있다는 것이다(cf. 1:13; 6:22; 15:28; 고전 9:7; 갈 5:22; 엡 5:9; 빌 1:11, 22; 4:17). 그들이 죄의 노예로 있을 때는 의의 열매를 하나도 맺지 못했기 때문에 그곳에 계속 머물렀다면 마지막에 사망을 맞이했을 것이다.

또한 두 가지 해석은 다음과 같은 차이를 보인다. 전자("너희가 그 때에 무슨 열매를 얻었느냐?")는 그들이 과거 일들(죄)에 대해 부끄러워하는 이유가 그것들이 사망을 초래하는 것이기 때문이라며 결과를 강조한다(Cranfield, Thielman). 후자("지금에 와서 너희가 부끄러워하는 그런 짓들에 대해 그 당시 무슨 열매를 얻었느냐?")의 경우, 그들이 부끄러워하는 것은 과거에 죄의 노예로 살 때 의로운 일을 하나도 하지 못한 것이다. 의의 종으로 살아 보니 의의 열매가 참으로 좋은 것인데, 이런 열매를 하나도 맺지 못하며 살았던 세월이 얼마나 후회되고 부끄러운지 비로소 깨달았다는 것이다. 후자가 바울의 논리에 더 잘 어울린다(Murray, Schreiner, Wright). 그는 우리가 죄의 노예로 있으면 어떠한 의도 행할 수 없다고 하기 때문이다.

바울은 앞에서 '전'(ὥσπερ)과 '지금/이제'(νῦν)의 차이를 논했는데(19절), 22절에서는 '지금/이제'(νυνί)와 '그때'(τότε)의 차이에 관해 말한다. 그는 예수 그리스도를 영접하고 회심한 때를 기준으로 전과 후의 삶을 논하고자 한다. 그리스도 안에서 새로운 삶을 시작한 사람은 과거 삶과 지금 삶의 차이를 알기 때문이다.

회심한 후인 지금(이제) 그들은 죄로부터 해방되고 하나님의 종이 되어 거룩함에 이르는 열매를 맺고 있다(22a절). '해방됨'(ἐλευθερωθέντες)은 부정 과거형(aorist)으로 이미 완성된 행동을 의미한다. 반면에 '열매를 맺다'(ἔχετε τὸν καρπὸν)는 현재형으로 계속 진행되는 행동을 뜻한다. 과거에 하나님이 그들을 죄의 노예에서 해방시키신 일을 계기로 그들은 지금까지 거룩함(성화)에 이르는 열매를 맺어 왔으며, 앞으로도 계속 열매를 맺을 것이다. 죄의 노예로 살던 '그때'에는 아무런 [의의] 열매도 얻지 못했는데, '지금'은 거룩함(성화)에 이르는 많은 열매를 맺고 있다. 계속 거룩함에 이르는 의의 열매를 맺다 보면 마지막에는 영생에도 이르게 될 것이다(22b절). '마지막'(τέλος)은 길이 끝나는 상황이며, 열매 맺는 삶은 평생 길을 가는 여정이다(Thielman). 하나님이 의의 열매를 맺으며 길을 가는 그들에게 길이 끝날 때 성화뿐 아니라 영생도 선물로 주실 것이다.

23절은 21-22절 내용을 요약하며 재차 확인하는 결론 역할을 한다. 죄의 삯은 사망이다(23a절). '삯'(ὀψώνιον)은 군인이 받는 임금/봉급이다(Käsemann, cf. 눅 3:14). 죄는 마치 자기가 왕이나 되는 것처럼 군인 부리듯 사람들을 부려 먹고는 끝에 가서 그들에게 죽음을 급여로 준다(Cranfield, Fitzmyer, Moo).

반면에 하나님은 의의 노예가 된 사람들에게 그리스도 예수 안에 있는 영생을 은사로 주신다(23b절). '은사'(χάρισμα)는 조건 없이 주는 '선물'이다(BDAG). 영생은 오직 예수님을 통해서만 얻을 수 있는 하나님의 선물이다. 그러므로 영생은 예수님과 연합하여 그의 죽음과 부활에 참여한 이들만 받을 수 있다.

이 말씀은 죄의 노예로 살 것인지, 혹은 의의 노예로 살 것인지 선택해야 한다고 한다. 선택을 거부하고 중립으로 살 수는 없다. 중립을 택하는 것은 옵션 중 하나가 아니기 때문이다. 때때로 사람들은 자신이 죄의 나라를 벗어났다는 것을 탈출(출애굽) 정도로만 생각한다. 그러나 죄의 나라에서 탈출했다는 것은 동시에 은혜의 나라에 입성했다는 뜻이지, 죄의 나라에서 탈출해 은혜의 나라에 들어가기 전 중간 지점에 있는 것이 아니다. 그러므로 은혜가 지배하는 나라에 들어선 우리는 하나님과 의의 노예가 되어 의롭고 선한 열매를 꾸준히 맺어야 한다. 계속 노력하면 거룩함에 이르게 될 것이고 영생도 선물로 받을 것이다.

우리가 더는 죄 아래 있지 않고 은혜 아래에서 산다고 해서 우리에게 죄를 지을 자유가 있는 것은 아니다. 하나님이 우리에게 주신 자유는 죄를 짓지 않아도 되는 자유다. 그러므로 그리스도 안에서 참된 자유를 누린다는 것은 곧 경건하고 거룩한 일을 할 수 있는 자유이지, 죄를 지을 수 있는 자유가 아니다.

또한 은혜는 사람을 변화시키는 능력이 있다. 하나님의 은혜는 많이 체험할수록 우리를 변화시켜 죄를 짓지 않게 한다. 하나님의 은혜를 입어 평생 경건하고 거룩한 열매를 맺으며 살아야 한다. 이런 열매를 통해 우리는 조금씩 성화되어 간다.

영생은 우리가 선하고 의로운 열매를 맺어 거룩함(성화)에 이를 때 하나님이 선물로 주신다. 그러므로 영생은 분명 하나님의 선물이다. 우리 노력으로는 절대 얻을 수 없는 것이기 때문이다. 또한 영생은 사람이 의롭게 살려고 노력할 때 얻는 것이기도 하다. 하나님이 우리의 선하고 의로운 노력을 보시고 선물로 주시는 것이기 때문이다.

Ⅲ. 의에 이른 결과: 새 언약과 새 창조(5:1-8:39)

D. 은혜가 율법을 이김(7:1-8:17)

이 섹션은 율법과 은혜의 관계를 논한다는 점에서 5:20에서 시작된 가르침이 계속되고 있다고 할 수 있다. 또한 그 말씀으로 돌아가서 율법이 왜 우리에게 죄를 짓게 하는지 설명을 이어 간다. 그러나 성령이 율법과 은혜에 어떻게 관여하시는가에 대한 내용을 추가함으로써 완전히 새로운 주제를 다루는 말씀이기도 하다.

저자는 2:1-3:20에서 율법을 가진 자들은 죄인이라 했다. 또한 6:1-14에서는 율법에 대한 자신의 가르침을 왜곡하는 사람들의 잘못을 지적하기도 했다. 은혜가 예수 그리스도와 함께 죽고 부활한 사람들을 속박하던 죄의 사슬을 완전히 끊어 냈지만, 은혜가 죄를 이겼다고 해서 마음대로 죄를 지을 수 있는 것은 아니라는 것이다. 죄는 항상 그리스도인들을 억압하려고 한다.

바울은 이 섹션에서 아직도 우리를 노예로 삼고자 하는 죄가 어떻게 율법을 통해 활성화되는지 설명한다. 본 텍스트는 다음과 같이 구분된다.

A. 율법으로부터 자유(7:1-6)
B. 율법의 신령함과 무능(7:7-25)
C. 생명의 성령(8:1-17)

III. 의에 이른 결과: 새 언약과 새 창조(5:1-8:39)
  D. 은혜가 율법을 이김(7:1-8:17)

1. 율법으로부터 자유(7:1-6)

¹ 형제들아 내가 법 아는 자들에게 말하노니 너희는 그 법이 사람이 살 동안만 그를 주관하는 줄 알지 못하느냐 ² 남편 있는 여인이 그 남편 생전에는 법으로 그에게 매인 바 되나 만일 그 남편이 죽으면 남편의 법에서 벗어나느니라 ³ 그러므로 만일 그 남편 생전에 다른 남자에게 가면 음녀라 그러나 만일 남편이 죽으면 그 법에서 자유롭게 되나니 다른 남자에게 갈지라도 음녀가 되지 아니하느니라 ⁴ 그러므로 내 형제들아 너희도 그리스도의 몸으로

말미암아 율법에 대하여 죽임을 당하였으니 이는 다른 이 곧 죽은 자 가운
데서 살아나신 이에게 가서 우리가 하나님을 위하여 열매를 맺게 하려 함이
라 5 우리가 육신에 있을 때에는 율법으로 말미암는 죄의 정욕이 우리 지체
중에 역사하여 우리로 사망을 위하여 열매를 맺게 하였더니 6 이제는 우리가
얽매였던 것에 대하여 죽었으므로 율법에서 벗어났으니 이러므로 우리가 영
의 새로운 것으로 섬길 것이요 율법 조문의 묵은 것으로 아니할지니라

이 섹션은 우리가 율법 아래 있지 않고 은혜 아래 있다는 6:15-23을
이어 간다. 믿는 자들은 더는 율법 아래 있지 않기 때문에 마음껏 죄를
지어도 된다는 논리를 부인한다. 은혜 아래 있는 사람은 은혜가 제시
하는 새로운 법(그리스도의 법, 의의 법)을 따라야 한다.

이 섹션을 시작하는 '알지 못하느냐'("Η ἀγνοεῖτέ)(1a절)는 저자가 그리
스도인이라면 모두 알고 있어야 하는 당연한 원리에 대해 말을 시작할
것을 암시한다. 어떤 이들은 이 섹션의 대상을 '법'을 아는 유대인으로
제한하지만, 그들을 '형제들'(ἀδελφοι)이라고 부르는 것으로 보아 바울
은 모든 로마 성도를 대상으로 말하고 있다(Longenecker, Moo, Schnabel).
로마 성도들은 어떤 형태로든 한때 율법 아래 있었기 때문에 율법에
대해 잘 아는 사람들이었다(Wright).

'법'(νόμον) 앞에 정관사(ὁ)가 없다는 점을 근거로 이를 자연법(Origen,
cf. Bray), 일반법(Sanday & Headlam), 혹은 로마법(Käsemann, Porter)으로 해
석하는 이들이 있다. 그러나 문맥과 정황을 고려할 때 유대인의 율법
이 확실하다(Calvin, Dunn, Fitzmyer, Harrison & Hagner, Schreiner, Thielman,
cf. 7절).

저자는 그들이 상식적으로 생각한다면, 율법은 사람이 살아 있
는 동안만 그를 주관한다는 점을 깨달을 것이라 한다(1b절). '주관하
다'(κυριεύω)는 주인이 종을 다스리는 것, 혹은 왕이 백성을 다스리는
것, 곧 지배한다는 뜻이다(BDAG). 율법은 사람을 노예 부리듯 한다.

다행인 것은 사람이 살아 있는 동안만 율법의 독재가 이어진다는 점이다. 죽은 사람은 더는 율법의 지배 아래 있지 않다. 그렇다면 우리가 율법을 벗어날 유일한 방법은 죽는 것이다. 즉, 살고자 한다면 죽어야한다. 그리스도와 함께 죽어야 옛 법에서 자유로워질 수 있다.

바울은 법이 살아 있는 사람에게만 유효하다는 사실을 설명하기 위해 결혼을 예로 든다(2-3절). 그러므로 NIV가 2절을 시작하며 삽입한 '예를 들면'(for example)은 적절하다(NIV). 결혼해 남편이 있는 여인은 그 남편이 살아 있는 동안에는 법으로 그에게 매인 바 된다(2a절). '매인 바'(ὕπανδρος)는 남편의 권위 아래 있다는 뜻이다(under the power of a man) (BDAG). 결혼한 여인이 남편의 다스림 아래 있는 것은 우리가 율법에 얽매여 살던 시대를 상기시킨다.

그러나 만일 남편이 죽으면 여인은 남편의 법(다스림)에서 벗어난다 (2b절). 율법은 아내가 남편에게 이혼하자고 할 수 없다고 한다. 반면에 남편은 아내와 이혼할 수 있다(신 24:1-4; cf. 마 19:1-9; 막 10:1-12). 로마법은 쌍방이 모두 이혼을 요구할 수 있게 했다(Dunn, Schreiner, cf. TDNT). 그러므로 남편이 죽어야 여인이 남편의 법에서 벗어난다는 것은 저자가 이 본문에서 말하는 법이 율법이라는 간접적인 증거다.

만일 남편 생전에 여인이 다른 남자에게 가면 음녀가 된다(3a절). 다른 남자와 재혼하는 것을 의미한다. '음녀'(μοιχαλὶς)는 간음한 여자를 뜻한다(BDAG). 이런 경우 전남편이 그녀의 친정과 그녀를 해할 수 있었다. 그러므로 이런 폐단을 막기 위해 모세는 이혼할 때 이혼 증서를 써 주게 했다(신 24:1). 이 증서가 있으면 다른 남자와 재혼해도 무관하다. 다만 재혼한 남자가 죽어서 다시 홀로 되더라도 전남편에게 돌아갈 수는 없다(신 24:2-4). 이러한 정황을 고려할 때 이혼 증서는 당시 여인들을 보호하기 위한 장치였다.

남편이 죽으면 여인은 남편의 법에서 자유롭게 되며, 다른 남자와 결혼해도 음녀가 되지 않는다(3b절). 죄가 되지 않는다는 뜻이다. 그러나 바울의 논리를 따르자면 남편이 죽었을 때 아내가 자유롭게 되는 것이 아니라, 아내가 죽을 때 비로소 자유인이 되어야 한다(Robinson). 그러므로 어떤 학자들은 남편이 율법을, 아내가 그리스도인을 상징한다는 전통적인 해석(cf. Bruce)에 문제를 제기한다. 한편, 아내는 그리스도인의 '참 자신'(true self)이고, 남편은 '옛사람'이며, 율법은 옛사람을 정죄한 것이고, 아내의 새 결혼은 그리스도와의 연합이라고 해석하는 이들이 있다(Sanday & Headlam). 처음 남편의 죽음은 그리스도의 십자가 죽음이며, 재혼으로 만난 남편은 부활하신 그리스도와의 연합이라고 해석하는 이들도 있다(Earnshaw, cf. Schreiner).

그러나 이러한 해석은 바울이 쉽게 설명하기 위해 단순하게 예로 드는 것을 지나치게 해석하는 처사다(Wright). 예화에 등장하는 요소를 모두 일대일로 일치시킬 필요는 없다. 저자는 단순히 사람과 율법의 관계가 죽음을 통해 바뀐다는 것을 말하고자 한다. 생각해 보면 어떤 예화도 그가 말하고자 하는 원리를 흡족하게 설명할 수 없다. 그리스도인이 그리스도의 죽음을 통해 율법에 대해 죽었지만 그리스도의 부활을 통해 살아 있는 특별한 상황을 설명하고자 하기 때문이다.

그리스도인은 그리스도의 몸으로 말미암아 율법에 대해 죽임을 당했다(4a절). 죽음만이 율법이 지배하는 세상을 떠나는 유일한 방법이다. 그러므로 저자는 앞서 6장에서도 죽음을 여러 차례 언급했다: '죄에 대하여 죽은'(6:2), '그의 죽으심과 합하여'(6:3), '그의 죽으심과 같은 모양'(6:5), '죄의 몸이 죽어'(6:6), '죽은 자가 죄에서 벗어나'(6:7), '그리스도와 함께 죽었으면'(6:8), '죽은 자 가운데서 살아나셨으매'(6:9), '죽으심은…단번에 죽으심이요'(6:10), '죄에 대하여는 죽은 자'(6:11), '너희 죽을 몸'(6:12).

그리스도인이 율법에 대해 죽어야 하는 것은 예수님에게 가서 하나님을 위해 열매를 맺기 위해서다(4b절). '[죽은 자 가운데서 살아나신 이]에게 가다'(εἰς τὸ γενέσθαι ὑμᾶς ἑτέρῳ)는 3절에서 여인이 남편을 두고 다른 남자와 결혼하는 것을 묘사한 것(γένηται ἀνδρὶ ἑτέρῳ· … γενομένην ἀνδρὶ ἑτέρῳ)과 같다. 바울은 우리가 죽음을 통해 율법을 떠나 예수님에게 가는 것을 결혼으로 묘사하고 있다(cf. 고후 11:2; 엡 5:25-32). 율법에 대해 죽는 것은 죽음으로 끝나지 않고 그리스도 안에서의 새로운 삶으로 이어진다. 구약에서 이스라엘에 주어진 '새 언약' 약속이 모세의 율법이 지배하는 시대에 실현된 것이 아니라, 그리스도가 시작하신 새 시대에 하나님이 생명을 믿는 자들에게 주신 일을 통해 실현되고 있다(Schreiner).

일반적으로 성경은 우리가 '그리스도의 죽음으로 말미암아' 새로운 시작을 하게 되었다고 하는데, 본문은 '그리스도의 몸으로 말미암아'(διὰ τοῦ σώματος τοῦ Χριστοῦ)라고 한다. 아마도 우리가 십자가에서 죽으신 그리스도와 연합하여 주님과 함께 죽었다는 것을 조금 더 생생하게 묘사하고자 그분의 찢기신 몸을 언급하는 것으로 보인다. 또한 저자가 '그리스도의 몸'을 언급하는 것은 세 가지를 동시에 말하기 위해서다(Wright): (1)예수 그리스도의 육체적 죽음은 우리가 예수님과 연합하여 행하는 가장 대표적인 일이다, (2)우리는 세례를 통해 그리스도 안에 있기 때문에 그의 죽음에도 함께했다, (3)우리와 예수님의 연합은 그 몸의 일원이 되는 일로 표현된다.

저자는 5-6절에서 '옛적'과 '지금'을 대조한다. 옛적에 우리는 육신에 있었다(5a절). '육신'(σαρκί)은 연약하고 죄의 유혹에 쉽게 넘어가는 인간을 뜻한다. 과거에 우리가 율법 아래 있을 때 이러했다(Harrison & Hagner, Wright). 우리가 육신에 있을 때 죄의 정욕은 율법을 통해 우리로 사망의 열매를 맺게 했다(5b절). '정욕'(παθήματα)은 신약과 일반 문헌에서 '고난'(suffering), 혹은 '불행'(misfortune)을 의미한다(BDAG, cf. 8:18). 그러나 바울은 이 단어를 본문과 갈라디아서 5:24에서 '정욕'(죄스러운 욕망, sinful desire)의 의미로 사용한다.

유대인들은 사람이 죄를 짓지 않도록 율법이 이를 제지한다고 생각했는데, 저자는 율법을 가리켜 죄의 정욕이 우리에게 사망의 열매를 맺게 하는 데 사용하는 도구라고 한다. 율법이 죄를 부추기고 자극한다는 뜻이다. 사람이 자기 욕심을 채우기 위해 율법을 이용해 남에게 해를 끼치는 것을 말한다(Thielman). 죄의 정욕이 역사하는 '우리 지체'(τοῖς μέλεσιν ἡμῶν)는 그리스도인들이 아니라 율법 아래 있는 자들이다(Schreiner, Thielman). 5절은 옛이야기를 회상하고 있기 때문이다.

율법 아래에서 사망의 열매를 맺던 사람들이 지금은 율법에서 완전히 벗어났다. 얽매였던 것에 대해 죽었기 때문이다(6a절). 그들이 '얽매였던 것'(ᾧ κατειχόμεθα)은 율법이다(Sanday & Headlam). 그들은 율법의 정죄뿐 아니라 율법의 다스림으로부터 자유롭게 되었다(Schreiner). 율법에 대해 죽었기 때문이다.

율법의 다스림에서 해방된 후, 그들은 영의 새로운 것으로 섬기게 되었으므로 더는 율법 조문의 묵은 것으로 하지 않는다(6b절). '율법 조문'(γράμματος)을 직역하면 '글자'다. '묵은 것'(παλαιότης)은 오래된 것을 의미하지만 또한 낡아서 쓰지 못하게 된 것(obsolete)을 의미한다. '영'(πνεύματος)은 성령(Spirit)을 뜻한다(새번역, 공동, ESV, NAS, NIV, NRS). 그러므로 성령의 '새로운 것'과 쓸모없게 되다시피 한 '낡은 글자'가 대조되고 있다(cf. 렘 31:31–34; 겔 36:26–27; 롬 2:29). 옛 언약(율법)과 새 언약의 차이를 매우 시각적으로 보여 준다. 성령이 우리 안에 시작한 '새로운 것'은 하나님을 위해 의롭고 선한 열매를 맺는 일이다(cf. 4절).

저자는 6장에서 죄의 권세가 무너진 것을 강조했다. 7장에서는 율법의 권세도 무너졌다고 한다. 둘 다 예수님의 죽음을 통해 무너졌다. 그리스도와 연합하여 그의 죽음에 동참한 사람은 더는 죄와 율법의 다스림 아래 있을 필요가 없으며, 또한 있을 수도 없다. 우리는 율법과 죄의 다스림에 대해 죽었기 때문이다. 그러므로 이제는 하나님을 위해 선한 열매 맺는 삶을 사는 것만 남았다. 과거로 되돌아갈 수 없다!

이 말씀은 살기 위해서는 죽어야 한다고 한다. 성령의 인도하심에 따라 하나님을 위해 열매 맺는 삶을 살려면 먼저 죄와 율법에 대해 죽어야 한다. 그렇게 해야만 죄와 율법이 우리에 대한 소유권(지배권)을 주장할 수 없다. 우리는 예수님과 연합하여 그분과 함께 죽을 때 비로소 새로운 삶을 시작할 수 있다.

우리는 그리스도 안에서 새 언약 시대를 살고 있다. 율법은 우리를 억압하지 못하며, 죄는 우리를 노예로 삼을 수 없다. 이제는 하나님을 위해 마음껏 의를 행하는 자유를 누리고 있다. 매일 성실하고 진실하고 의롭고 경건하게 삶으로써 하나님께 영광을 돌리고 이웃에게 복의 근원이 되어야 한다. 성령의 인도하심에 따라 사는 사람은 많은 열매를 맺을 수 있다.

2. 율법의 신령함과 무능(7:7-25)

저자는 율법이 죄를 부추긴다고 했다. 그렇다면 율법은 나쁜 것인가? 그렇지는 않다. 율법은 하나님이 주신 선한 것이며, 신령한 것이다. 다만 율법을 지키지 못하는 사람이 문제일 뿐이다. 본 텍스트는 율법이 어떤 것인지에 대한 가르침을 이어 간다. 바울은 율법에 대해 두 가지 질문을 제시하고 스스로 답하는 방식으로 이 섹션을 이어 간다: (1) 율법은 죄인가?(7-12절) (2)율법은 사망인가?(13-25절). 저자는 첫 번째 질문에 대해 아니라고 대답한다. 더 나아가 율법은 거룩하다고 한다. 두 번째 질문에 대해서는 우리의 육신적 연약함이 사망에 이르게 하는 것이지 율법이 우리를 죽음으로 몰아가는 것이 아니라고 한다.

저자는 이 섹션에서 1인칭 단수형인 '나'(I)를 사용해 지난 일을 회고하는데, 정확히 '나'가 누구(무엇)를 의미하는지에 대해 다양한 해석이 있다. 그중 학자들이 선호하는 네 가지는 다음과 같다(Harrison

& Hagner, Schreiner, Thielman, cf. Wright): (1)에덴동산에서 하나님의 명령을 받은 아담의 경험이다(Dunn, Käsemann, Longenecker, Stuhlmacher, Witherington & Hyatt, Ziesler), (2)시내산에서 이스라엘이 율법을 받은 경험이다(Byrne, Moo, Kruse), (3)바울 자신이 회심하기 전에 경험했던 것들이다(Barrett, Bruce, Dunson, Hultgren, Jewett, Seifrid, Schreiner), (4)바울을 포함한 모든 그리스도인이 회심 전에 겪는 경험이다(Harrison & Hagner, Manson, Thielman, Wright). 이 네 가지 중 처음 두 가지 해석은 서로 연관되어 있다고 할 수 있다. 아담이 하나님의 금지령에 불순종한 것처럼 이스라엘이 시내산 율법을 위반했기 때문이다(cf. Wright). 또한 바울이 개인적으로 경험한 일들이 어느 정도 반영된 것도 사실이다.

문맥과 정황을 고려할 때, 그리고 바울이 다른 서신에서 종종 1인칭을 사용하는 사례들을 보면(고전 6:12, 15; 12:31; 13:11; 갈 2:18-20), 네 번째 해석이 가장 설득력 있어 보인다. 그는 모든 그리스도인이 경험하는 일에 관해 말하고 있다(Harrison & Hagner, Schreiner, Thielman, Wright). 또한 저자는 구약에서 하나님이 주신 계명(명령)을 위반한 매우 중요한 사례라 할 수 있는 아담 이야기(창 1-3장)와 시내산 율법 이야기를 바탕으로 율법과 죄의 관계에 대한 가르침을 이어 간다. 아담은 하나님이 주신 단 한 가지 금지령('선악을 알게 하는 나무의 열매를 먹지 말라')을 어겼으며, 이스라엘은 체계화되고 포괄적인 시내산 율법을 위반했다. 그러므로 저자는 이 두 가지 사례를 바탕으로 사람이 하나님의 말씀 중 한 가지를 위반하든 전체를 위반하든 죄의 노예가 되는 것은 마찬가지임을 암시한다. 우리는 본문의 '나'를 해석하려 하지 않고 '나'로 남겨 두며 본문을 주해할 것이다. 본 텍스트는 다음과 같이 두 섹션으로 나뉜다.

A. 율법은 죄를 살리고 사람을 죽임(7:7-12)
B. 죄의 법에 포로가 된 사람(7:13-25)

(1) 율법은 죄를 살리고 사람을 죽임(7:7-12)

⁷ 그런즉 우리가 무슨 말을 하리요 율법이 죄냐 그럴 수 없느니라 율법으로 말미암지 않고는 내가 죄를 알지 못하였으니 곧 율법이

탐내지 말라

하지 아니하였더라면 내가 탐심을 알지 못하였으리라 ⁸ 그러나 죄가 기회를 타서 계명으로 말미암아 내 속에서 온갖 탐심을 이루었나니 이는 율법이 없으면 죄가 죽은 것임이라 ⁹ 전에 율법을 깨닫지 못했을 때에는 내가 살았더니 계명이 이르매 죄는 살아나고 나는 죽었도다 ¹⁰ 생명에 이르게 할 그 계명이 내게 대하여 도리어 사망에 이르게 하는 것이 되었도다 ¹¹ 죄가 기회를 타서 계명으로 말미암아 나를 속이고 그것으로 나를 죽였는지라 ¹² 이로 보건대 율법은 거룩하고 계명도 거룩하고 의로우며 선하도다

저자는 이때까지 율법과 죄는 매우 밀접한 관계를 유지한다고 여러 차례 말했다(cf. 3:20; 4:15; 5:20; 6:14; 7:5-6). 또한 바로 앞에서는 율법으로 말미암아 죄의 정욕이 우리를 사망에 이르는 열매를 맺게 한다고 했다(7:5). 그렇다면 율법은 죄인가(7a절)? 이는 바울의 가르침에 불만을 가진 자들이 반박하며 던질 만한 질문이다(Wright, cf. 2:17-29; 5:20).

그는 "그럴 수 없느니라!"(μὴ γένοιτο·)라며 다시 한번 강력하게 부인한다(7a절). 죄가 율법을 이용해 사망에 이르게 하는 것을 두고 죄와 율법이 같다고 하는 것은 마치 엑스레이 기계가 사람 몸에 있는 질병을 밝혀 주었다고 해서 엑스레이 기계가 병에 걸렸다고 하는 것과 마찬가지다(Harrison & Hagner).

저자는 7장의 나머지 섹션(7:8-25)에서 율법이 분명 죄와 연관된 면이 있기는 하지만, 율법 자체는 선하다는 것을 주장할 것이다(Bultmann,

Byrne, Stuhlmacher). 죄가 나쁘지 율법은 나쁘지 않으며, 오히려 좋은 것이다. 율법은 하나님이 주신 선한 것이기 때문이다.

율법은 죄가 아니다. 만일 율법이 없으면 무엇이 죄인지 알 수 없다(7b절). 율법은 무엇이 죄인지 알려 주는 일종의 기준이다. 한 예로 율법이 "탐내지 말라"라고 하지 않았다면 '나'는 탐심을 알지 못했을 것이다(7c절). 율법이 없었다면 남의 것을 탐하는 것이 죄인 줄 몰랐을 것이라는 뜻이다. 그러므로 '나'는 율법을 통해 무엇이 죄인지 깨달았다(Schreiner).

율법은 우리에게 죄를 짓게 하는가? 앞에서 저자는 우리가 율법을 통해 죄를 깨닫는다고 했다(3:20). 또한 우리 안에 죄를 짓고 싶은 욕망이 잠자고 있다가 율법으로 인해 깨어난다(Schreiner, cf. 7:5). 그러므로 율법이 직접적으로 죄를 짓게 하는 것은 아니지만, 죄를 부추기는 것은 사실이다.

신약에서 '탐심, 탐하다'(ἐπιθυμία, ἐπιθυμέω)는 어떠한 부정적인 뉘앙스 없이 '욕심내다'라는 보편적인 의미로 사용되기도 하고(빌 1:23; 살전 2:17), 금지된 것을 가지려고 하는 탐욕(cf. 6:12; 갈 5:17), 특히 부적절한 성관계에 대한 욕망의 의미로 사용되기도 한다(1:24; 13:14; 살전 4:5). 본문이 십계명을 인용한 말씀이라는 점을 고려할 때, 남의 것(금지된 것)을 가지려는 욕심이다. 탐심은 주인의 정당한 소유권을 침해하는 행위이므로 이웃을 사랑하는 행위가 아니다(Cranfield).

'탐내지 말라'는 십계명 중 열 번째 계명이다(출 20:17; 신 5:21). 원래 이 계명은 "네 이웃의 집을 탐내지 말라 네 이웃의 아내나 그의 남종이나 그의 여종이나 그의 소나 그의 나귀나 무릇 네 이웃의 소유를 탐내지 말라"(출 20:17)라며 여러 가지 구체적인 사례를 예로 드는데, 바울은 단순히 남의 것을 탐내는 행위를 사례로 들기 위해 요약적으로 인용한다. 또한 이 열 번째 계명은 십계명의 절정이자 요약이라 할 수 있으며(cf. 『엑스포지멘터리 출애굽기』), 사람들 눈에 보이는 외적인 죄가 아닌 사람들 눈에 띄지 않는 내적인 죄, 곧 마음에 품은 죄를 언급하는 유일한 계명이다.

탐심(욕망)은 우상이다(엡 5:5; 골 3:5). 오직 하나님을 바라야 하는 마음이 엉뚱한 것을 바랐기 때문에 탐심은 신(우상)이 된다. 하나님의 뜻에 어긋나는 것을 마음에 품은 것만으로도 죄가 된다(Cranfield, Keck). 죄를 추적할 때는 눈에 보이는 악한 행동 뒤에 서려 있는 마음까지 가야 한다(Harrison & Hagner). 남의 것을 탐하는 일은 모든 죄의 근원이다(Käsemann).

죄가 기회를 타서 계명으로 말미암아 '나' 속에서 온갖 탐심을 이루었다(8a절). '기회를 타다'(ἀφορμὴν λαβοῦσα)는 헬라 문헌에 흔히 등장하는 표현으로, 기회주의적인 행동을 부정적으로(선하지 않은 것으로) 평가한다(Thielman). 탐심을 금하는 하나님의 계명이 선포되자 죄가 '바로 이때다!'라며 각 사람 안에 온갖 욕망을 꽃피운 것이다(Cranfield).

바울은 아담 이야기(cf. 창 2-3장)를 예로 들며 이 원리를 설명하고자 한다(Dunn, Harrison & Hagner, Longenecker, Ziesler). 하나님이 "선악을 알게 하는 나무의 열매는 먹지 말라 네가 먹는 날에는 반드시 죽으리라"(창 2:17)라며 아담에게 탐심을 금하는 계명을 선포하시자, 뱀(죄)은 하나님이 아담에게 하신 말씀을 이용해 아담과 하와 안에서 온갖 탐심을 이루었다.

'탐심'(ἐπιθυμία)은 율법을 범하거나 혹은 실천함으로써 자신을 자랑하고 싶은 욕망을 포함한다(Bultmann, Davies). 어떤 행동을 금하는 법은 그 사람 안에 그 행동을 더 하고 싶게끔 만드는 욕망을 불러일으킨다(Schreiner, cf. 잠 9:17). 그러므로 유대인들이 주장한 것처럼 율법은 죄를 제지하지 못하며 죄를 짓고 싶어 하는 마음도 제어하지 못한다. 오히려 죄를 짓고 싶은 마음이 커지게 한다. 그러므로 계명(율법)이 '나' 안에서 온갖 탐심을 이루었다는 바울의 주장은 유대인에게 가히 충격적이었을 것이다.

그러므로 율법이 없으면 죄는 죽은 것이다(8b절). 만일 명령이 없었으면, 그 명령을 범하는 죄도 없었다. 율법이 있을 때만 사람이 죄를 짓는다는 말이 아니라, 율법이 없으면 죄가 사람을 부추겨 하나님과 그분의 말씀을 거역하게 하는 기회를 얻지 못했을 것이라는 의미다(Fitzmyer, cf. 4:15; 5:20). 만일 율법(계명)이 없었으면 죄는 계속 휴면기(dormant)에 있었을 것이다. 율법(계명)이 선포되니 이때다 싶어 사람들을 부추겨 죄를 짓게 한 것이다.

전에 율법을 깨닫지 못했을 때는 '나'가 살았다(9a절). 죄가 율법이 있기 전에도 세상에 있었지만, 율법이 없었을 때는 죄를 죄로 여기지 않았다는(5:13) 말씀과 같은 맥락이다. 율법 없이는 죄를 모르므로 율법이 없으면 죄도 없다는 뜻이다(4:15). 모든 그리스도인이 하나님과 그분의 말씀을 알기 전에 경험한 일이다(Sanday & Headlam).

만일 바울이 자기의 개인적 경험담을 바탕으로 이렇게 말하고 있다면 그가 생각하는 것은 유대인 소년들의 성인식이라고 하는 바르미츠바(bar-mitzvah)다(Barrett, Jewett, Seifrid). '바르미츠바'를 직역하면 '계명의 아들'인데, 유대인 소년들은 13세에 이 예식을 치른다. 이때부터 그들은 성인이 되기 때문에 율법을 철저히 지켜야 한다. 이 예식을 행하기 전에는 아이들이 율법 아래 있지 않았다. 종종 율법을 어겨도 벌을 받지 않았다는 뜻이다.

계명이 오니 죄는 살아나고 '나'는 죽었다(9b절). '살아나다'(ἀναζάω)는 한때 살아 있다가 죽었던 것이 다시 살아났다(부활)는 뜻이 아니다. 아담의 이야기를 바탕으로 해석하면 이 말씀은 하나님이 그에게 선악과를 먹지 말라고 하시기 전과 후를 대조한다. 하나님의 금지령이 있기 전에 아담은 잘 살았다. 그러나 하나님이 금지령을 선포하신 후 얼마 안 되어 휴면기(dormant)에서 깨어난(revive) 죄의 부추김에 속아 금지령을 어겨 죽게 되었다(Thielman). 그러므로 죄는 살아나고 '나'는 죽었다. 바울은 율법(계명)이 오기 전과 후에 우리에게 어떠한 변화가 왔는지 설명하기 위해 마치 자기 이야기인 것처럼 '나'를 사용해 말한다.

원래 우리를 생명에 이르게 할 계명이 도리어 사망에 이르게 하는 것이 되었다(10절). 만일 하나님이 선악을 알게 하는 나무의 열매를 먹지 말라고 명하지 않으셨거나, 아담이 하나님의 금지령을 준수했다면 그는 죽지 않고 살았을 것이다. 하나님의 금지령은 아담을 생명에 이르게 할 계명이었다.

만일 이스라엘이 하나님이 시내산에서 모세를 통해 주신 율법에 순종했으면 타국으로 끌려가 죽지 않고 생명을 얻었을 것이다(레 18:5; 신 4:40; 5:32-33; 8:1; 30:15-16, 19-20; 느 9:29). 하나님의 계명(율법)은 원래 인간을 생명에 이르게 하는 것이다. 그러나 아담과 이스라엘의 불순종이 그들을 죽음에 이르게 했다(1:32; 5:12, 14; 6:16, 21). 율법은 우리의 불순종을 확인하기 때문이다. 하나님의 말씀을 거역하는 순간 그들은 신학적으로, 또한 법적으로 죽음을 맞이했다. 그러므로 원래 생명에 이르게 할 계명이 도리어 사망에 이르게 하는 것이 되었다.

생명에 이르게 할 하나님의 계명(명령)이 '나'를 죽음에 이르게 하는 것이 된 이유는 죄가 기회를 타서 그 계명으로 '나'를 속이고 죽였기 때문이다(11절). 바울은 아담과 하와를 속인 뱀을 의인화된 죄로 말하고 있다(Wright). 뱀이 하나님이 명령하신 것을 교묘하게 꼬아 하와를 속일 때 그녀가 하나님의 속성과 금지령을 주신 이유에 불만을 품게 한 것처럼 죄는 계명을 이용해 인간으로 하나님께 반역하게 한다. 결국 아담과 하와는 뱀에게 속아 죽게 되었다(창 2:17; 3:19). 비슷한 원리로 죄는 율법의 조문을 이용해 사람을 죽음에 이르게 했다(고후 3:6). 죄는 사람을 속이고, 속은 자들을 죽인다.

이러한 상황을 고려할 때 율법은 거룩하고, 계명도 거룩하고 의로우며 선하다(12절). 이것이 율법에 대한 저자의 결론이며, 7절에 제시된 질문에 대한 답이다. 하나님이 아담에게 하신 말씀이 거룩한 것처럼, 시내산에서 이스라엘에 주신 율법도 거룩하고 의로우며 선하다. 율법

281

이 거룩하고 의로우며 선하다는 것은 지키는 사람에게 이익(생명)을 준다는 의미다.

죄와 율법이 연관되는 부분이 분명히 있다. 생명에 이르게 하는 계명이 선포될 때마다 죄가 기회주의자처럼 나타나 그 율법을 악용해 사람을 죽음에 이르게 하기 때문이다. 그렇다고 해서 율법과 죄가 같은 것은 아니다.

죄와 율법은 서로 다르다. 죄는 율법을 도구로 삼아 율법이 약속한 생명과 반대되는 죽음을 안겨 준다(Wright). 죄는 율법의 조문을 통해 사람들을 죽음으로 몰고 가며 지배하려고 한다. 그러므로 우리는 죄를 탓해야지 율법을 탓해서는 안 된다. 율법은 선하신 하나님이 주신 것이며, 거룩하고 의로우며 선하다.

이 말씀은 율법과 죄를 구별하라고 한다. 흔히 사람들은 율법을 복음과 상반되는 것으로 생각해 죄 혹은 나쁜 것이라 한다. 그러나 그렇지 않다. 율법은 하나님이 주신 좋은 것이다. 하나님은 우리를 살리기 위해 율법을 주셨다. 이런 율법이 나쁠 리 없다. 오히려 구약은 율법을 세상에서 제일 좋은 것이라 한다(cf. 시 119편). 반면에 죄는 사람을 사망으로 몰고 가는 기회주의자다. 그러므로 언제 불쑥 나타나 우리를 유혹할지 모르니 항상 경계해야 한다.

율법은 거룩하고 의로우며 선하여 지키는 자들을 생명에 이르게 하지만, 그렇다고 해서 율법 아래 머물러 있어서는 안 된다. 율법을 온전히 지켜 생명에 이르는 것은 불가능하기 때문이다. 수많은 율법의 조문 중 하나만 위반해도 율법을 범하는 자가 된다. 율법을 범하는 자가 피할 수 없는 것이 죽음이다(cf. 고후 3:6). 그러므로 율법을 지키면 생명에 이를 수 있지만, 정작 율법을 지켜 생명에 이른 사람은 없다.

그러므로 연약한 육신과 여러 가지 한계를 지닌 우리는 그리스도를 통해 하나님의 은혜와 의가 다스리는 곳으로 옮겨 가야 한다. 은혜의 지배를 받으며 최선을 다해 거룩하고 의로우며 선한 열매를 맺으며 살면 하나님이 우리를 생명으로 인도하신다. 율법 아래 있으면 우리의 미래에는 죽음 외에 아무것도 없다. 우리가 예수 그리스도 안에 있다고 하면서도 혹시 '기독교적 율법주의'에 현혹되어 있지는 않은지 되돌아보자.

```
Ⅲ. 의에 이른 결과: 새 언약과 새 창조(5:1-8:39)
   D. 은혜가 율법을 이김(7:1-8:17)
      2. 율법의 신령함과 무능(7:7-25)
```

(2) 죄의 법에 포로가 된 사람(7:13-25)

[13] 그런즉 선한 것이 내게 사망이 되었느냐 그럴 수 없느니라 오직 죄가 죄로 드러나기 위하여 선한 그것으로 말미암아 나를 죽게 만들었으니 이는 계명으로 말미암아 죄로 심히 죄 되게 하려 함이라 [14] 우리가 율법은 신령한 줄 알거니와 나는 육신에 속하여 죄 아래에 팔렸도다 [15] 내가 행하는 것을 내가 알지 못하노니 곧 내가 원하는 것은 행하지 아니하고 도리어 미워하는 것을 행함이라 [16] 만일 내가 원하지 아니하는 그것을 행하면 내가 이로써 율법이 선한 것을 시인하노니 [17] 이제는 그것을 행하는 자가 내가 아니요 내 속에 거하는 죄니라 [18] 내 속 곧 내 육신에 선한 것이 거하지 아니하는 줄을 아노니 원함은 내게 있으나 선을 행하는 것은 없노라 [19] 내가 원하는 바 선은 행하지 아니하고 도리어 원하지 아니하는 바 악을 행하는도다 [20] 만일 내가 원하지 아니하는 그것을 하면 이를 행하는 자는 내가 아니요 내 속에 거하는 죄니라 [21] 그러므로 내가 한 법을 깨달았노니 곧 선을 행하기 원하는 나에게 악이 함께 있는 것이로다 [22] 내 속사람으로는 하나님의 법을 즐거워하되 [23] 내 지체 속에서 한 다른 법이 내 마음의 법과 싸워 내 지체 속에 있는 죄의 법으로 나를 사로잡는 것을 보는도다 [24] 오호라 나는 곤고한 사람이로다 이 사망의 몸에서 누가 나를 건져내랴 [25] 우리 주 예수 그리스도로 말미암아 하나님께 감사하리로다 그런즉 내 자신이 마음으로는 하나님의 법을 육신으로는

죄의 법을 섬기노라

율법은 분명 거룩하고 의로우며 선한 것이다(7:12). 그러나 생명에 이르게 할 율법이 도리어 '나'를 사망에 이르게 했다(7:10). 죄가 율법을 이용해 '나'를 죽였기 때문이다(7:11). 그렇다면 선하고 의로운 율법이 우리를 죽음에 이르게 했다고 할 수 있는가(13a절)?

저자는 다시 한번 "그럴 수 없느니라!"(μὴ γένοιτο)라며 강력하게 부인한다. 율법은 하나님의 속성을 반영한 것이므로 참으로 좋은 것이다. 죄가 율법을 악하게 사용해 사람들에게 사망을 안겨 준 것은 사실이다. 죄와 관계로 인해 율법이 범법자들에게 파괴하는 힘이 된 것도 사실이다(Nygren). 그러나 사망은 율법이 아니라 죄에 있다. 바울은 율법의 절대적인 의로움과 선함을 훼손하지 않는다.

죄가 선한 율법을 이용해 '나'에게 사망을 가져와 죽게 만든 것은 죄가 죄로 드러나는 일이었다(13b절). 율법에는 죄를 물리치거나 거부할 능력이 없다. 그러므로 율법은 인간의 죄와 악을 해결할 만한 능력을 지니지 않았다(Schreiner).

하나님은 율법으로 말미암아 죄가 심히 죄가 되게 하셨다(13c절). 이것이 하나님이 인간에게 율법을 주신 목적이라 할 수 있다(Harrison & Hagner). 죄가 하나님이 사람에게 주신 율법을 자기 목적을 이루는 데 악용한 것이 사실이지만, 또한 죄는 이 과정에서 하나님이 사람에게 율법을 주신 목적을 스스로 성취했다. 율법이 죄가 죄라는 것을 드러냈기 때문이다.

율법이 신령하다는 것은 모두 동의하는 사실이다(14a절). '신령한'(πνευματικός)은 성령에게서 왔으므로 '영적'(spiritual)이라는 뜻이다(Schreiner). 율법은 영적인 것이므로 사람의 영적 죽음에 책임이 없다. 영은 살리는 것이기 때문이다(고후 3:6).

그렇다면 '나'는 왜 죽는가? 영에 속하지 않고 육(신)에 속하여 죄 아래에 팔렸기 때문이다(14b절). '육신'(σάρκινός)은 아담의 죄로 인해 도덕적으로 타락한 우리의 모습이다(Fitzmyer). 육신은 신령한 율법에 속하지 않았으므로 율법을 지킬 수 없다(Harrison & Hagner). 율법과 '나'의 차이는 우리가 결코 극복할 수 없는 영과 육의 차이다.

또한 '나'는 죄에 팔렸다(cf. 7:5). '팔렸다'(πεπραμένος)는 죄에 노예로 팔려(cf. 신 21:14; 마 18:25) 죄 아래서 죄의 지배를 받고 있다는 뜻이다(cf. 3:9). 그렇다면 '나'는 스스로 선하고 의로운 일을 할 수 있는 능력을 지니지 않았다. 노예가 주인의 명령에 따라 움직이듯 죄가 하라는 대로 해야 하기 때문이다(Thielman, cf. 3:9; 갈 3:22).

우리가 율법을 지키지 못한다고 해서 율법을 영적인 것이 아니라고 할 수 없다. 율법은 하나님의 거룩하고 선하신 의지의 표현이다. 그러므로 율법은 세상에서 가장 선하고 아름다운 것이다(cf. 시 119편).

우리가 죄에 노예로 팔린 증거는 무엇인가? '나'가 행하는 것을 내가 알지 못하고, '나'가 원하는 것을 행하지 않고 도리어 미워하는 것을 행한다는 사실이다(15절). '알지 못하고 행하는 것'은 일부 학자가 주장하는 것처럼 무의식 중에 죄를 짓는다는 뜻이 아니다(Bultmann). 다른 이들이 해석하는 것처럼 자신이 싫어하거나 미워하는 것들을 한다는 의미도 아니다(Barrett, Cranfield, Murray). 죄가 얼마나 큰 파괴력을 지녔는지 인지하지 못하고 행한다는 뜻이다(Bray, Fitzmyer, Schreiner, Seifrid). 우리 안에 있는 악은 우리에게도 신비로운 것(mystery)이다(Seifrid).

결국 죄의 노예로 팔린 '나'는 싫어하고 미워하는 것을 행한다(15b절). 로마서에서 '행하다'(πράσσω)는 항상 도덕적인 행위(2:25; 9:11) 혹은 부도덕한 행위(1:32; 2:1, 2, 3; 9:11; 13:4)를 뜻한다. 이곳에서는 원하지 않는 부도덕한 행위를 하는 것을 말한다(Sanday & Headlam).

잠시 후 바울은 그리스도인이 아닌 유대인들이 최선을 다해 의의 법을 따라갔지만, 의에 이르지 못했다고 한다(9:31). 그들이 "하나님께 열심히 있으나 올바른 지식[복음]을 따른 것이 아니"기 때문이다(10:2).

285

죄는 얼마나 간교한지 사람들에게 하나님께 순종하고자 하는 열망을 갖게 하고는 잘못된 행위로 그 열정을 표현하게 한다(Thielman, cf. 렘 17:9; 고전 4:3-4). 그러므로 우리는 의도적으로, 또한 자원해서 죄를 짓는다.

'나'는 원하지 않는 일을 함으로써 율법이 선하다는 사실을 시인한다(16절). '원하지 아니하는 그것'(ὃ οὐ θέλω)은 율법이 금하는 것이다. 그러므로 원하지 않는 것(죄)을 하는 것은 율법이 하라는 것과 다르다(Harrison & Hagner). 선한 율법은 우리에게 선을 행하라 한다. 그러나 우리는 율법이 하라는 것은 하지 않고 오히려 금하는 것을 한다. 그러므로 율법을 알면서도 율법대로 행하지 않는 것은 율법이 좋은 것임을 드러낸다(Meyer, 신 4:8; 롬 7:12). 율법을 행하지 않는 것은 율법에 어떠한 문제가 있어서가 아니라, 죄에 노예로 팔린 우리에게 문제가 있어서 빚어진 일이다.

죄에 대한 책임은 죄에 노예로 팔린 우리에게 있다. 그러나 만일 우리가 죄를 지을 때마다 우리가 원해서 짓는 것이 아니라면, 죄는 우리가 짓는 것이 아니라 우리 안에 거하는 죄가 죄를 짓는 것이라 할 수 있다(17절). 죄가 우리 안에 상주하는 자로 의인화되고 있다. 우리가 율법을 위반해 죄를 지을 때마다 우리 삶에 터를 잡고 사는 외부자 주인인 죄에 조종당한다(cf. Käsemann). 우리의 '육신'(18절)과 '지체'(23절)와 '몸'(24절)이 모두 죄와 연루되어 있을 뿐 아니라 죄에 사로잡혀 있다(7:23). 바울은 자신을 죄에 조종당하는 로봇처럼 묘사한다. 죄에 대한 책임을 회피하는 것이 아니라, 자신의 무능함과 무기력함을 고백하는 말이다.

죄를 지을 때 '나'는 항상 갈등한다. 하나님의 뜻과 의를 행하고 싶어 하면서도, 다른 한편에는 하나님과 그의 말씀을 거역하고 싶어 하는 마음이 있다. 아담이 죄를 지은 이후 하나님을 거역하려는 욕망은 인간의 본능이 되었다(Thielman). 이 같은 갈등에서 항상 죄가 승자가 된다. 결국 '나'는 자신이 싫어하는 것을 하면서 산다.

내 속, 곧 육신에는 선한 것이 거하지 않는다(18a절). '선한 것이 거하지 않는다'(οὐκ οἰκεῖ…ἀγαθόν)는 일부 번역본이 반영한 것처럼 '선한 것이 하나도 없다'라는 뜻이 아니다(공동, ESV, NAS). 선이 내 안에 정착해 살지 못한다는 뜻이다(Thielman, cf. NIV). 내 안에 '선을 행하고자 하는 마음'과 같은 무능하지만 선한 것이 조금은 있다(cf. 15, 16절).

어떻게 내 육신 안에 선한 것이 거하지(상주하지) 않는다는 것을 알 수 있는가? 선을 행하고자 하는 원함은 있지만, 선을 행하지는 못하기 때문이다(18b절). 우리가 아무리 율법의 선하고 칭찬받을 만한 원칙을 준수하려고 해도 선은 우리 안에 둥지를 틀지 못한다(Thielman).

'나'는 선을 행하기를 원하지만, 도리어 원치 않는 악을 행한다(19절). 이 말씀은 "내가 원하는 것은 행하지 아니하고 도리어 미워하는 것을 행함이라"(15절)를 반복한다. 바울은 자신이 행하고자 하는 선은 이루지 못하고, 대신 원하지 않는 악을 행하게 되는 자신의 상황을 탄식하고 있다.

만일 '나'가 원하지 않는 것(죄)을 행하면, 그 일(죄)을 행하는 자는 '나'가 아니요 '나' 안에 거하는 죄다(20절). 이 말씀은 "그것을 행하는 자가 내가 아니요 내 속에 거하는 죄니라"(17절)를 거의 그대로 반복한다. 사람이 원한다고 해서 선을 행할 수는 없다. 선을 행하고 싶어도 끝에 가서는 죄를 범한다. 그러므로 성령이 도우셔야만 선을 행할 수 있다.

이런 일을 경험한 '나'는 한 가지 법을 깨달았다(21a절). '법'(νόμον)을 율법으로 해석하는 이들도 있지만, 단순히 하나의 법칙(원리)이라는 해석이 문맥과 정황에 더 잘 어울린다(cf. 새번역, 공동, ESV, NAS, NIV, NRS). 그가 깨달은 원리는 하나님의 선한 법에 따라 행하려고 하면, 악이 바로 그의 옆에 도사리고 있다는 사실이다(21b절). 결국 죄의 노예인 그는 악을 행할 수밖에 없다.

이러한 상황은 '나'의 속사람이 하나님의 법을 즐거워할지라도 내 지체 속에서 다른 한 법이 마음의 법과 싸워 내 지체 속에 있는 죄의 법으로 '나'를 사로잡는 것이다(22–23절). 하나님의 법을 행하고자 하는 '나의 마음의 법'과 싸우는 '다른 한 법'은 악을 행하고자 하는 욕망이며, 이 '악의 법'이 이미 내 안에 둥지를 틀고 있는 '죄의 법'으로 나를 사로잡는다는 뜻이다. '죄의 법'(τῷ νόμῳ τῆς ἁμαρτίας)은 능력이 매우 크고 악하며 선한 율법을 이용해 악한 목적을 달성한다. 저자가 사용하는 이미지는 전쟁이다. 죄는 꾸준히 우리와 전쟁해서 우리를 포로로 삼는다.

'나'는 마음의 전쟁터에서 죄와 싸워 패배했고, 포로로 잡혔고, 죽음에 이르게 되었다(24절). 그러므로 '나'는 자신이 참으로 곤고한(비참한) 사람이라며 절망한다. 죄의 포로로 잡혀 있으니 자기 힘으로 죄의 손아귀를 벗어나는 것은 불가능하며, 탈출하려면 외부(하나님)에서 도움(구원)이 와야 한다.

'나'는 율법이 필요한 것이 아니라 구원(복음), 곧 완전히 새로운 창조가 필요하다(Barrett). 그러므로 '무엇'이 아니라 '누가' 나를 구원할 것인지 질문한다: "이 사망의 몸에서 누가 나를 건져내랴?"(24b절). 하나님의 구원을 간절히 바라는 질문이다. 하나님 외에는 그를 포로로 붙잡고 있는 사망의 권세를 꺾으실 이가 없다.

'나'가 경험하는 절망과 사망은 율법의 잘못이 아니다. 그의 육신의 연약함이 문제다. 옛적에 이사야도 비슷한 말을 하며 절망했다: "화로다 나여 망하게 되었도다 나는 입술이 부정한 사람이요 나는 입술이 부정한 백성 중에 거주하면서 만군의 여호와이신 왕을 뵈었음이로다"(사 6:5).

죄에 노예가 되어 있는 '나'의 구원은 예수 그리스도를 통해 하나님으로부터 온다. 그러므로 '나'는 기대하는 마음으로 하나님께 감사하며 찬양한다(25a절). 이 짧막한 감사는 8:1–17을 예고한다. 이어지는 '나'

자신이 마음으로는 하나님의 법을 육신으로는 죄의 법을 섬긴다는 말씀(25b절)은 7:1-24을 요약하는 역할을 한다. '나'(우리)는 죄 문제를 스스로 해결할 수 없다. 하나님의 도움이 우리의 삶에 개입하여 해결해 주어야 한다.

이 말씀은 율법은 선한 것이라 한다. 죄가 율법을 이용해 우리를 죽게 만들었지만, 율법 자체는 신령한 것이다. 우리에게 생명을 주시는 성령이 이를 지키는 자들에게 생명을 주기 위해 율법을 만드셨기 때문이다. 만일 사람이 율법을 온전히 지킬 수 있다면, 생명을 얻을 수 있었을 것이다. 그러나 세상에는 율법을 온전히 지킬 수 있는 사람이 없다. 그러므로 문제는 신령한 율법에 있는 것이 아니라, 그 신령한 것을 지킬 수 없는 사람에게 있다.

하나님은 율법을 통해 죄의 참상을 드러내셨다. 죄가 죄로 드러나게 하신 것이다. 죄가 하나님이 사람에게 선한 목적으로 주신 율법을 자기 목적을 이루기 위해 악용한 것은 사실이지만, 또한 죄는 이 과정에서 하나님이 사람에게 율법을 주신 목적을 스스로 성취했다. 죄가 죄라는 것을 율법이 드러냈기 때문이다.

본문이 지적하는 죄의 모습은 크게 두 가지다. 첫째, 죄는 우리를 속인다는 것이다. 얼마나 교활한지 하나님이 주신 선한 것(율법)을 지키고자 하는 사람의 열정을 이용해 오히려 율법이 금하는 일들을 하게 한다. 둘째, 죄는 매우 강한 권세다. 사람이 선한 일을 하고자 하는 마음을 품었다 할지라도 억압해 죄를 짓게 한다. 그러므로 우리는 죄를 스스로 해결할 수 없다. 모두 다 이미 매우 교활하고 큰 능력을 지닌 죄의 노예(포로)가 되었기 때문이다.

오직 하나님만이 예수 그리스도를 통해서 우리를 죄의 종살이에서 탈출하게 하실 수 있다. 그렇다면 우리는 선택해야 한다. 계속 죄의 노예로 살 것인가, 혹은 그리스도의 복음을 영접해 노예 생활을 청산하고 하나님의 선하고 아름다운 새 피조물이 될 것인가? 둘 중 하나를 택해야 한다. 후자가 합리적이고 당연한 선택이지만, 사람들은 알면서 복음을 거부하기도 한다.

3. 생명의 성령(8:1-17)

율법은 죄의 권세를 무력화하는 것이 아니라 오히려 부추겨 악화시키는 면이 있다. 우리가 죄의 노예살이에서 해방되는 유일한 길은 예수 그리스도 안에 있다. 또한 하나님이 구약에서 이스라엘에 약속하신 것 역시 예수님을 통해 온전히 우리 것이 된다. 새 시대의 선물이 되신 성령은 이러한 일들을 이미 우리 삶에서 실현하고 계신다.

본 텍스트에서 성령이 얼마나 중요한지는 로마서와 이 섹션에서 성령이 언급되는 정도를 살펴보면 확연히 드러난다. 바울은 책이 시작된 이후 이때까지 명사 '성령'(πνεύματος)과 형용사 '신령한'(πνευματικός)을 많이 언급하지 않았다(1:4, 11; 2:29; 5:5; 7:6, 14). 이 섹션 이후에도 이 단어들을 그다지 많이 사용하지 않는다(9:1; 12:11; 14:17; 15:13, 16, 19, 27, 30). 그러나 이와 대조적으로 8:1-39에서는 '성령'과 '신령한'을 19차례나 사용하며, 그중 15차례를 8:1-17에서 사용한다(Thielman). 본 텍스트는 로마서에서 가장 '성령 충만'한 말씀이라 할 수 있다. 성령이 어떻게 죄의 권세를 무너뜨리고 우리를 구원하시는지 설명하는 본 텍스트는 다음과 같이 구분된다.

  A. 성령의 법(8:1-4)
  B. 성령과 육신(8:5-11)
  C. 성령의 증언(8:12-17)

III. 의에 이른 결과: 새 언약과 새 창조(5:1-8:39)
  D. 은혜가 율법을 이김(7:1-8:17)
    3. 생명의 성령(8:1-17)

(1) 성령의 법(8:1-4)

¹ 그러므로 이제 그리스도 예수 안에 있는 자에게는 결코 정죄함이 없나니 ² 이는 그리스도 예수 안에 있는 생명의 성령의 법이 죄와 사망의 법에서 너를 해방하였음이라 ³ 율법이 육신으로 말미암아 연약하여 할 수 없는 그것을 하나님은 하시나니 곧 죄로 말미암아 자기 아들을 죄 있는 육신의 모양으로 보내어 육신에 죄를 정하사 ⁴ 육신을 따르지 않고 그 영을 따라 행하는 우리에게 율법의 요구가 이루어지게 하려 하심이니라

많은 학자가 이 섹션이 '그러므로 이제'(ἄρα νῦν)라는 말로 시작하는 것에 대해 당혹스러워한다(cf. Dunn, Fitzmyer, Harrison & Hagner, Moo, Schreiner, Thielman). 일상적으로 '그러므로'는 앞에서 한 말에 대한 결론을 내리거나 또는 다음 단계 논리를 제시할 때 사용되는데, 저자가 이 섹션에서 하는 말이 바로 앞부분(7:14-25)에서 한 말과 별 연관성이 없기 때문이다(Wright). 그래서 학자들은 본문의 '그러므로'가 그동안 바울이 그리스도인은 더 이상 율법 아래 있지 않으며 죄의 노예가 아니라고 한 말을 이어 가는 것이라 한다(cf. 3:21; 5:9, 11; 18; 6:22; 7:6, 25).

'정죄함'(κατάκριμα)은 법적 용어이며, 벌을 동반한 판결을 뜻한다(Thielman). 하나님은 예수 안에 있는 사람에게는 어떠한 형태로든 벌을 내리지 않기로 결정하셨다. 그러므로 그들에게는 정죄함이 없다. 또한 정죄함이 없다는 것은 그들의 삶을 죄의 다스림에서 끊어 내는 데서 끝나는 것이 아니라, 더 나아가 거룩한 삶을 살게 한다는 의미를 포함한다(Harrison & Hagner).

'그리스도 예수 안'(ἐν Χριστῷ Ἰησοῦ)은 참으로 복된 곳이며 우리가 평안을 누리며 안식할 수 있는 곳이다. 그곳에는 칭의와 구원이 있고

(3:24), 우리가 죄에 대해서는 죽고 하나님에 대해 살아 있는 곳이며
(6:11), 죄의 삯인 죽음이 아니라 하나님의 생명의 선물이 있는 곳이다
(6:23). '그리스도 예수 안'은 우리가 그리스도와 연합하여 죽고 부활함
으로써 죄와 죽음을 이미 정복한 곳이다. 그러므로 우리가 그곳에 있
는 한 정죄함이 없다.

정죄함이 없다고 해서 우리의 육신이 죽지 않을 것이며, 우리가 이
땅에 사는 동안 죄에서 완전히 해방되었다는 말은 아니다. 우리는 여
전히 죽음을 맞이해야 하고, 죄와 싸워야 한다. 다만 그리스도와의 연
합을 통해 이미 죽고 부활하여 더는 죄의 다스림 아래 있지 않으므
로 아담의 죄로 인한 모든 저주가 우리에게서 제거되었다는 뜻이다
(Fitzmyer, Moo, cf. 갈 3:10).

우리에게 정죄함이 없다는 것은 종말에 있을 하나님의 심판과 연관
된 일이다. 또한 종말은 예수 그리스도 안에서 이미 시작되었다. 미래
에 임할 죽음으로부터의 구원이 예수 그리스도의 죽음과 부활을 통해
우리의 현재를 침범한 것이다(Fitzmyer, Schreiner, Wright, cf. 6:1-11).

그리스도 예수 안에 있는 사람들에게는 왜 정죄함이 없는가? 그리
스도 예수 안에 있는 '생명의 성령의 법'이 그들을 '죄와 사망의 법'에
서 해방했기 때문이다(2절). 예수 그리스도의 육신이 그들이 받아야 할
모든 저주를 대신 받으셨다는 뜻이다(McFadden). '법'(νόμος)은 작동하는
원리/원칙(principle)을 뜻한다(Harrison & Hagner). '생명의 성령의 법'(νόμος
τοῦ πνεύματος τῆς ζωῆς)은 그리스도 예수와 함께 생명을 누리게 하는 '성
령의 법'이다(새번역, 공동). 예수님 안에 있는 사람은 누구든지 생명을
누리게 하는 것이 성령이 모든 사람에게 적용하는 법(원칙)이라는 뜻이
다. 성령은 죄가 율법을 통해 사람들을 죽음으로 몰아가는 상황에서도
믿는 자들을 죄의 다스림에서 해방해 그리스도 안에서 생명을 누리게
하신다(Fee, Thielman).

저자는 이때까지 '나'(I)를 사용하다가(cf. 7:7-25) 갑자기 2인칭 단수

형인 '너'(σε)로 바꿔 말한다. 이 섹션뿐 아니라 앞에서 '나'에 대해 말한 것이 모든 그리스도인에게 적용되어야 한다는 뜻에서 이러한 변화를 주고 있다(Schreiner). 오직 '그리스도 예수 안'(ἐν Χριστῷ Ἰησοῦ)에 있는 사람들만 성령이 주시는 생명을 누리는 특권을 가졌다. 아직도 아담 안에 있는 자들은 생명을 누릴 수 없다.

3절의 문법이 매우 애매하고 어렵다(Dunn, Moo, Schreiner, Thielman). 다행히 의미는 큰 어려움 없이 파악할 수 있다. 하나님은 율법이 할 수 없는 일을 하셨다(3a절). 학자들 사이에 율법이 하지 못한다는 것의 의미는 율법이 할 수 있는데 무능해서 못 하는 것(incapability), 혹은 율법이 본질적으로 이런 일은 할 수 없는 것(impossible)이라며 다소 논쟁이 있다(cf. Fitzmyer). 율법이 '육신으로 말미암아 연약하여' 할 수 없다는 것으로 보아 율법의 본질 자체에 어떤 문제가 있는 것은 아니다(Harrison & Hagner). 율법의 문제는 '육신'에 있다. 육신(지키는 사람)으로 인해 율법이 약해져서, 그러므로 무능해져서 못 하는 것이다. 유대인들은 율법만 있으면 의롭게 된다고 했는데, 바울은 이러한 생각에 문제를 제기하고 있다(Dunn). 다른 식으로 표현하자면, 율법은 무능하여 생명을 줄 수 없다(McFadden).

율법이 하지 못한 일, 그러나 하나님이 하신 일은 무엇인가? 죄로 말미암아 자기 아들을 죄 있는 육신의 모양으로 보내어 육신에 죄를 정죄하신 일이다(3b절). '죄로 말미암아'(περὶ ἁμαρτίας)를 '죄에 대하여', 혹은 '죄를 해결하기 위해'라는 의미로 해석하는 이들이 있다(Barrett, Cranfield, Murray). 그러나 칠십인역(LXX)에서 '죄'(ἁμαρτία)는 언급된 44차례 모두 '속죄제'(sin offering)라는 의미로 쓰인다(Wright). 또한 이 단어는 히브리서에서도 '속죄제' 의미로 쓰인다(cf. 히 10:6, 8; 13:11). 그러므로 '속죄제'로 번역해야 한다(Calvin, Dunn, Harrison & Hagner, Käsemann, Moo, Stuhlmacher, Wright, cf. NAS, NIV). 하나님이 자기 아들을 우리 죄를 대속하는 속죄제물로 보내셨다는 뜻이다.

'육신의 모양'에서 '모양'(ὁμοίωμα)은 '비슷함'(similarity) 혹은 '완전한 동일성'(total identity)을 의미하는 단어다(Schreiner, cf. 6:1-14). 이곳에서는 '완전한 동일성'의 의미로 사용되고 있다(Cranfield, Dunn, Fitzmyer, Moo). 하나님은 예수님을 죄를 짓는 사람과 어떠한 차이도 없는 온전한 인간으로 보내셨다. 그러나 혹시라도 그리스도가 실제로 죄를 지어 죄인이 되셨다는 오해를 예방하기 위해 '모양'이라는 표현을 사용하고 있다(Thielman). 예수님은 죄인의 모습으로 오셨지만, 죄와는 거리가 먼 분이라는 것이다: "하나님이 죄를 알지도 못하신 이를 우리를 대신하여 죄로 삼으신 것은 우리로 하여금 그 안에서 하나님의 의가 되게 하려 하심이라"(고후 5:21).

3절은 '육신에 죄를 정(죄)하셨다'(κατέκρινεν τὴν ἁμαρτίαν ἐν τῇ σαρκί)고 하는데 누구의 몸에 정죄하셨다는 것인가? 우리의 죄성으로 가득한 몸이 아니라 그리스도가 십자가에서 찢기신 죄 없는 몸에 죄를 정죄하셨다(Fitzmyer, Harrison & Hagner, Murray, Stuhlmacher). 그러므로 이 말씀은 그리스도의 대속하는 죽음에 관한 것이다(Thielman): "그리스도께서 하나님 곧 우리 아버지의 뜻을 따라 이 악한 세대에서 우리를 건지시려고 우리 죄를 대속하기 위하여 자기 몸을 주셨으니"(갈 1:4).

하나님이 그리스도의 몸을 통해 죄를 정죄하신 것은 더는 육신을 따르지 않고 영을 따라 행하는 우리에게 율법의 요구가 이루어지게 하기 위해서다(4절). 그런데 우리에 대한 율법의 요구가 어떻게 이뤄지는가? 어떤 이들은 예수님이 우리에 대한 율법의 모든 요구를 충족시켜 더는 율법이 우리에게 아무것도 요구하지 못하게 하셨다는 의미로 해석한다(Moo). 그러나 대부분 학자는 우리가 성령의 도우심으로 율법의 요구를 이루어 가는 의미로 해석한다(Harrison & Hagner, Kruse, McFadden, Schreiner, Stott, Stuhlmacher, Thielman, cf. 새번역, 현대인, NIV). 성령의 도우심을 받아 율법이 요구하는 의의 열매를 맺을 수 있다는 뜻이다.

이 말씀은 우리가 그리스도 예수 안에 있는 것이 얼마나 중요한지 생각하게 한다. 우리가 예수님을 믿고 주님 안에 거하는 한 정죄함은 없다. 성령이 우리를 죄와 사망의 법에서 해방시키셨기 때문이다. 그러므로 그리스도인은 주님을 모를 때 저지른 죄에 발목 잡히면 안 된다. 하나님께 용서를 구하고 의롭다 함을 받았다면 주님 안에서 가슴을 펴고 당당하게 살아가야 한다. 그리스도께서 자기 몸을 속죄제물로 삼아 우리의 모든 죄를 대속해 주셨다.

그리스도의 대속으로 죄에서 해방된 우리는 하나님이 원하시는 바에 따라 경건하고 선한 열매를 맺는 삶을 살며 율법의 요구를 충족시키는 삶을 살아야 한다. 우리에게 의지가 있으면 하나님이 성령을 통해 우리가 율법의 요구를 충족시킬 수 있도록 도우실 것이다. 하나님의 구원을 얻은 사람이 의로운 열매 맺는 삶을 사는 것은 선택이 아니라 필수다.

III. 의에 이른 결과: 새 언약과 새 창조(5:1-8:39)
  D. 은혜가 율법을 이김(7:1-8:17)
    3. 생명의 성령(8:1-17)

---

(2) 성령과 육신(8:5-11)

[5] 육신을 따르는 자는 육신의 일을, 영을 따르는 자는 영의 일을 생각하나니 [6] 육신의 생각은 사망이요 영의 생각은 생명과 평안이니라 [7] 육신의 생각은 하나님과 원수가 되나니 이는 하나님의 법에 굴복하지 아니할 뿐 아니라 할 수도 없음이라 [8] 육신에 있는 자들은 하나님을 기쁘시게 할 수 없느니라 [9] 만일 너희 속에 하나님의 영이 거하시면 너희가 육신에 있지 아니하고 영에 있나니 누구든지 그리스도의 영이 없으면 그리스도의 사람이 아니라 [10] 또 그리스도께서 너희 안에 계시면 몸은 죄로 말미암아 죽은 것이나 영은 의로 말미암아 살아 있는 것이니라 [11] 예수를 죽은 자 가운데서 살리신 이의 영이 너희 안에 거하시면 그리스도 예수를 죽은 자 가운데서 살리신 이가

너희 안에 거하시는 그의 영으로 말미암아 너희 죽을 몸도 살리시리라

저자는 본 텍스트를 통해 성령 안에 거하는 그리스도인과 육을 따라 사는 불신자의 대조적인 삶에 관해 말한다(Harrison & Hagner). '육신을 따르는⋯영을 따르는'(κατὰ σάρκα⋯κατὰ πνεῦμα)(5절)은 당시 문헌에서 정치적으로 어느 쪽에 속하는지 묘사하는 표현이었다(Cranfield, cf. BDAG). 영을 따르는 것과 육을 따르는 것은 서로 경쟁하는 삶의 방식이며, 한 사람이 동시에 양쪽에 속할 수 없다는 뜻이다.

성령에 속한 사람은 성령의 일을 생각하며 살고, 육신에 속한 사람은 육신의 일을 생각하며 산다(5절). 사람이 어떻게 사느냐는 그들이 어떤 사람(존재)인지를 드러낸다. 영적인 사람은 영을 따르고, 육적인 사람은 육을 따른다. 그러므로 이 말씀은 존재성에 관한 것이다(Fee, Fitzmyer, Moo, Thielman). 우리의 존재(신분)에서 우리의 행동이 우러나온다. 그러므로 우리가 어떻게 행동하느냐는 우리가 어떤 존재인지를 드러낸다(Schreiner).

육신의 생각은 사망이며, 영의 생각은 생명과 평안이다(6절). 육신을 따르는 사람과 성령을 따르는 사람이 최종적으로 도달하는 목적지가 '사망'과 '생명과 평안'으로 대조되고 있다. 이 둘 중 어느 쪽을 따르며 살 것인지는 우리 미래에 영원한 영향을 미치는 매우 중요한 결정이 된다. 종말이 되면 어느 쪽을 따랐는가에 따라 죽음과 삶의 최대 의미(the fullest meaning of death and life)를 경험할 것이다(Dunn).

육신을 따르는 사람은 사망으로 인해 자기 미래에 치명적인 영향을 미칠 뿐 아니라, 하나님과도 원수가 된다(7a절). 그들은 육신이 저지르는 죄에도 의미가 있으므로 중요하다고 생각한다(Schreiner). 그러나 이러한 생각은 창조주께 지음받은 인간이 창조주를 등지고 피조물을 숭배하는 일과 마찬가지다(cf. 1:21-25).

육신을 따르는 사람은 창조주 하나님의 법에 굴복하지 않으며 굴복할 수도 없다(7b절). 어떤 이들은 '하나님의 법'(νόμῳ τοῦ θεοῦ)이 하나님이 요구하시는 것을 의미한다고 한다(Moo). 그러나 율법을 지키지 못하는 것이 7장의 중심 주제였다는 사실을 고려할 때, 이 말씀은 7:14-25을 근거로 육에 속한 자들은 죄에 팔렸기 때문에(7:14, 23) 율법에 굴복하지도 굴복할 수도 없다는 뜻으로 해석하는 것이 바람직하다(Schreiner). 이렇게 해석하면 이 말씀은 저자가 7:1-25에서 주장한 것을 세 단계로 요약한다(Thielman).

1. 육신의 본래 성향이 하나님께 적대적이기 때문에 자기 지배하에 있는 사람들을 죽음으로 인도한다.
2. 바울은 육신이 하나님의 율법에 복종하지 않기 때문에 육신이 하나님께 적대적이라고 한다.
3. 육신은 하나님의 율법에 복종할 수 없기 때문에 하나님의 율법에 복종하지 않는다.

그러므로 육신에 있는 자들(믿지 않는 자들)은 하나님을 기쁘시게 할 수 없다(8절). 믿는 자들 안에서도 육신과 영이 갈등하지만(cf. 고후 10:3; 갈 2:20; 5:13-18) 그들은 하나님을 기쁘게 할 수 있다: "너희가 마땅히 어떻게 행하며 하나님을 기쁘시게 할 수 있는지를 우리에게 배웠으니 곧 너희가 행하는 바라 더욱 많이 힘쓰라"(살전 4:1).

바울은 율법을 의에 이르는 수단으로 생각하는 자들을 공격하고 있다. 육에 속한 사람은 그가 육에 속했기 때문에 아무리 율법을 잘 알더라도 절대 행할 수는 없다. 사람이 율법을 지킬 수 있는 유일한 방법은 그리스도와 연합하는 것이다(8:1-4). 사람은 성령과 육신 중 자기가 속한 쪽에 따라 행동한다. 육신에 속한 사람은 다음 네 가지 중 하나도 벗어날 수 없다(Harrison & Hagner): (1)하나님의 원수, (2)하나님께 굴복하지 않음, (3)하나님을 기쁘게 할 수 없음, (4)죽음. 이 네 가지를 유일하게 벗어나는 방법은 거듭나는 것이다(요 3:7).

육신을 따르는 사람(믿지 않는 자)과 영을 따르는 사람(그리스도인)을 구분하는 기준은 무엇인가? 누구든 하나님의 영이 그 사람 안에 거하면 육신을 따르는 사람이 아니라 영을 따르는 사람이다(9a절). 다르게 말하자면 그 사람 안에 그리스도의 영이 없으면 그리스도의 사람이 아니다(9b절; cf. 5:5; 고전 6:19). '하나님의 영'(πνεῦμα θεοῦ)(9a절)은 성령이다. 저자는 다음 문장에서 '그리스도의 영'(πνεῦμα Χριστοῦ)(9b절)을 언급한다. 그렇다면 성령과 예수님은 동일 인물이란 말인가? 그런 의미로 본문에서 '하나님의 영'과 '그리스도의 영'이 함께 사용되는 것은 아니며, 우리에게 구원을 주시는 일에 두 분이 함께하시기 때문에 따로 구분할 수 없다는 뜻이다(Moo, Thielman, cf. 11절). 초대교회에서 본문과 같은 말씀이 삼위일체를 논하는 근거가 되었다(Schreiner).

그리스도께서 우리 안에 계시면 우리 몸은 죄로 말미암아 죽은 것이다(10a절). 어떤 이들은 6장을 근거로 본문이 세례를 통해 우리 몸이 죄에 대해 죽었음을 의미하는 것으로 해석한다(Barrett, Käsemann, Ziesler). 그러나 대부분은 다음 절이 부활에 대해 말하는 것을 바탕으로 이미 그리스도를 통해 죽음에서 생명으로 옮겨진 사람들도 죄인이기 때문에 언젠가는 육체적 죽음을 감수해야 한다는 의미로 해석한다(Byrne, Cranfield, Dunn, Moo, Sanday & Headlam). 바울의 '이미-아직'(already-not yet) 종말론의 일부다. 성령이 믿는 자들 안에 거하시면 그들은 더는 죄의 노예가 아니다. 그러나 그들도 언젠가는 죄로 인해 죽어야 한다(Schreiner). 죄는 더 이상 믿는 자들의 주인이 아니지만, 그렇다고 해서 죄가 그들의 삶에서 사라진 것은 아니다. 비록 우리가 아직도 죄를 지으며 살고 있지만, 죄는 이제 우리를 지배할 수 없다.

영은 의로 말미암아 살아 있는 것이다(10b절). 학자 중에는 저자가 본문에서 '영'과 사람의 육신을 대조하고 있다며 '영'(πνεῦμα)을 '사람의 영'으로 해석하는 이들이 있다(Fitzmyer, Sanday & Headlam, Stott, Wright, cf. 새번역, 아가페, NAS): "비록 여러분의 몸은 죄 때문에 죽었을지라도 그리스도께서 여러분 안에 계시면 여러분은 이미 하느님과 올바른 관계에 있기 때문에 여러분의 영은 살아 있습니다"(10절, 공동).

그러나 '영'은 사람의 영이 아니라 성령이다(Barrett, Byrne, Cranfield, Dunn, Fee, Harrison & Hagner, Moo, Murray, Schreiner, Thielman, cf. ESV, NIV, NRS, KJV). 또한 개역개정이 '살아 있는 것'으로 번역한 헬라어 단어(ζωή)는 성경에서 항상 '생명'을 뜻한다(Thielman, cf. BDAG). 그러므로 "영은 의로 말미암아 살아 있는 것이니라"(πνεῦμα ζωὴ διὰ δικαιοσύνην)를 더 정확히 번역하면 "성령은 의로 말미암아 생명이시다"이다(ESV, NIV, NRS). 생명과 성령의 연관성은 이 섹션의 핵심 주제다(8:2, 6, 11; cf. 고후 3:6; 갈 6:8). 성령이 믿는 자들의 연약하고 썩을 몸에 생명을 주시고 부활을 통해 죄와 죽음을 이겨 내게 하신다는 의미다(Cranfield, Murray, Thielman). 만일 '사람의 영'이라면 '사람의 영은 의로 말미암아 생명이다'가 되는데, 이는 바울이 여러 서신에서 전개하는 가르침과 잘 어울리지 않는다(Schreiner).

'의'(δικαιοσύνην)는 예수 그리스도께서 믿는 자들을 위해 이루신 업적이다. 성령이 그리스도가 이루신 의를 통해 우리에게 생명을 주신다는 것은 그리스도와 연합을 통해 우리 몸도 그리스도의 부활하신 몸처럼 되어 살 것이라는 뜻이다(Schreiner, Thielman, cf. 고전 15:20-24, 48-56).

저자는 '성령은 의로 말미암아 생명이시다'(10b절)라는 말의 의미를 11절에서 한 번 더 설명한다. '예수를 죽은 자 가운데서 살리신 이'는 하나님을, 그의 영은 성령을 뜻한다(11a절). 만일 성령이 우리 안에 거하시면, '그리스도 예수를 죽은 자 가운데서 살리신 하나님'이 우리 안에 거하시는 자기 영(성령)으로 말미암아 우리의 죽을 몸도 살리실 것이다(11b절). 이처럼 11절이 '그리스도를 죽은 자 가운데서 살리신 하나님'을 두 차례 언급하는 것은 그리스도를 믿는 우리도 반드시 살리신다는 것을 강조하기 위해서다(Schreiner). 우리는 예수님과 연합해 죽고 부활했기 때문에 예수님께 일어난 일들이 우리에게도 일어날 것이다.

이 말씀은 예수 그리스도가 우리에게 얼마나 중요한지를 다시 한번 강조한다. 만일 우리 안에 그리스도의 영이 없으면 우리는 그에게 속한 것이 아니다. 사람이 아무리 창조주(신)를 사랑하고 섬긴다고 떠들어 대도 예수 그리스도를 알지 못하면 부질없는 짓이다. 오직 그리스도만이 우리의 길이요 진리요 생명이시다. 예수 그리스도를 통하지 않고는 그 누구도 하나님께 나아갈 수 없다. 또한 그리스도를 통하지 않고는 죄의 억압에서 벗어나지 못하며 영생도 꿈꿀 수 없다.

모든 사람은 육신을 따를 것인지, 혹은 성령을 따를 것인지 결정해야 한다. 육신을 따르면 사망이 기다리고 있다. 반면에 성령을 따르면 생명과 평안이 기다리고 있다. 그러므로 어떤 선택을 해야 하는지 분명하다. 안타깝게도 알면서도 육신의 길을 떠나지 못하는 사람이 많다. 그러므로 우리는 구원하신 하나님께 항상 감사하며 살아야 한다.

III. 의에 이른 결과: 새 언약과 새 창조(5:1-8:39)
  D. 은혜가 율법을 이김(7:1-8:17)
    3. 생명의 성령(8:1-17)

---

(3) 성령의 증언(8:12-17)

¹² 그러므로 형제들아 우리가 빚진 자로되 육신에게 져서 육신대로 살 것이 아니니라 ¹³ 너희가 육신대로 살면 반드시 죽을 것이로되 영으로써 몸의 행실을 죽이면 살리니 ¹⁴ 무릇 하나님의 영으로 인도함을 받는 사람은 곧 하나님의 아들이라 ¹⁵ 너희는 다시 무서워하는 종의 영을 받지 아니하고 양자의 영을 받았으므로 우리가 아빠 아버지라고 부르짖느니라 ¹⁶ 성령이 친히 우리의 영과 더불어 우리가 하나님의 자녀인 것을 증언하시나니 ¹⁷ 자녀이면 또한 상속자 곧 하나님의 상속자요 그리스도와 함께 한 상속자니 우리가 그와 함께 영광을 받기 위하여 고난도 함께 받아야 할 것이니라

그리스도인의 삶은 빚진 자의 삶이라 할 수 있다(cf. 1:14). 중요한 것은 누구에게 빚진 자처럼 사느냐 하는 것이다. 만일 하나님이 예수님의 찢기신 몸을 통해 육신의 죄를 정죄하셨고(8:3), 우리가 육신을 따르지 않고(8:4) 육신의 생각을 품지 않으며(8:5-7) 육신에 있지 않고 성령에 있다면(8:9), 우리는 더는 육신에 빚진 것이 없다(Thielman). 육신을 위해 무언가 해야 한다는 의무감을 벗어버려야 한다(cf. BDAG). 이미 그리스도를 통해 우리와 육신의 관계가 단절되었기 때문이다.

믿는 자들이 성령 안에 거한다고 해서 죄와 죽음으로부터 완전히 자유로운 것은 아니다. 우리는 지금도 죄를 짓고 있으며 죽음도 맞이할 것이다. 그러나 더는 죄와 죽음의 권세 아래 있지 않다(cf. 6:1-11; 7:14-25). 어떤 이들은 이 구절이 바울이 하고자 하는 말을 온전히 표현하지 않는다며 "우리는 성령에 빚진 자들이므로 성령에 따라 살아야 한다"라는 의미를 본문에 더해야 한다고 주장한다(Harrison & Hagner, Moo, Murray). 우리는 육신을 따라 살 것인지 혹은 성령을 따라 살 것인지 선택해야 한다.

우리는 육신에 빚진 자가 아니기 때문에 육신대로 살 필요가 없다. 그럼에도 불구하고 육신대로 살면 반드시 죽을 것이다(13a절). '반드시 죽을 것이다'(μέλλετε ἀποθνήσκειν)는 꼭 그렇게 될 것이라는 경고다(Dunn, Moo). 저자가 경고하는 죽음은 육신적인 죽음만 뜻하는 것이 아니다. 육신적 죽음에 대해서는 이미 8:10-11에서 언급한 바 있다. 그러므로 이 말씀은 8:6에서처럼 영과 육의 죽음의 최대 의미(the fullest meaning of death), 곧 영원한 죽음을 뜻한다(Barrett, Byrne, Cranfield, cf. 5:15-19; 6:23).

믿는 자들은 이미 죄와 죽음의 노예살이에서 벗어나 그리스도 안에서 구원과 자유를 누리고 있다. 그러나 구원과 죄로부터의 해방이 '이미-아직'(already-not yet) 면모를 지녔다는 사실을 고려할 때 '아직' 차원에서 우리는 언제든지 다시 '육신' 쪽으로 쏠릴 수 있다. 그러므로 바울은 우리가 육신대로 살면 반드시 죽을 것이라고 경고한다.

이와는 대조적으로 영으로써 몸의 행실을 죽이면 살 것이다(13b절). 바로 앞 문장에서 죽음이 영원한 죽음을 의미한 것처럼, 본문이 말하는 삶은 영원한 삶, 곧 영생을 뜻한다(Cranfield, Dunn, Fitzmyer). '몸의 행실을 죽이면'(τὰς πράξεις τοῦ σώματος θανατοῦτε)은 우리가 그리스도인이 된 후에도 우리 안에 육신이 하고자 하는 일(죄를 짓는 것)에 대한 욕망이 매우 강하게 남아 있다는 것을 암시한다. 그러므로 우리는 죽음에 이르게 하는 죄의 욕망을 죽여야 산다는 각오로 육신이 하고자 하는 일들을 거부하며 살아야 한다. 죽여야 산다는 것이 모순적으로 들리지만 이것이 그리스도인이 삶에서 추구해야 할 진리다.

하나님의 영으로 인도함을 받는 사람은 곧 하나님의 아들이다(14절). 이 말씀은 육신을 죽이는 자만이 영생을 얻을 것이라는 13절을 다른 말로 표현한 것이다. 성령이 믿는 사람을 인도하시는 것은 이스라엘이 출애굽한 이후 광야에서 하나님의 인도하심을 받으며 살았던 일을 연상케 하는 것으로 해석할 수도 있고(Wright, cf. 출 13:21-22; 민 9:15-23), 목자가 양을 인도하는 이미지로 해석할 수도 있다(Harrison & Hagner, cf. 시 23편).

'인도함을 받다'(ἄγονται)는 수동태다. 그리스도인이 하나님께 순종하는 일에서 성령이 가장 중요한 에이전트(agent) 역할을 하신다. 그분의 인도하심이 순종을 가능하게 하기 때문이다(Cranfield, Käsemann). 그렇다고 해서 성령이 그리스도인의 의지를 부인하는 것은 아니다(Barrett). 우리의 순종은 성령이 하시는 일이라는 뜻이다(Fee).

율법은 초등교사가 되어 우리를 그리스도께 인도해 믿음으로 의롭다 함을 얻게 한다(cf. 갈 3:24). 성령은 그리스도를 통해 의롭다 함을 입은 우리를 모든 진리 가운데로 인도하신다(요 16:13). 성령의 인도하심은 세상이 끝나는 날까지 계속된다.

본문을 시작으로 21절에 이르기까지 '아들'과 '자녀'가 중요한 주제로 부각된다(cf. 15, 16, 17, 19, 21절). 옛적에는 이스라엘이 하나님의 아들이자 자녀였다(출 4:22; 신 14:1; 사 43:6; 렘 3:19; 31:9; 호 1:10; 11:1). 종말에는 성령의 인도하심을 받는 이들이 하나님의 자녀가 될 것이다(Byrne). 구약에서 이스라엘에 약속된 것이 그리스도인들을 통해 실현될 것이다(Dunn).

믿는 자들은 종의 영을 받지 않고 양자의 영을 받았다(15a절). 우리의 신분에 큰 변화가 일어난 것이다. 예전에는 죄와 죽음의 종이었는데, 이제는 하나님이 입양하신 자녀다. '받았다'(ἐλάβετε)는 부정 과거형(aorist)으로 우리가 회심할 때 이러한 변화가 일어났음을 의미한다.

바울은 '양자'(υἱοθεσία)라는 단어를 몇 차례 사용하지만(cf. 9:4; 갈 4:5; 엡 1:5), 칠십인역(LXX)에서는 한 번도 사용되지 않는다. 그러므로 '양자'는 구약이나 유대인 문화가 아니라 로마 문화를 배경으로 이해해야 한다(Burke, Dunn, Fitzmyer, Moo). 로마에서 입양은 대부분 원로원 회원을 포함한 상류층에서 이루어졌다. 집안에 남자 후계자가 없을 때 재산과 이름을 물려주기 위해 입양했다. 양자는 유능한 집안의 대를 이어 갈 장자 역할을 한 것이다.

믿는 자들이 옛 이스라엘을 계승한다는 본문에서 이 단어가 사용되는 것은 상당히 놀라운 일이다(Thielman). 바울은 이 단어를 사용함으로써 믿는 유대인과 이방인 모두 하나님의 양자이며, 그들이 함께 형성하고 있는 것이 교회라고 강조하는 듯하다. 하나님의 가족은 입양된 아들과 딸로 구성되어 있으며, 자연 출생(natural-born)한 아들과 딸은 하나도 없다(Burke).

어떤 이들은 우리가 양자가 되는 것을 미래에 있을 일로 간주한다(Barrett, Scott). 그러나 '받았다'(ἐλάβετε)가 이미 일어난 일을 묘사하는 부정 과거형(aorist)으로 사용되었기 때문에 설득력이 부족하다. 우리는 회심할 때 이미 '양자의 영'(πνεῦμα υἱοθεσίας)을 받았다(Cranfield, Moo). 그러므로 어떤 이들은 우리가 양자의 영을 받은 때를 세례와 연결하기도

한다(Käsemann, Scott).

우리는 회심할 때 양자의 영을 받았으므로 하나님을 '아빠 아버지'라고 부르짖는다(15b절). '아빠'(αββα)는 아람어 단어를 헬라어로 음역한 것이다. 아마도 '아빠 아버지'(αββα ὁ πατήρ)는 예수님이 하나님을 이렇게 부르신 데서 유래한 것으로 보인다(막 14:36). '아빠'(Daddy)보다는 '아버님'(dear Father)이 더 정확한 표현이다(Haenchen, Schreiner). '부르짖다'(κράζω)는 '소리쳐 외치다'로 해석할 수 있지만(Fitzmyer), 믿는 자들이 기도를 통해 자신이 입양된 하나님의 자녀임을 시인하는 것이다(Barrett, Cranfield, Dunn, Harrison & Hagner, Käsemann, Moo). 그리스도와 연합한 우리는 하나님께 입양되어 하나님의 아들이신 예수님과 비슷한 신분을 부여받았다(Schreiner, Thielman).

성령이 친히 우리의 영과 더불어 우리가 하나님의 자녀인 것을 증언하신다(16절). '더불어 증언하다'(συμμαρτυρέω)를 '증언하다'와 비슷한 말로 간주하는 이들이 있지만(Cranfield), 저자는 이 단어를 통해 성령과 우리 영이 함께 증언한다는 점을 강조하고자 한다(Burke, Dunn, Fee, Moo). 율법은 두 증인의 중요성에 관해 말한다(신 19:15). 우리가 회심한 후 성령이 소수에 대해서만 증언하신다고 하는 이들도 있지만(Lloyd-Jones), 성령은 우리가 회심할 때 모두에 대해 증언하신다(Stott).

우리는 성화가 더디다고 생각되면 구원을 의심하기도 한다. 그러나 성령은 우리의 성화에 진전이 있든 없든 상관하지 않으시고 우리가 하나님의 자녀라는 사실을 증언하신다. 성령은 우리가 우리 자신의 삶에서 눈을 돌려 오직 우리를 자녀 삼으신 하나님을 바라보길 원하신다(Harrison & Hagner).

하나님의 자녀인 우리는 또한 그리스도와 함께 하나님의 상속자이기도 하다(17a절). '하나님의 상속자'(κληρονόμοι θεοῦ)는 하나님이 약속하신 것만 받는 것이 아니라, 하나님도 상속한다는 뜻이다(Cranfield, Moo, Murray). 옛적에 주신 아브라함 언약을 통해 약속된 땅 등을 받는 것도 중요하지만(창 17:7), 창조주이신 여호와를 우리의 하나님으로 상속할 수 있다는 것은 그 무엇과도 비교할 수 없는 특권이다(Moo). 텍스트에서 변화의 흐름이 느껴진다. 처음에 우리는 죄의 노예였다가 하나님의 아들이 되었고, 이제 하나님의 아들에서 상속자가 되었다(15-17절; cf. 갈 4:6-7).

우리가 기억해야 할 사실은 하나님의 상속자가 되는 유일한 방법은 예수 그리스도와 함께할 때 가능하다는 것이다. 예수 그리스도가 하나님의 유일한 상속자이신데, 우리가 예수님과 연합했기 때문에 우리도 상속자가 되었다는 뜻이다. 그러므로 예수님을 통하지 않고는 그 누구도 하나님을 상속할 수 없다.

우리가 그리스도와 함께 상속자의 영광을 받고자 한다면, 그리스도와 함께 고난도 받아야 한다(17b절). 이 구절은 조건문이다(cf. ESV, NAS, NIV, NRS). 만일 우리가 미래에 상속자의 영광을 누리길 원한다면, 오늘 이 땅에서 그리스도의 고난에 동참해야 한다는 뜻이다(Cranfield, Moo). 우리가 이 땅에서 그리스도와 함께 받는 고난은 우리가 그를 믿기에 감수해야 하는 믿음으로 인한 고난이다.

이 말씀은 우리가 누구에게 빚진 자인지 정확히 알라고 한다. 우리는 죄와 사망에 빚을 지지 않았다. 그리스도와 연합하여 그의 죽음과 부활에 동참했기 때문이다. 우리는 우리를 죄와 사망에서 구원하시고 의롭다 함과 성령 안에서 새로운 삶을 주신 하나님과 예수님께 빚진 자들이다. 그러므로 이제 더는 죄가 다스리는 육신에 따라 살면 안 된다. 성령에 따라 살아야 한다.

우리가 사망에서 옮겨져 성령 안에서 새로운 삶을 시작했다고 해서 죄를 가볍게 보는 것은 어리석은 일이다. 회심한 후에도 죄는 계속 믿는 자들을 몸의 행실(죄를 짓고 싶어 하는 욕망)로 유혹한다. 이 유혹이 얼마나 강한지 몸의 행실을 죽이지 않고는 우리가 살 수 없다. 죄를 이기는 가장 좋은 방법은 최대한 멀리하는 것이고, 가까이 오면 달아나는 것이다.

성령은 우리가 하나님의 자녀이며 상속자라는 사실을 증언하신다. 그러므로 우리가 얼마나 성공적으로 믿음 생활을 했는지 혹은 그렇게 하지 못했는지는 우리가 하나님의 자녀요 상속자라는 신분에 어떠한 영향도 미치지 않는다. 우리는 최대한 하나님의 말씀대로 살고자 노력하되, 종종 실패하고 넘어지더라도 낙심해서는 안 된다. 다시 일어나 이전보다 더 성실하게 하나님의 자녀로 살고자 노력하면 된다.

Ⅲ. 의에 이른 결과: 새 언약과 새 창조(5:1-8:39)

E. 모든 피조물이 새 창조를 고대함(8:18-30)

[18] 생각하건대 현재의 고난은 장차 우리에게 나타날 영광과 비교할 수 없도다 [19] 피조물이 고대하는 바는 하나님의 아들들이 나타나는 것이니 [20] 피조물이 허무한 데 굴복하는 것은 자기 뜻이 아니요 오직 굴복하게 하시는 이로 말미암음이라 [21] 그 바라는 것은 피조물도 썩어짐의 종 노릇 한 데서 해방되어 하나님의 자녀들의 영광의 자유에 이르는 것이니라 [22] 피조물이 다 이제까지 함께 탄식하며 함께 고통을 겪고 있는 것을 우리가 아느니라 [23] 그뿐 아니라 또한 우리 곧 성령의 처음 익은 열매를 받은 우리까지도 속으로 탄식하여 양자 될 것 곧 우리 몸의 속량을 기다리느니라 [24] 우리가 소망으로 구원을 얻었으매 보이는 소망이 소망이 아니니 보는 것을 누가 바라리요 [25] 만일 우리가 보지 못하는 것을 바라면 참음으로 기다릴지니라 [26] 이와 같이 성령도 우리의 연약함을 도우시나니 우리는 마땅히 기도할 바를 알지 못하나 오직 성령이 말할 수 없는 탄식으로 우리를 위하여 친히 간구하시느니라 [27] 마음을 살피시는 이가 성령의 생각을 아시나니 이는 성령이 하나님의 뜻대로 성도를 위하여 간구하심이니라 [28] 우리가 알거니와 하나님을 사랑하는 자 곧 그의 뜻대로 부르심을 입은 자들에게는 모든 것이 합력하여 선을

이루느니라 [29] 하나님이 미리 아신 자들을 또한 그 아들의 형상을 본받게 하기 위하여 미리 정하셨으니 이는 그로 많은 형제 중에서 맏아들이 되게 하려 하심이니라 [30] 또 미리 정하신 그들을 또한 부르시고 부르신 그들을 또한 의롭다 하시고 의롭다 하신 그들을 또한 영화롭게 하셨느니라

저자는 그리스도인이 누리게 될 미래가 얼마나 영광스럽고 큰지 현재 그들이 겪고 있는 고난의 크기와 절대 비교할 수 없다고 한다. 이러한 사실을 알고 있는 자연 만물도 우리가 종말에 하나님의 자녀로 나타나기를 고대하고 있다. 우리가 영광스러운 모습으로 나타나는 날, 자연 만물도 영화롭게 될 것이기 때문이다.

종말에 하나님의 자녀뿐 아니라 피조물도 회복될 것이라고 하는 본문은 타락하고 부패한 세상을 묘사하는 1:18-25의 내용을 반전시키는 면모를 지닌다(cf. Berry, Sprinkle). 또한 바울은 종말에 타락한 세상이 완전히 회복될 것이라는 비전을 제시하며(cf. 사 65:17; 66:22) 구약이 이스라엘에 약속한 종말적인 축복이 교회를 통해 실현될 것을 다시 한번 확인한다(Schreiner). 본문과 1:18-25의 관계는 다음 도표를 참조하라(cf. Berry, Sprinkle).

로마서 1:18-25	로마서 8:18-30
κτίσεως κόσμου / τῇ κτίσει (1:20, 25) 만드신 만물, 피조물	τῆς κτίσεως / ἡ κτίσις (8:19, 20, 21, 22) 피조물
ἐδόξασαν / τὴν δόξαν (1:21, 23) 영화롭게, 영광	δόξαν / ἐδόξασεν (8:18, 21, 30) 영광, 영화롭게
ἐματαιώθησαν (1:21) 허망하여짐	ματαιότητι (8:20) 허무한 데
εἰκόνος (1:23) 모양	τῆς εἰκόνος (8:29) 형상

307

ἀφθάρτου φθαρτοῦ (1:23) 썩지 않음, 썩어짐	τῆς φθορᾶς (8:21) 썩어짐
τὰ σώματα αὐτῶν (1:24) 그들의 몸	τοῦ σώματος ἡμῶν (8:23) 우리 몸

저자가 생각하기에 현재 그리스도인들이 겪는 고난과 장차 그들이 경험할 영광은 비교할 수 없다(18절). 고난에 비해 영광이 몇십 배, 혹은 몇백 배가 될 것이기 때문이다. 그러므로 우리는 미래에 경험할 영광을 생각하면서 오늘 당면한 고난을 이겨 낼 수 있다. 믿는 사람이 경험할 영광이 얼마나 크고 놀라운 것인지는 이어지는 19-30절이 설명한다.

'생각하다'(λογίζομαι)는 저자의 개인적인 생각을 초월한다(Käsemann). 본문에서 이 동사는 '비교할 수 없다'(οὐκ ἄξια)와 함께 득과 실 등을 고려해 정확하게 계산하면 누구든지 이러한 사실에 동의할 것이라는 의미를 지닌다(Godet, Sanday & Headlam). 바울은 다른 곳에서도 비슷한 주장을 펼친다: "우리가 잠시 받는 환난의 경한 것이 지극히 크고 영원한 영광의 중한 것을 우리에게 이루게 함이니"(고후 4:17).

'영광'(δόξα)은 우리가 부분적으로나마 이미 누리는 것이며(Cranfield, Moo, Morris), 종말에 온전히 누릴 유산이다(Dunn, Murray, Thielman, cf. 2:7, 10; 5:2; 고후 4:17; 빌 3:21; 골 3:4; 살전 2:12; 딤후 2:10). 우리가 누리게 될 가장 큰 영광은 우리 몸이 부활하신 예수님처럼 되는 것이다(cf. 8:17). '나타남'(μέλλουσαν)은 확신(Morris, Moo)과 임박함(Dunn, Sprinkle)을 강조한다.

감격으로 사로잡는 영광이 장차 '우리에게'(εἰς ἡμᾶς) 임할 것이다. 이 영광은 외부로부터 와서 우리를 온전히 변화시킨다(Thielman, cf. 고전 15:43; 고후 3:18; 빌 3:21). 성경은 이 영광이 어떤 것인지 자세히 말하지 않지만, 우리에게 이 영광이 임하는 것은 확실하다고 한다(Harrison &

Hagner).

저자는 19-22절에서 피조물을 의인화해 가르침을 이어 간다. 피조물은 하나님의 아들들이 영광스러운 모습으로 나타나는 것을 학수고 대하고 있다(19절). 본문의 '피조물'(κτίσις)에 천사를 포함하는 이들이 있지만(Barrett, Gibbs), 천사나 사람은 포함되지 않는다. 자연 만물은 믿는 자들이 부활한 몸을 지니고 온전한 능력과 영광을 갖춘 모습으로 나타날 것을 고대한다. 또한 성경은 천사를 피조물이라 하지 않는다(Schnabel).

명사 '고대하는 것'(ἀποκαραδοκία)은 바울이 처음 사용하기 시작한 단어일 가능성이 크다(cf. 빌 1:20). 헬라 문헌에서 찾아볼 수 없는 단어이며, 몇 세기 후에 이 단어가 문헌에서 모습을 보일 때도 이 말씀을 인용하는 정황에서 사용되기 때문이다(Thielman). '나타나다'(ἀπεκδέχομαι)는 항상 종말과 연관해 사용되는 동사다(8:23, 25; 고전 1:7; 갈 5:5; 빌 3:20). 이미지는 얼마나 간절히 바라는지 발꿈치를 들고 주인공이 오는 쪽을 바라보는 모습이다(Schreiner, Wright). 피조물이 이처럼 하나님의 아들들(믿는 자들)이 영광스러운 모습으로 나타나길 간절히 바라는 것은 그들도 영광스럽게 될 것이기 때문이다.

피조물이 이처럼 종말을 학수고대하는 것은 그들이 당하고 있는 억울한 고난에서 해방될 것을 기대하기 때문이다. 자연 만물은 하나님께 반역하지도 않았는데 아담의 죄로 인해 엄청난 파괴를 경험하고 허무한 것, 곧 썩어짐에 굴복해 종노릇하고 있다(20-21절). 마치 이스라엘이 이집트에서 종살이하던 것처럼 피조물은 현재 썩어지고 부패하는 것에 종살이하고 있다(Wright).

도대체 언제 어떤 일이 있었는가? 창세기는 이 일을 다음과 같이 기록한다.

아담에게 이르시되 네가 네 아내의 말을 듣고 내가 네게 먹지 말라 한 나

309

무의 열매를 먹었은즉 땅은 너로 말미암아 저주를 받고 너는 네 평생에 수고하여야 그 소산을 먹으리라 땅이 네게 가시덤불과 엉겅퀴를 낼 것이라 네가 먹을 것은 밭의 채소인즉 네가 흙으로 돌아갈 때까지 얼굴에 땀을 흘려야 먹을 것을 먹으리니 네가 그것에서 취함을 입었음이라 너는 흙이니 흙으로 돌아갈 것이니라 하시니라(창 3:17-19; cf. 롬 5:12-19).

이 일이 있은 후에도 가인의 죄로 인해 땅이 하나님의 심판을 받아 더 심하게 파괴되었고(창 4:11-12), 노아 홍수 때는 땅 위에 움직이는 생물이 다 죽었다(창 7:21-22). 성경은 지도자(다스리는 자)가 잘못하면 그 피해가 다스림을 받는 자들에게 간다고 하는데, 인간과 자연 만물도 예외가 아니다. 인간이 죄를 지으면 그들이 사는 땅이 파괴된다. 그러므로 선지서에서도 이스라엘이 죄로 인해 타국으로 끌려갈 때 그들이 살던 땅도 훼손되어 사람이 살기에 적합한 땅이 되지 않는다는 선포가 자주 등장한다. 반면에 주의 백성이 회복될 때는 그들이 살게 될 땅도 회복된다고 한다(사 11:6-9; 43:19-21; 55:12-13; 겔 34:25-31; 호 2:18; 슥 8:12). 그러므로 땅의 운명은 거주하는 백성의 운명과 함께한다고 할 수 있다.

아담의 죄로 인해 자연 만물이 지금도 허무한 데 굴복해 종노릇하고 있다(20a절). '허무한 데'(ματαιότητι)는 피조물의 현재 상황을 묘사하며 '썩어짐의 종'으로 있는 것을 뜻한다(21a절). 피조물이 창조주께서 그들을 창조하실 때 각자에게 주신 능력과 역할대로 살지 못하고 있다는 뜻이다(Cranfield). 하나님의 자녀들이 나타나면 피조물도 회복되어 비로소 원래 기능과 목적에 따라 살게 될 것이다. 그러므로 피조물은 하나님 자녀들의 영광에 참여하는 것을 간절히 바란다.

피조물이 허무한 데에 굴복한 것은 그들이 원해서가 아니다(20a절). 굴복하게 하시는 이의 뜻에 따라 빚어진 일이다(20b절). 우리말 번역본은 한결같이 '굴복하게 하는 이'(τὸν ὑποτάξαντα)를 하나님으로 해석하

310

지만, 아담(Byrne, Lampe, Stanley) 혹은 사탄으로 해석하는 이들도 있다
(Godet). 그러나 하나님이 자연 만물을 굴복시키셨다(Harrison & Hagner,
Schreiner, Thielman, Wright, cf. 새번역, 공동, NAS). 사탄으로 해석하는 것
은 어떠한 설득력도 없으며, '굴복하게 하시는 이로 말미암아'(διὰ τὸν
ὑποτάξαντα)는 아담의 죄가 그에게 안겨 준 권세를 의미할 수 없다. 아
담은 지은 죄로 인해 권세를 잃었지 얻은 것이 없기 때문이다. '굴복하
게 하다'(ὑποτάξαντα)는 부정 과거형(aorist) 능동태지만, 굴복당한 피조
물의 관점에서는 신적 수동태(divine passive)로 해석해야 한다(Cranfield,
Dunn, Moo, Ziesler).

개역개정은 '그 바라는 것'(ἐφ' ἐλπίδι)을 21절의 일부로 삼지만, 다
른 번역본들은 헬라어 사본에 따라 20절에 포함한다: "피조물이 제 구
실을 못하게 된 것은 제 본의가 아니라 하느님께서 그렇게 만드신 것
입니다. 그러나 거기에는 희망이 있습니다"(공동, 아가페, cf. ESV, NAS,
NIV, NRS). 이 문구를 20절의 일부로 포함하면 하나님이 피조물을 굴
복시키실 때 그들에게 미래를 소망할 만한 근거를 남기고 굴복시키셨
다는 뜻이다. 만일 21절의 일부로 취급하면 하나님께 굴복당한 피조물
이 썩어짐의 종노릇에서 해방되는 소망을 스스로 품었다는 뜻이다. 정
황과 문맥을 고려할 때 이 문구를 20절의 일부로 간주해 하나님이 피
조물을 굴복시키실 때 그들에게 조금은 소망할 만한 근거를 남겨 주셨
다는 의미로 해석하는 것이 바람직하다(Schreiner, Thielman).

개역개정의 '하나님의 자녀들의 영광의 자유'(τὴν ἐλευθερίαν τῆς δόξης
τῶν τέκνων τοῦ θεοῦ)(21절)도 논란이 있는 번역이다. '영광'(τῆς δόξης)이
'자유'(τὴν ἐλευθερίαν)를 수식하는지(Bruce, Moule, cf. 새번역, 공동, RSV,
KJV), 혹은 '자녀들'(τῶν τέκνων)을 수식하는지가(Morris, cf. ESV, NAS,
NIV, NRS) 이슈다. 전자는 '하나님의 자녀들이 누릴 자유는 영광스러
운 것이다'라는 의미가 되고, 후자는 '하나님의 영광스러운 자녀들은
자유를 누리게 된다'라는 의미를 지닌다. 앞에서 17–18절이 하나님 자

녀들이 영광스러운 모습으로 나타날 것을 강조한 점을 고려하면 하나님의 영광스러운 자녀들이 자유를 누릴 것이라는 후자가 더 정확한 해석이다.

종말에 하나님의 자녀인 우리는 새 창조를 경험할 것이다(cf. 사 65:17; 벧후 3:13; 계 21:1). 새로운 창조라 해서 현 세상이 파괴되어 없어진다는 뜻은 아니다. 우리가 사는 세상에서 모든 악이 제거되고 변형될(transformed) 것이다. 우리가 맞이할 새 시대는 옛 시대(에덴동산)로 돌아가는 것이 아니라, 그것보다 더 좋은 세상이다(Hahne). 또한 종말에 우리가 누릴 새 창조는 우리 각 개인이 경험하는 일로 끝나지 않는다. 온 세상이 우리와 함께 새롭게 창조될 것이다.

우리는 피조물이 다 이제까지 함께 탄식하며 함께 고통을 겪고 있다는 것을 안다(22절). '함께 탄식하다'(συστενάζω)와 '함께 고통을 겪다'(συνωδίνω)는 신약에서 단 한 차례씩 사용되는 흔치 않은 단어다. 대부분 학자는 세상 만물의 탄식과 고통을 세상이 끝나기 전에 잠시 해산하는 고통이 있을 것을 뜻하는 것으로 이해한다(새번역, 공동, ESV, NAS, NIV, NRS, cf. 사 13:8; 21:3; 26:17-18; 66:7-8; 렘 4:31; 22:23; 호 13:13; 마 24:8; 막 13:8; 요 16:21; 살전 5:3; 계 12:2). 그러나 바울은 아담의 타락에서 종말에 이르는 긴 시간 동안에 있을 고통을 말하는 것으로 보인다(Gempf, Thielman). 구약도 피조물의 신음과 탄식에 대해 증언한다(Hahne, cf. 사 24:1-7; 렘 4:23-28, 31; 12:11-12; 23:9-12; 호 4:3; 욜 1-2장). 피조물은 오늘도 고통 속에서 탄식하고 있다.

많은 학자가 피조물이 자기들끼리 탄식하고 고통스러워하는 것으로 이해한다(Cranfield, Dunn, Harrison & Hagner). 그러나 22-23절을 고려하면 피조물이 믿는 자들과 함께 탄식하고 고통스러워하는 것으로 해석해야 한다(Schreiner, Thielman). 구약은 자연 세상의 회복이 하나님 백성의 회복과 함께 일어날 것이라고 한다(사 11:6-9; 43:19-21; 55:12-13; 겔 34:25-31; 호 2:18; 슥 8:12). 이러한 변화는 인간이 이루어 내는 일이 아니라. 하나님이 하시는 일이다. 한 가지 생각해 볼 것은 만일 오늘날 우리가 경험하는 파괴된 자연도 이렇게 아름답고 좋은데, 종말에 회복될 자연은 얼마나 더 좋아질 것인가 하는 점이다. 저자는 어떠한 기대도 실망시키지 않을 것이라 한다.

자연 만물과 우리가 함께 종말을 기다린다(23절). '그뿐 아니라'(οὐ μόνον δέ)는 피조물만 탄식하고 고통을 겪으며 종말의 회복을 소망하는 것이 아니라, 다른 이들도 그들과 함께 소망한다는 뜻이다. 바로 '성령의 처음 익은 열매'(τὴν ἀπαρχὴν τοῦ πνεύματος)를 받은 우리까지도 속으로 탄식하며 양자 될 것, 곧 우리 몸의 속량을 기다린다. '성령의 처음 익은 열매를 받다'는 '우리가 하나님께 받은 첫 선물은 성령'이라는 뜻이다(새번역, 공동). 성령은 장차 우리에게 임할 하나님의 축복에 대한 보증이 되신다(Schreiner).

이미 하나님의 자녀가 된 사람들은 왜 자연 만물과 함께 탄식하며 양자 될 것을 기다리는가? 우리가 예수님을 영접할 때 하나님은 이미 우리를 양자로 삼으셨다(8:15). 그러나 우리의 양자 신분은 아직 온전히 실현되지 않았다. 우리의 양자 지위도 '이미-아직'(already-not yet)으로 이해되어야 한다. 우리가 온전히 양자가 되는 날은 우리 몸의 속량이 실현되는 날이기도 하다. 우리 몸이 부활하신 그리스도의 몸처럼 변화되어 영화롭게 되는 날이다.

우리는 소망으로 구원을 얻었다(24a절). 우리는 과거에 예수 그리스도를 영접하여 구원을 얻었지만, 또한 아직 온전히 실현되지 않았기 때문에 구원을 소망하고 있다. 이 '소망'(ἐλπίς)은 시시때때로 흔들리는 희망 사항이 아니다. 여러 증거에 근거한 확고한 확신이다. 그러므로 소망은 미래에 관한 것이지만, 현재를 살아가게 하는 원동력이다.

'구원을 얻었다'(ἐσώθημεν)는 구원이 과거에 이미 일어난 일이라는 것을 뜻한다. 또한 구원은 종말에 실현될 일이다(5:9-10; 9:27; 10:9; 11:26). 그러므로 저자는 구원의 미래적인 면모를 잃지 않기 위해 '소

망'(τῆ ἐλπίς)을 더한다. 소망은 구원과 떼어 놓을 수 없는 동반자다
(Schreiner). 미래에 실현될 구원에 대한 소망은 우리가 그리스도인이 되
는 순간부터 우리와 함께한다.

소망은 우리가 지금 볼 수 있는 것이 아니다(24b절). 만일 지금 보고
만질 수 있는 것이라면 소망할 필요가 없다. 소망이 이미 실현되었기
때문이다. 그러므로 소망은 소망하는 행위가 아니라 무엇을 소망하는
지 내용이 중요하다(Schreiner). 우리는 무엇을 소망하는가? 우리 몸의
속량(redemption)이다(23b절). 아담의 죄로 인해 연약하고 병든 우리 육신
이 부활하신 그리스도의 몸처럼 되는 것을 소망한다(빌 3:21).

바울은 종말에 믿는 자들이 어떤 신분과 모습을 지닐 것인지는 세상
뿐 아니라 우리에게도 보이지 않는 소망으로 남아 있다고 한다. 그러
나 보지 못하는 것을 바라는 것은 결코 쉬운 일이 아니다. 사람은 눈에
보이는 것을 좋아할 뿐 아니라 눈에 보이는 것을 통해 평안을 느낀다.
구약 시대 유대인들이 보이지 않는 하나님을 버리고 우상을 찾아가 숭
배한 이유 중 하나도 이것이다. 그러므로 눈에 보이지 않는 것을 소망
할 때는 아주 많은 '참음'(ὑπομονή)과 함께 기다려야 한다(25절). 소망은
믿음의 동반자라고 했는데, "믿음은 바라는 것들의 실상이요 보이지
않는 것들의 증거니"라는 말씀이 생각난다(히 11:1).

우리가 미래를 소망하며 현재를 [오래] '참음'으로 기다릴 수(견딜
수) 있는 것은 성령이 우리의 연약함을 도우시기 때문이다(26a절). '돕
다'(συναντιλαμβάνομαι)도 이곳과 누가복음 10:40에서만 사용되는 흔하
지 않은 단어다. 그런데 성령은 어떻게 우리를 도우시는가? 무엇을 도
우시는가? 많은 학자가 우리가 살면서 필요한 다양하고 보편적인 도
움을 의미하는 것으로 해석한다(Dunn, Harrison & Hagner, Murray, Wright).
그러나 26절의 구조를 생각하면 매우 구체적인 도움을 의미하는 것으
로 보인다(O'Brien, Sanday & Headlam, Schreiner). 본문은 다음과 같은 구조
를 지닌다.

　　A. 성령이 도우심
　　　　B. 우리의 연약함을 아심
　　　　B′. 우리는 마땅히 기도할 바를 알지 못함
　　A′. 성령이 말할 수 없는 탄식으로 우리를 위하여 친히 간구하심

위 구조에 따르면 우리의 연약함은 마땅히 기도할 바를 알지 못하는 것이다(Cranfield, Fee, O'Brien, Käsemann). 하나님의 뜻을 잘 알지 못하기 때문이다(cf. 27절). 그러므로 성령은 믿는 자들을 위해 말할 수 없는 탄식으로 하나님께 간구하시는 일을 통해 우리를 도우신다. 성령은 보편적인 도움이 아니라 우리가 하나님께 기도하는 일에 큰 도움을 주신다.

'말할 수 없는 탄식'(στεναγμοῖς ἀλαλήτοις)을 사람이 알아들을 수 없는 말로 해석해 방언 기도라 하는 이들이 있다(Fee, Käsemann, Stendahl, cf. 고전 13:1; 14:9; 엡 6:18). 칠십인역(LXX)에서 '탄식'(στεναγμός)은 이집트에서 종노릇하던 이스라엘이 하나님께 드린 기도다(출 2:24; cf. 행 7:34).

그러나 본문에서는 사람이 아니라 성령이 탄식하신다. 성령의 탄식은 믿는 자들을 통해 표현될 수도 있지만(8:15-16; 고전 14:14-15), 본문에서는 우리와 상관없이 홀로 탄식하신다(Wiarda). 또한 '우리를 위해 간구하다'(ὑπερεντυγχάνει)는 권위가 높은 사람이 낮은 사람의 옹호자가 되어 준다는 뜻이다(Thielman). 그러므로 '말할 수 없는 탄식'은 방언이 아니라 성령이 우리를 위해 기도하시는 것을 비유적으로 표현한 것이다(Dunn, Fitzmyer, Moo, Schreiner, Thielman, Wright). 아담의 죄로 인해 피조물과 사람이 탄식한 것처럼(22-23절), 성령도 우리를 위해 탄식하며 기도하신다(Dunn, Hultgren, Longenecker, Moo, Kruse, O'Brien, Schnabel, Thielman, Wright).

하나님은 성령이 말할 수 없는 탄식으로 우리를 위해 드리는 기도를 들으신다(27절). '마음을 살피시는 이'(ὁ ἐραυνῶν τὰς καρδίας)는 하나님이시다(대상 28:9; 렘 17:10; cf. 살전 2:4). 우리 마음을 살피시는 하나님은

성령의 생각도 아니다. 성령은 하나님의 뜻대로 성도를 위해 간구하시기 때문이다.

바울은 왜 우리가 하나님께 온전히 기도드릴 수 없는지에 관해 말하고 있다. 우리는 하나님의 뜻을 온전히 헤아리지 못한다. 그러므로 성령이 개입해 우리를 위한 하나님의 뜻에 따라 기도해 주셔야 한다. 이러한 상황은 성령이 성도의 마음에 계신다는 것을 전제한다(Wiarda, cf. 8:9-11).

우리의 기도와 성령의 기도의 차이에 대한 사례로 바울의 '육체에 가시'(thorn in the flesh)를 생각할 수 있다(고후 12:7). 바울은 하나님께 이 악한 것(바울은 '사탄의 사자'라고 함)을 제거해 달라고 여러 차례 기도했다(고후 12:7-8). 그러나 하나님은 그의 기도를 들어주지 않으셨다. 하나님의 뜻을 아는 성령은 바울의 '육체에 가시'를 제거해 달라고 기도하지 않고, 이것이 무엇을 의미하는지 바울이 깨닫게 해 달라고 기도하셨다. 결국 바울은 "내 은혜가 네게 족하도다 이는 내 능력이 약한 데서 온전하여짐이라"라는 하나님의 말씀을 듣고 크게 기뻐하며 자신의 '육체에 가시'가 그리스도의 능력이 그의 삶에 머무는 계기가 되었다며 자랑거리로 생각하기 시작했다(고후 12:9). 우리가 하나님의 뜻을 알지 못해 올바른 기도를 드리지 못하더라도 하나님의 뜻을 아는 성령이 우리를 위해 기도하신다.

그리스도인에게는 모든 것이 합력하여 선을 이룬다(28절). '합력하다'(συνεργεῖ)라는 단어에서 영어 '시너지'(synergy)가 유래했다. 그런데 이 동사의 주어는 누구(무엇)인가? 세 가지 가능성이 있다: (1)섹션의 중심 주제인 성령이 주어다(Best, Black, Bruce, Fee, cf. NEB), (2)바울 서신에서 '모든 것'이 주어가 되는 사례(고전 3:21; 6:12; 8:6; 10:23; 16:14; 고후 4:15; 골 1:16)를 고려하면 '모든 것'이 주어다(Barrett, Cranfield, Fitzmyer, Harrison & Hagner, Käsemann, Moo, Murray, Porter, Thielman, cf. ESV, NRS), (3)바로 앞 구절(27절)의 주어가 하나님이심을 고려할 때 하나님이 주어다

(Hultgren, Keck, Longenecker, Morris, Schreiner, Wright, cf. 아가페, NAS).

본문은 하나님의 주권에 관해 말하고 있다. 또한 하나님은 성령의 기도를 들으시고, 우리의 마음도 살피신다(27절). 이러한 흐름을 고려하면 하나님을 주어로 해석하는 것이 설득력 있다: "우리는 하나님께서 모든 일을 하나님을 사랑하는 사람, 즉 하나님의 목적을 위해 부름을 입은 사람들의 선을 위하여 하신다는 것을 알고 있습니다"(28절, 아가페, cf. NAS).

하나님이 악한 일(것)을 선한 일(것)로 변화시키시는 사례로 요셉과 형제들의 이야기를 들 수 있다. 야곱이 죽자 그의 아들들은 아버지의 장례를 치른 후 요셉을 찾아가 아버지의 유언을 거론하면서 요셉을 노예로 판 일로 인해 자신들을 해하지 말라고 부탁했다. 요셉은 형제들에게 "당신들은 나를 해하려 하였으나 하나님은 그것을 선으로 바꾸사 오늘과 같이 많은 백성의 생명을 구원하게 하시려 하셨나니"라며 그들을 해하지 않겠다는 말로 안심시켰다(창 50:20-21).

우리에게는 오늘 경험하는 환난과 고난도 좋은 것이 될 것이라는 소망이 있다. 하나님이 이것들마저 훗날 선을 이루게 하실 것이기 때문이다. 그러나 이 원리는 아무에게나 적용되는 것이 아니라 '하나님을 사랑하는 자들', 곧 '하나님이 뜻대로 부르심을 입은 자들'(τοῖς κατὰ πρόθεσιν κλητοῖς οὖσιν)에게만 적용된다. 바울은 이 말을 통해 그리스도인은 이런 사람이라며 두 가지로 정의한다: (1)하나님을 사랑하는 자들, (2)하나님의 뜻대로 부르심을 입은 자들.

로마서에서 바울은 여러 차례 그리스도인들에 대한 하나님의 사랑을 말한다(1:7; 5:5, 8; 8:35, 37, 39). 반면 하나님에 대한 그리스도인들의 사랑을 언급하는 것은 본문이 유일하다(Harrison & Hagner, Thielman). '부르심'(κλητοῖς)은 거부할 수 있는 초청을 뜻하는 것이 아니라, 피할 수 없는 택함을 받았다는 뜻이다(Schreiner, cf. 8:30).

하나님은 미리 아신 자들로 자기 아들의 형상을 본받게 하기 위해 미리 정하셨다(29절). '미리 알다'(προγινώσκω)는 하나님의 거부할 수 없는 부르심을 뜻한다: "하나님께서는 이 그리스도를 세상이 창조되기 전에 미리 아셨고, 이 마지막 때에 여러분을 위하여 나타내셨습니다"(벧전 1:20, 새번역). 그러므로 하나님이 자기가 아는 이들을 부르실 때(세우실 때) 부르심받은 이가 할 수 있는 것은 순종 외에는 아무것도 없다.

'미리 정하다'(προορίζω)는 하나님이 미리 정해 둔 뜻에 따라 행하게 하시는 것을 의미한다(Cranfield, Sanday & Headlam, cf. 엡 1:5, 11). 예레미 야를 선지자로 세우신 일을 사례로 들 수 있다: "내가 너를 모태에 짓 기 전에 너를 알았고 네가 배에서 나오기 전에 너를 성별하였고 너를 여러 나라의 선지자로 세웠노라"(렘 1:5; cf. 사 44:2; 49:1).

펠라기우스(Pelagius)와 오리겐(Origen) 등 교부들은 이 말씀을 모든 것 을 아시는 하나님이 복음에 누가 긍정적으로 반응할 것인지 먼저 살펴 본 후에 그들을 구원하기로 결정하시는 과정을 뜻하는 것으로 해석했 다(cf. Bray). 누구를 구원하고 누구를 일꾼으로 세우시는가는 하나님의 의지에 따라 결정되는 것이 아니라, 사람들의 반응에 따라 결정되는 것이라고 한 것이다.

이러한 해석은 잘못되었다. 앞에서 인용한 예레미야 1:5이 증언하는 것처럼 하나님은 예레미야를 선지자로 세우시기 오래전, 곧 그가 태어 나기 전부터 먼저 그를 아셨다. 에스겔도 선지자 소명을 받들고 싶지 않았지만, 칠 일간 고민하고 기도한 다음에 비로소 순종했다(겔 3:15). 하나님이 미리 알고 미리 정하시는 일에서 가장 중요한 것은 그 누구 도 거부할 수 없는 하나님의 결정과 의지이지 인간의 반응이 아니다. 하나님은 우리 모두에게 이렇게 말씀하신다: "너를 만들고 너를 모태 에서부터 지어 낸 너를 도와 줄 여호와가 이같이 말하노라 나의 종 야 곱, 내가 택한 여수룬아 두려워하지 말라"(사 44:2).

하나님은 우리를 미리 아시고 우리가 그 아들이신 예수 그리스도의 형상을 본받도록 미리 정하셨다(29a절). 우리도 하나님의 자녀이므로

맏아들이신 예수님은 우리 형제 중에서도 맏아들이시다(29b절). 옛적에
는 이스라엘이 하나님의 맏아들이었지만(출 4:22), 이제는 예수님이 이
스라엘을 대신해 맏아들이 되셨다. 그리고 우리는 이 맏아들과의 연합
을 통해 하나님의 가족이 되었다.

저자는 하나님이 우리를 구원해 영화롭게 하시는 일을 네 단계로 설
명한다(30절). 첫째, 하나님은 우리의 구원을 미리 정하셨다. 우리의 구
원은 하나님의 계획, 곧 정하신 바에 따라 결정된 것이지 우리의 노력
이 빚어낸 결과가 아니다. 하나님은 태초에 아무 조건 없이 우리를 구
원하기로 미리 정하셨다. 그러므로 하나님이 구원하기로 미리 정하신
자들은 한 사람의 낙오자도 없이 모두 구원에 이른다.

둘째, 하나님은 미리 구원하기로 정하신 우리를 부르셨다. 미리 정
하신 바를 실천하신 것이다. 세상 모든 사람이 부르심을 받은 것이 아
니다. 오직 하나님이 구원하기로 정하신 이들만 부르셨다. 그러므로
우리는 하나님이 부르셔서 그분의 자녀가 되게 하신 일을 영광스럽게
생각하며 감사해야 한다.

셋째, 하나님은 부르신 우리를 의롭다 하셨다. 우리의 과거와 죄에
상관하지 않으시고 그리스도의 보혈을 통해 우리를 의롭다고 선언하
셨다. 우리에게 '칭의'를 선물로 주신 것이다. 하나님의 백성이 벌을 받
아 죽을 수밖에 없는 죄인에서 영생을 누리는 의인으로 변화하는 과정
은 하나님이 시작하시고, 개입하시고, 진행하신다. '예수 공로 의지하
여…'라는 가사가 있는 찬송을 생각나게 한다.

넷째, 하나님은 의롭다 하신 우리를 또한 영화롭게 하셨다. 하나님
은 우리의 현재뿐 아니라 미래도 축복하신다. 그러므로 우리가 종말에
영화롭게 되기를 기대하는 것은 허황된 꿈이 아니라 확고한 사실이다.
우리를 구원하신 이가 구원받은 우리를 끝까지 책임지실 것이다.

저자는 이 네 단계를 설명하면서 6개의 동사를 사용하는데, 모두 부
정 과거형(aorist)을 사용해 미래에 있을 일을 이미 실현된 과거 일처럼

말한다. 우리가 종말에 누릴 영화도 과거에 일어난 일과 다르지 않다며 반드시 그렇게 될 것이라는 확신을 주기 위해서다. 히브리어에서는 이러한 현상을 '예언적 완료형'(prophetic perfect)이라 한다. 예언적 완료형이 사용되는 대표적인 예로 장차 메시아가 받으실 고난과 죽음에 대해 예언하는 이사야 53장을 들 수 있다.

이 말씀은 믿는 자들도 고난을 피해 갈 수 없다고 한다. 삶의 고난은 신앙과 상관없이 모든 사람에게 임한다. 차이는 불신자들은 홀로 고난을 감당해야 하지만, 우리는 성령이 함께하시며 우리를 도우신다는 점이다. 하나님은 왜 믿는 자들에게 고난을 허락하시는가? 주님을 사랑하는 이들이 겪는 고난도 합하여 선이 되게 하시기 때문이다. 그러므로 고난이 오면 실망하거나 좌절하지 말고, 하나님이 언젠가는 그 고난이 지닌 선한 의미를 깨닫게 하실 것을 소망하며 견뎌 내야 한다.

하나님의 심판은 끝이 아니다. 하나님이 아담의 죄로 인해 피조물을 심판하셨을 때 심판받아 망가진 피조물은 종말에 있을 회복을 소망하기 시작했다. 그때가 되면 창조주께서 피조물이 과거에 누리던 영화보다 더 영광스러운 모습으로 변화시키실 것을 믿었기 때문이다. 우리도 이러한 소망을 가지고 살면 현실이 아무리 어렵고 힘들어도 낙심할 필요가 없다. 종말에 있을 회복에 대한 소망은 많은 고난과 역경을 견디게 한다. 우리가 희망을 포기하지 않는 한 성령께서도 우리를 도우실 것이다. 우리는 혼자 사는 것이 아니다. 삼위일체 하나님이 함께하신다.

성령은 말할 수 없는 탄식으로 우리를 위해 기도하신다. 우리는 무엇을 어떻게 기도할 것인지 걱정할 필요가 없다. 그냥 기도의 자리에 나와 기도하면 된다. 우리가 생각하지 못한 것, 우리에게 반드시 필요한 것, 우리가 기도해야 하지만 하지 않는 것 등은 모두 성령이 우리를 위해 하나님께 아뢰실 것이다. 그러므로 기도 생활에서 가장 중요한 것은 기도의 자리에 나와 기도하는 것이지 주제나 내용이 아니다.

하나님이 우리를 구원하신 것은 우리로 예수님을 본받게 하기 위해서다. 우리가 예수님의 사랑과 헌신과 희생 등을 본받아 실천한다면 이 세상이 얼마나 더 아름답고 살 만한 곳이 될지 상상해 보자. 생각만 해도 가슴이 뛴다.

III. 의에 이른 결과: 새 언약과 새 창조(5:1-8:39)

F. 그리스도 안에 있는 하나님의 영원한 사랑(8:31-39)

[31] 그런즉 이 일에 대하여 우리가 무슨 말 하리요 만일 하나님이 우리를 위하시면 누가 우리를 대적하리요 [32] 자기 아들을 아끼지 아니하시고 우리 모든 사람을 위하여 내주신 이가 어찌 그 아들과 함께 모든 것을 우리에게 주시지 아니하겠느냐 [33] 누가 능히 하나님께서 택하신 자들을 고발하리요 의롭다 하신 이는 하나님이시니 [34] 누가 정죄하리요 죽으실 뿐 아니라 다시 살아나신 이는 그리스도 예수시니 그는 하나님 우편에 계신 자요 우리를 위하여 간구하시는 자시니라 [35] 누가 우리를 그리스도의 사랑에서 끊으리요 환난이나 곤고나 박해나 기근이나 적신이나 위험이나 칼이랴 [36] 기록된 바
우리가 종일 주를 위하여 죽임을 당하게 되며
도살 당할 양 같이 여김을 받았나이다
함과 같으니라 [37] 그러나 이 모든 일에 우리를 사랑하시는 이로 말미암아 우리가 넉넉히 이기느니라 [38] 내가 확신하노니 사망이나 생명이나 천사들이나 권세자들이나 현재 일이나 장래 일이나 능력이나 [39] 높음이나 깊음이나 다른 어떤 피조물이라도 우리를 우리 주 그리스도 예수 안에 있는 하나님의 사랑에서 끊을 수 없으리라

어떤 이들은 바울이 당시 교회가 사용하던 고백, 찬양, 혹은 신경 등을 이용해 이 섹션을 구성했다고 하지만, 그다지 설득력 있어 보이지

321

는 않는다. 본 텍스트는 모두 바울에게서 유래했다(Dunn, Moo).

본문은 믿는 자들의 소망과 확신에 관해 말하는 5:1-11과 괄호 (inclusio)를 형성하며 그 누구(무엇)도 침해할 수 없는 믿는 자들의 지위와 신분에 대해 설명한다(Harrison & Hagner). 바울 서신에서 문장력이 가장 매끈하고 아름다운 텍스트이기도 하다(Schreiner).

또한 1:18-8:30에 대한 결론이라 할 수 있으며, 8장의 절정이다 (Thielman). 그동안 8장은 구약에서 이스라엘에 약속된 여러 가지 축복이 교회를 통해 이미 실현되었거나 앞으로 실현될 것이라 했다 (Cranfield, Dunn, Schreiner). 에스겔은 언젠가 이스라엘이 성령을 받으면 율법을 온전히 지키게 될 것이라고 했는데(겔 36:26-27), 성령이 교회에 임하여 그리스도인들이 율법을 온전히 지킬 수 있게 되었다(8:4). 또한 에스겔은 이스라엘이 부활할 것이라고 했는데(겔 37장), 바울은 믿는 자들이 부활할 것이라고 한다(8:10-11).

구약은 이스라엘을 하나님의 아들이라고 하는데(출 4:22), 이제는 믿는 자들이 하나님의 양아들이 되었다(8:14-17). 이스라엘에 약속된 유산(사 60장)은 교회가 받을 것이다(8:17). 구약은 이스라엘을 하나님이 세상 만민 중 미리 알고 택하신 유일한 백성이라 하는데(암 3:2), 이제는 교회가 하나님의 선택을 받은 백성이다(8:29-30). 하나님은 이스라엘을 버리지 않으리라고 약속하셨는데(신 31:6), 이제는 교회가 그 약속의 수혜자가 되었다(8:38-39).

그렇다면 이스라엘은 어떻게 되는가? 교회가 이스라엘을 대체했으니 이스라엘은 하나님께 버림받는가? 저자는 예수 그리스도 시대에 이스라엘의 지위와 신분이 어떻게 되는지 다음 섹션(9:1-11:36)에서 자세히 언급한다. 그런 점에서 본 텍스트는 다음 섹션을 준비하는 역할을 한다(Cranfield).

저자는 1:18-8:30을 되돌아보며, 특히 하나님이 예수 그리스도의 죽음과 부활을 통해 자기 백성을 위하시므로(3:21-4:25; 5:1-21; 8:1-3,

11, 17, 23, 29) 그 어떠한 원수(죄, 육신, 썩어짐, 죽음, 수치 등)도 우리를 이길 수 없다(1:18-3:20; 5:12-8:30)는 가르침을 회상하면서 이 섹션을 시작한다(Cranfield, Thielman): "그런즉 이 일에 대하여 우리가 무슨 말 하리요?"(31a절). 그러므로 '이 일들'(ταῦτα)은 1:18-8:30을 통해 전개된 가르침, 특히 '하나님은 미리 정하신 자들을 부르시고, 부르신 자들을 의롭다 하시고, 의롭다 하신 자들을 영화롭게 하신다'는 8:30 말씀을 지목한다(Thielman). 하나님이 태초에 이미 우리를 구원하기로 결정하시고 때가 되어 우리를 부르시고 의롭다 하시는 것으로도 모자라 영화롭게까지 하는 참으로 놀라운 은혜를 우리에게 베푸셨으니 무슨 할 말이 있겠냐는 수사학적인 질문이다. 세상에서 가장 큰 은혜의 수혜자인 우리가 하나님께 드릴 말씀은 없다. 유일하게 할 수 있는 것은 기도와 찬양으로 감사를 표현하는 일이다.

만일 하나님이 우리를 위하시면 누가 우리를 대적할 수 있는가(31b절)? 이 질문도 '아무도 없다'라는 답을 요구하는 수사학적인 질문이다. 성경 저자들은 어떤 진리를 강조할 때 수사학적인 질문을 자주 사용한다. 이 질문도 예외가 아니다. 하나님이 우리와 함께하시므로 우리를 대적할 수 있는 자는 없다! 이 선언은 로마서가 제시하는 복음의 요약이자(Cranfield, Schreiner) 가장 핵심이 되는 진리다(Harrison & Hagner). 앞으로 32-35절에서 제시될 질문들도 이 질문을 추가 설명하는 역할을 한다.

이미지는 우리를 중간에 두고 한쪽에는 우리를 위하시는 하나님이, 다른 쪽에는 우리를 대적하는 자들이 서 있는 장면이다. 그런데 우리를 대적하는 자들의 자리가 텅 비어 있다. 물론 우리가 사는 동안에는 대적하는 자가 많다. 그러나 우리를 이길 자는 하나도 없다. 하나님이 우리를 부르시고, 그리스도를 통해 의롭다 하시고, 종말에는 우리를 영화롭게 하실 것이기 때문이다. 생각만 해도 가슴이 뛴다!

하나님이 영원히 우리 편이라는 사실을 어떻게 알 수 있는가? 저자는 큰일이 사실인 것을 보면, 작은 일은 더욱더 사실이라는 것을 알 수 있다는 논리로 설명한다. 큰일은 하나님이 자기 아들을 아끼지 않으시고 우리 모든 사람을 위해 내주신 일이다(32a절). 하나님의 아들이신 예수 그리스도께서 우리를 위해 십자가에서 죽으신 일을 의미한다. 우리의 구원과 영광스러운 미래를 보장하는 것은 다름 아닌 하나님이 우리를 위해 자기 아들을 내주셨다는 사실이다.

어떤 이들은 이 말씀이 언어적으로 아브라함이 이삭을 제물로 바치려 했던 이야기(창 22장, 특히 22:16)를 얼마나 반영하고 있는지에 대해 논하지만 중요한 이슈는 아니다(cf. Cranfield, Godet, Longenecker, Sanday & Headlam, Seifrid). 아브라함이 이삭을 제물로 바치려고 했던 일은 그 어떠한 대속적 의미도 포함하지 않는다. 오히려 양이 이삭을 대신해서 죽었다. 반면에 십자가에서는 그리스도께서 죽으셨다. 그러므로 예수님의 십자가 죽음을 이사야서 말씀과 연결하는 것이 더 의미 있다(Fitzmyer, Cranfield, Moo, Stuhlmacher).

> 우리는 다 양 같아서 그릇 행하여 각기 제 길로 갔거늘 여호와께서는 우리 모두의 죄악을 그에게 담당시키셨도다 … 그가 자기 영혼을 버려 사망에 이르게 하며 범죄자 중 하나로 헤아림을 받았음이니라 그러나 그가 많은 사람의 죄를 담당하며 범죄자를 위하여 기도하였느니라(사 53:6, 12).

하나님이 자기 아들을 내주신 것은 참으로 큰일이며, 그에 비하면 그 아들과 함께 모든 것을 우리에게 주시는 것은 작은 일이다(32b절). 그러므로 우리는 큰일을 하신 하나님이 작은 일도 하실 것을 얼마든지 믿을 수 있다. 저자는 이러한 사실을 수사학적인 질문을 통해 선포한다: "어찌 그 아들과 함께 모든 것을 우리에게 주시지 아니하겠느냐?"(32b절). 이 질문은 "하나님이 우리를 위하시면 누가 우리를 대적하겠느냐?"(31b절)라는 큰 질문의 의미를 설명하는 첫 번째 부수적인 질문이다.

하나님은 우리에게 무엇을 주시는가? 학자들은 우리의 구원에 필요한 모든 것을 주실 것이라고 하는가 하면(Cranfield, Fitzmyer), 종말에 회복될 온 세상/우주를 주실 것이라고 하기도 한다(Dunn, Scott, Thielman, Wright, cf. 11:36; 고전 8:6; 엡 3:9; 4:10; 골 1:16-17; 빌 3:21). 이 두 가지뿐 아니라 현재 우리에게 필요한 모든 것을 주실 것이라고 해석하는 이들도 있다(Barrett, Käsemann, Moo). 하나님이 미래에만 우리를 돌보시는 것이 아니라 현재에도 돌보신다는 사실을 고려할 때 세 번째 해석이 가장 합리적이다.

두 번째 부수적인 질문은 "누가 능히 하나님께서 택하신 자들을 고발하리요?"(33a절)이다. 고소해 봤자 아무 의미가 없다. 우리를 이미 의롭다 하신 하나님이 원수들이 아무리 우리를 고발한들 받아 주실 리 없다. 이러한 사실을 아는지 모르는지, 사탄은 오늘도 바쁘다. 주님을 믿는 자들의 삶이 입술로 고백하는 것과 다르다며 계속 하나님께 고발한다(cf. 계 12:10).

생각해 보면 사탄은 어리석고 무모한 짓을 하고 있다. 우리가 지은 모든 죄는 사탄이 아니라 하나님께 지은 것이다(cf. 시 51:4). 그러므로 우리 죄로 인해 상처받고 피해를 보신 하나님만이 우리를 고발하실 수 있다. 그런데 피해자인 하나님은 가해자인 우리를 이미 의롭다 하셨다. 우리를 고소할 의향이 없으신 것이다. 이러한 상황에 대해 제3자인 사탄이 문제가 있다며 스스로 고발자로 나설 일이 아니다.

'하나님께서 택하신 자들'(ἐκλεκτῶν θεοῦ)은 이사야서의 '종의 노래'를 배경으로 한다(Dunn, Fitzmyer, Sanday & Headlam, Thielman). 그러나 이제는 이스라엘이 아니라 교회가 하나님이 택하신 종이다. 또한 하나님이 종말에 이사야 선지자가 예언했던 '의로운 종'(메시아)과 연합한 우리를 의롭다 하실 것이다(Schreiner). 하나님이 자기가 택하신 자들을 스스로 의롭다 하시니 누가 고소해서 문제를 제기하겠는가! 이사야서의 '여호와의 종', 곧 메시아께서 다음과 같이 당당하게 말씀하신다.

> 나를 의롭다 하시는 이가 가까이 계시니 나와 다툴 자가 누구냐 나와 함
> 께 설지어다 나의 대적이 누구냐 내게 가까이 나아올지어다 보라 주 여호
> 와께서 나를 도우시리니 나를 정죄할 자 누구냐 보라 그들은 다 옷과 같
> 이 해어지며 좀이 그들을 먹으리라(사 50:8-9).

세 번째 부수적인 질문은 "의롭다 하신 이는 하나님이시니 누가 정
죄하리요?"이다(33c-34a절). 대부분 영어 번역본은 "의롭다 하신 이는
하나님이시니"(θεὸς ὁ δικαιῶν·)를 33절의 마지막 독립 문장으로 취급한
다(ESV, NAS, NIV, NRS). 그러나 의롭다 하심은 33절이 말하는 고발이
아니라 34절이 언급하는 정죄와 더 잘 어울린다. 그러므로 34절과 함께
읽는 것이 바람직하다. 하나님이 이미 우리를 의롭다고 하셨기 때문에
더는 우리를 정죄할 자가 없다. 그러므로 사탄이 아무리 우리를 정죄
해도 아무런 결과도 얻지 못할 것이다. 반면에 그리스도가 우리를 위
해 하신 일은 영원히 효력을 발휘할 것이다.

34절은 그리스도께서 우리를 위해 영원히 효력을 잃지 않는 네 가지
일을 하셨다고 한다(Harrison & Hagner). 첫째, 그리스도께서 십자가에서
죽으심으로 우리의 죗값을 대신 치르셨다. 예수님의 죽음이 그를 믿는
자들에 대한 하나님의 진노를 해소했다(1:18). 그러므로 이제 우리는
누구에게도 죗값을 치를 필요가 없다. 둘째, 그리스도께서 다시 살아
나(부활해) 그를 믿는 자들에게 생명을 주셨다. 그러므로 우리는 더 이
상 죽음을 두려워할 필요가 없다. 우리는 하나님과 영원히 살 것이다.
셋째, 그리스도께서 하나님의 우편에 앉으셨다. 하나님의 우편은 가장
영광스러운 자리다(cf. 시 110:1). 예수님은 그곳에서 하늘과 땅에 대한
모든 권세를 가지고 세상을 통치하시며 하나님 아버지 앞에서 성도들
을 대표하신다. 넷째, 그리스도께서 우리를 위해 간구하신다. 하나님

의 은혜의 보좌에서 우리와 우리의 모든 필요를 위해 기도하신다(cf. 히 4:4-16). 그리스도께서 하신 일들은 영원히 효력을 발휘해 우리를 보호하고 인도할 것이다.

하나님이 우리를 위하시므로 누구도 우리를 대적할 수 없다는 원리(31절)를 설명하는 네 번째 질문은 "누가 우리를 그리스도의 사랑에서 끊으리요?"다(35a절). 저자는 바로 앞 34절에서 그리스도께서 우리를 위해 하신 일 네 가지를 언급했다. 그분이 우리를 세상 끝까지 보호하시고 인도하실 것을 강조하기 위해서다. 만일 그리스도께서 그분과 하나 된 우리를 이처럼 헌신적으로 보호하고 인도하신다면 누가 우리를 그의 사랑에서 끊을 수 있는가? 이 수사학적인 질문에 대한 대답은 당연히 "아무도 없다!"이다. 마귀와 악령들도 할 수 없다.

그리스도는 이러한 영적 존재들을 다스리신다. 그러므로 그들의 손에서 우리를 보호하실 것이기에 이들은 그다지 큰 문제가 되지 않는다. 성도에게 오히려 더 큰 위협이 되는 것은 그들이 삶에서 겪는 갖가지 고난이다. 그러므로 바울은 그리스도의 사랑에서 우리를 '끊어 낼 수 있는 것 목록'(35-39절)에서 고난을 제일 먼저 언급한다. '끊다'(χωρίζω)는 공간적인 개념이며 관계의 단절을 의미한다(Thielman, cf. 고전 7:10-11, 15). 이미지는 그리스도의 사랑에서 성도들을 찢어내는 것이다.

그리스도인들은 하나님께 평탄한 길을 달라고, 곧 고난과 거의 맞닥뜨리지 않는 삶을 달라고 기도할 수 있다. 하지만 그렇다고 해서 그들이 항상 세상 모든 사람이 겪는 고난에서 면제받는 것은 아니다. 오히려 믿음으로 인해 고난이 더 가혹해질 수도 있다. 하나님을 사랑하기 때문에 불신자들이 받지 않는 고난을 덤으로 받을 수 있다.

저자는 성도들이 삶에서 당면하는 고난을 7가지로 표현한다: '환난, 곤고, 박해, 기근, 적신, 위험, 칼'(35b절). '적신'(γυμνότης)은 '벌거벗음'을 뜻하며 가난해서 가진 것이 아무것도 없는 상황을 묘사한다

(cf. TDNT). 어떤 이들은 이 7가지가 우리의 현재 삶이 아니라 최종 심판이 있기 바로 전에 성도들이 잠시 겪을 '산통'이라고 하는데(Dunn, Käsemann, Stuhlmacher), 별 설득력 없는 주장이다. 이 고난은 성도들이 지금도 삶에서 경험하는 것들이며, 종말이 올 때까지 계속 그들을 괴롭힐 것이다. 바울도 전쟁을 상징하는 '칼'(μάχαιρα)만 제외하고 본문이 언급하는 나머지 고통을 모두 경험했다(cf. 고전 4:10-13; 고후 6:4-5; 11:22-27).

중요한 것은 이러한 고통이 그리스도의 사랑에서 우리를 끊어 내겠다고 위협하지만, 정작 끊어 낼 수 없다는 사실이다. 그리스도께서 먼저 죄인이었던 우리를 사랑하시고, 먼저 손을 내밀어 우리 손을 붙잡으셨기 때문이다. 그러므로 우리와 그리스도의 관계에서는 그리스도에 대한 우리의 사랑과 충성보다 그 무엇으로도 끊을 수 없는 우리를 향한 그리스도의 사랑이 더 중요하고 더 큰 효력을 발휘한다. 그러므로 바울은 본문에서 '그리스도의 사랑'(τῆς ἀγάπης τοῦ Χριστοῦ)을 주격 속격(subjective genitive), 곧 우리를 향한 그리스도의 사랑이라는 의미로 사용하고 있다. 그리스도의 사랑이 끝까지 우리를 그의 품에 두실 것이다.

우리를 위한 그리스도의 사랑은 어떠한 고통과 고난이 와도 식지 않는다. 오히려 고난을 겪을 때가 그리스도의 사랑을 더 풍성하게 경험하기에 좋은 때라는 생각이 든다. 우리가 너무 힘들어서 기도하지 못하고 그저 신음만 내며 눈물을 흘릴 때 하나님은 가장 가까이에서 우리를 보시고 들으시기 때문이다. 성령도 말할 수 없는 탄식으로 우리와 함께 기도하신다. 그러므로 아프고 고통스러울 때가 하나님께 가장 가까이 나아갈 기회가 될 수 있다. 이러한 사실을 아는 사도들은 자신들이 당한 고난을 기뻐했다: "사도들은 그 이름을 위하여 능욕 받는 일에 합당한 자로 여기심을 기뻐하면서 공회 앞을 떠나니라"(행 5:41).

저자는 믿는 자들이 사는 동안에 고난을 피할 수 없다는 사실을 성경 말씀을 인용해 설명한다(36절). 그가 인용하는 "우리가 종일 주를 위하여 죽임을 당하게 되며 도살 당할 양 같이 여김을 받았나이다"는 시편 44:22이다. 시편 44편은 하나님이 자기 백성으로 적에게 참혹하고 굴욕적인 군사적 패배를 당하도록 허락하셨고, 그들이 마음을 다해 맺은 하나님과의 언약에 충실했음에도 불구하고 이와 같은 일을 행하셨다며 고뇌하고 불평하는 탄식시다(cf. 시 44:17-18).

바울은 이러한 의미를 지닌 시편 말씀을 인용함으로써 믿음이 우리를 고난에서 보호하지 않으므로 우리도 세상 사람들과 똑같이 고난에 노출되어 있다는 사실을 강조한다. 오히려 하나님께 충성해도 고난이 온다며 불평할 수도 있다고 한다. 이러한 가르침은 그가 삶에서 경험한 온갖 고난을 근거로 한다. 바울은 복음을 전파하면서 참으로 많은 고난과 심지어 죽을 고비까지 여러 차례 겪었다. 만일 믿음이 고난과 우환에서 믿는 자들을 보호한다면, 바울이 제일 먼저 보호받았어야 한다. 그러나 그는 하나님의 뜻에 순종하며 그리스도의 인도하심에 따라 살면서도 이루 말할 수 없는 고난을 겪었다. 고난과 신앙은 분명 별개다. 성도의 고난은 종말에 가서야 끝이 난다.

그러므로 저자는 이 모든 일에서 우리를 사랑하시는 이로 말미암아 우리가 넉넉히 이긴다고 한다(37절). '이 모든 일'(τούτοις πᾶσιν)은 그가 바로 앞(35-36절)에서 언급한 온갖 고난과 환란 등 그리스도로부터 우리를 끊으려고 하는 것들이다. '넉넉히 이긴다'(ὑπερνικῶμεν)는 '이기고도 남는다'(more than conquerors)로 번역되었지만(새번역, 공동, ESV, NIV, NRS), 더 정확한 의미는 '압도적으로 승리한다'(sweeping victory)이다(Cranfield, Thielman, cf. BDAG). 지는 것 같지만 이기고, 실패하는 것 같지만 성공한다는 사실을 가장 확실하게 보여 주는 예는 그리스도의 십자가 죽음이다. 사탄은 예수님을 십자가에 매달려 죽게 함으로써 자신이 승리했다고 생각했다. 그러나 하나님은 예수님을 죽은 자 가운데서 살리셔서 사탄과 죽음을 상대로 승리하게 하셨다. 우리도 그리스도와 연합하는 삶을 살면 반드시 승리한다. 하나님이 우리를 해하려는 것까지 합하여 선을 이루게 하실 것이기 때문이다(8:28). 그러므로 그리스도가 죽음의 고난을 당하시고도 승리하신 것처럼, 우리도 반드시 승리할 것이라는 확신과 믿음으로 고난을 견뎌 내야 한다(Thielman).

어떠한 고난(35절은 7가지로 표현함)도 우리를 그리스도의 사랑에서 절대 끊을 수 없다고 확신하는 저자가 이번에는 10가지(사망, 생명, 천사들, 권세자들, 현재 일, 장래 일, 능력, 높음, 깊음, 다른 어떤 피조물)를 나열하며 이 세상 그 어떤 것도 우리를 주 예수 그리스도 안에 있는 하나님의 사랑에서 끊을 수 없다고 한다(38-39절). '능력'과 '다른 어떤 피조물' 외에는 극단적인 대조를 위해 모두 쌍으로 등장한다: '사망과 생명', '천사들과 권세자들', '현재 일과 장래 일', '높음과 낮음'. '사망과 생명' 그리고 '현재 일과 장래 일'은 문자 그대로 이해하면 되지만 나머지는 설명이 필요하다.

'천사들'(ἄγγελοι)과 '권세자들'(ἀρχαί)의 대조에서 천사는 보이지 않는 권세의 상징으로, 권세자들은 우리가 세상에서 보고 경험하는 권세의 상징으로 해석될 여지가 있다(Thielman). '천사들'은 영적인 존재(고전 4:9; 6:3; 11:10; 13:1; 고후 11:14; 12:7; 갈 1:8; 3:19; 4:14; 골 2:18; 살후 1:7)를, '권세자들'은 이 땅에서 권세를 누리는 자들을 뜻할 수 있기 때문이다(눅 12:11; 20:20; 딛 3:1). 그러나 신약에서 '권세자들'(ἀρχαί)은 천사들처럼 영적인 존재를 상징하는 표현으로 자주 사용된다(cf. 고전 15:24; 골 1:16; 2:10, 15).

일부 번역본은 '능력의 천신들'(공동) 혹은 '하늘의 권세자들'(아가페)로 번역한다. 심지어 '악령'(demons)으로 번역하기도 한다(NIV). 그러므로 이 쌍은 '착한 천사들과 악한 영적 존재들'을 대조한다. 어떤 이들은 선한 천사가 성도들을 예수님의 사랑에서 끊어 낼 이유가 없다며 천사들도 악한 천사라 한다(Moo, Murray). 그러나 저자는 실제로 이런 일이 있을 수 있다고 하는 것이 아니라, 단순히 이 쌍을 대조법으로 사용하는 만큼 '착한 천사와 악령들'의 대조로 두는 것이 좋다.

'능력'(δυνάμεις)은 이 땅에 영향력을 행사하는 초자연적인 존재들(supernatural beings)이다(Harrison & Hagner, Thielman, cf. 행 8:10; 벧전 3:22). 그러므로 공동번역은 이 단어를 '능력의 천신들'로 번역했다. 당시 로마 사람들은 신들을 '능력'(δυνάμεις)이라고 부르기도 했으며, 바울은 종종 악령을 이렇게 부른다(엡 1:20-21; cf. 엡 6:12; 고전 15:24-26). 세상에 영향을 끼치는 그 어떤 초자연적인 존재도 우리를 그리스도의 사랑에서 끊어 내지 못한다.

'높음'(ὕψωμα)과 '깊음'(βάθος)을 천체적(celestial) 표현으로 간주해 사람에게 영향을 미치는 가장 높은 별과 가장 낮은 별의 대조로(Barrett, Dunn, Fitzmyer, Käsemann, Stuhlmacher), 혹은 천국과 지옥의 대조로 보는 이들이 있다(Cranfield, Moo). 그러나 이 대조도 단순한 비유로 보는 것이 바람직하다(cf. Schreiner, Thielman). 우리가 상상할 수 있는 가장 높은 곳에 있는 것이나 가장 낮은 곳에 있는 것도 결코 그리스도의 사랑에서 우리를 끊을 수 없다.

본문에 쌍이 없이 홀로 등장해 영적인 권세를 상징하는 '능력'과 홀로 목록을 마무리하는 '다른 어떤 피조물'을 쌍으로 묶으면 또 하나의 의미 있는 대조가 가능하다. 세상에 아무리 많은 영향을 끼치는 영적인 존재나 그의 영향력 아래 있는 가장 낮은 육적인 존재라 할지라도 우리를 그리스도의 사랑에서 끊을 수 없다.

바울이 그리스도의 사랑에서 우리를 끊으려고 하는 것으로 나열하는 10가지 중 세 가지(천사들, 권세자들, 능력)는 영적인 세상(spiritual sphere)에 속한 것들이다. 그러므로 우리가 고난을 겪을 때 반드시 기억해야 하는 것은 때로는 우리 눈에 보이는 것이 전부가 아니라는 사실이다. 가장 중요한 실체는 우리 눈에 보이지 않을 수도 있다. 바울은 에베소서 2:2에서 '공중의 권세 잡은 자'를 말하고, 다니엘서는 하나님과 인간 사이에 있는 영적인 존재에 관해 말한다(단 10:13, 20-21; cf. 계 12:7). 모두 하나님과 우리 사이를 방해하는 세력이다. 우리가 이 땅에 사는 한 항상 영적인 전쟁을 치르고 있다는 사실을 기억해야 한다: "우리의 씨름은 혈과 육을 상대하는 것이 아니요 통치자들과 권세들과 이 어둠의 세상 주관자들과 하늘에 있는 악의 영들을 상대함이라"(엡 6:12). 영적 전쟁이 치열하지만 이 전쟁에서 우리는 반드시 승리한다. 세상 그 무엇으로도 끊을 수 없는 주 예수 그리스도 안에 있는 하나님의 사랑이 우리를 보호하고 인도해 종말에 이르게 할 것이기 때문이다.

이 말씀은 이 세상 그 무엇과 누구도 예수 그리스도 안에 있는 하나님의 사랑에서 우리를 끊을 수 없다고 한다. 온갖 유혹과 시련이 우리를 낙심하게 할 수 있다. 여러 가지 권세가 위협할 수도 있다. 그러나 하나님의 손이 우리를 붙잡고 있기에 하나님의 사랑에서 끊어지지 않는다. 그러므로 매일 새로운 각오로 영적 전쟁에 임해야 한다. 성령의 도우심으로 우리는 압도적으로 승리할 수 있다.

하나님이 우리를 위하시면 우리를 대적해 이길 자가 없다. 하나님이 우리를 위하신다는 것은 우리와 함께하시는 것을 전제한다. 때때로 삶의 여정이 외롭게 느껴질 수 있다. 특히 고난이 찾아오면 더욱더 그렇다. 그러나 우리는 혼자가 아니다. 삼위일체 하나님이 우리와 함께하신다. 또한 하나님은 그리스도 안에서 가족이 되라며 우리에게 여러 사람을 주셨다. 교회 공동체는 서로 사랑하고 섬기는 가족 공동체가 되어야 한다. 우리에게는 이 믿음 공동체를 누릴 권한이 있다. 지체들과 세상 끝 날까지 함께 가는 것은 우리가 이 땅에서 누리는 가장 큰 특권이자 축복이다.

Ⅳ. 복음과 이스라엘

(9:1~11:36)

한때는 이 섹션이 독립적으로 존재했다고 하는 이들이 있었다. 로마
서 1-8장이 통일성 있는 흐름을 보이고 마지막 섹션(8:31-39)이 훌륭
한 결론 역할을 한다며, 그런 점에서 본 텍스트는 바울이 로마서를 집
필하기 전에 했던 설교문을 삽입한 것이라고 주장하는 이들도 있었다
(Dodd). 한편, 8장 마지막 부분에서 곧바로 12장으로 넘어가면 문맥과
흐름이 훨씬 더 매끈하다며 이 섹션이 책의 흐름을 방해한다고 하는
이들도 있었다(Dodd, Sanday & Headlam).

그러나 더는 이들의 주장에 동의하는 학자를 찾아볼 수 없다. 앞 섹
션(8:31-39)의 서론에서 본 것처럼 8:31-39은 1:8-8:39과 매우 밀접
한 관계가 있고(cf. Stendahl), 이어지는 9-11장을 준비하는 역할을 한다.
본 텍스트는 앞 섹션의 자연스러운 다음 단계라 할 수 있다. 또한 어떤
이들은 본 텍스트를 로마서의 절정(climax)이라고 하기도 한다(Fitzmyer,
Stendahl, Wright).

바울은 유대인이나 이방인이나 죄의 노예이기는 마찬가지며, 유대인
의 율법과 할례가 그들이 하나님께 구원을 받는 데 도움이 되는 것은
아니라고 했다(1:18-3:20). 하나님이 사람을 심판하실 때 적용하는 유

일한 기준은 그가 첫 아담의 후예인가, 혹은 두 번째이자 마지막 아담인 예수님의 사람인가다. 그와 율법의 관계는 아예 고려하지 않으신다 (5:12-19).

그럼에도 불구하고 이스라엘은 여전히 하나님이 택하신 백성이고, 하나님은 그들을 특별히 사랑하신다(3:1-8). 그러나 저자는 이스라엘에 대한 하나님의 사랑을 자세하게 설명하지 않았다. 그러므로 이 섹션은 3:1-8에서 언급만 했던 주제를 자세하게 설명하는 역할을 한다. 본 텍스트는 다음과 같이 구분된다.

A. 바울의 탄식(9:1-5)
B. 이스라엘 역사에 드러난 하나님의 계획(9:6-29)
C. 이스라엘의 불신과 불순종(9:30-10:21)
D. 복음에 드러난 하나님의 신실하심(11:1-36)

IV. 복음과 이스라엘(9:1-11:36)

A. 바울의 탄식(9:1-5)

¹⁻² 내가 그리스도 안에서 참말을 하고 거짓말을 아니하노라 나에게 큰 근심이 있는 것과 마음에 그치지 않는 고통이 있는 것을 내 양심이 성령 안에서 나와 더불어 증언하노니 ³ 나의 형제 곧 골육의 친척을 위하여 내 자신이 저주를 받아 그리스도에게서 끊어질지라도 원하는 바로라 ⁴ 그들은 이스라엘 사람이라 그들에게는 양자 됨과 영광과 언약들과 율법을 세우신 것과 예배와 약속들이 있고 ⁵ 조상들도 그들의 것이요 육신으로 하면 그리스도가 그들에게서 나셨으니 그는 만물 위에 계셔서 세세에 찬양을 받으실 하나님이시니라 아멘

저자는 그리스도의 복음을 거부하는 이스라엘과 하나님의 관계에 대한 가르침을 시작하기 전에 유대인에 대한 안타까움과 간절한 바람을 말한다. 그가 자기 백성인 유대인에 대해 참으로 슬퍼하는 것은 유대교와 기독교가 같은 종교가 아니기 때문이다. 기독교에 있는 하나님의 구원이 유대교에는 없다. 구약에서 하나님이 이스라엘에 약속하신 것은 모두 교회를 통해 이미 실현되거나 앞으로 성취될 것이다. 그러므로 계속 예수 그리스도를 영접하기를 거부하는 유대인들은 하나님의 진노를 피할 수 없다. 이에 바울은 자기 백성 이스라엘을 생각하며 참으로 아파한다.

개역개정은 어순을 고려해 1-2절을 한 문장으로 묶어 번역했지만, 거의 모든 번역본이 두 절을 따로 구분한다: "1 나는 그리스도 안에서 참말을 하고, 거짓말을 하지 않습니다. 내 양심이 성령을 힘입어서 이것을 증거하여 줍니다. 2 나에게는 큰 슬픔이 있고, 내 마음에는 끊임없는 고통이 있습니다"(새번역, cf. 공동, ESV, NAS, NIV, NRS).

저자가 지금부터 하고자 하는 말의 심각성이 "내가 그리스도 안에서 참말을 하고 거짓말을 아니하노라"에서 느껴진다. 다행히 그가 9-11장을 심각한 말로 마무리하지 않고, 하나님에 대한 찬양(11:33-36)으로 끝내는 것을 보면 이 심각한 가르침을 어떻게 진행해 나갈 것인지 미리 계획해 둔 것으로 보인다(Fitzmyer, Käsemann). 탄식으로 시작해 찬양으로 끝나는 것은 전형적인 탄식시(psalm of lament) 양식이다(Seifrid).

'그리스도 안'(ἐν Χριστῷ)은 '진리'(Ἀλήθειαν)가 아니라 '말하다'(λέγω)를 수식한다(Cranfield). 그가 지금부터 하는 말은 그리스도의 통제(control) 아래 있다는 뜻이다(Campbell). 바울은 '거짓말이 아니다'(οὐ ψεύδομαι)라는 말을 그의 가르침을 공격하는 자들에게 반론할 때 종종 사용한다(Schreiner, cf. 갈 1:20; 딤전 2:7). 바울은 평생 그의 이방인 선교와 사도 사역으로 인해 반대하는 자들의 공격을 받았다(Calvin, Dunn, cf. 고후 6:7;

7:14; 11:10; 갈 1:20; 딤전 2:7). 그러나 그들이 반대하고 공격을 멈추지 않았다고 하나님의 뜻과 진리가 바뀌지는 않았다.

바울은 자신과 양심을 두 증인으로 세운다. 그는 지금부터 하는 말에 자신의 모든 것을 걸었다. 그가 하고자 하는 말은 긍정적인 면에서는 진리이고, 부정적인 면에서는 거짓말이 아니다. 우리가 그의 말을 신뢰할 수 있는 것은 "내 양심이 성령 안에서 나와 더불어 증언한다"라는 그의 증언 때문이다. 그는 그리스도의 통제 아래 성령 안에서 자기 양심을 속이지 않고 참으로 진솔하게 말할 것이다.

그가 우리에게 알리고자 하는 진실은 '그에게 큰 근심이 있는 것과 마음에 그치지 않는 고통이 있다'는 사실이다. '근심'(λύπη)은 기쁨의 반대말이며, 기쁨처럼 눈물을 흘리게 할 수 있다. '불안한 생각'과 비슷한 말이다. '그치지 않는 고통'(ἀδιάλειπτος ὀδύνη)은 끊이지 않는 육체적 고통 혹은 사랑하는 사람이 위험에 처했을 때 오는 스트레스다(Thielman).

바울이 자기 백성(cf. 3절)에 대해 이처럼 안타까운 감정을 표현하는 것은 그가 선포하고자 하는 신학적인 메시지의 무거움과 심각성을 암시한다. 옛적 선지자들이 자기 백성의 죄와 타국으로 끌려가는 일로 탄식한 것과 비슷하다(cf. 렘 4:19-21; 14:17-22; 단 9장). 바울이 자기 백성에 대해 크게 근심하고 고통을 느낀다고 증언하는 것은 로마 교회의 유대인들로부터 어느 정도의 공감과 동정을 이끌어 냈을 것이다(Jewett).

바울은 자기 형제이자 골육의 친척인 유대인들의 구원 대가로 자기 자신이 저주를 받아 그리스도에게서 끊어진다 해도 그렇게 하기를 원한다고 한다(3절; cf. 10:1). '저주'(ἀνάθεμα)는 긍정적으로든 혹은 부정적으로든 하나님께 봉헌된 성물을 뜻한다(BDAG). 히브리어로 '헤렘'(חֵרֶם)이라 하며 우리말 번역본에서는 '진멸'로 표기된다(레 27:28; 신 7:26; 13:17; 수 6:17-18; 7:1, 11-13; 22:20). 바울은 그의 서신에서 이 단어(ἀνάθεμα)를 부정적으로만 사용한다(고전 12:3; 16:22; 갈 1:8-9). 그는 자신이 저주를 받아 그리스도로부터 영원히 떨어져 나가는 상황을 떠올리고 있다(Barrett, Calvin, Murray).

바울은 이러한 상황을 간절히 '원하지만'(ηὐχόμην), 절대 이루어질 수 없다(Fitzmyer, Harrison & Hagner, Käsemann). 바로 앞에서 그는 그 무엇도 그리스도의 사랑에서 믿는 이들을 끊을 수 없다고 했다(Schreiner, cf. 8:35-39). 그도 예외는 아니다. 그렇다고 해서 그가 빈말을 하는 것은 아니다. 그는 절대 이루어질 수 없는 일이기는 하지만, 그렇게 되었으면 참으로 좋았을 것이라며 간절한 염원을 표현하고 있다. 수많은 유대인이 예수 그리스도를 믿지 않기 때문에 구원을 받지 못한다(Wright). 바울은 만일 하나님이 그들을 구원하신다면 자기는 어떻게 되어도 좋다는 간절함을 표현하고 있다.

구원에 이르지 못한 자기 백성에 대한 저자의 간절한 바람은 옛적 모세의 일을 떠올리게 한다(출 32장). 모세가 시내산 정상에서 하나님께 율법을 받고 있는 동안 아론과 이스라엘은 금송아지를 만들어 숭배했다. 하나님은 진노하여 그들을 진멸하겠다고 하셨다(출 32:10). 모세는 하나님께 그들을 용서해 달라고 간구하며 그리하지 않으실 거면 차라리 자기 이름을 생명의 책에서 지워 달라고 했다: "그들의 죄를 사하시옵소서 그렇지 아니하시오면 원하건대 주께서 기록하신 책에서 내 이름을 지워 버려 주옵소서"(출 32:32).

이스라엘은 다른 민족은 누리지 못한 하나님의 축복을 참으로 많이 누리기 때문에 예수 그리스도를 믿었더라면 금상첨화였을 것이다. 그들만 누린 하나님의 축복은 양자 됨, 영광, 언약들, 율법, 예배, 약속 등 6가지나 된다(4절). 이 여섯 단어는 각각 세 단어로 구성된 두 개의 목록(couplets of three)이다(Cranfield, Dunn, Schreiner, Thielman). 두 목록에서 각각 쌍을 이루는 단어들은 순서에 따라 끝나는 소리가 각각 -ia(-ία), -a(-α), -ai(-αι)를 지닌다.

두 목록에서 쌍을 이루는 첫 번째 단어는 '양자 됨'(ἡ υἱοθεσία)과 '율법'(ἡ νομοθεσία)이며 출애굽 사건과 연관이 있다(cf. 출 4:22; 렘 31:9; 호

11:1). 이스라엘은 출애굽 사건과 율법을 통해 하나님의 장자가 되었다 (출 4:22-23; cf. 신 14:1; 렘 31:9; 호 11:1). 어떤 이들은 이스라엘이 하나 님의 양자가 된 것을 육체적인 것으로 제한하지만(Moo, Murray), 영적 인 면모도 포함한다(Piper). 이스라엘이 영적-육적으로 하나님의 양자 가 되었다고 해서 모든 유대인이 구원에 이르는 것은 아니다(Cranford, Schreiner). 이제는 그리스도를 믿고 그분과 연합한 사람들이 하나님의 양자다(8:15-17, 23).

두 목록에서 각각 두 번째로 등장하는 단어는 '영광'(ἡ δόξα)과 '예배'(ἡ λατρεία)다. 영광은 이스라엘이 하나님의 임재를 경험할 때 그들을 에 워쌌다. 그들은 시내산과 성막과 성전에서 예배를 드릴 때 하나님의 영광을 경험했다(Sanday & Headlam, cf. 출 24:16-17; 29:42-43; 33:18-22; 40:34-35; 레 9:23; 왕상 8:11; 시 26:8). 또한 하나님이 만물을 회복하기 위해 오실 때 영광을 볼 것이다(사 60:1-2). 이제는 하나님의 영광이 복 음을 믿는 자들과 함께한다(5:2; 8:18, 21).

세 번째 쌍은 '언약'(αἱ διαθῆκαι)과 '약속들'(αἱ ἐπαγγελίαι)이다. 어떤 이들은 언약을 아브라함과 모세 언약으로 제한하고(Sanday & Headlam), 어떤 이들은 아브라함과 모세와 다윗 언약이라 하기도 한다(Cranfield, Murray, Stott). 또한 노아 언약을 더하는 이도 있다(Moo). 바울에게는 아브라함(cf. 창 15:8; 17:2-21), 이삭과 야곱(cf. 출 6:3-5), 시내산(cf. 출 19:5), 새 언약(cf. 렘 31:31, 33) 모두 중요하다(11:27; 고전 11:25; 고후 3:6, 14; 갈 3:17; 4:24). 복음을 믿는 자들이 이 모든 언약의 최종적인 수혜자 다(Harrison & Hagner, Thielman).

언약과 약속들은 상호 보완적인 용어다. 그러므로 바울은 언약과 약 속들을 '약속의 언약들'(τῶν διαθηκῶν τῆς ἐπαγγελίας)(엡 2:12)이라고 부 르기도 한다. 언약과 약속들은 이스라엘의 과거뿐 아니라 미래에 대 한 하나님의 구원 약속이기도 하다(cf. 11:26-29). 그러므로 언약과 약속 들은 종말적인 축복으로 여섯 가지로 구성된 이 목록을 절정에 이르게 한다(Byrne).

미완료형 동사 '이다'(εἰσιν)는 이스라엘이 누리는 축복이 미래에도 유효하다는 것을 암시한다. 그러나 모든 유대인이 구원받는 것이 아니기 때문에 바울은 슬퍼한다.

이스라엘은 조상들도 그들의 것이라는 영광을 누렸다(5a절). 유대인은 그들의 조상들로 말미암아 하나님의 사랑을 입었다(11:28). 이스라엘의 조상(선조)들은 아브라함과 이삭과 야곱을 의미하지만, 다윗까지 포함하는 이들도 있다(Murray, Stuhlmacher). 4절의 언약과 약속들은 선조들에게 주어진 것들이므로(창 12:1-3; 18:18; 22:17-18; 26:3-4; 28:13-14; 35:11-12), 다윗은 포함하지 않아도 된다. 그러나 다윗이 메시아에 대한 약속을 받았다는 사실을 근거로 그를 포함하고자 한다면 포함해도 괜찮다(cf. 삼하 7장). 조상들은 하나님의 은혜로운 선택을 받은 사람들이다. 그러므로 하나님이 그들을 조건 없이 택하셨다면, 종말에 이르기까지 그들의 후손들에게도 신실하실 것이다.

이스라엘이 하나님께 받은 6가지 축복보다 더 큰 영광은 그리스도가 그들에게 나셨다는 사실이다(5b절). 메시아는 이스라엘 사람이자 그들의 하나님이시다. 예수 그리스도가 '그들의'(ὧν) 메시아가 아니라, '그들에게서'(ἐξ ὧν) 나신 메시아라는 것은 그가 분명 그들에게서 유대인으로 나셨지만, 그들만을 위한 구세주가 아니라 온 세상 사람을 구원하시는 이라는 점을 강조한다(Harris, Harrison & Hagner, Schreiner).

"그는 만물 위에 계셔서 세세에 찬양을 받으실 하나님이시니라 아멘"(ὁ ὢν ἐπὶ πάντων θεὸς εὐλογητὸς εἰς τοὺς αἰῶνας, ἀμήν)에서 주어인 '그'가 누구인지는 학자들 사이에 아직도 논쟁이 되고 있다(cf. Cranfield, Harris, Metzger). 첫째, 예수님이라고 하는 이들이 있다(Augustine, Bray, Calvin, Cranfield, Fitzmyer, Harris, Jewett, Longenecker, Metzger, Moo, Morris, Murray, Sanday & Headlam, Schreiner, Thielman, Wright, NAS, NIV, NRS, KJV). 예수님을 주어로 간주할 경우 본문의 의미는 '모든 만물 위에 있

는 하나님이신 예수님은 세세에 찬양을 받으실 것이다. 아멘'이 된다 (Cranfield, Harris, Murray, Sanday & Headlam, cf. 1:3-4; 10:12; 14:9; 엡 1:20-23; 빌 2:9-11; 골 1:15, 17-18).

둘째, 하나님이라고 하는 이들도 있다(Byrne, Dunn, Fee, Hultgren, Johnson, Robinson, Käsemann, Stuhlmacher, cf. RSV). 하나님 아버지를 주어로 간주할 경우 본문의 의미는 '모든 만물 위에 계신 하나님은 세세에 찬양을 받으실 것이다'가 된다. 첫 번째 옵션이 문법적으로 더 정확하다(Wright). 또한 바울의 기독론을 고려할 때도 첫 번째 옵션이 더 잘 어울린다. 본문은 예수님을 하나님이라고 하는 매우 높은 기독론을 반영하고 있다.

이 말씀은 때로는 슬퍼하는 것이 사랑의 표현이라 한다. 바울은 자기 백성 이스라엘이 하나님의 구원을 얻을 수만 있다면, 자신은 그리스도의 사랑에서 끊어진다 해도 괜찮다고 할 정도로 이스라엘을 사랑한다. 그러나 그들이 예수 그리스도를 영접하지 않아 하나님의 구원에서 멀어진 것을 매우 슬퍼한다. 우리가 사랑하는 사람들을 위해 아무것도 할 수 없을 때, 그들을 생각하며 하나님 앞에서 슬퍼하며 눈물 흘리는 것도 좋은 일이다. 하나님이 혹시 우리의 통곡을 들으시고 그들에게 자비를 베푸실지 누가 알겠는가!

바울은 자기 동족 유대인을 참으로 사랑했지만, 그들은 그를 미워하고 심지어 기회가 생길 때마다 죽이려고 했다. 그들이 바울을 미워하는 것은 그가 이방인에게 그리스도의 복음을 전했기 때문이다. 자신들은 바울이 전한 그리스도를 부인하면서, 바울이 이방인에게 그리스도를 전하는 것은 더욱더 싫어했다. 바울은 이런 유대인들을 탓하지 않고 참으로 안타까워한다. 심지어 그들의 구원을 위해 자기 영혼을 내놓을 각오가 되어 있다. 우리는 복음을 부인한 사람들을 미워해서는 안 된다. 오히려 그들의 마음을 옥토로 변화시켜 달라고 하나님께 더 많이 기도해야 한다.

B. 이스라엘 역사에 드러난 하나님의 계획(9:6–29)

이스라엘은 하나님께 많은 축복과 약속을 받았고, 온 인류를 구원하
시는 메시아도 그들에게서 나셨다(9:1-5). 그러나 그들이 예수 그리스
도를 믿지 않아 받은 축복과 약속들이 무효가 될 위기에 빠졌다. 그러
므로 바울은 만일 유대인들이 그리스도를 믿어 구원을 얻는 일이 일어
난다면, 그 일의 대가로 자신이 저주를 받아 그리스도에게서 끊어져도
좋다고 했다.

이스라엘의 운명은 바울의 헌신과 희생에 의해 결정될 일은 아니다.
모세 시대에 그랬던 것처럼 이스라엘의 미래도 하나님이 그들과 맺으
신 언약에 따라 결정된다(cf. 출 32–34장). 저자는 본 텍스트를 통해 이
스라엘의 역사에서 하나님이 선택적으로 사랑하시고 그러지 않으신
사례들을 회고하면서 하나님의 선택적 사랑은 결코 불의가 아니라는
것을 강조한다. 누구를 택해 사랑하시는가는 하나님의 고유 권한이기
때문이다. 또한 하나님은 누구를 택하시면 중간에 마음을 바꾸지 않으
신다. 그러므로 하나님이 이스라엘을 구원하겠다고 하신 말씀은 아직
도 유효하다(9:6; cf. 11:26–29).

본문은 하나님이 얼마나 약속하신 바에 신실하신지를 강조한다. 한
학자는 본 텍스트를 다음과 같이 교차대구법적 구조로 이해한다(Aletti).

> A. 이스라엘 후손(9:6–9)
>> B. 하나님이 택하신 자들을 사랑하심(9:10–13)
>>> C. 하나님의 자비, 의지, 능력(9:14–18)
>>> C′. 하나님의 자비, 의지 능력(9:19–24)
>> B′. 하나님의 사랑(9:25–26)
> A′. 하나님이 이스라엘을 자기 후손으로 삼으심(9:27–29)

우리는 본 텍스트를 다음과 같이 구분해 주해해 나가고자 한다. 선택과 사랑은 하나님의 주권적 권한이라는 사실이 전체 텍스트를 아우른다.

A. 하나님의 선택과 사랑(9:6-13)
B. 하나님의 선택적 자비(9:14-18)
C. 선택적 자비는 하나님의 고유 권한(9:19-23)
D. 이방인과 유다의 남은 자를 부르심(9:24-29)

Ⅳ. 복음과 이스라엘(9:1-11:36)
  B. 이스라엘 역사에 드러난 하나님의 계획(9:6-29)

1. 하나님의 선택과 사랑(9:6-13)

⁶ 그러나 하나님의 말씀이 폐하여진 것 같지 않도다 이스라엘에게서 난 그들이 다 이스라엘이 아니요 ⁷ 또한 아브라함의 씨가 다 그의 자녀가 아니라

오직 이삭으로부터 난 자라야

네 씨라 불리리라

하셨으니 ⁸ 곧 육신의 자녀가 하나님의 자녀가 아니요 오직 약속의 자녀가 씨로 여기심을 받느니라 ⁹ 약속의 말씀은 이것이니

명년 이 때에 내가 이르리니

사라에게 아들이 있으리라

하심이라 ¹⁰ 그뿐 아니라 또한 리브가가 우리 조상 이삭 한 사람으로 말미암아 임신하였는데 ¹¹ 그 자식들이 아직 나지도 아니하고 무슨 선이나 악을 행하지 아니한 때에 택하심을 따라 되는 하나님의 뜻이 행위로 말미암지 않고 오직 부르시는 이로 말미암아 서게 하려 하사 ¹² 리브가에게 이르시되

큰 자가 어린 자를 섬기리라

하셨나니 ¹³ 기록된 바

내가 야곱은 사랑하고
에서는 미워하였다

하심과 같으니라

바울이 유대인들의 현실을 보자니 상황이 매우 절망적이다. 예수 그리스도를 통하지 않고는 구원이 있을 수 없는데, 유대인 대부분이 그리스도를 부인해 하나님의 구원에서 멀어졌다. 그럼에도 불구하고 그는 하나님의 선택과 언약을 근거로 유대인 모두는 아니더라도 어느 정도는 구원에 이를 것이라는 소망을 가져 본다. 하나님의 신실하심이 그들을 구원하실 것이기 때문이다.

저자는 하나님의 말씀이 폐한 것은 아니라고 확신한다(6a절; cf. 사 40:7-8; 55:11). '하나님의 말씀'(ὁ λόγος τοῦ θεοῦ)은 하나님이 이스라엘과 맺으신 언약과 주신 약속들이다(cf. Sanday & Headlam). '폐하다'(ἐκπίπτω)는 한때 왕성하고 아름다웠던 것이 약해지고 못쓰게 되었다는 뜻이다(Thielman). 칠십인역(LXX)은 시든 꽃의 상태를 묘사하며 이 단어를 사용한다(사 28:1, 4; 40:7). 신약에서는 항해하던 배가 난파된 일을 묘사한다(행 27:17, 26, 29). 바울은 하나님이 이스라엘에 주신 언약과 약속이 온전히 못쓰게 된 것은 아니고, 어느 정도 유효하다고 생각한다.

이스라엘이 예수 그리스도를 영접하지 않아 구원에 이르지 못한 것은 분명 그들의 실패라 할 수 있다. 이스라엘은 하나님이 그들에게만 주신 여러 가지 특권과 축복을 온전히 누리지 못했다. 오히려 이방인 그리스도인들이 그들이 받은 약속을 가져갔다. 그러나 그렇다고 해서 하나님이 그들을 구원하겠다고 하신 옛적 약속이 무효가 된 것은 아니다. 하나님은 인간의 불순종과 죄 때문에 이루지 못하실 약속은 하지 않으시는 분이다.

그러나 우리가 기억해야 할 것은 이스라엘에게서 난 그들이 다 이스라엘은 아니라는 사실이다(6b절). 이 구절이 두 번 언급하고 있는 '이스

라엘' 중 첫 번째 이스라엘은 인종적인 의미, 곧 아브라함의 후손을 뜻
한다. 두 번째 이스라엘은 유대인 중 하나님의 구원을 받은 사람들, 혹
은 그들을 포함해 새로 형성된 하나님의 백성, 곧 영적인 이스라엘인
교회를 의미하는 것으로 해석할 수 있다(Aageson, Ambrosiaster, Cranford,
Johnson, Schreiner, Watson, Wright, cf. 갈 6:16). 교회가 참 할례(2:28-29; 빌
3:3)를 받은 아브라함의 참 가족이기 때문이며(4:9-25; 갈 3:7, 14, 29),
이방인 성도들은 참 이스라엘인 감람나무에 접붙임을 받은 사람들이
기 때문이다(11:17-24).

하나님이 이스라엘에 대해 하신 여러 가지 말씀이 그리스도를 믿는
이방인의 것이 되었다(9:24-26). 그러나 첫 이스라엘이 인종적 이스라
엘에 관해 말하고 있으므로, 두 번째 이스라엘을 교회에 속한 유대인
으로 한정해도 별문제 없다(Fitzmyer, Käsemann, Longenecker, Murray, Sanday
& Headlam, Thielman). 바울은 교회에 속한 유대인들을 이스라엘의 남은
자들이라고 한다(9:27-29; cf. 11:1-6). 하나님은 한 번도 이스라엘의 모
든 사람이 구원에 이른다고 하지 않으셨다. 심지어 율법도 이스라엘
의 자손 중에서 내쳐야 할 자들에 관해 말한다(출 12:15, 19; 30:33, 38;
31:14; 레 7:20-21, 25, 27; 17:4, 9, 10, 14). 또한 선지자들은 훗날 하나님
의 백성을 형성할 '남은 자들'이 아브라함의 후손으로만 제한될 것이라
고 한 적이 없다.

저자는 이스라엘에게서 난 자들이라 해서 모두 이스라엘은 아니라는
사실을 아브라함의 사례를 통해 설명한다(7절). 하나님은 아브라함에게
서 난 자식들이라고 해서 다 그의 자녀라고 하지 않으시고, 오직 이삭
으로부터 난 자들만 아브라함의 씨(후손)라고 부르신다. 하나님은 아브
라함이 이스마엘을 통해 얻은 자손들은 그의 씨(후손)로 인정하지 않으
신다.

아브라함이 4장 이후 처음 언급되고 있다. 바울은 4장에서 아브라함
을 가리켜 유대인과 이방인 상관없이 모든 믿는 자의 조상이라 했다.

예수 그리스도를 통해 새로 형성된 하나님의 자녀들은 하나님의 약속에서 비롯되었으며, 아브라함의 생물학적 자손이 아니다. 그러므로 아브라함의 육신적 자손이라 해서 모두 하나님의 자녀가 되는 것은 아니며, 오직 약속의 자녀들만 하나님의 백성이 될 수 있다.

"오직 이삭으로부터 난 자라야 네 씨라 불리리라"(7b절)는 창세기 21:12을 인용한 것이다. 여종 하갈을 통해 먼저 태어난 이스마엘이 나중에 사라를 통해 태어난 이삭과 함께 노는 것을 달갑게 생각하지 않은 사라가 아브라함에게 하갈과 이스마엘을 내보내라고 했고, 사라의 요구에 아브라함은 큰 스트레스를 받았다. 이때 하나님이 아브라함을 찾아와 사라의 말을 들어주라며 하신 말씀이다. 하나님은 아브라함의 두 아들 중 이삭을 그의 상속자로 인정하실 것이라는 의미에서 이렇게 말씀하셨다. 하나님의 택하심과 구원과 연관해 '부르다'(קָרָא, καλέω)는 로마서에서 "또 미리 정하신 그들을 또한 부르시고 부르신 그들을 또한 의롭다 하시고 의롭다 하신 그들을 또한 영화롭게 하셨느니라"(8:30)라는 말씀을 생각나게 한다.

아브라함이 낳은 육신의 자녀라 해서 모두 하나님의 자녀가 되는 것이 아니다(8a절). 아브라함의 자녀 중 오직 약속의 자녀가 하나님께 씨로 여기심을 받는다(8b절). 실제로 아브라함은 이스마엘 외에도 사라가 죽은 후 그두라를 아내로 맞이해 6명의 아들을 더 두었다(창 25:1-2). 이들은 모두 약속의 자녀가 아니었으며, 아브라함은 살아 있는 동안 그들을 모두 집에서 내보냈다(창 25:6).

아브라함의 여러 아들 중 하나님이 약속의 자녀로 삼으신 유일한 아들은 이삭이다. 하나님은 이삭이 태어나기 전부터 그를 약속의 아들로 삼으셨다. 하나님은 이삭이 태어나기 1년 전에 아브라함 부부를 찾아오셔서 사라에게서 아들이 태어날 것이라고 하셨다(9절). 하나님이 아브라함 부부에게 이삭의 탄생을 약속하신 것이다. 반면에 다른 아들들은 하나님의 약속 없이 태어났다.

"명년 이 때에 내가 이르리니 사라에게 아들이 있으리라"(9절)는 창세기 18:10, 14을 인용한 말씀이며, 14절은 "여호와께 능하지 못한 일이 있겠느냐?"라며 아브라함과 사라의 불신을 책망하는 말씀을 동반한다. 하나님은 아브라함을 부르시며(cf. 창 12:1-3) 그에게 많은 자손을 약속하셨지만, 아브라함이 하나님의 약속을 믿고 가나안으로 이주한 지 25년이 지나도록 약속하신 아들을 주지 않으셨다. 자손에 대해 항상 초조해하던 아브라함은 자기 종 중 하나인 다메섹 사람 엘리에셀을 상속자로 들이려 했고(창 15:1-2), 가나안에 입성한 지 11년째 되던 해에 하갈을 통해 이스마엘을 얻어(창 16:16) 그를 약속의 아들로 삼으려 했다(cf. 창 17:17-18).

그러나 하나님은 다른 계획을 가지고 계셨다. 드디어 때가 되어 하나님이 아브라함을 찾았을 때 그와 사라는 아이를 가질 수 없는 노부부였다. 하나님이 아들을 주겠다고 하시자 이 노부부는 하나님을 믿지 않았다(창 17:17; 18:13). 그러므로 하나님은 자신에게 능치 못한 일은 없다고 하시며 그들의 불신에도 불구하고 아들을 약속하신 것이다. 하나님의 계획과 축복이 실현되는 일에 사람의 믿음은 그다지 중요하지 않다. 하나님은 언제든지 우리의 믿음(불신)과 상관없이 계획한 일을 진행하실 수 있기 때문이다.

어떤 이들은 이스마엘도 하나님의 구원 범주 안에 포함해야 한다고 한다(Cranfield). 하나님이 그도 축복하셨기 때문이다(cf. 창 16:7-14; 21:15-21). 그러나 바울은 모형론(typology)적으로 이 둘의 차이를 논하고 있기 때문에, 이러한 제안은 별 의미가 없다. 실제로 이스마엘이 하나님께 구원을 얻었는가는 본문과 상관없는 이슈이기 때문이다. 본문이 설명하고자 하는 원리는 '모든 이스라엘이 이스라엘은 아니다'(6b절)이다.

바울은 본문에서 그룹의 구원에 대해, 혹은 개인의 구원에 대해 말하는가? 그가 하나님의 백성, 곧 구원받은 사람들이 형성하는 그룹에 관해 말하고 있다며, 따라서 개인적인 구원은 주제가 아니므로 본문에서 배제해야 한다고 주장하는 이들이 있다(Beasley-Murray, Byrne, Cranfield, Cranford, Fitzmyer, Johnson, Morris). 그러나 그룹을 구성하는 것은 각 개인이다(cf. 3:28; 4:1-9, 18-25). 또한 바울은 온 이스라엘을 마치 구원받은 한 사람, 혹은 구원받지 못한 한 사람처럼(corporate) 말하고 있다. 그러므로 개인의 구원을 배제하는 것은 잘못된 처사다(Bell, Moo, Murray, Piper, Stott, Schreiner, Thielman, cf. 9:14-18).

아브라함의 여러 자손 중 누가 약속의 자녀가 되느냐는 오로지 하나님의 선택과 결정에 따라 이뤄지는 일이라는 사실을 이삭과 이스마엘 이야기보다 더 확실하게 보여 주는 것은 리브가에게서 태어난 쌍둥이 에서와 야곱의 이야기다(10-13절). 이스마엘은 아브라함이 여종 하갈을 통해 얻은 아들이고, 이삭은 아내 사라를 통해 얻은 아들이라 이삭이 약속의 아들이 된 것은 어느 정도 이해가 간다. 반면에 에서와 야곱은 이삭과 리브가 사이에 태어난 쌍둥이다. 그러므로 하나님이 둘 중 하나를 약속의 아들로 정하신 것은 하나님이 주권적으로 하신 일이다.

이삭과 리브가 부부도 오랜 세월 아이 없이 지냈다. 그러다가 드디어 리브가가 임신했는데, 그녀의 몸 안에서 전쟁이 일어난 듯했다(창 25:21-22). 하나님은 그녀의 태중에 쌍둥이가 있다며 저자가 12절에서 인용한 말씀을 하셨다: "큰 자가 어린 자를 섬기리라"(창 25:23). 하나님은 에서와 야곱 쌍둥이 중 동생인 야곱을 약속의 아들로 삼으신 것이다.

하나님이 쌍둥이 중 형인 에서가 아닌 동생인 야곱을 택해 약속의 아들로 세우신 일은 당시 문화적 정서를 고려할 때 매우 특이한 일이라 할 수 있다. 고대 근동에서는 장자권이 매우 큰 권리였으며, 율법도 반드시 먼저 태어난 아이에게 장자권을 주도록 규정한다(신 21:15-17). 그러므로 야곱을 약속의 아들(장자)로 세우신 것은 하나님이 주권적으로 하신 일이다.

저자는 하나님이 쌍둥이 중 야곱을 택하시고 에서가 야곱을 섬기게 하신 것은 하나님의 고유 권한이자 주권적으로 하신 일이라고 한다. 두 아이가 태어나기도 전에 이 모든 일이 결정되었으니 하나님의 선택에 그들의 행위가 어떠한 영향도 미치지 않았다(cf. 3:38; 4:6). 오히려 야곱의 삶을 살펴보면 하나님이 기뻐하지 않으시는 속임수와 사기로 가득하다. 야곱은 심지어 아버지 에서를 속여 장자의 축복을 받아냈다 (창 27:18-29). 또한 팥죽 한 그릇에 굶주린 형과 장자권을 거래했다(창 25:26-33). 인간의 삶이 하나님의 결정에 영향을 미친다면, 에서가 아니라 야곱이 불리하다. 야곱이 에서보다 더 크고 많은 약점을 지녔기 때문이다.

일부 학자는 본문이 예정론과 연관이 있다는 사실을 부인하지만 (Fitzmyer, Sanday & Headlam), 본문은 분명 예정론에 관한 말씀이다(Calvin, Moo, Schreiner, Thielman). 본문에서 믿음과 행위가 아니라 부르심과 행위가 대조되고 있기 때문이다.

야곱을 약속의 아들로 세우신 하나님은 그 후에도 야곱(이스라엘 후손들)을 사랑하시고 에서(에돔 사람들)는 미워하셨다. "내가 야곱은 사랑하고 에서는 미워하였다"(13절)는 말라기 1:2-3을 인용한 것이다. 어떤 이들은 '사랑과 미움'을 많은 사랑과 작은 사랑을 대조하는 것으로 이해한다(Fitzmyer, cf. 창 29:30-31; 마 10:37; 눅 14:26). 그러나 말라기에 따르면 하나님이 얼마나 에서를 미워하셨는지 그들은 여호와의 영원한 진노를 받았고, 그들의 땅은 황폐하게 되었다(말 1:3-4). 크고 작은 사랑의 대조가 아니다. 하나님의 미움은 심판을 전제한다.

사랑받는 야곱과 심판받는 에서의 가장 기본적인 차이는 야곱은 하나님의 언약 안에, 에서는 언약 밖에 있다는 것이다. 그러므로 하나님은 언약 안에 있는 야곱을 그의 언행에 상관없이 사랑하시고, 언약 밖에 있는 에서도 언행에 상관없이 미워하셨다. 누구든지 아브라함의 후손이면 무조건 하나님의 구원에 이른다는 것은 착각에 불과하다. 한 가지 충격적인 사실을 더하자면 예수님을 믿지 않는 유대인들은 이삭과 야곱의 후손이 아니라, 이스마엘과 에서의 후손과 별반 다르지 않다는 것이다(Schreiner).

이 말씀은 우리의 구원이 어떻게 시작되었는지 생각하게 한다. 우리가 처음 예수님을 영접했을 때는 우리의 의지와 선행이 구원에 결정적인 영향을 끼친 것으로 착각했다. 그러므로 그때 우리는 간증하며 "내가… 내가… 내가…"를 반복했다. 그러나 이후 성경의 가르침에 비추어 보니 우리의 구원은 아주 먼 옛날, 우리가 태어나기도 전에 하나님의 계획과 선택에 따라 시작되고 결정되었다. 우리의 행위는 구원에 어떠한 영향도 미치지 않은 것이다. 그러므로 우리의 구원에 대한 모든 영광은 하나님이 홀로 받으시고, 우리는 그저 감사함으로 우리를 구원하신 하나님을 사랑하고 섬기며 살아야 한다. 이미 태초에 우리를 구원하기로 결정하신 하나님께서 우리를 세상 끝 날까지 보호하고 인도하시어 구원을 이루실 것이다.

하나님을 부인하는 사람들에 대한 소망을 버리지 말자. 하나님이 그리스도를 거부한 유대인을 포기하지 않으셨는데, 누가 그들을 포기하겠는가! 이와 같이 우리는 하나님의 모양과 형상대로 만들어진 모든 사람을 사랑하며 포기하지 않아야 한다. 하나님이 그들에게도 구원 베푸실 것을 간절히 바라며 하나님의 때를 기다려야 한다. 특히 믿지 않는 가족들의 구원을 위해 매일 하나님께 간구해야 한다.

Ⅳ. 복음과 이스라엘(9:1-11:36)
　B. 이스라엘 역사에 드러난 하나님의 계획(9:6-29)

2. 하나님의 선택적 자비(9:14-18)

¹⁴ 그런즉 우리가 무슨 말을 하리요 하나님께 불의가 있느냐 그럴 수 없느니라 ¹⁵ 모세에게 이르시되

> 내가 긍휼히 여길 자를 긍휼히 여기고
> 불쌍히 여길 자를 불쌍히 여기리라

하셨으니 [16] 그런즉 원하는 자로 말미암음도 아니요 달음박질하는 자로 말미암음도 아니요 오직 긍휼히 여기시는 하나님으로 말미암음이니라 [17] 성경이 바로에게 이르시되

> 내가 이 일을 위하여 너를 세웠으니
> 곧 너로 말미암아 내 능력을 보이고
> 내 이름이 온 땅에 전파되게 하려 함이라

하셨으니 [18] 그런즉 하나님께서 하고자 하시는 자를 긍휼히 여기시고 하고자 하시는 자를 완악하게 하시느니라

만일 하나님이 사람의 행위와 상관없이 누구는 태어나기 전에 약속의 자녀로 세워 구원하시고 누구는 태어나기 전에 하나님의 백성에서 배제하신다면, 하나님의 의에 문제가 있다고 주장하는 사람들이 있을 것이다. 이에 대해 바울은 전혀 문제가 없다며 하나님의 의로우심을 변호한다. 하나님이 긍휼히 여길 자를 긍휼히 여기시고 불쌍히 여길 자를 불쌍히 여기시는 것은 창조주 하나님의 주권적 선택과 결정이다. 또한 이스라엘을 종으로 부렸던 이집트 왕처럼 마음을 완악하게 해야 할 사람을 완악하게 하시는 것도 하나님의 주권적 선택과 결정이다.

저자는 바로 앞에서 이스마엘과 에서가 하나님이 약속의 자녀로 세우신 이삭과 야곱의 형제였음에도 택하심을 받지 못한 것을 예로 들며 하나님의 선택은 그들이 태어나기 전에 이미 결정되었다고 했다. 그렇다면 이러한 결정에 대해 하나님께 불의가 있다고 할 수 있는가(14a절)?

'불의'(ἀδικία)는 공평하지 않은 것을 의미하거나(고후 12:13; cf. 롬 3:5), '진리'와 반대되는 말로 사용된다(1:18; 2:8; 고전 13:6; 살후 2:10, 12). 그러므로 불의는 공평하지 않고 진실하지 않다는 뜻이다. 당시 사회가

지향했던 정의 개념에 따르면, 지도자가 오랜 관습에 따라 사람을 세우거나 가장 덕망 있는 사람을 세우는 것이 정의였다(TDNT).

바울이 하나님의 선택에 관해 한 말에 따르면, 하나님은 이 같은 사회적 통념과 기준을 따르지 않으셨다. 하나님은 정의에 대한 기준을 세우시는 분이다. 그러므로 잘못된 사회적 기준을 따르실 필요가 없다. 가족 관계와 태어난 순서와 자라온 환경 등을 고려해 사람을 세우는 사회적 정의가 문제다(Thielman).

그러므로 하나님께는 불의가 없다며 저자는 자신이 자주 사용하는 강력한 부정사로 질문에 스스로 답한다: "그럴 수 없느니라"(μὴ γένοιτο)(14b절; cf. 3:5). 그는 1:18-35에서 불의(ἀδικία)를 창조주를 예배하고 감사하는 것을 거부하는 일로 정의했다(Piper). 반면에 하나님의 의는 '신실하심'(πιστία, 3:3)과 '진리'(ἀληθής, 3:4, 7)와 연관 지어 정의했다(Piper). 또한 인간의 정의와 불의에 대한 이해가 창조주 하나님의 주권을 침해할 수는 없다. 만일 하나님이 죄인에게 벌을 내리지 않으시면 불의하다고 할 수 있지만, 누군가를 택하시는 것은 하나님의 주권이며 자유다.

하나님은 모세에게 "내가 긍휼히 여길 자를 긍휼히 여기고, 불쌍히 여길 자를 불쌍히 여기리라"라고 하셨다(15절). 이 말씀은 출애굽기 33:19을 인용한 것이며, 모세가 시내산에 율법을 받으러 올라간 사이 산 밑에서 이스라엘이 금송아지를 만들어 숭배한 일이 있은 다음에 하신 말씀이다. 진노하신 하나님은 이스라엘을 멸하고 모세를 통해 새 민족을 만들겠다고 하셨다. 모세는 하나님께 이스라엘에 자비를 베풀어 용서하시고 그들과 계속 함께해 주시길 호소했다(cf. 출 32-34장). 그러므로 인용된 말씀의 핵심은 하나님의 속성인 자비를 베푸시는 일이다(Wright, 출 3:14-15; 33:19; 34:6-7).

하나님은 죄인들이 회개하기를 바라시며(2:4; 10:21) 참으로 오래 참으시고 관용을 베푸시는 분이다(9:22). 그러나 벌을 받아야 할 사람은 반드시 벌을 받게 하신다(1:18-3:20, 23; cf. 출 34:7). 그러므로 하나님은 불의하지 않으시다. 하나님의 자유와 주권을 침해하면서까지 그분이 모든 사람을 구원해야 의로운 분이라는 사람의 편견으로 인해 불의하다는 오해를 사신다(Käsemann).

하나님의 긍휼히 여기심과 불쌍히 여기심은 사람이 원하거나 노력해서 얻을 수 있는 것이 아니다(16a절). 사람이 아무리 간절히 원해도 얻을 수 없으며, 아무리 열심히 달려도 얻을 수 없다. '원하는 자'(τοῦ θέλοντος)는 기도를 통해 간절히 염원하는 자를, '달음박질하는 자'(τοῦ τρέχοντος)는 할 수 있는 최선을 다해 노력하는 자를 상징한다(Dunn, Murray). 사람이 아무리 노력해도 하나님의 긍휼히 여기심을 얻을 수 없다.

사람이 하나님의 긍휼하심을 얻을 수 있는 유일한 방법은 하나님이 우리를 긍휼히 여기시는 것이다(16b절). 인간의 구원은 하나님이 그를 구원하기로 결정하시고 그에게 자비를 베푸실 때 비로소 현실이 된다. 인간이 그 무엇을 하든 하나님의 의지와 결정에 영향을 미치지 않는다.

바울은 이 원리에 대한 부정적인 예로 이집트 왕을 든다(17절). 하나님은 바로에게 "내가 이 일을 위하여 너를 세웠나니 곧 너로 말미암아 내 능력을 보이고 내 이름이 온 땅에 전파되게 하려 함이라"라고 하셨다(17절). 출애굽기 9:16을 인용한 것이다. 이슈는 바로의 강퍅함이 누구에게서 비롯된 것인가다. 바로는 스스로 자신의 마음을 강퍅하게 한 것일까, 아니면 하나님이 그의 마음을 강퍅하게 하신 것일까?

이 질문에 대한 답은 상당히 중요할 수 있다. 만일 바로가 스스로 자신의 마음을 강퍅하게 했다면, 그가 받은 벌은 당연한 것이 된다. 그러나 만일 하나님이 바로의 마음을 강퍅하게 하셔서 그가 이스라엘 사람들을 내보내지 않았다면, 어느 정도의 책임은 하나님께 있다고 생각할 수 있기 때문이다. 하나님이 호렙산에서 모세에게 소명을 주실 때 자신이 바로를 강한 손으로 치지 않으면 그가 결코 이스라엘을 내보내지 않을 것이라고 말씀하시는 것을 보면(출 3:19-20), 바로가 자신의 마음을 강퍅하게 한 것으로 생각된다. 이 경우 바로는 자신의 몰락을 스스로 결정한 것이 된다.

출애굽기는 바로의 마음이 강퍅함/강퍅해짐/강퍅하게 된 것을 묘사하면서 세 히브리어 동사(כבד, חזק, קשה)를 4-14장에서 정확히 20차례 사용한다. 그중 10차례는 하나님이 주어다(4:21; 7:3; 9:12; 10:1, 20, 27; 11:10; 14:4, 8, 17). 바로가 주어인 경우는 4차례(8:15, 32; 9:34; 13:15), 바로의 마음이 주어로 사용되는 경우는 6차례다(7:13, 14, 22; 8:19; 9:7, 35).

하나님이 바로의 마음을 강퍅하게 하신 것인가? 아니면 그가 스스로 자신의 마음을 강퍅하게 한 것인가? 모세는 양면성을 지적한다. 정확히 열 번은 바로가 스스로 자신의 마음을 강퍅하게 했으며, 열 번은 하나님이 그를 강퍅하게 하셨다. 바로가 자신의 마음을 스스로 강퍅하게 하는 것은 7:13, 14, 22; 8:15, 19; 9:7, 34, 35; 13:15 등에 기록이 되어 있다. 반면에 하나님이 그의 마음을 강퍅하게 하신 것은 4:21; 7:3; 9:12; 10:1, 20, 27; 11:10; 14:4, 8, 17 등에 기록되어 있다.

처음에는 바로가 스스로 자기 마음을 강퍅하게 했다. 그러나 시간이 지나면서 하나님이 그의 마음을 강퍅하게 하셨다. 처음에는 바로가 스스로 자기 마음을 강퍅하게 했지만 어느 순간부터는 스스로 강퍅하지 않으려고 해도 강퍅하지 않을 수 없었다는 것이다. 열 가지 재앙이 이집트에 내릴 때까지 하나님이 바로의 회심을 허락하지 않으셨기 때문이다(cf. 9:18; 민 21:22-23; 신 2:30).

우리는 회개는 언제든지 가능하다는 생각에 젖어 있다. 이론적으로는 옳은 말이다. 회개는 언제든지 가능하다. 아무리 흉악한 죄를 지었다 할지라도 진정한 회개의 기도를 드리면 용서받을 수 있다. 그러나 현실적으로 생각할 때 어느 선을 넘으면 회개는 불가능하다. 우리 자신이 더는 죄를 용서받을 수 있는 기도를 드릴 수 없게 되거나, 회개의 필요성을 느끼지 못하게 되기 때문이다. 또한 바로의 경우처럼 때로는 하나님이 죄인을 심판하기 위해 더 이상 회개하지 못하도록 막으신다(cf. 사 6장). 그러므로 회개는 기회가 있을 때 해야 한다. 항상 회개의 기회가 주어지는 것은 아니기 때문이다.

하나님이 당장 그 자리에서 바로를 처벌하셨어도 문제가 되지 않는다. 그러나 하나님은 바로를 죽여 없애는 대신 자신의 영광을 드러내기 위해 그를 살려 두셨다(Wright). 하나님께 반역한 바로가 얼마나 혹독한 벌을 받아 몰락하는지 온 세상에 보여 줌으로써 이스라엘 하나님의 능력과 이름이 온 땅에 전파되게 하신 것이다. 하나님은 필요하다면 악인도 그들의 의지와 상관없이 자기 계획과 목적을 이루는 일에 사용하신다.

그러므로 저자는 하나님은 긍휼히 여기고자 하는 자를 긍휼히 여기시고 완악하게 하고자 하는 자를 완악하게 하시는 분이라고 결론짓는다(18절). 하나님은 구원하기로 결정한 사람은 반드시 구원하시며, 벌하기로 결정한 사람은 반드시 벌하신다. 이러한 하나님을 누가 불의하다고 할 수 있는가? 그래도 불의하다고 하는 사람은 창조주의 자유와 주권을 침해하는 것이다. 하나님의 자유 의지와 주권이 잘못되었다고 하지 않고는 불의하다고 할 수 없기 때문이다.

세상적인 관점에서도 하나님을 불의하시다고 할 수 없다. 하나님의 의로우심이 모든 사람을 동일하게 대해야 한다는 생각은 인간의 편견에 불과하다. 우리는 자기 자식에게만 재산을 물려주는 사람들을 불의하다고 하지 않는다. 우리는 고사하고 그들 주변에 있는 사람들에게 한 푼도 나누어 주지 않는데도 말이다. 심지어 자식 중에 어떤 이가 다른 형제들보다 재산을 더 많이 물려받아도 그들의 부모를 불의하다고 하지 않는다. 부모가 원하는 대로 자식들에게 재산을 분배해 주는 것은 그들의 자유이자 고유 권한이기 때문이다. 그런데 왜 하나님의 의로우심은 모든 사람을 똑같이 대하는 것으로 정의하는가? 우리의 편견이 빚어낸 일이다.

이 말씀은 우리의 편견과 생각이 하나님의 속성을 침해하지 않도록 주의하라고 경고한다. 하나님은 그 누구에게도 침해받을 수 없는 자유와 주권을 가지셨으며, 그 자유와 주권에 따라 본인이 원하시고 계획하신 대로 행하신다. 그러므로 우리에게는 하나님이 누구를 구원하셔야 하고, 누구를 구원에서 제외해야 하는지 의견을 제시할 권리가 없다. 하나님은 긍휼히 여길 자에게 은혜를 베푸시고, 불쌍히 여길 자를 불쌍히 여기실 자유와 주권을 지니셨다.

하나님이 구원하시면 참 좋겠다는 생각을 하게 하는 사람을 보며 그를 구원하지 않으시는 하나님이 불의하다고 불평하면 안 된다. 오히려 우리가 죄인 되었을 때 우리를 찾아와 구원하신 하나님을 찬양하고 감사해야 한다. 우리가 구원을 위해 한 것이 하나도 없는데, 하나님이 먼저 찾아와 구원을 선물로 주셨기 때문이다.

하나님은 우리를 구원하실 때 우리의 사회적 지위, 교육적 배경, 자라난 환경 등을 고려하지 않고 태어나기 전부터 우리를 구원하셨다. 그렇다면 자신이 '영적-육신적 흙수저'라고 생각하는 사람일수록 하나님께 더 큰 감사를 드려야 한다. 우리가 오늘에 이르게 된 영적 여정을 되돌아보며 은혜를 베푸신 하나님께 감사하고 찬양하자.

Ⅳ. 복음과 이스라엘(9:1-11:36)
  B. 이스라엘 역사에 드러난 하나님의 계획(9:6-29)

3. 선택적 자비는 하나님의 고유 권한(9:19-23)

[19] 혹 네가 내게 말하기를 그러면 하나님이 어찌하여 허물하시느냐 누가 그 뜻을 대적하느냐 하리니 [20] 이 사람아 네가 누구이기에 감히 하나님께 반문하느냐 지음을 받은 물건이 지은 자에게 어찌 나를 이같이 만들었느냐 말하겠느냐 [21] 토기장이가 진흙 한 덩이로 하나는 귀히 쓸 그릇을, 하나는 천히 쓸 그릇을 만들 권한이 없느냐 [22] 만일 하나님이 그의 진노를 보이시고 그의

능력을 알게 하고자 하사 멸하기로 준비된 진노의 그릇을 오래 참으심으로 관용하시고 [23] 또한 영광 받기로 예비하신 바 긍휼의 그릇에 대하여 그 영광의 풍성함을 알게 하고자 하셨을지라도 무슨 말을 하리요

이 섹션은 바로 앞에서 저자가 하나님이 그분의 자유 의지와 주권에 따라 은혜를 베풀 자에게 은혜를 베푸시고 벌할 자를 벌하신다고 한 것에 대한 자연스러운 반론과 그에 대한 저자의 반박이다. 만일 하나님이 사람이 태어나기 전부터 구원할 자와 구원하지 않을 자를 정하신다면, "하나님이 어찌하여 허물하시"는가(19a절)? '허물하다'(μέμφομαι)는 '탓하다, 트집을 잡다'라는 의미를 지닌다(cf. BDAG). 이 땅에 태어난 모든 사람이 그들이 태어나기 전부터 하나님이 그들에 대해 세우신 계획에 따라 산다면, 어떤 삶을 살든 간에 그들의 삶은 하나님의 뜻에 부합한 삶이다. 그러므로 하나님은 그들이 죄를 지으며 불신자로 살아도 그들을 탓하시면 안 된다는 반론이다.

더욱이 그 누구도 하나님의 뜻을 대적할 수 없다는 사실을 생각하면 하나님은 그 누구의 삶에 대해서도 트집을 잡으시면 안 된다(19b절). '뜻'(βούλημα)은 하나님의 미래에 대한 계획을 의미한다(Sanday & Headlam, Thielman). '대적하다'(ἀνθέστηκεν)는 미완료형으로 계속 저항한다는 의미를 지닌다. 사람들이 계속 저항해도, 하나님은 한 번도 그들에 대한 자기 뜻을 굽히지 않으신다는 뜻이다(Cranfield, Dunn, Sanday & Headlam). 사람은 모두 하나님이 세우신 계획에 따라 움직이는 로봇과 같은데, 어찌 사람을 탓하시냐(심판하시느냐)는 논리다.

바울은 제기된 반론에 답하면서 먼저 피조물에게 창조주가 결정하고 행하신 일에 문제를 제기할 권한이 있는지 묻는다: "이 사람아 네가 누구이기에 감히 하나님께 반문하느냐?"(20a절). 하나님이 누구를 어떻게 만드시든 간에 지음받은 우리는 "어찌 나를 이같이 만들었습니까?" 하고 말할 수 없다(20b절). 매우 강력하고 다소 충격적인 대답이라 할 수

있지만, 만일 사람이 하나님의 뜻을 거역할 수 있다면 바울은 다른 식으로 설명했을 것이다(Calvin, Murray). 하나님이 뜻하신 바는 그 누구도 거스를 수 없다.

저자는 이어지는 토기장이 비유를 통해 자신이 하고자 하는 말을 더 명백하고 정확하게 주장한다(21절). 토기장이 비유는 구약에도 종종 등장하는 비유이며 본문과 같이 창조주 하나님의 절대적인 주권을 강조한다(사 29:16; 45:9-11; 렘 18:1-6). 토기장이에게는 진흙으로 자신이 원하는 그릇을 빚을 권한이 있다.

토기장이는 필요에 따라 진흙으로 귀히 쓸 그릇을 만들기도 하고, 천히 쓸 그릇을 만들기도 한다. 진흙 한 덩어리로 자신이 원하는 그릇을 만드는 것은 토기장이의 고유 권한이다(21b절). '귀히 쓸 그릇'(τιμὴν σκεῦος)은 값지고 귀한 그릇을, '천히 쓸 그릇'(ἀτιμίαν)은 '보통 그릇' (NAS, NIV, NRS) 혹은 망신스럽고 수치스러운 용도에 쓰이는 그릇을 뜻한다(ESV, KJV, cf. BDAG). 귀히 쓸 그릇은 좋은 음식을 담을 그릇, 천히 쓸 그릇은 오물과 구정물을 받는 그릇 정도로 생각할 수 있다.

바울은 '천히 쓸 그릇'이라는 말에 '그릇'(σκεῦος)이라는 단어가 필요함에도 이를 생략함으로써 '[귀히 쓸] 그릇'(σκεῦος)'이 이 표현에서 당연시되도록 유도한다. 같은 진흙 덩어리에서 이렇게 각기 다른 그릇이 나올 수 있다는 사실을 강조하기 위해서다. '권한'(ἐξουσία)은 권리(right)를 뜻한다(BDAG). 토기장이가 진흙으로 무엇을 빚느냐는 그의 고유 권리다.

어떤 이들은 하나님이 '귀히 쓸 그릇'과 '천히 쓸 그릇'을 종말에 구원을 받아 영생을 누릴 자와 심판을 받아 멸망할 자로 직접 연결해 해석하기도 하지만, 이 비유는 사람의 구원과는 상관없으며 단지 하나님의 자유와 권한을 강조한다(Cranfield, Dunn, Fitzmyer).

토기장이가 진흙으로 물건을 만들었는데, 그 물건이 토기장이에게 나를 왜 이렇게 만들었느냐고 항의할 수 있는가(20절)? 만일 이런 일이 일어난다면 우리는 모두 어이없어하며 불합리한 일이라고 할 것이다.

그릇의 항의는 토기장이의 고유 권한을 침해하기 때문이다. 이와 같이 인간에게는 하나님께 어떠한 문제를 제기하거나 불평할 권한이 없다.

만일 하나님이 멸하기로 준비된 진노의 그릇(cf. 21절의 '천히 쓸 그릇')에게 자기의 진노를 보이시고 능력을 알게 하시고자 오래 참음으로 관용하시면 우리는 이에 대해 문제를 제기할 수 있는가(22절)? 우리는 하나님께 아무런 문제도 제기할 수 없다. 하나님이 자유 의지와 계획에 따라 행하시는 일이기 때문이다. 게다가 일찍 심판을 받아 망해 없어져야 할 자를 오래 참음으로 관용하시는 것은 선한 일이다. 이 말씀은 저자가 앞 섹션에서 언급했던 이집트 왕 이야기를 생각나게 한다(cf. 9:17).

또한 하나님이 영광을 받도록 예비하신 긍휼의 그릇(cf. 21절의 '귀히 쓸 그릇')에게 그가 받을 영광의 풍성함을 알게 하고자 많은 은혜를 베푸신다 해도 우리는 이에 대해 문제를 제기할 수 없다(23절). 영광의 그릇은 자신들 역시 진노의 그릇과 별반 다르지 않기에 심판받는 것이 마땅하다는 사실을 깨닫는 자들이다(Schreiner). 로마서에서 '영광'($\delta\acute{o}\xi\alpha$)과 '영생'($\zeta\omega\grave{\eta}\nu\ \alpha\i\acute{\omega}\nu\iota\o\nu$)은 평행을 이루며 사용된다(2:7, 10). 하나님이 멸망할 자들과 별반 다를 바 없는 사람들에게 풍성한 은혜를 베풀어 영생에 이르게 하신다고 해도 우리는 하나님께 아무런 문제를 제기할 수 없다. 하나님은 관용을 베풀고자 하는 자들에게 관용을 베푸시고, 은혜를 베풀고자 하는 자들에게 은혜를 베푸신다.

'예비하다'($\pi\rho\o\epsilon\tau o\iota\mu\acute{\alpha}\zeta\omega$)는 분명 예정론과 연관이 있는 용어다(cf. TDNT). 그러므로 어떤 이들은 본문이 '이중 예정론'(double predestination)에 관한 것이라 한다. 이중 예정론은 하나님이 구원을 얻을 사람들과 구원을 얻지 못할 사람들을 예정하셨다는 주장이다. 그러나 이중 예정론은 성경적인 개념이 아니다. 하나님은 구원받을 이들을 예정하셨지만, 지옥으로 보낼 사람들을 예정하지는 않으셨다. 예정론은 구원받을 사람들에 관한 것으로만 제한하는 것이 성경적이다.

바울도 본문에서 은혜를 베푸시는 하나님만 강조한다. 하나님은 멸하기로 준비된 진노의 그릇을 오래 참으시고 관용하신다. 그들에게도 회개할 기회는 있다. 마치 이집트 왕에게 기회가 있었던 것처럼 말이다. 또한 영광을 받기로 예비하신 그릇에게는 풍성한 은혜를 베푸신다.

우리가 예정론을 논할 때 간과하는 중요한 요소는 교리의 오리엔테이션이다. 많은 사람이 예정론을 가지고 사람의 구원을 '예언한다': "저 사람은 구원을 받아 영생을 누릴 것이다. 혹은 저 사람은 구원을 받지 못할 것이다." 그러나 예정론의 오리엔테이션은 미래를 바라보는 것(prospective)이 아니라, 과거를 되돌아보는 것(retrospective)이다. 과거에는 나 스스로 최선을 다해 경건하고 거룩하게 살려고 노력했는데, 이제 보니 그때도 하나님이 함께하시면서 나를 도우시고 인도하셔서 이곳까지 오게 하셨다는 사실을 고백하게 된다. 그러므로 예정론은 사람이 하나님께 드릴 수 있는 최고의 신앙 고백이다.

또 한 가지 예정론에 대해 우리가 기억해야 할 것은 하나님은 그 누구에게도 그가 구원받을 것인지, 혹은 심판받아 멸망할 것인지 미리 알려 주지 않으신다는 사실이다. 그러므로 하나님이 구원하기로 정하신 자는 어떻게 살아도 결국에는 구원에 이를 것이라는 논리를 근거로 온갖 죄를 지으며 살 수는 없다. 하나님이 알려 주지 않으셨는데 이미 구원받았다고 주장하는 것은 착각일 수도 있기 때문이다. 바울은 하나님이 모든 것을 정하시지만, 각자의 책임(죄 등) 또한 있음을 인정한다(Schreiner).

이 말씀은 하나님의 자유와 주권을 인정하라고 한다. 창조주 하나님은 자신이 원하는 대로 피조물을 빚으신다. 우리도 예외는 아니다. 그러므로 우리에게는 하나님이 왜 우리를 이렇게 만드셨는지 문제를 제기할 권리가 없다. 오히려 하나님이 귀히 쓸 그릇으로 우리를 만드신 일을 찬양하며 감사한 마음으로 살아야 한다. 또한 다른 사람의 미래를 걱정할 필요도 없다. 그들의 구원을 위해 기도하는 것은 좋은 일이다. 그러나 우리가 걱정하고 염려한다고 해서 무엇이 바뀌지는 않는다. 선하신 하나님이 알아서 하실 것을 믿어야 한다.

우리는 하나님이 귀히 쓸 그릇, 곧 영광을 받기로 예비하신 긍휼의 그릇답게 살아야 한다. 하나님은 누가 구원에 이르고, 누가 구원에서 제외될 것인지 알려 주지 않으신다. 그러므로 우리가 하나님의 예정하심에 따라 구원에 이를 것이라고 믿는다면, 구원에 이를 자의 삶을 살아 내야 한다. 하나님의 용서하시는 은혜는 죄인들을 회개시키고 그들이 경건하게 살 수 있도록 하는 것이지 후환을 두려워하지 않고 마음껏 죄를 지을 수 있다는 면죄부가 아니기 때문이다.

IV. 복음과 이스라엘(9:1–11:36)
  B. 이스라엘 역사에 드러난 하나님의 계획(9:6–29)

4. 이방인과 유다의 남은 자를 부르심(9:24–29)

24 이 그릇은 우리니 곧 유대인 중에서뿐 아니라 이방인 중에서도 부르신 자니라 25 호세아의 글에도 이르기를

내가 내 백성 아닌 자를 내 백성이라,

사랑하지 아니한 자를 사랑한 자라 부르리라

26 너희는 내 백성이 아니라 한 그 곳에서

그들이 살아 계신 하나님의 아들이라 일컬음을 받으리라

함과 같으니라 27 또 이사야가 이스라엘에 관하여 외치되

이스라엘 자손들의 수가

비록 바다의 모래 같을지라도

남은 자만 구원을 받으리니

28 주께서 땅 위에서 그 말씀을 이루고

속히 시행하시리라

하셨느니라 29 또한 이사야가 미리 말한 바

만일 만군의 주께서

우리에게 씨를 남겨 두지 아니하셨더라면

우리가 소돔과 같이 되고 고모라와 같았으리로다

함과 같으니라

자신의 자유 의지와 주권에 따라 그리스도를 통해 구원받을 자들을 정하시는 하나님은 유대인 중에서뿐 아니라 이방인 중에서도 이 그릇을 부르셨다(24절; cf. 1:16; 2:10-11; 3:22). 유대인과 이방인이 함께 구원에 이르는 것은 다음 섹션(9:30-10:21)에서 중심 주제가 될 것이다.

'이 그릇'(Οὓς)은 바로 앞 절(9:23)에서 하나님이 영광을 받기로 예비하신 '긍휼의 그릇'이다. 하나님의 구원을 얻을 자들을 뜻한다. 하나님의 계획은 유대인과 이방인이 함께 그리스도를 통해 새로 형성된 하나님의 백성이 되는 것이다. 그러나 하나님의 백성 중 유대인과 이방인이 차지하는 비율은 우리가 기대한 것과 완전히 다르다. 우리는 아브라함의 후손인 유대인이 주류를 이룰 것이라고 생각하지만, 사실은 이방인이 주류다. 유대인이 온 열방 민족 중에서 지극히 소수에 불과한 것처럼 교회는 지극히 소수의 유대인을 포함한다. 더욱이 대부분 유대인은 그리스도의 복음을 거부했다.

하나님이 종말에 얼마나 많은 유대인을 구원하실 것인지 우리는 정확히 알지 못한다. 하나님이 이스라엘에 약속하신 말씀이 교회로 인해 폐하지 않았기 때문이다(cf. 9:6). 다행히 소수의 유대인이라도 교회의 일원이 된 것은 아직도 그들의 구원에 대한 소망이 남아 있음을 암시한다(Schreiner). 당분간 '참 이스라엘'은 대부분 이방인으로 구성될 것이다.

저자는 하나님의 백성에 이방인이 포함되는 것은 호세아 선지자가 남긴 예언에 분명하게 드러나 있다고 한다(25-26절). 하나님은 아브라함을 통해 세상 모든 민족을 축복하겠다고 하셨다(창 12:3). 그러므로 바울은 호세아서 말씀을 이런 관점에서 교회에 적용하고 있다. 이스라엘을 제외하는 것은 아니지만, 이방인이 교회의 주류가 될 수 있는 근간이 호세아서 말씀을 통해 실현되었다. 하나님이 이미 오래전에 호세아를 통해 자기 백성이 아닌 자들을 자기 백성이라고 하시고, 사랑하지 아니한 자들을 사랑한 자들이라고 부르실 것을 선포하셨기 때문이다.

25절에서 인용한 말씀은 호세아 2:23이다. 호세아는 때가 되면 하나님과 이스라엘의 관계가 회복되어 이스라엘이 처한 상황이 모두 반전될 것이라며 이 예언을 남겼다. 바울은 호세아 2:23을 인용하면서 그대로 인용하지 않고 두 가지를 바꾸었다. 첫째, 호세아서의 '말하다'(אָמַר, λέγω)를 '부르다'(καλέω)로 대체했다. 하나님의 부르심은 곧 구원을 의미하며(cf. 24절), 24절의 부르심과 더 잘 어울리기 때문이다.

둘째, 호세아서는 "긍휼히 여김을 받지 못하였던 자를 긍휼히 여기며"(וְרִחַמְתִּי אֶת־לֹא רֻחָמָה, ἐλεήσω τὴν Οὐκ-ἠλεημένην)라고 하는데, 이를 바울은 "사랑하지 아니한 자를 사랑한 자라 부르리라"(τὴν οὐκ ἠγαπημένην ἠγαπημένην)라고 바꾸었다. 이러한 변화는 하나님이 에서는 미워하고 야곱은 사랑하셨다는 9:13을 생각나게 한다(Thielman).

하나님은 누구에게든 구원의 은혜를 베푸실 수 있다. 그러나 이번에는 은혜를 베풀기로 택하신 자들이 우리를 놀라게 한다. 이방인이 하나님의 구원을 입은 자들의 주류가 되었기 때문이다(cf. 벧전 2:10). 생각해 보면 하나님이 이방인을 구원하시는 것은 그다지 놀랄 만한 일이 아닐 수도 있다. 하나님은 호세아 시대에 온갖 우상을 숭배하고 불의한 일을 서슴지 않은 이스라엘을 용서하시고 다시 자기 백성으로 받으셨다. 그때 이스라엘은 하나님을 전혀 모르는 이방인과 별로 다를 바가 없었다. 그러므로 호세아 시대에 이방인과 다를 바 없는 이스라엘을 구원하신 분이 그리스도를 통해 이방인을 구원하시는 것은 크게 놀랄 만한 일이 아니다. 전에 유대인에게만 베푸시던 은혜의 범위를 넓혀 이방인에게도 은혜를 베푸셨다.

26절이 인용하는 말씀은 호세아 1:10이다. 호세아 시대 이스라엘은 주변 국가들의 종교와 문화와 정치 영향으로 얼마나 섞였는지, 그들과 별 차이가 없었다. 이스라엘의 정체성이 거룩(구별됨)에 있다는 점을 고려하면 당시 이스라엘은 하나님의 백성이라고 부르기 민망할 정도였다(cf.『엑스포지멘터리 소선지서 1권』). 그러므로 하나님은 그들을 "내 백성이 아니다"(עַמִּי לֹא)라고 선언하셨다(호 1:9).

그러나 다행히도 때가 이르면 이스라엘이 다시 '살아 계신 하나님의 아들'(בְּנֵי אֵל־חָי)이라고 불릴 것이라고 하셨다. 이스라엘이 다시 하나님의 백성이 될 날이 올 것이라고 하신 것이다. 바로 그리스도의 날이다. 이스라엘이 살아 계신 하나님의 아들이라고 일컬음을 받는 장소는 어디인가? 어떤 이들은 '그곳'(ἐκεῖ)이 예루살렘이라고 하고(Dahl, Munck), 세상이라 하는 이들도 있다(Cranfield, Dunn, Fitzmyer, Murray, Sanday & Headlam). 이스라엘이 살아 계신 하나님의 아들이라고 일컬음을 받는 것이 중요하지 장소는 중요하지 않지만, 본문이 이방인과 그들을 함께 말하고 있는 점을 고려할 때 장소는 세상이 분명하다. 하나님은 온 세상이 보는 앞에서 이스라엘을 이렇게 부르며 구원하실 것이다.

바울은 먼저 25-26절에서 호세아가 남긴 말씀을 통해 이스라엘과 이방인들이 함께 구원받을 것을 말한 다음, 27-29절에서는 이사야의 예언을 통해 온 이스라엘이 구원받는 것이 아니라 소수, 곧 남은 자들만 구원에 이를 것이라고 한다.

이스라엘 자손의 수가 바다의 모래 같을지라도 오직 남은 자만 구원을 받을 것이다(27절). 저자가 인용하는 말씀은 이사야 10:22-23을 요약해 호세아 1:10과 이사야 28:22을 바탕으로 확대한 것이라 할 수 있다(Schreiner). 이사야가 이 말씀을 선포한 정황은 임박한 아시리아의 침략이다. 아시리아가 유다를 공격하면 생존자가 거의 없을 것이라는 경고다. 그러므로 이곳에서 바울이 그리스도를 통해 구원에 이를 자들에 관해 말하면서 이 말씀을 인용하는 것은 이방인의 수에 비해 이스라엘 사람의 수가 지극히 제한적이라는 것을 암시한다.

"주께서 땅 위에서 그 말씀을 이루고 속히 시행하리라"는 이사야

10:23을 인용한 말씀이지만, 저자가 어떤 의도로 이 말씀을 인용하는 지는 정확하지 않다(cf. Cranfield, Dunn, Fitzmyer, Moo). 어떤 이들은 이스라엘의 구원에 관한 말씀이 당장 온전히 실현되는 것이 아니라 부분적으로(약간) 성취될 것이라는 의미로(Dunn), 하나님의 구원이 온전하고 신속하게 될 것이라는 의미로(Cranfield, Johnson), 혹은 구원이 아니라 심판이 온전하고 신속하게 이뤄질 것이라는 의미로(Moo) 해석한다. 만일 우리가 이 말씀을 종말에 있을 최종 심판에 일어날 일로 간주하면(cf. 미래형 동사) 이 세 가지를 모두 아우를 수 있다. 그날은 구원의 날이자 심판의 날이며, 구원을 입은 소수에게는 신속한 구원과 위로가, 구원을 받지 못하는 대다수에게는 심판이 신속하게 임할 것이기 때문이다.

바울은 이사야서 말씀을 인용해 구원에 이를 이스라엘 사람의 수가 지극히 작다는 것을 재차 강조한다(29절). "만일 만군의 주께서 우리에게 씨를 남겨 두지 아니하셨더라면 우리가 소돔과 같이 되고 고모라와 같았으리로다"는 이사야 1:9을 인용한 것이다. 아시리아의 왕 산헤립이 주전 701년에 대군을 이끌고 와서 순식간에 유다를 정복하고 예루살렘을 포위했다(cf. 『엑스포지멘터리 이사야 1권』). 히스기야와 예루살렘 주민은 새장에 갇힌 새처럼 꼼짝 못 하고 죽을 날을 기다리고 있었다. 그때 하나님은 산헤립이 그의 군대와 싸우기 위해 이집트 쪽에서 대군이 오고 있다는 소식을 듣고 예루살렘 포위를 풀고 그쪽으로 아시리아 군을 이동하게 하셨다. 만일 그때 하나님이 산헤립으로 예루살렘 포위를 풀게 하지 않으셨다면 유다는 멸망했을 것이다.

하나님이 소수의 남은 자를 [거룩한] 씨로 남겨 두지 않으셨다면(cf. 사 6:13) 유다는 소돔과 고모라처럼 세상에서 사라졌을 것이다. 바울은 이 말씀을 인용해 유대인 중 남은 자들이 반드시 있을 것이지만, 많지는 않을 것이라는 사실을 재차 확인한다. 사실 바울 시대 유대인들은 소돔과 고모라와 별반 다를 바가 없었기 때문에 하나님이 그들을 멸하셔도 아무도 이의를 제기할 수 없다. 그러므로 유대인 중 소수가 남는 것도 하나님의 은혜이며 기적이다(Cranfield).

　이 말씀은 아브라함의 자손이라고 해서 자동으로 하나님의 자녀가 되는 것은 아니라고 한다. 하나님은 믿지 않는 이스라엘 사람 중 소수만을 구원하셨다. 우리 중 믿는 가정에 태어난 사람들은 더욱더 경각심을 가지고 신실하게 신앙생활에 임해야 한다. 구원은 세대에서 세대로 유전되지 않는다. 하나님의 백성 집안에 태어났다고 해서 자동으로 하나님의 백성이 되는 것은 아니다. 구원은 하나님이 베푸시는 은혜이므로 그 누구도 당연시할 수 없다.

　선민인 유대인은 이방인이 누리지 못한, 또한 상상도 못 한 여러 가지 축복과 특권을 누렸다(9:4-5). 그러나 그들에게 믿음은 없었다. 그들은 우월감에 젖어 교만해져서 메시아를 알아보지 못하고 부인했다. 하나님은 우리에게도 많은 축복과 특권을 주셨다. 감사한 마음으로 이 은사들을 잘 사용해야 하며, 항상 겸손한 마음으로 하나님께 귀를 기울여야 유대인들이 범한 실수를 범하지 않을 수 있다.

　우리가 자녀들과 후손들에게 물려줄 수 있는 최고의 유산은 우리의 믿음을 전수해 주는 것이다. 그러나 부모 뜻대로 되지 않는 것이 자녀의 믿음이다. 그러므로 끊임없이 자녀들을 위해 기도해야 한다. 하나님이 우리를 불쌍히 여겨 구원하신 것처럼, 우리 자녀들도 불쌍히 여기셔서 그들에게 구원을 주시도록 기도해야 한다. 하나님이 우리의 기도를 들으시고 그들을 긍휼의 그릇으로 세우실 것을 바라면서 말이다.

　비록 많은 유대인이 구원에 이르는 것은 아니지만, 소수라도 그리스도를 통해 하나님의 백성이 된다는 것은 하나님이 아브라함과 맺으신 언약이 아직도 유효하다는 것을 의미한다. 하나님은 한 번 약속하시면 그 약속을 영원히 지키신다. 당장 혹은 우리가 원하는 때에 이루지 않으실 수는 있지만, 하나님이 정하신 때가 이르면 반드시 이루신다. 그러므로 우리가 하나님께 약속을 받았다면, 초조해하지 말고 기다리는 것도 믿음이다.

Ⅳ. 복음과 이스라엘(9:1–11:36)

C. 이스라엘의 불신과 불순종(9:30–10:21)

하나님은 선민인 이스라엘에 그리스도를 믿을 기회를 주셨다. 그러나 하나님이 주신 기회에도 불구하고 그들은 그리스도를 부인했다. 가장 큰 문제는 그리스도를 통하지 않고 의에 이를 수 있다는 교만이었다. 결국 그들은 복음을 부인한 책임을 면하지 못하게 되었다. 이러한 내용을 담고 있는 본 텍스트는 다음과 같이 구분된다.

A. 의에 이른 이방인들과 그렇지 못한 이스라엘(9:30–10:4)
B. 율법으로 인한 의와 믿음으로 인한 의(10:5–13)
C. 복음을 부인한 이스라엘의 책임(10:14–21)

Ⅳ. 복음과 이스라엘(9:1–11:36)
  C. 이스라엘의 불신과 불순종(9:30–10:21)

1. 의에 이른 이방인들과 그렇지 못한 이스라엘(9:30–10:4)

30 그런즉 우리가 무슨 말을 하리요 의를 따르지 아니한 이방인들이 의를 얻었으니 곧 믿음에서 난 의요 31 의의 법을 따라간 이스라엘은 율법에 이르지 못하였으니 32 어찌 그러하냐 이는 그들이 믿음을 의지하지 않고 행위를 의지함이라 부딪칠 돌에 부딪쳤느니라 33 기록된 바

보라 내가 걸림돌과 거치는 바위를 시온에 두노니
그를 믿는 자는 부끄러움을 당하지 아니하리라

함과 같으니라 10:1 형제들아 내 마음에 원하는 바와 하나님께 구하는 바는 이스라엘을 위함이니 곧 그들로 구원을 받게 함이라 2 내가 증언하노니 그들이 하나님께 열심이 있으나 올바른 지식을 따른 것이 아니니라 3 하나님의 의를 모르고 자기 의를 세우려고 힘써 하나님의 의에 복종하지 아니하였느

니라 ⁴ 그리스도는 모든 믿는 자에게 의를 이루기 위하여 율법의 마침이 되시니라

'그런즉 우리가 무슨 말을 하리요?'(30a절)는 저자가 바로 앞에서 한 말에 대한 문제 제기와 잘못된 주장을 반박할 때(3:5; 6:1; 7:7; 9:14; cf. 9:19), 혹은 대화를 다음 단계로 이끌어 갈 때(4:1), 혹은 바로 앞에서 거론한 내용의 결론을 제시할 때(8:31) 사용되는 질문이다. 이곳에서는 대화를 다음 단계로 이끌며 동시에 앞에서 거론한 내용의 결론을 제시하는 역할을 한다(Schreiner, Thielman). 그는 하나님의 말씀이 폐하지 않았다며(9:6), 하나님이 많은 이방인을 구원하셨지만 유대인 중 소수의 남은 자도 구원하셨다고 한 것에 대한 추가적인 설명과 왜 그렇게 되었는가에 대한 결론을 제시하고자 한다.

의를 따르지 아니한 이방인들이 의를 얻었다(30b절)는 것은 이방인이 의로워지기 위해 일부러 노력하지 않았는데 의롭게 되었다는 뜻이다. 다음 절에서 유대인이 열심히 노력했지만 얻지 못한 것과 대조하기 위해 이방인은 그들과 달리 아무런 노력도 하지 않았는데도 하다 보니 저절로 의를 얻게 되었다는 식의 표현이다.

이방인이 추구하지도 않았는데 '덤'으로 얻게 된 의는 믿음에서 난 의다(30c절). '믿음에서 난 의'(δικαιοσύνην τὴν ἐκ πίστεως)는 예수 그리스도를 믿음으로써 하나님의 의롭다 하심을 얻은 것을 뜻한다(3:22, 25-26; 4:6, 9, 11, 13, 22, 25). 이방인은 율법이 요구하는 윤리적인 삶을 살지 않고 그리스도를 영접함으로써 하나님이 요구하시는 의에 이르게 된 것이다.

어떤 이들은 구원에 이른 이방인들이 어떠한 노력도 하지 않고 의롭게 되었으므로 그리스도에 대해 듣지 못한 사람도 포함해야 한다고 하지만(Longenecker), 저자가 그들이 얻은 의를 '믿음에서 난 의'라고 부연 설명을 하는 점을 고려하면 그리스도를 믿는 이방인으로 제한해야 한

다(Cranfield, Dunn, Sanday & Headlam). 사람이 하나님의 의롭다 하심을 얻어 구원에 이르는 일에서 그리스도의 복음에 믿음으로 반응하는 것은 매우 중요하다. 그러나 이 믿음마저도 하나님의 은혜로우신 선물이다. 그러므로 이방인이 의를 추구하지 않았는데 믿음에서 난 의를 얻게 된 것은 하나님의 예정과 선택으로 된 일이다(Schreiner, cf. 9:6, 16).

의를 따르지도 않았는데 의에 이른 이방인과는 달리, 이스라엘은 의의 법을 따라갔지만 율법에 이르지 못했다(31절). '이르지 못했다'(οὐκ ἔφθασεν)는 목적지에 도착하지 못했다는 뜻이다(BDAG). 바울은 이방인들이 의에 이르게 된 일과 유대인들이 의에 이르지 못한 일을 경주(race) 이미지를 사용해 묘사하고 있다(Harrison & Hagner, Sanday & Headlam, Schreiner, Thielman). 이방인들은 뜻하지 않게 목적지에 도착했고, 유대인들은 열심히 노력했지만 목적지에 도착하지 못한 것이다. 이방인과 유대인의 상황이 상당히 아이러니하다.

이스라엘 사람들은 하나님이 그들에게만 주신 온갖 특권에도 불구하고 의에 이르지 못했다. 그들이 '의의 법'(διώκων νόμον), 곧 율법을 따라갔지만 '율법에 이르지 못했다'(νόμον οὐκ ἔφθασεν)는 것은 그들이 하나님이 주신 율법을 행함으로써 율법이 주는 의에 이르려 했지만 얻지 못했다는 뜻이다. 그들이 율법을 온전히 행하지 못했기 때문이다. 비록 유대인이 이방인보다 참으로 많은 특권을 누린 것은 사실이지만, 그들 역시 의롭게 되는 방법은 이방인처럼 그리스도를 믿는 것뿐이다(Bruce). 이방인은 믿음으로 의를 얻었기 때문에 숫자가 많다. 반면에 유대인은 율법을 통해 의를 얻으려다 실패했기 때문에 구원에 이르지 못할 위기에 처했다. 그러므로 본문은 행위는 결코 의에 이르지 못한다는 매우 강력한 메시지를 선포하고 있다.

어쩌다가 이렇게 된 것일까(32a절)? 저자는 그들이 믿음을 의지하지 않고 행위를 의지했기 때문이라며 스스로 답한다(32b절). 율법에 대한 유대인의 접근 방법이 잘못되었다는 뜻이다. 만일 그들이 믿음을 의지해 율법을 통해서 의에 이르려 했다면 의롭게 되었을 것이다. 그러나 그들은 행위를 의지해 율법을 통해서 의에 이르려 했다. 행위를 의지해 율법을 통해서 의에 이르려 했다는 것은 율법을 행한 업보로 의에 이르려고 했다는 뜻이다(Cranfield, Käsemann, Schreiner, cf. 10:3). 반면에 믿음을 의지해 율법을 따랐다면, 율법이 가리키는 예수 그리스도를 믿었을 것이다(Schreiner).

결국 행위를 의지해 의에 이르려 했던 유대인들은 부딪칠 돌에 부딪쳤다(32c절). '부딪칠 돌'(τῷ λίθῳ τοῦ προσκόμματο)은 누구(무엇)인가? 어떤 이들은 율법이라고 주장하지만(Barrett, Meyer, Gaston), 이어지는 33절은 그리스도가 유대인들의 걸림돌과 바위라고 한다(Cranfield, Dunn, Harrison & Hagner, Schreiner, Ziesler, cf. 시 118:22; 단 2:34; 마 21:42; 막 12:10-11; 눅 20:17; 행 4:11; 엡 2:20; 벧전 2:6-8). 바울은 그리스도의 십자가가 유대인에게는 '거리끼는 것'이라 한다(고전 1:23).

하나님은 그리스도를 걸림돌과 거치는 바위로 시온에 두셨다(33a절). 하나님이 그리스도를 시온에 두신 것은 예수 그리스도께서 하나님이 거하시는 새 성전이 되셨다는 뜻이다(Schreiner, Seifrid). '두다'(τίθημι)는 하나님의 예정과 연관이 있는 동사다. 하나님은 그리스도를 유대인이 예배하기 위해 다니는 시온의 길목에 걸림돌과 거치는 바위로 두어 대부분 사람이 걸려 넘어져 구원에 이르지 못하게 하셨다(Dunn). 그들은 그리스도에 대한 믿음을 통해서가 아니라 자신의 노력을 통해 의를 추구하다가 이렇게 되었다. 다행히 많지는 않아도 하나님이 두신 걸림돌과 거치는 바위인 예수님을 믿어 넘어지는 자들처럼 부끄러움을 당하지 않는 이들도 있게 하셨다(33b절; cf. 9:29). 이 유대인들을 구원에 이르게 하신 것이다(Byrne, Käsemann).

본문은 이사야서에 기록된 두 말씀을 인용한 것이다: "그가 성소가 되시리라 그러나 이스라엘의 두 집에는 걸림돌과 걸려 넘어지는 반석이 되실 것이며 예루살렘 주민에게는 함정과 올무가 되시리니"(사

369

8:14), "그러므로 주 여호와께서 이같이 이르시되 보라 내가 한 돌을 시온에 두어 기초를 삼았노니 곧 시험한 돌이요 귀하고 견고한 기촛돌이라 그것을 믿는 이는 다급하게 되지 아니하리로다"(사 28:16).

바울은 하나님께 이스라엘이 구원받게 해 달라고 간절히 기도한다 (1절). 그는 언젠가는 하나님이 이스라엘을 구원하실 것을 안다(11:26). 그럼에도 불구하고 그가 간절한 기도로 계속 하나님께 호소하는 것은 기도가 얼마나 중요하고 필요한 것인지 생각하게 한다.

하나님의 많은 축복과 특권을 누리는 유대인이 오히려 하나님이 시온에 두신 걸림돌과 거치는 바위인 예수님으로 인해 구원받지 못하게 된 것은 그들에게 하나님에 대한 열심은 있지만, 올바른 지식을 따른 것이 아니기 때문이다(2절). 그나마 다행인 것은 그들에게 하나님에 대한 열심이 있다는 것이다. 만일 열심마저 없으면 어떠한 소망도 없다. 열심이 있기 때문에 열심을 쏟는 방향을 그리스도로 조정하면 그들도 믿어 구원에 이를 가능성이 있다. 그럼에도 불구하고 하나님에 대한 열심이 하나님의 구원에 이르는 데 가장 큰 걸림돌이라는 것이 모순적이다. 하나님을 위한 열심이 오히려 불순종이 되었기 때문이다 (Fitzmyer).

바울은 이 말을 하면서 자신의 과거를 생각했을 것이다. 그도 한때는 하나님을 위한답시고 그 누구보다 열정적으로 그리스도인들을 박해하며 잡으러 다니지 않았던가(cf. 갈 1:13-14; 빌 3:4-6; cf. 행 9:1-5; 22:3-5; 26:4-5; 딤전 1:13)! 본문은 잘못된 열정이 얼마나 어리석고 파괴적인지 생각하게 한다. 오늘날도 이단에 현혹된 자들의 열심은 기성 성도들의 열심과 비교할 수 없을 정도다. 그들이 올바른 지식에 따라 열심히 한다면 얼마나 좋을까! 우리는 하나님에 대한 열정을 회복하고 열심히 하나님 나라의 일을 해야 한다. 하나님에 대한 열심에서 이단들에게 뒤질 수는 없다.

올바른 지식을 따르지 않은 유대인들은 하나님의 의를 모르고 자기

의를 세우려고 힘썼다(3a절). 자신의 노력(행함)으로 구원에 이르는 의를 세우기 위해 얼마나 열심히 노력했는지 하나님이 믿는 자들에게 주시는 의는 생각할 수도 없었다. 사람을 의롭게 하는 하나님의 의는 은혜이자 선물이라는 것을 깨닫지 못한 것이다(Schreiner). 결국 열심히 의를 이루려고 했던 그들은 그리스도를 통해 구원하시는 하나님의 의에 복종하지 않았다(3b절).

유대인들은 그리스도가 모든 믿는 자에게 의를 이루기 위해 율법의 마침이 되셨다는 사실을 깨닫지 못했다(4절). 이 말씀은 바울 서신에서 뜨거운 논쟁이 되는 것 중 하나다. 논쟁의 핵심은 '마침'(τέλος)이 무엇을 의미하느냐다. 이 단어는 '목표/목적'(goal) 혹은 '끝/마침'(end, termination)이라는 의미로 해석할 수 있다(BDAG).

이 단어를 '끝/마침'으로 풀이하면 그리스도의 오심으로 율법의 시대가 끝이 났다는 뜻이 된다(Dodd, Käsemann, Sanday & Headlam, Stuhlmacher, Schreiner, Thielman). 그러므로 유대인들이 인정하든 인정하지 않든 그들이 율법을 통해 의에 이르려는 것은 이제 무의미한 일이다. 그들이 온전히 율법을 지켜도 율법을 통해 의를 얻는 시대가 끝이 났기 때문이다.

만일 이 단어(τέλος)를 '목표/목적'으로 해석하면 율법의 목적이 그리스도라는 의미가 된다(Barth, Byrne, Cranfield, Fitzmyer, Wright, cf. 2:17−29; 갈 3:24). 율법이 가리키는 끝(목적지)은 예수 그리스도이기 때문에 율법을 온전히 지키면 그리스도를 영접하게 된다는 뜻이다.

저자가 지금까지 율법과 그리스도에 관해 말한 것을 고려하면 둘 중 하나를 선택하는 것보다 두 가지 의미를 모두 수용하는 것이 바람직해 보인다(Achtemeier, Barrett, Bruce, Dunn, Moo, Harrison & Hagner). 만일 그들이 믿음을 의지해 율법을 지켰다면 그들은 율법이 가리키는 예수 그리스도를 믿었을 것이다. 그러나 사람이 율법을 온전히 지키지 못하기 때문에 율법은 사람을 의롭게 하지 못한다. 그리스도께서 오셔서 이러한 상황을 끝내시고 믿는 사람들을 의롭게 하셨다.

이 말씀은 올바른 지식을 근거로 한 열정이 건강한 신앙생활을 하게 한다고 한다. 유대인들은 열정은 있었지만, 올바른 지식을 따른 것이 아니었기 때문에 구원에 이르지 못했다. 오늘날 이단에 빠져 있는 사람들처럼 말이다. 그러므로 우리는 어디(무엇)에 신앙적인 열정을 쏟을 것인지 배우고 묵상해야 한다.

보수적인 그리스도인들은 올바른 지식을 근거로 신앙생활을 한다고 자부한다. 안타까운 것은 그들 대부분이 올바른 지식은 있을지언정 열정은 찾아보기가 힘들다는 점이다. 기도하며 올바른 지식을 동반한 신앙생활을 꿈꾸자. 그리고 이러한 신앙생활을 삶에서 살아 내자.

때로는 하나님이 우리 삶과 신앙생활에 걸림돌과 거치는 바위를 두신다. 유대인의 경우에는 예수 그리스도가 그들에게 걸림돌이 되게 하셨다. 하나님이 때로는 우리를 연단하고 더 건강하게 세우고자 거치는 바위를 우리의 삶과 신앙에 두실 수 있다. 혹은 우리가 어리석은 목표를 향해 가거나, 혹은 옳은 목표를 향해 가더라도 바른길이 아니면 이렇게 하실 수도 있다. 그러므로 우리는 계속 배우고 깨우쳐 하나님이 기뻐하시는 목표를 향해 바른길을 따라가야 한다. 신앙은 하나님이 계신 곳을 향해 예수님과 함께 가는 여정이다.

Ⅳ. 복음과 이스라엘(9:1-11:36)
　　C. 이스라엘의 불신과 불순종(9:30-10:21)

2. 율법으로 인한 의와 믿음으로 인한 의(10:5-13)

⁵ 모세가 기록하되

　　　　율법으로 말미암는 의를 행하는 사람은

　　　　　　그 의로 살리라

하였거니와 ⁶ 믿음으로 말미암는 의는 이같이 말하되

네 마음에 누가 하늘에 올라가겠느냐 하지 말라

하니 올라가겠느냐 함은 그리스도를 모셔 내리려는 것이요

⁷ 혹은 누가 무저갱에 내려가겠느냐 하지 말라

하니 내려가겠느냐 함은 그리스도를 죽은 자 가운데서 모셔 올리려는 것이라 ⁸ 그러면 무엇을 말하느냐

말씀이 네게 가까워

네 입에 있으며

네 마음에 있다

하였으니 곧 우리가 전파하는 믿음의 말씀이라 ⁹ 네가 만일 네 입으로 예수를 주로 시인하며 또 하나님께서 그를 죽은 자 가운데서 살리신 것을 네 마음에 믿으면 구원을 받으리라 ¹⁰ 사람이 마음으로 믿어 의에 이르고 입으로 시인하여 구원에 이르느니라 ¹¹ 성경에 이르되

누구든지 그를 믿는 자는

부끄러움을 당하지 아니하리라

하니 ¹² 유대인이나 헬라인이나 차별이 없음이라 한 분이신 주께서 모든 사람의 주가 되사 그를 부르는 모든 사람에게 부요하시도다

¹³ 누구든지 주의 이름을 부르는 자는

구원을 받으리라

이 섹션을 하나로 묶는 주제는 믿음이다. 5-8절은 믿음에서 비롯된 의와 율법을 행하는 것에서 비롯된 의를 대조한다. 나머지 부분은 오직 믿는 자들만 구원에 이른다고 한다. 이 믿음은 인간에게 초자연적인 업적을 요구하지 않는다. 하나님이 이미 믿음에 필요한 모든 일을 하셨기 때문이다. 그러므로 사람들은 하나님이 그리스도를 통해 하신 일을 믿기만 하면 된다.

저자는 모세가 "율법으로 말미암는 의를 행하는 사람은 그 의로 살리라"라는 말씀을 남겼다는 말로 이 섹션을 시작한다. 레위기 18:5을

인용한 것이다. 바울은 '의로 살리라'를 영생을 얻는다는 개념으로 해석하고 있다. 그러나 레위기에서 이 말씀은 하나님의 언약적 은혜에 사람들이 보여야 하는 반응이며, 언약 백성으로서 이 땅에 사는 동안 의로운 삶을 살아야 한다는 뜻이다. 그러므로 바울은 이 말씀을 영생에 대한 모형으로 해석해 적용하고 있다.

'율법으로 말미암는 의'(τὴν δικαιοσύνην τὴν ἐκ τοῦ νόμου)에 대한 해석에 논란이 있다. 어떤 이들은 이 문구를 그리스도가 율법을 온전히 행하여 의를 이루셨다는 뜻으로 해석한다(Bandstra, Bring, Campbell, Cranfield, Stowers). 그러나 본문이 그리스도에 관해 말하고 있지 않다는 것이 대부분 학자의 견해이며, 어느 특정한 사람을 염두에 둔 말씀이 아니고 단순히 하나의 원리를 제시하는 것으로 본다.

대부분 학자는 5절과 6절을 같은 주제를 연속적으로 언급하는 문장으로 읽어야 한다고 한다(Badenas, Gaston, Jewett, Matera, Wagner, Wright). 그러므로 5절의 '율법으로 인한 의'는 6절이 말하는 '믿음으로 인한 의'(6절)와 서로 다른 것이 아니라 같은 것을 뜻한다. 모든 사람은 온전히 율법을 행하지 못하기 때문에 율법을 통해 의롭게 될 수 없다. 율법의 행위를 통해 의를 얻으려면 오히려 언약적 저주가 임한다(Calvin). 그렇다면 바울은 어떻게 사람이 율법을 통해 의를 얻을 수 있는 것처럼 말하는 것인가? 현실적으로 불가능한 일이지만, 이론적으로는 가능한 일이라는 사실을 말하는 것이라고 하는 학자들이 있다. 그러나 대부분은 율법이 그리스도를 가리키기 때문에 율법을 믿음으로 지키면 그리스도를 통해 의에 이르고 영생도 얻는 것을 의미하는 것으로 해석한다(Thielman, cf. 10:4).

저자는 6-8절에서 신명기 30:12-14을 인용해 믿음에 관해 말하는데, 일부 학자는 인용하는 말씀이 신명기에서 이 말씀이 선포되는 정황과 매우 다르다며 문제를 제기하기도 한다(cf. Dunn, Fitzmyer, Moo, Schreiner). 그러나 믿음에 필요한 모든 일은 이미 하나님이 하셨기에 우리는 하나님이 그리스도를 통해 하신 일을 믿으면 된다고 하는 가르침을 바탕으로 신명기 본문을 대하면 별문제 없다. 더욱이 예수님을 가리켜 하나님의 말씀이 성육신하신 것이라 하는 신약의 전반적인 가르침(cf. 요 1장)을 생각하면 믿음의 주체이신 예수님은 참으로 우리 가까이 계시므로 누구든지 그를 믿고자 한다면 쉽게 만날 수 있다(cf. 8절). 신명기 30:12-14은 다음과 같다.

> 하늘에 있는 것이 아니니 네가 이르기를 누가 우리를 위하여 하늘에 올라가 그의 명령을 우리에게로 가지고 와서 우리에게 들려 행하게 하랴 할 것이 아니요 이것이 바다 밖에 있는 것이 아니니 네가 이르기를 누가 우리를 위하여 바다를 건너가서 그의 명령을 우리에게로 가지고 와서 우리에게 들려 행하게 하랴 할 것도 아니라 오직 그 말씀이 네게 매우 가까워서 네 입에 있으며 네 마음에 있은즉 네가 이를 행할 수 있느니라(신 30:12-14).

바울은 믿음을 의인화해 말한다(6a절). '믿음으로 말미암는 의'(ἡ ἐκ πίστεως δικαιοσύνη)는 5절의 '율법으로 말미암는 의'(τὴν δικαιοσύνην τὴν ἐκ τοῦ νόμου)와 같다. 율법의 목표가 그리스도이며, 예수님이 율법의 끝이기 때문에 율법을 믿음으로 지키면 그리스도를 통해 의에 이르고 영생도 얻는다(cf. 10:4).

믿음은 사람들에게 "네 마음에 '누가 하늘에 올라가겠느냐?' 하지 말라"라고 한다(6b절). 혹시라도 자력으로 하늘에 올라가 그리스도를 모셔 이 땅에 내리려는 것을 막는 권면이다(6c절). 물론 세상 그 누구도 그리스도가 계신 하늘에 올라가 주님을 모셔 내려올 수 없다. 그러므로 본문은 가상적인 상황마저 금하고 있다. 하나님이신 예수님이 성육신해 이 땅에 메시아로 오신 것은 하나님이 하신 일이지 믿는 자들이 할 수 있는 일이 아니다. 사람의 어떠한 노력도 예수님이 이 땅에 오신 일에 영향을 끼치지 못했다. 온전히 하나님이 하신 일이다(Bruce, Harrison & Hagner, Schreiner, Seifrid).

믿음으로 말미암은 의는 또한 이렇게 권면한다: "혹은 '누가 무저갱에 내려가겠느냐?' 하지 말라"(7a절). '무저갱'(τὴν ἄβυσσον)은 사람이 죽으면 가는 곳이며, 다시는 돌아올 수 없는 곳이다. 구약은 이곳을 '깊은 곳'(תְּהוֹם)이라고도 불렀으며, 칠십인역(LXX)은 이 단어를 '무저갱들'(τῶν ἀβύσσων)로 번역했다(시 107:26). 그러므로 저자는 이 수사학적인 질문을 통해 사람이 십자가에서 죽으신 예수님이 죽은 자 중에서 살아나신 일에 기여할 수 있었던 것은 아무것도 없다고 단언한다. 그리스도가 이 땅에 오셔서 죄인들을 위해 죽으시고, 죽음에서 부활해 믿는 자들에게 의와 생명을 주신 것은 모두 하나님이 이미 이루신 일이다(Fitzmyer). 그러므로 사람이 율법을 지켜 의를 얻을 수 없는 것처럼, 복음이 묘사하는 하나님이 하신 일에 기여할 수 있는 것 또한 아무것도 없다(Thielman).

그렇다면 복음에 대해 사람이 할 수 있는 일이 있기는 한가? 바울은 자신을 포함한 사도들이 전파하는 믿음의 말씀이 가까이 있으니 영접하고 믿으면 된다고 한다(8절). '믿음의 말씀'(τὸ ῥῆμα τῆς πίστεως)을 믿음을 구성하는 '믿음의 내용'(Bultmann, Fitzmyer, Käsemann)으로, 혹은 '하나님을 신뢰하는 행위'(Cranfield, Sanday & Headlam)로 제한하는 이들이 있지만, 이어지는 9–13절의 내용을 고려하면 둘 중 어느 것이라도 무관하다(Dunn, Schreiner).

가까이 있는 믿음의 말씀이 입에 있고 마음에 있다는 것은 복음을 믿고 순종하며 사는 것이 매우 쉬운 일임을 암시한다(cf. 신 30:14). 또한 선지자들이 사람의 마음에 새겨질 것이라고 한 새 언약을 생각나게 한다(cf. 렘 31:31–34). 사도들이 전파하는 그리스도의 복음은 믿는 자들을 의와 생명에 이르게 하며 매우 가까이 있다.

하나님은 사람들을 구원하기 위해 필요한 모든 일을 이미 그리스도를 통해 하셨다. 그러므로 누구든지 구원을 받고자 하는 사람은 예수 그리스도를 자신을 대신해 십자가에서 죽으신 구세주로 시인하고 하나님이 그를 죽은 자 중에서 살리신 것을 마음에 믿으면 된다(9절). 당시 예수님을 주로 시인하는 것은 그리스도인들이 로마 황제가 아니라 예수님께 충성한다는 것을 고백하는 행위였다(Barrett, Haacker, Thielman).

가장 넓은 의미에서 예수 그리스도를 주로 시인하는 것은 그분이 세상을 창조하고 다스리는 하나님이시라는 사실을 고백하는 것이다 (cf. 고전 8:5-6). 이는 예수님의 신성을 믿는 것을 뜻한다(Schnabel, cf. 고전 2:16; 빌 2:11). 또한 죄가 세상에 가져온 죽음의 저주를 되돌리기 위해 하나님이 예수님을 통해 재창조를 시작하셨다는 사실을 믿는 것이다(Cranfield, cf. 4:25; 8:11, 18-23). '시인하다'(ὁμολογέω)는 개인적으로 인정하는 것뿐 아니라, 같은 고백을 하는 사람들과 함께한다는 공동체적 의미를 포함한다(Harrison & Hagner, Thielman, cf. BDAG).

마음으로 믿어 구원에 이르는 것(cf. 9절)은 사람이 마음으로 믿어 의에 이르고, 입으로 시인해 구원에 이르기 때문이다(10절). 우리가 마음으로 믿는 것은 입을 통해 표현되어야 한다. 입을 통해 그리스도에 대한 믿음을 고백하면 하나님께 의롭다 함을 얻는 믿음이 우리 것이 된다. 저자가 '마음과 입'을 강조하는 것은 다시 한번 신명기 30:14을 상기시키며(cf. 8절), 그리스도를 믿고 고백하는 것은 결코 어려운 일이 아니라는 사실을 강조한다(Dunn, Fitzmyer). 하나님이 우리의 구원에 필요한 모든 일을 이미 마치셨으므로 우리는 믿고 고백하면 된다.

저자는 사람이 마음으로 믿어 의에 이르고, 입으로 시인해 구원에 이른다는(10절) 사실을 입증하기 위해 구약 말씀을 인용한다(11절). "누구든지 그를 믿는 자는 부끄러움을 당하지 아니하리라"는 최종 심판 때 하나님의 진노를 피하는 것을 암시한다(Thielman). 저자는 이 말씀을 9:33에서 하나님이 믿지 않는 자들에게 걸림돌이 되도록 그리스도를 시온에 두셨지만, 그를 믿는 자들은 반드시 구원하실 것이라며 인용했

377

다. 이사야 28:16을 인용한 것이며, 9:33에서는 '믿는 자'(ὁ πιστεύων)였는데 이곳에서는 하나님의 구원은 모든 사람을 구원하실 수 있다는 사실을 강조하기 위해 '누구든지 믿는 자'(πᾶς ὁ πιστεύων)로 대체했다.

'누구든지'(πᾶς)는 하나님이 구원하실 때 유대인과 이방인을 전혀 차별하지 않으시는 것을 암시한다. 세상 모든 사람은 입으로 그리스도를 고백하는 믿음을 통해 구원에 이른다. 저자는 이러한 사실을 12절에서 한 번 더 확인한다(cf. 2:11; 3:22). 유대인이나 헬라인이나 차별이 없으며, 한 분이신 주 예수 그리스도께서 모든 사람의 주가 되신다(12a절). 모든 사람의 주가 되시는 예수님은 누구든지 그를 부르는 모든 사람에게 부요하시다(12b절). '부요하다'(πλουτέω)는 '부자가 되다, 풍요롭게 되다'라는 뜻이다(BDAG). 예수님은 어떻게(무엇을) 그분을 부르는 모든 사람에게 풍요롭게 주시는가?

예수님은 누구든지 자기 이름을 부르는 자는 빠짐없이 구원받게 하시는 일로 부요하시다(13절). "누구든지 주의 이름을 부르는 자는 구원을 받으리라"라는 말씀은 요엘 2:32이며, 베드로가 오순절 설교 때 성취되었다며 인용한 말씀이다(행 2:21). 구약에서 여호와의 이름을 부르는 것은 여러 민족이 각자 자기 신들을 예배하는 중에도 오직 여호와만을 예배한다는 뜻이다(Thielman, cf. 시 105:1; 사 12:4; 슥 13:9). 바울은 세상 모든 신과 우상들을 거부하고 오직 예수님만 창조주 하나님으로 예배하겠다는 사람은 모두 구원받을 것이라고 한다.

이 말씀은 우리가 얻은 구원의 주체는 하나님이심을 선포한다. 하나님은 우리의 구원에 필요한 모든 일을 마치시고 우리를 부르셨다. 그리스도를 이 땅에 보내 죽게 하셨고, 그가 죽자 죽은 자 가운데서 살리셨다. 하나님은 예수 그리스도의 십자가 죽음을 통해 우리 죄를 사하셨고, 그의 부활을 통해 우리로 영생을 얻게 하셨다. 그러므로 우리가 할 수 있는 유일한 일은 예수님을 믿음으로써 하나님이 이미 그리스도를 통해 이루신 일을 누리는 것이다.

그러므로 구원은 참으로 우리 가까이에 와 있다. 그리스도의 십자가 죽음과 부활에 대한 믿음의 말씀을 마음으로 믿고, 입으로 예수님을 주로 시인하면 된다. 하나님은 누구든지 예수 그리스도의 이름을 부르는 자는 구원을 받을 것이라는 진리를 구약 선지자들을 통해 선언하셨다.

안타깝게도 사람들은 온갖 잡다하고 어이없는 것은 믿어도 예수 그리스도를 구세주로 믿는 일은 주저한다. 그들은 귀신들도 믿고 우상들도 신의 모습이라 한다. 심지어 자기 자신이 신이라고 믿는 이들도 있고, 사탄을 믿는 자들도 있다. 온갖 허영심과 그릇된 가치관을 진리로 믿고 추구하는 이들도 있다. 이런 사람들이 정작 창조주 하나님은 믿지 못하겠다고 하는 것은 참으로 모순이라 할 수 있다. 사실은 이러한 상황이 우리가 하고 있는 영적 전쟁의 실체다. 우리에게 구원을 주는 그리스도의 복음이 세상 사람에게는 미련한 것이며, 유대인에게는 거리끼는 것이다(고전 1:23). 그러므로 우리는 구원의 주체이신 하나님께 항상 감사하며 주님의 뜻에 따라 살도록 노력해야 한다.

Ⅳ. 복음과 이스라엘(9:1-11:36)
  C. 이스라엘의 불신과 불순종(9:30-10:21)

3. 복음을 부인한 이스라엘의 책임(10:14-21)

[14] 그런즉 그들이 믿지 아니하는 이를 어찌 부르리요 듣지도 못한 이를 어찌 믿으리요 전파하는 자가 없이 어찌 들으리요 [15] 보내심을 받지 아니하였으면 어찌 전파하리요 기록된 바

아름답도다

좋은 소식을 전하는 자들의 발이여

함과 같으니라 [16] 그러나 그들이 다 복음을 순종하지 아니하였도다 이사야가 이르되

주여 우리가 전한 것을 누가 믿었나이까

하였으니 ¹⁷ 그러므로 믿음은 들음에서 나며 들음은 그리스도의 말씀으로 말미암았느니라 ¹⁸ 그러나 내가 말하노니 그들이 듣지 아니하였느냐 그렇지 아니하니

> 그 소리가 온 땅에 퍼졌고
> 그 말씀이 땅 끝까지 이르렀도다

하였느니라 ¹⁹ 그러나 내가 말하노니 이스라엘이 알지 못하였느냐 먼저 모세가 이르되

> 내가 백성 아닌 자로써 너희를 시기하게 하며
> 미련한 백성으로써 너희를 노엽게 하리라

하였고 ²⁰ 이사야는 매우 담대하여

> 내가 나를 찾지 아니한 자들에게 찾은 바 되고
> 내게 묻지 아니한 자들에게 나타났노라

말하였고 ²¹ 이스라엘에 대하여 이르되

> 순종하지 아니하고 거슬러 말하는 백성에게
> 내가 종일 내 손을 벌렸노라

하였느니라

누구든 예수님의 이름을 불러야 구원에 이를 수 있다. 이방인이든 유대인이든 예외는 없다. 유대인은 메시아를 믿을 만한 여러 가지 특권과 장점을 가졌지만, 정작 예수 그리스도를 믿지 않았다(9:31-32). 십자가에 매달려 죽은 메시아는 있을 수 없는 일이라고 단정했기 때문이다. 반면에 이방인은 특별히 노력하지 않았는데 예수 그리스도를 믿었고, 하나님은 그들을 의롭다 하셨다(9:30). 이방인과 유대인의 대조되는 상황이 놀랄 만한 일은 아니다. 유대인이 믿음에 실패할 것을 구약 선지자들이 이미 예언했기 때문이다.

저자는 사람이 복음을 믿는 과정을 역추적하며 보내는 이들에게서 모든 것이 시작된다고 한다(14-15a절): (1)누구든 믿지 않는 이를 부를

수는 없다(14a절). 오직 예수님을 믿기로 결정한 사람만 주의 이름을 부를 수 있다. ⑵누구든 듣지 못한 이를 믿을 수는 없다(14b절). 듣지 못했다면 믿을 것인지 혹은 믿지 않을 것인지 선택할 여지가 아예 없다는 뜻이다. ⑶누구든 복음을 전파해 주는 자가 없으면 들을 수 없다(14c절). 많은 사람이 복음을 접할 기회 없이 죽어 간다. 그들을 찾아가 복음을 전파하는 사람이 없기 때문이다. ⑷보내심을 받지 않으면 가서 전파하지 못한다(15a절). 전파자(전도자, 선교사)를 보내시는 이는 분명 하나님이시다. 그러나 복음을 전파하려면 많은 기도와 경비가 필요하다. 만일 성도들이 하나님의 손발이 되어 전파자의 필요를 채워 후원하지 못하면 전도와 선교는 불가능하다. 그러므로 전도와 선교는 보내는 자들의 헌신에서 시작된다고 해도 과언이 아니다.

그런데 바울이 말하는 전도와 선교 과정의 대상인 '그들'은 누구인가? 어떤 이들은 이방인이라며 바울이 본문을 통해 이방인 선교의 당위성을 옹호하고 있다고 한다(Dunn, Watson). 어떤 이들은 유대인이라며 저자가 유대인에게 복음을 접할 공정한 기회가 주어졌는지 질문하고 있다고 한다(Cranfield, Thielman). 그러나 본문이 이방인이나 유대인을 특정하기보다는 복음이 온 세상에 전파된 일과 전파된 복음에 대한 유대인과 이방인의 엇갈리는 반응에 초점을 맞추고 있다는 점을 고려할 때 유대인과 이방인을 모두 '그들'이라고 해석하는 것이 바람직하다 (Bell, Käsemann, Schreiner).

어떤 이들은 바울이 복음을 믿게 되는 과정에서 보내는 자들이 모든 것의 시작이며 가장 중요하다고 말하는 것은 그의 스페인 선교 계획을 암시하는 것이라고 한다(Harrison & Hagner). 바울이 고린도에서 로마서를 보낼 때는 이미 로마 제국의 동쪽 지역에서 세 차례 선교 여행을 마쳤다. 이제 그의 꿈은 제국의 서쪽에 있는 스페인으로 가서 복음을 전파하는 것이다(15:24-28). 그는 스페인 선교를 위해 로마 교회가 그의 파송 교회가 되어 주기를 원한다. 그러나 이 말씀이 바울의 이 같은 의도를 반영하고 있는지는 확실하지 않다.

저자는 복음을 전파하는 일이 얼마나 귀하고 아름다운 일인지 강조하며 이사야 52:7을 인용한다: "아름답도다 좋은 소식을 전하는 자들의 발이여!"(15b절). 이사야는 때가 이르면 하나님이 자기 백성을 원수들에게서 구원하시고 평화를 주시며 구원을 이루실 것이라고 한다(사 51:1-12). 본문은 하나님이 적들을 물리치시자 한 전령이 하나님이 승리하신 기쁜 소식을 온 예루살렘과 주변에 전하는 일을 묘사한다. 원래 이사야는 좋은 소식을 전하는 한 사람(מְבַשֵּׂר, εὐαγγελιζομένου)에 관해 노래하는데, 바울은 '전하는 자들'(τῶν εὐαγγελιζομένων)이라며 복수형으로 바꾸었다. 자신뿐 아니라 복음을 전파하는 모든 사도를 포함하기 위해서다. 그는 사도들이 전령에 관한 이사야서의 말씀을 성취한 것으로 간주한다(Wagner). 또한 그가 복음 전파자를 보내는 이들의 중요성을 강조하는 것으로 보아 선교와 전도를 후원하는 사람들도 '전하는 자들'에 포함하고자 하는 것으로 보인다. 복음을 전파하는 이들도 보내는 자들이 없으면 복음을 전할 수 없기 때문이다(15a절).

복음은 모든 믿는 사람을 구원하는 참으로 좋은 소식이지만, 들은 자들이 다 복음에 순종하지는 않았다(16a절). 많은 이방인이 복음에 순종해 구원에 이르렀지만, 유대인 중에 믿은 자는 많지 않았다. 복음에 대한 유대인의 부정적인 반응은 이미 이사야가 예언했다. "주여 우리가 전한 것을 누가 믿었나이까?"(16b절)는 이사야 53:1을 인용한 것이다. 이 말씀 바로 앞에 있는 이사야 52:13-15은 이방인은 여호와의 종이 당하는 믿기지 않는 고난을 이해할 것이라고 한다. 바울은 이러한 상황이 자신의 이방인 선교를 통해 상당 부분 성취되었다고 생각한다(Schreiner).

반면에 유대인은 듣고도 믿지 않았다(cf. 고전 1:23). 그들로서는 하나님의 저주를 받아 십자가에서 죽은 이를 메시아로 믿기가 결코 쉽지 않았다(cf. 신 21:23). 생각해 보면 바울도 처음에는 사도들이 전한 복음을 믿지 않았다. 그는 오히려 그리스도인들을 찾아다니며 박해했다. 그러므로 많은 이방인이 믿었지만(9:24-26, 30; 10:19; 11:11-12), 유대인 중에서는 소수의 남은 자만 예수 그리스도를 믿었다(9:27-29, 31-33; 10:2-4; 11:1-10).

저자는 자기 시대에 대부분 유대인이 복음에 순종하지 않을 것은 이사야가 이미 오래전에 예언했기 때문에 그다지 놀랄만한 일이 아니라면서 "그러므로 믿음은 들음에서 나며 들음은 그리스도의 말씀으로 말미암았느니라"라고 말한다(17절). 논리의 흐름이 명확하지는 않지만, 믿음은 들음에서 나는데 유대인들은 듣는 일에 실패했기 때문에 믿지 못하는 것이라 한다. 듣는 것이 강조되고 있지만, 믿음은 단순히 믿는다고 고백하는 것이 아니라 온 마음으로 하나님께 순종하는 것이다(Cranfield, Dunn, Fitzmyer, Käsemann).

그들이 믿지 않은 것은 그리스도의 말씀이다. 학자들은 '그리스도의 말씀'(ῥήματος Χριστοῦ)을 예수님이 하신 말씀을 의미하는 주격 속격(subjective genitive)으로 해석하기도 하고(Barrett), 사도들이 예수님에 대해 전한 말씀을 뜻하는 목적 속격(objective genitive)으로 해석하기도 한다(Harrison & Hagner, Moo, Sanday & Headlam). 복음을 거부한 유대인은 대부분 사도들을 통해 그리스도에 관해 들었으므로 목적 속격이 본문과 더 잘 어울린다. 그들은 예수님에 대한 사도들의 증언을 거부한 것이다.

믿음이 듣는 것에서 난다면, 복음을 믿지 않은 사람들은 어떻게 된 것인가? 혹시 그들이 복음에 관해 충분히 듣지 못해서 믿지 못하는 것인가? 바울은 그들에게 온전한 복음을 들을 기회가 충분히 주어졌다고 한다(18a절). 그 증거로 "그 소리가 온 땅에 퍼졌고 그 말씀이 땅 끝까지 이르렀도다"(18b절)라고 하는데, 시편 19:4을 인용한 말씀이다. 시편 19편은 온 세상이 하나님의 영광으로 가득하다고 노래한다. 하나님은 자신을 숨기시는 분이 아니다. 누구든지 하나님을 찾으면 만날 수 있다.

바울은 이 시편 말씀을 인용해 복음이 온 세상에 가득하다고 한다. 세상에 가득한 자연 계시가 복음의 모형이 된 것이다(Schreiner). 그러므로 이스라엘 사람들은 복음을 들을 기회가 참으로 많았다. 예수님은 제자들을 유대인에게 보내셨고(마 10:6), 바울은 어디를 방문하든 회당을 먼저 찾았다(cf. 행 13:46). 또한 말씀이 땅끝까지 이르렀으므로 이방인도 얼마든지 복음을 접할 수 있다며 인용한 말씀의 초점을 이방인 선교에 맞추고 있다(Cranfield, Wright, cf. 골 1:23).

이스라엘은 예수 그리스도의 복음을 듣고 믿을 기회가 충분히 있었지만 믿기를 거부했다(19절). 그들이 몰라서가 아니다. "이스라엘이 알지 못하였느냐?"(19a절)는 '알았다'는 답을 기대하는 수사학적인 질문이다. '알다'(γινώσκω)는 '깨닫다'라는 뜻이다(Harrison & Hagner, Wright). 그들은 세상 그 누구보다도 복음을 더 잘 깨달을 만한 여러 가지 특권을 누렸다.

그러나 그들은 의도적으로 복음을 거부했다(cf. 신 9:4-5; 사 28:16). 어떤 이들은 바울이 유대인들이 복음의 범우주적인 성향을 이해하지 못한 것을 비난하고 있다고 하지만(Bell, Godet, Meyer), 이곳에서는 그들의 부족한 이해력이 아니라 복음을 의도적으로 거부한 불신이 문제 되고 있다.

하나님은 복음을 이방인에게 보내셨고, 많은 이방인이 복음을 믿었다. 바울은 유대인이 복음을 거부하고, 이방인이 믿은 일에 대해 구약의 두 예언자를 증인으로 세운다. 모세(19b절)와 이사야(20절)다.

모세는 "내가 백성 아닌 자로써 너희를 시기하게 하며 미련한 백성으로써 너희를 노엽게 하리라"라는 예언을 남겼다(19b절). 신명기 32:21을 인용한 것이다. 모세는 훗날 이스라엘이 우상을 숭배해 하나님을 분노케 할 것이며, 하나님이 이방인을 사용해 이스라엘의 시기와 노여움을 유발하실 것이라며 이 말씀을 예언했다. 그러므로 이 말씀은 하나님이 우상을 숭배한 이스라엘을 벌하실 때 그들이 하나님을 대한 것과 똑같이 그들을 대하실 것이라는 의미를 지닌다. 이스라엘이 우상을 숭배해 하나님을 시기하고 노엽게 한 것처럼, 하나님이 자기 백성이 아닌 미련한 백성(믿는 이방인, Wagner)을 자기 백성으로 삼아 이스라엘을 시기하고 노엽게 하실 것이다. 미련한 이방인이 믿을 수 있었다면, 유대인은 더욱더 믿을 수 있었다(Sanday & Headlam).

특권 의식에 사로잡힌 유대인은 예수님이 세리와 죄인들과 할례받지 못한 자들을 하나님의 백성으로 삼으신 일에 분노했다(막 2:16; 눅 5:29-30; 15:1-2; cf. 행 21:21, 27-28). 바울이 많은 이방인을 하나님의 백성이 되게 한 일에도 분노하고 시기했다. 그들은 자신이 거부한 복음이 이방인에게 전파되는 것이 싫었다. 심지어 기회만 되면 바울을 죽이려 했다. 하나님이 복음을 통해 유대인을 참으로 시기하게 하고 노엽게 하신 것이다.

이사야는 매우 담대하여 "내가 나를 찾지 아니한 자들에게 찾은 바되고 내게 묻지 아니한 자들에게 나타났노라"라는 하나님의 말씀을 남겼다. 이사야 65:1 말씀이다. 이 말씀은 주의 백성이 하나님이 자기들을 멀리하시고 구원하지 않으신다며 불평과 원망을 표하는 상황에서 나온 것이다(사 63:7-64:12). 이에 대해 하나님은 항상 그들 곁에 계시며 그들이 자기 찾기를 간절히 기다리셨다고 한다(사 65:1-16). 바울이 이곳에서 인용하는 이사야 65:1은 하나님이 자기 백성을 얼마나 간절히 기다리셨는지를 이렇게 표현한다: "나는 내 백성의 기도에 응답할 준비를 하고 있었지만, 내 백성은 아직도 내게 요청하지 않았다. 누구든지 나를 찾으면, 언제든지 만나려고 준비를 하고 있었지만, 아무도 나를 찾지 않았다. 내 이름을 부르지도 않던 나라에게, 나는 '보아라, 나 여기 있다. 보아라, 나 여기 있다' 하고 말하였다"(새번역).

그러므로 이사야 65:1은 이스라엘 사람들에 관한 말씀이다. 하나님을 '찾지 않는 자들'과 하나님께 '묻지 아니한 자들'은 이스라엘 백성이며, 하나님은 그들이 찾지 않고 묻지 않아도 그들에게 자신을 보이시고 말씀하셨다는 뜻이다. 이러한 의미와는 대조적으로 바울은 이 말씀을 이방인에게 적용한다. 이스라엘이 복음을 거부했기 때문에 하나님이 이방인에게 가서 자기를 보이시고 말씀하셨다는 것이다(Peterson, Schnabel, Seifrid, cf. 9:30; 사 2:2-5; 14:2; 45:14; 49:22; 55:5; 66:20). 아마도 이어지는 21절이 이스라엘에 관한 내용이므로 이방인에 관한 내용과 균형을 이루고자 이렇게 한 것으로 보인다.

바울은 이사야 선지자가 이스라엘에 대해 "순종하지 아니하고 거슬러 말하는 백성에게 내가 종일 내 손을 벌렸노라"라는 말씀을 남겼다고 한다(21절). 그는 이사야 65:2을 인용하고 있다. 하나님은 여호와께서 자기들을 잊었다며 원망하는 이스라엘을 오히려 맞이하고 싶어 종일 두 팔을 벌리고 기다리셨지만, 그들은 하나님께 오지 않았다. 하나님은 참으로 오래 참으시며 이스라엘이 오기를 기다리신 것이다(Dunn). 하나님은 이스라엘에 복음을 듣고 믿을 수 있도록 충분한 기회를 주셨다. 그러므로 그들이 복음을 믿지 않은 것은 그들의 책임이다.

이 말씀은 믿음은 듣는 것에서 난다고 한다. 듣는 것은 들려주는 이가 있어야 가능하다. 우리는 끊임없이 그리스도의 복음을 전파하거나, 전파할 사람을 보내야 한다. 우리에게는 직접 가지 못하면 가서 복음을 전파할 사람을 보내야 할 의무와 책임이 있다. 교회가 이 땅에 존재하는 이유는 힘써 복음을 전파해 더 많은 사람으로 하나님의 백성이 되게 하는 것이다. 우리는 이러한 사명을 공동체적으로 감당해야 한다. 본인이 직접 전파하지 못하면 공동체를 통해 전파하는 이들을 보내야 한다. 복음을 전파하는 데 일조하는 사람들의 발은 참으로 아름답다.

본문이 인용한 구약 말씀은 많은 유대인이 그리스도의 복음을 믿지 않게 된 것은 하나님의 계획과 뜻에 따른 일이라 한다. 그러면서도 믿지 않은 책임은 이스라엘에 있다고 한다. 그들에게 복음이 충분히 전파되었고, 믿을 수 있는 기회가 충분히 주어졌기 때문이다. 하나님의 계획과 뜻은 결코 인간의 책임을 무시하지 않는다.

인간이 창조주 하나님과의 관계를 회복하는 것은 참으로 쉬운 일이다. 예수 그리스도의 복음을 통해 나타난 하나님의 선하심을 껴안기만 하면 된다. 그러나 이 쉬운 일을 세상 사람들은 참으로 싫어하고 꺼린다. 창조주 하나님의 백성이 되는 것은 인간이 스스로 할 수 있는 일이 아니기 때문이다. 그러므로 전도와 선교를 하기 전에 먼저 간절한 마음으로 복음 듣는 이들에게 믿을 마음을 주시는 은혜를 베풀어 달라고 하나님께 기도해야 한다.

장점이 오히려 핸디캡이 될 수도 있다. 유대인들은 하나님이 그들에게만 주신 여러 가지 특권을 누렸다. 그러나 정작 하나님이 성육신하시자 알아보지 못했다. 그러므로 그들이 누리게 된 특권이 오히려 독이 되었다고 할 수 있다. 우리도 교훈을 얻어야 한다. 하나님은 우리에게 여러 가지를 축복으로 주셨는데, 이것들이 우리의 영성과 영안에 해가 된다면 차라리 없는 것이 낫다는 각오로 오직 하나님 말씀에 순종하며 살아야 한다.

D. 복음에 드러난 하나님의 신실하심(11:1-36)

복음과 이스라엘의 관계에 대한 저자의 가르침이 절정으로 치닫고 있다. 불행하게도 본 텍스트는 모든 바울 서신 중 매우 논쟁이 되는 것 중 하나다(cf. Aageson, Barclay, Beasley-Murray, Bell, Belli, Chilton, Compton & Naselli, Cosgrove, Ellison, Gandez, Getty, Munck, Oropeza, Steyn, Wallace, Wilk & Wagner). 한 학자는 현 학계의 상황을 다음과 같이 표현한다(Wright).

저자가 독자들을 산꼭대기로 불러들여 주변의 찬란한 경치를 보여 주고 싶은 바로 그 시점에서, 수 세기에 걸친 재해석과 오독은 해석자들을 이리저리 헤매게 하는 안개를 만들었다. 결국 제대로 볼 수 있다면 그 경치는 어떤 모습일지 추측만 난무할 뿐, 정확한 경치는 보지 못하게 되었다.

그럼에도 불구하고 이스라엘에 대한 본문과 로마서 전체의 전반적인 메시지는 명확하다. 하나님은 아브라함의 후손인 이스라엘 민족에게 아직도 신실하시고(1:1-10), 미래에도 그들에게 신실하실 것이다(11:11-32). 본 텍스트는 다음과 같이 구분된다.

A. 이스라엘의 남은 자들과 완악한 자들(11:1-10)
B. 이스라엘의 넘어짐과 이방인의 풍성함(11:11-16)
C. 이방인들은 자랑할 것이 없음(11:17-24)
D. 이스라엘의 구원에 대한 약속(11:25-27)
E. 하나님 계획의 풍성함(11:28-36)

IV. 복음과 이스라엘(9:1-11:36)
   D. 복음에 드러난 하나님의 신실하심(11:1-36)

1. 이스라엘의 남은 자들과 완악한 자들(11:1-10)

¹ 그러므로 내가 말하노니 하나님이 자기 백성을 버리셨느냐 그럴 수 없느니라 나도 이스라엘인이요 아브라함의 씨에서 난 자요 베냐민 지파라
² 하나님이 그 미리 아신 자기 백성을 버리지 아니하셨나니 너희가 성경이 엘리야를 가리켜 말한 것을 알지 못하느냐 그가 이스라엘을 하나님께 고발하되
³ 주여 그들이 주의 선지자들을 죽였으며
주의 제단들을 헐어 버렸고
나만 남았는데 내 목숨도 찾나이다

하니 ⁴ 그에게 하신 대답이 무엇이냐

내가 나를 위하여

바알에게 무릎을 꿇지 아니한 사람

칠천 명을 남겨 두었다

하셨으니 ⁵ 그런즉 이와 같이 지금도 은혜로 택하심을 따라 남은 자가 있느
니라 ⁶ 만일 은혜로 된 것이면 행위로 말미암지 않음이니 그렇지 않으면 은
혜가 은혜 되지 못하느니라 ⁷ 그런즉 어떠하냐 이스라엘이 구하는 그것을 얻
지 못하고 오직 택하심을 입은 자가 얻었고 그 남은 자들은 우둔하여졌느니
라 ⁸ 기록된 바

하나님이 오늘까지 그들에게

혼미한 심령과 보지 못할 눈과

듣지 못할 귀를 주셨다

함과 같으니라 ⁹ 또 다윗이 이르되

그들의 밥상이 올무와 덫과 거치는 것과

보응이 되게 하시옵고

¹⁰ 그들의 눈은 흐려 보지 못하고

그들의 등은 항상 굽게 하옵소서

하였느니라

저자는 본문에서 이스라엘의 남은 자들에 관해 자세히 말하는데, 이
주제에 대한 준비는 이미 9장에서 마무리되었다. 바울은 9:27-29에서
이사야 선지자의 말씀을 인용해 이스라엘의 남은 자들에 대한 구약의
전반적인 가르침을 요약적으로 제시했다.

본문이 이스라엘의 남은 자와 연관해 강조하고자 하는 것은 이스라
엘이 그리스도의 복음을 거부했다고 해서 하나님이 그들에 대해 하신
말씀이 폐하여진 것은 아니라는 사실이다(9:6). 하나님은 누구를 그분
의 백성으로 삼을 것인지 스스로 정하신다. 바울 시대에도 교회 안에

이방인이 유대인보다 월등히 많기는 했지만, 하나님이 구원받을 자들을 택하시기 때문에 끝에 가서는 어떻게 될지 모르는 일이다. 또한 이스라엘 사람들은 그리스도의 복음을 거부한 것에 대해 스스로 책임을 져야 하지만, 구약은 이미 여러 곳에서 그들이 하나님의 계획에 따라 반역할 것이라고 예언했다(9:30-10:21). 그러므로 하나님이 그들을 구원하실 것인지 혹은 버리실 것인지에 대해서는 누구도 장담할 수 없다. 이러한 상황에서 저자는 하나님이 아직도 아브라함의 육신적 후손들에게 신실하시다고 한다(Aletti). 그들이 구원 얻을 가능성을 열어 두고 있는 것이다.

저자는 한 번 더 수사학적인 질문으로 섹션을 시작한다: "그러므로 내가 말하노니 하나님이 자기 백성을 버리셨느냐?"(1a절). '그러므로'(οὖν)는 이 섹션이 9:30-10:21에서 제시한 가르침을 바탕으로 내리는 결론임을 암시한다(Moo). 이스라엘은 그리스도의 복음이 아니라 율법을 통해 의에 이르려다 실패했다. 그들은 실패에 불구하고 예수님께 돌아와 구원에 이르지 않는다. 구원은 하나님이 선물로 주시는 것이다. 그렇다면 유대인이 대부분 구원에 이르지 못한 것을 하나님이 그들을 버리신 것으로 간주할 수 있는가?

저자는 다시 한번 가장 강력한 부인으로 스스로 답한다: "그럴 수 없느니라!"(μὴ γένοιτο)(1b절). 비록 유대인이 처한 상황이 매우 절망적으로 보이지만, 소망을 버릴 필요는 없다. 하나님의 팔이 아직도 이스라엘을 향해 펼쳐져 있기 때문이다(10:21). 또한 성경적으로 생각할 때 하나님이 자기 백성을 버리셨다는 것은 모순적인 말이며 사실이 아니다(Cranfield, Dunn, Murray, Sanday & Headlam).

바울은 자신이 바로 하나님이 이스라엘을 버리지 않으셨다는 증거라 한다(1c절). 이미 하나님의 구원을 얻은 바울 자신도 이스라엘인이며 아브라함의 씨에서 난 자요 베냐민 지파 사람이다(cf. 고후 11:22; 빌 3:5). 그는 자신을 하나님이 구원하신 소수의 유대인 중 하나라며 하나님이 이스라엘을 버리지 않으셨다고 단언한다. 만일 하나님이 이스라엘을 버리셨다면, 이스라엘 사람인 바울도 구원을 얻지 못했어야 한다는 논리다.

그렇다고 해서 모든 이스라엘 사람이 구원받는 것은 아니다. 그는 이미 아브라함의 후손을 믿는 이방인과 이스라엘 사람 중 예수 그리스도를 믿는 이들로 정의했다(4:13-18; 9:7-8). 그러므로 이스라엘 사람 중 구원에 이를 사람은 그리스도를 믿는 남은 자들로 제한된다.

아브라함의 후손이 반드시 유대인으로만 구성되는 것은 아니라는 사실은 구약에서도 암시되었다. 이스라엘의 가나안 정착에 관해 기록하는 여호수아기는 이스라엘을 믿음 공동체로 정의한다. 유다 지파의 유력한 집안 사람인 아간과 가족들은 진멸당하고, 진멸당해야 할 라합 집안 사람들과 기브온성 사람들은 모두 살아 이스라엘의 일부가 되었다. 진멸당한 자들과 구원을 얻어 이스라엘의 일부가 된 이들의 차이는 믿음, 곧 여호와에 대한 경외였다.

"하나님이 그 미리 아신 자기 백성을 버리지 않으셨다"(2a절)는 시편 94:14과 사무엘상 12:22을 인용한 것이다(Thielman, Wagner). 시편 기자는 악한 나라가 아무리 주의 백성을 괴롭히고 억압한다 할지라도, 하나님이 결코 그들을 버리지 않고 적의 손에서 구원하실 것이라고 확신한다. 사무엘 선지자에게 왕을 요구하여 하나님을 버리는 심각한 죄를 지은 이스라엘 백성이 자신들의 죄를 깨닫고 하나님이 그들을 죽이실 것이라며 두려워했다(삼상 12:19). 선지자는 그들이 하나님을 버렸어도, 하나님은 그들을 버리지 않으셨으니 죽을까 봐 두려워하지 말고 마음을 다해 여호와를 섬기라고 권면했다(삼상 12:20). 하나님이 그들을 자기 백성 삼으신 것을 기뻐하셨으며, 그분의 크신 이름을 위해서라도 자기 백성을 버리지 않으실 것이라며 백성을 위로했다(삼상 12:22).

하나님이 범죄한 이스라엘을 자기 이름을 위해서라도 버리지 않으신다는(삼상 12:22) 사실은 바울이 이곳에서 전개하는 논리에서 가장 중

요한 포인트다. 그러므로 사무엘 선지자는 '버리지 않으실 것이다'(ﬨ‍ﬦﬡ
ﬡﬥ)라며 미완료형(미래적 의미)으로 말하는데, 바울은 부정 과거형(aorist)
시제(οὐκ ἀπώσατο)를 사용해 현재 완료형으로 말한다: '버리지 않으셨
다'(새번역, 공동, ESV, NAS, NIV, NRS). 하나님이 이스라엘을 버리지 않
겠다고 하신 약속이 아직도 유효하다는 뜻이다(Thielman).

저자는 9장에서 하나님이 유대인을 모두 버리지 않고 남은 자들을
두실 것이라고 했다. 이곳에서 하나님이 그들 중에 남은 자를 두셨다
는 것은 아직 이스라엘에 대한 모든 것을 마치지 않으셨다는 것과 끝
까지 그들의 구원을 이루실 것을 의미한다(Keck). 하나님은 미리 아신
(택하신) 자를 절대 버리지 않으신다(Godet). 하나님이 미리 아신다는 것
은 곧 결코 끊이지 않는 언약적 사랑을 의미하기 때문이다.

저자는 자기 시대에도 유대인 중 하나님이 구원하신 남은 자들이 있
다는 사실을 엘리야 선지자의 이야기를 예로 들어 설명한다(2b절; cf. 왕
상 19장). 엘리야는 갈멜산 정상에서 여호와의 선지자로는 혈혈단신으
로 450명의 바알 선지자를 상대해 절대적인 승리를 거두었다. 그러나
곧바로 영적 우울증(spiritual depression)에 빠졌고, 40주야를 걸어 하나님
의 산으로 알려진 호렙산으로 갔다. 그곳에서 하나님을 만난 엘리야가
온 이스라엘에서 자기만 홀로 하나님을 믿는 자인 줄 착각하며 한 말
이 3절에 기록되어 있다: "주여 그들이 주의 선지자들을 죽였으며 주
의 제단들을 헐어 버렸고 나만 남았는데 내 목숨도 찾나이다"(3절; cf.
왕상 19:10).

유일한 차이는 저자는 3절에서 선지자들을 죽인 일을 먼저 언급하
고, 열왕기서에서는 제단을 헐어 버린 일을 먼저 언급한다는 것이다.
바울은 엘리야 시대에 이스라엘이 하나님의 선지자들을 죽인 것과 자
기 시대에 이스라엘이 예수님을 죽인 일이 평행을 이룬다고 생각해 순
서를 바꾼 것으로 보인다(Jewett, Käsemann, cf. 9:32-33; 10:2-3).

엘리야가 온 땅에서 여호와를 사랑하는 사람은 자기 혼자뿐이라며

탄식하자 하나님은 그가 잘못 알고 있다고 하신다. 하나님은 자기를 위하여 바알에게 무릎을 꿇지 않은 사람 7,000명을 남겨 두셨다(4절). 이 말씀의 핵심은 하나님 스스로 자신을 위해 남은 자를 두셨다는 사실이다(Murray). 세상 풍파에도 남은 자들이 보존될 수 있는 것은 하나님이 은혜로 그들을 택하고(미리 알고) 보호하시기 때문이다. 엘리야는 자기 눈이 볼 수 있는 상황만 보고 절망했지만, 하나님은 그가 볼 수 없는 곳에 남은 자 7,000명을 소망의 씨앗으로 두셨다.

저자는 엘리야 시대처럼 자기 시대에도 하나님의 은혜로운 택하심에 따라 남은 자가 있다고 한다(5절). 유대인 중 남은 자들은 자신의 노력으로 남은 자가 된 것이 아니라, 하나님의 은혜로운 택하심에 따라 그리스도의 복음을 믿어 구원에 이르게 되었다는 것이다. 그러므로 구원받은 사람 중 그 누구도 구원이 자기 권리에 따라 이루어진 당연한 일이라고 말할 수 없다.

만일 남은 자들이 은혜로 택하심을 입은 이들이라면, 하나님의 은혜가 멈추지 않는 한 남은 자들은 항상 이 땅에 있을 것이다. 또한 하나님이 이스라엘 사랑하는 일을 멈추지 않으시는 한, 이스라엘 사람 중에는 계속 남은 자들이 있어 희망적인 미래의 씨앗이 될 것이다.

만일 남은 자들이 하나님의 은혜로 그리스도의 복음을 믿는다면, 한 가지 확실한 것은 그들이 구원에 이른 것은 절대 그들의 행위 때문이 아니라는 사실이다(6a절). 남은 자들은 은혜로 택하심을 입었기 때문에 그들의 행위는 그들의 구원에 어떠한 영향도 미치지 않았다. 만일 그들의 행위가 구원에 영향을 미친다면, 은혜는 은혜가 될 수 없다. 은혜는 하나님이 아무런 조건 없이 베푸시는 선물이기 때문이다. 이런 면에서 사람이 서로에게 베푸는 은혜와 다르다. 우리는 서로에게 '은혜'를 베풀면서 흔히 조건을 붙이기 때문이다.

하나님이 사람을 은혜로 택하셔서 남은 자가 되게 하신 것이 이방인에게는 참으로 좋은 일이지만, 율법의 행위를 통해 하나님의 의롭다

393

하심을 얻어 남은 자가 되려 했던 유대인에게는 실패의 레시피였다. 결국 대부분 유대인은 그들이 구하는 것, 곧 하나님의 의롭다 하심을 얻지 못했다(7a절; cf. 9:32-10:3). 오직 하나님의 택하심을 입은 소수의 유대인만 구원을 얻었고, 그 남은 자들은 우둔해졌다(7b절). 유대인 남은 자들과 많은 이방인이 똑같이 하나님의 은혜로 구원을 입었다. 그러므로 이스라엘에 대한 하나님의 말씀이 폐하여진 것은 아니다(9:6).

개역개정의 7절 번역이 혼란을 야기할 수도 있다. '남은 자'는 구원 얻은 이를 뜻하는 전문 용어이며, 5절은 이러한 의미로 '남은 자'(λεῖμμα)를 사용했다. 바울은 7절에서 '남은 자'를 다른 헬라어 단어(λοιπός)로 표기한다. 5절에서 하나님의 구원을 얻은 '남은 자'와 7절에서 구원받은 사람들에게서 제외된 '남은 자'를 구별하기 위해서다. 그러므로 7절에서는 '남은 자'보다는 '나머지 사람들'이 더 정확하게 의미를 반영한다(새번역, cf. 공동번역의 '뽑히지 못한 사람들'). '우둔하다'(πωρόω)는 '완악하다'(σκληρύνω)와 비슷한 말로(cf. 9:18) 미련하다는 뜻이 아니라 강팍하다는 뜻이다(Käsemann, Schreiner, Thielman, cf. TDNT).

하나님이 이미 죄를 지은 사람의 마음을 완악하게 하신다고 해서 문제가 되지는 않는다(Stott). 옛적에 하나님이 자기 백성을 구원하시는 과정에서 이집트 왕이 중간에 회개하지 못하도록 강팍하게 하신 것처럼 말이다(cf. 9:18). 예수님은 유대교 지도자들의 완악함을 탄식하셨고, 그들의 강팍함은 예수님을 죽음으로 몰고 갔다(막 3:5-6). 하나님은 이사야 선지자를 통해 말씀하신 것처럼(cf. 사 6:10) 유대인들을 벌하기 위해 그들의 마음을 완악하게 하셨다(요 12:40). 그러나 이집트 왕의 완악함과 유대인들의 강팍함에는 큰 차이가 있다. 하나님은 이집트 왕이 끝까지 완악함에서 벗어나지 못하게 하셨다. 그러나 이스라엘의 경우 언젠가 강팍함에서 벗어나게 하실 것이다(Kruse, cf. 11:25).

바울은 8-10절에서 하나님이 유대인을 강팍하게 하신 일을 구약 말씀을 인용해 증명한다. 그는 유대인이 구약을 토라와 선지서와 성문서

등 세 섹션으로 구분한 것처럼, 각 섹션에서 말씀을 인용하며 유대인들의 완악함은 예견된 것이라 한다: 토라(신 29:4), 선지서(사 29:10), 성문서(시 69:22-23).

"하나님이 오늘까지 그들에게 혼미한 심령과 보지 못할 눈과 듣지 못할 귀를 주셨다"(8절)에서 '혼미한 심령'을 제하고는 모두 신명기 29:4을 인용한 것이다. '혼미한 심령'은 이사야 29:10에서 온 것이다 (Cranfield, Dunn). 모세는 신명기 29:2-30:20에서 이스라엘의 반역으로 얼룩진 광야 40년을 되돌아보며 미래에 그들이 죄로 인해 다른 나라에 끌려갈 것이라고 경고한다. 출애굽의 은혜를 경험한 이스라엘이 계속 죄를 짓는 것은 하나님이 그들이 보는 가운데 온갖 이적을 행하시지만 (신 29:2-3), 정작 깨닫는 마음과 보는 눈과 듣는 귀는 주지 않으셨기 때문이다(신 29:4).

바울은 이 말씀을 인용하면서 '오늘까지'(ἕως τῆς σήμερον ἡμέρας)를 더하여 이스라엘은 자기 시대에 이르기까지도 하나님의 구원을 얻지 못하고 있다고 한다. 그들은 아직도 혼미한 심령과 보지 못할 눈과 듣지 못할 귀에서 자유롭지 않다. 이것들은 하나님이 벌하시는 방법 중 하나다. 그러므로 바울은 자기 시대 유대인들이 아직도 신명기와 이사야서가 예언한 심판 아래 있다고 한다(Schreiner, Thielman). 다행히 심판이 그들의 끝은 아니다. 구원받는 이방인의 수가 차면 유대인들은 비로소 이러한 여건에서 해방될 것이다(Cranfield, Wagner, cf. 11:25-26).

저자가 9-10절에서 인용하는 말씀은 시편 69:22-23이다. 신약은 시편 69편을 예수 그리스도의 삶과 사역과 죽음과 연관해 여러 차례 인용한다(마 27:34, 48; 막 3:21; 15:23, 36; 눅 13:35; 23:36; 요 2:17; 15:25; 19:29; 행 1:20; 롬 15:3; 히 11:26). 신약 저자들은 이 시편이 예수님의 고난과 죽음을 통해 성취된 것으로 본 것이다.

시편 69편은 개인 탄식시(individual lament)다. 시편 기자는 하나님께 까닭 없이 그를 미워하는 원수들에게 벌을 내리시기를 간구한다(시

69:4). 원수들은 하나님의 집에 대한 기자의 열정으로 인해 그를 미워하고 비난한다(시 69:9). 또한 원수들은 기자가 배가 고프다며 음식을 달라고 하면 독을 타서 주고, 목이 마르니 마실 것을 달라고 하면 식초를 준다(시 69:21).

분노가 머리끝까지 치민 시편 기자는 하나님께 자신을 괴롭히는 원수들의 밥상이 오히려 그들에게 올무가 되게 하시고, 그들의 평안이 덫이 되게 해 달라고 기도한다(시 69:22; cf. 9절). 또한 그들의 눈이 어두워 보지 못하게 하시고, 그들의 허리가 항상 떨리게 해 달라고 기도한다(시 69:23; cf. 10절). 자신이 원수들에게 당한 대로 그들에게 갚아 주시기를 바라는 기도다.

바울은 시편 69편을 저작한 다윗이 원수들에게 선포한 저주가 자기 시대를 사는 믿지 않는 유대인에게 임한 것으로 생각한다(Schreiner). 그들이 예수님을 거부했고, 교회를 박해했기 때문이다(Wagner). 그러나 바울은 시편 69:22-23 말씀의 모든 디테일이 믿지 않는 유대인에게 실현되었다며 이 말씀을 인용하는 것이 아니다(Moo). 다윗의 기도가 예수님을 부인한 유대인들을 통해 대체로 성취되었다는 의미에서 이 시편을 인용하고 있다.

'그들의 눈이 흐려 보지 못하게 해 달라'는 기도(10a절)는 8절의 '보지 못할 눈'과 직접적인 연관이 있다. '항상 굽어 있는 등'(10b절)은 유대인들이 율법의 노예로서 지는 무게(Barrett, Stuhlmacher)와 그들이 삶에서 경험하는 두려움으로(Murray) 그들의 삶을 고달프고 어렵게 해 달라는 의미(Cranfield, Fitzmyer)로 해석된다.

이 말씀은 하나님이 자기 백성의 눈을 어둡게 하여 그들을 심판하실 때도 있다고 한다. 하나님은 이스라엘에 참으로 많은 특권과 축복을 주셨다. 그러나 그들은 하나님의 아들이신 예수님을 믿지 않았다. 특권과 축복이 오히려 독이 되었기 때문이다. 그러므로 하나님은 그들에게 혼미한 심령을 주셔서 그들의 눈을 어둡게 하시고 그들의 귀를 들지 못하게 하셨다. 그들을 심판하시기 위해서다. 우리도 하나님이 주신 많은 축복과 특권을 누리고 있다. 감사함으로 이것들을 누리며 항상 영적으로 각성해 깨어 있어야 한다. 그래야만 유대인들이 범한 과오를 범하지 않을 수 있다.

하나님이 그리스도의 복음을 믿지 않은 유대인들을 심판하신 것은 주님의 신실하심에 대한 증거다. 오래전에 모세와 다윗을 통해 하신 말씀을 실현하는 일이기 때문이다. 그러므로 우리에게도 소망이 있다. 하나님은 우리에게, 또한 우리에 대해 하신 말씀을 반드시 이루실 것이다. 그러므로 기대하는 마음으로 미래를 기대하자.

로마 교회는 이방인이 주류를 이루었고 유대인은 소수에 불과했다. 저자가 염려하는 것은 우월감에 사로잡힌 이방인들이 혹시라도 유대인들을 차별하거나 무시하는 것이다. 교회는 절대 특정한 사람이나 그룹을 차별하면 안 된다. 모두 다 하나님의 귀한 자녀이고, 우리는 서로 형제자매이기 때문이다.

사람의 죄와 반역은 하나님이 그에게 혼미한 심령과 보지 못할 눈과 듣지 못할 귀를 주셨기 때문에 빚어지는 일일 수 있다. 그러므로 회개를 거부하고 복음을 부인하는 자들을 만나면 그들을 미워해서는 안 된다. 오히려 불쌍히 여기고 그들의 불신을 안타까워해야 한다. 하나님이 그들에게서 이러한 형벌을 거두시고 대신 뚜렷한 심령과 보는 눈과 듣는 귀를 주시길 기도해야 한다.

IV. 복음과 이스라엘(9:1-11:36)
    D. 복음에 드러난 하나님의 신실하심(11:1-36)

2. 이스라엘의 넘어짐과 이방인의 풍성함(11:11-16)

[11] 그러므로 내가 말하노니 그들이 넘어지기까지 실족하였느냐 그럴 수 없느니라 그들이 넘어짐으로 구원이 이방인에게 이르러 이스라엘로 시기나게 함

이니라 ¹² 그들의 넘어짐이 세상의 풍성함이 되며 그들의 실패가 이방인의
풍성함이 되거든 하물며 그들의 충만함이리요 ¹³ 내가 이방인인 너희에게 말
하노라 내가 이방인의 사도인 만큼 내 직분을 영광스럽게 여기노니 ¹⁴ 이는
혹 내 골육을 아무쪼록 시기하게 하여 그들 중에서 얼마를 구원하려 함이라
¹⁵ 그들을 버리는 것이 세상의 화목이 되거든 그 받아들이는 것이 죽은 자 가
운데서 살아나는 것이 아니면 무엇이리요 ¹⁶ 제사하는 처음 익은 곡식 가루
가 거룩한즉 떡덩이도 그러하고 뿌리가 거룩한즉 가지도 그러하니라

그리스도의 복음, 그리고 이방인들과 유대인들의 관계에 대한 가르
침(9-11장)이 결론에 치닫고 있다. 바울은 결론을 시작하면서 그동안
하나님께서 하신 일에 맞추었던 대화의 초점을 이스라엘 민족으로 옮
긴다(Aletti, Thielman). 9:30-11:10은 이스라엘이 그리스도의 복음을 부
인한 것과 하나님이 그들의 마음을 강퍅하게 하여 복음을 영접하지 못
하게 하신 일을 회고했다. 그렇다면 유대인은 하나님의 구원에서 영원
히 제외된 것인가?

바울은 절대 그렇지 않다고 한다. 하나님이 계획하신 바에 따르면
수많은 이방인이 예수 그리스도를 통해 하나님의 백성이 되는 일이 이
스라엘을 시기하게 할 것이다. 이방인이 하나님의 백성이 되는 것을
보고 자극을 받은 수많은 유대인이 그리스도의 복음을 영접할 것이라
는 의미다. 이스라엘은 하나님의 복음을 버렸지만, 하나님은 그들을
버리지 않으셨다. 하나님은 세상 끝 날까지 아브라함과 맺으신 언약에
신실하실 것이다.

바울은 대부분 유대인이 복음을 거부한 일에 대해 "그들이 넘어지기
까지 실족하였느냐?"(μὴ ἔπταισαν ἵνα πέσωσιν;)라고 묻는다(11a절). 그리
스도를 부인한 대다수 유대인이 앞으로 영원히 구원받지 못하게 되었
는지를 묻는 말이다(Cranfield, Dunn, Fitzmyer, cf. 9:33; 사 24:20). 하나님은
그들에게 복음을 듣고 심사숙고할 기회를 충분히 주셨기 때문에 일이

이렇게 마무리된다 해도 그들은 할 말이 없다.

그러나 바울은 "그럴 수 없다"(μὴ γένοιτο)라며 강력하게 부인한다(11b 절). 그들은 영원히 넘어져 있지 않고(구원을 얻지 못하지 않고) 언젠가 다시 일어날 것이다. 그들의 실족함은 하나님이 정하신 동안에만 있는 일이다. 하나님은 넘어져 있는 그들을 일으키시기 전에 많은 이방인을 구원하실 것이다(cf. 행 13:45-48; 18:6; 28:24-28). 많은 이방인이 구원을 얻고 난 다음에 유대인이 구원을 얻는다는 순서가 놀랍다. 원래 유대인들은 자신들이 먼저 구원에 이르고, 그다음 이방인 중 소수가 구원받을 것이라고 생각했기 때문이다(Schreiner, cf. 11:30-32).

개역개정이 11절과 12절에서 '넘어짐'으로 번역한 단어(παράπτωμα)는 가치 중립적이지 않다. 이는 죄(transgression)를 뜻한다(Cranfield, Dunn, Thielman, cf. BDAG, 신 7:25; 약 2:10; 3:2). 하나님이 계획하신 것에 따라 유대인들이 복음을 부인했다 할지라도, 그들이 복음을 거부한 것은 명백한 죄다(cf. 4:25; 5:15-20). 바울은 하나님이 예수님을 시온에 걸림돌로 두셔서 많은 유대인이 넘어지게 하셨다고 했다(9:32-33). 유대인이 넘어지니 구원이 이방인에게 왔다(11c절). 그리스도의 복음이 먼저 유대인에게 전파되었는데, 그들이 강퍅하여 거부하자 하나님이 복음을 이방인에게 보내셨다는 뜻이다.

하나님이 유대인이 거부한 복음을 이방인에게 보내신 것은 이스라엘로 시기하게 하기 위해서다(11d절). 하나님이 유대인을 포기해서 이방인에게 복음을 보내신 것이 아니다. 유대인들이 복음을 거부했지만, 수많은 이방인이 영접하여 구원에 이르는 것을 보고 자극을 받아 그들도 복음을 영접하게 하려고 복음을 이방인에게 보내신 것이다.

하나님이 수많은 이방인을 교회로 들어오게 하신 것은 유대인 구원하는 일이 완전히 끝났기 때문에 더는 그들을 구원하는 일은 없을 것이라는 뜻이 아니다. 그들을 시기심으로 자극하기 위해서 이방인을 대거 교회로 들이셨다. 언젠가 유대인의 강퍅함이 풀리면 그들은 다시 일어설 것이다. 그들의 완악함은 바로의 것과 다르기 때문이다(cf. 9:22). 유대인들은 아직도 구원을 얻을 수 있다.

유대인의 넘어짐이 세상의 풍성함이 되었고, 그들의 실패가 이방인의 풍성함이 되었다(12a절). 예수 그리스도의 복음을 부인한 유대인의 죄가 이방인의 구원으로 이어졌다는 뜻이다. 이방인의 구원이 유대인의 시기를 유발한다는 점에서(cf. 10:19) 이방인은 하나님이 유대인을 구원하기 위해 사용하시는 도구에 불과하다고 생각할 수도 있다. 그러나 그렇지 않다. 하나님은 유대인의 구원과 상관없이 이방인에게 풍성함을 주기 위해 구원하셨다(Cranfield). 그러므로 이방인은 유대인을 구원하기 위한 수단과 도구에 불과한 것이 아니다(Schreiner).

'풍성함'(πλοῦτος)은 구원을 의미한다. 바울은 하나님이 유대인이나 헬라인이나 차별하지 않고 그분을 부르는 모든 사람에게 부요하시다고 했다(10:12; cf. 9:23; 엡 1:7, 18; 2:7; 3:8; 골 1:27). 부요하신 하나님이 믿는 자들에게 풍성함을 주시는데, 곧 구원과 영생이다. '실패'(ἥττημα)가 '충만함'(πλήρωμα)의 반대말로 사용되고 있다는 점에서 '수가 줄어드는 것'으로 해석하는 이들도 있지만(Barrett, cf. KJV, NAB), '실패'로 해석해야 한다(Murray, Thielman, cf. 고전 6:7; 벧후 2:19-20). 유대인은 하나님의 의롭다 하심을 얻는 일에 실패했다. 그러나 하나님이 그들의 강팍함을 제거하시면(11:25) 수많은 유대인과 이방인이 종말에 형성되는 하나님의 백성이 될 것이다(Thielman).

만일 유대인의 실패가 이방인의 풍성함으로 이어졌다면, 그들이 충만해질 때 어떤 일이 벌어질까(12b절)? 수많은 이방인이 구원을 받은 것보다 훨씬 더 큰 은혜를 온 세상에 내려 주실 것이다. 저자는 작은 것을 근거로 더 큰 것을 상상하게 한다(Wright, cf. 5:10, 15, 17; 11:12, 24; cf. 고후 3:7-11; 몬 1:16). 그러나 정확히 어떤 축복이 임할 것인지에 대해서는 15절에서 설명한다.

바울은 자신이 이방인의 사도가 된 것을 매우 영광스럽게 여긴다

(13절). 유대인인 그가 이방인에게 복음을 전파하는 사도가 된 것은 스스로 정한 일이 아니라 하나님의 부르심에 따라 이루어진 일이며, 자신은 이 일을 매우 자랑스럽게 생각한다는 뜻이다. 그러므로 그는 자기 사역을 통해 더 많은 이방인이 예수 그리스도를 통해 하나님의 구원을 얻기를 바란다. 그래야 유대인이 구원받는 때가 이를 것이기 때문이다(cf. 14절). 다소 이상하게 들리겠지만, 유대인의 구원은 이방인 선교를 통해야만 가능하다(Munck).

바울은 자신이 이방인 선교를 함으로써 얼마의 자기 골육이 구원에 이르게 된다고 확신한다(14절). 그가 이방인에게 복음을 많이 전파할수록 더 많은 이방인이 구원을 얻을 것이며, 이방인 성도가 많아질수록 유대인의 시기도 커져 갈 것이다. '내 골육'(μου τὴν σάρκα)은 유대인이다. '얼마'(τινὰς)를 거의 모든 사람으로 해석하는 이들도 있지만(Munck, cf. 3:3; 11:17), 거의 모든 유대인이 구원에 이르는 일은 24절에 가서야 언급된다(Cranfield, Moo, Murray). 본문에서는 바울의 이방인 선교로 인해 '일부' 유대인만 구원에 이른다(Harrison & Hagner, Schreiner). 거의 모든 유대인이 그리스도의 복음을 통해 구원에 이르면 세상은 끝이 난다.

그들을 버리는 것이 세상의 화목이 된다(15a절). '그들'은 바울이 자기 골육이라고 하는 유대인을 두고 하는 말이다. 개역개정은 하나님이 유대인을 버린다는 의미에서 '그들의 버림'(ἡ ἀποβολὴ αὐτῶν)을 목적 소유격(objective genitive)으로 해석해 번역했다(cf. Cranfield, Moo, Nygren, Murray, Sanday & Headlam, Schnabel). 그러나 주격 소유격(subjective genitive)으로 해석해 유대인이 하나님을 버리는 것으로 해석하는 이들도 있다(Fitzmyer, Lohse, cf. 11:1-2, 11). 지금까지 하나님이 유대인의 마음을 강퍅하게 하신 것 등을 고려하면 목적 소유격이 맞다. 하나님이 그들을 버리신 것이다.

하나님이 유대인을 버리는 것이 세상의 화목이 되었다. 하나님이 복음을 이방인에게 보내 수많은 이방인이 그리스도를 통해 구원을 얻게 되어 하나님과 화목하게 되었다는 뜻이다. 그러므로 '세상'(κόσμος)은 구원받은 이방인이다(cf. 12절). 이방인 선교가 유대인의 구원에 꼭 필요한 것처럼, 이스라엘이 그리스도의 복음을 거부한 일 역시 세상의 구원에 꼭 필요하다(Stuhlmacher).

저자는 하나님이 유대인을 버리는 것이 이방인과 하나님의 화목을 이루어 냈다면, 하나님이 그들을 받아들이는 것은 죽은 자 가운데서 살아나는 것이 아니면 무엇이냐고 묻는다(15b절). 어떤 이들은 '죽은 자 가운데서 살아나는 것'(ζωὴ ἐκ νεκρῶν)을 그리스도인의 내적 변화로 해석하지만(Calvin, Godet), 부활이다(Byrne, Käsemann, Moo, Schreiner, Thielman). 또한 저자가 유대인의 회복에 관해 말하고 있으므로, 본문의 부활은 수많은 유대인이 그리스도를 통해 구원에 이르는 것을 상징한다(Bird, Fitzmyer, Mounce, Wright). 또한 유대인의 회심에 자극받은 이방인이 더 많이 그리스도를 영접할 것이다(Fuller, Murray, Stott). 그러므로 수많은 유대인이 그리스도를 믿으면 세상은 끝이 나고 종말이 시작된다(Allison, Schreiner, cf. 행 3:19-21; 롬 11:23-27).

"제사하는 처음 익은 곡식 가루가 거룩한즉 떡덩이도 그러하고"(16a절)라는 말씀은 구약의 첫 소산 예물과 연관된 것이다(민 15:17-21). 그러나 번역이 매끄럽지 않다. '제사하는 처음 익은 곡식 가루'는 헬라어 단어 하나(ἀπαρχή)를 번역한 것이다. 이 단어는 원래 '첫 열매/소산'이라는 의미를 지니는데(cf. BDAG), 이어지는 문구에서 이 '첫 열매'가 '떡덩이'(φύραμα)에서 떼어 낸 것, 곧 반죽의 일부라고 하기 때문에 개역개정은 '제사하는 처음 익은 곡식 가루'라고 번역한 것이다. 새번역이 이 문장을 더 정확하게 번역했다: "만물로 바치는 빵 반죽 덩이가 거룩하면 남은 온 덩이도 그러하고"(16절, 새번역).

율법은 하나님께 첫 열매 제물을 드릴 때 가장 좋은 것을 드리라고 한다. 바울은 하나님께 드리는 첫 열매 제물은 하나님께 거룩한 것이므로 그 제물을 떼 낸 반죽 덩어리도 거룩하다고 한다(Cranfield, Dunn, cf. 레 19:23-25). 구약은 첫 열매는 하나님께 드리고 나머지는 제사장들이 먹게 했다. 그러므로 본문에서 '거룩하다'는 것이 하나님께 바쳐진 첫 열매와 반죽 덩이가 성물이기 때문에 사람이 먹을 수 없다는 뜻은 아니다.

첫 열매로 바치는 빵 반죽 덩이가 거룩하면 남은 온 덩이도 거룩한 것처럼 나무의 "뿌리가 거룩하면 가지도 거룩하다"(16b절). 뿌리와 가지는 같은 나무이기 때문이다. 16절을 구성하고 있는 첫 열매와 뿌리 비유에서 첫 열매와 뿌리가 무엇을 의미하는지 학자들은 다양한 해석을 내놓았다.

어떤 이들은 아브라함과 그리스도가 첫 열매이자 뿌리라고 하고 (Calvin, Fitzmyer, Moo, Sanday & Headlam), 어떤 이들은 그리스도만이 첫 열매와 뿌리라고 한다(Ellison, Hanson). 본문이 유대인에 관한 것이므로 첫 열매와 뿌리 모두 아브라함과 선조들을 가리킨다고 하는가 하면 (Gundry-Volf, Hofius, Käsemann, Munck, Murray, Schreiner), 열매는 유대인 그리스도인 중 남은 자들을, 뿌리는 이스라엘의 선조들을 뜻한다고 하는 이들도 있다(Cranfield, Fitzmyer, Keck, Schnabel, Ziesler). 첫 열매와 뿌리 모두 유대인과 이방인 그리스도인이라 하는 이들도 있다(Dunn). 그러나 바울이 수많은 유대인이 소수의 남은 자(첫 열매와 뿌리)로 인해 거룩하게 될 것에 관해 말하고 있다는 점을 고려할 때 첫 열매와 뿌리는 유대인 그리스도인, 곧 남은 자들로 해석하는 것이 가장 설득력 있다(cf. Barrett, Harrison & Hagner, Johnson, Thielman). 이 두 비유의 포인트는 이스라엘은 아직도 하나님에게 특별한 백성이라는 뜻이다. 하나님이 그들을 버리지 않으셨을 뿐 아니라, 소수의 남은 자로 인해 그들을 거룩하게 여기시기 때문이다.

이 말씀은 하나님의 신실하심은 끝이 없다고 한다. 하나님이 그리스도의 복음을 부인한 유대인을 버리신다 해도 그들은 불만을 표할 수 없다. 그들 스스로 예수 그리스도를 부인하기로 결정했고, 그들이 그리스도를 부인하는 것은 곧 하나님을 버리는 것과 같기 때문이다. 이스라엘은 하나님을 버렸어도, 하나님은 그들을 버리지 않으신다. 옛적에 그들의 선조들과 언약을 맺으시며 그들의 자손을 자기 백성으로 삼고 보호할 것이라고 약속하셨기 때문이다. 수천 년이 지나도 하나님은 그 약속대로 이스라엘을 버리지 않으셨다.

하나님은 우리 각자에게도 많은 약속을 주셨다. 하나님은 이 약속들을 반드시 이루실 것이다. 우리가 바라는 때에 이루어지지 않을 수는 있다. 그러나 하나님이 정하신 때가 이르면 반드시 이루실 것이다. 그러므로 우리에게 약속하신 것은 반드시 이루실 것이라며 하나님의 때를 기다리는 것도 믿음이다.

우리는 주변 사람들에게 신앙의 자극제가 되어야 한다. 유대인은 그리스도를 믿는 수많은 이방인을 보고 시기심을 느껴 하나님을 믿을 것이다. 또한 수많은 유대인이 하나님께 돌아오는 것을 본 이방인도 자극을 받아 더 많은 사람이, 더 열심히 하나님을 섬길 것이다. 유대인과 이방인이 서로에게 긍정적인 자극제가 되는 것이다. 우리가 사람들에게 신앙의 자극제가 되려면 먼저 믿음 생활을 매력적으로 가꾸어 가야 한다. 그리스도의 향기를 뿌리며 빛과 소금의 삶을 살면 사람들이 반드시 자극받을 것이다.

> IV. 복음과 이스라엘(9:1-11:36)
> D. 복음에 드러난 하나님의 신실하심(11:1-36)

3. 이방인들은 자랑할 것이 없음(11:17-24)

[17] 또한 가지 얼마가 꺾이었는데 돌감람나무인 네가 그들 중에 접붙임이 되어 참감람나무 뿌리의 진액을 함께 받는 자가 되었은즉 [18] 그 가지들을 향하여 자랑하지 말라 자랑할지라도 네가 뿌리를 보전하는 것이 아니요 뿌리가 너를 보전하는 것이니라 [19] 그러면 네 말이 가지들이 꺾인 것은 나로 접붙임

을 받게 하려 함이라 하리니 ²⁰ 옳도다 그들은 믿지 아니하므로 꺾이고 너
는 믿으므로 섰느니라 높은 마음을 품지 말고 도리어 두려워하라 ²¹ 하나님
이 원 가지들도 아끼지 아니하셨은즉 너도 아끼지 아니하시리라 ²² 그러므로
하나님의 인자하심과 준엄하심을 보라 넘어지는 자들에게는 준엄하심이 있
으니 너희가 만일 하나님의 인자하심에 머물러 있으면 그 인자가 너희에게
있으리라 그렇지 않으면 너도 찍히는 바 되리라 ²³ 그들도 믿지 아니하는 데
머무르지 아니하면 접붙임을 받으리니 이는 그들을 접붙이실 능력이 하나님
께 있음이라 ²⁴ 네가 원 돌감람나무에서 찍힘을 받고 본성을 거슬러 좋은 감
람나무에 접붙임을 받았으니 원 가지인 이 사람들이야 얼마나 더 자기 감람
나무에 접붙이심을 받으랴

이 섹션의 감람나무 비유는 바로 앞 절(11:16)의 뿌리와 가지 비유를
확장한 것이다. 저자가 포도나무가 아니라 감람나무(올리브나무)를 택한
것은 구약에서 감람나무가 하나님이 이스라엘을 심판하시는 일에 등
장하기 때문이다(Witherington & Hyatt, cf. 렘 11:16; 호 14:6). 또한 호세아
는 감람나무 이미지를 이스라엘의 회복 및 구원과 연관해 사용하기도
한다(호 14:3-9). 그러므로 바울이 본문에서 감람나무 비유를 사용하는
것이 호세아가 이 나무를 심판과 구원 메시지에 사용한 것과 비슷하다.
저자는 이스라엘을 감람나무 가지에 비유하며 이 섹션을 시작한다.
어떤 이들은 구약에서 이스라엘이 가끔 감람나무에 비유된다는 점에
서(렘 11:16-19; 호 14:6-7) 본문의 감람나무를 이스라엘로 해석하기도
하지만, 전혀 설득력이 없다. 너무나 많은 이스라엘 사람이 이 나무
에서 잘려 나갔기 때문이다. 그러므로 이 감람나무는 이방인과 유대
인 성도로 구성된 '하나님의 백성'(one people of God)으로 해석해야 한다
(Barrett, Fitzmyer, Moo, Munck, Nygren, Sanday & Headlam, cf. 11:16).
이스라엘 사람들이 모두 그리스도를 부인한 것은 아니다. 그러므로
'가지 중 얼마'(τινες των κλάδων)만 꺾였다(17a절). 사실 '얼마/일부'(τινες)

만 꺾였다는 것은 절제된 표현(understatement)이다. 당시 대부분 유대인이 믿지 않았기 때문이다(Cranfield, Fitzmyer, Sanday & Headlam). 다행히 유대인이 모두 그리스도의 복음을 통해 형성된 주의 백성에서 배제된 것은 아니며, 그들 중 그리스도를 영접한 이들은 아직도 나무에 가지로 남아 있다.

하나님은 예수님을 믿지 않은 유대인들을 꺾어 낸 자리에 이방인을 접붙여 유대인 그리스도인들과 함께 나무뿌리의 진액을 받게 하셨다(17b절). '그들 중에'(ἐν αὐτοῖς)는 '그들 안에'(in them) 혹은 '그들 자리에'(in their place, cf. 새번역, 공동, NRS, NAB)가 아니라 '그들 중에'(among them)로만 해석해야 한다(Cranfield, Dunn, Käsemann, Schreiner, cf. 아가페 ESV, NAS, NIV). 이방인들이 잘려 나간 유대인을 대체하는 것이 아니기 때문이다(cf. 24절).

이 나무에는 원래 이스라엘 사람들만 가지로 붙어 있었다. 그러므로 바울은 이스라엘 사람들을 '원가지들'(τῶν κατὰ φύσιν κλάδων)이라 하고(21, 24절), 이 나무를 '자기[유대인의] 감람나무'(τῇ ἰδίᾳ ἐλαίᾳ)라고 한다(24절). '뿌리의 진액'(τῆς ῥίζης τῆς πιότητος)은 하나님의 구원하시는 은혜(Cranfield), 혹은 그리스도의 풍요로움을 의미한다(Murray). 접붙임받은 이방인 가지들이 나무의 원가지인 유대인 성도들과 함께 하나님으로부터 진액을 공급받고 있다. 이방인이 그리스도를 통해 얻은 구원은 이스라엘이 하나님과 맺은 언약적 관계에 근거한 것이다(Harrison & Hagner).

저자는 유대인들이 원래 가지로 있던 나무를 '참감람나무'(ἐλαία)라 하고, 이방인들이 접붙임 된 나무를 '돌감람나무'(ἀγριέλαιος)라 한다. 학자들은 돌감람나무(야생)를 참감람나무에 접붙일 수 있는지 논쟁한다. 어떤 이들은 실제로 이런 일이 있었다고도 하지만(cf. Fitzmyer, Stuhlmacher), 당시 농법에 관한 자료들을 고려하면 참감람나무를 돌감람나무에 접붙이기는 해도 돌감람나무를 참감람나무에 접붙이지는 않았다(Esler, Grindheim, Sanday & Headlam, Thielman).

실제로 이런 일이 있었는지는 이 비유의 의미를 설명하는 데 어떠한 영향도 미치지 않는다(Cranfield, Käsemann, Moo, Murray, Schreiner). 만일 실제성이 중요하다면, 꺾인 가지가 오랜 시간이 흐른 다음 다시 원나무에 접붙임받는 일(23-24절)이 언급되지 않았을 것이다(Cranfield, Käsemann, Keck, Murray).

바울은 이방인이 교만해지지 않도록 당시 감람나무 접붙임에서 일어나는 실제 상황을 뒤집고 있다(Grindheim, Schreiner, Thielman). 또한 농부들이 돌감람나무를 참감람나무에 접붙이는 일을 일상적으로 하지 않는 것처럼, 하나님이 이방인을 자기 백성으로 양자 삼으신 일(cf. 8:15, 23)은 참으로 특별한 은혜라는 것을 암시한다(Wright).

이방인은 유대인에게 자랑하지 않아야 한다(18a절). '자랑하지 말라'(μὴ κατακαυχῶ)는 당시 일반 문헌에서도 흔치 않은 단어이며, 바울도 이곳에서 단 한 차례 사용한다. 칠십인역(LXX)은 이 단어를 전쟁에서 승리한 자가 패한 자들에게 자신을 자랑하는 행위를 묘사하는 데 사용한다(Thielman, cf. 렘 50:11). 이방인 성도가 유대인에게 자랑하면 그들도 유대인이 실족해 하나님에게서 멀어진 일을 똑같이 겪게 될 것이다(Dunn, cf. 1-4장). 교만은 유대인만의 문제가 아니라 온 인류의 문제다(Schreiner).

유대인들이 하나님이 그들에게만 주신 특권과 은혜를 자랑할 수 없다면(cf. 3:27-30), 하나님의 은혜로 구원을 얻은 이방인은 더욱더 자랑할 것이 없다. 또한 이방인은 이스라엘의 선조인 아브라함과 이삭과 야곱의 하나님의 백성이 되었고, 하나님이 선조들에게 하신 약속들은 아직도 유효하다.

저자는 접붙임을 입은 이방인이 자랑하면 안 되는 또 한 가지 이유는 그들이 뿌리를 보전하는 것이 아니라 뿌리가 그들을 보전하기 때문이라고 한다(18b절). 뿌리는 하나님의 백성을 지탱하는 뿌리, 곧 하나님을 의미한다. 그러므로 17절에서 '뿌리의 진액'(τῆς ῥίζης τῆς πιότητος)은 하나님의 구원하시는 은혜(Cranfield), 혹은 그리스도의 풍요로움(Murray)으로 해석하는 것이 가능하다. 이방인 성도가 하나님의 백성으로 보전되는 것이 온전히 하나님의 은혜로만 가능한 일이라면, 그들은 더욱더 자랑할 것이 없다.

저자가 이렇게 말하면, 하나님의 백성을 상징하는 참감람나무에서 그리스도를 믿지 않은 유대인 가지들이 꺾인 것은 이방인 성도인 돌감람나무 가지들이 접붙임받게 하기 위해서라고 반론하는 이들이 있을 것이다(19절). 이에 대해 바울은 그들의 반론이 옳다고 한다(20a절). 그러나 유대인은 이방인에게 자리를 내주기 위해 꺾인 것이 아니다. 그들이 꺾인 것은 믿지 않았기 때문이다. '믿지 않음'(ἀπιστία)은 인과관계적 여격(causal dative)으로, 그들이 꺾인 이유는 예수님을 믿지 않았기 때문이라는 사실을 확실히 한다(Cranfield, Dunn, Jewett). 반면에 이방인이 참감람나무의 가지가 된 것은 믿었기 때문이다(20b절). '믿으므로'(πίστει)는 인과관계적 여격(causal dative)이다.

하나님의 구속사적 계획은 유대인이 그리스도를 거부하는 동안 이방인이 대거 교회로 들어와 자기 백성이 되게 하는 것이었다(cf. 11:12, 15). 이 일을 실현하기 위해 하나님은 유대인의 마음을 완고하게(강퍅하게) 하셨다(10:7; 11:25). 유대인은 그리스도를 통해서 의를 얻으려 하지 않고 율법의 행위를 통해 의를 얻으려 하다가 하나님께 버림받았다. 반면에 이방인은 그리스도를 믿어 하나님의 의롭다 하심을 얻었다.

이방인 성도는 유대인 성도보다 나은 것이 하나도 없다. 이방인은 '높은 마음'(ὑψηλὰ φρόνει), 곧 교만한 마음은 품으면 안 된다(20b절). 자랑할 것도, 교만할 것도 없어야 한다. 오히려 두려워해야 한다(20c절). 교만을 해결하는 가장 좋은 방법은 하나님을 두려워하는 것이다. 이방인이 교만하다는 것은 그들에게 믿음이 없다는 증거이기도 하다(Thielman).

하나님의 의롭다 하심을 입은 사람이 취해야 할 자세는 마치 어떤 경쟁 상대를 이긴 것처럼 교만해지는 것이 아니다. 자신은 원래 지금 서 있는 구원의 자리에 있을 만한 자격이 없는데, 하나님의 은혜로 그 자리에 서게 되었음을 깨닫고 겸손해야 한다. 바울이 이처럼 겸손하라며 이방인 성도를 반복적으로 권면하는 것은 아마도 로마 교회 안에서 이방인들이 유대인들을 무시하고 내려다보았기 때문으로 보인다. 자신들이 유대인을 대체해 하나님의 백성이 되었다고 생각한 것이다.

이방인 성도들이 교만할 수 없는 신학적 이유는 원가지들(이스라엘 사람들)도 아끼지 않고 쳐 내신 하나님은 새로 접붙인 가지들(이방인들)도 주저하지 않고 쳐 내실 수 있기 때문이다(21절). 하나님은 이스라엘을 양자 삼으시고, 그들과 언약을 맺으시며 여러 가지 약속도 주셨다(9:4). 그러나 그들이 그리스도를 믿지 않자 과감히 그들을 버리셨다. 하나님이 그리스도를 믿지 않는다는 이유로 언약의 후손인 유대인을 버리셨다면, 옛 상태로 돌아가 믿음을 저버린 이방인을 버리시는 것은 당연하고도 충분히 예측할 만한 일이다.

그렇다면 이방인 그리스도인은 어떻게 살아야 하는가? 하나님의 인자하심과 준엄하심을 마음에 새기고 살아야 한다(22a절). '인자하심'(χρηστότης)은 선하심, 친절하심, 너그러우심 등을 뜻한다(BDAG). 이방인을 구원하실 때 하나님은 그들에게 이 인자하심을 베푸셨다. 이제 그들은 주님의 인자하심에 머물며 그분의 인자하심을 마음껏 누려야 한다(22c절).

'준엄하심'(ἀποτομία)은 엄격하심을 뜻한다(BDAG). 유대인이 그리스도를 믿지 않고 실족하자 하나님은 그들에게 자신의 준엄을 보여 '하나님의 백성 나무'에서 그들을 자르셨다(22b절). 이러한 사실은 접붙임을 받은 이방인에게 경고가 되어야 한다. 그들도 주님의 인자하심 안에 있지 않으면, 곧 그리스도에 대한 믿음을 계속 유지하지 않으면, 찍혀 버려질 수 있다(22d절). 우리가 하나님의 인자하심에 감사하며, 주의 인자하심을 마음껏 누릴 방법은 종종 하나님의 준엄하심을 묵상하는 것이다.

어떤 이들은 사람이 구원을 얻었다가 잃을 수 있냐며 본문에 문제를 제기하지만, 바울이 말하고자 하는 것은 믿는 사람이 하나님께 받은 구원을 잃게 된다는 것이 아니다(Murray, Wright). 이 말씀은 비유의 일부분일 뿐이다. 그러므로 지나친 문자적 해석은 바람직하지 않다. 바울은 말씀을 이렇게 대하는 자세에 대해 경고한다(딤후 2:11-21; cf. 요일 2:19). 또한 믿음은 하나님이 주시는 선물임을 고려하면 평생 믿음을 유지하지 못하는 사람은 처음부터 구원받은 하나님의 백성이 아니었다고 할 수 있다. 스스로 착각한 것이다.

만일 하나님이 잘라서 버리신 참감람나무의 가지인 유대인들이 그리스도를 믿으면 어떻게 될까? 바울은 만일 그들이 계속 불신하지 않고(믿지 아니하는 데 머물지 않고) 그리스도를 믿으면(cf. 20절; 9:30-10:21) 접붙임을 받을 것이라 한다(23a절). 하나님이 이방인 성도들을 접붙이신 것처럼, 그들도 다시 받아 '하나님의 백성 나무'에 접붙이실 것이다. 그들을 접붙이실 능력이 하나님께 있다(23b절). 하나님은 언제든 그리스도를 주로 고백하는 유대인을 다시 자기 백성으로 맞이하려고 양팔을 벌리고 기다리신다(cf. 10:21).

만일 하나님이 돌감람나무의 가지(이방인)를 잘라 본성을 거슬러 좋은 감람나무에 접붙이셨다면, 불신으로 인해 잘려 나간 참감람나무의 원가지(유대인)가 그리스도를 영접해 돌아온다면 하나님이 얼마나 더 그들을 접붙이고자 하실 것인지 어느 정도 상상할 수 있다(24절). '본성을 거슬러'(κατὰ φύσιν)는 정상적인 상황에서는 일어나지 않는 일을 묘사한다. 하나님이 이방인을 백성으로 삼으신 일은 유대인을 버리신 일보다 더 어려운 일이었다(Thielman). 하나님이 이방인을 구원하실 때 참으로 큰 결단을 하신 것이다.

'좋은 감람나무'(καλλιέλαιος)는 이곳에서 단 한 차례 사용되며, 사람이 재배하는 감람나무를 뜻한다(BDAG). 그러므로 좋은 감람나무는 하나님이 이스라엘을 택하시고 사랑하시는 것을 암시한다(Thielman, cf. 사 5:1-2; 60:21; 61:3). 하나님이 돌보시는 좋은 감람나무의 원가지였다가 잘린 유대인들이 다시 돌아오면 얼마나 더 접붙임을 받겠는가! 그러므로 하나님이 유대인을 다시 자기 백성으로 받아 주시는 것은 일도 아니다.

이 말씀은 우리의 구원에 교만해져서 구원받지 못한 자들을 내려다보면 안 된다고 한다. 우리의 구원은 전적으로 하나님의 은혜로 된 일이니 자랑할 것이 없다. 또한 구원받지 못한 자들이 우리보다 못해서 구원에 이르지 못한 것이 아니다. 그러므로 그들을 무시하거나 가볍게 여기면 안 된다. 하나님이 우리를 구원하신 것처럼 그들도 구원하시기를 바라며 계속 기도해야 한다.

또한 그들보다 우리가 먼저 구원받았다고 해서 교만할 수도 없다. 성경은 경우에 따라서는 먼저 된 자가 나중이 되고, 나중 된 자가 먼저 되기도 한다고 한다(마 19:30). 먼저 구원을 얻었다면, 감사하며 구원이 주는 축복과 특권을 누리면 된다. 그 누구에게도 교만을 떨 겨를이 없게 해야 한다.

IV. 복음과 이스라엘(9:1-11:36)
　　D. 복음에 드러난 하나님의 신실하심(11:1-36)

4. 이스라엘의 구원에 대한 약속(11:25-27)

25 형제들아 너희가 스스로 지혜 있다 하면서 이 신비를 너희가 모르기를 내가 원하지 아니하노니 이 신비는 이방인의 충만한 수가 들어오기까지 이스라엘의 더러는 우둔하게 된 것이라 26 그리하여 온 이스라엘이 구원을 받으리라 기록된 바

구원자가 시온에서 오사
야곱에게서 경건하지 않은 것을 돌이키시겠고

411

²⁷ 내가 그들의 죄를 없이 할 때에
그들에게 이루어질 내 언약이 이것이라

함과 같으니라

저자는 이때까지 하나님이 그리스도의 복음을 거부한 유대인을 우둔하게(강팍하게) 하시고 그리스도의 복음을 믿은 수많은 이방인은 구원해 자기 백성이 되게 하셨다고 했다. 이번에는 구원을 입은 이방인의 수가 차면 하나님이 그리스도를 부인한 온 이스라엘을 구원하실 때가 올 것이라고 한다. 그러므로 본문은 그리스도의 복음과 이방인과 유대인의 관계를 설명하는 9-11장의 절정이자 핵심이다(cf. Aageson, Belli, Compton & Naselli, Gandez, Getty, Oropeza, Steyn, Wallace).

정하신 동안에 유대인들이 마음이 완고하여 그리스도의 복음을 부인하다가, 정하신 때가 되어 마음이 열리고 예수님을 영접해 구원을 얻는 것은 하나님의 구속사적 계획이다. 하나님은 이 기간에 수많은 이방인을 교회로 들어오게 하셨다. 유대인이 그리스도께 돌아오는 것은 최종 심판 바로 전에 있을 일이다. 그들이 전에 부인한 예수님을 영접하게 되는 것은 과거에 이방인이 하나님을 부인하다가 그리스도를 믿게 된 것과 평행을 이룬다. 저자는 하나님이 이렇게 하시는 것을 신비(mystery)라 한다. 하나님이 이 신비를 교회에 알려 주신 것은 대부분 이방인으로 구성된 교회 성도들이 유대인에 대해 교만하거나 그들을 무시하지 않게 하기 위해서다. 또한 이는 하나님이 이스라엘의 선조들과 맺으신 언약에 영원히 신실하시다는 것을 온 세상에 드러낸다.

저자는 로마 성도들에게 하나의 신비를 알려 주고자 한다(25a절). '신비'(μυστήριον)는 바울이 즐겨 사용하는 단어다(16:25; 고전 2:1, 7; 4:1; 13:2; 14:2; 15:51 등). 사람이 풀 수 없는 문제나 수수께끼를 의미하는 것이 아니다. 저자는 사람이 별 어려움 없이 이해할 수 있지만 숨겨져 있기 때문에 알지 못하는 비밀이나, 이때까지 알려지지 않다가 새로

드러난 하나님의 뜻을 신비(mystery)라고 한다(16:25; cf. 단 2:18, 19, 27-
30). 하나님의 신비(비밀)는 예수 그리스도의 복음을 통해 온 세상에 드
러났다(16:25; 고전 2:1; 15:51; 엡 1:9; 3:3, 4, 9; 5:32).

저자는 하나님이 이방인을 부르신 것이 신비인 것처럼, 장차 유대인
이 예수 그리스도를 영접해 구원에 이르게 하시는 것도 신비라 한다.
학자들 사이에 이 신비의 세부 사항이 무엇이며, 어떻게 실현되는지에
대해 많은 논쟁이 있다. 대부분 학자가 동의하는 내용을 정리하면 본
문의 신비는 다음 사항으로 구성된다(cf. 25c-26절).

1. 이스라엘의 일부가 정한 시간 동안 우둔하게 되는 것
2. 이방인이 믿음으로 구원을 얻는 것이 유대인의 구원을 앞선다는 것
3. 온 이스라엘이 구원받을 것

이 세 가지 사항에 두 가지를 더하는 이들도 있다(Longenecker, cf.
26-27절): (1)하나님이 시온에서 구원자를 보내실 것, (2)하나님이 이스
라엘의 죄를 사하시고 그들과 맺은 언약을 이행하실 것. 그러므로 신
비(미스터리)의 핵심은 이스라엘의 구원이 실현될 때와 방법이다(Moo).
유대인이 교회에 대거 유입되는 일은 구원받을 이방인의 수가 충만한
다음에 일어날 일이다(Cranfield, Stuhlmacher, Wagner).

바울은 로마 성도들이 이 신비에 대해 알기를 원한다. 그는 "너희
가 모르기를 내가 원하지 아니하노니"(ἵνα μὴ ἦτε [παρ'] ἑαυτοῖς φρόνιμοι)
(25b절)라는 표현을 매우 중요한 진리를 소개할 때 사용한다(cf. 1:13, 고
전 10:1; 12:1; 고후 1:8; 살전 4:13). '이방인의 충만한 수'(τὸ πλήρωμα τῶν
ἐθνῶν)는 하나님이 구원하기로 정하신 이방인의 수가 차는 것을 뜻한
다(Jewett, cf. 11:12). '들어오기까지'(ἄχρι…εἰσέλθῃ)는 하나님 나라에 입성
한다는 종말론적인 표현이다(Thielman, cf. 막 9:43, 45, 47; 10:15, 23-25).

이방인이 구원을 얻을 수 있는 시간은 영원하지 않다. 하나님이 정

하신 바에 따라 이방인 중 구원받는 이의 수가 차면 나머지 이방인은 더는 구원에 이를 수 없다. 이때부터는 수많은 유대인이 예수님을 믿어 하나님의 백성이 될 것이다(cf. 11:12). 바울 시대에는 소수의 유대인 (11:5-7)과 수많은 이방인(11:11, 15)이 하나님의 백성을 구성했다. 하나님이 이방인 선교 시대를 마무리하고 유대인들을 구원하실 때가 되면 교회 안에 유대인의 수가 기하급수적으로 늘어날 것이다. 오늘날에도 예수 그리스도를 구주로 영접한 '메시아적 유대인'(Messianic Jews)이 상당히 많이 있지만, 그들은 미래에 구원에 이를 대다수 유대인의 맛보기에 불과하다.

믿음으로 구원을 얻은 이방인의 충만한 수가 하늘나라에 들어오기까지 이스라엘이 더러는 우둔하게 되었다(25c절). '더러'(μέρος)는 전체 중 일부를 의미하지만(BDAG), 이곳에서는 '대다수'라는 의미로 쓰인다. 앞서 저자는 비록 그리스도를 믿는 유대인 남은 자들이 있기는 하지만 (11:5), 부인하는 자들이 얼마나 많은지 그들을 '이스라엘'이라고 부르며 온 민족을 상징한다고 했다(11:7). 하나님은 구원받을 이방인의 수가 찰 때까지 이스라엘을 우둔하게 하셨다(11:5-7). 이미 여러 차례 언급한 것처럼 '우둔하다'(πωρόω)는 마음이 강퍅하게 되어 복음을 영접하지 못한다는 뜻이다(cf. TDNT).

하나님의 계획에 따라 구원받은 이방인의 수가 차면 유대인의 우둔함(강퍅함)이 제거된다. 온 이스라엘이 구원받을 때가 된 것이다(26a절). '온 이스라엘'(πᾶς Ἰσραὴλ)은 누구며, 시온에서 오는 구원자는 누구인지 학자들의 논쟁이 뜨겁다(cf. Compton & Naselli). 연관된 이슈들을 하나씩 살펴보자.

첫째, '이스라엘'(Ἰσραὴλ)이 누구인지 생각해 보자. 예수 그리스도를 믿는 이방인과 유대인 성도라 하는 이들이 있다(Augustine, Calvin, Jeremias, Porter, Schnabel, Wright cf. 4:1; 고전 10:1; 빌 3:3). 이들은 로마서와 바울 서신에서 여러 가지 증거를 제시한다. 바울은 표면적인 유대인이 유대인이 아니요 표면적 육신의 할례가 할례가 아니라, 오직 이면적 유대인이 유대인이며 할례는 마음에 해야 할례라고 했다(2:28-29; cf. 빌 3:3). 아브라함은 이방인을 포함해 모든 그리스도인의 조상이다(4:1-17; 갈 3:6-9, 26-29). 바울은 교회를 '하나님의 이스라엘'이라고 부르기도 한다(갈 6:16). 하나님이 영광을 받기로 예비하신 긍휼의 그릇은 유대인과 이방인을 함께 포함한다며 그 근거로 호세아서 말씀을 인용했다(9:24-26). 감람나무 비유에서도 유대인과 이방인을 함께 언급한다(11:17-24).

이러한 내용이 상당한 설득력을 지니기는 하지만, 바울은 이방인과 유대인의 차이에 대해 집중적으로 논하는 9-11장에서 이방인을 포함하는 의미로 '이스라엘'을 사용한 적이 없다. 바울은 긍휼의 그릇 비유(9:24-26)와 감람나무 비유(11:17-24)에서도 둘의 차이에 대해 말하지 둘이 같거나 하나라는 말은 하지 않는다. 그러므로 '이스라엘'은 이방인을 포함하지 않는 '인종적 이스라엘'(ethnic Israel)이다(Bell, Byrne, Cranfield, Fitzmyer, Hofius, Jewett, Moo, Murray, Sanday & Headlam, Stott).

둘째, '온'(πᾶς)의 범위를 생각해 보자. 어떤 이들은 '온 이스라엘'을 하나님이 강퍅하게 하신 자들을 포함해 이 땅에 사는 모든 유대인이라 한다(Bell, Fitzmyer, Jewett, Munck, Sanday & Headlam). 그러나 바울 시대에 살았던 유대인의 '우둔함'이 그들이 살아 있는 동안 되돌려진다는 증거는 없다(9:18, 21-23; 11:1-10). 저자는 그리스도를 믿지 않는 유대인을 '진노의 그릇'이라고 하는데, 이 그릇이 '은혜의 그릇'으로 변한다는 말도 없다(9:21-23). 비록 대부분 유대인이 그리스도를 거부하고 우둔해지지만, 소수는 하나님의 은혜를 입어 그리스도를 믿는 남은 자들이 된다. 이방인의 수가 찬 다음 구원에 이르는 이스라엘 사람들이 예전에 강퍅한 마음을 지녔던 자들이라는 말도 없다(cf. 11:2-28). 이러한 증거들을 고려할 때 저자는 인류 역사에 있던 모든 유대인이 구원받을 것이라 하지 않는다. 바울 시대에 그리스도의 복음을 거부하고 이미 죽은 유대인도 많았다. 또한 구원받는 이방인의 수가 찬 후에 유대인이 구원받는 때가 정확히 언제인지 언급하지 않는 상황에서 '온'이 이 땅에 사는 모든 유대인을 의미한다는 해석은 설득력이 없다.

어떤 이들은 '온 이스라엘'이 믿지 않는 모든 유대인(Das, Hafemann, cf. 11:28), 혹은 예수 그리스도를 믿어 구원에 이른 모든 유대인 남은 자(Beale, Kruse, Ridderbos, Robinson, cf. 9:6-13, 27-29; 11:1-10)라고 하기도 한다. 그러나 별 설득력 없는 해석이다. '온 이스라엘'은 이스라엘을 상징할 정도로 많은 유대인이지만, 모든 유대인은 아니다(Cranfield, Das, Gundry-Volf, Harrison & Hagner, Moo, Murray, Schreiner, Thielman, Wagner).

구약은 이집트에서 탈출한 이스라엘이 가데스 바네아에서 범죄해 그들 중 성인이 모두 광야에서 죽었다고 한다. 그러나 우리가 잘 알다시피 최소 두 명은 죽지 않았다. 갈렙과 여호수아다. 또한 곳곳에서 '온 이스라엘'이라 할 때는 한 사람도 빠짐없이 모든 사람을 포함하는 것이 아니라, 여러 가지 이유로 일부를 배제하고 '온 이스라엘' 혹은 '온 회중'이라 한다(출 16:2; 34:30; 민 8:9; 14:2; 14:10; 16:41 등). 특히 역대기 저자는 절대 이스라엘의 모든 사람을 의미할 수 없는 상황에서도 '온 이스라엘'이라는 말을 매우 자주 사용한다(대상 11:1, 4; 13:5, 6, 8; 15:3, 28; 19:17 등, cf.『엑스포지멘터리 역대기 상하』). 심지어 북 왕국 이스라엘과 남 왕국 유다를 함께 칭할 때 '온 이스라엘'이라 하다가 북 왕국 이스라엘이 아시리아로 끌려가 없어진 다음에 남 왕국 유다만을 칭할 때도 '온 이스라엘'이라 한다(대하 30:5, 6; 31:1; 35:3).

신약도 '온/모든'(ὅλος, πᾶς)이라는 말을 '예외 없이 모든'이라는 의미보다는 '전체적, 대부분'이라는 의미로 종종 사용한다(요 4:53; 행 10:2; 16:34; 18:8). 이러한 정황을 고려할 때 '온 이스라엘'은 이스라엘을 상징하고 대표할 정도로 많은 유대인을 의미하지만, 모든 유대인은 아니다(Cranfield, Harrison & Hagner, Moo, Murray, Schreiner, Thielman). 그들은 구원받은 이방인의 수가 찬 다음에 구원을 얻을 것이다. 종말에 있을 최종 심판 바로 전에 유대인들의 '대각성'이 있을 것이라는 뜻이다(Das, Moo, Schreiner, Thielman, Wagner).

셋째, 구원의 방법에 대해 생각해 보자. 바울은 하나님이 종말에 수많은 유대인을 구원하실 것을 구약 말씀을 인용해 설명한다. 이스라엘을 구원하시는 구원자가 시온에서 오셔서 야곱에게서 경건하지 않은 것을 돌이키실 것이다(26b절). 이사야 59:20이다. 이사야 59장은 선지자가 이스라엘의 죄를 비난하자(사 59:1-8) 그들이 죄를 자백하고(사 59:9-15), 자백을 들으신 하나님이 그들을 용서하고 구원하실 것을 약속하시는 것(사 59:16-21)으로 마무리된다. 그러므로 이사야 59:20은 하나님의 '온 이스라엘' 구원과 잘 어울리는 말씀이다.

다만 차이는 이사야 59:20의 마소라 사본(MT)은 구원자가 '시온으로 오신다'(לְצִיּוֹן וּבָא)라고 하고, 칠십인역(LXX)은 '시온을 위해 오신다'(καὶ ἥξει ἕνεκεν Σιων)라고 하는데, 바울은 구원자가 '시온에서 나오신다'(ἥξει ἐκ Σιών)라고 하는 점이다. 저자가 성육신하신 예수님의 유대적 배경을 강조하고자 이러한 변화를 주는 것으로 보인다(Thielman). 또한 예수님이 이미 시온에서 세상으로 나와 이방인들을 구원하고 계셨기 때문에 이렇게 표현하는 것으로 보인다.

학자들 사이에 시온에서 오시는 구원자가 누구인지를 놓고 논란이 있다. 바울이 유대인의 구원과 회복에 관해 말하는 로마서 11장에서 그들이 예수 그리스도의 복음을 믿어 구원에 이른다는 사실을 직접 언급하지 않는다는 점에서 예수님이 아니라 다른 구세주가 유대인에게 임하는 것으로 해석하는 이들이 있다(Gaston, Stuhlmacher, Stowers). 여호와가 직접 유대인의 구세주로 오신다면서(Keck) 이방인은 믿음으로, 유대인은 율법을 행하여 구원에 이른다며 '두 언약 이론'(two covenant theory)을 제시하는 이도 있다(Jocz).

그러나 예수님 외 다른 구세주는 로마서 9-11장 내용과 절대 어울리지 않는다(Byrne, Davies, Dunn, Fitzmyer, Harrison & Hagner, Jewett, Johnson,

Longenecker, Schnabel, Schreiner, Thielman, Wright, Ziesler). 9-11장에서 11장만 따로 떼어 독립적으로 해석할 수 없다(cf. 9:3; 9:31-10:8, 9-13, 14-21). 바울이 자신을 유대인 남은 자라 할 때(11:1-6), 자신은 그리스도를 믿어 남은 자가 되었다고 한다. 또한 하나님은 예수님을 유대인들이 걸려 넘어지는 걸림돌로 시온에 두셨다고 한다(9:33). 하나님의 때가 이르니 유대인들을 넘어지게 하신 분이 그들의 구세주로 오신다.

그러므로 본문은 예수님이 바로 시온에서 오시는 구세주라며 그분이 재림하시기 바로 전에 있을 일을 묘사한다(Aageson, Bell, Cranfield, Dunn, Fitzmyer, Gundry-Volf, Hofius, Jewett, Johnson, Moo, Munck, Käsemann, Sanday & Headlam, Stuhlmacher, Thielman, cf. 살전 1:10). 저자는 종말에 이방인의 수가 차고 나면 수많은 유대인이 그리스도의 복음을 통해 하나님의 백성이 될 것이라고 하는 것이다(Gundry-Volf, Longenecker, Moo, Schreiner). 유대인이 그리스도를 통해 교회로 대거 유입되는 때가 되면 이제 이방인의 구원은 없다(Schreiner). 종말이 임했기 때문이다.

구약은 일상적으로 유대인이 먼저 구원받고 그다음 소수의 유대인이 구원받을 것이라 한다. 이와 달리 바울은 수많은 이방인이 유대인보다 먼저 구원받을 것이라 한다. 그때가 이를 때까지 저자는 이방인이 하나님을 예배하기 위해 예루살렘으로 모여드는 것을 상상한다(cf. 사 2:1-4; 49:5-6; 슥 8:23). 이러한 상황은 이방인과 유대인이 역할을 바꾼 것이라 할 수도 있다. 그러므로 저자는 이 또한 '신비'라 한다(Thielman, Wagner, cf. 11:25). 하나님이 알려 주지 않으시면 우리는 도저히 알 수 없는 것들이다.

유대인의 구원자로 오시는 예수님은 야곱에게서 경건하지 않은 것을 돌이키실 것이다(26c절). '야곱'(Ἰακώβ)은 이스라엘을 상징하는 호칭이다(9:13). '경건하지 않은 것들'(ἀσεβείας)은 예수 그리스도를 믿지 않는 것(cf. 11:23)을 포함해 그들이 하나님의 백성이 되는 일에 걸림돌이 되는 모든 죄를 뜻한다. 예수님은 자신을 부인한 유대인의 모든 죄를 용서하시고 그들 역시 이미 구원받은 이방인들처럼 하나님의 백성이 되게 하실 것이다. 구원받는 유대인의 수는 그들의 남은 자보다 훨씬 더 많을 것이다. 그러나 모든 유대인은 아니다(Moo, Schreiner). 또한 유대인이 스스로 회개해 하나님의 구원에 이르는 것이 아니라, 예수님이 그들에게 믿음을 주어 회개하게 하신다(Schreiner). 그러므로 하나님은 긍휼히 여길 사람만 긍휼히 여기시고, 불쌍히 여길 사람만 불쌍히 여기실 것이다(cf. 9:15).

하나님이 그리스도를 통해 유대인의 죄를 제거하시는 것은 그들에게 이루어질 하나님의 언약이다(27절). 종말에 유대인이 대거 구원받는 것은 하나님이 그들과 맺으신 언약을 이행하는 일이라는 뜻이다. 이 말씀은 이사야 27:9과 예레미야 31:33을 배경으로 한다(Thielman). 그러므로 종말에 하나님이 이스라엘에 이루실 언약은 당연히 새 언약이다(cf. 렘 31:33; 겔 11:19). 선지자들은 하나님이 자기 백성과 새 언약을 이루시는 일은 그들이 혹독한 고통을 당한 다음에 있을 것이라고 한다. 바울도 이러한 순서, 곧 '고통 다음에 언약'을 생각하며 이렇게 말한다.

이 말씀은 미래를 항상 마음에 품고 살아가라고 한다. 현재 우리가 보고 아는 것이 실체의 전부가 아니기 때문이다. 로마 교회의 이방인 성도들은 자신이 경험하는 현실만 생각한다면 유대인에게 교만할 수 있고 그들을 차별할 수도 있었다. 그러나 바울은 절대 그러면 안 된다고 한다. 미래에는 이방인과 유대인의 역할이 바뀔 것이기 때문이다. 하나님은 그들의 조상들과 맺으신 언약에 따라 때가 되면 그들을 그리스도의 복음을 통해 구원하셔서 교회로 대거 유입하실 것이다. 그러므로 이방인 성도들이 가볍게 여기는 유대인이 그날이 되면 하나님의 백성 중 큰 비중을 차지하게 될 것이다. 한국에서는 유대인을 접하기 쉽지 않으므로 이 원리를 우리가 처한 상황에 적용하면 이렇다. 그날에 미안한 마음을 가지지 않으려면 오늘 겸손하고 온유한 마음으로 주변 사람들을 대해야 한다.

우리는 하나님이 우리 주변에 있는 믿지 않는 사람들에 대해 어떤 계획을 가지고 계신지 알지 못한다. 당장은 아니더라도 훗날 하나님은 그들의 돌처럼 굳은 마음을 제거하시고 살처럼 부드러운 마음을 주어 구원에 이르게 하실 수 있다. 그러므로 사랑하는 이들의 구원을 포기하지 말고 그리스도의 긍휼하심이 그들에게 임하도록 계속 기도하자. 하나님이 포기하지 않으시는데 우리가 어찌 포기할 수 있겠는가! 때로는 본문이 암시하는 것처럼 그들의 삶에 많은 고통이 있은 다음에 비로소 구원이 이를 수도 있다. 그러므로 가장 절망하고 싶을 때 가장 소망하는 믿음을 가져야 한다.

IV. 복음과 이스라엘(9:1–11:36)
    D. 복음에 드러난 하나님의 신실하심(11:1–36)

5. 하나님 계획의 풍성함(11:28–36)

²⁸ 복음으로 하면 그들이 너희로 말미암아 원수 된 자요 택하심으로 하면 조상들로 말미암아 사랑을 입은 자라 ²⁹ 하나님의 은사와 부르심에는 후회하심이 없느니라 ³⁰ 너희가 전에는 하나님께 순종하지 아니하더니 이스라엘이 순종하지 아니함으로 이제 긍휼을 입었는지라 ³¹ 이와 같이 이 사람들이 순종하지 아니하니 이는 너희에게 베푸시는 긍휼로 이제 그들도 긍휼을 얻게 하려 하심이라 ³² 하나님이 모든 사람을 순종하지 아니하는 가운데 가두어 두심은 모든 사람에게 긍휼을 베풀려 하심이로다
³³ 깊도다 하나님의 지혜와 지식의 풍성함이여,
그의 판단은 헤아리지 못할 것이며
그의 길은 찾지 못할 것이로다
³⁴ 누가 주의 마음을 알았느냐
누가 그의 모사가 되었느냐
³⁵ 누가 주께 먼저 드려서 갚으심을 받겠느냐

³⁶ 이는 만물이 주에게서 나오고
주로 말미암고 주에게로 돌아감이라
그에게 영광이 세세에 있을지어다 아멘

저자는 복음으로 하면 유대인이 이방인으로 인해 하나님의 원수가
되었다고 한다(28a절, cf. 새번역, 공동, ESV, NRS). 헬라어 사본에는 '하나
님'이라는 단어가 없지만, 문맥은 하나님과 믿지 않는 유대인이 원수
가 되었다는 것을 암시한다. 그런데 누가 누구를 원수로 생각하는가?
'원수'(ἐχθρός)는 유대인이 하나님에 대해 느끼는 적대감이라 하는 이들
도 있지만(Dunn, Jewett, Munck, cf. 5:1-11; 고전 15:25; 빌 3:18; 골 1:21), 다
음 문장에서 하나님의 '사랑을 입은 자들'과 평행을 이루는 것으로 보
아 하나님이 믿지 않는 유대인에게 느끼시는 감정이다(Cranfield, Godet,
Harrison & Hagner, Meyer, Moo, Murray, Schreiner, Thielman).

유대인은 그리스도를 통해 드러난 하나님의 복음을 부인해 하나님의
원수가 되거나(Cranfield), 복음 전파를 방해해 하나님의 원수가 되었다
(Dunn). 그들이 하나님의 원수가 된 것은 이방인으로 말미암은 일이다.
본문에서 '너희로 말미암아'(δι' ὑμᾶς)는 이방인에게 복음이 전파되게 하
고자 유대인이 하나님의 원수가 되었다는 뜻이다(cf. 11:11-16). 그들이
복음을 거부함으로써 하나님의 원수가 된 것은 안타까운 일이지만, 그
들의 불신으로 인해 복음이 이방인을 구원하게 되었기 때문이다.

유대인이 복음을 부인해 하나님의 원수가 되었지만, 유대인에 대
한 하나님의 사랑은 절대 끊이지 않을 것이다. 하나님은 조상들로 말
미암아 그들을 택하시고 사랑하시기 때문이다(28b절). '조상들로 말미
암아'(διὰ τοὺς πατέρας)는 이스라엘에 대한 하나님의 사랑은 그들의 조
상 때 시작되었고, 아직도 변함없이 그들에게 임하고 있음을 암시한
다. 비록 그들이 지금은 그리스도의 복음을 부인해 하나님의 원수가
되었지만, 그렇다고 해서 그들에 대한 하나님의 사랑이 끊어지지는 않

앉다. 하나님은 누구를 자기 백성으로 삼으시면 절대 그들을 버리지 않고 계속 사랑하시기 때문이다(사 41:8-9; 44:1-2; 51:2; cf. 롬 9:13, 25; 엡 1:4-5; 2:4; 골 3:12; 살전 1:4; 살후 2:13). 더욱이 유대인에 대한 사랑이 조상으로 인해 비롯된 것이라면 후손이 아무리 잘못해도 그 사랑을 무효화할 수 없다. 그러므로 하나님의 '택하심'(ἐκλογή)은 지금도 유효하며, 이 택하심으로 인해 유대인은 아직도 하나님의 '사랑을 입은 자들'(ἀγαπητοί)이다. 그러므로 이스라엘이 영원히 하나님의 원수로 남아 있는 일은 상상할 수도 없다. 하나님이 그들의 조상을 생각해서라도 다시 그들을 자기 백성으로 받아들이실 날이 오고 있다.

하나님이 유대인을 절대 버리실 수 없는 또 한 가지 이유는 하나님의 은사와 부르심에는 후회하심이 없기 때문이다(29절). 유대인이 누리는 '은사들'(χαρίσματα)은 9:4-5이 나열하는 것들이다(Harrison & Hagner, Schreiner): 양자 됨, 영광, 언약들, 율법, 예배, 약속들, 조상들, 그리스도가 유대인으로 나심. '부르심'(κλῆσις)은 항상 하나님이 누군가를 구원하기 위해 부르시는 일을 의미한다(cf. 창 12:1-3; 신 7:6-7; 시 135:4; 사 41:8-10; 겔 20:5). '후회하심이 없다'(ἀμεταμέλητα)는 절대 번복하는 일이 없을 것이라는 법적인 용어다(Munck, TDNT, cf. 고후 7:10). 바울이 9-11장에서 설명하는 하나님과 이스라엘의 관계에서 가장 중요한 개념이다(Harrison & Hagner). 하나님은 어떤 일이든 한 번 정하고 행하시면 번복하지 않으신다. 이러한 변함없으심을 강조하기 위해 '후회하심이 없다'가 29절을 시작하는 첫 단어로 사용되었다. 이러한 정황을 고려할 때 기독교인들의 반(反)유대주의(anti-Semitism)는 절대 바울에게서 나올 수 없다(Stuhlmacher). 또한 교회가 이스라엘을 완전히 대체할 수도 없다. 이방인과 유대인의 남은 자들로 구성된 신약의 교회가 구약의 이스라엘을 이어 가는 것으로 간주해야 한다.

저자는 30-31절에서 11:11-29이 이미 언급한 내용을 요약적으로 제시한다. 이방인이 전에는 하나님께 순종하지 않았다(30a절). 그들은 죄로 인해 매우 오랜 세월 하나님이 구원하시는 백성이 될 수 없었던 것이다. 그러다가 이스라엘이 순종하지 않은 일을 계기로 이방인이 하나님의 긍휼을 입어 하나님의 자녀가 되었다(30b절; cf. 11:11, 12, 15). 유대인이 그리스도의 복음을 거부하자 하나님이 그 복음으로 이방인을 구원하신 일을 이렇게 표현하고 있다.

하나님의 주권에 대해 많이 생각하게 하는 말씀이다. 인간의 죄는 절대 하나님의 계획과 주권을 침해할 수 없다. 이스라엘이 그리스도의 복음을 부인한 것은 분명 죄다. 그러나 그들의 죄가 하나님이 오래 전부터 계획하신 이방인 구원을 시작하는 계기가 되었다. 우리는 주변 사람들이 죄를 지을 때마다 안타까워하고 슬퍼하되 절망하지는 않아야 한다. 하나님이 어떻게 그들의 죄를 사용해 선한 일을 이루실지 모르기 때문이다. 그러므로 믿는 자들에게는 모든 것이 합하여 선을 이룬다는 말씀을 굳게 붙잡고 하나님이 선을 이루시는 날이 속히 오기를 기도해야 한다.

이와 같이 하나님은 이방인을 구원하신 긍휼로 이제 유대인도 구원하실 것이다(31절). 하나님이 주를 대적한 이방인에게 은혜를 베풀어 그들을 구원하신 것처럼 그리스도의 복음을 거부하며 하나님을 대적하는 유대인을 대거 구원하실 때가 이를 것이라는 뜻이다. 그때까지는 이방인이 교회의 중심이 될 것이다. 문제는 그때가 언제냐는 것이다.

개역개정은 일부 헬라어 사본이 31절에 '지금, 이제'(νῦν)를 포함하지 않는다 하여 번역에 반영하지 않았지만, 대부분 번역본은 이 단어를 반영해 번역했다(새번역, 공동, 아가페, ESV, NAS, NIV, NRS). 어떤 이들은 바로 앞 텍스트(11:25-26)가 종말에 관한 말씀이라는 사실을 근거로 바울이 유대인이 구원받을 종말이 이미 시작되었거나, 혹은 매우 가까운 미래에 시작될 것이라는 의도로 '지금'을 사용하고 있다고 한다(Dunn, Käsemann).

바울 시대에 이미 많은 이방인이 교회로 유입되었고, 그들의 유입이

끝나면 곧 유대인의 구원이 시작될 것이라며 유대인의 구원은 언제든
지 시작될 수 있다는 의미로 '지금'을 사용하는 것이라고 하는 이들도
있다(Schreiner). 유대인이 대거 구원받는 메시아의 시대가 '지금' 도래했
다는 의미로(Gundry-Volf, Moo, Thielman), 혹은 "이제 우리의 구원이 처
음 믿을 때보다 가까웠음이라"(13:11)라는 말씀을 근거로 유대인이 구
원받을 때가 점점 가까워지고 있다는 의미로 이 단어를 사용한 것이라
고 하는 이들도 있다(Cranfield, Dunn). 어느 해석을 따를 것인지는 그다
지 중요한 이슈가 아니다. 중요한 것은 구원받은 이방인의 수가 차고
나면 그다음 유대인의 구원이 시작될 것이라는 사실이다.

하나님은 모든 사람을 순종하지 아니하는 가운데 가두어 두셨다(32a
절). 하나님이 이방인이나 유대인이나 모두 불순종하는 죄의 억압 아래
두셨다는 뜻이다(갈 3:22-23; cf. 출 14:3; 수 6:1). 갇힌 그들에게 긍휼(구
원)을 베푸시기 위해서다(32b절). 하나님은 구속사적인 계획에 따라 이
방인을 죄의 노예로 두셨다가 그리스도의 복음을 통해 구원하셨다. 이
방인을 구원하시는 동안 유대인은 복음을 거부해 하나님께 불순종했
으므로 그들을 죄 아래 가두셨다. 종말에는 이방인이 구원을 얻는 시
대가 끝나고 유대인이 하나님의 구원을 얻을 것이다. 그러므로 32절은
9-11장을 가장 간략하게 요약하고 있다.

어떤 이들은 본문이 의인이든 죄인이든 상관없이 모든 사람이 구원
받는다는 '보편 구제설'(universalism)을 지지하거나 배제하지 않는다고
한다(Cranfield, Dodd, Dunn, Jewett, Robinson).

첫 번째 문장인 "모든 사람을 순종하지 아니하는 가운데 가두어 두
신다"에서 '모든 사람'(τοὺς πάντας)이 세상 모든 사람을 의미하는 것은
맞다(cf. 3:23). 그러나 두 번째 문장인 "모든 사람에게 긍휼을 베풀려
하심이라"에서 '모든 사람'(τοὺς πάντας)은 세상 모든 사람을 의미하지
않는다. 하나님은 오직 긍휼히 여길 자를 긍휼히 여기시고, 불쌍히 여
길 자를 불쌍히 여기시기 때문이다(cf. 9:13-16). 그러므로 하나님이 구

원하시는 이들은 유대인과 이방인 중 예수 그리스도를 믿는 자로 제
한되어야 한다(Bell, Calvin, Gundry-Volf, Käsemann, Moo, Murray, Sanday &
Headlam, Schnabel, Schreiner, Stott, Ziesler). 이 말씀은 세상 모든 사람이 구
원받는다는 뜻이 아니라, 하나님이 이방인이나 유대인이나 차별하지
않고 그리스도를 영접하는 사람은 모두 구원하신다는 뜻이다(Augustine,
Byrne, Calvin, Schreiner, Thielman).

저자는 33-36절에서 한 편의 장엄한 찬양으로 섹션을 마무리한다
(Bornkamm, cf. Käsemann, Moo). 바울 서신에 등장하는 것 중 가장 긴
찬양이다(Wright). 이 찬양은 1:16-11:32에 대한 절정적인 결론이며
(Fitzmyer, Harrison & Hagner), 또한 9-11장을 마무리하는 결론 역할을 한
다(Schreiner). 하나님이 자기 백성의 수를 극대화하기 위해(Murray) 가장
적합한 방법으로 가장 좋은 때에 이방인을 구원하시고 유대인도 가장
좋은 방법과 때에 구원하신다며 주님의 구속사적인 계획과 방법을 찬
양한다.

하나님 지혜의 깊음과 지식의 풍성함은 참으로 위대하다(33a절). 개
역개정은 '지혜의 깊음'과 '지식의 풍성함' 등 두 가지를 찬양하는데,
'깊음'(βάθος)과 '풍성함'(πλούτου)과 '지혜'(σοφίας)와 '지식'(γνώσεως)의 관
계를 어떻게 이해하느냐에 따라 다른 해석도 가능하다. 새번역은 "하
나님의 부유하심은 어찌 그리 크십니까? 하나님의 지혜와 지식은 어찌
그리 깊고 깊으십니까?"라고 번역했다(cf. 공동, ESV, NRS, RSV).

하나님의 풍성함과 지혜와 지식이 얼마나 깊고 큰지 인간은 결코 그
분의 판단을 헤아리지 못하며, 그분의 길은 찾지도 못한다(33b절). 하나
님이 유대인과 이방인을 구원하기 위해 세우신 계획과 진행하시는 방
법은 사람이 전혀 예측할 수 없는 것이었다. 그러므로 바울은 하나님
이 사람을 구원하시는 것을 '신비'(mystery)라고 했다(11:25). 옛적에 이사
야 선지자도 하나님의 구원하시는 지혜를 다음과 같이 노래했다.

악인은 그의 길을, 불의한 자는 그의 생각을 버리고 여호와께로 돌아오
라 그리하면 그가 긍휼히 여기시리라 우리 하나님께로 돌아오라 그가 너
그럽게 용서하시리라 이는 내 생각이 너희 생각과 다르며 내 길은 너희
의 길과 다름이니라 여호와의 말씀이니라 이는 하늘이 땅보다 높음 같이
내 길은 너희의 길보다 높으며 내 생각은 너희의 생각보다 높음이니라(사
55:7-9).

하나님의 구원하시는 지혜가 인간으로서는 도저히 헤아릴 수 없는
신비인 이유는 인간은 어떠한 면에서도 하나님의 계획이나 생각에 영
향을 끼칠 수 없는 존재이기 때문이다. 저자는 이러한 사실을 세 개의
수사학적인 질문을 통해 강조한다(34-35절): (1)누가 주의 마음을 알았
느냐? (2)누가 그의 모사가 되었느냐? (3)누가 주께 먼저 드려서 갚으
심을 받겠느냐?

처음 두 질문은 이사야 40:13을 인용한 것이다. 이사야 40장은 바빌
론에 포로로 끌려간 이스라엘을 하나님이 구원해 고향인 유다로 돌려
보내실 것이라는 말로 시작한다. 그러나 패배감과 오랜 포로 생활에
익숙해져 있는 이스라엘은 하나님의 말씀을 믿지 않는다. 불가능한 일
이라는 것이다. 이때 선지자는 하나님의 생각과 능력은 그들의 상상을
초월한다며 이 질문들을 통해 강조했다. 하나님의 마음을 헤아릴 수
있는 사람은 아무도 없고, 그 누구도 하나님께 모사가 되어 조언할 만
한 사람도 없다는 것이다. 그러므로 제한된 인간의 생각으로 하나님의
능력과 말씀을 판단하지 말라는 취지로 이렇게 말했다.

세 번째 질문인 "누가 주께 먼저 드려서 갚으심을 받겠느냐?"는 욥기
41:11을 인용한 것이다. 하나님보다 가진 것이 많아 먼저 하나님께 빌
려주고 나중에 하나님이 갚으시게 할 사람은 없다는 뜻이다. 세상 그
어디에도 하나님께 빌리는 사람은 있지만, 하나님께 빌려주는 사람은
없다.

이러한 사실이 당연한 것은 세상 만물이 모두 주에게서 나오고 주로 말미암고 주에게로 돌아가기 때문이다(36a-b절). 하나님은 세상과 그 안에 있는 모든 것을 창조하신 분이다. 우리도 그분의 피조물이다. 그러므로 피조물이 자신을 지으신 이의 마음을 헤아리거나 모사가 되어 조언하는 일은 있을 수 없다. 피조물이 창조주께 꾸어 주는 일은 더더욱 있을 수 없다. 하나님은 그 어떤 사람보다도 많은 것을 가진 창조주이시기 때문이다. 또한 하나님은 자신의 풍요를 사람들에게 나눠주는 것을 기뻐하신다.

그러므로 바울은 하나님께 영광이 세세에 있을 것이라며 이 섹션을 마무리한다(36c절). 창조의 목적이자 완성은 피조물이 창조주 하나님께 찬양과 영광을 돌리는 일이다. 그러므로 우리도 하나님께 끊임없이 찬양을 드려야 한다.

이 말씀은 하나님은 어떤 일이든 후회 없이 하신다고 한다. 하나님은 죄인이었던 우리를 불러 구원하시고 자기 백성 삼은 일을 후회하지 않으시며, 오히려 매우 기뻐하신다. 모든 것이 하나님이 계획하신 바에 따라 진행된 일이며, 하나님은 어떠한 일도 후회 없이 완벽하게 하시기 때문이다. 만일 하나님이 우리를 기뻐하신다면 우리는 더욱더 자신을 사랑해야 하며, 또한 하나님이 사랑하시는 우리의 이웃도 사랑하고 섬겨야 한다.

하나님의 원수로 영원히 남을 사람은 흔치 않다. 하나님이 우리를 구원하신 것처럼 때가 되면 다른 사람들도 구원하실 것이다. 우리는 누가 영원히 하나님의 원수가 될 것이며, 누가 하나님의 백성이 될 것인지에 대해 알지 못한다. 그러므로 만나는 사람마다 섬기고 사랑해야 한다. 하나님이 우리를 통해 그들의 마음을 열어 구원에 이르게 하시고 지친 영혼들을 치료하신다면 얼마나 영광스럽고 좋은 일인가! 또한 언젠가는 그들이 우리를 섬길 수도 있다. 신앙생활은 공동체를 형성하고 그 안에서 하나님이 주신 사랑을 서로 주고받는 것이다.

우리는 하나님이 사람을 구원하시고 사역하시는 방법을 신비(mystery)로 남겨 두어야 한다. 도저히 사람이 헤아릴 수 없는 풍성함과 지식과 지혜로 역사하시기 때문이다. 이처럼 놀라운 하나님을 위해 우리가 유일하게 할 수 있는 것은 찬송과 영광을 돌리는 일이다. 하나님의 위대하심을 끊임없이 찬송하고 감사하자.

V. 복음과 삶

(12:1-15:13)

저자가 이때까지 복음의 이론적이고 신학적인 면모에 대해 설명했다면, 이제부터는 복음을 영접한 이들이 이 땅에서 하나님의 백성으로서 어떻게 살아야 하는지 말한다. 신학적 진리를 어떻게 우리 일상에 적용할 것인지에 대한 가르침인 것이다(Peterson). 종종 신학과 실천을 따로 구분하는 사람들이 있는데, 이 섹션은 신학과 삶은 떼어 놓을 수 없는 관계라고 한다(Hays, Wright). 그러므로 이 섹션은 우리가 이 땅에서 기독교 공동체로서 어떻게 살아가야 하는지에 관한 것이라는 점에서 일종의 교회론이라 할 수 있다(Wright). 본 텍스트는 다음과 같이 두 파트로 나뉜다.

A. 복음을 영접한 자의 삶(12:1-13:14)
B. 강한 자와 악한 자의 상호 존중(14:1-15:13)

V. 복음과 삶(12:1-15:13)

A. 복음을 영접한 자의 삶(12:1-13:14)

바울은 그리스도의 복음을 영접해 하나님의 백성이 된 사람은 이렇게 살아야 한다며 몇 가지 가이드라인을 제시한다. 그러므로 그가 이곳에서 제시하는 지침은 포괄적이지 않다. 그러나 우리가 살면서 당면하는 이슈들을 이곳에 제시된 가이드라인을 바탕으로 고려하면 명확하고 확실한 삶의 자세를 확립할 수 있다. 이 섹션은 다음과 같이 구분된다.

A. 그리스도인의 삶에 대한 신학적 근거(12:1-2)
B. 교회와 은사(12:3-13)
C. 세상 사람들(12:14-21)
D. 세상 권세(13:1-7)
E. 그리스도로 옷 입음(13:8-14)

V. 복음과 삶(12:1-15:13)
A. 복음을 영접한 자의 삶(12:1-13:14)

1. 그리스도인의 삶에 대한 신학적 근거(12:1-2)

¹ 그러므로 형제들아 내가 하나님의 모든 자비하심으로 너희를 권하노니 너희 몸을 하나님이 기뻐하시는 거룩한 산 제물로 드리라 이는 너희가 드릴 영적 예배니라 ² 너희는 이 세대를 본받지 말고 오직 마음을 새롭게 함으로 변화를 받아 하나님의 선하시고 기뻐하시고 온전하신 뜻이 무엇인지 분별하도록 하라

'그러므로'(οὖν)(1a절)는 신학적인 논의에서 윤리적(실천적) 적용으로 넘어가고 있음을 알린다(Wright, cf. 6:12; 8:12). '하나님의 자비하심으

430

로'(διὰ τῶν οἰκτιρμῶν τοῦ θεοῦ)는 도구적(instrumental)으로 해석해 '하나님
의 자비하심을 통해'라는 의미로 해석할 수 있고(Cranfield, Dunn), 근거
적(causal)으로 간주해 '하나님의 자비하심을 근거로'라는 의미로 해석할
수도 있다(Schreiner). 저자는 맹목적으로 권유하고 있는 것이 아니라,
하나님이 성도들에게 먼저 베푸신 은혜와 자비를 근거로 헌신과 희생
을 요구한다. 하나님이 우리에게 베푸신 은혜를 생각하면 당연히 이렇
게 살아야 한다는 뜻이다. 바울은 1:18-32에 기록된 것과는 완전히 다
른 삶(Keck, Peterson, Thompson), 더 구체적으로 말하면 1:24-25에 기록
된 죄인들의 삶과 질적으로 다른 삶을 살 것을 권한다(Dunn, Thielman).

'권하다'(παρακαλέω)라는 표현은 바울이 하나님의 말씀을 하고 있
는 만큼 매우 강력하면서도 따뜻한 권면으로 이해해야 한다(Cranfield).
마치 아버지가 자녀들에게 하는 권면처럼 권위와 사랑(authority and
affection)을 동반한 권유다(Thielman, cf. 고전 4:14-16; 몬 1:8-10).

저자는 '너희 몸'(σώματα ὑμῶν)을 하나님이 기뻐하시는 산 제물로
드리라고 하는데, '몸'은 삶 전체를 상징한다(Barrett, Calvin, Harrison &
Hagner, Moo, Ziesler). '드리라'(παραστῆσαι)가 부정 과거형 부정사(aorist
infinitive)라는 사실을 근거로 단 한 차례(once-for-all) 일어나는 행위,
곧 반복되지 않는 행위(드림)라고 하는 이들이 있다(Jewett). 하지만 부
정 과거형이라고 해서 반드시 한 번만 일어나야 한다는 것을 의미하
지는 않는다. 모든 단어의 의미는 사용되는 문맥과 정황이 그 의미를
결정한다(Schreiner). 우리가 잘 알다시피 성화와 헌신은 단 한 번에 이
뤄지는 것이 아니다. 또한 2절의 '본받다'(συσχηματίζεσθε)와 '변화를 받
다'(μεταμορφοῦσθε)는 둘 다 현재형 명령문이다. 지속적으로 본받고 변
화를 받으라는 뜻이다. 그러므로 삶을 하나님이 기뻐하시는 제물로 드
리는 일도 평생 해야 한다.

'제물'(θυσία)과 '드리다'(παρίστημι)는 성전 예배에서 짐승을 예물로
드리는 정황을 묘사한다(Dunn, Harrison & Hagner, Käsemann, Sanday &

Headlam, cf. 민 16:9; 시 5:3; 눅 2:22; 엡 5:27; 골 1:28). 인간의 일상이 성전 예배와 연관된 언어로 묘사되는 것은 매우 특별하고 놀라운 일이다 (Cranfield, Dunn, Käsemann). 더욱이 교회에 모여서 함께 드리는 공적인 예배가 아니라 각 성도의 개인적인 삶에 적용되고 있다는 점이 참으로 놀랍다. 이제 예배는 더는 성전과 교회에 제한될 수 없다. 그리스도인 각 개인의 삶이 예배가 되어야 한다.

'거룩한'(ἁγίαν)은 하나님께 구별된 것을 뜻한다(cf. 창 8:21; 삼상 21:4; 빌 4:18). 본문에서 바울은 이 단어에 윤리적인 면모를 더한다(Godet, Wright, cf. TDNT). 그리스도인은 하나님의 구원하신 은혜를 생각하며 세상 사람들의 삶과 구별되고 질적으로 다른 훨씬 더 높은 차원의 윤리적 삶을 살아야 한다.

'산'(ζῶσαν)은 그리스도를 통해 하나님께 살아 있음을 상징하며(5:10, 17-18, 21; 6:11, 13; 8:13), 복음이 죄로 인해 죽은 자들을 변화시킨 것을 의미한다(cf. 6:2, 4, 11; 7:4; 8:2, 5-6, 10, 13). '기뻐하시는'(εὐάρεστον)은 구약 개념으로 하나님께 향기로운 예물, 그래서 주님을 기쁘게 하는 제물이 되라는 뜻이다(cf. 창 8:21; 출 29:18, 25, 41; 30:7, 23, 25). 신앙생활은 우리 자신을 즐겁게 하는 것보다는 하나님을 기쁘게 하는 것에 초점을 맞추어야 한다. 죄로 얼룩진 이 세상을 사는 한 자기를 부인하지 않고는 이러한 삶을 살기가 쉽지 않다.

우리 삶을 하나님이 기뻐하시는 거룩한 산 제물로 드리는 것은 우리가 하나님께 드릴 영적 예배다. '영적 예배'(τῷ θεῷ, τὴν λογικὴν)는 '합당한 예배'(새번역, NIV), 혹은 '진정한 예배'(공동), '받으실 만한 예배'(acceptable worship)(ESV, NAS) 등으로 번역할 수 있다. 하나님이 우리를 위해 하신 일을 생각하면 우리 자신을 온전히 하나님께 드리고 주님을 예배하는 것은 참으로 당연하고 자연스러운 일이라는 뜻이다 (Keck, Wright).

그렇다면 우리 자신을 하나님께 거룩한 산 제물로 드린다는 것은 어떻게 사는 것을 의미하는가? 저자는 2절에서 두 가지로 정의한다: (1) 이 세대를 본받지 않고 오직 마음을 새롭게 하여 변화를 받는 것, (2)하나님의 선하시고 기뻐하시고 온전하신 뜻을 분별하는 것. 어떤 이들은 저자가 복수형을 사용한다는 점에서 이 권면이 교회와 같은 기독교 공동체에만 적용된다고 주장하지만, 각 개인에게도 적용되는 원칙이다.

첫째, 이 세대를 본받지 않고 오직 마음을 새롭게 하여 변화를 받는 것은 무엇보다도 예수님을 영접하기 전에 세상 사람들과 같은 방식으로 살던 삶과는 다른 삶을 살아야 한다는 뜻이다. 신약은 '이 세대'(τῷ αἰῶνι τούτῳ)를 악하다고 하며, '다가오는 세대'는 축복이 가득한 때라고 한다(cf. 마 12:32; 13:22, 39, 40, 49; 24:3; 눅 16:8; 18:30; 20:35; 고전 1:20; 2:6 등). 그러므로 마음을 새롭게 하여 변화를 받는다는 것은 그리스도인의 삶을 통해 선한 다음 세대가 악한 현세대를 침투하는 것을 의미한다(Schreiner, cf. 딛 3:5). 그리스도인은 다가오는 세대의 가치관으로 현세대를 살아가는 사람들이기 때문이다.

예전 주석가들은 '본받는 것'(συσχηματίζεσθε)을 외적으로 드러나는 행동으로, '변화를 받는 것'(μεταμορφοῦσθε)을 눈으로는 볼 수 없는 내면적인 변화를 의미하는 것으로 해석하기도 했다(cf. Calvin, Fitzmyer). 그러나 사람을 전인적으로 이해하는 바울에게는 별 의미 없는 구별이다. 그러므로 오늘날 주석가들은 이 두 가지를 전인적(내외면적) 변화가 있어야 한다는 것으로 이해한다(Barrett, Cranfield, Moo, Dunn, Käsemann, Schreiner, Thielman, Ziesler). 그리스도인은 주님을 만나기 전과 매우 대조적인 삶을 살아야 한다(cf. Thielman).

하나님의 선하시고 기뻐하시고 온전하신 뜻이 무엇인지 분별하는 것은 초점을 온전히 하나님께 맞춘 삶을 살아야 한다는 뜻이다(cf. Cranfield, Dunn). '분별하다'(δοκιμάζω)는 생각하고 테스트해 본 다음에 인정하는 것을 의미한다(Harrison & Hagner, Schreiner, cf. BDAG). 연구와 묵상을 통해 신중하게 하나님의 뜻을 분별하라는 의미다.

이 말씀은 성경을 통해 얻는 신학적 지식이 이론에 머물지 않고 우리 삶을 바꾼다고 한다. 성경은 하나님이 우리가 어떻게 살기를 원하시는지 알려 주기 때문이다. 그러므로 우리는 하나님이 기뻐하시는 삶을 살기 위해 더 열심히 말씀을 배워야 한다. 또한 배운 것을 토대로 몸과 마음을 다해 하나님을 예배해야 한다.

이러한 삶을 살기 위해 필요한 것은 자기 부인이다. 그러므로 저자는 '산 제물'로 살 것을 권면한다. 그리스도인으로서 우리의 가치관과 세계관은 세상 사람들의 것과 달라야 하며, 또한 주님을 만나기 전 우리의 것과 달라야 한다. 하나님의 뜻은 이 세상이 지향하는 것과 완전히 다른 세상에 속한 것이기 때문이다. 우리는 종말에 실현될 하나님 나라의 가치관으로 이 세상을 변화시켜 나가야 한다. 그렇게 하기 위해서는 우리가 먼저 변화를 받아야 한다.

V. 복음과 삶(12:1–15:13)
    A. 복음을 영접한 자의 삶(12:1–13:14)

2. 교회와 은사(12:3–13)

³ 내게 주신 은혜로 말미암아 너희 각 사람에게 말하노니 마땅히 생각할 그 이상의 생각을 품지 말고 오직 하나님께서 각 사람에게 나누어 주신 믿음의 분량대로 지혜롭게 생각하라 ⁴ 우리가 한 몸에 많은 지체를 가졌으나 모든 지체가 같은 기능을 가진 것이 아니니 ⁵ 이와 같이 우리 많은 사람이 그리스도 안에서 한 몸이 되어 서로 지체가 되었느니라 ⁶ 우리에게 주신 은혜대로 받은 은사가 각각 다르니 혹 예언이면 믿음의 분수대로, ⁷ 혹 섬기는 일이면 섬기는 일로, 혹 가르치는 자면 가르치는 일로, ⁸ 혹 위로하는 자면 위로하는 일로, 구제하는 자는 성실함으로, 다스리는 자는 부지런함으로, 긍휼을 베푸는 자는 즐거움으로 할 것이니라 ⁹ 사랑에는 거짓이 없나니 악을 미워하고 선에 속하라 ¹⁰ 형제를 사랑하여 서로 우애하고 존경하기를 서로 먼저 하며

¹¹ 부지런하여 게으르지 말고 열심을 품고 주를 섬기라 ¹² 소망 중에 즐거워하며 환난 중에 참으며 기도에 항상 힘쓰며 ¹³ 성도들의 쓸 것을 공급하며 손대접하기를 힘쓰라

앞 섹션(12:1-2)에서 우리 몸을 하나님이 기뻐하시는 거룩한 산 제물로 드리라며 하나님의 선하시고 기뻐하시고 온전하신 뜻을 분별하라고 한 저자는 이 섹션에서 우리 그리스도인을 향한 하나님의 뜻이 무엇인지 말한다. 그러므로 본 텍스트는 앞 섹션에서 제시한 원리에 관한 설명이라 할 수 있다.

바울은 이 섹션을 "내게 주신 은혜로 말미암아 너희 각 사람에게 말하노니"(3a절)라는 말로 시작한다. 개인적인, 혹은 인간적인 조언이 아니다. 하나님이 사도로 세우신 그를 통해 모든 성도에게 주시는 말씀이다. 그는 사도의 권위로 독자들을 권면하고 있다. 사도권은 바울 서신에서 항상 중요한 주제다(Schreiner, cf. 15:15-16; 고전 3:10; 15:9-10; 갈 2:9; 엡 3:2, 7-8; 딤전 1:12).

"마땅히 생각할 그 이상의 생각을 품지 말고"(3b절)에서 '마땅히 생각할'(σωφρονεῖν)과 '생각할'(φρονεῖν)은 헬라어로 언어유희(소프로네인, 프로네인)를 형성한다. '마땅히 생각하다'(σωφρονέω)는 논리적이고 상식적인 생각을 품으라는 의미로 특히 교만과 대조되는 개념이다(TDNT). 자기자신에 대해 현실적으로 할 수 있는 것을 고려해 섬기는 일 등을 의미한다(Ziesler).

'자기애'(self-love)가 지나치다고 생각되는 오늘날 사람들에게도 매우 적절한 권면이라 생각한다. 우리 자신과 능력에 대해 지나친 상상의 나래를 펴는 것은 건강하지 않다. 자신에 대한 과대평가는 금물이다. 그렇다면 우리는 어떻게 마땅한 생각을 품고, 그 이상의 생각을 품지 않을 수 있는가? 산 제사의 예물이 되어 세상을 본받지 않고 변화받는 일을 생각해야 한다(Thielman). 또한 우리 자신의 능력과 우리가 하고자 하는 일이 아니라, 하나님이 하신 일과 하시고자 하는 일을 생각하면 된다.

교만한 생각을 버리고 그 대신 추구해야 할 것은 하나님께서 각 사람에게 나누어 주신 믿음의 분량대로 지혜롭게 생각하는 것이다(3c절). '분량'(μέτρον)은 하나님이 각자에게 주신 믿음의 양(quantity)을 의미할 수도 있고(Dunn, Murray), 정도의 차이에 상관없이 하나님에 대한 각 사람의 믿음을 뜻할 수도 있다(Cranfield, Thielman). 전자로 해석하면 하나님이 각 사람에게 나누어 주신 믿음의 크기(양)에 따라 지혜롭게 생각하라는 뜻이므로 자신이 큰 믿음을 가졌다고 생각하는 사람일수록 더 지혜롭고 신중하게 행동해야 한다. 후자로 해석하면 이 말씀은 하나님을 믿는 사람처럼 행동하라는 권면이다.

저자는 몸을 비유로 들며 그리스도인 공동체를 묘사한다(4-5절). 몸비유는 바울이 자주 사용하는 것이며(cf. 고전 10:16-17; 12:12-30; 골 2:19; 3:15; 엡 4:4-16), 당시 사회에서 자주 사용되는 비유였다(Dunn, Thielman). 이 비유의 핵심은 같은 몸을 구성하는 모든 지체가 동일하게 기능하면 문제가 된다는 것이다(4절). 건강한 몸은 그 몸에 속한 모든 지체가 자신의 고유 기능과 역할을 해낼 때 가능한 일이다.

예수님을 영접한 사람들은 그리스도 안에서 한 몸이 되어 서로 지체가 되었다(6절). 그리스도 안에서 한 몸이 되었다는 것은 각 성도가 먼저 그리스도와 연합해야 하며, 그리스도와의 연합을 바탕으로 서로 한 몸, 곧 그리스도의 몸을 이룬다는 뜻이다. 교회는 먼저 그리스도를 영접한 개인이 모여 하나 된 공동체다. 또한 저자는 그리스도인은 통일성(unity)과 다양성(diversity)을 지녔고, 서로를 필요로 하는 상호 관계(mutuality)도 지녔다고 한다(Harrison & Hagner). 통일성은 다양성을 배제하지 않으며, 상호 관계는 서로의 필요성을 강조한다.

만일 몸에 속한 모든 지체가 같은 일을 한다면 각 지체에 대한 비교와 평가가 가능하다. 그러나 만일 각 지체가 각자 다른 일을 한다면,

서로에 대한 비교가 불가능하다. 그러므로 교회에 대한 올바른 이해가 있다면 그 누구도 교만할 수 없다.

우리가 구성하는 그리스도의 몸에 여러 지체가 있는 것은 하나님이 우리에게 은혜대로 주신 은사가 각각 다르기 때문이다(6a절). '은사'(χαρίσματα)는 우리가 하나님께 '은혜대로'(κατὰ τὴν χάριν) 선물로 '받은'(ἔχοντες) 것이다. 은사는 하나님께 비롯되는 것이지 우리 자신에게서 시작되는 것이 아니다. 또한 모든 그리스도인은 하나님께 최소한 한 가지 은사를 받는다(Schreiner). 은사는 사람이 가지고 태어난 재능을 배제하지 않으며, 오히려 재능을 더 향상시키기도 한다. 하나님이 우리에게 다양한 은혜를 베푸시는 것처럼 주시는 은사도 다양하다.

저자는 6b-8절에서 일곱 가지 은사를 나열한다. 그러나 제시되는 은사들이 그리스도인이 하나님께 받는 모든 은사를 총망라하는 것은 아니다(cf. 고전 12:8-10, 28-20; 엡 4:11). 단지 모든 은사의 상징으로 일곱 가지를 나열할 뿐이다(Fitzmyer). 또한 명령문은 아니지만, 분사들(participles)을 사용해 명령하듯이 권면한다.

첫째, 받은 은사가 예언이면 믿음의 분수대로 예언해야 한다(6b절). 예언이 제일 먼저 언급되는 것은 초대교회에서 예언의 은사가 차지하던 비중을 생각하면 자연스러운 일이다(Schreiner, cf. 고전 12:28; 14장; 엡 2:20; 4:11). 예언은 다음 일곱 가지 성향을 지니는 것으로 정의된다(Schnabel).

1. 성령의 감동으로 하나님의 뜻과 계획을 알린다.
2. 예언은 방언과 달리 선포하는 이와 듣는 이들이 곧바로 알아들을 수 있다.
3. 예언은 무아지경(ecstatic)에서 선포되는 것이 아니다.
4. 모든 성도는 예언의 은사를 사모해야 한다.
5. 예언의 목적은 공동체를 격려하고 세우는 것이다.

6. 예언은 성도가 처한 상황에 대해 하나님의 통찰력을 주거나 미래 계획을 알려 준다.

7. 예언은 교회에 의해 평가되어야 한다.

'믿음의 분수대로'(κατὰ τὴν ἀναλογίαν τῆς πίστεως)를 겸손하게 하라는 권면으로 해석하는 이들이 있다(Dunn, Sanday & Headlam). 그러나 대부분 학자는 그리스도인들이 공유하는 교리에 따라 예언하라는 것, 곧 사도들의 가르침에서 떠나 예언하면 안 된다는 뜻으로 해석한다(Calvin, Cranfield, Moo, Hultgren, Peterson, Schnabel, Stuhlmacher, Ridderbos, Wright). 성경 말씀이 모든 예언을 판단하고 평가해야 한다.

둘째, 섬기는 은사를 받은 사람은 섬겨야 한다(7a절). '섬기는 일'(διακονίαν)은 매우 다양하고 포괄적인 의미를 지닌다. 교회에서 하는 모든 일이 섬기는 일이기 때문이다. 본문에서는 구제 등 경제적인 도움을 주는 일을 뜻하는 것으로 보인다(Barrett, Fitzmyer, Sanday & Headlam).

셋째, 가르치는 자면 가르치는 일로 사역해야 한다(7b절). '가르치는 일'(διδασκαλία)은 예언과 다르다. 사람들에게 복음과 성경을 교습하는 것을 뜻한다(Cranfield, Käsemann, cf. 15:4; 고전 4:17; 엡 4:21; 골 2:6-7). 교리적 가르침은 성도들의 영적 성장에 가장 중요하고(골 1:28; 엡 4:11-13), 이단들의 거짓을 피하는 비법이다(엡 4:14-16; 살후 2:15). 바울은 모든 그리스도인이 선생이 되면 좋겠다고 생각하지만(골 3:16), 좋지 않은 선생도 많았다(고전 12:29; cf. 딤전 3:2; 딤후 2:2, 24).

넷째, 위로하는 자면 위로하는 일로 은사를 사용해야 한다(8a절). '위로하다'(παρακαλέω)의 기본적인 의미는 권면한다는 뜻이다(BDAG). 가르치는 것과 비슷하다(Dunn, cf. 살전 2:3). 차이라면 가르침은 복음의 이론적인 면모에 힘쓰는 반면, 위로하는(권면하는) 것은 복음을 일상에 적용하는 일에 초점을 둔다(Cranfield, Fitzmyer, Moo). 그러므로 교리적인 가

르침을 삶에서 실천하게 하는 일이라 할 수 있다. 로마서에서도 1:18-
11:36은 가르침이며, 12:1-15:13은 위로(권면)라 할 수 있다(Thielman,
cf. 12:1; 엡 4:1; 살전 4:1; 딤전 4:13; 딛 1:9).

다섯째, 구제하는 자는 성실함으로 해야 한다(8b절). '구제하
다'(μεταδίδωμι)는 나누는 것을 뜻한다. 지금까지 나열된 은사들이 모두
영적인 나눔에 관한 것이라며 본문의 구제 역시 복음 나누는 것을 의
미한다고 하는 이들이 있다(Thielman, 살전 2:8). 그러나 이곳에서는 물질
적인 나눔을 뜻한다(Cranfield, Dunn, Fitzmyer, Moo, Schreiner). 한편, '나누
는 자'(μεταδιδούς)를 자기 소유를 나누는 것으로 제한해 해석하는 이들
이 있다(Sanday & Headlam, cf. 욥 31:17; 잠 11:26; 눅 3:11; 롬 1:11; 엡 4:28;
살전 2:8). 그러나 교회가 모은 구제 헌금 등 자기 소유가 아닌 것을 나
누는 이들을 포함한다(Schreiner). 우리는 사람들의 영적인 필요와 육체
적인 필요를 골고루 채워 주어야 한다.

'성실함으로'(ἐν ἁπλότητι)는 '넉넉하게, 너그럽게' 하라는 뜻이다(Sanday
& Headlam, Schreiner, cf. 아가페, ESV, NAS, NIV, NRS). 구제할 때는 아끼
지 말고 많이 주라는 것이다(cf. 고후 8:2; 9:11, 13). 혹은 '순수한 마음으
로' 구제하라는 의미로 해석할 수도 있다(새번역, 공동). 이 단어가 두 가
지 의미를 모두 포함하기 때문이다(TDNT). 누구를 구제할 때는 순수
한 마음으로 아무런 조건이 없이, 곧 아무것도 바라지 않고 오로지 하
나님의 영광을 위해서 해야 한다(Fitzmyer, Moo, Stuhlmacher).

여섯째, 다스리는 자는 부지런함으로 해야 한다(8c절). '다스리는
자'(ὁ προϊστάμενος)의 기본적인 의미는 '남의 앞에 서는 자'다(Harrison &
Hagner). 어떤 이들은 이 '다스리는 자'가 구제(8b절)와 긍휼(8d절) 사이에
등장한다 하여 돕는 일을 주도적으로 하는 지도자로 해석한다(Byrne,
Cranfield, Dunn, Fee, Hultgren, Ziesler). 그러나 대부분 학자는 교회 등 기
독교 공동체의 리더를 의미하는 것으로 해석한다(Barrett, Calvin, Moo,
Murray, Sanday & Headlam, Stott, Schnabel, Stuhlmacher, cf. 살전 5:12; 딤전 3:4,

5, 12; 5:17).

일곱째, 긍휼을 베푸는 자는 즐거움으로 섬겨야 한다(8d절). 바울은
남을 돕고자 하는 이들에게 기쁜 마음으로 할 것을 권면한다: "각각 그
마음에 정한 대로 할 것이요 인색함으로나 억지로 하지 말지니 하나님
은 즐겨 내는 자를 사랑하시느니라"(고후 9:7). 돕는 자가 즐거운 마음으
로 하지 않으면, 도움을 받는 사람의 입장에서는 도움이 적선과 빚이
된다(cf. 잠 22:8).

이 모든 일은 우리가 속한 공동체를 섬기는 방법이라 할 수 있다. 각
자 하나님께 은혜로 받은 은사를 다른 지체들을 위해 사용하는 것이
다. 또한 하나님께 받은 은사대로 사역한다고 해서 다른 일을 등한시
하면 안 된다. 가르치는 은사를 받은 사람은 열심히 가르치되, 구제하
는 일을 하는 이들에게 협력하고 참여해야 한다(Schreiner).

저자는 9-13절에서도 분사들(participle)을 명령어격으로 사용한다
(Barrett, Porter). 그러므로 한 개의 선언문과 아홉 개의 명령문이 9-13절
을 구성하고 있다고 할 수 있다.

사랑에는 거짓이 없어야 한다(9a절). 이 섹션의 유일한 선언문이다.
사랑은 무엇보다도 순수하고 순결해야 한다(Harrison & Hagner). 남에게
따뜻하게 말하면서도 사랑과 배려가 없을 수 있다. 그러므로 어떤 이
들은 이 말씀이 이 섹션의 핵심이라 하지만(Godet), 핵심은 아니더라도
서로를 진솔하게 대할 필요가 있다는 뜻이다(cf. 고후 6:6).

'악을 미워하라'(ἀποστυγοῦντες)(9b절)는 매우 강력한 표현이다(Schreiner).
악에 대해 매우 강력한 부정으로 반응하라는 뜻이다(BDAG). 그리
스도인은 악에 대해 토할 것 같은 반응을 보여야 한다. '선에 속하
라'(κολλώμενοι)는 선에 착 달라붙으라(cleave to)는 권면이다(TDNT). 적극
적으로 선과 의를 추구하는 사람은 어떠한 대가를 치르더라도 선에 달
라붙는다. 또한 선은 악을 용납하거나 수용하지 않는다.

그리스도인은 형제를 사랑하여 서로 우애해야 한다(10a절). '형제 사

랑'(φιλαδελφία)은 이곳에서 단 한 차례 사용되는 단어이며, 형제간의 사랑을 의미한다(BDAG). 바울은 교회를 생물학적인 가족으로 생각한다. 모두 다 그리스도 안에서 형제자매이기 때문이다(딤전 5:1-2). 우리는 서로를 대할 때 친형제-자매처럼 사랑하고 섬겨야 한다.

그리스도인은 존경하기를 서로 먼저해야 한다(10b절). 서로 존중하라는 뜻으로, 상대방의 존엄성을 인정하는 것이다(Aasgaard, Barrett, Calvin, Cranfield, Käsemann). 우리는 누가 먼저 손 내밀기를 기다리지 말고 먼저 적극적으로 상대를 맞이해야 한다(Dunn, Fitzmyer, Hultgren, Jewett, Moo, Stuhlmacher). 강자가 약자를, 혹은 윗사람이 아랫사람을 먼저 존중해야 한다. 서로를 경쟁자로 여기고 상대방을 짓밟아야 자신이 성공한다는 세상에서 참으로 파격적인 권면이라 할 수 있다.

그리스도인은 부지런하여 게으르지 않아야 한다(11a절). 잠언에는 게으른 자를 향한 많은 비난이 있다(cf. 잠 6:6, 9; 10:26; 12:24; 12:27; 13:4; 15:19; 19:24; 20:4; 21:25). 게으른 자의 가장 큰 문제는 삶에 대한 의욕이 턱없이 부족한 것이다. 그러므로 게으름은 성실하신 하나님이 가장 미워하시는 죄에 속한다. '부지런함'(σπουδή)은 무엇에 적극적이고 의욕적으로 임하는 것이며, 게으름의 반대말이다.

그리스도인은 열심을 품고 주를 섬겨야 한다(11b절). '열심을 품으라'(τῷ πνεύματι ζέοντες)를 직역하면 '열정적인 영'이다. 그런데 여기서 '영'(πνεῦμα)이 성령인지 혹은 사람의 영(마음)인지를 두고 상당한 논란이 있다. 어떤 이들은 사람의 영이라 하고(Fitzmyer, Murray, cf. 1:9; 고전 5:4; 14:14, 15; 갈 6:18; 빌 4:23; 살전 5:23), 다른 이들은 성령이라 한다(Barrett, Calvin, Cranfield, Dunn, Käsemann). 바울은 유대인의 잘못된 열정을 비난한 적이 있다(10:2). 그러므로 사람의 맹목적인 열정을 의미하는 것이 아니다. 또한 열정(불)은 성령과 매우 깊이 연관되어 있다(cf. 사 4:4; 30:27-28; 마 3:11; 눅 3:16; 행 2:3; 살전 5:19; 계 4:5). 우리는 최선을 다해 열정적으로 주님을 섬겨야 한다.

그리스도인은 소망 중에 즐거워해야 한다(12a절). '소망 중에 즐거워 하는 것'(τῇ ἐλπίδι χαίροντες)은 미래에 그들을 기다리고 있는 좋은 것들에 대한 소망을 버리지 않는 것을 뜻한다. 그리스도인들이 오늘 누리는 기쁨은 상당 부분 하나님이 미래에 우리에게 내려 주실 다양한 축복에 대한 소망을 바탕으로 한다. 그러므로 소망이 사라지면 기쁨도 사라진다.

그리스도인은 환난 중에 참아야 한다(12b절; cf. 5:3-5). 그리스도인에게 환난은 경제적인 어려움과 육신의 병과 어려운 가족 관계 등을 통해 찾아온다. 환난은 이겨 내는 것이 아니라 견디고 버티는 것이다. 환난을 견뎌 내는 가장 좋은 방법은 미래에 대한 소망을 마음에 품는 것이다. 또한 소망을 마음에 품고 환난을 견뎌 내면, 그 소망이 더 확실해지고 커진다.

그리스도인은 기도에 항상 힘써야 한다(12c절). '항상 힘쓰라'(προσκαρτερέω)는 기도와 연관되어 사용되는 단어다(행 1:14; 2:42; 6:4; 엡 6:18; 골 4:2). 그리스도인의 삶은 기도를 중심으로 한다. 그러나 기도는 자연스럽게 되는 일이 아니다. 본문도 기도에 '항상 힘쓰라'고 한다. 기도는 노동이라는 말이 실감 난다.

그리스도인은 다른 지체들의 쓸 것을 공급해야 한다(13a절). 어려운 형제들에게 재정적·물질적 도움을 주라는 뜻이다(행 2:44; 4:32; 롬 15:26, 27; 고후 8:4; 9:13; 갈 6:6; 빌 1:5; 4:15; 딤전 6:18; 히 13:16). 교회 밖에 있는 사람들에게도 도움을 주어야 하지만, 우선은 교회 안에 있는 형제자매들에게 도움을 주어야 한다(Harrison & Hagner, Thielman).

그리스도인은 손 대접하기를 힘써야 한다(13b절). '힘쓰다'(διώκω)는 '핍박하다, 좇다'라는 의미를 지닌 적극적인 단어다. 그러므로 먼저 노력하여 강력히 추구하라는 뜻이다. 당시 그리스도인들은 돈이 거의 없이 여행하며 전도했다. 그러므로 여행하는 형제에게 그곳에 사는 형제가 먼저 대접하겠다고 하는 것은 매우 중요한 일이었다(cf. 벧전 4:9; 히

13:2).

이 말씀은 교회는 계속 변화하는 역동적인 공동체라고 한다. 그리스도의 몸인 교회에는 많은 지체가 있고, 지체들은 각자 고유한 역할을 지닌다. 그들이 어떻게 그 역할을 해내느냐에 따라 교회는 계속 변한다. 우리가 각자 맡은 역할을 잘 해낼 때 교회는 건강하며 하나님이 주신 소명을 잘 감당할 수 있다. 그러므로 연약한 지체를 비난하고 비판할 것이 아니라, 오히려 격려하며 건강하게 세워 가야 한다. 그래야 온 몸(교회)이 건강하고, 우리도 하나님이 주신 사명을 감당하는 건강한 공동체의 일부가 된다.

교회는 영적인 나눔뿐 아니라 물질적인 구제도 하는 공동체다. 교회에 속한 지체들과 교회 밖에 있는 사람들을 돕는 일에 재정을 아끼지 않아야 한다. 또한 우리가 소유한 재물이 하나님이 우리에게 맡기신 것이라고 인정한다면, 어느 정도는 언제든지 주님의 영광을 위해 사용할 수 있어야 한다. 우리가 그리스도께 인도하고자 하는 사람들은 영적인 필요와 육체적인 필요를 지니기 때문이다.

교회는 지체들이 서로 경쟁하는 곳이 아니라, 서로 섬기고 격려하는 곳이 되어야 한다. 성도들을 비교하는 것은 바람직하지 않다. 하나님이 각자에게 주신 소명과 역할이 다르기 때문이다. 우리가 공동체에서 추구해야 할 것들은 리듬과 하모니와 균형감이다. 하나님이 나누어 주신 믿음의 분량대로 지혜롭게 신앙생활을 해야 한다.

> V. 복음과 삶(12:1-15:13)
>   A. 복음을 영접한 자의 삶(12:1-13:14)

3. 세상 사람들(12:14-21)

¹⁴ 너희를 박해하는 자를 축복하라 축복하고 저주하지 말라 ¹⁵ 즐거워하는 자들과 함께 즐거워하고 우는 자들과 함께 울라 ¹⁶ 서로 마음을 같이하며 높은

데 마음을 두지 말고 도리어 낮은 데 처하며 스스로 지혜 있는 체 하지 말라
¹⁷ 아무에게도 악을 악으로 갚지 말고 모든 사람 앞에서 선한 일을 도모하라
¹⁸ 할 수 있거든 너희로서는 모든 사람과 더불어 화목하라 ¹⁹ 내 사랑하는 자
들아 너희가 친히 원수를 갚지 말고 하나님의 진노하심에 맡기라 기록되었
으되
　　　　　원수 갚는 것이 내게 있으니 내가 갚으리라고
주께서 말씀하시니라
　　　　²⁰ 네 원수가 주리거든 먹이고 목마르거든 마시게 하라
　　　　그리함으로 네가 숯불을 그 머리에 쌓아 놓으리라
²¹ 악에게 지지 말고 선으로 악을 이기라

　그리스도인은 어떻게 살아야 하는지에 대한 권면이 이어지고 있다.
앞 섹션이 교회 공동체에 속한 각 사람이 하나님이 주신 은사를 서로
를 위해 어떻게 사용해야 하는가에 관한 것이었다면, 이번에는 교회
밖에 있는 사람들을 어떻게 대해야 하는가에 관한 내용이다. 15-16절
은 공동체(교회) 안에서 믿는 자들이 서로를 어떻게 대해야 하는지에
관한 것이기 때문에 교회 밖에 있는 사람들을 주제로 하는 본문에서
예외라 할 수 있다. 그러나 이 구절을 세상 사람의 눈에 비치는 교회의
모습은 이러해야 한다는 것으로 간주하면 별문제 없다. 그러므로 이
섹션은 그리스도인이 어떻게 세상의 빛과 소금이 되어야 하는지에 관
한 것이라 할 수 있다.
　그리스도인은 박해하는 자를 축복하고 저주하지 않아야 한다(14절).
이때까지 분사와 형용사를 명령어처럼 사용해 권면하던 저자가 이제
부터는 주로 명령문을 사용해 권면한다. 어떤 이들은 유대인이 유대
인을 박해한 일들을 근거로 삼아 이 말씀은 그리스도인이 그리스도인
을 박해하는 상황에 대한 것이라 한다(Miller, Yinger). 그러나 신약은 그
리스도인을 박해하는 자들을 항상 믿지 않는 자로 취급하며, '박해하

다'(διώκω)라는 동사는 단 한 번도 그리스도인과 그리스도인 사이에 사용되지 않는다. 그러므로 저자는 그리스도인에게 그들을 박해하는 불신자들을 저주하지 말고 축복하라고 한다(Byrne, Kruse, Thielman, cf. 마 5:10-12; 눅 21:12-19; 갈 1:8-9; 5:11; 살전 2:15-16).

예수님은 믿는 자들에게 원수를 사랑하며 핍박하는 자들을 위해 기도하라고 하셨다(마 5:44; cf. 눅 6:27-28). 바울도 예수님의 가르침과 같은 말을 하고 있다. 당시 사회에서 복수가 일종의 도덕적 기준이었다는 것을 생각할 때, 박해하는 자를 축복하라는 권면은 참으로 파격적이라 할 수 있다(cf. Oakes). 자기를 박해하는 자를 저주하지 않고 축복하는 것은 사람이 스스로 할 수 있는 일이 아니다. 성령이 함께하시는 사람만이 할 수 있다.

그리스도인은 즐거워하는 자들과 함께 즐거워하고 우는 자들과 함께 울어야 한다(15절). 사람이 함께 기뻐하는 것이 더 어렵기 때문에 함께 슬퍼하는 것보다 먼저 언급되고 있다(Chrysostom, cf. Bray). 권면의 초점이 다시 믿음 공동체(교회)를 향한다(Oakes, Schreiner). 당시 사회에서 지도자들은 낮은 자들의 슬픔에 동참하지 않았고, 주인들은 노예의 슬픔에 동참하지 않았다. 교회는 획기적으로 달라야 한다. 그리스도 안에서 한 가족이기 때문이다. 그러므로 그리스도인은 그리스도 안에서 형제자매 된 지체들의 기쁨에 동참하고, 슬픔을 함께해야 한다. 교회가 서로의 기쁨과 슬픔에 함께하면 세상의 눈에도 참으로 선망의 대상이 되는 매력적인 공동체가 될 것이다.

그리스도인은 마음을 같이하여 교만하지 않고 겸손해야 한다(16절). 저자는 교회 안에서 서로를 대하는 자세가 어떠해야 하는지 말하고 있다. '서로 마음을 같이하는 것'(16a절)은 공동체에 속한 사람들이 한마음 품는 것을 뜻한다. '높은 데 마음을 두지 말라'(16b절)는 것은 교만하지 말라는 권면이다.

'도리어 낮은 데 처하라'(16c절)는 '낮은 자들이 할 만한 일들을 주저하

445

지 말고 하라'(Murray, Sanday & Headlam), 혹은 '낮은 자들과 교제하라(함께 하라)'(Byrne, Cranfield, Fitzmyer, Hultgren, Käsemann, Schreiner), 혹은 두 가지 의미를 모두 포함하는 것으로 해석할 수 있다(Barrett, Dunn, Schnabel). 본문에서 낮은 자들은 가난한 자들이다(Oakes). 경제적인 여건이 사회적 지위를 상당 부분 결정지었기 때문이다.

스스로 지혜 있는 체하지 말라는 권면(16d절)은 다시 한번 겸손할 것을 당부하는 말씀이다. 우리는 어떻게 겸손할 수 있는가? 서로를 대할 때 각자 자기 자신을 대하듯이 하면 된다(Thielman). 우리말 번역본들이 '마음을 같이한다'는 의미로 번역한 동사 '생각하다'(φρονέω)가 이 구절에서 매우 중요하게 부각된다. 이 동사의 분사(φρονοῦντες)가 두 차례, 형용사(φρόνιμοι)가 한 차례 사용되고 있다. 저자는 세 차례나 '생각하라'고 권면한다. 교만은 깊이 생각하지 않는 데서 비롯되기 때문이다. 겸손한 사람들로 구성된 공동체는 온갖 교만과 위선으로 가득 찬 세상의 눈에 매우 매력적인 대안으로 보인다.

그리스도인은 악을 악으로 갚지 않고 선한 일을 도모해야 한다(17절). 이 말씀은 박해하는 자를 저주하지 말고 축복하라는 14절 말씀을 재차 확인하는 것이라 할 수 있다. 구약은 성도들에게 직접 보복하지 말라고 당부한다(출 23:4-5; 레 19:17-18; 욥 31:29-30; 잠 20:22; 24:28-29). 예수님도 악을 악으로 갚지 말라고 권면하셨다(마 5:43-48; 눅 6:27-36). 바울도 이러한 원리에 따라 살았다(행 16:25-33; 고전 4:13; cf. 살전 5:15).

그리스도인은 할 수만 있다면 모든 사람과 더불어 화목해야 한다(18절). 이 말씀은 12:14-17의 내용을 요약한다. 저자의 권면이 모두 모든 사람과 더불어 화목하는 것에 목적이 있기 때문이다. 어떤 이들은 다음 섹션의 주제가 세상 권세라는 점에서 이 말씀을 세상을 다스리는 자들과 화목하라는 것으로 해석하지만(Kim), 이는 바울이 사람들에게 취한 자세를 가장 잘 표현한다(cf. Schreiner). 그리스도인은 믿음이 위협받는 등의 특별한 상황이 아니라면 모든 사람과 화평해야 한다는 뜻이다. 그러나 화평이 항상 가능한 일은 아니다. 그러므로 저자는 '할 수 있거든', 곧 화평이 우리에 의해 결정되는 상황이라면 화평하라고 한다 (Harrison & Hagner).

그리스도인은 스스로 원수를 갚지 말고 하나님의 진노하심에 맡겨야 한다(19절). 사람이 참으로 억울한 일을 당하면 복수를 자제하는 것이 쉽지 않다. 그러므로 저자는 자신이 '사랑하는 자들'(ἀγαπητοί)에게 이 말을 한다며 따뜻하고 애틋한 마음을 전하고자 한다. 누군가에게 직접 보복하지 않고 하나님께 맡기는 것은 기독교인의 정체성이라 할 수 있다. 우리 형편을 아시는 하나님이 가장 공평하고 정의롭게 판결하실 것이라는 신앙 고백이기 때문이다.

'진노하심에 맡기라'(δότε τόπον τῇ ὀργῇ,)를 직역하면 '진노에 자리를 내어주라'(give place to wrath)이다. 그러므로 이 '진노'가 누구의 것인지 본문이 정확하게 말하지는 않지만, 믿는 자(억울한 일을 당한 자)의 진노는 아니다(Schreiner, cf. 엡 4:26-27). 그러므로 하나님의 진노다(cf. 2:5, 8; 3:5; 5:9; 9:22; 엡 2:3; 살전 1:10; 2:16; 5:9). 또한 바로 다음에 인용되는 "원수 갚는 것이 내게 있으니 내가 갚으리라"(신 32:35)도 하나님의 진노에 원수 갚는 일을 맡기라는 권면이다.

억울한 일을 당할 때 보복하고자 하는 열망은 모두에게 있다. 그러나 그것을 하나님께 맡기는 것이 믿음이다. 어떤 이들은 하나님의 보복을 종말에 있을 일로 제한한다(Schreiner). 최종적인 보복은 그때 임하겠지만, 지금부터 종말 사이에 언제든 하나님이 개입하셔서 완전히 혹은 부분적으로 보복하실 수 있다(Dunn). 심지어 세상을 다스리는 권세를 사용해 보복하실 수도 있고(Wright), 악인들을 사용해 악인들을 벌하실 수도 있다.

그리스도인은 원수들을 먹이고 마시게 해야 한다(20절). 잠언 25:21-22을 인용한 말씀이다. 그러나 어떻게 원수를 먹이고 마시게 하는 것이 숯불을 쌓는 일이 되는가? 잠언의 정황을 생각해 보자. 학자들은 혹독한 심판이 원수들을 덮칠 것을 상징하는 것으로 해석하기도 하지만(cf. 시 11:6; 140:10), 이 말씀이 이어지는 "여호와께서 네게 [상으로] 갚아 주시리라"(잠 25:22b)라는 말과 평행을 이루는 것을 보면 그렇지 않다는 것이 학자들의 중론이다. 대부분 주석가는 '숯불'을 도덕적으로 좋은 일로 해석한다. 또한 칠십인역(LXX)도 이 말씀을 "주님께서 너의 선행으로 인해 너를 복 주실 것이다"라고 번역하며 원수들의 머리에 숯불을 쌓는 것을 선행이라고 한다.

이러한 정황을 고려할 때 원수들 머리 위에 쌓인 숯불은 원수들이 느낄 수치심과 부끄러움이다(Kruse, Sanday & Headlam, Thielman, cf. Bray). 악을 꾀했는데, 오히려 선으로 갚음을 받고 느끼는 부끄러움이다. 하나님이 분명히 갚아 주실 것이다. 원수에게는 벌을 내리실 것이며, 자비를 베푼 사람에게는 자비와 축복을 베푸실 것이다(cf. 삼하 22:9, 13; 욥 41:20-21; 시 18:8; 140:10; 잠 6:27-29; 겔 24:11). 그는 하나님의 자비를 받을 만한 일을 했으며, 악을 선으로 이겼기 때문이다(21절).

그러므로 이 말씀은 악을 악으로 갚지 말라는 권면과 하나님께 원수 갚는 일을 맡기라는 권면의 복된 면모라 할 수 있다. 물과 음식은 모든 선한 일을 상징한다(Cranfield). 그러므로 원수를 먹이고 마시게 하는 것은 그들의 모든 필요를 채워 주라는 뜻이다. 그렇게 하면 원수는 자신이 잘못한 것을 깨닫고 수치와 부끄러움을 느끼게 될 것이다. 심지어 그들의 회개로 이어질 수도 있다(Wright).

엘리사 선지자는 이스라엘을 침략한 시리아군의 눈을 어둡게 해 이스라엘 왕의 포로가 되게 했다(왕하 6:18-20). 선지자는 이스라엘 왕에게 그들을 죽이지 말고 먹고 마시게 한 후 돌려보내라고 했다. 이스라엘의 호의를 받고 돌아간 시리아군은 다시는 침략하지 않았다(왕하 6:23). 보복은 또 다른 보복을 낳지만, 원수를 대접하면 원수 관계가 끝날 수도 있다.

그리스도인은 악에 지지 말고 선으로 악을 이겨야 한다(21절). 원수를 먹이고 마시게 하라는 20a절 말씀은 선으로 악을 이기는 사례라 할 수 있다. 저자는 마치 우리가 악을 상대로 경기하는 것처럼 말한다. 경기에 임하는 사람이 최선을 다해 상대와 싸우는 것처럼 우리는 악을 상대로 극렬하게 싸워야 한다. 다윗은 그를 죽이겠다며 큰 군대를 이끌고 온 사울왕을 두 번이나 살려 주었다. 결국 사울은 다윗에게 "나는 너를 학대하되 너는 나를 선대하니 너는 나보다 의롭도다…사람이 그의 원수를 만나면 그를 평안히 가게 하겠느냐 네가 오늘 내게 행한 일로 말미암아 여호와께서 네게 선으로 갚으시기를 원하노라"(삼상 24:17-19)라며 자기 잘못을 시인하고 다윗을 축복하며 돌아갔다. 선으로 악을 이긴 좋은 사례다.

이 말씀은 선으로 악을 이기라고 한다. 스스로 보복하지 않고 박해하는 자들을 오히려 축복하고 곤경에 처한 원수들을 도우면, 하나님이 우리를 대신해서 벌할 자들은 벌하시고 축복하실 자들(우리)은 축복하실 것이다. 하나님께 보복을 맡기는 것은 하나님이 우리 형편을 모두 아시며, 모든 일을 공평하고 정의롭게 주관하신다는 신앙의 고백이다. 또한 악을 악으로 이기려 한다면 우리가 세상 사람들과 다를 바가 없다. 그리스도인은 원수를 대하는 자세에서도 달라야 한다.

우리는 사람들 앞에서 항상 선한 일을 도모하는 롤모델이 되어야 하며, 할 수만 있다면 모든 사람과 더불어 화목해야 한다. 이러한 삶이 세상의 빛과 소금이 되는 삶이다. 그러나 이러한 삶은 우리가 노력한다고 해서 할 수 있는 것은 아니다. 하나님의 은혜로 인해 마음으로부터 변화를 받아야 가능한 일이며(12:1-2), 성령이 도우셔야 가능한 일이다.

4. 세상 권세(13:1–7)

¹ 각 사람은 위에 있는 권세들에게 복종하라 권세는 하나님으로부터 나지 않음이 없나니 모든 권세는 다 하나님께서 정하신 바라 ² 그러므로 권세를 거스르는 자는 하나님의 명을 거스름이니 거스르는 자들은 심판을 자취하리라 ³ 다스리는 자들은 선한 일에 대하여 두려움이 되지 않고 악한 일에 대하여 되나니 네가 권세를 두려워하지 아니하려느냐 선을 행하라 그리하면 그에게 칭찬을 받으리라 ⁴ 그는 하나님의 사역자가 되어 네게 선을 베푸는 자니라 그러나 네가 악을 행하거든 두려워하라 그가 공연히 칼을 가지지 아니하였으니 곧 하나님의 사역자가 되어 악을 행하는 자에게 진노하심을 따라 보응하는 자니라 ⁵ 그러므로 복종하지 아니할 수 없으니 진노 때문에 할 것이 아니라 양심을 따라 할 것이라 ⁶ 너희가 조세를 바치는 것도 이로 말미암음이라 그들이 하나님의 일꾼이 되어 바로 이 일에 항상 힘쓰느니라 ⁷ 모든 자에게 줄 것을 주되 조세를 받을 자에게 조세를 바치고 관세를 받을 자에게 관세를 바치고 두려워할 자를 두려워하며 존경할 자를 존경하라

일부 학자는 책의 흐름 속에서 본문이 주제를 갑작스럽게 바꾸었다며 문제를 제기한다. 어떤 이들은 12:9–21 다음에 곧바로 13:8–14을 읽으면 문맥이 훨씬 더 매끄럽다며, 본문은 교회가 훗날 삽입한 것이라고 주장하기도 한다(Kallas, Munro, O'Neill, cf. Harrison & Hagner). 그러나 이러한 추론을 입증할 만한 역사적 증거는 하나도 없다. 모든 로마서 사본이 본문을 이 위치에 포함하고 있다. 또한 본문은 바로 앞 섹션의 주제인 세상을 대하는 그리스도인의 자세와 잘 연결된다(cf. Barrett, Bruce, Dunn, Fitzmyer, Sanday & Headlam, Schreiner, Stein, Stuhlmacher, Thielman). 본문은 처음부터 로마서의 일부였던 것이다(Bruce, Stein).

한 학자는 본문이 바울이 로마에 보낸 오리지널 서신의 일부였다는 것을 다음 구조를 통해 제시한다(Aletti). 책의 흐름과 구조에서 제외될 수 없다는 것이다. 그리스도인의 사회적 책임에 대한 가르침인 본문은 예수님이 하신 "가이사의 것은 가이사에게, 하나님의 것은 하나님께 바치라"(마 22:21)라는 가르침의 연장이라 할 수도 있다.

  A. 교회 안에서의 사랑(12:9-16)
　　B. 세상 사람들과의 관계(12:17-21)
　　B′. 세상 권세자들과의 관계(13:1-7)
  A′. 교회 안에서의 사랑(13:8-10)

　저자는 권세들에 복종하라는 말로 이 섹션을 시작한다(1a절). '각 사람'(πᾶσα ψυχή)은 예외 없는 모든 그리스도인을 뜻한다(Cranfield, Dunn, Fitzmyer, Longenecker, Harrison & Hagner). 모든 그리스도인은 세상을 다스리는 권세에 복종해야 한다는 것이다.

　1-2절에서 한 차례는 복수형으로(ἐξουσίαις), 두 차례는 단수형으로 (ἐξουσία) 쓰이는 '권세'는 천사 등 영적인 존재를 의미할 때가 많다(고전 15:24; 엡 1:21; 2:2; 3:10; 6:12; 골 1:16; 2:10, 15; 벧전 3:22). 그러나 이곳에서는 3절의 '다스리는 자들'(ἄρχοντες)과 함께 나라를 다스리는 권력자들을 뜻한다(Barrett, Bruce, Cranfield, Dunn, Longenecker, Käsemann, Murray, Stott, Ziesler, cf. 눅 12:11; 딛 3:1). 모든 정치적·법적 권세를 가진 자들이다(Thielman).

　'복종하라'(ὑποτασσέσθω)는 복종하는 자가 자발적으로 하는 일이지만, 매우 강력한 요구(의무)다(Schnabel, cf. 골 2:8-15; 벧전 3:5-6). 그리스도인이 세상 권세에 복종해야 하는 이유는 두 가지다. 첫째, 권세는 하나님으로부터 나오지 않은 것이 없다(1b절). 하나님이 세상에 있는 모든 권세를 세우셨다. 둘째, 모든 권세는 다 하나님이 정하셨다(1c절). '정하다'(τάσσω)는 '임명하거나 직책을 맡기다'라는 뜻이다. 하나의 예외도 없이 세상의 모든 권세는 하나님의 뜻과 결정에 따라 세워진다 (Mounce).

하나님은 세상 권세들에 사회의 질서를 유지하는 역할을 하게 하셨다(Thielman). 그러므로 바울 시대의 로마 제국도 세상의 질서를 유지하기 위해 하나님이 세우신 권세다. 어떤 이들은 이 섹션에 묘사된 권세는 참으로 선하고 이상적인 권세이며, 당시 로마 제국은 본문이 묘사하는 이상적인 권세가 아니기 때문에 바울이 본문을 통해 로마 성도들에게 제국에 저항하라는 숨겨진 메시지를 전하고 있다고 한다(Carter, Elliott, Horsley, Harrison, Jewett, Wright). 그러나 전혀 설득력이 없는 주장이다(Barclay, Cranfield, Dunn, Fitzmyer, Moo, Murray, Kim, Schreiner, Stein).

하나님이 세상의 모든 권세를 정하신다는 것은 구약에서도 여러 차례 강조되거나 암시되었다(삼하 12:8; 잠 8:15-16; 사 45:1; 렘 27:5-6; 단 2:21, 37; 4:17, 25, 32; 5:21). 악한 권세도 예외가 아니다. 하나님과 주의 백성을 대적하는 '짐승'의 권세도 하나님이 세우신다(계 13장). 심지어 사탄의 권세도 하나님이 그에게 주신 권세다(눅 4:6). 세상에 있는 권세는 모두 하나님이 정하신 것들이다. 로마 제국도 마찬가지다. 그러므로 바울이 로마 성도들에게 로마 제국은 선한 권세가 아니라며 저항하라는 비밀 메시지를 전할 가능성은 전혀 없다. 우리의 시민권은 분명 하늘나라의 시민권이다(빌 3:20). 그렇다고 해서 성경은 우리가 이 땅에서 무책임하게 사는 것을 용납하지 않는다. 각자 속한 나라와 권세에 책임을 다하는 일원이 되어야 한다. 그렇게 하기 위해서는 하나님이 세우신 세상 권세에도 복종해야 한다.

세상 모든 권세가 하나님에게서 나고 하나님이 정하신 권세라면(cf. 1절), 권세를 거스르는 자는 하나님의 명을 거스르는 것과 같다(2a절). 그러므로 그들은 심판을 자취하는 결과를 초래한다(2b절). 어떤 이들은 본문이 누구의 심판인지 확실하게 밝히지 않는다는 이유로 권세자들의 심판이라고 하지만, 로마서에서 심판은 항상 하나님의 심판이다

(Moo, cf. 2:2-3; 3:8; 5:16). 하나님의 심판은 그들이 사는 동안과 종말에 있을 최종적인 심판을 포함한다(Fitzmyer, Porter, Thielman).

다스리는 자들은 선을 지향하고 악을 배척한다. 그러므로 선한 일을 하는 사람은 그들을 두려워할 필요가 없다(3a절). 선하게 살면 다스리는 자들에게 오히려 칭찬을 받는다(3c절). 반면에 악한 일을 하는 자들은 다스리는 자들을 두려워해야 한다(3b절). 다스리는 자들이 그들을 응징할 것이기 때문이다. 저자는 다스리는 자들이 항상 이렇다고 하는 것이 아니다. 어느 시대든 악이 만연한 세상에는 악한 통치자가 허다하다. 바울은 보편적인(정상적인) 통치 원리가 이렇다고 한다(Sanday & Headlam).

본문은 악한 정권에 대한 혁명과 반역에 대한 명분이 될 수 없다. 바울은 자기 세대의 통치자들이 하나님의 지혜를 알지 못해 영광의 주이신 예수님을 십자가에 못 박았다고 한다(고전 2:8). 그들이 예수님을 십자가에 못 박은 것은 악한 일이며 보편적인 통치 원리에서 벗어난 일이라는 뜻이다. 그러므로 하나님은 때때로 정권과의 일치를 자축하는 교회보다 감옥과 순교자들의 무덤을 통해 말씀하신다(Käsemann). 그럼에도 불구하고 기독교는 그리스도를 못 박은 정권에 저항하지 않았다. 모든 것이 협력하여 선을 이룬다는 것이 교회의 신앙 고백이기 때문이다(8:28).

다스리는 자들은 하나님이 정하신 자들일 뿐 아니라, 하나님이 세우신 사역자이기도 하다(4절). 그들은 하나님의 도구가 되어 사회의 질서와 평안을 유지해야 한다. 이 일을 위해 그들은 선한 삶을 사는 사람에게 선을 베풀고, 악한 삶을 사는 사람들에게는 두려움이 된다(4a절). 다스리는 자들이 칼(권력)을 가진 것은 악을 행하는 자들에게 하나님의 진노하심에 따라 보응하기 위해서다(4b절).

로마 제국은 교회를 '민간 협회'(collegium, private association)로 취급했는데, 그들은 이런 모임들이 사회의 질서를 위협한다며 억눌렀다

(Thielman). 바울이 로마서를 보내기 몇 년 전에는 글라우디오 황제가 로마에서 유대인을 모두 추방했다(행 18:2). 유대인들이 기독교로 인해 소동했기 때문이다. 바울의 평생 동역자가 된 브리스길라와 아굴라 부부도 이때 추방되었다(cf. 행 18:1-3; 롬 16:3-5). 이러한 상황에서 바울은 로마 성도들에게 권력자들의 관심을 끌지 않도록 최선을 다하라고 한다.

그리스도인이 세상 권세에 복종하지 않을 수는 없다(5a절). 권세에 복종하는 것은 선택이 아니라 필수라는 뜻이다. 그러나 저자는 진노(처벌)가 두려워 복종하는 것이 아니라, 양심을 따라 복종하라고 한다(5b절). '양심'(συνείδησις)은 도덕적 책임(moral responsibility)이다(Dunn, Harrison & Hagner, Murray). 양심이 있는 사람은 자신이 왜 복종하는지, 무엇을 위해 복종하는지 안다. 그러므로 세상 권력에 순종하는 것은 하나님이 그리스도인에게 요구하시는 옳은 일이라는 사실을 알고 순종하라는 뜻이다.

저자는 그리스도인이 세금을 바치는 것도 이러한 이유 때문이라고 한다(6a절). 바로 앞 구절(5b절)과 연결하면 세금을 바치는 것은 양심에 따라 하는 일(Cranfield, Moo, Sanday & Headlam)이다. 또한 다음 구절(6b절)과 연결하면 세금은 통치자들이 그들이 다스리는 나라에서 선을 지향하고 악을 벌하는 것을 통해 하나님을 섬기는 일에 필수적이기 때문에 그리스도인은 그들이 다스리는 나라에 사는 한 세금을 바쳐야 한다(Barrett, Fitzmyer, Stein, Thielman). 세금을 거두는 세리가 매우 폭력적이고 착취를 일삼는 자들이라는 사실을 고려하면(cf. 마 18:17; 21:31-32; 눅 19:7-8), 저자의 제안은 참으로 파격적이라 할 수 있다.

그리스도인은 모든 자에게 줄 것을 주어야 한다(7a절). 예수님이 성전에는 성전세를, 로마 정부에는 세금을 내라고 하신 일을 상기시킨다(마 17:24-27; 22:15-22). 조세를 받을 자에게는 조세를 바치고, 관세를 받을 자에게는 관세를 바쳐야 한다(7b절). '조세'(φόρος)는 공물(tribute, 눅

20:22), 재산세 등과 같은 직접세였다(Coleman, Fitzmyer, Schnabel). 로마 시민은 조세를 내지 않았다. '관세'(τέλος)는 상품에 부과되는 소비세, 통행세 등과 같은 간접세였다(Coleman, Fitzmyer, Sanday & Headlam). 그리스도인은 직접세와 간접세를 포함한 모든 세금을 내야 한다.

그리스도인은 세금을 잘 내는 모범 시민이 되어 두려워할 자를 두려워하며 존경할 자를 존경해야 한다(7c절). 어떤 이들은 '두려워할 자'(τὸν φόβον)는 하나님이며, '존경할 자'(τὴν τιμὴν)는 다스리는 자라며 둘을 구분하지만((Byrne, Cranfield, Harrison & Hagner, Porter), 둘을 구분할 근거가 충분하지 않다. 그러므로 두려워할 자와 존경할 자 모두 다스리는 권력자들이다(Dunn, Käsemann, Murray, Schreiner, cf. 3-4절). 저자는 그리스도인에게 맹목적인 복종을 권하는 것이 아니다(Fitzmyer, Käsemann, Sanday & Headlam, Stuhlmacher). 원래 이래야 한다며 원칙을 제시하고 있다.

세상의 모든 권세는 사회의 질서와 평안을 유지하기 위해 악을 배척하고 선을 지향한다. 아무리 악한 권세라도 어느 정도의 정의와 질서를 유지하기 위해 노력하며, 살인과 강도와 도둑질 등을 처벌한다. 그러나 종종 그렇지 않은 정권도 있다. 이런 정권의 다스림 아래 있을 때 그리스도인은 어떻게 해야 하는가?

이 말씀은 정상적이고 상식적인 권력은 악을 배척하고 선을 지향하며 사회의 질서와 평안을 유지하려 한다고 한다. 그러므로 믿는 자들과 권세의 관계를 생각할 때 본문만을 근거로 삼으면 안 된다(Stuhlmacher). 성경에서 이 이슈에 대한 모든 말씀을 찾아보고 신중하고 균형 있게 접근해야 한다(Harrison & Hagner).

이집트 왕이 산파들에게 히브리 여인들이 아들을 낳으면 곧바로 죽이라고 했지만, 그들은 하나님을 두려워해 왕의 명령을 거역했다(cf. 출 1:15-19). 성경에 기록된 최초의 '시민 불복종'(civil disobedience)이다. 바로가 추궁하자 산파들은 거짓말로 둘러댔으며 하나님은 이렇게 한 산파들을 축복하셨다(출 1:20-21).

다니엘의 세 친구도 느부갓네살의 명령을 거역해 화덕에 던져졌다 (cf. 단 3장). 다니엘은 다리오왕의 명령을 거역하며 하루 세 번씩 기도 했다가 사자 굴에 던져졌다(cf. 단 6장). 에스더도 생명을 걸고(에 4:11) 아하수에로왕의 칙령에 거역하는 호소를 함으로써 자기 민족을 살렸다 (cf. 에 5장). 하나님은 이들을 권세자들의 손에서 구하시고 축복하셨다.

오늘날 많은 나라에서 복음 전파가 불법이다. 그러나 그리스도인은 이 나라들의 법을 어기면서라도 선교해야 한다. 우리는 땅끝까지 복음 을 전파하라는 예수님의 명령을 받았기 때문이다. 악한 권세가 악을 강요하면 어느 시점에서부터 불복종해야 하는지는 각자가 하나님께 기도하며 인도하심을 받아야 한다. 성경에 기록된 내용을 고려할 때, 정권이 복음 전파를 금할 때 우리는 반드시 불복종해야 한다. 자신의 불복종을 노골적으로 공론화할 필요는 없지만, 은밀한 가운데 계속 복 음을 전파해야 한다.

또한 정권이 생명의 근원이신 창조주 하나님을 경외하는 삶을 살지 못하게 하면 복종하지 않아도 된다. 독일에서 히틀러를 중심으로 한 나치(Nazis)가 살상과 온갖 악을 행할 때 여러 신학자와 목회자들이 저 항하다가 순교했다. 우리나라에서도 일제 강점기 때 여러 목회자와 성 도들이 신사 참배를 거부해 옥에 갇히거나 순교했다.

우리는 분명 모든 것이 합하여 선을 이룬다고 믿는다(8:28). 그러므로 흉악한 정권도 하나님이 세우시고 사용하신다는 것을 인정해야 한다. 그럼에도 불구하고 하나님이 때로는 정권과의 일치를 자축하는 교회 보다는 감옥과 순교자들의 무덤을 통해 말씀하신다는 사실을 기억해 야 한다(Käsemann). 기독교 역사를 살펴보면 수많은 그리스도인이 복음 과 하나님 나라를 사랑하다가 순교했다.

5. 그리스도로 옷 입음(13:8-14)

⁸ 피차 사랑의 빚 외에는 아무에게든지 아무 빚도 지지 말라 남을 사랑하는 자는 율법을 다 이루었느니라

⁹ 간음하지 말라,

살인하지 말라,

도둑질하지 말라,

탐내지 말라

한 것과 그 외에 다른 계명이 있을지라도

네 이웃을 네 자신과 같이 사랑하라

하신 그 말씀 가운데 다 들었느니라 ¹⁰ 사랑은 이웃에게 악을 행하지 아니하나니 그러므로 사랑은 율법의 완성이니라 ¹¹ 또한 너희가 이 시기를 알거니와 자다가 깰 때가 벌써 되었으니 이는 이제 우리의 구원이 처음 믿을 때보다 가까웠음이라 ¹² 밤이 깊고 낮이 가까웠으니 그러므로 우리가 어둠의 일을 벗고 빛의 갑옷을 입자 ¹³ 낮에와 같이 단정히 행하고 방탕하거나 술 취하지 말며 음란하거나 호색하지 말며 다투거나 시기하지 말고 ¹⁴ 오직 주 예수 그리스도로 옷 입고 정욕을 위하여 육신의 일을 도모하지 말라

저자는 그리스도인들에게 피차 사랑의 빚 외에는 아무에게든지 아무 빚도 지지 말라고 한다(8a절). '아무에게든지 아무 빚도 지지 말라'(μηδενὶ μηδὲν ὀφείλετε)는 그리스도인뿐 아니라 모든 사람에게 모든 종류의 빚을 지지 말라는 권면이다(Dunn). 무엇이든 갚을 것이 있으면 최대한 빨리 갚아야 하며(Moo, Murray), 이는 조세와 관세 등도 포함한다(cf. 13:7). 누구에게 빚을 지는 것이 잘못된 것은 아니다. 다만 최대한 빨리 갚도록 노력해야 한다(Harrison & Hagner). 오직 사랑의 빚 외에는 어떠한 빚도 남겨 두어서는 안 된다.

남을 사랑하는 사람은 율법을 다 이루었다(8b절). 어떤 이들은 '율법/법'(νόμος)을 사회의 기준이 되는 원리(로마법)로 해석한다(Sanday & Headlam). 그러나 이어서 십계명을 언급하는 문맥을 고려하면 본문에서는 모세 율법을 가리킨다(Dunn, Fitzmyer, Käsemann). 남을 사랑하는 사람은 간음하지 않으며, 살인하지 않으며, 도둑질하지 않으며, 탐내지 않기 때문이다(9a절). 십계명 중 우리와 이웃의 관계를 언급하는 6-10번째 계명이다(출 20:13-17; 신 5:17-21). 유일하게 빠진 것은 '거짓 증거하지 말라'는 금지령이다(출 20:16; 신 5:20). '간음하지 말라'(출 20:14; 신 5:18)와 '살인하지 말라'(출 20:13; 신 5:17)의 순서가 바뀐 이유와 '거짓 증거하지 말라'(출 20:16; 신 5:20)라는 계명이 빠진 이유는 알 수 없다. 남을 사랑하는 사람은 이처럼 이웃을 해하고 피해를 주는 일을 하지 않는다.

이 외에 다른 모든 계명과 율법도 모두 "네 이웃을 네 자신과 같이 사랑하라"라는 말씀 가운데 다 들어 있다(9b절). 이웃을 나 자신과 같이 사랑하는 것은 자기애에 빠지라는 말이 아니다(Schreiner). 남을 자기 자신처럼 소중하게 여기라는 뜻이다.

우리가 나 자신을 사랑하듯 이웃을 사랑하면 율법의 목적(teleological fulfillment, cf. 8:4)을 모두 성취한다(fulfill)(Thielman). 율법은 하나님을 사랑하고(신 6:5) 이웃을 사랑하라고 한다(레 19:18). 예수님은 우리가 마음과 목숨과 뜻을 다하여 하나님을 사랑하고 이웃을 우리 몸과 같이 사랑하는 것이 율법과 선지자의 강령이라 하셨다(마 22:37-40). 모든 율법의 목적이 바로 이 두 가지(하나님을 사랑하고 이웃을 사랑하는 것)이다. 그러므로 우리가 서로 사랑하는 것은 율법의 본질이며 목적이다(cf. 마 5:43-48; 19:19; 22:34-40; 막 12:28-33; 눅 10:25-28; 갈 5:14; 약 2:8).

우리가 사랑해야 하는 이웃은 믿는 자들로 제한될 수 없다(Cranfield, Fitzmyer, Murray). 세상 모든 사람을 포함한다. 우리는 마음에서 우러나는 사랑으로 이웃을 사랑해야 한다. 그러므로 예수님을 찾아와 모든 계명을 지켰다고 했던 부자 청년은 이웃을 사랑하라는 계명을 지켰다고 할 수 없다(마 19:16-20). 이웃을 사랑하기 위해 재물을 쓰려고 하지 않았기 때문이다(마 19:21-22).

이웃을 사랑하는 사람은 간음하지 않으며, 살인하지 않으며, 도둑질하지 않으며, 탐내지 않는다(cf. 9절). 사랑은 이웃에게 이러한 악을 행하지 않기 때문에 율법의 완성이다(10절). 율법이 이루고자 하는 목적을 성취한다는 뜻이다.

그리스도인의 이웃 사랑이 율법의 목적을 달성한다고 해서 그들이 율법 아래 있다는 뜻은 아니다. 모세 율법은 그리스도인에게 유효하지 않다(7:4-6; 고후 3:4-18; 갈 3:15-4:7). 그리스도인은 유대인이 율법 중 가장 중요시했던 할례(4:9-12; 고전 7:19; 갈 5:2-6)와 안식일(14:5; 골 2:16)과 음식법(14:14, 20; 갈 2:11-14)도 지키지 않는다. 우리는 그리스도를 통해 새 언약 아래 있기 때문이다(cf. 렘 31:31-34). 그러므로 본문에 기록된 계명들은 모세 율법의 일부이기 때문이 아니라, 새로 시작된 그리스도의 율법 일부이기 때문에 우리에게 유효하다. 신약은 모세 율법의 도덕적·윤리적 원리와 기준의 상당 부분이 그리스도의 율법에서도 유효하다고 한다(고전 9:21; 갈 5:14; 6:2). 우리는 율법과 사랑은 서로 반대쪽에 있는 것이 아니라 같은 쪽에 있다는 사실을 기억해야 한다(Schreiner).

저자는 날에 비유하며 그리스도인들에게 주어진 시간이 많지 않다고 한다(11-12절). 시간이 많지 않으므로 우리는 그 누구에게도 사랑의 빚 외에는 어떠한 빚도 지지 않으며 살고자 노력해야 한다(Thielman). 로마 사람들은 대부분 날이 어두워지면 자고 새벽에 일찍 일어났다. 햇빛을 최대한 활용해 바깥 활동을 하기 위해서였다. 그러므로 자다가 깰 때가 벌써 되었다는 것은 해가 세상을 밝힐 시간이 임박했다는 뜻이다(11절). 바울은 이 이미지를 사용해 우리가 구원에 이를 시간, 곧 그리스도가 재림하시고 세상에 최종 심판이 임할 시간이 우리가 처음 믿을 때보다 가까이 왔다고 한다.

바울은 밤이 거의 끝나 가고 낮이 가까웠으니 어둠의 일을 벗고 빛의 갑옷을 입자고 한다(12a절). '어둠의 일'(τὰ ἔργα τοῦ σκότους)은 하나님을 모르는 세상 사람들이 일상적으로 저지르는 죄를 뜻한다(Schreiner). 어둠의 일을 벗자는 것은 밤새 이불로 덮은 것을 벗어 버리자는 뜻이다. 당시 거의 모든 사람이 낮에 활동할 때나 밤에 잘 때나 같은 옷을 착용했다. 그러므로 낮과 밤의 유일한 차이는 덮는 이불이었다.

어둠의 일을 벗은 사람은 빛의 갑옷을 입어야 한다(12b절). '빛의 갑옷'(τὰ ὅπλα τοῦ φωτός)은 이사야 59:17-18을 배경으로 한다: "공의를 갑옷으로 삼으시며 구원을 자기의 머리에 써서 투구로 삼으시며 보복을 속옷으로 삼으시며 열심을 입어 겉옷으로 삼으시고 그들의 행위대로 갚으시되 그 원수에게 분노하시며 그 원수에게 보응하시며 섬들에게 보복하실 것이라." 죄에서 돌아선 주의 백성을 구원하기 위해 시온에 오시는 하나님의 모습이다(cf. 사 59:20). 하나님의 자녀답게 우리도 빛의 갑옷을 입어야 한다.

우리가 빛의 갑옷을 입는 것은 주 예수 그리스도로 옷을 입고 단정하게 행하는 것이다(13a, 14a절). 예수 그리스도로 옷을 입는 것은 곧 우리가 예수님과 연합한다는 의미다(cf. 6:1-11; 갈 2:20-21; 3:27; 엡 4:24; 골 3:12). 또한 방탕하거나 술 취하지 않으며, 음란하거나 호색하지 않으며, 다투거나 시기하지 않는다(13b절). 어둠의 일을 벗는다는 것은 이런 의미를 지닌다. 또한 정욕을 위해 육신의 일을 도모하지도 않는다. 12장 이후 전개되는 우리가 해야 할 일과 하지 말아야 할 일에 대한 저자의 가르침을 종합해 보면 12:1-2의 의미가 새롭게 다가온다.

그러므로 형제들아 내가 하나님의 모든 자비하심으로 너희를 권하노니 너희 몸을 하나님이 기뻐하시는 거룩한 산 제물로 드리라 이는 너희가 드릴 영적 예배니라 너희는 이 세대를 본받지 말고 오직 마음을 새롭게 함으로 변화를 받아 하나님의 선하시고 기뻐하시고 온전하신 뜻이 무엇인지 분별하도록 하라(롬 12:1-2).

이 말씀은 우리에게 서로 사랑하며 살아갈 것을 간곡히 당부한다. 우리가 서로 사랑하는 것은 모든 율법이 의도하는 바를 이루는 일이다. 율법의 목표는 우리가 모든 것을 다하여 하나님을 사랑하고, 이웃을 우리 자신처럼 사랑하게 하는 것이기 때문이다. 또한 이웃을 사랑하는 사람은 그들을 해치거나 손해 입힐 일을 하지 않는다.

종말이 임하기 전에 우리에게 주어진 시간이 그다지 많지 않다. 예수님의 재림과 종말에 있을 구원과 심판이 가까이 다가오고 있다. 그러므로 세월을 아껴 어둠의 일(방탕, 음란, 호색, 다툼, 시기, 정욕)을 벗어 던지고 빛의 갑옷(그리스도로 옷 입고 단정히 행함)을 입어야 한다. 성화는 우리가 선택할 수 있는 옵션(option)이 아니라 반드시 실현해야 할 필수 사항이다.

V. 복음과 삶(12:1-15:13)

B. 강한 자와 악한 자의 상호 존중(14:1-15:13)

저자는 그리스도인과 세상의 관계에 대한 가르침을 마치고 다시 그리스도인이 서로를 어떻게 대해야 하는지에 대한 가르침으로 돌아온다. 이번에는 음식과 거룩한 날들과 연관해 모든 것을 거리낌 없이 행하는 믿음이 강한 자들과 여러 가지를 꺼리는 믿음이 약한 자들이 어떻게 같은 공동체에서 서로 존중하며 살 것인지 권면한다. 그러므로 이 섹션은 같은 주제를 가르치는 고린도전서 8-10장과 비슷하다. 본 텍스트는 다음과 같이 구분된다.

A. 비판하지 말라(14:1-12)

B. 실족하게 하지 말라(14:13-23)

C. 선을 행하고 덕을 세우라(15:1-6)

D. 서로 영접하라(15:7-13)

V. 복음과 삶(12:1-15:13)
   B. 강한 자와 약한 자의 상호 존중(14:1-15:13)

1. 비판하지 말라(14:1-12)

¹ 믿음이 연약한 자를 너희가 받되 그의 의견을 비판하지 말라 ² 어떤 사람은 모든 것을 먹을 만한 믿음이 있고 믿음이 연약한 자는 채소만 먹느니라 ³ 먹는 자는 먹지 않는 자를 업신여기지 말고 먹지 않는 자는 먹는 자를 비판하지 말라 이는 하나님이 그를 받으셨음이라 ⁴ 남의 하인을 비판하는 너는 누구냐 그가 서 있는 것이나 넘어지는 것이 자기 주인에게 있으매 그가 세움을 받으리니 이는 그를 세우시는 권능이 주께 있음이라 ⁵ 어떤 사람은 이 날을 저 날보다 낫게 여기고 어떤 사람은 모든 날을 같게 여기나니 각각 자기 마음으로 확정할지니라 ⁶ 날을 중히 여기는 자도 주를 위하여 중히 여기고 먹는 자도 주를 위하여 먹으니 이는 하나님께 감사함이요 먹지 않는 자도 주를 위하여 먹지 아니하며 하나님께 감사하느니라 ⁷ 우리 중에 누구든지 자기를 위하여 사는 자가 없고 자기를 위하여 죽는 자도 없도다 ⁸ 우리가 살아도 주를 위하여 살고 죽어도 주를 위하여 죽나니 그러므로 사나 죽으나 우리가 주의 것이로다 ⁹ 이를 위하여 그리스도께서 죽었다가 다시 살아나셨으니 곧 죽은 자와 산 자의 주가 되려 하심이라 ¹⁰ 네가 어찌하여 네 형제를 비판하느냐 어찌하여 네 형제를 업신여기느냐 우리가 다 하나님의 심판대 앞에 서리라 ¹¹ 기록되었으되

주께서 이르시되 내가 살았노니

모든 무릎이 내게 꿇을 것이요

모든 혀가 하나님께 자백하리라

하였느니라 ¹² 이러므로 우리 각 사람이 자기 일을 하나님께 직고하리라

본 텍스트는 그리스도인의 자유에 관한 것이다. 누구든지 예수 그리스도를 하나님께 나아가는 유일한 길로 믿고 복음을 영접한다면, 그의 믿음이 삶에 어떻게 적용되어야 하는지는 개인의 취향에 따라 상당한 융통성이 있을 수 있다. 이러한 융통성은 배척할 것이 아니라, 허용해야 한다. 그리스도를 영접한 사람은 죽어도 주를 위해 죽고 살아도 주를 위해 살기 때문에 그를 유일하게 판단하실 이는 하나님이시다.

저자는 로마 성도들을 대부분 믿음이 강한 자로 간주하며 가르침을 시작한다. 바울은 그들에게 믿음이 연약한 자를 받으라고 한다(1a절). '받다'(προσλαμβάνω)는 믿음 공동체(교회)의 일원으로 용납하라는 뜻이다(cf. TDNT). 이어지는 내용을 고려할 때 믿음이 연약한 자들은 고기를 먹지 않고 채소만 먹으며, 특별한 날들을 중히 여기는 사람이다. 그러므로 거의 모든 학자가 믿음이 연약한 자들을 유대인 그리스도인으로, 강한 자들을 이방인 그리스도인으로 간주한다(Barrett, Fitzmyer, Moo, Dunn, Sanday & Headlam, Schreiner, Thielman, Wright). 로마 교회 안에서 유대인과 이방인 사이에 무엇을 먹고 어느 날을 특별한 종교적 절기로 기념할 것인가를 두고 어느 정도 갈등이 있었다는 것을 암시한다.

일부 학자는 저자가 언급하는 유대인 그리스도인은 오직 그리스도에 대한 믿음으로 구원에 이른다는 사실을 온전히 이해하지 못해 추가적인 규례와 율법의 일부를 지켜야 한다고 한 자들로 본다(Barrett, Dunn, Sanday & Headlam). 그러나 대부분은 그들도 오직 예수님에 대한 믿음으로 하나님의 구원을 받는다는 사실을 이해했다고 본다. 다만 구원을 얻은 후에 율법, 특히 음식법과 종교적 절기에 관한 규례를 지켜야 하나님이 더 기뻐하시는 삶을 사는 것이라고 생각한 자들이다(Cranfield, Fitzmyer, Käsemann, Moo, Murray, Schreiner, Ziesler).

이 유대인 그리스도인들은 복음을 제대로 이해하지 못해 이런 주장을 펼쳤다. 유대인인 바울이 자신을 강한 그리스도인으로 간주하는 것을 보면 모든 유대인이 이렇게 생각한 것은 아니고, 일부가 그리스도인이 된 후에도 율법에서 자유롭지 못했음을 암시한다. 바울은 율법을 지키려 하는 자들을 믿음이 연약한 자들이라 한다. 복음을 제대로 이해하지 못하는 것과 연약한 믿음은 같이 간다(Schreiner). 또한 유대인들의 믿음이 연약한 이유는 율법을 계속 지키려 하는 것 자체가 하나님이 예수 그리스도를 통해 이루신 일과 하나님의 말씀을 온전히 믿지 못하는 행위이기 때문이다.

저자는 믿음이 연약한 자들의 생각이 여리며 어느 정도 어리석다고 할 수도 있지만, 그들의 생각을 비판하지는 말라고 한다(1b절). 각 그리스도인의 생각은 하나님이 그들에게 주신 믿음의 분량에 따라 어느 정도 차이를 보인다. 그러므로 바울은 각자의 생각에 차이가 있다는 사실을 인정하되, 차별해서는 안 된다며 선을 긋는다. 그리스도의 복음에 대한 믿음이 있는 사람들이라면 복음을 살아 내는 일에 있어서 어느 정도의 여백을 용납하라는 뜻이다.

강한 믿음을 가진 사람은 모든 것을 가리지 않고 먹을 수 있다(2a절). 반면에 믿음이 연약한 사람은 채소만 먹는다(2b절). 아마도 로마 교회에는 온 성도가 함께 식사하는 자리에서도 채소만 먹는 사람들이 있었던 것으로 보인다(Barrett, Watson). 식품이 유통되기 전에 우상에게 먼저 바쳤을 가능성으로 인해 구약 시대에 타국에서 살던 유대인 중에는 다니엘과 친구들(단 1:8, 12, 16)처럼 채소만 먹으며 사는 사람들이 종종 있었다(cf. 에 4:17). 그러나 신약 시대에는 하나님이 모든 것을 사람이 먹을 수 있는 음식으로 주셨으므로 이러한 염려를 하지 않아도 된다. '모든 것을 먹을 만한 믿음'(πιστεύει φαγεῖν πάντα)은 하나님이 그리스도인들에게 어떠한 음식도 먹을 수 있도록 허락하셨다는 확신이다(Dunn, Thielman, Wright cf. 막 7:19; 행 10:11-15; 11:1-9; 고전 10:25-26).

저자는 고기를 먹는 자는 채소만 먹는 자를, 고기를 먹지 않고 채소만 먹는 자는 고기를 먹는 자를 업신여기지 말고 서로 존중하라고 한다(3a절). '업신여기다'(ἐξουθενέω)는 종교적으로 자신이 우위라고 생각하는 사람이 하위 사람을 대하는 자세다(Thielman). 그리스도인 사이에는 항상 서로에 대한 존중과 존경이 있어야 한다. 본문은 음식 먹는 것에 관해 이렇게 말하지만, 이 외에 사회적 지위나 경제적 차이 등에서도 이러한 존중과 존경이 있어야 한다.

바울은 우리가 다른 그리스도인을 비판하거나 업신여기지 않아야 하는 이유로 하나님이 그들을 받으셨기 때문이라고 한다(3b절). 본문에서 '받다'(προσλαμβάνω)는 하나님이 그들을 자기 백성으로 삼으시고 인정하셨다는 뜻이다. 만일 하나님이 그들을 자녀로 삼으시고 인정하셨다면, 우리에게는 그들을 비난하고 업신여길 권리가 없다. 우리와 그들 모두 하나님 안에서 동등한 신분과 자격을 지녔기 때문이다. 또한 우리는 모두 한 몸, 곧 그리스도의 몸에 속했기 때문에(12:5) 서로를 비판하는 것은 자기 얼굴에 침을 뱉는 것과 별반 다르지 않은 결과를 초래한다.

저자가 이렇게 말하는데도 먹고 마시는 것으로 인해 계속 다른 지체를 업신여기고 비판하려는 사람이 있다면, 그들은 자신이 누구를 비판하는지 생각해 보아야 한다(4절). 그들이 비판하는 이는 다름 아닌 하나님의 하인들이다(4a절). '하인'(οἰκέτης)은 종 중에서도 집안일을 하는 종이다. 그러므로 하인은 주인 가족의 가장 가까운 곳에서 일하며 그들과 함께 생활한다. 서로를 비판하고자 하는 충동이 생기거든 이는 마치 외부(집 밖)에 있는 종이 내부(집 안)에 있으면서 주인들과 가장 가까이 지내는 종을 비판하려는 것과 같다는 사실을 생각하며 자제해야 한다(cf. Dunn).

설령 그 종이 서 있다가 넘어진다 해도 주인이 알아서 그를 세울 것이다(4b절). 밖에 있는 종이 이렇다 저렇다 할 필요가 없다. 그도 종에 불과하기 때문이다. 주인이신 하나님만이 자기 종들에 대한 권세를 가지고 계신다는 뜻이다. 또한 권세를 가지신 하나님이 괜찮다고 하시는데, 왜 집 밖에 있는 종이 나서서 집 안에 있는 종을 비난하는가? 그는 아무런 의미가 없는 짓을 하고 있으며, 오히려 주인의 진노를 살 수도 있다.

먹을 수 있는 음식뿐 아니라 종교적으로 기념해야 할 날들(절기)에 대해서도 그리스도인은 서로 다른 관점을 가질 수 있다는 사실을 인정해야 한다(5절). 어떤 사람들은 이날을 저 날보다 낫게 여길 수 있다(5a절). 어떤 이들은 운이 따르는 날과 운이 따르지 않는 날에 대한 구분이라 하지만(Käsemann, Wedderburn), 별 설득력이 없다. 안식일 등 특별한 종교적 의미가 있는 날들을 뜻한다.

반면에 어떤 사람들은 모든 날을 같게(동일하게) 여길 수 있다(5b절). 본문이 음식에 관한 것에 이어 거룩한 날들에 관해 말한다는 점에서 이 말씀을 금식하는 날에 관한 것으로 이해하는 이들이 있다(Leenhardt, Neyrey, cf. 레 16:29; 23:27-32; 눅 18:12). 금식하는 날에 음식(고기)을 먹어야 하는지 혹은 먹지 않아야 하는지에 관한 것이라는 뜻이다. 그러나 초대교회에서 금식하는 날은 어떠한 문제도 되지 않았다(Dunn). 그러므로 이 말씀을 금식하는 날로 제한해서 해석할 필요는 없다.

어느 날을 특별하게 생각하느냐는 각자 마음으로 확정하면 된다(5c절). 양심에 거리낌 없이 하면 된다는 뜻이다. 예를 들면 하루하루를 주님의 날로 생각하며 살아도 되고, 안식일(주일)을 특별하게 기념하며 살아도 된다. 이렇게 각자 입장을 정해 날을 기념하되 서로 비난해서는 안 된다.

음식을 먹고 날을 기념하는 일에서 중요한 것은 감사함으로 하는 것이다(6절). 날을 중히 여기는 자도 주를 위해 중히 여기고, 먹는 자도 주를 위해 감사함으로 한다(6a절). 먹지 않는 자도 주를 위해 먹지 않으므로 하나님께 감사함으로 한다(6b절). 그리스도인이 취하는 자세와 행동에 다소 차이가 있더라도 주께 감사함으로 하는 이들을 차별하거나 비난하면 안 된다. 하나님이 각자에게 주신 신앙의 분량과 양심에 따라 하는 행동이기 때문이다.

그리스도인은 자기를 위해 살고, 자기를 위해 죽는 사람들이 아니다 (7절). 우리는 그리스도의 복음을 영접할 때 온전히 하나님을 위해 살겠다고 다짐하며 우리 삶을 주님께 드렸다. 그러므로 이제 우리는 우리 자신을 위해 살고 죽는 사람들이 아니다.

그리스도인은 살아도 주를 위해 살고, 죽어도 주를 위해 죽는 사람들이다(8a절). 우리는 그리스도와 함께 십자가에 못 박혔고, 그리스도와 함께 부활해 영생을 얻었으니 당연히 주를 위해서 살아야 한다. 우리는 사나 죽으나 주의 것이기 때문이다(8b절). 하나님이 우리를 자기 소유로 인을 치셨다. 그러므로 우리는 주인이신 하나님의 뜻에 따라 살아야 한다.

예수님은 이 일을 위해 죽었다가 다시 살아나셨다(9a절). 그러므로 예수님은 죽은 자와 산 자의 주가 되셨다(9b절). 만일 예수님이 십자가에서 죽기만 하셨다면, 죽은 자들의 주님만 되셨을 것이다. 그러나 예수님은 부활하셔서 산 자들의 주님도 되셨다. 그러므로 우리가 죽든 살든 오직 우리의 주인 되신 하나님을 위해 죽고, 하나님을 위해 살아야 한다. 우리는 살면서 모든 것을 그리스도의 죽음과 부활에 연관해 생각하는 습관을 들여야 한다.

우리가 남을 비판하면 안 되는 또 한 가지 이유는 언젠가는 우리도 하나님의 심판대 앞에 설 것이기 때문이다(10절). 이 사실은 남을 비판하거나 심판하지 않아야 할 가장 중요한 이유다. 하나님은 우리를 심판하실 때 우리가 남을 비난하고 심판한 기준을 그대로 우리에게 적용하실 것이다: "너희가 비판하는 그 비판으로 너희가 비판을 받을 것이요 너희가 헤아리는 그 헤아림으로 너희가 헤아림을 받을 것이니라"(마 7:2; cf. 눅 6:37). 그러므로 하나님의 심판을 피하는 가장 좋은 방법은 남을 심판하지 않는 것이다.

저자는 우리가 다 하나님의 심판대 앞에 설 것이라는 사실을 이사야 45:23을 인용해 확인한다(11절): "내가 나를 두고 맹세하기를 내 입에서 공의로운 말이 나갔은즉 돌아오지 아니하나니 내게 모든 무릎이 꿇겠고 모든 혀가 맹세하리라 하였노라"(cf. 사 49:18; 렘 22:24; 겔 5:11). 바울은 이 말씀에 조그만 변화를 주어 이곳에서 인용한다. 사회적·경제적 지위를 막론하고 모든 사람은 하나님의 심판대 앞에 설 것이다.

우리는 모두 하나님의 심판대 앞에 서서 각자 자기 일을 하나님께 직고할 것이다(12절). '직고하다'(λόγον δώσει)는 우리의 모든 말과 행동을 사실대로 아뢰게 될 것이라는 뜻이다. 하나님 앞에서는 아무것도 속이거나 가릴 수 없다. 모든 것이 그대로 드러날 것이다. 그날 말과 행동으로 드러난 수치와 모멸감을 최소화하려면 지금부터 신실하게 성화되어야 한다. 성화의 가장 중요한 부분은 남을 비판하지 않는 것이다.

이 말씀은 믿음의 다양성을 인정하라고 한다. 어떤 이들은 특정한 날들과 음식을 특별하게 여기고, 어떤 이들은 모든 음식과 날들을 동일하게 여긴다. 모두 다 하나님이 주신 믿음의 분량에 따라 빚어지는 일이다. 그러므로 이러한 차이가 드러날 때는 서로 비판하거나 차별하지 말고, 서로의 차이를 인정하고 존중해야 한다. 우리는 모두 예수 그리스도의 복음을 통해 하나님의 백성이 되었기 때문이다.

자신의 믿음을 하나님이 기뻐하실 바람직한 믿음이라고 생각하는 사람은 믿음이 연약한 사람이 자신의 믿음과 비슷한 경지에 이르도록 이끌어 주어야 한다. 말씀으로 가르치고 권면하며 계속 삶을 나누다 보면 어느새 그들의 믿음도 성장해 있을 것이다. 중요한 것은 이 과정에서 정죄하거나 비판하지 않고 설득과 양육으로 이끄는 것이다. 우리에게는 차이를 인정하는 믿음이 필요하다.

2. 실족하게 하지 말라(14:13-23)

¹³ 그런즉 우리가 다시는 서로 비판하지 말고 도리어 부딪칠 것이나 거칠 것을 형제 앞에 두지 아니하도록 주의하라 ¹⁴ 내가 주 예수 안에서 알고 확신하노니 무엇이든지 스스로 속된 것이 없으되 다만 속되게 여기는 그 사람에게는 속되니라 ¹⁵ 만일 음식으로 말미암아 네 형제가 근심하게 되면 이는 네가 사랑으로 행하지 아니함이라 그리스도께서 대신하여 죽으신 형제를 네 음식으로 망하게 하지 말라 ¹⁶ 그러므로 너희의 선한 것이 비방을 받지 않게 하라 ¹⁷ 하나님의 나라는 먹는 것과 마시는 것이 아니요 오직 성령 안에 있는 의와 평강과 희락이라 ¹⁸ 이로써 그리스도를 섬기는 자는 하나님을 기쁘시게 하며 사람에게도 칭찬을 받느니라 ¹⁹ 그러므로 우리가 화평의 일과 서로 덕을 세우는 일을 힘쓰나니 ²⁰ 음식으로 말미암아 하나님의 사업을 무너지게 하지 말라 만물이 다 깨끗하되 거리낌으로 먹는 사람에게는 악한 것이라 ²¹ 고기도 먹지 아니하고 포도주도 마시지 아니하고 무엇이든지 네 형제로 거리끼게 하는 일을 아니함이 아름다우니라 ²² 네게 있는 믿음을 하나님 앞에서 스스로 가지고 있으라 자기가 옳다 하는 바로 자기를 정죄하지 아니하는 자는 복이 있도다 ²³ 의심하고 먹는 자는 정죄되었나니 이는 믿음을 따라 하지 아니하였기 때문이라 믿음을 따라 하지 아니하는 것은 다 죄니라

앞 섹션에서 시작된 믿음이 강한 자와 약한 자에 대한 권면이 계속된다. 차이는 앞 섹션에서는 강한 자와 약한 자를 함께 권면했는데, 이 섹션에서는 강한 자들에게만 권면한다는 점이다. 저자는 믿음이 강한 자들에게는 당연한 음식에 관한 생각과 행동이 믿음이 약한 자들의 신앙을 송두리째 파괴할 수 있다고 경고한다(cf. 고전 8:7-13). 그러므로 강한 자들은 약한 자들을 배려하는 행동을 해야 한다.

저자는 하나님에게만 우리를 심판하실 권리가 있으므로(14:10), 서

로 비판하지 않아야 한다고 한다(13a절). 더 나아가 믿음이 강한 자들은 믿음이 약한 자들이 실족하지 않도록 부딪칠 것이나 거칠 것을 그들 앞에 두지 않아야 한다(13b절). '부딪칠 것'(πρόσκομμα)과 '거칠 것'(σκάνδαλον)은 원수들이 길을 가지 못하게 방해하는 수단이다(Thielman, cf. 시 140:5). 본문에서는 믿음이 연약한 자들이 유혹을 당할 만한 것들이다(Harrison & Hagner, cf. 마 16:23). 부딪칠 것과 거칠 것을 음식에 적용하면 믿음이 약한 자들이 먹으면 죄가 된다고 생각하는 것들이다. 예를 들면 돼지고기와 우상에게 바친 것들이 이러한 음식에 포함된다.

세상 그 무엇도 스스로 속된 것은 없으며 다만 속되게 여기는 사람들에게 속될 뿐이다(14절). '속된 것'(κοινός)은 음식을 주제로 하는 그리스-로마 문헌에서 한 번도 사용되지 않은 단어지만, 유대인 문헌에서는 매우 흔하게 사용된다(Dunn, cf. 막 7:2; 행 10:14, 15, 28; 11:8, 9). 이 말씀은 구약의 음식법에 관한 내용을 배경으로 한다(cf. 레 11장; 신 14장). 그러므로 속된 것은 부정한 짐승뿐 아니라 정결한 짐승이라도 적절한 절차를 통해 죽이지 않은 짐승이나 우상에게 바친 것을 포함한다. 유대인들은 이런 고기를 먹으면 부정하게 된다고 생각했다(Dunn).

저자는 이 말씀을 통해 그리스도인은 무엇이든 먹을 수 있다는 믿음이 강한 자들의 음식에 관한 생각과 주장이 옳다고 한다. 사람이 먹는 음식 중에 스스로 속된 것은 없다는 말은 그 어떠한 음식도 우리를 부정하게 하지 못한다는 뜻이다(Cranfield, Dunn, Sanday & Headlam). 만물이 다 깨끗하게(정결하게) 창조되었기 때문이다(20절; cf. 시 24:1). 저자는 자신의 이러한 가르침이 예수님에게서 비롯된 것(주 예수 안에서 확신하는 것)이라 한다(Bird, Jewett, Longenecker, cf. 막 7:15-19). '확신하다'(πείθω)는 생각이 매우 확고하다는 뜻이다(행 26:26; 딤후 1:5; cf. 빌 1:6; 히 13:18).

믿음이 강한 자는 무엇이든 먹을 수 있다. 문제는 그들이 먹는 음식이 믿음이 연약한 자를 근심하게 하고 심지어 망하게 할 수도 있다는 것이다(15b절). 그러므로 저자는 성경적 원리가 아니라 믿음이 약한 자들에 대한 믿음이 강한 자들의 사랑과 배려에 호소한다(15a절). 만일 그들이 형제들을 사랑한다면 그 형제들을 걱정하게 하거나 망하게 하는 음식은 먹지 말라고 한다. 음식으로 인해 그리스도께서 대신해 죽으신 형제를 망하게 할 수는 없다. 어떤 음식을 먹고, 어떤 음식은 기피하는가 등의 사소한 일로 하나님이 이루신 큰일을 망치는 것은 있을 수 없는 일이다.

믿음이 강한 자들은 약한 자들에 대한 사랑과 배려를 통해 자신의 선한 것이 비방받지 않게 해야 한다(16절). '선한 것'(ἀγαθός)은 무엇이나 먹을 수 있는 자유다. 그리스도인은 하나님이 창조하신 모든 음식을 먹을 수 있다. 그러므로 믿음이 강한 자들이 가리지 않고 먹고 마시는 것은 좋은 일이다. 그러나 그들의 자유가 복음 전파에 걸림돌이 되거나 연약한 지체들을 해한다면 먹고 마시는 자유의 범위를 제한하는 것이 바람직하다.

이슬람교도를 대상으로 사역하는 선교사를 예로 들어보자. 이슬람교도는 태어날 때부터 돼지고기를 먹지 않는다. 그러므로 그들이 회심한 다음에도 돼지고기를 오랫동안, 혹은 평생 먹지 않을 수도 있다. 그리스도인은 무엇이든 먹을 수 있다며 그들에게 강요해서는 안 된다. 돼지고기를 먹는 것에 대한 모든 심적인 거리낌이 사라져 그들 스스로 먹게 될 때까지 기다려 주어야 한다. 또한 선교사가 자신은 자유롭다며 그들 앞에서 돼지고기를 먹는 것도 바람직하지 않다. 이슬람교에서 기독교로 회심한 자들에게는 시험에 드는 일이 될 수도 있기 때문이다. 돼지고기를 먹고 싶으면 집에서 조용히 먹으면 된다. 이렇게 하는 것도 사랑이며 배려다.

하나님 나라는 먹고 마시는 것이 아니다(17a절). '하나님의 나라'(ἡ βασιλεία τοῦ θεοῦ)는 종말에 임할 나라이며(고전 6:9; 15:24, 50; 갈 5:21; 엡 5:5; 딤후 4:1), 또한 교회를 통해 이미 시작된 하나님의 통치다(고전

471

4:20; 살전 2:12). 그리스도인들은 먹고 마시는 것보다 더 중요한 이슈를 마음에 두고 살아야 한다는 뜻이다. 교회 안에 일부 음식을 먹고 마시는 것에 대해 불편함을 느끼는 사람들이 있는 상황에서 모든 것을 먹고 마실 수 있다며 자유를 강조하면 공동체의 영적인 성장을 해할 수도 있고, 심지어 공동체가 깨어질 수도 있다.

우리가 그리스도인의 자유를 통해 추구해야 할 하나님의 나라는 성령 안에 있는 의와 평강과 희락이다(17b절). 이사야 선지자는 오래전에 이런 날이 임할 것을 노래했다: "그 때에 정의가 광야에 거하며 공의가 아름다운 밭에 거하리니 공의의 열매는 화평이요 공의의 결과는 영원한 평안과 안전이라"(사 32:16-17). 우리가 예수 그리스도 안에서 누리는 자유는 남을 비난하거나 시험에 들게 하는 것이 아니다. 우리는 자유를 활용해 모든 성도가 성령 안에서 의와 평강과 희락을 누리게 해야 한다. 그들이 성령이 주시는 의와 평강과 희락을 마음껏 누리게 해야 한다는 뜻이다(Godet, Käsemann, cf. 행 13:52; 살전 1:6).

만일 믿음이 강한 자들이 그들의 능력과 자유를 의롭게 사는 것과 믿음이 약한 자들에게 의와 평강과 희락을 끼치는 일에 사용한다면, 하나님이 기뻐하시고 사람들의 칭찬을 받게 될 것이다(18절). 이는 자신을 하나님께 드릴 합당한 예배의 산 제물로 드리는 삶이다(Thielman, cf. 12:1-2). 또한 주변 사람들에게 그리스도인의 삶을 매력적으로 보이게 하며, 그들로부터 칭찬받을 것이다(cf. 고전 9:19-23; 10:31-33; 빌 2:2-8).

그러므로 우리는 화평의 일과 서로 덕을 세우는 일에 힘써야 한다(19절). 믿음이 강한 자들과 약한 자들은 서로 무너뜨리려고 하면 안 되며, 격려하고 세워 나가야 한다. 믿음이 강한 자가 자기 권력과 능력을 약한 자들에게 사용하지 않을 때 이런 일이 가능하다(Wright). 그러므로 강자가 자기 권리를 주장하지 않고 겸손할 때 화평과 덕이 공동체에 임한다.

저자는 음식으로 인해 하나님의 사업을 무너지게 하지 말라고 권면한다(20a절). '하나님의 사업'(τὸ ἔργον τοῦ θεου)은 그동안 하나님이 연약한 자의 삶에서 해 오신 일이다. 하나님은 그를 그리스도의 복음을 통해 구원하시고 계속 양육해 오셨다. 믿음 강한 자가 약한 자에게 음식에 대해 사랑과 배려를 베풀지 않으면 그동안 하나님이 연약한 자의 삶에서 이룩해 오신 일들이 한순간에 무너질 수 있다. 그러므로 하나님이 이루신 큰일을 사소한 것(먹고 마시는 것)으로 망가트릴 수 없다.

만물이 다 깨끗하지만, 거리낌으로 먹는 사람에게는 악한 것이 될 수 있다(20b절). 우리는 하나님이 창조하신 모든 짐승과 식물을 음식으로 먹을 수 있는 자유를 누린다. 하나님이 모든 것을 아름답고 깨끗하게(정결하게) 창조하셨기 때문이다. 그러나 마음에 거리낌이 있어 주저하는 사람에게는 일부 음식을 먹는 것이 악한 것(죄)이 될 수 있다. 이런 상황에서는 먹고 싶으면 집에서 조용히 먹든지, 혹은 아예 먹지 않는 것도 믿음이 약한 자에 대한 사랑과 배려라 할 수 있다.

바리새인이었던 바울이 이렇게 권면하는 것은 놀라운 일이다 (Harrison & Hagner, cf. 고전 6:12; 딤전 4:4). 바리새인이 가장 중요하게 여기던 율법이 바로 음식법이기 때문이다. 그는 창세기 1:31과 마가복음 7:19에 기록된 예수님의 말씀 등을 근거로 이처럼 단호하게 선언한다. 그리스도의 복음이 그를 완전히 바꾸어 놓았다.

음식에 관한 그리스도인의 관점이 처음부터 잘 정리된 것은 아니다. 오순절 성령이 임한 다음에도 베드로는 한동안 부정한 음식과 정한 음식을 구분했다(행 10:9-15). 또한 로마뿐 아니라 갈라디아와 고린도에서도 음식법은 유대인과 이방인 그리스도인들에게 뜨거운 감자였다(cf. 고전 8-10장; 갈 1-2장). 이 사람에게는 전혀 문제없는 것이 저 사람에게는 문제가 되었기 때문이다.

만일 우리가 먹고 마시는 것이 일부 형제에게 거리낌이 된다면, 차라리 고기를 먹지 않고 포도주도 마시지 않는 것도 좋은 대안이다(21a절). 형제를 실족하지 않게 하는 것은 아름다운 일이기 때문이다(21b

절). 그리스도인에게는 모든 것을 먹을 수 있는 자유가 있다. 그러므로 저자는 믿음이 강한 자들에게 믿음이 약한 자들을 사랑하고 배려하는 차원에서 이렇게 하라고 한다.

저자는 믿음이 강한 자들에게 그들에게 있는 믿음을 하나님 앞에서 스스로 가지고 있으라고 한다(22a절). 모든 것을 먹을 수 있는 자유에 대한 확신(Cranfield, Fitzmyer)과 믿음(Dunn, Schreiner)을 계속 유지하라는 뜻이다. 그리스도인이 무엇을 먹고 마실 수 있는가에 대해서는 각자의 진솔함이 가장 중요하다. 조금이라도 양심의 가책이나 거리낌이 있으면 자제해야 한다.

또한 자기가 옳다 하는 바로 자기를 정죄하지 아니하는 자는 복이 있다(22b절). 만일 누군가가 모든 것을 먹을 수 있다고 해 놓고 일부 음식을 꺼리는 것은 스스로 정죄하는 일이다(Cranfield, Dunn, Schnabel). 또한 이렇게 행동하는 사람들은 연약한 자들을 비난할 자격이 없다(Moo, Peterson). 갈라디아에서 베드로가 바울의 비난을 받은 일도 이러한 이유 때문이다(cf. 갈 2장).

어떤 음식이든 의심하고 먹는 자는 믿음을 따라 하지 않았기 때문에 정죄되었다(23a절). 하나님이 그를 정죄하시는 것이 아니라, 그의 양심이 그를 정죄한다는 뜻이다. 믿음을 따라 하지 않는 것은 모두 죄이기 때문이다(23b절). 그리스도인이 스스로 잘못되었다고 생각하거나 의심하는 일을 행하는 것은 잘못된 일이다.

그리스도인이 항상 준수해야 할 원칙은 분명하다. 모든 것을 믿음으로 해야 한다. 무엇이든 자신이 하고자 하는 일이 하나님이 기뻐하시는 일이라는 확신을 가지고서 해야 한다는 뜻이다. 또한 하나님이 기뻐하시는 일은 사랑과 배려를 기반으로 한다.

이 말씀은 교회는 서로 사랑하고 배려하는 공동체가 되어야 한다고 한다. 사람의 믿음은 각자 다른 속도로 자란다. 그러므로 어떠한 거리낌 없이 모든 음식을 먹을 수 있는 믿음이 강한 자는 일부 음식을 기피하거나 먹으면 죄라고 생각하는 사람들을 배려해야 한다. 강한 자들의 믿음과 생각이 잘못되어서가 아니라, 믿음이 약해 모든 것을 먹을 수 없는 자들이 실족하지 않게 하기 위해서다.

교회에는 믿음이 강한 자부터 약한 자에 이르기까지 다양한 사람이 있다. 다양한 사람이 지닌 차이는 쉽게 사라지지 않는다. 이러한 차이는 대부분 자라 온 환경과 오래된 신학적 관점에서 비롯되기 때문이다. 다양한 성도로 구성된 교회의 연합은 그 원동력이 사랑과 배려에서 비롯되어야 한다. 서로 조금 더 이해하고, 조금 더 포용하려는 사랑과 배려가 공동체를 든든하게 세워 나간다.

믿음이 강한 자는 자기 확신과 믿음을 믿음이 약한 자들에게 강요하지 않아야 한다. 그들의 믿음이 자라고 온전히 세워질 때까지 기다려 주어야 한다. 사랑은 오래 참는다. 또한 사랑과 배려는 스스로 깨달을 때까지 기다리는 것이며, 기다림은 성화의 중요한 부분이다.

스스로 믿음이 강하다고 생각하는 사람은 연약한 자들이 시험에 들 만한 일을 자제해야 한다. 심지어 성경적으로 문제없는 일이라 해도 하지 않는 것이 좋다. 이렇게 하는 것이 그들에 대한 배려와 사랑이다. 또한 어떠한 이슈에서든 믿음이 약한 자들을 탓하지 말고 자기 자신을 돌아보아야 한다.

V. 복음과 삶(12:1-15:13)
  B. 강한 자와 약한 자의 상호 존중(14:1-15:13)

3. 선을 행하고 덕을 세우라(15:1-6)

[1] 믿음이 강한 우리는 마땅히 믿음이 약한 자의 약점을 담당하고 자기를 기쁘게 하지 아니할 것이라 [2] 우리 각 사람이 이웃을 기쁘게 하되 선을 이루고 덕을 세우도록 할지니라 [3] 그리스도께서도 자기를 기쁘게 하지 아니하셨나니 기록된 바

주를 비방하는 자들의 비방이 내게 미쳤나이다

함과 같으니라 ⁴ 무엇이든지 전에 기록된 바는 우리의 교훈을 위하여 기록된 것이니 우리로 하여금 인내로 또는 성경의 위로로 소망을 가지게 함이니라 ⁵ 이제 인내와 위로의 하나님이 너희로 그리스도 예수를 본받아 서로 뜻이 같게 하여 주사 ⁶ 한마음과 한 입으로 하나님 곧 우리 주 예수 그리스도의 아버지께 영광을 돌리게 하려 하노라

대부분 학자는 14-15장의 장·절 나누기가 잘못되었다고 생각한다. 14장에서 시작된 섹션이 15:13에서 끝나고, 15:14부터 완전히 새로운 주제가 시작되기 때문이다(Dunn, Sanday & Headlam). 저자는 이 섹션에서 로마 성도들에게 그리스도를 본받아 서로 사랑하고 배려하라고 권면한다.

이 섹션을 시작하는 '믿음이'(1a절)는 헬라어 사본에는 없는 말이다. 헬라어 사본은 단순히 '강한 우리는…'(ἡμεῖς οἱ δυνατοί)으로 시작한다(cf. 아가페, NAS, NIV, NRS). '우리'는 무엇에 강하단 말인가? 일상적으로 '강한 자들'(δυνατοι)은 사회적 영향력을 가진 자들이다(BDAG, cf. 고전 1:26). 그러나 지금까지 전개된 내용을 고려하면 강한 믿음을 소유한 자들을 뜻한다. 특히 음식에 관해 믿음이 강한 자들이다(14:2; cf. 14:14, 20). 그러므로 개역개정이 '믿음이'를 추가한 것은 독자들의 이해를 돕기 위한 적절한 조치다. 믿음이 강한 자는 하나님의 은혜에 대해 남들보다 더 깊이 이해하고 감사하는 자들이다(Dunn).

저자는 믿음이 강한 이들이 믿음이 약한 자들을 희생 제물로 삼아 자신의 욕망 채우는 일을 금한다(1b절). 대신 믿음이 강한 사람들은 약한 사람들의 약점을 담당해야 한다(1a절). '담당하다'(βαστάζω)를 '견디다'라는 의미로 해석하는 이들도 있지만(Barrett), 짐을 대신 지어 주는 의미로 해석해야 한다(cf. BDAG). 강한 자들은 연약한 자들이 힘들어하는 것을 지켜보기만 하지 말고 도와야 한다(Jewett, Moo, cf. 갈 6:2). 예수님

이 우리의 연약함을 친히 담당하시고 병을 짊어지신 것처럼 말이다(마 8:17).

믿음이 강한 자들과 약한 자들이 같은 공동체에서 하모니를 이루기 위해서는 항상 강자가 먼저, 더 많이 노력해야 한다(Harrison & Hagner). 강한 자들은 약한 자들을 사랑하고 배려하는 마음으로 그들의 짐을 대신 지려고 해야 한다. 사랑은 자기의 유익을 구하지 않는 것이다(고전 13:5).

함께 모여 음식을 먹는 공동체 상황에서(cf. 14:14, 22) 강한 자는 모든 음식을 거리낌 없이 먹는 사람을, 약한 자는 일부 음식이 부정하다며 기피하거나 가려 먹는 사람이다. 그렇다면 어떻게 강한 자가 약한 자의 약점을 담당한다는 말인가? 약한 자의 믿음이 자라 모든 것을 거리낌 없이 먹을 수 있을 때까지 강요하지 않고 기다려 주는 것이다. 또한 일부 음식을 거부하거나 기피하는 것을 비난하지 않고 묵묵히 수용하고 받아들이는 것이다. 유대인과 이방인이 이러한 차이를 극복하고, 서로의 짐을 지는 공동체로 함께하는 것은 종말에 임할 하나님의 나라를 미리 맛보는 것이다(Dunn, Käsemann).

믿음이 강한 사람은 이웃을 기쁘게 하되 선을 이루고 덕을 세워야 한다(2절). 저자는 이 구절에서 1절의 내용을 다른 말로 재차 확인한다. 강한 자들은 약한 자들을 이웃으로 대해야 한다(2a절). 이웃으로 대한다는 것은 자신을 사랑하듯 그들을 사랑하는 것을 의미한다(cf. 레 19:18; 롬 13:8-10). 그러므로 저자는 강한 자들이 연약한 자들을 진심으로 사랑하는 방법을 가르치고 있다. 또한 사랑은 우리가 이웃에게 베풀 수 있는 최고의 선이다.

'덕을 세우다'(οἰκοδομή)는 믿음이 강한 사람이 약한 사람을 사랑하고 배려한 결과다. 그들은 사랑하고 배려할 때마다 덕을 세운다. 믿음이 강한 사람들은 약한 사람들을 위해서가 아니라, 그들이 함께 속한 공동체의 평안을 위해 덕을 세워 나가야 한다(Thielman, cf. 14:19). 이렇게 하는 강한 자들은 공동체 멤버들이 따르고자 하는 롤모델이 된다. 강한 자들은 공동체에서 롤모델이 되어야 한다.

저자는 예수님을 강한 자가 약한 자들을 사랑하고 배려한 사례로 든다(3절). 예수님은 자기를 기쁘게 하지 않으셨다(3a절). 예수님은 하나님의 뜻을 행하셨다: "아빠 아버지여 아버지께는 모든 것이 가능하오니 이 잔을 내게서 옮기시옵소서 그러나 나의 원대로 마옵시고 아버지의 원대로 하옵소서"(막 14:36). 또한 예수님은 많은 죄인을 기쁘게 하기 위해 하늘에서 누리시던 영광을 모두 버리고 성육신하셨다.

> 그는 근본 하나님의 본체시나 하나님과 동등됨을 취할 것으로 여기지 아니하시고 오히려 자기를 비워 종의 형체를 가지사 사람들과 같이 되셨고 사람의 모양으로 나타나사 자기를 낮추시고 죽기까지 복종하셨으니 곧 십자가에 죽으심이라(빌 2:6-8).

그리스도께서 보이신 본은 모든 그리스도인이 서로를 대하는 자세가 되어야 한다(Thielman, cf. 고전 10:33-11:1; 고후 8:9; 엡 4:32-5:2; 빌 2:4). 예수님은 우리를 위해 죽으셨지만, 우리는 그렇게까지는 하지 못하더라도 이웃에 대한 사랑과 배려가 우리가 그리스도인이라는 가장 확실한 증거라는 사실을 마음에 새겨야 한다. 건강한 공동체는 서로에 대한 배려와 사랑에서 시작된다.

저자는 시편 69:9을 인용해 예수님이 자신을 기쁘게 하는 삶을 살지 않으신 일을 회고한다(3b절). 시편 69편은 메시아의 모형인 다윗이 경험한 고난에 대해 노래한 것이다. 신약 저자들은 이 시편으로 예수님의 죽음을 조명한다(마 27:34, 48; 막 15:23, 36; 눅 23:36; 요 2:17; 15:25; 19:29; 행 1:20; 롬 11:9). 예수님은 십자가 죽음에 이르기까지 자기를 기쁘게 하지 않으시고 이웃들(죄인들)을 기쁘게 하고 사랑하셨다. 그러므로 믿음이 강한 자들은 예수님의 희생과 헌신을 모델로 삼아 하나님이

한 공동체로 묶어 주신 약한 자들을 배려하고 사랑해야 한다.

무엇이든지 전에 기록된 바는 우리의 교훈을 위해 기록되었다(4a절). '무엇이든지 전에 기록된 바'(ὅσα γὰρ προεγράφη)는 구약이다. 구약은 우리에게 교훈을 주어 하나님의 뜻에 따라 살게 하기 위해 기록되었다. 그러므로 우리는 지적인 욕구만을 충족시키기 위해 성경을 공부하지 않는다.

모든 그리스도인은 구약 말씀에 귀를 기울여야 한다. 구약은 우리가 하나님의 백성으로 살아가는 데 필요한 것을 기록하고 있다. 또한 메시아에 관한 많은 예언을 포함하고 있으며, 이는 모두 예수님의 삶과 복음을 통해 성취되었다(cf. 1:2; 3:21, 31; 16:26).

구약은 하나님의 백성을 위한 교훈뿐 아니라 위로로 소망을 가지게 한다(4c절). 고난을 많이 당한 로마 성도들에게 고난 중에 소망하는 것은 매우 중요한 주제였다(Oakes). 성경은 믿는 자들에게 인내와 위로를 준다. 믿는 자들은 소망을 성경에서 얻으며, 또한 인내를 통해 얻기도 한다(4b절). 그리스도인의 인내는 철학자들의 인내(고달픔)와 질이 다르다. 우리의 인내는 하나님의 선하심과 사랑을 경험한 사람이 기꺼이 하나님께 굴복하는 온순함이다(Calvin).

믿음이 강한 자들에게 약한 자들을 사랑과 배려로 대하라고 한 저자는 그들을 위해서 기도한다(5-6절). 기도문은 1:9-12 이후 처음이며 (Wright), 로마서를 마무리하는 다섯 개의 기도 중 첫 번째다(Harrison & Hagner, cf. 15:13, 33; 16:20, 25-27). 그는 인내와 위로의 하나님이 그들이 그리스도 예수를 본받아 서로 뜻이 같게 해 주시기를 기원한다(5절). 각기 차이를 지닌 사람들이 서로의 차이를 인정하고 뜻을 같이해 한마음이 되는 것은 하나님이 하시는 일이다. 또한 그리스도 예수를 본받을 때 가능한 일이다. 그러므로 그리스도인들의 연합은 하나님의 선물이다(Cranfield, Harrison & Hagner, Moo).

또한 저자는 연합을 이룬 그리스도인들이 한마음과 한 입으로 하나님, 곧 우리 주 예수 그리스도의 아버지께 영광 돌릴 것을 기원한다 (6절). 믿음이 강한 자들과 약한 자들의 연합은 그들을 위한 것이 아니라 하나님의 영광을 위한 것이다. 복음은 각기 다른 사람들을 모으고 하나 되게 하는 힘을 지녔다.

이 말씀은 우리 자신의 이익보다 우리가 속한 공동체를 사랑하고 배려해야 한다고 한다. 믿음이 강한 자들은 약한 자들을 비난하지 않고 오히려 그들의 약점을 담당하고 도와주어야 한다. 하나님은 다양한 사람이 어울더울 살아가기를 원하시기에 한 공동체로 부르셨다. 그러므로 우리는 하나님의 영광을 위해 서로 사랑하고 의지하며 한 몸을 이루어야 한다.

믿음이 강한 사람은 어떠한 양심의 거리낌이 없이 하는 그들의 행동이 연약한 사람들에게는 걸림돌이 될 수 있다는 사실을 의식하며 살아야 한다. 이런 생각이 스칠 때는 아무리 떳떳하고 문제없는 일이라도 자제해야 한다. 믿음이 연약한 자들을 위한 배려다.

이웃을 사랑하고 배려할 때 그리스도께서 우리를 위해 하신 일을 본받으면 많이 도움이 된다. 예수님은 자기를 기쁘게 하는 일을 하지 않으시고 항상 하나님 아버지와 죄인들을 사랑하고 배려하는 일을 하셨다. 심지어 죄인들을 위해 목숨까지 내놓으셨다. 우리는 이렇게까지 이웃을 사랑할 수는 없지만, 최대한 주님을 닮으려고 노력해야 한다. 예수님은 그가 우리를 사랑하신 것처럼 우리도 서로 사랑해야 한다고 하셨다(요 15:12).

V. 복음과 삶(12:1–15:13)
  B. 강한 자와 약한 자의 상호 존중(14:1–15:13)

4. 서로 영접하라(15:7–13)

⁷ 그러므로 그리스도께서 우리를 받아 하나님께 영광을 돌리심과 같이 너희

도 서로 받으라 ⁸ 내가 말하노니 그리스도께서 하나님의 진실하심을 위하여 할례의 추종자가 되셨으니 이는 조상들에게 주신 약속들을 견고하게 하시고 ⁹ 이방인들도 그 긍휼하심으로 말미암아 하나님께 영광을 돌리게 하려 하심 이라 기록된 바

그러므로 내가 열방 중에서 주께 감사하고 주의 이름을 찬송하리로다 함과 같으니라 ¹⁰ 또 이르되

열방들아 주의 백성과 함께 즐거워하라 하였으며

¹¹ 또

모든 열방들아 주를 찬양하며 모든 백성들아 그를 찬송하라 하였으며 ¹² 또 이사야가 이르되

이새의 뿌리 곧 열방을 다스리기 위하여

일어나시는 이가 있으리니

열방이 그에게 소망을 두리라

하였느니라 ¹³ 소망의 하나님이 모든 기쁨과 평강을 믿음 안에서 너희에게 충만하게 하사 성령의 능력으로 소망이 넘치게 하시기를 원하노라

이 섹션은 로마서의 주제를 요약하는 문단이자(Miller) 서신의 절정이 다(Schreiner). 그러므로 어떤 이들은 이 섹션을 14:1-15:6에서 독립시 켜 따로 해석해야 한다고 한다(Dunn). 그러나 대부분 학자는 본 텍스트 가 로마서 전체의 결론이지만 또한 14:1-15:6의 결론 역할을 한다고 한다(Fitzmyer, Miller, Reasoner, Thielman). 앞 섹션과 연결해 해석해야 한다 는 것이다.

저자는 로마 교회에 속한 유대인과 이방인 성도들에게 서로를 받으 라고 한다. 유대인과 이방인이 같은 교회에서 하나님을 예배하고 주님 께 영광을 돌리는 일은 오래전에 하나님이 아브라함과 다윗에게 주신 약속을 성취하는 일이기 때문이다. 바울은 모세 오경과 시편과 선지서 말씀을 인용해 하나님이 처음부터 유대인과 이방인이 함께 예배를 드

리고 주께 영광을 돌리도록 계획하셨다고 한다. 또한 유대인과 이방인이 함께 하나님을 예배하고 감사하는 것은 하나님의 이름을 영화롭게하지 않고 감사하지 않는 인간의 가장 기본적인 죄(1:21)를 되돌리는일이다.

저자는 그리스도께서 죄인들을 받아 하나님께 영광을 돌리신 것처럼우리도 서로를 받아야 한다고 권면한다(7절). '받다'(προσλαμβάνω)는 '환영하다'라는 뜻이다. 문장의 중앙에 위치한 '하나님께 영광을'(εἰς δόξαν τοῦ θεοῦ)은 "그리스도께서 우리를 받아"(καθὼς καὶ ὁ Χριστὸς προσελάβετο ὑμᾶς)를 수식할 수도 있고(Fitzmyer, Harrison & Hagner, Meyer, Murray, Sanday & Headlam, Thielman), "너희도 서로 받으라"(Διὸ προσλαμβάνεσθε ἀλλήλους)를 수식할 수도 있다(Cranfield, Keck, Moo, Stuhlmacher, Wagner). 혹은 두문구를 모두 수식한다고 하는 이들도 있다(Barrett, Dunn). 문맥을 고려할 때 예수님이 우리가 죄인이었을 때 조건 없이 받으신 것처럼 우리도 서로 차이가 있고 또 연약하고 죄를 지었더라도 서로 용납하고 받아야 한다는 의미가 더 잘 어울린다. 그러므로 바울은 믿음이 강한 자와 약한 자를 모두 받으신 예수님을 롤모델로 삼아서 로마 성도들도그리스도를 닮아 서로 받을 것을 권면한다(Schreiner, Thielman).

예수님은 하나님의 진실하심을 위해 할례의 추종자가 되셨다(8a절).'할례의 추종자'(διάκονον περιτομῆς)는 할례를 행하는 유대인을 섬기는자를 뜻한다(Schreiner). 예수님이 유대인을 섬기는 이가 되신 것은 그들의 구원을 이루어 하나님의 진실하심을 드러내기 위해서다(Schnabel).하나님은 유대인의 조상들에게 여러 가지 약속을 하셨는데, 예수님이이 약속을 이루어 하나님이 진실하다는 것을 보이셨다(8b절, Cranfield, Dunn, Käsemann).

또한 예수님은 이방인들도 하나님께 영광을 돌리게 하셨다(9a절)."이방인들도 그 긍휼하심으로 말미암아 하나님께 영광을 돌리게 하려하심이라"(τὰ δὲ ἔθνη ὑπὲρ ἐλέους δοξάσαι τὸν θεόν)는 해석하기 쉽지 않은 문장이다. 학자들은 크게 세 가지 가능성을 제시한다. 첫째, 유대인도 하나님께 영광을 돌려야 하는데, 오직 이방인만 하나님께 영광을 돌리게 되었다(Cranfield). 둘째, 그리스도가 유대인을 섬기는 이가 되신 것처럼 이방인을 섬기는 이도 되셔서 그들도 하나님께 영광을 돌리게 하셨다(Miller, Wagner). 셋째, 그리스도께서 할례의 추종자가 되어 하나님이 유대인의 조상들과 맺으신 약속에 따라 유대인뿐 아니라 이방인도 하나님께 영광을 돌리게 하신 것을 뜻한다(Keck, Harrison & Hagner, Meyer, Moo, Murray, Reasoner, Sanday & Headlam, Thielman, cf. 창 12:3). 이 세 가지 해석 중 세 번째 해석이 문맥에 가장 잘 어울린다.

저자는 유대인뿐 아니라 이방인도 그리스도의 사역을 통해 창조주 하나님을 예배하고 찬양하는 것이 처음부터 하나님의 계획이셨다는 사실을 구약의 여러 말씀을 인용해 증언한다(9b-12절). 바울은 모세 오경에 속한 신명기, 성문서에 속한 시편, 선지서에 속한 이사야서 말씀을 인용하며 이방인이 예수 그리스도를 통해 하나님의 백성이 되어 유대인과 함께 그분을 경배하고 찬양하는 것은 구약 전체가 이미 오래전에 예언한 것이므로 놀라거나 새로울 것이 없다고 한다. 모세 오경(토라)과 성문서(케투빔)와 선지서(네비임)는 유대인이 구약을 세 섹션으로 구분할 때 사용하는 용어다.

"그러므로 내가 열방 중에서 주께 감사하고 주의 이름을 찬송하리로다"(9b절)는 시편 18:49을 인용한 것이다. 어떤 이들은 저자가 사무엘하 22:50을 인용한 것이라고도 하지만, 바울이 로마서에서 시편을 대거 인용한다는 점을 고려하면 시편 18:49을 인용한 것으로 보는 것이 바람직하다(Moo). 이 시편의 표제는 하나님이 다윗을 모든 원수, 특히 사울의 손에서 구원하셨을 때 그가 하나님께 드린 찬양이라고 한다(시 18:1). 시편 18편에서는 다윗 홀로 하나님을 찬양했지만, 저자는 이 말씀을 인용해 하나님의 구원을 입은 세상 모든 이방인이 하나님을 찬양한다고 한다(Schreiner, Wagner).

"열방들아 주의 백성과 함께 즐거워하라"(10절)는 신명기 32:43을 인용한 말씀이다. 모세는 고별 설교에서 이스라엘이 하나님을 배신해 심판받을 때가 올 것이라고 경고한다(신 28-29장). 이후 그들이 다시 하나님의 구원을 얻을 때는 이방인도 그들의 구원을 함께 찬양할 것이라며 이렇게 말했다.

"모든 열방들아 주를 찬양하며 모든 백성들아 그를 찬송하라"(11절)는 시편 117:1을 인용한 것이다. 시편 117:1의 히브리어 텍스트는 '모든 열방들'(כל־גוים)을 문장의 중앙에 두었는데, 바울은 '온 열방'(πάντα τὰ ἔθνη)을 강조하기 위해 문장 앞쪽으로 옮겼다(Schreiner, Thielman). 이어지는 시편 117:2은 열방을 향해 구체적으로 하나님의 인자하심(ἔλεος)과 진실하심(ἀλήθεια)을 찬양하라고 한다. 저자는 하나님의 진실하심은 이미 8절에서, 주의 인자하심(긍휼하심)은 9절에서 언급했다. 그는 시편 117:1-2의 내용을 본 텍스트에 반영한 것이다.

"이새의 뿌리 곧 열방을 다스리기 위하여 일어나시는 이가 있으리니 열방이 그에게 소망을 두리라"(12절)는 이사야 11:10을 인용한 것이다. 이사야 11장은 메시아가 이새의 줄기에서 싹으로 날 것이며, 그가 온 세상을 다스리실 것이라고 한다(사 11:1-5). 그가 다스리는 나라에는 가장 완벽한 평안이 임할 것이다(사 11:6-9). 또한 메시아는 새로운 출애굽을 실현하실 것이다(사 11:10-16). 메시아가 이러한 일을 하실 때, 이방인 역시 그가 베푸시는 은혜의 수혜자가 된다. 이사야는 자주 이방인을 하나님의 구원에 포함한다(사 2:1-4; 12:4-5; 17:7-8; 19:18-25; 25:3-9; 42:4, 6, 10-12; 44:5; 45:14, 22; 49:6; 52:15; 55:3-5; 56:3-8; 59:19; 60:3; 65:1; 66:19-21). 본문에서 '일어나다'(ἀνίστημι)는 메시아가 이방인을 구원하기 위해 일어서시는 것을 묘사한다(Dunn, Loshe, cf. 렘 23:5; 33:15). 그리스도께서 열방을 구원하시니 열방이 그에게 소망을 둔다.

"소망의 하나님이 모든 기쁨과 평강을 믿음 안에서 너희에게 충만하게 하사 성령의 능력으로 소망이 넘치게 하시기를 원하노라"(13절)는 로마서 마지막 부분에 등장하는 다섯 개의 기도 중 두 번째다(cf. 15:5-6, 33; 16:20, 25-27). 모두 1:8-10의 내용을 연상케 하는 기도문이다 (Thielman).

그리스도인의 기쁨과 평강은 소망의 하나님을 믿는 것에서 비롯된다(Sanday & Headlam). 또한 이 소망은 성령이 우리에게 주신다. 우리의 기쁨과 평강은 미래에 하나님이 이루실 일을 믿고 소망할 때 온전해진다. 그러므로 우리는 당면한 현실에서 고개를 들어 하나님을 바라볼 때 비로소 기쁨과 평강을 누릴 수 있다. 우리 자신과 우리가 처한 상황만 바라본다면 별로 기뻐할 일도 평안도 없다.

이 말씀은 같은 공동체에 속한 믿음이 강한 자들과 약한 자들은 반드시 연합해야 한다고 한다. 같은 몸을 구성하는 지체들이 불협화음을 내면 그 몸은 건강하지 않다. 그러나 각자의 차이를 인정하고 서로 환영하는 일은 결코 쉽지 않다. 많은 기도와 성찰을 통해 성령이 주시는 겸손과 사랑으로 할 수 있다. 그러므로 서로를 환영하는 것은 깊은 영성과 성숙이 있을 때 가능하다.

하나님이 유대인과 이방인을 자기 백성 삼으시고 그들이 함께 드리는 예배와 찬양을 받으시는 일은 즉흥적이거나 혹은 하다 보니 우연히 된 일이 아니다. 하나님은 유대인뿐 아니라 이방인의 구원도 태초부터 계획하셨다. 그리고 적절한 때가 되자 그 계획을 그리스도를 통해 실현하셨다. 그러므로 우리는 유대인을 없다시피 하는 기독교의 현실을 생각하며 다시 꿈을 꾸어야 한다. 언젠가는 우리 이방인이 유대인과 함께 하나님을 찬양하게 될 날이 다시 오기를 소망해야 한다.

Ⅵ. 복음과 열방

(15:14-33)

바울이 이방인 성도들이 예루살렘 성도들을 위해 모은 구제 헌금을 가지고 예루살렘으로 떠나기 전 고린도에서 이 서신을 보낼 때 그는 이미 세 차례 선교 여행을 마친 상황이다. 그는 하나님이 허락하시면 앞으로도 계속 선교 여행을 할 계획이다. 그동안 로마 제국의 동쪽에 복음을 전파해 온 그는 조만간 로마 교회를 방문할 계획이다. 그런 다음 로마 교회의 파송을 받아 스페인으로 가고자 한다. 그러나 그의 꿈은 이루어지지 않는다. 예루살렘에 도착하자마자 유대인 폭도에게 잡혀 황제의 재판을 받기 위해 로마로 가게 될 것이기 때문이다. 본 텍스트는 다음과 같이 구분된다.

A. 바울의 선교 목표(15:14-21)
B. 바울의 선교 계획(15:22-29)
C. 예루살렘 사역을 위한 기도 부탁(15:30-33)

A. 바울의 선교 목표(15:14–21)

¹⁴ 내 형제들아 너희가 스스로 선함이 가득하고 모든 지식이 차서 능히 서로 권하는 자임을 나도 확신하노라 ¹⁵ 그러나 내가 너희로 다시 생각나게 하려고 하나님께서 내게 주신 은혜로 말미암아 더욱 담대히 대략 너희에게 썼노니 ¹⁶ 이 은혜는 곧 나로 이방인을 위하여 그리스도 예수의 일꾼이 되어 하나님의 복음의 제사장 직분을 하게 하사 이방인을 제물로 드리는 것이 성령 안에서 거룩하게 되어 받으실 만하게 하려 하심이라 ¹⁷ 그러므로 내가 그리스도 예수 안에서 하나님의 일에 대하여 자랑하는 것이 있거니와 ¹⁸ 그리스도께서 이방인들을 순종하게 하기 위하여 나를 통하여 역사하신 것 외에는 내가 감히 말하지 아니하노라 그 일은 말과 행위로 ¹⁹ 표적과 기사의 능력으로 성령의 능력으로 이루어졌으며 그리하여 내가 예루살렘으로부터 두루 행하여 일루리곤까지 그리스도의 복음을 편만하게 전하였노라 ²⁰ 또 내가 그리스도의 이름을 부르는 곳에는 복음을 전하지 않기를 힘썼노니 이는 남의 터 위에 건축하지 아니하려 함이라 ²¹ 기록된 바

주의 소식을 받지 못한 자들이 볼 것이요
듣지 못한 자들이 깨달으리라

함과 같으니라

이방인을 위한 사도로 부르심받은 바울은 여전히 이방인 선교에 대한 열정으로 가득하다. 그는 이미 세 차례의 선교 여행을 통해 곳곳에 교회를 세웠다. 그럼에도 불구하고 바울은 만족하지 않으며, 하나님이 기회를 주신다면 계속 선교하고 싶다. 하나님이 오래전에 아브라함에게 주신 이방인에 대한 약속을 실현하는 도구가 되고 싶다(창 12:3).

저자는 로마서를 시작한 이후 이때까지 때로는 날카로운 지적과 책망에 가까운 권면을 하기도 했다. 이제는 서신을 마무리하면서 자신은

로마 성도들이 능히 건강한 공동체를 충분히 세워갈 수 있다고 확신한
다며 격려하고 칭찬한다(14절). '확신하다'(πέπεισμαι)는 완전히 설득되
어 추호도 의심하지 않는다는 뜻이다(TDNT). '내 형제들'(ἀδελφοί μου)
이 서신에서 사용되는 것은 12:1 이후 처음이며, 수신자에 대한 저자
의 사랑과 믿음을 표현한다(Schreiner).

바울은 그들이 '선함이 가득하고'(μεστοί ἐστε ἀγαθωσύνης) '모든 지식
이 찼다'(πεπληρωμένοι πάσης [τῆς] γνώσεως)고 한다. 어떤 이들은 이러한
표현을 로마 성도들이 하나님의 구속사와 연관된 것들을 잘 알고 있다
는 것(Dunn, Käsemann), 혹은 더 구체적으로 그리스도의 복음(Cranfield)
에 대해 남다른 지식이 있다는 것으로 해석하기도 한다. 그러나 이처
럼 구체적인 의미로 제한할 필요는 없으며, 신앙생활에 필요한 충분한
지식과 영성을 겸비했음을 의미하는 것으로 해석하는 것이 바람직하
다(Schreiner).

저자가 로마서에서 날카로운 지적과 권면도 했다는 점을 고려하
면 격려와 칭찬은 어느 정도의 과장(hyperbole)을 포함한 것이 사실이다
(Calvin, Dunn, Thielman). 그러나 로마 교회와 성도들을 총체적으로 생각
했을 때 그의 격려와 칭찬은 적절하다(Cranfield). 또한 그는 복음의 능
력(1:16)과 로마 성도들의 믿음(1:8)을 근거로 이렇게 칭찬하고 있다. 로
마 성도들은 말씀과 하나님에 대한 지식으로 가득하기에 서로를 가르
치고 권하는 데 문제가 없다는 것이다.

그럼에도 불구하고 저자가 그들에게 편지를 보내 일부 이슈에 관해
담대하게 말한 것은 이방인을 위한 자신의 사도직에 따라 행한 것이라
고 한다(15-16절). 바울은 하나님이 이방인을 위해 세우신 사도의 권한
으로(cf. 1:5; 12:3; 고전 3:10; 갈 2:9; 엡 3:2, 7-8; 골 1:25) 이방인이 중심인
로마 교회에 이 서신을 보내 그들이 이미 아는 것, 그러나 잠시 잊었거
나 깊이 생각하지 않은 것들을 일깨우고자 한다(15a절).

저자는 하나님께 받은 사도직을 '은혜'(χάρις)라 부르며 감사한다(15b

절). 사도행전에 기록된 바울의 사도 사역을 살펴보면 그는 참으로 많은 고난을 겪었다. 복음을 전하다가 생명의 위협도 여러 차례 당했고, 심하게 매를 맞기도 했다. 또한 이 편지가 로마에 전달되면 얼마 지나지 않아 그는 예루살렘에서 잡혀 로마로 이송된 후 그곳에서 순교하게 될 것이다. 그런데도 그는 이 모든 것이 '은혜'라고 한다! 그의 고백은 참으로 우리를 겸손하게 하고, 마음이 먹먹해지게 한다.

하나님은 바울에게 은혜를 베푸셔서 이방인을 위한 그리스도의 일꾼이 되게 하셨다(16a절). '일꾼'(λειτουργός)은 제사장 등 사역자를 뜻한다(TDNT, cf. 느 10:39; 사 61:6; 히 8:2). 이 외에도 저자는 '제사장 직분'(ἱερουργοῦντα), '제물'(προσφορά), '거룩하게 됨'(ἡγιασμένη), '받으실 만하게'(εὐπρόσδεκτος), '드리다'(ἱερουργέω) 등 성전에서 제사장이 예배를 드리는 일과 연관된 온갖 용어를 사용해 자신의 이방인을 위한 사도직을 제사장직에 비유한다. 그러나 유대교 제사장이 짐승을 하나님께 드린 것과 달리 그는 이방인을 하나님께 드린다. 또한 유대교 제사장은 짐승을 죽여 제물로 드렸지만, 바울은 이방인을 성령 안에서 거룩하게 하여 하나님이 받으실 만한 산 제물로 드린다(16b절; cf. 12:1-2). 옛적에 이방인은 성전의 지성소뿐 아니라 성소에도 들어갈 수 없었는데, 이제는 그리스도의 죽음과 부활을 통해 은혜의 보좌로 직접 나아갈 수 있다: "그러므로 우리는 긍휼하심을 받고 때를 따라 돕는 은혜를 얻기 위하여 은혜의 보좌 앞에 담대히 나아갈 것이니라"(히 4:16).

바울은 하나님이 그를 이방인을 위한 사도로 사용하신 것을 영광으로 생각하며 감사한다(17-19절). 하나님이 그를 통해 하신 일이 저자의 유일한 자랑이다(17절). 오늘날 어떤 사람들은 자신이 그리스도인이라는 사실을 숨기기도 하고 심지어 부끄럽게 생각하기도 하는데, 저자는 하나님이 그리스도 예수 안에서 자신을 통해 하신 일들을 자랑스럽게 생각한다! 우리가 하나님께 쓰임받는 것은 부끄러운 일이 아니라 자랑할 일이다.

하나님은 사도로 세운 바울을 통해 이방인들이 순종하도록 역사하셨다(18a절). '이방인들의 순종'(ὑπακοὴν ἐθνῶν)은 그들이 복음을 영접해 하나님의 백성이 되었다는 뜻이다(Schreiner, cf. 1:5; 16:26). 죄인이 복음을 영접해 하나님의 백성이 되게 하는 것은 사도가 하는 가장 중요한 사역이다. 그러므로 바울은 이 사역 외에는 감히 말하지 않겠다고 한다.

하나님은 이방인이 복음을 영접하도록 바울의 말과 행위를 통해서도 역사하셨다(18b절). 그는 많은 표적과 기사를 행했다(19a절). 그러나 이 모든 표적과 기사는 성령의 능력으로 이루어진 일이다. 저자는 모든 영광을 삼위일체 하나님께 돌리고 있다. 주님께 쓰임받은 종이 취하는 자세다.

저자는 하나님이 주신 사명을 감당하기 위해 예루살렘으로부터 두루 행하여 일루리곤까지 그리스도의 복음을 편만하게 전했다(19b절). 구약은 하나님의 말씀이 예루살렘을 떠나 온 세상에 전파되는 비전을 제시한다(사 2:1-4; 미 4:1-4). '두루'(κύκλῳ)는 '원을 그리며 사방으로'라는 뜻을 지니며, 예루살렘을 중심으로 한 지역을 뜻한다(Porter, Scott, cf. TDNT). 구약은 예루살렘이 세상의 중심이라 하기도 한다(겔 38:12). '일루리곤'(Ἰλλυρικόν)은 아드리아해(Adriatic Sea) 연안에 있으며, 오늘날에는 알바니아(Albania)에 속한다.

바울은 예루살렘을 떠나 일루리곤에 이르기까지 지나는 곳마다 그리스도의 복음을 편만하게 전했다. '편만하게 전했다'(πεπληρωκέναι)는 충만하게, 부족함 없이 전파했다는 뜻이다. 사도행전은 그가 지나가는 길에 있는 모든 마을에 복음을 전파했다고 하지 않는다. 바울은 각 지역의 주요 도시에서 복음을 전했다. 그리고 각 지역의 복음화는 주요 도시에서 그를 통해 복음을 영접한 사람들의 몫으로 남겨 두었다. 그러므로 바울은 전략적으로 주요 도시에 복음을 전파했고, 그가 전한 복음이 각 지역 성도를 통해 전도와 선교적 열매를 맺고 있으므로 더는 예루살렘에서 일루리곤까지 복음을 전할 곳이 없다고 한다(23절).

그동안 저자는 그리스도의 이름을 부르는 곳에는 복음을 전하지 않으려고 힘썼다(20a절). 그가 복음을 전하기 전에 이미 복음이 전파된 곳은 방문을 자제했다는 뜻이다. 오늘날로 말하면 그는 항상 '미전도 지역'을 찾아다닌 것이다. 다른 사역자들이 닦은 터 위에 건축하지 않기 위해서였다(20b절). 세상 말로 하면 남이 차려 놓은 밥상에 숟가락을 올려놓지 않으려고 노력했다는 뜻이다.

저자는 자신의 이러한 노력이 구약 말씀을 실현하는 것이라고 한다. "주의 소식을 받지 못한 자들이 볼 것이요 듣지 못한 자들이 깨달으리라"(21절)는 이사야 52:15을 인용한 것이다. 이사야의 종의 노래 일부이며, 이방인들이 전에 보지 못한 것을 깨달을 것이라는 말씀이다. 바울은 그리스도의 복음을 들어보지 못한 사람들에게만 복음을 전파하고자 한다는 의미로 이 말씀을 인용한다.

이 말씀은 교회는 선함이 가득하고 복음과 말씀에 대한 지식이 풍부해 스스로 설 수 있는 공동체가 되어야 한다고 한다. 모든 교회는 이러한 때를 꿈꾸며 열심히 말씀을 배우고, 지도자들은 열심히 가르치고 양육해야 한다. 말씀을 배운 성도들은 공동체와 각자의 삶을 통해 선한 열매를 계속 맺어야 한다.

우리는 하나님이 각자에게 주신 소명으로 인해 온갖 고난과 역경을 겪을 때도 있다. 바울 사도가 그러했다. 그럼에도 불구하고 그는 받은 소명을 하나님의 은혜라며 감사하고, 또한 영광스럽게 생각한다. 하나님이 그를 복음을 전파하는 도구로 사용하셨기 때문이다. 우리도 하나님이 주신 믿음과 소명을 자랑스럽게 생각하며 감사한 마음으로 이웃을 사랑하고 섬겨야 한다. 하나님이 주시는 소명은 우리가 이 땅에 존재하는 이유다.

B. 바울의 선교 계획(15:22-29)

²² 그러므로 또한 내가 너희에게 가려 하던 것이 여러 번 막혔더니 ²³ 이제는 이 지방에 일할 곳이 없고 또 여러 해 전부터 언제든지 서바나로 갈 때에 너희에게 가기를 바라고 있었으니 ²⁴ 이는 지나가는 길에 너희를 보고 먼저 너희와 사귐으로 얼마간 기쁨을 가진 후에 너희가 그리로 보내주기를 바람이라 ²⁵ 그러나 이제는 내가 성도를 섬기는 일로 예루살렘에 가노니 ²⁶ 이는 마게도냐와 아가야 사람들이 예루살렘 성도 중 가난한 자들을 위하여 기쁘게 얼마를 연보하였음이라 ²⁷ 저희가 기뻐서 하였거니와 또한 저희는 그들에게 빚진 자니 만일 이방인들이 그들의 영적인 것을 나눠 가졌으면 육적인 것으로 그들을 섬기는 것이 마땅하니라 ²⁸ 그러므로 내가 이 일을 마치고 이 열매를 그들에게 확증한 후에 너희에게 들렀다가 서바나로 가리라 ²⁹ 내가 너희에게 나아갈 때에 그리스도의 충만한 복을 가지고 갈 줄을 아노라

바울은 자신이 그동안 여러 차례 로마에 방문하려 했지만, 뜻을 이루지 못했다고 한다(22절). '막혔더니'(ἐνεκοπτόμην)는 수동태(passive)다. 로마를 방문하고자 할 때마다 가지 못하도록 막는 이가 있었다는 것이다. 어떤 이들은 사탄이 막았다고 하는 것으로 해석하지만(Barrett, cf. 살전 2:18), 바울은 하나님이 로마로 가지 못하게 막으셨다는 의미로 이렇게 말한다(cf. 행 16:6). 하나님은 바울에게 로마 제국 동쪽에 머물며 예루살렘에서 일루리곤에 이르는 지역에 그리스도의 교회를 세우는 일을 하게 하셨다(Dunn, Thielman, cf. 15:19).

때가 이르면 하나님은 그를 로마로 보내실 것이다(cf. 행 23:11). 그러나 아직 때가 차지 않았다. 그러므로 바울은 '여러 차례'(τὰ πολλὰ) 로마를 방문하고자 했지만, 지금까지 뜻을 이루지 못했다. 하나님이 그때마다 그를 막으셨기 때문이다.

저자는 자신의 로마 방문이 머지않은 미래에 있을 일이라고 확신한다. 예루살렘에서 일루리곤에 이르는 지역에는 그가 사역할 곳이 더는 없기 때문이다(23a절). '곳, 장소'(τόπος)는 '기회'(opportunity)를 뜻한다(Schreiner, cf. 12:19; 엡 4:27; 히 12:17). 이 지역에 사는 모든 사람에게 복음이 전파되었다는 뜻이 아니라, 여러 차례 선교 여행을 통해 이 지역에 여러 교회를 세웠기 때문에 자신의 역할은 끝이 났다고 하는 것이다(Cranfield, Dunn, Fitzmyer, Moo, Ziesler).

저자는 로마를 거쳐 서바나로 가기를 원한다(23b절). '서바나'(Σπανία)는 오늘날의 스페인이다(BDAG). 그는 '여러 해 전부터'(ἀπὸ πολλῶν ἐτῶν) 이러한 계획을 세웠으므로 상당히 오래전부터 로마를 방문하고자 했다(cf. 1:12). 그는 로마 성도들과 사귀며 그들과 함께 기쁨 나누기를 원한다(24a절). 그들과 성도의 교제를 하고 있다는 뜻이다.

바울은 로마에 정착하거나 오래 머물 생각은 하지 않는다. 로마 교회가 그를 스페인으로 보내 주기를 바란다(24b절). 바울은 로마 성도들이 자신을 스페인 선교사로 파송해 주기를 원한다(Stuhlmacher). '너희가 그리로 보내 주기를 바람이라'(ὑφ' ὑμῶν προπεμφθῆναι)는 선교 후원을 바라는 표현이다(Schreiner, cf. 행 15:3; 20:38; 21:5; 고전 16:6, 11; 고후 1:16). 금전적인 도움과 더불어 함께 다니며 사역할 동역자도 파송해 주기를 바란다는 뜻이다(Hultgren, Sanday & Headlam). 로마에 사는 그리스도인들은 라틴어와 로마 제국의 행정에 대해 잘 알기 때문에 스페인 선교에 많은 도움을 줄 수 있었을 것이다(Schnabel, Thielman).

어떤 이들은 바울이 스페인에서도 선교하게 되면 예전처럼 각 도시의 회당을 먼저 찾아가 유대인에게 복음을 전했을 것이라고 한다(Cranfield, Dunn, Käsemann). 그러나 그 당시 스페인에 유대인의 회당이 있었다는 증거는 없다(Fitzmyer, Keck, Jewett, Schnabel). 그러므로 바울은 유대인을 거치지 않고 곧바로 이방인에게 복음을 전파할 계획을 세우고 있었던 것으로 보인다(Schreiner).

바울은 머지않은 미래에 로마를 방문할 계획이지만, 지금 당장은 예루살렘을 향해 가고 있다(25-27절). 그는 성도를 섬기는 일로 예루살렘에 가는 길이라 한다(25절). '섬기는 일'(διακονῶν)은 사역(섬김, 봉사)이다 (TDNT, cf. 눅 8:3; 행 6:1, 4; 11:29; 12:25; 고전 16:15; 고후 8:4, 19, 20; 9:1, 12, 13). 가난한 성도들을 물질적으로 돕는 일도 사역이다(Schreiner).

그는 마게도냐와 아가야 지역의 성도들이 예루살렘 성도 중 가난한 사람들을 위해 기쁜 마음으로 연보한 것을 전달하기 위해 예루살렘으로 가는 길이다(26절). '연보'(κοινωνίαν)는 친교와 교제를 전제하는 파트너십(partnership)을 뜻한다(Schreiner, Thielman). 파트너십은 양쪽 모두에게 도움이 되는 일이다. 언젠가는 돕는 자와 도움받는 이의 위치가 바뀔 수도 있다. 이방인 성도들은 예루살렘 성도들을 구제하기 위해 돈을 보내는 것이 아니라, 그리스도의 복음을 위한 파트너십 차원에서 마음을 다해 그들을 '섬기고'(λειτουργῆσαι) 있다(27절). 그들은 이 일을 '기쁨으로'(εὐδόκησαν) 한다. 하나님은 즐겨 내는 자를 사랑하신다는 것을 알기 때문이다(고후 9:7).

예루살렘 교회는 시작될 때부터 돌보아야 할 가난한 지체가 많았다 (cf. 행 4:32-5:11; 6:1-7). 주후 46-48년 큰 기근이 가나안 지역을 강타해 예루살렘 성도들이 더 어렵게 되자 이방인 성도들이 구제 헌금을 보냈다(cf. 행 11:27-30). 바울도 사역을 시작할 때부터 가난한 성도들을 돕는 일을 중요하게 여겼다(cf. 갈 2:10; 행 11:27-30). 가난한 성도들을 돕기 위한 모금은 그에게 중요한 사역이었다(cf. 고전 16:1-4; 고후 8-9장). 지금은 그토록 원하던 로마 방문을 잠시 미루고 이방인 교회가 모은 구제 헌금을 가지고 예루살렘을 방문할 정도로 중요하다.

바울은 이방인 성도들이 예루살렘 성도들을 물질적으로 돕는 것을 왜 이처럼 중요하게 생각하는가? 예루살렘 교회는 영적인 것(그리스도의 복음)을 이방인과 나누었다(27a절). 그러므로 이방인 성도들이 육적인 것(구제 헌금)으로 그들을 섬기는 것이 마땅하다(27b절).

495

이방인 성도가 유대인 성도를 돕는 것은 하나님의 백성에 이방인도 포함되었다는 사실을 확인한다(Schreiner). 로마 교회는 강한 자들(이방인들)과 약한 자들(유대인들)이 잘 어울리지 못하는 상황이다. 그러므로 유대인으로 구성된 예루살렘 교회가 이방인 성도의 구제 헌금을 받으면 로마 교회에도 유대인과 이방인의 연합에 좋은 영향을 끼칠 것이다. 또한 가능성이 그다지 있어 보이지는 않지만, 이방인 성도들이 예루살렘 성도들을 위해 구제 헌금을 보냈다는 소문이 퍼지면, 믿지 않는 유대인이 자극을 받아 그리스도를 영접할 수도 있다(Wright, cf. 10:19; 11:13-14).

이방인들이 예루살렘으로 보낸 구제 헌금은 바울이 그동안 해 온 이방인 선교의 가장 아름다운 열매 혹은 '면류관'이다(Bruce). 그래서 바울은 사도들과 야고보가 있고 어머니 교회라 할 수 있는 예루살렘 교회에 이방인 선교의 열매를 보이기 위해 각 이방인 교회에서 파송한 여러 사람과 함께 그곳으로 향하고 있다(cf. 행 20:4-5).

바울은 예루살렘을 방문해 이 열매를 확증한 후에 로마에 잠시 들렀다가 스페인으로 갈 계획이다(28절). '확증하다'(σφραγίζω)는 '봉인하다'(seal)라는 의미를 지닌 단어다(BDAG). 그는 이방인 성도들이 모은 구제 헌금을 예루살렘 교회에 전달하는 일을 편지에 봉인하듯 완벽하게 마무리한 후에 로마로 갈 계획이다(Cranfield, Moo). 로마를 방문할 때는 그리스도의 충만한 복을 가지고 갈 것이다(29절). 복음과 하나님 말씀의 풍성함으로 그들과 교제할 것이라는 뜻이다.

이 말씀은 모든 그리스도인은 서로 파트너라 한다. 이방인 성도들과 예루살렘 성도들처럼 우리는 파트너로서 서로 말씀과 성령 안에서 교류하며 영적인 것과 육적인 것을 주고받을 수 있어야 한다. 인종과 언어에 상관없이 우리는 모두 하나님의 백성이며, 서로에게 유익한 파트너가 되어야 한다. 파트너십은 서로에게 이익이 되는 관계다. 그러기 위해서는 우리가 먼저 다른 파트너에게 하나님의 축복을 흘려 보내야 한다.

하나님의 복을 교회 밖에 있는 복음의 파트너들에게 계속 흘려 보내는 교회는 망하지 않는다. 하나님이 더 많은 복으로 계속 채우실 것이다. 또한 교회 밖으로 흘려 보내는 복보다 하나님이 교회 안으로 흘러 들어오게 하시는 복이 더 크다는 사실을 실감하게 될 것이다.

바울은 로마 교회의 파송을 받아 스페인에서 선교하는 것을 여러 해 동안 계획했다. 그는 본문에서도 이러한 계획을 로마 성도들과 나눈다. 그러나 그의 계획은 실현되지 않을 것이다. 하나님은 그와 다른 생각을 가지고 계시기 때문이다. 바울의 일은 "사람이 마음으로 자기의 길을 계획할지라도 그의 걸음을 인도하시는 이는 여호와시니라"(잠 16:9)라는 말씀을 생각나게 한다.

VI. 복음과 열방(15:14-33)

C. 예루살렘 사역을 위한 기도 부탁(15:30-33)

30 형제들아 내가 우리 주 예수 그리스도와 성령의 사랑으로 말미암아 너희를 권하노니 너희 기도에 나와 힘을 같이하여 나를 위하여 하나님께 빌어 31 나로 유대에서 순종하지 아니하는 자들로부터 건짐을 받게 하고 또 예루살렘에 대하여 내가 섬기는 일을 성도들이 받을 만하게 하고 32 나로 하나님의 뜻을 따라 기쁨으로 너희에게 나아가 너희와 함께 편히 쉬게 하라 33 평강의 하나님께서 너희 모든 사람과 함께 계실지어다 아멘

바울이 로마서를 보낼 때 그는 고린도에서 팔레스타인으로 가는 배편을 기다리고 있었다(cf. 행 20:2-3a). 그는 예루살렘 교회에 구제 헌금을 전달하고 로마로 갈 계획이다. 그러나 그 계획이 순조롭게 진행되지 않을 것을 어느 정도는 안다. 그동안 가는 곳마다 유대인들이 그를

매우 폭력적으로 대하고 심지어 죽이려고 했는데, 예루살렘은 이런 자들의 '소굴'이라 할 수 있기 때문이다. 그러므로 바울은 로마 성도들에게 자신의 예루살렘 여정을 위해 기도를 부탁한다.

저자는 로마 성도들이 예수 그리스도와 성령의 사랑으로 말미암아 자신을 위해 기도하기를 권한다(30a절). '권하다'(παρακαλέω)는 매우 강력한 권면이다(Dunn). 바울은 한 번도 로마에 방문한 적이 없다. 그러므로 로마 성도들을 만나 본 적도 없다. 이러한 상황에서 그들에게 자신을 위해 기도해 달라고 부탁하는 것은 큰 부담이 될 수 있고, 심지어 무례하게 느껴질 수 있다. 그러므로 바울은 로마 성도들과 자신 사이에 있는 두 가지 공통점을 근거로 그들이 반드시 들어주어야 할 간곡한 부탁이라며 자기를 위해 기도할 것을 호소한다.

첫째, 예수 그리스도가 바울과 로마 성도들을 한 백성으로 묶으셨다. 바울은 이 서신에서 줄곧 그리스도의 복음에 대해 증거했다. 그러므로 그는 자신이 예수 그리스도에 대해 전한 모든 메시지를 바탕으로, 또한 그들을 하나로 묶으신 '우리 주'(τοῦ κυρίου ἡμῶν, 그와 로마 성도들의 주)의 이름으로 자신을 위해 기도할 것을 호소한다(Fee).

둘째, 저자와 로마 성도들은 성령의 사랑으로 하나가 되었다. '성령의 사랑'(τῆς ἀγάπης τοῦ πνεύματος)은 성령에게서 비롯된 사랑으로 성도들이 공유하는 사랑(Cranfield, Dunn, Fitzmyer, Moo), 혹은 성령이 믿는 자들에게 베푸시는 사랑(Murray, Piper)으로 해석할 수 있다. 성령 안에 있는 사람이라면 누구나 이 사랑을 누린다. 그러므로 성령은 사랑의 띠로 우리를 하나 되게 하신다. 바울은 성령의 사랑을 근거로 로마 성도들에게 기도를 부탁하고 있다.

저자는 로마 성도들에게 기도를 부탁하고 끝내는 것이 아니라, 그들의 기도가 자신의 기도에 힘을 더하는 것과 같다며 함께 기도하자고 한다(30b절). 자신은 이미 오래전부터 이 이슈에 대해 하나님께 기도하고 있다는 뜻이다. '힘을 같이하여'(συναγωνίζομαι)는 성경에서 단 한 차례 사용되는 단어이며, 브니엘에서 야곱이 천사와 밤새워 씨름한 이야 기(창 32:24-32)를 배경으로 한다(Schreiner, Wright, cf. Wright). 헬라어 문헌에서는 주로 전쟁 용어로 사용된다(Thielman). 바울은 기도를 씨름 혹은 전투로 묘사하고 있다(cf. Cranfield, Dunn, Wright). 기도는 결코 피하거나 물러설 수 없는 투쟁이다.

저자가 부탁하는 기도 제목은 크게 두 가지다(31절). 첫째, 바울 자신이 유대에서 순종하지 아니하는 자들로부터 건짐받을 수 있도록 기도를 부탁했다(31a절). '유대에서 순종하지 않는 자들'(τῶν ἀπειθούντων ἐν τῇ Ἰουδαίᾳ)은 예수 그리스도의 복음을 거부하는 유대인들이다(cf. 2:8; 11:30-31). 그들은 유대교에 속해 있지만, 이방인 불신자들과 별반 다를 바 없다. 오히려 이방인보다 더 악하고 폭력적이다. 바울은 선교 여행을 하는 동안 가는 곳마다 이런 자들에게 협박을 받고, 생명을 위협하는 그들의 폭력에 시달렸다(행 9:23, 29; 13:45, 50; 14:2, 5, 19; 17:5-9, 13; 18:12-17; 19:9; 20:3).

이런 일을 겪을 때마다 바울은 다메섹으로 가는 길에서 예수 그리스도를 만날 때까지 자신도 그리스도인들을 그렇게 핍박했다며 크게 탓하지는 않았다. 그는 고린도에서 로마서를 보낸 후에도 이 부류가 팔레스타인으로 가는 배에서 자기를 암살하려고 음모를 꾀한다는 정보를 입수하고는 육로를 통해 예루살렘으로 가기로 했다(cf. 행 20:3).

'건짐을 받다'(ῥυσθῶ)는 죽음의 위기를 모면하는 것을 뜻한다(Thielman, cf. 고후 1:10). 바울은 생명 보존을 위해 만나 보지도 못한 로마 성도들에게 기도를 부탁한다. 그의 예루살렘 방문은 그만큼 위험하다. 실제로 바울은 예루살렘에 도착한 후 성전을 찾아가 예배를 드리다가 유대인들에게 붙잡혀 거의 죽다시피 맞았다(행 21:26-36). 로마 군인들이 나서서 폭도의 손에서 그를 구원했으며, 그를 보호하기 위해 예루살렘 감옥에 가두었다. 그가 감옥에 갇혀 있는 동안에도 이들의 암살 음모는 계속되었다(행 23:12-35). 야밤에 비밀리 다른 도시로 이송된 바울은 유대 땅에서는 공정한 재판을 받을 수 없다는 사실을 깨달았다. 그러므로 로마 시민이었던 그는 황제에게 항소해 로마로 이송되었다(cf. 행 25:10-12).

이러한 정황을 고려할 때 바울과 로마 성도들이 드린 기도가 응답되었다고 할 수 있는가? 하나님은 그들의 기도에 긍정적으로 응답하셨다(Murray, Stott). 그의 생명을 보존해 주셨기 때문이다. 그러나 바울이 원하거나 기대한 방식은 아니었다. 그는 밧줄에 묶인 죄인으로 로마에 입성했다.

둘째, 바울이 예루살렘 교회에 대하여 섬기는 일을 예루살렘 성도들이 받을 만하게 되도록 기도를 부탁했다(31b절). '섬기는 일'(διακονία)은 마게도냐와 아가야에서 모은 헌금을 예루살렘에 전하는 일이다(cf. 고후 8:4; 9:1, 12-13). '받을 만하다'(εὐπρόσδεκτος)는 이방인 성도들이 바울을 통해 보내는 구제 헌금을 예루살렘 성도들이 거부하지 않고 받는 것을 뜻한다. 당시 일부 유대인 성도는 바울이 이방인에게 모세 율법을 잘못 가르친다고 생각했다(cf. 행 21:20-25). 그러므로 이방인 성도들이 보낸 헌금은 고맙지만, 전달하는 바울로 인해 거부할 수도 있다. 야고보 사도도 예루살렘에서 바울을 만났을 때 그에게 성전에 가서 모세 율법에 따라 정결 예식을 행하여 그들의 불편함을 해소하는 것이 좋을 것이라고 권면했다(행 21:26-27).

예루살렘 교회와 성도들이 바울이 전달한 이방인들의 헌금을 받는다면, 이는 유대인으로 구성된 예루살렘 교회가 이방인 성도들도 자신과 같은 하나님의 백성이라는 사실을 인정한다는 상징성을 지닌다. 그러므로 헌금 수신 여부는 매우 중요하다. 예루살렘 교회와 성도들은 이방인 교회들이 바울을 통해 보낸 구제 헌금을 받았을까? 어떤 이들은 거부했다고 한다(Dunn). 그러나 예루살렘에서 유대인들에게 잡힌 후 열린 재판 중에 바울이 벨릭스 총독 앞에서 하는 증언은 그들이 헌금을 받은 것으로 해석할 수밖에 없다(Bruce, Murray, Schreiner): "여러

해 만에 내가 내 민족을 구제할 것과 제물을 가지고 와서 드리는 중에 내가 결례를 행하였고 모임도 없고 소동도 없이 성전에 있는 것을 그들이 보았나이다"(행 24:17-18a). 그러므로 두 번째 기도도 응답받았다 (Murray, Schreiner).

이 두 가지가 그들이 함께 기도하는 대로 응답받는다면 이는 바울이 하나님의 뜻을 따르고 있다는 증거가 될 것이다(32a절). 그러므로 바울의 예루살렘 방문이 끝나면 로마로 가서 기쁨으로 로마 성도들과 교제하며 쉬고자 한다(23b절). 스페인으로 떠나기 전에 로마에서 잠시 휴식을 취하며 전열을 가다듬겠다는 뜻이다.

로마 성도들은 바울의 가르침과 그의 계획을 어떻게 생각했을까? 그들이 로마서를 받고 3년 후에 취하는 행동을 보면 바울에 대한 그들의 사랑과 존경을 가늠할 수 있다. 만일 기회가 주어졌더라면 그들은 분명 바울의 스페인 선교도 후원했을 것이다.

바울은 예루살렘에서 잡혀 로마로 이송되는 중 지중해에서 풍랑을 만나 천신만고 끝에 이탈리아의 보디올 항구에 도착했다(행 28:13). 보디올은 오늘날 '포추올리'(Pozzuoli)로 불리며, 로마에서 240km 남동쪽에 있다. 아름다운 항구로 유명한 '나폴리'(Naples) 바로 옆에 위치한 도시 '네아폴리스'(Neapolis)의 항구였다(Longenecker, Schnabel). 당시 지중해를 항해하며 로마로 곡물을 실어 나르던 배가 대부분 보디올에서 여정을 마쳤으므로, 바울도 이곳에서 내려 로마까지 걸어갔다. 이곳에서 로마까지는 걸어서 열흘 거리였다.

바울이 이탈리아에 도착했다는 소식이 알려지자 보디올 형제들이 그를 초대해 자신들과 일주일을 머물며 교제할 것을 부탁했다. 이 기간에 보디올 성도들은 로마 형제들에게 바울의 도착 소식을 알렸다. 3년 전 바울이 고린도에서 보낸 편지(로마서)로만 사도를 만났던 로마 성도들은 그가 이탈리아에 도착했다는 소식을 듣고 매우 기뻐했다.

로마 교회는 두 그룹을 보내 바울을 열렬히 환영했다. 한 그룹은 압비오 광장으로 나와 그를 환영했다(행 28:15a). 압비오 광장은 로마에서 남동쪽으로 62㎞ 떨어져 있었다(Schnabel). 다른 그룹은 트레이스 타베르네로 와서 그를 맞이했다(행 28:15b). 트레이스 타베르네는 로마에서 50㎞ 떨어진 곳이다(Longenecker). 이 이름을 지닌 여관들을 중심으로 형성된 지역이었다(Keener). 로마 성도들은 사흘 길을 걸어와 바울을 맞이한 것이다. 상상만 해도 마음이 찡해지는 장면이다.

바울은 로마 성도들에게 평강의 하나님이 그들 모두와 함께하시기를 축복하며 이 섹션을 마무리한다(33절). 그의 축도라 할 수 있다. '평강의 하나님'(θεὸς τῆς εἰρήνης)은 하나님이 모든 평강의 근원이시며, 이를 주시는 자라는 뜻이다. 음식법 등으로 인해 이방인과 유대인이 갈등하는 로마 교회에 가장 필요한 것은 하나님의 평강이다. '아멘'(ἀμήν)은 반드시 그렇게 되기를 바라는 염원의 표현이다.

바울 서신에서 축도는 보통 서신이 끝났다는 것을 상징한다. 그러므로 바울이 15장을 마무리하며 축복을 빈다는 점을 들어 이어지는 16장이 원본의 일부가 아니라 훗날 추가된 것이라고 주장하는 이들이 있다(cf. Dunn, Fitzmyer, Moo, Wright). 그러나 바울 서신 중 편지가 마무리되기 전에 축도가 등장하는 경우가 종종 있다(Fitzmyer, Stuhlmacher, cf. 고후 13:11; 빌 4:9; 살전 5:23; 살후 3:16). 그러므로 축도가 서신이 끝났다는 증거라는 주장은 설득력이 없다.

이 말씀은 기도는 그리스도인을 하나 되게 한다고 한다. 바울은 로마를 방문한 적이 없다. 그러므로 로마 성도들을 알지 못한다. 그럼에도 불구하고 그는 예수 그리스도와 성령의 사랑을 근거로 그들에게 자신의 예루살렘 방문을 위해 기도할 것을 간구한다. 당연히 로마 성도들은 그의 예루살렘 방문을 위해 기도했을 것이다. 그를 위해 기도하면서 바울에 대한 오해와 적대심도 사라졌을 것이다. 기도하는 사람은 기도를 부탁한 자가 처한 상황과 심경을 이해하게 된다. 그러면서 기도하는 자는 어느새 자신도 모르게 기도를 부탁한 자와 하나가 된다.

하나님이 주신 소명에 따라 사역한다고 해서 위협 없이 순조롭게 진행되는 것은 아니다. 바울은 그 누구보다도 소명이 확실한 사역자였고 하나님의 인도하심에 따라 사역했다. 그러나 그는 하나님이 그의 발걸음을 인도하시는 곳으로 갈 때마다 그곳에서 생명의 위협에 시달렸다. 그가 계획하는 예루살렘 방문도 하나님이 계획하신 일이다. 그럼에도 불구하고 그는 생명의 위협을 한 번 더 느끼고 있다. 하나님이 우리와 함께하신다고 해서 늘 꽃길만 걷는 것은 아니다.

때로는 주는 것보다 받는 것이 더 어려울 수 있다. 바울은 예루살렘 성도들이 이방인 성도들이 모은 구제 헌금을 받지 않을까 염려했다. 교회는 항상 가난한 자들을 도와야 한다. 우리는 그들을 도울 때 그들의 입장을 고려해 최대한 지혜롭게 도우면서 그들의 자존심이 상하지 않도록 배려해야 한다. 우리는 기쁨으로 주고, 그들은 감사함으로 받을 수 있어야 한다.

Ⅶ. 마무리 인사
(16:1-27)

지금까지 로마 성도들에게 복음과 그리스도인의 삶에 대해 많은 것을
증언한 바울은 이제 서신을 마무리하고자 한다. 그의 마무리 인사는
매우 구체적이고 상세하며 그 어느 서신의 인사보다 길다. 본 텍스트
는 다음과 같이 구분된다.

  A. 뵈뵈 자매 추천(16:1-2)
  B. 로마에 사는 동역자들 문안(16:3-16)
  C. 가짜 사역자들에 대한 경고(16:17-20)
  D. 고린도에 사는 동역자들의 인사(16:21-23)
  E. 축도(16:25-27)

A. 뵈뵈 자매 추천(16:1-2)

¹ 내가 겐그레아 교회의 일꾼으로 있는 우리 자매 뵈뵈를 너희에게 추천하노

니 **2** 너희는 주 안에서 성도들의 합당한 예절로 그를 영접하고 무엇이든지 그에게 소용되는 바를 도와 줄지니 이는 그가 여러 사람과 나의 보호자가 되었음이라

저자는 겐그레아 교회의 일꾼으로 있는 자매 뵈뵈를 로마 성도들에게 추천한다고 한다(1절). '뵈뵈'(Φοίβη)는 '환한, 빛나는'(bright, radiant)이라는 의미를 지닌 이름이며, 그리스 신 아폴로의 별명이기도 했다(Harrison & Hagner). 뵈뵈는 '겐그레아 교회의 일꾼'(διάκονον τῆς ἐκκλησίας τῆς ἐν Κεγχρεαῖς)이라 하는데, 로마서에서 '교회'(ἐκκλησία)가 이곳에서 처음으로 사용되고 있다. 이 사실을 근거로 어떤 이들은 바울이 로마 교회를 인정하지 않았다고 하는데, '일꾼'(διάκονος)은 '집사'라는 의미를 지녔으며 이 단어가 성경에서 지역 교회와 연관해 사용되는 것은 이곳이 유일하다(Schreiner).

뵈뵈가 겐그레아 교회에서 리더십을 발휘하는 '집사'였는지 혹은 단순한 '일꾼'이었는지에 대해 논쟁이 있다. 일부 학자는 교회 리더십에 집사직이 생긴 것은 로마서가 작성된 지 300년 후에 있었던 일이라며, 뵈뵈를 어느 정도 리더십을 발휘하는 일꾼 정도로 해석한다(Wright). 그러나 출범할 때부터 교회에는 리더십을 수행하는 직분자들이 있었으며, 남성과 여성 리더십에 차별을 두지 않았다(Schnabel). 남녀가 한자리에 있는 것이 금기시되었던 당시 문화에서는 여성에게 세례를 베풀거나 그들을 심방하는 여성 리더십이 필요했다(Stuhlmacher). 그러므로 뵈뵈는 겐그레아 교회에 출석하는 단순한 '자원봉사자'가 아니라, 교회에서 리더십을 발휘하는 '집사'였다(Byrne, Cranfield, Harrison & Hagner, Moo, Schreiner, Thielman, cf. 빌 1:1; 딤전 3:8, 12).

'겐그레아'(Κεγχρεαί, Cenchrea)는 고린도에서 남서쪽으로 11km 떨어진 항구였으며, 그 당시 인구는 4,400명 정도였다(Schnabel). 바울이 고린도에서 사역하는 동안 이곳에도 교회가 세워진 것으로 보인다(cf. 고후

1:1). 바울은 2차 선교 여행을 마치고 파송 교회가 있는 안디옥으로 돌아가고자 배를 타려고 겐그레아로 갔으며, 서원한 바가 있어 그곳에서 머리를 깎았다(행 18:18).

당시 지인들에게 추천하는 편지를 써서 당사자에게 들려 보내는 것은 흔한 일이었다. 여행자들은 목적지에 도착하면 스스로 숙식을 해결해야 하는데, 이때 추천하는 편지가 효력을 발휘하는 것이다(cf. 행 18:27; 고후 3:1; 4:2; 5:12; 10:12; 12:11; 요삼 1:9-10). 바울이 서신을 마무리하면서 그녀를 로마 성도들에게 추천하는 것은 그녀를 통해 이 서신을 전달하기 때문일 것이다(Harrison & Hagner, Lampe, Lohse, Moo, Schreiner, Thielman). 뵈뵈의 남편 이름이 언급되지 않는 것으로 보아 미혼이거나 과부였을 가능성이 있다(Schnabel).

바울은 뵈뵈를 '우리 자매'(τὴν ἀδελφὴν ἡμῶν)라 한다(1절). 뵈뵈는 겐그레아 교회의 일원이며 예수 그리스도 안에서 세상 모든 그리스도인에게 자매이니, 로마 성도들은 그녀를 따뜻하게 맞이하라는 뜻이다(2a절). 그리스도인은 세상 어디를 가도 마치 오랜 친구를 만난 것처럼 순식간에 친해지고 끈끈한 관계로 이어진다(cf. 딤전 5:1-2).

또한 바울은 로마 성도들이 무엇이든지 그녀에게 소용되는 바를 도와줄 것을 부탁한다(2b절). 일부 학자는 '무엇이든지'(πράγματι)라는 표현에서 그녀가 로마에 방문한 근본적인 이유가 사업적인 것이었다고 한다(Thielman). 비즈니스 차 로마에 갈 일이 있는데, 가는 길에 로마서 전달을 부탁받아 가져갔다는 것이다. 충분히 가능한 일이지만, 확실하지는 않다.

바울은 로마 성도들이 뵈뵈를 따뜻하게 맞이하고 성심껏 도와주기를 바라는 이유는 그녀가 여러 사람과 그의 보호자가 되었기 때문이라고 한다(2c절). '보호자'(προστάτις)는 후원자(patron)를 뜻하며(Witherington & Hyatt, cf. TDNT), 당시 사회적 지위가 높은 부자가 주로 하는 일이었다(Thielman). 뵈뵈는 바울뿐 아니라 여러 사람을 성심껏 돕고 섬기는 아름다운 여인이었다.

이 말씀은 기독교는 성도들이 기쁜 마음으로 서로 돕는 공동체라고 한다. 뵈뵈는 바울과 여러 사람의 보호자가 되어 그들을 보살폈다. 그녀가 로마에 도착하면, 로마 성도들이 그녀를 보살피고 섬길 것이다. 성경은 이런 것을 '사랑의 빚'이라고 한다. 바울은 그리스도인에게 피차 사랑의 빚 외에는 아무에게든지 아무 빚도 지지 말라고 했다(13:8). 사랑의 빚은 서로에게 져도 된다. 서로 사랑의 빚을 지면 관계가 더 건강하고 돈독해진다.

VII. 마무리 인사(16:1-27)

B. 로마에 사는 동역자들 문안(16:3-16)

³ 너희는 그리스도 예수 안에서 나의 동역자들인 브리스가와 아굴라에게 문안하라 ⁴ 그들은 내 목숨을 위하여 자기들의 목까지도 내놓았나니 나뿐 아니라 이방인의 모든 교회도 그들에게 감사하느니라 ⁵ 또 저의 집에 있는 교회에도 문안하라 내가 사랑하는 에배네도에게 문안하라 그는 아시아에서 그리스도께 처음 맺은 열매니라 ⁶ 너희를 위하여 많이 수고한 마리아에게 문안하라 ⁷ 내 친척이요 나와 함께 갇혔던 안드로니고와 유니아에게 문안하라 그들은 사도들에게 존중히 여겨지고 또한 나보다 먼저 그리스도 안에 있는 자라 ⁸ 또 주 안에서 내 사랑하는 암블리아에게 문안하라 ⁹ 그리스도 안에서 우리의 동역자인 우르바노와 나의 사랑하는 스다구에게 문안하라 ¹⁰ 그리스도 안에서 인정함을 받은 아벨레에게 문안하라 아리스도불로의 권속에게 문안하라 ¹¹ 내 친척 헤로디온에게 문안하라 나깃수의 가족 중 주 안에 있는 자들에게 문안하라 ¹² 주 안에서 수고한 드루배나와 드루보사에게 문안하라 주 안에서 많이 수고하고 사랑하는 버시에게 문안하라 ¹³ 주 안에서 택하심을 입은 루포와 그의 어머니에게 문안하라 그의 어머니는 곧 내 어머니니라 ¹⁴ 아

순그리도와 블레곤과 허메와 바드로바와 허마와 및 그들과 함께 있는 형제들에게 문안하라 [15] 빌롤로고와 율리아와 또 네레오와 그의 자매와 올름바와 그들과 함께 있는 모든 성도에게 문안하라 [16] 너희가 거룩하게 입맞춤으로 서로 문안하라 그리스도의 모든 교회가 다 너희에게 문안하느니라

바울은 로마를 방문한 적이 없다. 그런데도 많은 사람을 알고 있다. 이러한 상황이 잘 이해되지 않는다며, 한때는 이 장(章)이 로마가 아니라 에베소에 보내진 것이라고 주장하는 이들이 있었다(Käsemann). 그러나 오늘날에는 거의 모든 학자가 로마서 원본의 일부로 본다. 당시 "모든 길은 로마로 통한다"라는 말이 있었듯이, 세상 곳곳에는 로마에 가서 살고 싶어 하는 사람이 많았다. 이들 중에는 바울이 로마 제국의 동쪽에서 만나 함께 사역한 사람도 많았다(Bruce). 또한 로마 제국 시대는 여행이 매우 활발한 때였으므로 복음을 전파하고자 하는 그리스도인은 곳곳으로 옮겨 다니며 그리스도를 전했다(Harrison & Hagner).

저자가 어떤 기준으로 24명의 이름과 이름을 밝히지 않는 2명과 6개 그룹을 언급하는 순서를 정했는지는 알 수 없다. 한 주석가는 이들을 (1)바울과 함께 선교한 이들(3-7절), (2)바울이 함께 사역하지는 않았지만 친분을 유지한 이들(8-15절) 등 두 그룹으로 구분한다(Schreiner). 바울이 언급하는 이들은 로마 성도들 역시 잘 아는 사람들이다. 그러므로 바울은 로마 성도들에게 이 사람들을 문안하라고 함으로써 비록 자신은 한 번도 로마에 방문한 적이 없지만, 이 사람들을 통해 그들을 어느 정도 알고 있다는 것을 강조하고자 한다.

바울은 일상적으로 공동체가 공동체를 문안하거나(고전 16:19-20), 혹은 모든 성도가 문안하는 양식을 취한다(빌 4:21; cf. 살전 5:26; 딛 3:15). 구체적으로 사람 이름을 지명하며 그들을 문안하라고 하는 것은 흔하지 않은 일이다(cf. 골 4:15; 딤후 4:19). 그러므로 본 텍스트가 여러 사람의 이름을 직접 언급하는 것은 매우 특이한 일이라 할 수 있다. 한 번

도 방문한 적 없는 교회에 편지를 보내다 보니 최대한 많은 '커넥션'을 동원해 공감대를 형성하려는 노력으로 보인다. 이러한 현상은 바울이 방문한 적 없는 골로새 교회에 보내는 편지에서도 볼 수 있다(cf. 골 4:7-17).

한 학자는 본문이 언급하는 사람들을 함께 사역한 동역자부터 아는 사람 순서로 다음과 같이 분류한다(Schnabel). 첫째, 바울이 아가야와 아시아에서 함께 사역한 동역자들: 브리스가, 아굴라, 에배네도(3-5절). 둘째, 로마를 처음 찾아가 교회를 세운 선교사들: 마리아, 안드로니고, 유니아(6-7절). 셋째, 친분이 있는 사람들: 암블리아, 우르바노, 스다구, 아벨레(8-10a절). 넷째, 아는 사람들: 아리스도불로의 권속, 헤로디온, 나깃수, 드루배나, 드루보사, 버시, 루포와 그의 어머니, 아순그리도, 블레곤, 허메, 바드로바, 허마, 빌롤로고, 율리아, 네레오, 올름바(10b-15절).

이들 중 18명(안드로니고, 아벨레, 아리스도불로, 아순그리도, 에배네도, 허메, 허마, 헤로디온, 나깃수, 네레오, 올름바, 바드로바, 버시, 블레곤, 빌롤로고, 스다구, 드루배나, 드루보사)은 헬라어 이름을 가졌으며(Schnabel), 7명(암블리아, 아굴라, 율리아, 유니아, 브리스가, 루포, 우르바노)은 라틴어 이름을 가졌다(Harrison & Hagner). 당시 유대인은 흔히 헬라어 이름과 라틴어 이름도 있었기 때문에 이들이 모두 헬라인과 로마인이라 단정할 수는 없다(Donfried). 바울이 자기 '친척'이라고 하는 이들도 모두 히브리어 이름을 지닌 것은 아니다(cf. 7, 11, 21절).

확실히 유대인이라 할 수 있는 이들은 안드로니고, 브리스가, 아굴라, 유니아, 헤로디온, 루포와 그의 어머니다(Thielman). 네레오, 허메, 버시, 헤로디온, 드루배나, 드루보사, 유니아, 율리아, 암블리아 등 9명은 노예이거나 노예였던 사람들로 보인다(Schreiner). 저자는 브리스가, 마리아, 유니아, 드루배나, 드루보사, 버시, 루포의 어머니, 율리아 등 여성 8명을 언급한다(Matthew). 이들은 결혼하지 않은 이들과 결혼한 이들로 구성되었다(Matthew).

바울 시대 로마에 몇 개의 가정 교회가 있었는지는 알 수 없지만, 여러 교회가 있었던 것은 확실하다(Hultgren). 본문을 어떻게 해석하느냐에 따라 저자가 최소 다섯 개에서 일곱 개까지 언급하는 것으로 해석할 수 있다(Schnabel): 브리스가와 아굴라 집에서 모인 교회(5절), 아리스도불로 권속으로 구성된 교회(10절), 나깃수 가족이 모이는 교회(11절), 14-15절은 최소 두 교회와 연관된 이름들을 나열하는 듯하다(Dunn, Lampe).

저자가 제일 먼저 언급하는 이들은 브리스가와 아굴라 부부다(3-5a절). 바울은 2차 선교 여행 중 아덴(Athens)에서 괄목할 만한 열매를 맺지 못하고 고린도를 방문했는데, 이때 이들을 만났다(행 18:1-2). 아굴라는 갈라디아 북쪽에 있는 본도(Pontus)에서 온 유대인이었다. 그의 아내 브리스가는 '브리스길라'(Πρίσκιλλα, Priscilla)로도 불리며(행 18:2), 그녀 역시 유대인이었을 것으로 보이지만 확실하지는 않다. 신약은 이 부부를 여섯 차례 언급하는데(행 18:2, 18, 26; 롬 16:3; 고전 16:19; 딤후 4:19) 사도행전 18:2을 제외하고는 항상 아내 브리스가를 먼저 언급한다. 아마 그녀가 교회 안에서 더 큰 리더십을 발휘했기 때문일 것이다.

아굴라 부부는 주후 41-54년에 로마를 다스린 황제 글라우디오(Κλαύδιος, Claudius)가 로마에서 유대인을 내쫓을 때 이탈리아를 떠나 고린도로 와서 바울을 만나게 되었다. 글라우디오가 로마에서 유대인을 내보낸 것은 주후 49년에 있었던 일이다(Fitzmyer, Schnabel, Wall). 당시 로마에 있는 그리스도인들이 예수님이 메시아라고 하자, 유대인들이 반발해 폭동을 일으켰다. 글라우디오는 기독교인과 유대인의 갈등을 해소하기 위해 유대인 중 로마 시민을 제외한 나머지를 모두 로마에서 내보냈다. 이때 유대인 5만 명이 로마에서 쫓겨났다.

만일 브리스가와 아굴라 두 사람 모두 로마 시민이었다면, 그들은 로마를 떠날 필요가 없었다. 그러므로 어떤 이들은 로마 시민인 브리스가가 히브리 노예였다가 자유인이 되었지만, 로마 시민은 아닌 남편 아굴라를 따라 나온 것으로 추측한다(Longenecker). 바울이 고린도를 방문한 것은 주후 50년쯤에 있었던 일이다(Fitzmyer). 더 구체적으로 말하는 이들은 바울이 주후 50년 2-3월에 고린도에 도착했고, 1년 반 후인 주후 51년 가을에 고린도를 떠났다고 한다(Schnabel).

고린도에서 처음 만난 바울과 이 부부는 순식간에 가까워졌다. 여러 가지 공통점이 있기 때문이다. 첫째, 바울과 그들은 모두 유대인이었다(cf. 행 18:2). 둘째, 그들은 모두 생업으로 천막 만드는 일을 했다(행 18:3). 셋째, 그들이 고린도에 도착한 시기가 같았다. 넷째, 가장 중요한 공통점은 그들이 만났을 때 이미 그리스도인이었다는 사실이다. 바울이 고린도에서 세례를 준 사람들을 언급할 때(고전 1:14-17), 이 부부의 이름은 빠져 있다. 그들은 로마를 떠날 때 이미 그리스도인이었기 때문이다.

바울은 고린도에서 브리스가와 아굴라 부부와 함께 1년 반 동안 일하며 사역했다(행 18:11). 이 기간 중 갈리오가 아가야 지역의 총독이 되었고 유대인들이 이 기회를 틈타 바울을 고소했지만, 갈리오는 무죄 판결을 내렸다(행 18:12-17). 이후 바울은 고린도에서 예루살렘으로 돌아가는 길에 에베소를 거쳐 갔는데, 이때 부부가 그와 함께 에베소로 가서 그곳에 정착했다(cf. 행 18:18-19, 26; 19:10; 20:31). 브리스가와 아굴라는 에베소 교회에 자기 집을 모임 장소로 제공했다(고전 16:19; 딤후 4:19).

브리스가와 아굴라는 바울이 예루살렘으로 떠난 다음에도 에베소에 머물며 기독교를 전파하고 에베소 교회를 말씀 위에 든든히 세워 나갔다. 알렉산드리아에서 온 아볼로에게도 말씀을 가르쳤다(행 18:24-28). 그들의 에베소 정착은 바울의 훗날 에베소 사역의 밑거름이 되었다. 예루살렘과 안디옥을 방문한 바울은 에베소로 돌아와 3년 동안 그들과 함께 일하고 사역했다(행 18:21; 20:1, 31). 이때 그는 매일 두란노 서원에서 말씀을 가르치며 자신의 신학적인 생각을 정리했다. 바울은 로마서를 집필할 만반의 준비를 에베소에서 마무리한 것이다.

브리스가와 아굴라 부부가 언제 로마로 돌아갔는지 확실하지는 않지만, 글라우디오 황제가 죽은 해인 주후 54년 이후였을 것이다. 아마도 바울이 그의 평생 동역자이자 후원자였던 그들에게 자기가 꿈꾸는 미래 사역인 스페인 선교의 기반을 마련하라며 로마로 보낸 것으로 보인다(Harrison & Hagner, cf. 행 19:21). 바울이 주후 56년 말이나 주후 57년 초 고린도에서 이 서신을 로마로 보냈을 때는 그들이 로마로 돌아가 정착한 지 어느 정도 시간이 지났을 때다. 만일 부부가 글라우디오 황제가 죽은 직후인 주후 54년에 돌아갔다면, 2-3년이 지난 시점이다.

이들 부부의 집은 아마도 텐트를 만드는 공장 공간과 주거 공간이 함께 있는 아파트 단지 안에 있었을 것으로 생각된다(Billings). 당시 로마에는 아파트 단지 형태의 5층 건물이 허다했다(Clark). 바울은 로마 성도들에게 그들을 문안하라며 매우 긴 인사를 한다(3-5a절). 또한 그들을 '나의 동역자들'(συνεργούς μου)이라 부르며 사랑과 존경을 표한다(3절). 바울은 '동역자'를 그가 복음 전파하는 일을 도운 이들을 칭하는 용어로 사용한다(빌 4:3; 골 4:11).

브리스가와 아굴라는 바울의 목숨을 위해 그들의 목까지 내놓았다고 하는데(4a절), 에베소에서 있었던 일을 회상하는 말이다(Harrison & Hagner, Thielman, 행 19:23-41; 고전 16:9; 고후 1:8-10). 바울의 성공적인 사역으로 인해 우상을 만들어 팔던 은장색들의 수입이 줄어들자 그들은 에베소 사람들을 선동해 폭동을 일으켰다. 바울의 생명이 위험한 순간이었다. 브리스가와 아굴라는 죽을 각오로 바울이 에베소를 무사히 빠져나가도록 도왔다. 바울은 이때 일을 회고하고 있다.

바울은 자신뿐 아니라 이방인의 모든 교회도 그들에게 감사한다고 한다(4b절). 그는 이방인을 위한 사도이기 때문이다(cf. Harrison & Hagner, Meyer). 만일 그때 바울이 순교했더라면 이방인 선교가 많이 위축되었을 것이고, 많은 이방인이 복음을 영접할 기회를 잃었을 수도 있다. 부부의 생명을 건 헌신이 바울을 살렸고, 바울의 생명이 보존됨으로 인해 많은 이방인 교회가 세워질 수 있었다.

로마의 여러 교회 중 하나가 브리스가와 아굴라의 집에서 모이고 있었다(5a절). 기독교의 처음 교회들은 개인 집에서 모였다(행 5:42; 12:12-16; 18:20). 이후 가정 교회(house church)는 아파트 같은 건물에 있는 넓은 방에서도 만났다(Clarke).

저자는 아시아에서 그리스도께 처음 맺은 열매인 에배네도에게 문안하라 한다(5b절). 바울은 아굴라 부부와 고린도를 떠나 에베소로 이동한 다음 그곳에 잠시 머물다가 다시 돌아오겠다는 말을 남기고 예루살렘으로 돌아갔다. 에배네도는 이때 맺은 사역의 열매다(cf. 행 18:18-21). 그러므로 그는 에베소 출신이 거의 확실하다(Harrison & Hagner, Thielman). '에배네도'(Ἐπαίνετος)는 '나의 사랑하는 자, 애정'으로 풀이되며, 당시에 흔한 헬라어 이름이었다(Thielman).

바울은 로마 교회를 위해 많이 수고한 마리아에게 문안하라고 한다(6절). 헬라어 사본들은 그녀를 '마리아'(Μαρία)라 하고, '미리암'(Μαριαμ)이라 하기도 한다(cf. Schreiner). '마리아'는 당시 흔한 여자 이름이었으며, 마리우스(Marius)라는 성(last name)에서 유래한 라틴어 이름이었다(Thielman). '미리암'은 히브리어 이름이며, 모세의 누이 이름이기도 하다(출 15:20; 민 12:1-16). 미리암으로 표기한 사본이 조금 더 많다(Thielman). 그녀의 이름을 미리암으로 간주한다면, 그녀는 유대인 그리스도인이다. 바울은 복음 전파와 교회를 위한 그녀의 헌신과 희생을 많은 사람에게 알리고자 한다(Harrison & Hagner).

저자는 자기 친척이자 그와 함께 갇혔던 안드로니고와 유니아에게 문안하라고 한다(7a절). '친척'으로 번역된 단어(συγγενής)는 '동포, 같은 민족'을 뜻한다(Dunn, Harrison & Hagner, Moo, Schreiner, cf. BDAG, TDNT). 이 단어가 쓰이는 9:3, 16:11, 21에서도 같은 의미를 지닌다(Thielman).

바울은 로마와 고린도에 친척을 두지는 않았던 것이 확실하다(Fitzmyer, Harrison & Hagner, Sanday & Headlam). 그러므로 '동료 유대인'이라는 의미로 해석해야 한다(cf. NIV).

안드로니고('Ανδρόνικον)는 라틴어 이름이며, 유니아('Ιουνίαν)는 헬라어 이름이다. 한때는 '유니아'가 남자 이름인지 혹은 여자 이름인지 상당한 논쟁이 있었다. 본문의 유니아('Ιουνίαν)에 악센트를 어느 음절에 찍느냐에 따라 남자 이름인 '유니아스'('Ιουνιᾶς)의 직접 목적격(accusative)이 될 수도 있고, 여자 이름인 유니아('Ιουνία)의 직접 목적격(accusative)이 될 수도 있기 때문이다(cf. Fitzmyer, Matthew). 만일 마지막 음절에 악센트를 찍으면 남자 이름 유니아스(Junias, 'Ιουνιᾶς)가 되며, 이는 라틴어 이름 유니아누스(Junianus)를 줄인 것이다(Godet, Meyer, cf. RSV). 그러나 당시 문헌에는 이런 형태의 남자 이름이 한 번도 사용된 사례가 없다(Lampe, Thielman).

만일 악센트를 중간 음절에 두면 여자 이름이 된다(Epp, Lampe). 여자 이름 유니아(Junia, 'Ιουνία)는 당시 흔한 이름이었다(Epp, Lampe, Matthew, Thielman). 그러므로 오늘날 대부분 학자는 유니아를 여자로 간주하며, 안드로니고가 그녀의 남편이었을 것으로 생각한다(Dunn, Epp, Fitzmyer, Harrison & Hagner, Matthew, Moo). 혹은 두 사람을 남매로 보는 이들도 있다(Wright).

이 유대인 부부는 바울처럼 복음으로 인해 감옥에 갇혔다(Fitzmyer). 바울은 여러 차례 감옥에 갇힌 적이 있으므로(고후 11:23), 만일 부부가 그와 함께 갇혔다 해도 언제 어디서 갇혔는지는 알 수 없다. 또한 그들이 바울과 함께 갇혔다고 가정할 필요도 없다. 다른 때 다른 장소에서 복음으로 인해 그들만 감옥에 갇혔을 수 있다. 어떤 이들은 그들이 에베소에서 갇혔다고 하기도 한다.

이 부부는 사도들에게 존중히 여겨졌다(7b절). '사도들에게 존중히 여겨졌다'(εἰσιν ἐπίσημοι ἐν τοῖς ἀποστόλοις)의 정확한 의미는 알 수 없으며,

지금도 계속 논쟁거리가 되고 있다(cf. Fitzmyer, Thielman). 사도들이 그들을 매우 특별하고 귀하게 여긴 것은 사실이다. 초대교회 주석가들은 이들이 예수님의 열두 제자에 속하지는 않았지만 더 넓은 의미에서 '사도들'이라고 했다(cf. Bray). 예수님이 파송하신 72명(눅 10:1)에 속했다고 하기도 했다. 바울이 그들을 가리켜 '나보다 먼저 그리스도 안에 있는 자들'(7c절)이라고 말하는 것도 이러한 해석을 가능하게 한다. '사도'는 부활하신 그리스도를 만났고, 그분의 복음을 전파하는 이들이다(Bruce, cf. 1:1; 11:13; 고전 9:1; 15:5-11). 그러므로 유니아가 여자라면, 그녀는 성경이 언급하는 유일한 여자 사도다(Epp, Harrison & Hagner, Matthew, Wright).

저자는 암블리아에게 문안하라고 한다(8절). '암블리아'(Ἀμπλιᾶτος)에 대해서는 아무것도 알려진 바가 없다. 당시에 매우 흔한 노예들의 이름이었다(TDNT). 그러므로 노예였을 가능성이 크다. 바울은 그를 '주 안에서 내 사랑하는'이라며 관심과 사랑을 표한다.

또한 우르바노와 스다구에게 안부하라고 한다(9절). '우르바노'(Οὐρβανός)는 '세련된'(refined)이라는 의미를 지닌 라틴어 남자 이름이다. 바울은 그를 '동역자'(συνεργός)라고 하는데, 그가 이방인에게 복음 전파하는 일에 기여했다는 뜻이다(Schreiner). 또한 그를 '우리의 동역자'라고 하는 것은 우르바노가 바울의 선교 팀에 실질적인 도움을 주었음을 암시한다.

'스다구'(Στάχυς)는 흔치 않은 헬라어 이름이다(Lampe). 제국의 동쪽에서 로마로 이민 간 사람일 가능성이 크다(Lampe, Thielman). 바울이 그를 '나의 사랑하는' 사람이라고 칭하는 것은 그가 스다구를 잘 알고 사랑한다는 뜻이다.

저자는 아벨레에게 문안하라고 한다(10a절). 아벨레(Ἀπελλῆς)는 '그리스도 안에서 인정함을 받았다'고 하는데, 이는 바울이 디모데에게 권면한 바이며(딤후 2:15) 또한 자신을 위한 염원이기도 하다(cf. 고전 9:27).

아마도 아벨레는 그리스도로 인해 고난받았기에 저자가 그에 대해 이렇게 말하는 것으로 보인다(Thielman).

바울은 아리스도불로의 권속에게 문안하라고 한다(10b절). '아리스도불로'('Ἀριστόβουλος)는 헬라어를 사용하는 지역에서는 흔하지만, 당시 로마에서는 흔치 않은 이름이었다(Thielman). 유대를 다스렸던 헤롯 대왕(Herod the Great)의 두 번째 아내이자 마카비 집안에서 유래한 하스몬 왕조(Hasmonean Dynasty)의 공주였던 마리암네(Mariamne)와 연관된 이름이다(Thielman). 유대인과 하스몬 왕족의 후손 중 여럿이 이 이름으로 불렸다. 아마도 이 사람은 헤롯 대왕의 손주였을 것이다(Lightfoot).

바울이 아리스도불로가 아니라 '아리스도불로의 권속들'(τοὺς ἐκ τῶν Ἀριστοβούλου)을 문안하라고 하는 것은 아리스도불로는 그리스도인이 아니거나 혹은 이미 죽었기 때문이다(Harrison & Hagner). 이는 그의 집에 있는 여러 노예가 그리스도인이었다는 것을 암시한다(Schreiner).

저자는 자기 친척 헤로디온에게 문안하라고 한다(11a절). '헤로디온'('Ηρῳδίων)은 헤롯 대왕과 연관된 이름이다(Thielman). 이 사람은 헤롯 집안의 노예였다가 자유인이 된 사람, 혹은 10절이 언급하는 아리스도불로 집안의 종이었을 것이다. '친척'(συγγενής)은 7절에서처럼 '동포'라는 의미를 지닌다(cf. BDAG). 그러므로 그는 유대인 그리스도인이었다(Lightfoot).

바울은 나깃수의 가족 중 주 안에 있는 자들을 문안하라고 한다(11b절). '나깃수'(Νάρκισσος)가 아니라 그의 집안에 있는 그리스도인 종들과 자유인들을 문안하라는 것으로 보아 나깃수는 그리스도인이 아니다(Thielman). 그는 당시 로마에서 정치적으로 매우 유력한 사람이었다(Cranfield, Jewett, Lightfoot, Sanday & Headlam).

저자는 주 안에서 수고한 드루배나와 드루보사를 문안하고, 많이 수고하고 사랑하는 버시에게 문안하라고 한다(12절). 이 세 여인 중 '드루배나'(Τρύφαινα)와 '드루보사'(Τρυφῶσα)는 당시 흔한 노예 이름이었다(Thielman). 두 여인은 마리아(미리암, 6절)처럼 하나님과 교회를 위해 열심히 일했다. 아마도 자매였던 것으로 보인다(Harrison & Hagner). '버시'(Περσίς)는 '페르시아 출신'이라는 의미로, 제국의 동쪽에서 왔다는 것을 암시한다. 당시 많은 노예가 이 이름으로 불렸으며, 이 여인은 결혼하지 않은 여인으로 보인다(Thielman). 바울이 '많이 수고하고, 사랑하는'이라는 말을 더하는 것은 그가 버시를 직접 만나지는 못했지만, 사람들을 통해 그녀의 헌신과 열정에 대해 듣고 이렇게 존경의 의미를 표하는 것이다(Harrison & Hagner).

바울은 루포와 그의 어머니를 문안하라고 한다(13절). '루포'(Ῥοῦφος)는 흔한 라틴어 이름이며 '붉음'이라는 의미다. 마가는 예수님의 십자가를 대신 지고 갔던 구레네 사람 시몬이 알렉산더와 루포의 아버지라고 한다(막 15:21). 마가가 이처럼 자세하게 설명하는 것은 본문의 루포와 시몬의 아들 루포가 같은 사람이며, 초대교회에 잘 알려진 유력한 일꾼이었음을 암시한다(Dunn, Moo, Schreiner, Thielman). 더욱이 우리가 주장하는 것처럼 마가가 복음서를 로마에서 집필했다면 이러한 사실이 더욱더 확실해진다. 그러므로 학자들은 이 사실을 로마서 16장이 원래 에베소로 보낸 내용을 이곳에 도입한 것이 아니라, 처음부터 로마서의 일부였다는 증거로 간주한다(Harrison & Hagner).

루포는 주 안에서 택하심을 입은 사람이다. 하나님이 일꾼으로 세우신 자라는 뜻이다. 또한 바울은 그의 어머니가 곧 자신의 어머니라며 존경과 사랑을 표한다(13b절). 바울과 루포와 어머니가 한동안 함께 지내며 사역했던 것으로 보인다. 아마도 바울의 파송 교회가 있는 수리아 안디옥에서 있었던 일로 보인다(Harrison & Hagner). 이때 루포의 어머니는 바울을 아들 대하듯 사랑과 헌신으로 섬겼고, 바울은 그 일을 잊지 못하며 감사를 표하고 있다.

저자는 아순그리도와 블레곤과 허메와 바드로바와 허마와 그들과 함께 있는 형제들에게 문안하라고 한다(14절). 이 다섯 사람은 노예 혹은 자유인이지만 사회적 지위는 낮은 자들로 보인다(Thielman).

또한 빌롤로고와 율리아와 네레오와 그의 자매와 올름바와 그들과 함께 있는 모든 성도에게 문안하라고 한다(15절). 빌롤로고와 율리아는 부부였을 수 있다(Wright). 네레오와 그의 자매는 이 부부의 자녀였을 것이다(Wright). 이 구절이 올름바까지 포함해 총 5명의 이름을 지명하는 것은 14절이 다섯 명의 이름을 언급한 것과 같다.

바울은 문안을 마무리하면서 로마 성도들에게 거룩한 입맞춤으로 서로 문안하라고 한다(16a절). '거룩한 입맞춤'(φιλήματι ἁγίῳ)은 보편화된 그리스도인들의 인사법이다(cf. 고전 16:20; 고후 13:12; 살전 5:26; 벧전 5:14). 그러나 당시 그리스-로마 문화에는 이러한 인사법이 없었다. 그러므로 이 인사법은 순전히 그리스도인들의 방식이다(Mathew). 초대교회는 서로 다른 사회 계층 사람들이 하나 됨을 표현하고, 성별과 신앙과 국가와 민족의 분열을 초월하는 사랑의 따뜻함을 표현하는 의미에서 거룩한 입맞춤을 인사법으로 사용했다(Matthew).

저자는 그리스도의 모든 교회가 다 로마 성도들에게 문안한다는 말로 이 섹션을 마무리한다(16b절). '그리스도의 모든 교회'(αἱ ἐκκλησίαι πᾶσαι τοῦ Χριστοῦ)는 바울이 세 차례의 선교 여행을 통해 아가야, 마게도냐, 아시아, 갈라디아, 수리아 등 제국 동쪽 곳곳에 세운 교회들이다(Dunn, Murray, Stuhlmacher). 그는 자신이 세상 모든 교회는 아니지만, 이 교회들은 대표할 자격이 있다고 생각해 이렇게 말하고 있다(Weima).

이 말씀은 세상 모든 그리스도인은 예수 그리스도 안에서 한 형제자매라고 한다. 예수님은 신분과 성별 등 모든 차별의 벽을 무너뜨리셨다. 그러므로 교회나 기독교 공동체에는 '귀족들'의 모임과 '낮은 자들'의 모임이 동시에 존재해서는 안 된다. 노예와 주인, 사역자와 섬기는 자, 부자와 가난한 자가 하나가 되는 로마 교회의 모습은 하나님이 간절히 바라시는 바다. 우리는 교회 안에 있는 모든 차별의 벽을 무너뜨려야 한다. 이미 그리스도께서 이러한 벽을 무너뜨리셨기 때문이다.

이러한 사실을 강조하고 실현하기 위해 초대교회는 거룩한 입맞춤을 인사법으로 사용했다. 주인과 노예가, 상류층과 하류층이 주저하지 않고 거룩한 입맞춤을 통해 서로를 사랑하고 존중하며 사회적 벽들을 헐었다. 오늘날 더 이상 거룩한 입맞춤을 하지는 않더라도, 일부 교회와 기독교 모임에 존재하는 '기독교 귀족들'은 배제해야 한다. 우리는 모두 형제자매다.

VII. 마무리 인사(16:1-27)

C. 가짜 사역자들에 대한 경고(16:17-20)

[17] 형제들아 내가 너희를 권하노니 너희가 배운 교훈을 거슬러 분쟁을 일으키거나 거치게 하는 자들을 살피고 그들에게서 떠나라 [18] 이같은 자들은 우리 주 그리스도를 섬기지 아니하고 다만 자기들의 배만 섬기나니 교활한 말과 아첨하는 말로 순진한 자들의 마음을 미혹하느니라 [19] 너희의 순종함이 모든 사람에게 들리는지라 그러므로 내가 너희로 말미암아 기뻐하노니 너희가 선한 데 지혜롭고 악한 데 미련하기를 원하노라 [20] 평강의 하나님께서 속히 사탄을 너희 발 아래에서 상하게 하시리라 우리 주 예수의 은혜가 너희에게 있을지어다

거짓 선생에 대해 경고하는 본 텍스트가 어떠한 사전 예고도 없이 갑자기 등장한다는 점에서 오리지널 로마서의 일부가 아니라며 본문의 신빙성(authenticity)에 문제를 제기하는 사람들이 있다(Byrne, Jewett, Keck). 그러나 대부분은 의심할 여지가 없다고 한다(Donfried, Hultgren, Murray, Schreiner, Seifrid, Thielman, Wright). 바울은 다른 서신에서도 사전 예고 없이 경고하기 때문이다(cf. 고전 16:22-23; 갈 6:12-17; 빌 3:2-4:1). 어떤 이들은 저자가 로마서를 작성한 더디오에게(cf. 16:22) 펜을 달라고 해서

이 부분을 직접 쓴 것이라 하기도 한다(Dodd, cf. Cranfield, Dunn, Morris, Weima). 바울이 로마서를 마무리하는 동안 로마에서 온 새로운 소식을 듣고 우려해 이 섹션을 더한 것이라고 주장하는 이도 있지만(Barrett), 가능성은 별로 없다(Seifrid).

저자는 로마 성도들에게 그들이 배운 교훈을 거슬러 분쟁을 일으키거나 거치게 하는 자들을 살피고 그들에게서 떠나라고 한다(17절; cf. 고전 5:9, 11; 살후 3:6, 14; 딤후 3:5; 딛 3:10-11). '살피다'(σκοπέω)는 신중하고 조심하라는 의미다(cf. 빌 3:17). 로마 성도들은 그들이 정통 기독교 교리로 배운 교훈을 거슬러 분쟁을 일으키고 그들을 실족하게 하여 신앙적으로 발전하지 못하게 하는 자들을 피해야 한다(cf. 9:33). 이런 자들은 기독교 신앙을 버리고 파멸의 길로 가는 자들이다(Schreiner, Thielman, cf. 마 5:29, 30; 11:6; 13:21, 41, 57; 막 4:17; 6:3; 9:42; 눅 7:23; 17:1-2; 요 6:61; 롬 9:33; 11:9; 14:13, 20; 고전 1:23; 8:13; 갈 5:11; 벧전 2:8; 요일 2:10; 계 2:14).

바울이 모든 갈등을 피하라고 하는 것은 아니다. 그는 갈라디아에서 베드로가 위선적인 행동을 하자 그에게 맞서고 책망했다(갈 2:11-14). 복음의 순수성이 훼손될 때는 분쟁을 두려워하면 안 된다.

어떤 이들은 바울의 권면이 원수를 사랑하라는 예수님 말씀을 위반하는 것이라고 주장한다(Stuhlmacher, cf. 마 5:44). 그렇지 않다. 남을 판단하거나 정죄하지 말라는 예수님의 말씀을 위반하는 것이 아니다(마 7:1). 만일 가짜 가르침으로 인해 자신이 부패할 것 같으면 그들을 멀리하는 것이 당연한 일이다(cf. 고전 5:6; 갈 5:9). 또한 거짓 선생을 멀리하는 것은 그들이 회개하고 구원에 이르는 방법이 될 수도 있다(cf. 고전 5:5; 딤전 1:20). 그들을 미워하지 않으면서 멀리하여 그들의 잘못된 가르침으로부터 우리 마음을 완전히 닫는 것이 최선이다(Cranfield).

분쟁을 일으키고 걸려 넘어지게 하는 거짓 선생들은 우리 주 예수 그리스도를 섬기지 않고 자기들의 배만 섬긴다(18a절). 우상 숭배가 이 자들의 가장 큰 문제라는 것이다(Schreiner, cf. 1:21-25). 그들이 기독교 테두리 안에서 기독교 진리를 가르친다며 이런 짓을 하는 것은 스스로 그리스도인이라고 하면서 기독교의 진리를 왜곡시키는 것을 암시한다. 어떤 이들은 유대인 그리스도인 중에서 교회를 유대교화하려는 자들(Judaizers) 등 구체적인 그룹이나 사람들을 지적하지만(cf. Dunn, Fitzmyer, Schreiner), 그보다는 자기 잇속을 챙기기 위해 이런 짓을 하는 모든 자로 넓게 해석하는 것이 좋다. 그들은 복음을 악용해 개인적인 관심과 열정을 충족시키고자 거짓 가르침으로 진리를 왜곡한다(Harrison & Hagner, Thielman). 오늘날로 말하자면 자신은 그리스도의 복음을 믿지 않으면서 복음으로 장사하는 자들이다.

그들은 교활한 말과 아첨하는 말로 순진한 자들의 마음을 미혹한다(18b절). 우리 주변에 도사리고 있는 이단 중에서 달변가가 아닌 자들을 찾아보기가 어렵다. 순진한 자들을 미혹하려면 말발이 좋아야 하기 때문이다. 그러므로 성경은 누구든 그가 하는 말이 아니라 그의 삶에 맺히는 열매로 판단하라고 한다(cf. 마 7:17-19). 참 믿음은 항상 거룩하고 경건한 행함을 동반하기 때문이다(cf. 약 2:17).

'순진한 자들'(ἀκάκων)은 아는 게 별로 없는 어리석은 자들을 뜻한다(cf. 잠 1:4; 8:5; 14:15; 21:11). 그러므로 이단에 현혹되는 어리석음(순진함)은 참 진리를 배우고 믿을 때만 해결될 수 있다. 이단에 빠진 자들은 절대 논리와 이성으로 설득할 수 없다. 그들이 참 진리에 마음을 열고 수긍할 때만 이단의 올무에서 빠져나올 수 있다.

저자는 로마 성도들의 순종함이 모든 사람에게 들린다고 한다(19a절). 세상 모든 그리스도인이 그들의 소식을 듣고 하나님께 감사하고 있다는 뜻이다. 앞서 바울은 그들의 '믿음'이 온 세상에 전파됨을 하나님께 감사한다고 했다(1:8). 이제 그들의 '순종'이 온 세상에 전파되었다고 하는 것은 믿음과 순종은 나눌 수 없는 하나이기 때문이다(cf. 1:5; 16:26).

바울이 로마 성도들에게 선한 데 지혜롭고 악한 데 미련하라고 권면하는 것(19b절)은 예수님의 말씀을 생각나게 한다: "너희는 뱀 같이 지혜롭고 비둘기 같이 순결하라"(마 10:16). 우리는 악한 일은 아무것도 모르는 미련한 자처럼 최대한 멀리하고, 선한 일은 가까이에서 지혜로운 자처럼 자주 행해야 한다. 그리스도인의 삶을 판단하는 것은 열매와 행실이기 때문이다(cf. 약 2:17).

저자는 축도로 가짜 선생들에 대한 경고를 마무리한다: "평강의 하나님께서 속히 사탄을 너희 발 아래에서 상하게 하시리라 우리 주 예수의 은혜가 너희에게 있을지어다"(20절). '평강의 하나님'(ὁ θεὸς τῆς εἰρήνης)은 오직 하나님만이 우리에게 샬롬을 주실 수 있음을 의미하며, 또한 거짓 선생들이 일으키는 분쟁과 거슬림(17절)과 대조된다.

잘못된 가르침으로 교회에 분란을 일으키고 성도들을 실족하게 하는 자들은 하나님이 보내신 자가 아니다. 그들은 사탄의 하수인이다. 사탄이 존재하는 한 성도들은 항상 그와 그의 졸개들에게 위협을 당한다. 그러므로 저자는 로마 성도들에게 하나님이 속히 사탄을 그들의 발 아래에서 상하게 하실 것을 빌어 준다(cf. 창 3:15; 시 110:1).

'상하다'(συντρίβω)는 군사적 용어로 원수가 재기할 수 없도록 완전히 쳐부수는 것을 뜻한다(Thielman). 인상적인 것은 하나님이 가짜 선생들이 아니라, 그들을 조종하는 사탄을 성도들의 발 아래 두어 상하게 하실 것이라는 점이다(cf. 고후 2:11; 살전 2:18; 살후 2:9). 또한 사탄이 그리스도의 발 아래가 아니라 성도들의 발 아래 있다는 것도 특이하다. 하나님이 우리 그리스도인에게 그리스도의 승리에 동참하게 하신다는 뜻이다(Schreiner).

어떤 이들은 이를 종말에 있을 일로 해석한다(Cranfield). 그렇지 않다. 언제든지 주의 백성이 하나님께 순종하면 사탄은 그들의 발 아래에서 밟힌다. 바울은 그가 보낸 서신 13개를 모두 축도로 마무리하는데, "우리 주 예수의 은혜가 너희에게 있을지어다"(20b절)는 종종 똑같이 혹은 거의 똑같이 반복하는 축도다(cf. 고전 16:23; 살전 5:28; 갈 6:18; 빌 4:23; 살후 3:18; 몬 1:25).

이 말씀은 성도를 현혹하는 이단은 어제오늘 생긴 것이 아니고 교회가 출범할 때부터 있었다고 한다. 그들은 기독교에 기생하면서 교회에 분쟁을 일으키고 많은 성도를 걸려 넘어지게 했다. 그들은 비록 기독교 언어를 사용하지만, 정작 예수 그리스도는 섬기지 않고 각자 만들어 낸 우상을 숭배하고 자기 배만 섬긴다.

이단에 현혹되지 않으려면 하나님의 진리로 우리 자신을 무장해야 한다. 그들은 절대 100% 잘못된 말만 하지는 않는다. 비슷한 말을 하다가 결정적인 순간에 거짓을 섞어 넣는다. 이러한 거짓을 분별하려면 진리를 더 많이 더 깊이 아는 것이 최선이다. 우리가 진리를 더 많이 더 깊이 알아 갈수록 진리는 우리를 영적 오류로부터 자유롭게 할 것이다.

VII. 마무리 인사(16:1-27)

D. 고린도에 사는 동역자들의 인사(16:21-23)

²¹ 나의 동역자 디모데와 나의 친척 누기오와 야손과 소시바더가 너희에게 문안하느니라 ²² 이 편지를 기록하는 나 더디오도 주 안에서 너희에게 문안하노라 ²³ 나와 온 교회를 돌보아 주는 가이오도 너희에게 문안하고 이 성의 재무관 에라스도와 형제 구아도도 너희에게 문안하느니라 ²⁴ (없음)

로마 성도들에게 로마에 거주하는 하나님의 일꾼들과 지도자들을 문안하라고 했던 저자가 이번에는 자신과 함께 고린도에 있는 일꾼들과 지도자들이 로마 교회에 문안을 보낸다고 한다. 이 사람들은 바울의 사역을 돕고 동참하는 동역자들이며, 바울이 전파하는 복음에 동의한다는 상징성을 지닌다.

저자는 디모데와 누기오와 야손과 소시바더가 로마 성도들을 문안한 다고 한다(21절). 바울과 디모데는 2차 선교 여행 때 루스드라에서 만났 다(행 16:1-3). '디모데'(Τιμόθεος, Timothy)는 '하나님을 공경하다'라는 의 미를 지닌 좋은 이름이다. 디모데의 어머니는 그리스도인이었으며, 아 버지는 헬라인이었다(행 16:1).

디모데의 어머니 이름은 유니게(Εὐνίκη, Eunice)였으며, 할머니인 로 이스(Λωΐς, Lois)도 유대인 그리스도인이었다(딤후 1:5). 그래서 바울은 디모데가 경건한 할머니와 경건한 어머니에게서 믿음을 이어받았다 고 한다(딤후 1:5). 신약은 그의 이름을 매우 자주 언급한다(행 17:14-15; 18:5; 19:22; 20:4; 롬 16:21; 고전 4:17; 16:10; 고후 1:1, 19; 빌 1:1; 2:19; 골 1:1; 살전 1:1; 3:2, 6; 살후 1:1; 딤전 1:2, 18; 6:20; 딤후 1:2; 몬 1:1; 히 13:23). 디모데는 바울의 영적 아들이었다(딤후 1:2). 바울은 디모데를 '나의 동 역자'(ὁ συνεργός μου)라고 부른다. 어린 디모데가 어느덧 성장해 하나 님의 믿음직한 일꾼이 되어 바울을 돕고 있는 것이다. 그는 바울이 예 루살렘으로 떠나기 전에 함께 고린도에서 3개월간 머물며 사역했다(행 19:21; 20:4).

'누기오'(Λούκιος)를 가리켜 구레네 사람 누기오라 하는 이들이 있지 만(Hultgren, Sanday & Headlam, cf. 행 13:1), 정확히 알 수 없다. 혹은 누기 오가 누가복음의 저자 누가라고 하는 이들도 있다(Origen, Dunn). 그러 나 바울은 누가의 이름을 항상 '루카스'(Λουκᾶς)라 하지 '루기오'라고 하 지 않는다(골 4:14; 딤후 4:11; 몬 1:24). 바울은 누기오와 야손과 소시바더 를 '나의 친척들'(συγγενεῖς μου)이라 하는데, 이러한 표현은 친척이 아니 라 '동포'라는 의미다(cf. 16:7, 11 석의). 이 사람들이 유대인이라는 뜻이 다. 반면에 누가는 이방인이다(cf. 골 4:10-14). 또한 누가는 바울이 고 린도 방문을 마치고 육로를 통해 예루살렘으로 가려 할 때 빌립보에서 합류했다(행 20:5). 즉, 바울이 고린도에 3개월간 머물며 로마서를 보냈 을 때에 그는 고린도에 없었다. 그러므로 누기오는 누가가 될 수 없다

(Fitzmyer, Thielman). 만일 그가 구레네 사람 누기오가 아니라면, 그에 대해서는 알려진 바가 없다.

'야손'(Ἰάσων)은 데살로니가에서 바울을 도운 사람이 확실하다(Jewett, Schreiner, Thielman, cf. 행 17:5-7, 9). '소시바더'(Σωσίπατρος)는 베뢰아 사람 부로의 아들이다(Byrne, Cranfield, Jewett, Schreiner, cf. 행 20:4). 디모데와 야손과 소시바더는 바울의 사역을 돕는 유대인이다(Schreiner). 그들은 모두 로마서에 기록된 바울의 가르침에 전적으로 동의하며 지지와 안부를 보내고 있다.

바울이 한 말을 받아 적은 필기자(amanuensis) '더디오'(Τέρτιος)도 로마 성도들을 문안한다(22절). 서신을 보내는 자의 말을 받아 적어 문서로 만드는 일은 그리스-로마 문화권에서 흔히 있는 일이었다. 바울도 여러 차례 이러한 형태로 서신을 보냈다(Richards, cf. 고전 16:21; 갈 6:11; 골 4:18; 살후 3:17; 몬 1:19). 그러나 필기자가 이름을 밝히는 것은 이곳이 유일하다. 더디오에 대해 알려진 바는 없지만, 그가 스스로 이름을 밝히는 것은 아마도 로마 성도들이 그를 알기 때문일 것이다(Cranfield, Richards). 그가 자신을 '주 안에' 있다고 하는 것은 자신도 그리스도인이라고 밝히는 것이다. 그는 전문 속기사(shorthand)였다(Richards).

만일 더디오가 바울의 말을 받아 적어 로마서를 완성했다면, 그가 서신 내용에 어느 정도 영향을 미치지는 않았을까? 아마도 아무런 영향도 미치지 못했을 것이다. 로마서는 바울의 걸작(magnum opus)이다. 바울은 신중에 신중을 기하기 위해 단어를 하나하나 불러 주었을 것이다(Stuhlmacher). 또한 더디오가 완성해 온 원고를 읽으며 수정하고 또 수정했을 것이 확실하다. 더디오의 역할은 바울이 수정하라는 곳을 수정해 새로운 원고를 만들고, 또 수정하는 일로 제한되었던 것이 확실하다(Richards). 따라서 로마서는 100% 바울이 저작한 것이다.

고린도에서 바울과 온 교회를 돌보아 주는 가이오도 로마 성도들에게 문안한다(23a절). 마게도냐의 가이오(행 19:29; 20:4)와 다른 사람이며,

고린도전서 1:14에 언급된 사람이다(Cranfield, Schnabel). 그는 바울이 고린도를 처음 방문했을 때 복음을 영접하고 세례를 받았다. 이후 그는 바울이 자기 집에서 머물며 사역하도록 배려했다. 그가 디도 유스도(행 18:7)라고 하는 이들도 있지만(Jewett, Murray, Schnabel), 확실하지는 않다. 바울은 그를 '교회를 돌보아 주는 자'라고 하는데, 고린도 교회가 모일 수 있도록 장소를 제공한다는 의미로(Dunn), 혹은 고린도를 방문한 그리스도인들에게 숙식을 제공한다는 의미로 해석할 수 있다(Cranfield, Murray). 어느 쪽으로 해석하든지 이런 일을 하려면 가이오는 어느 정도 부유한 사람이어야 한다.

고린도의 재무관 에라스도와 형제 구아도도 로마 성도들에게 문안한다(23b절; cf. 행 19:22; 딤후 4:20). '에라스도'(Ἔραστος)는 도시의 재무관이라고 하는데, '도시의 재무관'(ὁ οἰκονόμος τῆς πόλεως)이 어느 정도의 권력을 행사하는 지위인지는 알려진 바가 없다. '구아도'(Κούαρτος)는 '4분의 1'이라는 의미를 지닌 라틴어 이름이다(cf. TDNT). 이 사람에 대해서도 알려진 바가 없다. 바울이 그를 '형제'(에라스도의 형제가 아니라, 믿는 자를 뜻함)라고 하는 것으로 보아, 그리스도인인 것은 확실하다. 어떤 이들은 에라스도와 구아도가 형제였다고 하지만(Jewett), 입증할 만한 증거가 없다(Thielman). 그가 언급되는 것은 아마도 로마 성도들이 그를 알고 있기 때문일 것이다.

24절은 없다. 일부 사본은 20절을 마무리하는 "우리 주 예수의 은혜가 너희에게 있을지어다"를 20절에 두지 않고 이곳에 두기도 한다: "우리 주 예수 그리스도의 은혜가 여러분 모두와 함께 있기를 빕니다"(새번역 각주). 그러나 이 축도는 20절에 더 잘 어울리기 때문에 대부분 번역본은 24절을 "없음"으로 표기한다(cf. 개역개정, 새번역, 아가페, 현대인).

이 말씀은 사역은 혼자 하는 것이 아니라 여러 사람이 팀이 되어 하는 것이라 한다. 바울은 항상 동역자를 두었다. 또한 특별한 상황이 아니면 항상 그들과 함께 사역했다. 백지장도 함께 들면 가볍다고, 함께 기도하며 함께 하는 사역은 우리를 행복하게 한다. 하나님 나라를 위해 함께 섬기고 사랑할 동역자들을 주시길 기도하자. 하나님이 동역자들을 허락하실 것이다.

E. 축도(16:25-27)

²⁵ 나의 복음과 예수 그리스도를 전파함은 영세 전부터 감추어졌다가 ²⁶ 이제는 나타내신 바 되었으며 영원하신 하나님의 명을 따라 선지자들의 글로 말미암아 모든 민족이 믿어 순종하게 하시려고 알게 하신 바 그 신비의 계시를 따라 된 것이니 이 복음으로 너희를 능히 견고하게 하실 ²⁷ 지혜로우신 하나님께 예수 그리스도로 말미암아 영광이 세세무궁하도록 있을지어다 아멘

본문은 한 문장으로 형성된 긴 축도다. 짧은 축도가 16:20에 나오는 만큼 본 텍스트는 저자가 아니라 훗날 편집자가 첨부한 것이라 주장하는 이들이 있다(Cranfield, Dunn, Fitzmyer, Hultgren, Jewett). 그러나 이 축도의 내용을 살펴보면 로마서를 적절하게 요약하고 있음을 알 수 있다. 또한 1:1-7과 본문이 괄호(inclusio)를 형성하며 서신 전체를 감싸고 있다(Schreiner). 그 외 여러 정황을 고려할 때, 이 섹션은 처음부터 로마서의 일부였던 것이 확실하다(Lightfoot, Harrison & Hagner, Sanday & Headlam, Stuhlmacher, Schreiner, Thielman).

저자는 자신의 복음과 그가 전파한 예수 그리스도가 영세 전부터 감추어졌다고 한다(25절). '나의 복음과 예수 그리스도를 전파함'(τὸ εὐαγγέλιόν μου καὶ τὸ κήρυγμα Ἰησοῦ Χριστοῦ)은 마치 바울이 전한 복음과 예수 그리스도를 전파하는 것이 별개의 두 가지 일이라는 오해를 불러일으킬 수도 있다. 그러나 '과'(καὶ)를 '곧, 즉'으로 해석하면 둘

은 같은 것이다. 바울의 복음은 곧 예수 그리스도를 전파하는 것이었다. '전파함'(κήρυγμα)은 강론, 가르침, 선포, 설교 등을 통해 알리는 것이다. 저자가 복음은 곧 예수 그리스도에 관한 것이라고 하는 만큼(cf. 10:8-10), 다른 복음은 있을 수 없다. 또한 바울은 로마서에서 그리스도가 복음의 중심이라는 사실을 지속적으로 강조했다(Wright).

복음은 영세 전부터 감추어진 신비다. '신비'(μυστήριον)는 비밀이라는 뜻이며(cf. BDAG), 바울이 자주 사용하는 용어다(cf. 11:25). 하나님이 이 신비를 나타내셨다(26절). 예수 그리스도의 복음을 통해서 영세 전부터 감추어졌던 진리를 드러내셨다는 뜻이다. 복음이 신비로운 것은 모든 믿는 자에게 —먼저는 유대인에게, 그리고 헬라인에게— 구원을 주시는 하나님의 능력이 되기 때문이다(1:16).

구약 선지자들은 하나님의 명에 따라 모든 민족으로 믿어 순종하게 하려고 이 신비를 계시했다. 신비는 감추어졌다는 것을, 계시는 드러났다는 것을 뜻한다. 그렇다면 '이제 나타내신 신비'와 '이미 오래전에 선지자들이 한 예언'이 모순처럼 보일 수도 있다. 실제로 바울 서신에서 계시와 신비는 긴장(tension) 관계로 묘사된다(고전 2:7-10).

영세 전부터 감추어진 것이 이제 나타내신 바 된 것과 선지자들이 오래전부터 이 신비가 무엇인지 예언한 것은 문제가 되지 않는다. 하나님은 메시아를 통해 온 인류를 구원하실 계획을 영세 전부터 감추어 두셨다. 또한 구약 선지자들의 예언을 통해서 이 신비에 관해 '여러 가지 힌트'도 주셨다. 그러므로 선지자들은 그리스도가 어디서 태어나고, 누구의 후손으로 오실 것인지 예언했다(cf. 1:1, 14-15; 15:15-21). 또한 그리스도가 먼저 고난을 받고 그다음 영광을 받으실 것(벧전 1:11) 등 여러 가지 디테일을 예언으로 남겼다. 그러나 그들은 예수 그리스도를 통해 영세 전부터 감추어져 온 이 신비가 실현될 것은 알지 못했다(벧전 1:10-11). 이제 그 신비가 예수 그리스도를 통해 온전히 드러날 때가 되었다. 그러므로 복음은 하나님이 영세 전부터 감추어 두셨다가 이제 나타내신 것이며, 또한 선지자들이 예언한 것을 실현한다(Cranfield, Murray).

하나님은 모든 민족으로 믿어 순종하게 하시려고 이 신비를 드러내고 사람들이 알게 하셨다(26b절; cf. 1:5, 14, 16; 3:29; 4:16-17; 10:12-13; 11:12, 32; 15:9-12, 16, 18). 아브라함에게 주신 이방인에 대한 약속이 성취된 것이다(창 12:3).

또한 하나님은 예수 그리스도의 복음을 통해 그리스도인을 능히 견고하게 하실 것이다(26c절). 복음의 능력을 통해 세상이 끝나는 날까지 모든 시험과 유혹을 이겨 내게 하실 것이라는 의미다(Dunn, Käsemann, cf. 살전 3:2; 살후 2:17; 3:3). 하나님은 이미 우리 안에 선한 일을 시작하셨고, 마무리될 때까지 우리를 보호하시고 응원하실 것이다(cf. 고전 1:8-9; 빌 1:6).

영세 전부터 신비로 감추어 두셨다가 선지자들을 통해 계시하신 복음은 하나님 지혜의 최고봉이라 할 수 있다. 그러므로 저자는 지혜로 우신 하나님을 찬양하며 서신을 마무리한다(27절). 로마서가 시작된 이후 저자는 이때까지 하나님이 우리를 위해 하신 일을 설명했다. 그리고 서신을 마무리하면서 하나님께 모든 영광을 돌리도록 권면한다. 하나님이 모든 일을 하셨기 때문에 우리가 할 수 있는 유일한 것은 하나님께 영광을 돌리는 일이라는 것이다. 또한 우리가 하나님께 영광 돌릴 때는 반드시 '예수 그리스도로 말미암아'(διὰ Ἰησοῦ Χριστοῦ) 해야 한다며 예수님과 하나님은 서로 떼 놓을 수 없는 한 분이심을 강조한다. 저자는 로마서를 "오직 하나님께 영광!"(soli deo gloria!)으로 마무리하고 있다.

이 말씀은 모든 영광을 하나님께 돌리는 삶을 살도록 권면한다. 영세 전부터 우리의 구원을 계획하시고, 이루시고, 보존하시는 분은 하나님이시기 때문이다. 생각해 보면 우리가 하나님을 위해 할 수 있는 것은 별로 없다. 하나님이 모든 일을 이루셨기 때문이다. 그러므로 우

리가 유일하게 할 수 있는 것은 이 모든 일을 이루신 지혜로운 하나님
께 세세 무궁토록 영광을 돌리는 것뿐이다.

Soli Deo Gloria!